回顾全球经济与石油市场的升腾跌宕

探索"3060目标"能源领域的黄金时代

页岩战略Ⅲ 国家石油
SHALE STRATEGY III NATIONAL PETROLEUM

产油国地缘风险
GEOPOLITICAL RISKS OF OIL PRODUCING COUNTRIES

邓正红 著

危局与新局　从新石油战争到新石油金权

辨析世界经济形势变局　透析世界能源发展变局　解析石油美元变局

探索世界之变与强国之道　破解页岩旧局　立意新局　建言世界之问的中国答案

石油工业出版社

内容提要

《页岩战略Ⅲ国家石油：产油国地缘风险》，本书叙述了美国页岩油产量暴增，疯狂抢占全球市场。美国宣布退出伊朗核协议，并重启对伊朗制裁，中东海湾局势骤然紧张，产油国地缘政治风险上升，油价暴涨。页岩油遭遇二叠纪原油管输能力不足的瓶颈，汽油零售价格上涨危及共和党中期大选，美国总统特朗普要求沙特阿拉伯及欧佩克增产降低油价，沙特阿拉伯想尽可能获得伊朗的市场份额，伊朗试图封锁霍尔木兹海峡，阻断中东地区的海上石油运输。

本书可为政府、行业、企业以及研究机构了解石油天然气经济焦点及热点问题提供参考，促进石油经济研究成果的交流与分享。

图书在版编目（CIP）数据

页岩战略.Ⅲ.国家石油.产油国地缘风险/邓正红著.
北京：石油工业出版社，2022.1
（能源经济制高点系列丛书）
ISBN 978–7–5183–4933–3

Ⅰ.①页… Ⅱ.①邓… Ⅲ.①油页岩资源–石油资源–能源战略–研究–美国 Ⅳ.①F471.262

中国版本图书馆CIP数据核字（2021）第209177号

页岩战略Ⅲ国家石油：产油国地缘风险
邓正红 著

出版发行：石油工业出版社
　　　　　（北京市朝阳区安华里二区1号楼 100011）
网　　　址：www.petropub.com
编 辑 部：(010) 64523766　图书营销中心：(010) 64523633
经　　　销：全国新华书店
印　　　刷：北京晨旭印刷厂

2022年1月第1版　2022年1月第1次印刷
740×1060毫米　开本：1/16　印张：26.5
字数：550千字

定　价：98.00元
（如发现印装质量问题，我社图书营销中心负责调换）
版权所有，翻印必究

《页岩战略Ⅲ国家石油》编委会

主　任：邹才能

副主任：杨　雷　郎东晓

编　委：（按姓氏笔画排序）

马国书　邓正红　冯家武　刘　彬

刘　辉　刘志国　许智广　李庆伦

汪耀天　张希喜　陈军华　武正弯

范笑天　罗洪奔　孟楚楚　徐　粟

特别推荐序

美国"页岩油气革命"的启发

中国科学院院士

邹才能

美国"页岩油气革命"重塑世界能源版图，形成三大新格局：石油与天然气、常规油气与非常规油气、化石能源与新能源。

1973 年，美国提出"能源独立"以来，依靠战略引领与政策扶持，开展科技创新攻关，实现了页岩油气的规模化商业开发，推动美国实现"能源独立"。"页岩油气革命"颠覆了传统石油地质学理论认知，突破了"黑色页岩只能作为烃源岩和隔盖层"的勘探禁区，成为 21 世纪世界能源发展中的"黑天鹅事件"。"页岩油气革命"实现了理论、技术与工程"三位一体创新"，不仅助推了"能源独立"战略，更为美国经济提振、强化世界"一超"优势奠定了能源基础，成为美国经济与外交的双重强心针。

美国引领了页岩油气工业的三次革命。第一次是革"常规油气"的命，非常规油气实现了规模开发。通过水平井、旋转地质导向钻井等技术突破和平台式工厂化开采等管理革新，打破了原有常规油气圈闭成藏的理论和技术体系，实现了页岩油气工业化发展。第二次是革"自己"的命，大幅降低了盈亏平衡点。在 2014 年低油价期间，从技术上提高单井极限产量，从管理上追求极限低成本，油气成本下降约一半。2020 年的全球疫情和超低油价触发"第三次革命"，继续实施以技术提升为导向的创新革命，以极限低成本为目标的管理革命。唯有依靠低成本、依靠技术和管理创新，才能在超低油价情境下生存与发展。

目前，中国已成为世界最大的油气进口国。如何在经济转型发展与产业结构调整的背景下，持续推动中国石油工业的发展，加快非常规油气开发，美国经验值得借鉴。中国已在四川盆地 3500 米以浅的海相地层实现页岩气工业化开发，未来如何动用巨量的陆相页岩油、南方深层与陆相页岩气，使之成为战略性接替资源，需要国家战略引领与政策扶持，以及非常规油气理论技术的继续创新与持续突破。

常规人要有非常规思想。能源是一个国家发展的动力和安全的基石，非常规油气必将成为我国油气未来增储上产的战略性资源。非常规低品位油气必须极限低成本开采，才能在低油价下拥有生命力。始终保持油气行业的极限低成本战略，或许是低油价和美国"页岩油气革命"带来的重要启示，也为我国油气公司可持续发展提供了经验和参考。

本书是《页岩战略：美联储在行动》和《页岩战略Ⅱ：非常规变革》的续集，剖析了2014—2020年25个主要产油国如何应对美国"页岩油气革命"带来的挑战和机遇，展现了以沙特阿拉伯和俄罗斯为首的传统产油国与美国的博弈。

《页岩战略Ⅲ国家石油（突围低油价困局、减产联盟在行动、产油国地缘风险、原油史诗级崩盘）》，以大量数据为支撑，以事件背后的细节为轨迹，以模型推演为比对，抽丝剥茧，深究其理，全面、系统、深度地解剖了2020年3月国际油价暴跌、4月原油期货崩盘的真相。特别是，在遭遇全球疫情、原油价格战以及负油价之后，如何保障中国石油工业可持续发展，本书提供了重要的战略参考依据。

2020年10月

特别推荐序

能源革命的预表

北京大学能源研究院副院长

杨 雷

非常荣幸为邓正红先生这部页岩革命的史诗级著作写序，我首先要对他这种持之以恒的精神表示深深的敬意，这是他页岩革命系列著作的第三部，内容比前两部加起来几乎还要多一倍。在撰写该系列著作期间，他还多次为国家部委就有关页岩革命的调研提供宝贵的咨询意见，他的真知灼见发挥了很大影响。进行战略研究知己知彼至关重要，邓正红先生十年来持续跟踪页岩革命方方面面的进展和影响，非常高兴他也能把这些专业的研究以通俗的语言分享给更多的读者。

石油是当今世界的第一大能源品种，占了约三分之一的比重，也是最大的国际贸易商品，对国际金融、经济与政治都有重大影响。页岩革命改变了全球石油天然气的供需格局，引发了波澜壮阔的地缘政治斗争，作者以开阔的视野将这些博弈剥茧抽丝一般地展开给大家，无论是中东的沙漠，还是北极圈的旷野，直到霓虹闪烁的都市，石油把看似毫不相干的事和人联结在了一起。在感叹同居地球村的不易时，也会引发很多思考。

值得指出的是，这些眼花缭乱的油价变化和大国角力的背后，技术革命是根本性的推动力量。技术革命推动了高技术的成本不断降低，从而实现商业化的规模发展，页岩油气得以从边缘来到了舞台中央。作者形象地将美国页岩油公司的经济技术性描述为四条线：生死线、生存线、生活线和生意线，他也大胆预言，认为2021年页岩油气公司的成本也将得到进一步改善，油价生死线将降至每桶23~25美元。如此低的成本无疑将会引发更多的连锁反应，也会为石油工业的可持续发展注入新的动力。

低成本的高技术，加上管理、金融创新等的加持，是实现美国页岩革命的强劲动力。事实上，不仅是在页岩领域，在过去的十年里，太阳能光伏的单位成本降低了约80%，储能成本也降低了一半以上，更令人惊叹的是数字技术的成本降低更是以数量级为单位，这些正在直接驱动更大范围的能源革命。

当前我国的经济和社会发展处在"两个一百年"战略目标的关键交汇点，国际国内局势变化巨大，油气行业也处在百年未有之大变局中。随着电动汽车以及电力替代的快速进展，加之新冠疫情的影响，很多研究预测机构认为 2019 年将成为石油需求的峰值年份，"石油峰值"的到来与当初想象中的资源枯竭导致的峰值正好相反，在页岩革命提供了更加充足油气资源的时代，日将枯竭的反而是市场。

在环境问题日益严峻的情况下，实现"碳中和"已经成为时代的共识。世界上有 120 多个国家和地区提出了"碳中和"的愿景和战略。石油行业也在面临着重大的转型，很多国际石油公司都提出了自己的转型计划，我们的三大国家石油公司也分别在紧锣密鼓进行战略研究和突围。在这样的形势下，认真学习作者关于页岩革命的生动描述，就像是看到了我们未来能源革命的一场预演。

《页岩战略Ⅲ国家石油》在帮助我们梳理页岩革命惊心动魄的演进脉络的同时，也给中国能源行业的发展提出了严肃的战略问题：在大变局时代，石油、能源、企业乃至国家的核心竞争力是什么？回答好这个问题，对我们油气、能源乃至国家的可持续发展至关重要。

2021 年 3 月

总序

26国石油大演义

美国页岩油爆发了两次革命,以2016年为时间界线,2016年以前属于美国页岩油第一次革命,2016年以后为第二次革命。美国页岩油的两次革命所带来的产量暴增和给全球市场造成的冲击,几乎改写了石油市场的游戏规则,导致传统产油大国一时难以适应,或者说抢走了他们的奶酪,于是乎,以欧佩克为首的众多石油输出国为捍卫"国家石油",对美国页岩油的两次革命做出了不同的应对。

美国第一次页岩油革命引发的石油产量暴增,超出以沙特阿拉伯为首的传统产油国的想象,页岩油狂泻市场给他们打了个措手不及,情急之下,沙特阿拉伯携欧佩克国家石油军团,对页岩油发动了市场份额战,但战争的结局是两败俱伤,沙特阿拉伯伤的是国家经济,美国伤的是页岩油公司,孰轻孰重,一看便知。不过二者都因这场石油战争走上了转型之路。沙特阿拉伯开启"去石油化"的经济多元性改革,美国页岩油公司则从产量战略转向低成本战略的非常规变革。

沙特阿拉伯经济与美国页岩油运营尽管都在转型,但是,二者对油价的需求刚好反向。美国页岩油运营转型是尽最大努力适应低油价,而沙特阿拉伯经济转型则需要高油价支撑国家财政收支平衡。于是,沙特阿拉伯决定以牺牲原油市场份额为代价推动"2030愿景"规划的实施。接下来,沙特阿拉伯就联合俄罗斯组成"欧佩克+"的25国联盟(图1)实施减产保价策略,应对全球原油供应过剩以及美国页岩油第二次革命带来的产量冲击,国际原油市场由此进入长达39个月的26国石油大演义。

这场26国石油大演义实际上是25个产油国减产行动与美国页岩油增产扩张的较量,面对美国页岩油的强势进攻,"欧佩克+"减产看似避其锋芒,退避三舍,然而,以沙特阿拉伯和俄罗斯为首的主要产油国却时刻保持高度警觉,尽量避免因减产幅度太大导致油价涨得太高、进而刺激页岩油增产太快。这场石油博弈,沙特阿拉伯与俄罗斯各存矛盾心理。对俄罗斯来说,怕因减产丢失更多的市场份额,也不情愿市场让美国页岩油生产商轻而易举抢占,对此,以俄罗斯国家石油公司为代表的俄罗斯国内石油企业更是怨声载道。

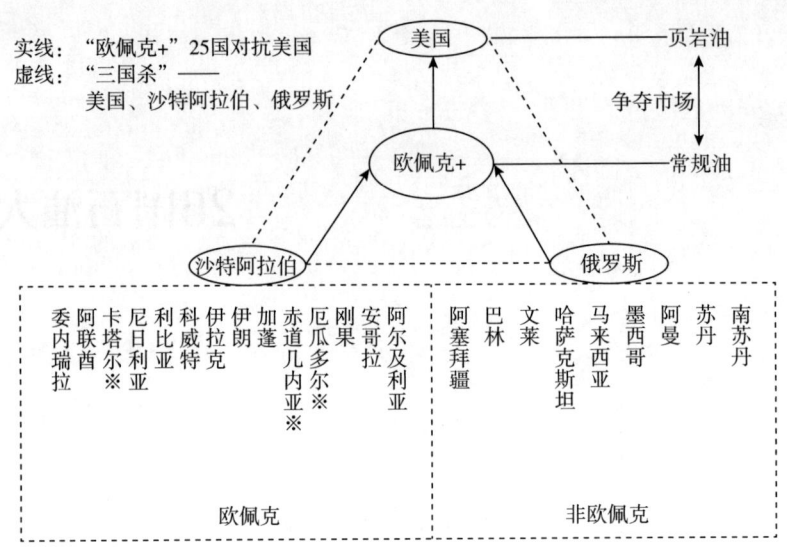

图 1　26 国石油大演义

资料来源：邓正红软实力研究应用中心。

注：卡塔尔 2019 年 1 月 1 日退出欧佩克，厄瓜多尔 2020 年 1 月 1 日退出欧佩克，赤道几内亚原属于非欧佩克阵营，2017 年 5 月 25 日加入欧佩克。

而沙特阿拉伯的想法与俄罗斯有点不同，因为与美国是盟友，沙特阿拉伯并不担心页岩油抢占其市场，并且事先亦做好了损失一些市场的考虑，更何况穆罕默德王储领导的沙特阿拉伯转型改革还需美国方面的支持，另外，早在几年前沙特阿拉伯就断定美国页岩革命不可持续。沙特阿拉伯最担心的是怕减产因页岩油产量的冲击达不到提振油价的效果，不仅"支持"了美国页岩油第二次革命，还丢了市场折了油价，到头来"竹篮打水一场空"。

沙特阿拉伯的这种担心终究成为现实。"欧佩克+"历经两轮减产，还是没有达到沙特阿拉伯所预期的油价目标，沙特阿美上市进程中目标油价的不断调整就是一个缩影。起初正式启动上市的时候，正值减产起到作用以及需求增长之际，沙特阿拉伯将沙特阿美的估值定在 2 万亿美元，希望布伦特油价达到每桶 70 美元，到 2018 年 9 月，油价得力于地缘风险溢价持续高涨，沙特阿拉伯又希望布伦特油价达到每桶 80～85 美元，其中沙特阿美上市也一拖再拖，无非是希望油价维持在高位。进入 2019 年，"欧佩克+"实施第二轮减产，受页岩油产量迅猛增长以及全球经济放慢的影响，全年布伦特油价也就在每桶 65 美元上下波动，沙特阿拉伯无奈只好将目标油价下调至每桶 65 美元，沙特阿美在年底前凑合着在其国内交易所上市。

总体来看，"欧佩克+"长达 39 个月的两轮减产，油价虽在 2017—2018 年得到提振，2019 年效果并不好，由此"欧佩克+"内部出现分歧，首先是俄罗斯反对进一步深化减产,甚至考虑要退出减产协议;其次是欧佩克内部也出现分裂,一些产油国由于政治因素或自身利益得不到满足,甚至被边缘化,相继出现卡塔尔、厄瓜多尔"退群",欧佩克影响日渐式微。

作为"欧佩克+"整个减产行动的牵头者沙特阿拉伯来说,其对油价的目标最高,付出的减产努力也最大,但收获的布伦特油价却远低于其财政预算平衡油价(图2),而美国页岩油公司就低不就高的低成本战略,在"欧佩克+"减产行动的支持下,WTI油价远高于其生存线,真是愈发如鱼得水,产量高歌猛进。

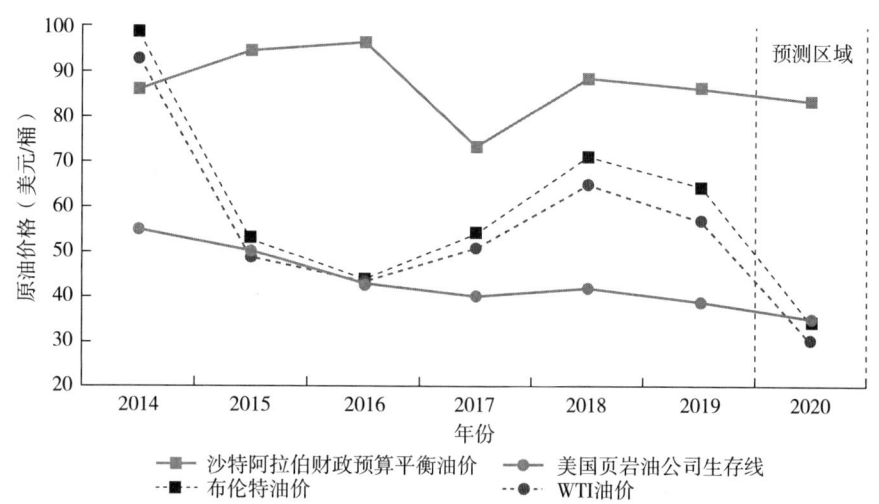

图2　2014—2020年沙特阿拉伯财政预算平衡油价与美国页岩油公司生存线对比
资料来源:国际货币基金组织、美国能源信息署、邓正红软实力研究应用中心。
注:图中预测区域是2020年6月的预测。

长达39个月的26国石油大演义,俄罗斯愈发不满,沙特阿拉伯则受尽了气,尤其是美国总统特朗普为了他选举的需要,从2018年4月20日至2019年3月28日共计发11条推特批评沙特阿拉伯和欧佩克把油价抬得太高,要求必须增产降价,甚至威胁要启动NOPEC法案。沙特阿拉伯哪受得了这团窝囊气,这不明显与"欧佩克+"唱对台戏吗?但从维护与美国的盟友关系出发,沙特阿拉伯也忍了。到2020年3月,新冠病毒疫情这只"黑天鹅"将油价逼得跳崖,39个月的减产努力付之东流。在这个关键时刻,沙特阿拉伯仍想通过减产力挽危局,可俄罗斯唱反调,最终沙特阿拉伯所受之气全部倾泻而出,打响了原油价格战。这场价格战看似发生在沙特阿拉伯与俄罗斯之间,实际上枪口对准的是美国页岩油生产商!是"欧佩克+"25个产油国对美国页岩油长达39个月进攻的集体反扑!

2014—2016年那场油价暴跌的最后一刻,美国借助美联储和华尔街的力量暗施一脚，将沙特阿拉伯发动的价格战彻底终结，沙特阿拉伯被迫转型，美国页岩油生产商也因此求得一线生机。2020年3月至4月的这场价格战却不一样，沙特阿拉伯找到了新冠肺炎疫情这一战机，也在关键一刻临门一脚，将美国页岩油生产商逼入生死绝境，打得他们叫苦求饶。而这与上次那场价格战仅仅相隔4年，剧情反转，令人唏嘘。26国石油大演义并未因此结束，历史从来都是循环往复。未来无论怎样，为了捍卫国家石油，相信这样的演义还在持续。

值得一提的是，作者曾在《页岩战略Ⅱ：非常规变革》一书中预测，美国页岩油将在2018—2020年爆发第二次革命，美国原油产量将迎来创纪录的历史高点，受此影响，国际油价可能会在短期内再次暴跌。如今这些预测都已成现实，趁着"欧佩克+"持续减产39个月，美国爆发了第二次页岩油革命，并在2019年11月创下页岩油日产量918.1万桶（注：此为美国能源信息署2020年5月18日公布的数据）的历史最高纪录，而且国际油价在2020年3月暴跌，4月出现负值。2018年9月19日，作者正式发布"未来18个月国际油价跌破每桶40美元"的预言也得到完全验证。

基于新一轮低油价对美国页岩油的冲击，作者再次大胆预测，美国页岩油将在2020—2021年进行运营深度转型，美国页岩油公司的4条油价线即生死线、生存线、生活线和生意线也将得到进一步改善，尤其是油价生死线将降至每桶23～25美元。这是作者研究美国页岩油公司运营最新进展得出的重要认识和判断，可供读者讨论、研究和参考。

2020年10月

前言

大变局与国家石油的坚守

当今世界正经历百年未有之大变局,新冠肺炎疫情全球大流行,加速了这一大变局的变化。石油工业出版社隆重推出《页岩战略Ⅲ国家石油(突围低油价困局、减产联盟在行动、产油国地缘风险、原油史诗级崩盘)》,无疑给中国石油行业的发展提出了新的战略思考:在大变局时代,国家石油如何坚守?

在新世纪新时代,我国经济和社会发展的"首个一百年"战略目标是,到建党100年时,全面建成小康社会。对于"首个一百年"战略目标的实现,以中国石油为代表的国家石油公司,为保障国家能源安全、经济和社会发展做出了重大贡献。但是,自2014年6月以来的6年间,国际油价几经暴跌、并持续低迷,加之新能源革命异军突起,全球国家石油公司遭受重创,石油勘探开发与运营陷入前所未有的困境,中国石油行业的境遇亦不例外。而今我国的经济和社会发展处在"两个一百年"战略目标的关键交汇点,又逢百年未有之大变局,国家石油需要审慎战略抉择。

从法律和公司治理意义上讲,国家石油公司主要指那些由产油国政府控股、体现政府意志并接受政府监督的石油企业。现在全球大大小小的国家石油公司总计超过70家,除了大部分国家采用单一国家石油公司,中国、俄罗斯等少数国家采用多个国家石油公司体制。世界比较知名的国家石油公司包括沙特阿美、委内瑞拉国家石油、伊朗国家石油、哥伦比亚国家石油、卡塔尔国家石油、俄罗斯石油、挪威石油以及中国石油、中国海油等。很多国家石油公司规模较大、实力较强,部分国家石油公司的业务范围和经营地域与国际石油公司已没什么差异,有的甚至比国际石油公司的国际化指数还高。

2020年8月31日美股开盘前,埃克森美孚在道琼斯指数中的成份股地位被云计算公司Salesforce取代。自1928年以来,埃克森美孚就出现在道琼斯指数中。对于拥有124年历史的道琼斯工业平均指数而言,埃克森美孚的地位颇为特殊,自从2018年6月通用电气被剔出成份股之后,埃克森美孚便成为该指数中"任期"最长的成份股。埃克森美孚代表了美国工业的一个时代。作为曾经的美股最大市值公司,埃克森美孚如今被新经济公司取代，是一个戏剧性的反转，这是美国去工业化过程中的一个标志性事件，表明了油气等传统产业被唱衰。获知被剔出成份股之后，埃克森美孚发表声明称："我们的投资组合是20多年来最强劲的，我们的重点仍然是通过负责任地满足世界能源需求，为股东创造价值。"

2020年以来，受疫情和低油价的叠加影响，世界经济复苏和增长受到巨大冲击，全球范围内包括石油、天然气在内的大宗商品，需求疲软、价格低迷，全球国家石油公司不同程度地加速了"零碳低碳、减排、能源转型"的进程。

虽然当今世界正经历百年未有之大变局，新能源革命势不可挡，但对中国的国家石油公司来说，未来发展的重点仍应是坚守，具体来说有3个方面：一是坚守核心，不能盲目跟风，舍本逐末。石油作为基础性能源的地位在未来30年都不会改变，不论能源如何转型，国家石油的核心价值与核心业务仍在石油，即使要"转型"，也要始终围绕石油展开，绝不能搞去石油化或者削弱石油业务，尤其要慎提"多元化"，石油是国家石油的根本，必须坚守。

二是坚守战略，不能因噎废食，浅尝辄止。这次疫情冲击，油价暴跌，原油崩盘，美国页岩油气行业遭受重创，我国页岩油气勘探开发绝不能因此停顿。我国的页岩油气开发难度本来就很大，页岩油开采至今仍未实现实质性的突破，即使页岩气的开采已有一定的规模，但充其量也仅相当于美国一家中型页岩气公司的产量。页岩革命为美国能源独立奠定了基石，加快页岩油开发进程是新时代赋予中国国家石油的重大使命，既不能因小有突破而沾沾自喜，也不能因低油价和难度大而丧失攻坚克难的信心。页岩油开发是我国的能源战略之一，需要久久为功的技术，国家石油必须持续发力，绝不能轻易放弃。

三是坚守价值，不能好大喜功，重表轻里。美国页岩革命的成功，可学之处很多，其中美国页岩油气公司在低油价下愈挫愈勇的那股韧劲最值得中国国家石油学习。这股韧劲主要表现在持续保持的低成本战略、精益运营模式和生产效率提升。对我国个别国家石油来说，上游粗放式运营的问题非常突出，喊了多年降成本，但桶油成本仍在50美元，这种运营水平仅相当于一家美国小型页岩油公司，与其国家石油的身份极不相称，而这个问题往往被其"一体化优势"所掩盖。

在大变局时代，国家石油需要的是坚守、淡定和执着，坚守的是核心、战略和价值，坚守需要专心、专注、专业。石油人做石油事才是国家石油的未来。

地缘局势难改原油市场基本面

长期以来，中东地缘政治局势变化对国际油价走势一直有着举足轻重的影响。20世纪的几场全球性石油危机均与中东形势发展紧密相关，甚至可以说是由其引起的。不过，从目前来看，中东地缘政治局势难以改变国际原油市场基本面，也难带来全球性石油危机。

2019年9月14日（周六）凌晨，沙特阿拉伯阿布凯克（Abqaiq）的全球最大原油加工设施以及沙特阿拉伯第二大油田库拉伊斯（Khurais）遭10架无人机轰炸后引发火灾，受袭击的炼油厂原油日加工产能超过700万桶。这是自萨达姆·侯赛因在第一次海湾战争期间向沙特阿拉伯发射飞毛腿导弹以来，对沙特阿拉伯石油基础设施的最大一次攻击。9月16日（周一），沙特阿拉伯石油设施遇袭后的首个交易日，国际油价跳空高开（图1），创有史以来最大涨幅。布伦特油价跳空高开每桶64.00美元，涨幅6.35%，盘中最高至每桶70.32美元，涨幅16.85%，收报每桶涨6.18美元至66.36美元，涨幅10.27%。不过，这种地缘风险冲高油价的日子仅维持一天，第二天，沙特阿拉伯石油设施遇袭事件对油价的影响消退，布伦特油价收跌3.35%。

2020年1月3日（周五），美国空袭巴格达国际机场，炸死伊朗和伊拉克的军事要员，国际油价大幅上涨，布伦特油价收报每桶涨2.38美元至68.67美元，涨幅3.59%。1月6日（周一），投资者意识到尽管中东紧张局势升温，但供应并未中断，油价冲高回落，布伦特油价最高触及每桶70.74美元，收报每桶跌0.14美元至68.53美元，跌幅0.20%。1月8日（周三），伊朗对美国在伊拉克的多个军事设施发动导弹袭击，布伦特油价最高至每桶71.75美元，涨幅4.73%，不过随后美伊双方都发表了较为克制的言论，且美伊冲突尚未对油市产生实质性的影响，油价冲高回落，布伦特油价每桶收跌4.00%至65.77美元。

业内分析，若伊朗对美国空袭的报复导致中东爆发战争，则布伦特原油可能飙升至每桶80美元。如果伊拉克供应受到打击，油价每桶将上涨3~4美元，但价格出现的任何激增都不会持久。正如花旗分析师所称："中东地区地缘政治动荡风险并未消失，但这种风险'被市场严重打折'。"

尽管美国和伊朗之间的紧张局势升级，但石油市场仍然供应充足；从根本上讲，供需仍维持在这些事件发生前的水平。在高盛看来，尽管中东紧张局势无可否认地加剧了，但布伦特原油价格目前存在的风险溢价已经提高了，只有油市出现了真正的供应中断，才能将油价维持在目前水平。因此，在没有重大供应中断的情况下，价格风险在未来几周内将偏向于下行，在最近的事件发生之前，油价已经超过预估的基本公允价值每桶63美元。

美伊冲突对国际油价影响仅限于短期脉冲，冲突过后，市场又努力稳定下来，油价先是因地缘政治风险溢价上涨，随后又回落，显示市场基本面不是很强劲。原油价格的长期走向取决于其供求关系，但作为一种战略性能源，其短期价格易受地缘政治因素的扰动。战争、石油禁运、限产、恐怖袭击等事件会严重扰动石油价格。

国际地缘冲突对油价的影响程度主要取决于事件本身是否能够对原油的供给需求产

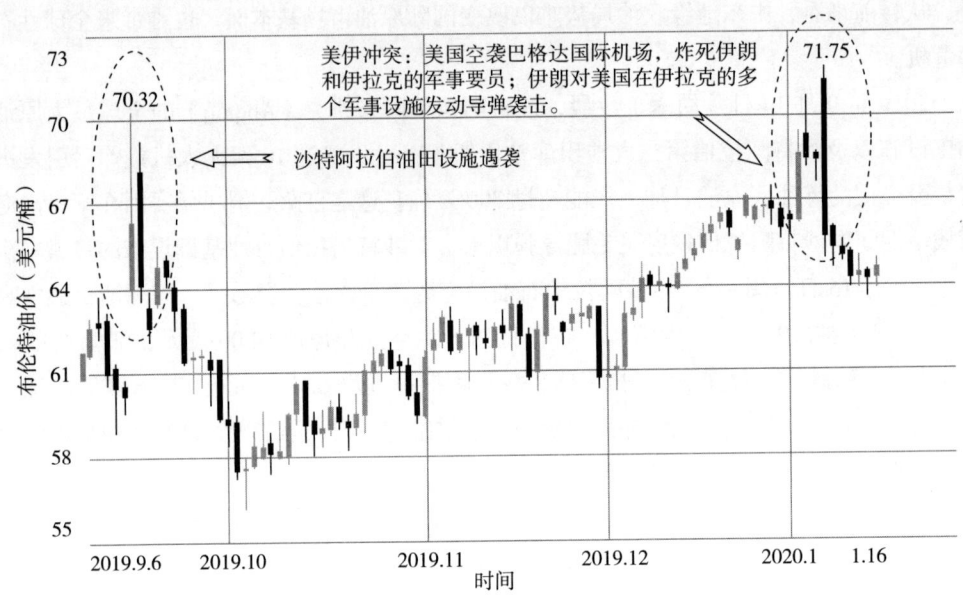

图 1　地缘政治局势对布伦特油价的影响

资料来源：邓正红软实力研究应用中心。

生实际且具有持续性的影响。从目前原油市场基本面来看，主要处在弱需求期，地缘局势冲突无论怎样兴风作浪，也难改油市基本面。虽然美伊紧张局势愈演愈烈，但中东地区的原油生产似乎并没有中断的迹象，且全球经济放慢造成原油需求不景气，因此油价在伊朗攻击美军基地之后，大幅度回落。

欧佩克秘书长巴尔金多表示："伊拉克这些设施持续安全无虞，令人松了一口气，生产仍在有效率地继续进行，尽管目前情势紧张，仍然乐观地认为，伊拉克将及时地100%落实欧佩克减产协议。"阿联酋能源大臣马兹鲁伊表示："伊朗袭击美军在伊拉克的基地后，经由霍尔木兹海峡的石油运输并未立即面临风险。所发生的事情不应该被夸大，现在的局面也不是一场战争。但如果石油供应出现短缺，欧佩克将会评估情况。"

2019年，影响石油供给安全的地缘事件频发。除了9月沙特阿拉伯石油设施遇袭事件，在5月发生了通过霍尔木兹海峡的油轮在阿曼海域遇袭事件，以及7月伊朗一艘油轮在直布罗陀被英国扣押，并导致伊朗对英国通行霍尔木兹海峡油轮的报复扣押。但地缘事件对油价的影响仅仅是脉冲式的冲高回落。一方面是美国页岩油两次革命基本促成了"能源独立"，美国已无意再直接参与中东地缘冲突，使得中东地缘风险对石油供给安全的影响呈现乱而不断的特点，供给侧的充裕能力削弱了对石油断供的焦虑；另一方面是全球宏观经济的不佳表现和对未来不确定性的担忧，造成市场对全球石油需求增长普遍悲观。

从全球的石油供需地缘格局上看，之前的东西各自平衡格局被逐步打破，"东强西弱"的格局进一步成形。所谓"东强","欧佩克+"减产行为是人为地削减了对亚太地区的原油供应,而亚太地区仍然是全球石油需求的核心增长地区,这加剧了该地区的供不应求局面,是为"强"。所谓"西弱",就是包括美国、欧洲在内的西方市场石油消费已经饱和,而美国、加拿大、巴西等新增产能却无疑加重了该地区的供大于求,是为"弱"。以美国页岩油为代表的新增产能,油质偏轻,而被减少的原油基本上是中质、重质原油。在"东强西弱"的地缘供需格局下,油种的结构性矛盾也在进一步加重。

2020年4月20日(周一),受新冠肺炎疫情带来的极其疲弱的原油需求和原油存储空间告急两大因素打击,WTI原油期货5月合约结算价收报每桶-37.63美元,历史首次收于负值,每桶下跌55.90美元,跌幅305.97%。4月21日,恐慌性抛售蔓延至WTI原油期货6月合约,甚至一度跌近70%,最低至每桶6.50美元。4月22日,因此前有11艘伊朗精锐战斗部队的炮艇在波斯湾地区危险地靠近美国海军和海岸警卫队舰船,且伊朗刚成功发射首颗军事卫星,美国总统特朗普当即发推特表示:"我已指示美国海军,如果伊朗炮艇继续在海上骚扰美国军舰,美军可开火击沉。"而伊朗军方也表示,如果伊朗在海湾地区的安全受到威胁,将摧毁美国军舰。尽管美伊剑拔弩张使得油价有所反弹,实际称不上反弹,因为美伊紧张局势并没有把油价抬得太高,地缘风险因素对市场的影响是非常小的。

总体而言,地缘局势的短期扰动并不会改变由基本面决定的市场。这一方面反映了国际原油市场对常态化的中东地缘紧张局势已经习以为常,不再大惊小怪;另一方面也说明当前国际原油市场秩序运行日益成熟,也更加趋于理性。

目录

第一章　美国页岩油抢占市场　1

在进入2018年之后，美国页岩油产量陡增，页岩油钻探开采技术简直出神入化，产量越来越高，甚至加拿大也打算加入美国的队伍大幅产油。"欧佩克+"延长减产原本预期原油市场将会向供求平衡的方向迈进一大步，然而页岩油的意外增加完全打乱了这个计划。这边欧佩克在不断减产，而那边美国产油却在不断增加，这让整个原油市场再平衡的前进脚步变得十分缓慢，甚至可能再次出现倒退。

第一节	美国页岩油开采加快成为意料之外的利空	5
第二节	美国页岩油繁荣点燃两大交易所之间的战火	13
第三节	美国日产油量一周增逾30万桶加速油价下跌	20
第四节	欧佩克认为过剩原油的减少速度比预期更快	29
第五节	美国页岩油暴增触动投资者及主要产油大国	38
第六节	页岩油增产打压油价与特朗普关税打压美元	44
第七节	美国页岩油抢占市场份额威胁主要产油国	52
第八节	特朗普关税政策正为油价下跌创造风暴	59

第二章　国务卿蒂勒森被解职　67

特朗普执政以来，伊朗正日益被边缘化。在中东地区争夺影响力的地区战争中，特朗普政府显然站在沙特阿拉伯一边。特朗普突然宣布解除美国国务卿蒂勒森的职务，并且由中情局局长蓬佩奥接替。对于这突如其来的变故，有人认为蒂勒森与特朗普积怨已久；也有人认为是两人在对伊朗问题上存在分歧，因为蓬佩奥对伊朗核协议是坚持强硬态度，这或许是在预示特朗普可能要对伊朗采取强硬行动了。

第一节	委内瑞拉高通胀率促成欧佩克减产高执行率	71
第二节	委内瑞拉发行"石油币"试图实现经济自救	81
第三节	特朗普想让美国成为原油市场最大供应方	90

第四节　特朗普解除蒂勒森国务卿职务意在制裁三国　　97
第五节　俄罗斯遭受制裁不挺"盟友"却讨好美国　　105
第六节　蒂勒森是"最亲普京的美国人"的那些事　　111
第七节　特朗普曾看好蒂勒森能成功运营好国务院　　119
第八节　特朗普竞选团队的"通俄门"风波不断发酵　　126
第九节　蒂勒森和特朗普在同一天的言论互相矛盾　　133
第十节　蒂勒森在离职声明中唯独没有感谢特朗普　　139

第三章　美国退出伊朗核协议　　149

相比中美贸易摩擦带来的恐慌，中东局势的爆发带来的影响显然要更大。毕竟中美贸易冲突，只会有两败俱伤的结果，而且还会给全球经济带来巨大的危害，但中东局势不同，中东地区一直就是特朗普瞄准的目标。不论是叙利亚还是伊朗核协议，是特朗普迟早都要解决的问题。就在叙利亚化学武器袭击事件搅得中东局势剑拔弩张之际，美国总统特朗普较预期提前4天宣布美国退出伊朗核协议。

第一节　沙特阿美推迟上市与欧佩克延长减产协议　　153
第二节　美国疯狂产油透露特朗普的一个如意盘算　　160
第三节　中美贸易紧张关系升级引发原油价格下跌　　168
第四节　叙利亚化武袭击事件打破油价难涨的僵局　　175
第五节　沙特阿美上市前希望油价涨至每桶80美元　　183
第六节　特朗普发表言论指责欧佩克操控抬高油价　　191
第七节　美国页岩油面临管道输送能力不足的瓶颈　　199
第八节　伊朗核协议危机与整个中东地区紧张局势　　209
第九节　特朗普提前4天宣布美国退出伊朗核协议　　217
第十节　从美国重启制裁伊朗到委内瑞拉总统选举　　224

目录

第四章 "欧佩克+"名义增产　　237

基于汽油零售价格走高，势必影响到共和党及特朗普的国会中期选举，美国政府通过非正式的渠道单独告知沙特阿拉伯以及其他一些欧佩克产油国，敦促他们提高原油日产量100万桶，这项要求并非通过欧佩克传达的。与过去不同的是，欧佩克似乎更愿意接受美国要求其提高产量的呼吁。沙特阿拉伯之前希望美国尽快恢复对伊朗制裁，作为交换条件，沙特阿拉伯承诺稳定全球原油市场。

第一节　每桶80美元的油价拉响未来供应缺口警报　　241
第二节　慢涨快跌使WTI与布伦特原油折价差扩大　　250
第三节　美国私下要求沙特阿拉伯日增产原油100万桶　　258
第四节　增产预期与中美贸易争端再重压油价下跌　　265
第五节　填补超额减产确保减产执行率回归100%　　274
第六节　美国试图通过制裁将伊朗原油出口降至零　　282
第七节　美国施压沙特阿拉伯日增产原油200万桶　　290
第八节　伊朗试图封锁霍尔木兹海峡破坏石油运输　　298
第九节　对伊朗制裁期限冲击美国共和党中期选举　　304
第十节　中期选举迫近令特朗普示好普京让步伊朗　　311

第五章 中东海湾紧张局势　　319

特朗普目前的重心就是如何控制不断飙升的油价，从而为他的中期选举提供助力。美国和伊朗之间的冲突越演越烈，地缘政治风险持续推升油价。连接波斯湾和阿拉伯海的全球石油运输战略要道霍尔木兹海峡成为全球焦点。如果美国彻底切断伊朗的石油出口，伊朗将封锁霍尔木兹海峡，阻断中东地区的海上石油运输。尽管美国没有看到来自伊朗的直接敌对意图，但伊朗伊斯兰革命卫队的武力展示让美国军事情报部门极为担忧。

第一节	沙特阿拉伯暂停经由红海航道的原油出口	323
第二节	石油行业投资不足加大未来供应紧张风险	329
第三节	从霍尔木兹海峡到曼德海峡面临军事威胁	337
第四节	美国的征税和制裁让"中俄伊"三国更紧密	344
第五节	沙特阿拉伯想尽可能获得伊朗的市场份额	350
第六节	伊朗制裁盖过贸易争端升级支撑油价上行	358
第七节	沙特阿美收购沙特基础工业股权暂停上市	365
第八节	伊朗原油制裁在即沙特阿拉伯想大捞一把	372
第九节	特朗普怒斥产油国故意炒高油价作为回报	380
第十节	"沙俄"不地道玩弄伊朗私下许诺美国增产	388

后记   397

第一章

美国页岩油抢占市场

在进入2018年之后,美国页岩油产量陡增,页岩油钻探开采技术简直出神入化,产量越来越高,甚至加拿大也打算加入美国的队伍大幅产油。"欧佩克+"延长减产原本预期原油市场将会向供求平衡的方向迈进一大步,然而页岩油的意外增加完全打乱了这个计划。这边欧佩克在不断减产,而那边美国产油却在不断增加,这让整个原油市场再平衡的前进脚步变得十分缓慢,甚至可能再次出现倒退。

要点

美国页岩油生产灵活性强,随着石油市场形势和公司策略的变化能很快进行相应调节,具有一定变数。一方面,钻井数增长、石油生产商套期保值数量增加、北美石油生产商回归本土着力于页岩油区带开发、资本支出持续增长等将支撑页岩油产量持续增长。另一方面,二叠盆地勘探开发的热度已经造成服务成本的上涨,小型生产商在钻机租用和寻找服务商方面出现困难,因借贷成本上涨,生产商更注重现金流增长而非产量增长,非核心区域的开发带来成本上升和产量下降等问题,都将对页岩油产量增长产生不利影响。

伴随着减产行动给原油带来的支撑,美国页岩油产量大增成了市场意料之外的利空。随着油价和钻探活动的周期性扩张日益成熟,美国页岩油生产商正面临着从钻机到高压泵设备以及劳动力的所有成本都在上升的压力。开采成本的变化通常会在活跃钻机数量发生变化后的1—2个月才能显现。钻机数量出现变化,通常要比美国原油期货价格的变化晚4个月。然而随着市场消化大量闲置钻机,开采成本回升速度比往常更加缓慢。

美国页岩油生产商继续以疯狂的速度钻探石油,每周都在增加钻井并打破美国的石油产量纪录。页岩油生产商日益青睐新型的大功率水平钻机。此类钻机可尽可能快地进行超长距离的侧钻作业,许多低功率的老款水平或定向钻机因此没什么价值可言。

芝加哥、纽约和休斯敦的交易柜台正感受到得克萨斯州和北达科他州页岩油产量上升的影响,这些地方的西得克萨斯中质原油(WTI)期货的活跃度远超伦敦布伦特原油期货合约。美国页岩油繁荣重新点燃了世界两家最大交易所运营商——洲际交易所(ICE)和纽约商业交易所之间的战火。

页岩油热潮释放的新原油供应已帮助压低价格,使世界各地的消费者受益。它提振了美国经济,创造了数以万计的就业岗位,提升了美国的能源安全,建立了新的国际关系,并在把制裁当作战略影响力的工具方面赋予了华盛顿新的自由。

美国能源走向独立,石油国家的影响力将会减弱。美国外交官们再也不用向沙特阿拉伯这样的石油供应国,小心翼翼地回避"美国优先"的外交政策。同时,这将使普京的外交政策失去一些力量,而俄罗斯的执政者们会发现,要维持他们已经习惯的生活方式会更加困难。欧佩克也面临着前所未有的挑战,如果欧佩克减产,美国页岩油气开采商可以通过增产、窃取市场份额的方法来削弱他们对价格的掌控力;而唯一的解决办法就是维持现状。如果页岩油气保持低价格,俄罗斯将是一个大输家;而唯一的解决办法是继续与沙特阿拉伯合作,使产量保持在较低水平,但这显然不是普京乐于见到的。

美国页岩油产量持续升高,欧佩克还能否坚持减产,真的要打上一个问号。如今的局面就好像欧佩克在不断省吃俭用,但美国不仅在坐享其成,而且还在进一步压迫欧佩克,因此市场的担忧不无道理,如果局面进一步恶化,减产协议很有可能会直接瓦解,各大产油国再次加入疯狂产油的队伍中,而且是要超越美国的产油,才能在美国口中抢下利润,然而这样的结果对于原油市场无疑是毁灭性的打击。

沙特阿拉伯表示,无论是产油国还是消费者都意识到,一个没有舵手的市场是有害的,损害各方利益。自"欧佩克+"执行减产协议以来,油价已从2015—2016年的低点翻倍。沙特阿拉伯乐见美国页岩油产量上升,不过随着委内瑞拉和墨西哥等国的石油产量下降,市场已经吸收了美国不断增长的页岩油产量。美国页岩油产量增加将不会阻碍"欧佩克+"削减石油产量的努力,也将不会对国际原油市场造成太大困扰,因为全球原油需求正在上升,同时欧佩克减产协议还在执行。俄罗斯也表示,减产协议对俄罗斯一些项目的推进产生了限制,但是俄罗斯的原油生产商仍依然会维持当前的市场份额,美国的页岩油产量是对俄罗斯市场份额的一种威胁。

按照市场的假设,减产协议也许会一直维持到沙特阿美上市,然后沙特阿拉伯对减产的兴趣预期就会衰退。其他欧佩克国家也已准备好再次开动阀门,科威特、阿联酋和伊朗都表达了协议结束后增产的野心。

美国原油出口激增的效应正扩散至国内能源产业链的其他层面。得克萨斯州以及墨西哥湾周边的港口正大兴土木,以便能够接纳规模更大的油轮。墨西哥湾地区的码头运营商及航运业者正扩大投资,以防供应瓶颈出现,因有越来越多美国原油输出。

页岩油开发商从投资者手中募集了数百亿美元的资金来生产石油和天然气,结束了数十年来石油产量不断减少的局面。但是大多数美国页岩油生产者数年来并没有将不断提升的产量转化为利润,这让他们的资金支援者们倍感受挫。华尔街的投资者们耐心已经被耗尽,纷纷要求页岩油生产商们能将更多的资金转移到红利分发和股票回购上。私募基金能源投资合伙人阿诺普·波达尔说:"投资者们都在呼吁,请给我们一些钱吧!"页岩油投资者正在寻找能够在控制成本、支付股息和增加产量等冲突目标之间找到最佳平衡的公司。

加拿大页岩油气革命最显著的标志在于,油气投资商由长周期的油砂投资转向短周期的页岩油气项目投资。在原油国际贸易方面,美国可能取代俄罗斯,但不可能取代欧佩克。在这方面，老牌产油国非常自信。伊朗希望欧佩克致力于将油价维持在60美元附近以遏制页岩油生产商，如果油价上涨至每桶70美元附近，将会进一步激发美国页岩油生产商的积极性。相比于欧佩克的生产商，美国的页岩油生产商显然灵活度更高，因为他们可以凭借技术来根据油价快速调整原油的产量。沙特阿拉伯则看淡页岩油扰乱市场的能力，并表示欧佩克以及俄罗斯的联合将是对抗美国页岩油产量的堡垒。

第一节
美国页岩油开采加快成为意料之外的利空

眼看2018年的头一个月马上就要过去，回顾这一个月的原油行情，虽然在起初原油迎来一段强势期，油价一路高歌，但从1月下半月开始，原油的走势似乎开始大幅放缓上涨脚步，虽然在长期来看，1月的原油行情依然延续了过去几个月的强势，但逐渐凸显出来的问题也开始变得明显起来。

进入2018年以来，油价开始持续上涨，但伴随着油价的上涨，市场的担忧也随之而来，其中主要集中在欧佩克是否会提前结束减产以及美国原油产量爆发，只不过近期沙特阿拉伯在达沃斯论坛上给市场吃了一颗定心丸，表示会在2018年维持减产，于是市场的担忧主要就转移到美国产油这一块。

现在油市面临的主要风险来自美国页岩油开采加快、欧佩克及其盟友的减产执行率降低、欧佩克之外的非页岩油产量增加，或由于油价上涨造成需求增长放缓。这些风险看起来不会很快成真，但油价涨得越高，这些风险就会越大。就像油市里几乎所有其他关系一样，这些风险与油价之间的关系很大程度上是非线性的。风险甚至将比油价上升得更快。油价涨得越高，页岩油及非页岩油增产的风险就越大，产油国不执行减产的可能性也越大，需求放缓的可能性也越高。

另一个风险来源在于市场内部本身。油价涨得越高，对冲基金经理卖出一部分多头仓位以锁定部分获利的诱惑就越大。对冲基金和其他基金经理在油市仓位极度一边倒，制造了一个严重的脆弱点。虽然这并不意味着将很快出现价格修正，但确实增加了即便产量略微增长或消费小幅放缓都可能引发油价相对大幅下跌的可能性。

当然，影响原油行情的还有一些其他的忧虑：一是库存方面的忧虑。虽然得益于欧佩克减产的生效，原油过剩的局面已经开始得到改善，但原油市场想要达到供需平衡的局面还需要较长的一段时间。作为库存数据的关键参考指标，美国原油库存数据已经连续下降了10周，原油分析师预计美国原油库存将迎来上涨。二是美元上涨的忧虑。

2018年以来美元的疲软给原油行情带来了长久的支撑，随着美元指数跌破90大关，不少人预测2018年美元指数将会再次重演2017年的跌势，然而特朗普一席话似乎又给这一预测画上了问号。特朗普表示希望看到强势美元，如果说2017年特朗普称美元过于强势、希望美元弱势成了美元下跌的导火索，那么如今特朗普不惜打脸表示希望看到强势美元，很有可能就会成为2018年美元反弹的导火索。如果美元指数真的由此开始反弹上涨，那么原油将会失去重要的底部支撑，1月24日以来，美元指数一直低于90关口。但自1月26日以来，美元已反弹近0.5%，至89.59，这令原油价格承压。

纽约能源对冲基金阿盖恩资本创始合伙人基尔达夫表示，美元下跌6周，反弹是不可避免的。在美元指数低于90美元的情况下，美元的影响已经对油价形成支撑。由于1月26日当周原油期货和期权的投资创下新高，原油期货价格也得到了布伦特原油期货合约的大幅溢价。美国投资机构太平洋风险管理驻伦敦分析师塔马斯·瓦加称，市场是乐观的，有可能出现明显修正的一方可能是美元走强。

之前关于2018年原油格局的争论就不曾断过，主要的担忧集中在对欧佩克的减产结束以及美国页岩油产量爆发，不过沙特阿拉伯表示2018年会维持减产，可以说从一定程度上缓解了市场对欧佩克减产结束的担忧。由此，美国产油量的持续爆发就成了当下原油市场的最大隐患。

国际能源署警告称，2018年美国的原油产量将出现爆发式增长。欧佩克也将其2018年石油供应增长预测提高了16%，并对油价的不断上涨持谨慎的态度，自20世纪80年代以来，美国页岩油的繁荣使该国更接近能源自给自足的程度。美国能源信息署报告显示，阿帕拉契亚山脉附近3个州的油气产量已经超过了国内部分地区需求，也为支持该地区的原油出口创造了条件。该地区页岩油盆地的页岩油产量2008年仅占美国国内原油总产量的2%，目前这一数字已经上升至27%。另外，7年前这个地区的原油产量不足以满足当地的需求，但现在的产量已经可以覆盖到其他的几个州并足以支持原油的出口。

2018年1月29日（周一），美元反弹和美国原油产量持续攀升引发市场担忧加剧，WTI油价收报每桶跌0.72美元至65.52美元，跌幅1.09%，布伦特油价收报每桶跌0.78美元至69.16美元，跌幅1.12%。不过减产行动的稳步推进依然为油价带来有效支撑。WTI原油期货价格盘中最低触及每桶64.98美元，布伦特原油期货价格盘中最低触及每桶68.75美元。

当前布伦特原油价格接近每桶70美元，欧佩克成员国对油价感到满意。然而美国页岩油受到高油价的刺激，正不断提高钻井速度和增加原油产量，这对欧佩克降低全球原油库存量的计划是一个阻碍。沙特阿拉伯和俄罗斯正在协调减产以降低库存并提振油价，防止美国页岩油增产导致油价下跌。

2018年1月30日（周二），股市疲软导致紧张情绪蔓延到原油市场，美国原油产量持续上升令忧虑情绪愈演愈烈,同时近期锁定获利也加大了油价的下行压力。国际油价连续第二天下滑,WTI 油价收报每桶跌 1.53 美元至 63.99 美元,跌幅 2.34%,布伦特油价收报每桶跌 1.05 美元至 68.11 美元,跌幅 1.52%。WTI 原油期货价格盘中最低触及每桶 63.89 美元,布伦特原油期货价格盘中最低触及每桶 68.00 美元。

过去的几十年,美国页岩油生产商已经在全球的石油产业中取得了巨大的进展。太阳环球投资首席执行官兼创始人米希尔·卡帕迪亚表示,市场担忧随着美国原油产量的不断提升,可能会使得油价进一步承压。

能源咨询机构伍德麦肯兹表示,美国原油和布伦特原油的价差在 2018 年达到了 4 年来的最高水平,这将为美国的原油出口至欧洲和亚洲提供了套利空间。美国原油产量的不断提升将使得布伦特原油和美国原油的价差扩大至平均每桶 3.90 美元,这一水平仅次于 2014 年。2014 年价差的平均水平为每桶 5.80 美元,而 2017 年仅为每桶 3.30 美元。随着最近过高的油价回归正常化,亚洲可能也会开始进口美国的轻质原油。因为自 2017 年年中以来美国在轻质油市场中逐渐占据主导地位。此外由于布伦特原油的价格不断攀升,2018 年由欧洲运往亚洲的原油装载量降至 4 年来的最低水平,这也会帮助美国的原油进入亚洲市场打开窗口。芝加哥价格期货集团高级市场分析师菲尔·弗林表示,对于目前原油的出口持乐观的态度。2018 年原油供应链的构建将会使得油价出现回落,但是前提是美国的经济预期比较乐观。

2018 年 1 月 26 日当周,美国运转钻机数增加 12 台至 759 台,创 2017 年 3 月以来最大增幅,因油价接近 2014 年以来高位附近令更多页岩油生产商增加钻探活动。伦敦航运投资者服务公司驻迪拜燃油经纪商马特·斯坦利称:"钻机数量只会继续增加,美国石油生产效率将变得越来越高。我预计布伦特原油将回落到每桶 60 美元附近,届时将逼迫各产油国油长再度聚集,讨论新的减产方案。"

瑞银分析师指出,由于 2018 年第一季度将出现供应过剩,且美国产量增加,库存状况正在恶化,市场需要价格下跌来控制住美国的供应量。国际能源署石油行业及市场部门负责人尼尔·阿特金森在科威特城举行的会议上表示,受油价上涨影响,2018 年的原油需求增长会慢于 2017 年;2018 年美国原油日产量增幅预计为 100 万桶,欧佩克以外产油国日产量总增幅预计为 170 万桶,欧佩克低估了除美国以外的非欧佩克产油国原油供应增长。数据显示,2017 年底的原油库存较 5 年平均水平高出 7000 万桶。阿特金森预计,2018 年第一季度原油市场供应出现盈余,之后在年内剩余时间内将保持小幅不足态势,2018 年全年来看,全球原油市场将整体维持平衡。

2018 年 1 月 31 日(周三),路透社公布的调查结果显示,2018 年油价不太可能远远超越每桶 70 美元,因欧佩克主导的减产与美国产量增加互相牵制。34 位接受调查的分析师预估,布伦特原油 2018 年均价将为每桶 62.37 美元,高于前次月度调查的每桶 59.88 美元。英国经济学人智库(Economist Intelligence Unit)全球经济学家凯琳·伯奇

（Cailin Birch）表示："需求稳定增长、欧佩克主要产油国提出明确减产承诺以及地缘政治风险不断，都将有助于油价获得支撑，不过我们预期美国产量增长强劲，同时欧佩克和非欧佩克产油国也会有一些取巧的卖盘，将妨碍均价升至远高于每桶70美元之上。"

克里斯尔研究（CRISIL Research）主管拉胡尔·普里蒂亚尼（Rahul Prithiani）预计，受美国石油产量上升影响，2018年油价将介于每桶62～67美元之间。与此同时，全球最大石油消费地区亚洲近期开始进口美国原油，可能将显示进口美国原油的兴趣增加。

产量上升为美国西得克萨斯中质油较布伦特和迪拜原油价差扩大铺平了道路，尽管运费成本较高，但这使亚洲国家进口美国原油更加便宜。汤森路透石油研究和预测分析师乔治·贝莱里斯（Giorgos Beleris）称："只要西得克萨斯中质油持续追随其他地区指标原油走势，美国原油应能持续找到输往亚洲的途径。"预计2018年美国原油均价在每桶58.11美元，高于12月调查预测的每桶55.78美元，2018年迄今美国原油均价在每桶63.63美元左右。

除了美国石油产量上升之外，高于每桶65美元的油价环境正鼓励巴西和加拿大等其他非欧佩克出口国通过新项目提升产量。分析师称，要预测欧佩克是否改变减产协议的期限还为时过早。国际文传电讯能源驻伦敦高级能源分析师阿比谢克·库马尔表示："当前的减产协议不太可能延长到2018年以后，因为市场将在2018年实现再平衡，不过，要求制定减产协议的退出策略的呼声将加速高涨。这反过来可促使各方在2019年缓步退出协议。"调查预计2018年第四季度布伦特原油均价在每桶61.62美元，2019年为每桶61.29美元。

美国页岩油生产灵活性较强，随着石油市场形势和公司策略的变化能很快进行相应调节，具有一定变数。一方面，2017年下半年钻井数增长、石油生产商套期保值数量增加、北美石油生产商回归本土着力于致密油区带开发、资本支出持续增长等将支撑页岩油产量持续增长。另一方面，二叠盆地勘探开发的热度已经造成服务成本的上涨，小型生产商在钻机租用和寻找服务商方面出现困难，因借贷成本上涨（要求回报率25%至30%）生产商更注重现金流增长而非产量增长，非核心区域的开发带来成本上升和产量下降等问题，都将对页岩油产量增长产生不利影响。综合判断，预计2018年美国页岩油产量将进一步增长，增量高于2017年，继续成为油价回升的重要阻碍。

2018年1月31日，美国能源信息署公布的数据显示，截至1月26日当周原油库存增加677.6万桶至4.18359亿桶，这是库存连降10周后首次增加，增幅创2017年3月10日当周以来新高，远超预期的增加12.6万桶，前值为减少107.1万桶。美国国内原油日产量增加4.1万桶至991.9万桶，连续3周增长。油价短线剧烈波动。不过，市场重新解读数据发现，汽油和精炼油库存均大幅下降近200万桶，油价再度受到提振快速反弹并收复此前一波快速下跌的失地。汽油库存减少198万桶，少于预期的增加180.9万桶。精炼油库存减少194万桶，超出预期的减少145.4万桶。

美国能源信息署公布的月度数据显示，2017年11月美国的原油日产量突破1000万桶，创48年新高。而上一次看到这个数据是在1970年，但是当时原油产量已经达到了顶峰，随后开始出现收缩，而在2018年这种情况会有所不同，预计2018年美国平均每天将增产100万桶原油，美国官方给出的数字是日产量将达到1030万桶。

IHS马基特副董事长、剑桥能源周创始人丹尼尔·耶金表示，2019年美国将成为最大的产油国，预计将在当前的日产量基础上增加200万桶。同时，早些时候特朗普寻求在美国沿海开放大部分海域进行新的石油钻探也为石油开发商提供了渠道，这都或推动美国的原油产量创出新高。

根据路透社调查，欧佩克成员国和包括俄罗斯在内的其他产油国继续严格执行减产协议，欧佩克1月原油产量从8个月低点回升，日产量较上月增10万桶至3240万桶，减产执行率达到138%。减产高执行率的一个原因是委内瑞拉因经济危机产量大幅下滑。2月1日（周四），美国原油期货价格延续温和涨势，欧佩克对减产协议的高执行率，抵消了美国石油日产量近50年来首次突破1000万桶这一消息的影响。此外，知名投行高盛上修2018年油价，并认为油市再平衡进程正在加速。截至收盘，WTI油价每桶涨1.21美元至65.98美元，涨幅1.87%，布伦特油价每桶涨0.90美元至69.78美元，涨幅1.31%。

高盛分析师库瓦林在分析报告中指出，该行目前预计，未来3个月布伦特油价将达到每桶75美元，6个月内布伦特油价将最终攀升至每桶82.50美元，12个月内布伦特油价将维持在每桶75美元，高盛此前对3个月和6个月的油价预测均为每桶62美元。高盛预计，未来6个月原油投资回报率为24%。油价上次达到每桶75美元还是在2014年末。库瓦林称："油市再平衡可能已经实现，比我们预计的早了6个月，由于需求高速增长、高减产执行率及委内瑞拉产量下降，2017年末库存快速下降。"

此前，包括摩根士丹利和摩根大通在内的其他华尔街银行在2018年初迄今油价大涨后已经上调了价格预测。全球经济增长和欧佩克带头的减产是近期涨势背后的最大因素。摩根士丹利称，2018年油价将升至每桶75美元，而摩根大通表示，因石油市场收紧速度快于预期，预计2018年国际油价将涨至每桶78美元。不过高盛警告称，其观点是周期性的，近期油价有较大下跌风险，因油价高企，激发美国页岩油商进一步扩大生产的热情。预计美国页岩油的反应导致欧佩克最终增产及非欧佩克产油国产油量的增加最终会打压油价，该行对2020年布伦特原油价格的预期为每桶60美元。此外，还有分析指出，随着美国税改施行，美国页岩油商获得了额外的收益，这推动了他们进一步扩大产量的倾向。

由于高油价有可能引发竞争对手增加产量，从而威胁到欧佩克的长期财政收入，所以高盛依然预计欧佩克会在未来数年加大产量。在2018年，欧佩克产量滞后增长很可能会被证明是有益的，因为他们的减产规模比较大，而且油价或将处于足够低的位置，能限制需求被破坏。

全球经济活动依然强劲，高盛当前衡量全球经济的指标位于 2011 年以来的最高水平。根据可以获得的原油数据，2018 年第四季度全球石油日需求增长预计为 205 万桶，全年为 186 万桶。高盛认为，全球经济增长的领头羊已经从发达国家转移到了新兴经济体。这样一种转变对原油需求增长提供了支持。高盛将 2018 年原油日需求从 173 万桶提高到了 186 万桶，同时预计 2019 年日需求增长将为 160 万桶。

鉴于投资者目前正在考虑：美国原油产量的增加，或者欧佩克对其供应削减的坚持，哪一股力量最终将被证明成为主导油市的驱动力，油价与股票、甚至与美元的关系可能会被削弱。伦敦资本集团（London Capital Group）研究主管贾斯珀·劳勒（Jasper Lawler）表示："我认为这一局面不会持久，油价和标准普尔指数碰巧表现得很好，而且同时出现获利了结。但我认为它们的走势将会出现分歧，这种相关性将无法在时间的考验中维持下来。另一个因素是布伦特原油价格高达每桶 70 美元。这在大多数预测中都是最高的。因此，这告诉我们要停下来思考一下。我不认为可能会回到每桶 60 美元，但我认为每桶 65 美元似乎是一个合理的领域。我们要开始重新关注市场的基本面与一般情绪。"

伴随着减产行动给原油带来的支撑，美国页岩油产量的大增成了市场意料之外的利空，而石油巨头英国石油 1 月 31 日发布声明称，计划到 2020 年将北海的石油产量翻一番，此前该公司曾宣布两项新的油气发现。英国石油北海地区总裁马克·托马斯（Mark Thomas）表示："两个新油气井的数据都在评估中，其中至少有一项或许能用现有基础设施开采。现在苏格兰海岸外更大的区域在用于能源开采方面看起来焕然一新，且恢复活力。我们预计到 2020 年，日产量将增加一倍，达到 20 万桶，并在 2050 年以后继续生产。"

随着油价上升和钻探活动的周期性扩张日益成熟，美国页岩油生产商正面临着从钻机到高压泵设备以及劳动力的所有成本都在上升的压力。据美国劳工统计局的初步估算，2017 年石油和天然气的开采成本已大幅升高。自 2016 年 11 月触及周期性低位以来，开采成本已增加逾 10%，但相较 2014 年 3 月的周期性峰值仍低出 27%。

开采成本的变化通常会在活跃钻机数量发生变化后的 1～2 个月才能显现。钻机数量出现变化，通常要比美国原油期货价格的变化晚 4 个月。然而随着市场消化大量闲置钻机，开采成本回升速度比往常更加缓慢。美国原油价格在 2016 年 2 月触及周期性低位，运转钻机数量于 2016 年 5 月落底，而开采成本则于 2016 年 11 月降至最低水平。此后，随着油气钻机数量自 2016 年 5 月的 404 座，倍增至 2018 年 1 月的 947 座，开采成本开始缓步爬升。在油价于 2014 年下半年暴跌以前，活跃钻机数量仍不到峰值的一半。但因许多比较老旧的钻机已然弃用、分拆为备用零件，或不适用于钻探页岩油如今所青睐的深井，因此钻机市场要比表面上看起来更加紧俏。

页岩油生产商日益青睐新型的大功率水平钻机。此类钻机可尽可能快地进行超长距离的侧钻作业，许多低功率的老款水平或定向钻机因此没什么价值可言。该服务行业的其他领域，尤其是压裂方面，设备和熟练工的短缺情况更为甚之，价格也是以更快的速度上涨。2015年和2016年最低迷时期，为了争取业务，许多服务公司对2016年和2017年开出的是大打折扣的固定价格合同。但随着这些合同的到期，服务公司一直在推动提价，得到了越来越多的接受。

过去12个月的页岩油钻井成本以近4年来的最快速度上升，增速可与2011—2014年繁荣期的水平相提并论，尽管对比的基数相对较低。油气行业的成本一直都有很强的顺周期性，这就是谈论长期静态盈亏平衡价格为何没有意义的原因。在经济下滑期，由于劳动力、原材料、特许权使用费和服务合约等各项成本均下降，所以假定的盈亏平衡价格也会下降。但在经济复苏期，由于各项成本增加，盈亏平衡价格上涨，进而在更高水平为油价提供支撑。

成本往往追随油价走势并有一定的滞后，尤其是在油价下滑期后，而且这种关系是非线性的，因此最初钻探活动增加可能不会产生太大影响，但随着复苏进入成熟期，这种影响也会加速扩大。如果石油消费继续增加，同时欧佩克及其同盟维持限产举措，油价就会如很多分析师预期般攀升，成本就可能加速增长。未来1年油价持续上涨和页岩油产量不断增加，应当会刺激钻井和其他服务成本在2018年和2019年进一步增加。在油价扩张周期的后半段，成本增加将削弱油价上涨对供应的提振作用，并加大油价上行压力。

沙特阿拉伯希望与中国、韩国、日本等战略投资者进行协商，从而决定沙特阿美在何处上市。如果上市要在10月或11月进行，则必须在3月之前做出决定，否则可能会推迟到一年后，这意味着近期将就上市地点的问题做出决定。事实上，在沙特阿美正式进行首次公开上市之前，沙特阿拉伯希望建立一个稳定、平衡的石油市场。对于与长期资本投资相一致的健康市场而言，过高的油价可能和过低的油价对于沙特阿拉伯都是不利的，这意味着沙特阿拉伯可能会主导放弃扩大供应的机会，同时维持现有渠道的价格，这将在近期的减产目标上有所体现，同时这种情况可能持续到首次公开上市前后一段时间。

随着美国产油的不断增加，持续10周都在下降的原油库存终于也停止了继续下跌的脚步开始反向大涨。在欧佩克达成减产之后，本以为2018年原油市场会开始向平衡状态迈进，但美国突然开始大量产油，让整个市场猝不及防。

之前欧佩克和国际能源署月报中都提到了美国原油产量会迎来爆发性增长，这对于2018年原油市场会产生巨大的影响，这边在减产，那边却在疯狂产油，无疑拆东墙补西墙。因此面对美国的举动，市场也开始担忧减产协议的持续性会受到冲击。而此时俄罗斯已经开始准备后招了，吕斯塔德能源称，俄罗斯石油公司已大幅增加新井的钻探。2017年俄罗斯公司大幅提高了新井的数量，增长了20%，达到了6000座。钻井的增长主要涉及勘探井和生产井，这一增长的驱动因素首先是油价上涨，2018年迄今上涨近1/4，达到每桶70美元。第二个原因是欧佩克减产的交易存在不确定性，据预测，俄罗斯和全球新井数量增长的趋势至少将持续到2020年底。钻井的主要领跑者将仍是俄罗斯和北美国家。

美国页岩油生产商继续以疯狂的速度钻探石油，每周都在增加钻井并打破美国的石油产量纪录。尽管如此，石油生产地理区域正越来越集中。这不仅表现在二叠盆地占到美国新石油产量的大部分，二叠盆地重点区域以外的其他地方也成为大部分钻探行动的所在地。二叠盆地的钻井热潮已经持续一段时间，钻探活动仍在继续加速。二叠盆地区域十分广阔，而钻井平台的增加实际上集中在非常小的地理区域。2017年夏季以来，特拉华州和米德兰的亚盆地钻井数跃升了54%至388座。有25个县位于这两个亚盆地中，但据渣打的一份研究报告，其中的12个县占到了钻探活动的95%。进一步深入分析你会发现，大约一半的钻探活动位于其中的四个县：米德兰、里夫、莱亚和埃迪。

在这样的背景下，渣打分析师在报告中认为，页岩油繁荣的基础越来越窄，其他地方活动缓慢的时候，只有核心区域快速增长。对美国石油产量来说，这也许未必是个问题，只要该地区能够应对钻探的迅猛速度。渣打称，未来几天和几周将公布2017第四季度财报，如果页岩油行业继续报告来自这一小片地区的强劲产量增长，那么米德兰和特拉华盆地似乎将在2018年引领强劲的美国产量增长。

然而，由于如此多的钻探活动集中于这样一片相对狭小的区域，因此风险瓶颈将开始出现。随着产量继续上升，集油管线、管道、处理设施的压力，外加水力压裂工人、劳动力和设备的短缺将成为焦点。渣打指出，如果许多页岩油企业提出了对这些区域的基础设施或其他设备和服务瓶颈的忧虑，那么对美国页岩油快速增长的预测可能会"令人失望"。虽然目前没有确切证据，但至少关于页岩油行业遭遇瓶颈的传闻已持续了一年多。目前为止，还没有对总体产量产生明显影响。来自二叠盆地的产量正上升，许多市场预估预计2019年美国的日产量增幅将超过100万桶，一些人则预计会更多。

另外，1月31日，据一份发送给现场人员的备忘录，为"简化并精简"流程，美国内政部悄悄废除了奥巴马时代实施的用于石油和天然气钻探联邦土地租赁的改革。这份由美国内政部土地管理局代局长发送给现场官员的指令备忘录更新了用于油气生产的联邦土地的租赁审核流程，以加速批准新的土地租赁。

该备忘录有效地抹去了奥巴马政府实施的土地租赁改革。改革的目的是将环保主义者和当地旅游行业团体的意见包括在联邦土地租赁的审核进程中。石油和天然气行业称，奥巴马政府的这一改革耗时且多余。

该文件表述，指令备忘录目的是为了更有效率和高效的油气租赁管理，简化和精简租赁流程。这一政策改变将导致租赁销售增加带来的额外收入，并降低环境评估和应对抗议的成本。新的政策将把一桩特定租赁销售的环境审核期限限制在6个月，且不再要求土地管理局官员的现场到访。公共土地倡导团体荒野协会（Wilderness Society）高级法律顾问纳达·卡尔弗（Nada Culver）称："明确的方向是，在不考虑资源冲突或当地社区意愿的情况下，尽可能多、尽可能快地发放租赁许可。"

奥巴马政府决定改革石油和天然气租赁的批准方式，发生在因环保团体的一连串诉讼，导致当时土地管理局不得不取消近80桩犹他州国家公园和纪念碑附近的土地租赁许可之后。然而，在特朗普政府的"能源主导"议程下，美国内政部已经采取措施取消环境法规，开放更多的联邦土地和水域用于能源勘探。

第二节
美国页岩油繁荣点燃两大交易所之间的战火

芝加哥、纽约和休斯敦的交易柜台正感受到得克萨斯州和北达科他州页岩油产量上升的影响，这些地方的西得克萨斯中质原油（WTI）期货的活跃度远超伦敦布伦特原油期货合约。随着美国原油日产量突破1000万桶，2017年所谓的WTI期货交易量和布伦特原油期货交易量的差距达到了至少7年来最大。而10年前，美国国内原油产量下滑和美国原油出口禁令意味着WTI发挥的作用主要是反映美国的原油库存水平。这一段时间美国的原油市场是脱离全球市场的。但近年来的两个变化推动了以美国原油为基准的原油指数在全球市场的复苏。其一是页岩油生产的繁荣，这催生了大量试图通过期货合约来对冲利润的小型生产商。其二是两年前，美国结束了其长达40年的原油出口禁令，使得WTI对全球的船运和交易有利。2016年，美国原油日均出口量仅61.4万桶，而2017年这一数字达到115.8万桶，其中第四季度日均出口量159.5万桶。同时随着美国原油产量和出口量的不断攀升，越来越多跨国公司通过在美国金融市场购买原油来抵消他们的风险敞口，这也给了美国页岩油生产商更多的机会，通过产量来锁定他们的利润。

美国页岩油繁荣重新点燃了世界两家最大交易所运营商——洲际交易所（ICE）和纽约商业交易所之间的战火。纽约商业交易所已经在2008年被芝加哥商品交易所（CME）集团收购。对洲际交易所和芝加哥商品交易所来说，能源均代表着第二大收入来源，仅落后于股票和利率交易。ICE总部位于亚特兰大，在2001年收购了伦敦国际石油交易所及其布伦特期货合约后，便以欧洲合约而闻名于世。2017年，大约3.1亿手美国原油期货合约在芝加哥商品交易所的纽约商品交易所换手，远多于洲际交易所布伦特原油期货的大约2.42亿手。

芝加哥商品交易所表示，存在着全球范围内美国原油基准用得更多的明显趋势，部分是由于那里产量的增长以及支持布伦特交易的北海原油相对停滞的产出。芝加哥商品交易所能源研究和产品开发的总经理欧文·约翰逊（Owain Johnson）称："这让投资者更可能用WTI进行原油期货交易。相比布伦特，你对于未来5年WTI看上去会是什么样有更多了解。"但洲际交易所董事长兼首席执行官杰弗里·斯普雷彻（Jeffrey Sprecher）并不认为WTI的全球影响力正在上升，称这种说法是一种宣传伎俩。

美国原油期货流动性的增加部分源自国内页岩油生产商对冲的上升，也源自海外投资的增加，在2017年后者将未平仓合约的数量推至历史新高。据芝加哥商品交易所数据，美国以外的WTI期货日均交易量在2017年同比增长了近40%。目前WTI期货当中海外交易量占到芝加哥商品交易所日均交易量的约30%。加拿大皇家银行资本市场能源策略部门董事米迦勒·特兰称，由于美国出口和产量的上升，WTI正重新夺回世界上最重要原油基准的头衔。

然而，全球购买者称，美国合约可能不得不进行改变以反映休斯敦等出口枢纽的价格。当前，WTI合约与俄克拉荷马州库欣内陆储存中心可交付原油相关联。更多的供应正从得克萨斯州来到墨西哥湾沿岸港口，得克萨斯州的石油日产量目前已接近400万桶。

2018年2月2日（周一），美元在强劲的美国就业数据发布后急升，同时投资者开始锁定获利，油价承压下跌，WTI油价收报每桶跌0.92美元至65.06美元，跌幅1.39%，布伦特油价收报每桶跌1.55美元至68.23美元，跌幅2.22%。布伦特原油深跌，使其和美国原油价差收至8月来最窄水准，近几个月两者价差走宽提振了美国原油出口。

在进入2018年之后美国页岩油产量突然大增起来，页岩油开采技术简直出神入化，产量越来越高，甚至加拿大也打算加入美国的队伍大幅产油，本来按照预期此前欧佩克达成减产之后2018年原油市场将会向供求平衡的方向迈进一大步，然而美国产油的意外增加完全打乱了这个计划。这边欧佩克在不断减产，而那边美国产油却在不断增加，这让整个原油市场再平衡的前进脚步变得十分缓慢，甚至可能再次出现倒退，美国原油库存已开始大增，这是因为美国页岩油产量大增的影响。

页岩油热潮释放的新原油供应已帮助压低价格，使世界各地的消费者受益。它提振了美国经济，创造了数以万计的就业岗位，提升了美国的能源安全，建立了新的国际关系，并在把制裁当作战略影响力的工具方面赋予了华盛顿新的自由。IHS马基特副董事长、剑桥能源周创始人丹尼尔·耶金表示："曾经有几十年时间，唯一的问题是美国石油进口量增长的速度会有多快，现在全球石油市场就像被放进一个瓶子里用力摇动，新的格局正在浮现。"

有预测称，到2018年底，美国很可能成为世界上最大的石油生产国。纽约哥伦比亚大学全球能源政策中心（Centeron Global Energy Policyat Columbia University）主任、前奥巴马政府官员博尔多夫（Jason Bordoff）说："在过去的40年里，自从阿拉伯石油禁运以来，我们已经有了能源短缺的心态，由于页岩油气革命，美国已经成为一个能源超级大国。"

特朗普政府计划为近海勘探开辟广阔的海洋区域，这是40年来第一次允许在北极国家野生动物保护区进行钻探。也许需要花上几年的时间才能开采，但回报率和这点等待比起来太不值一提了。据估计，阿拉斯加总共有118亿桶的可开采原油。美国把沙特阿拉伯和俄罗斯从能源的金字塔尖挤下，新的世界能源秩序可能会应运而生。这种洗牌对美国有利，但对世界却没有那么大的好处。

美国能源走向独立，石油国家的影响力将会减弱。美国外交官们再也不用向沙特阿拉伯这样的石油供应国，小心翼翼地回避"美国优先"的外交政策。同时，这将使普京的外交政策失去一些力量，而俄罗斯的执政者们会发现，要维持他们已经习惯的生活方式会更加困难。欧佩克也面临着前所未有的挑战，如果欧佩克减产，美国页岩油气开采商可以通过增产、窃取市场份额的方法来削弱他们对价格的掌控力；而唯一的解决办法就是维持现状。莫斯科利用石油收入为从乌克兰到叙利亚的激进外国干预提供资金。如果页岩油气保持低价格，俄罗斯将是一个大输家；而唯一的解决办法是继续与沙特阿拉伯合作，使产量保持在较低水平，但这显然不是普京乐于见到的。

伊朗石油部长赞加内表示，欧佩克推升油价的措施是暂时的，应该等到2018年6月再来决定是否延长减产协议。如果欧佩克决定在6月举行的下一次会议上停止全球限产，伊朗可以迅速提高原油产量。如果欧佩克认定原油价格已经高到足以支持放弃与其他产油国达成的减产协议，伊朗可以在5~6天内把日产量提高至少10万桶。赞加内还提到，伊朗西部的两个油田一直在增加原油产量，但由于减产协议的限制，伊朗一直在自我约束，使得增长幅度是十分有限的。彭博社2月2日公布的调查结果显示，原油交易员与分析师倾向于继续看空下周美国原油价格走势。在接受调查的22位交易员与分析师中，15人（68%）看空，4人（18%）看多，3人（14%）看平。

2018年2月5日（周一），因股市和债市恶化威胁到了能源需求的前景，美国石油产量的上升和现货市场的疲软，加大了股市和大宗商品普遍下跌的压力，油价接近一个月来的最低水平。WTI油价收报每桶跌1.63美元至63.43美元，跌幅2.51%，布伦特油价收报每桶跌1.31美元至66.92美元，跌幅1.92%。

CMC Markets分析师斯普纳表示："未来几周，影响市场的主要因素之一是美国产油数据，以及最近页岩油钻机数量的增加是否持续。"马萨诸塞州战略能源和经济研究总裁林奇表示："这是从金融市场、特别是股市传染的。人们担心未来几个季度的需求可能不会像之前预计的那样强劲。"纽约投资咨询机构United-ICAP技术分析师布里安·拉罗斯（Brian Larose）表示："我们肯定是要发出严重的预警信号，特别是布伦特油价在每桶67美元附近区域。如果从该区域反弹，预示油价有可能上行，但这也预示横盘整理将持续。若股市无法企稳，那么整个能源市场将面临压力。"

过去几周，随着北海石油价格跌至8个月以来的最低水平，原油现货市场也出现了恶化。与此同时，上周俄罗斯乌拉尔原油的价格也跌至了一年来的最低水平。原油研究机构石油模型原油分析师奥利维尔·雅各布说："我们正进入一段时间的大量炼油设备维修期，所以（抛售）发生了，这是意料之中的。"沙特阿拉伯在上周末表示，已下调对欧洲客户的原油官方销售价格。这一迹象表明，全球最大的石油出口国可能正在对该地区的潜在疲弱进行保护。

2018年2月5日，杰罗姆·鲍威尔正式宣誓就职第16任美联储主席，接替前任主席珍妮特·耶伦执掌"美国央行"，标志着美联储耶伦时代结束，正式进入鲍威尔时代。鲍威尔作为美联储新掌门人，将面临两大棘手难题：一是特朗普的经济刺激计划有可能引发经济过热，如果鲍威尔对加息时机拿捏不准，保持与此前一样缓慢的加息步伐，恐将难以消除经济过热的风险。二是鲍威尔接下来或将倾向于给美国银行业"松绑"，但如果美国金融监管过度放松，有可能会演变成一只"黑天鹅"，并引发经济危机。至于原油市场，其实鲍威尔带来的直接影响不大，就如同之前的耶伦一样，更多的是通过对美元的影响从而间接影响到原油市场，2017年耶伦背水一战想要拯救美元，2018年美元状态更加糟糕，而这个烂摊子也要交到鲍威尔的手中。如果鲍威尔今后能够解决疲软美元的问题，无疑对原油市场会带来巨大的影响。但就短期来看，恐怕暂时还无法改变美元跌跌不休的局面。

美国股市大幅下跌，延续了前一交易日的跌势。道琼斯工业指数一度下跌逾1500点，抹去2018年以来全部涨幅。道琼斯收盘跌超1100点，创2008年金融危机以来最大单日跌幅。标普指数收跌4.1%，创2011年8月以来最大单日跌幅。恐慌指数VIX收涨115.60%，报37.32，创2015年8月份以来收盘新高。欧洲央行行长马里奥·德拉吉（Mario Draghi）周一在斯特拉斯堡举行的欧洲议会上表示，尽管经济增长强劲，但欧洲央行还不能宣布在通胀问题上取得胜利。而对于欧元升值问题，德拉吉表示，有必要监控其对通胀的影响，货币政策将以完全依赖数据和时间一致的方式发展。

美国正考虑对委内瑞拉实施原油制裁，从而对马杜罗政府施压，迫使其"重归宪法"。美国国务卿蒂勒森称："美国政府或禁止从委内瑞拉进口原油，同时限制该国原油出口或是从美国进口炼油产品。目前针对原油制裁的顾虑之一是，这一政策是否会影响到委内瑞拉人民的生活。这是一个能够结束这一切纷争的方法，如果不采取措施，即意味着委内瑞拉人民将承受更长时间的痛苦。"美国政府指责马杜罗总统是导致该国经济和政治危机的罪魁祸首，这引发委内瑞拉国内频繁爆发暴力抗议以及出现了食品和药品短缺的局面。相反，马杜罗则控诉美国及其盟友试图破坏他的合法政府。

从2月2日开始，美国国务卿蒂勒森正展开为期一周的拉美之行。美国国务院表示，蒂勒森在访问期间计划讨论委内瑞拉局势问题，以及双边、地区和全球关系问题。在出访拉美期间，蒂勒森表示密切关注着委内瑞拉政治事务。委内瑞拉总统马杜罗由于其政治立场受到了美国方面的批评，同时2018年他将再次参加选举。蒂勒森公开表示对其领导的持续性表示怀疑。不过市场人士认为，把委内瑞拉石油纳入制裁的目标对美国来说是有风险的。截至1月28日,委内瑞拉是美国第七大石油输出国,而在2016年,委内瑞拉曾一度是美国第三大原油输出国。美国总统特朗普2017年曾考虑对委内瑞拉实施更严厉的制裁,但考虑到能源占该国出口经济的95%,此举将给美国带来麻烦,最终作罢。这是因为在墨西哥湾沿岸的炼油厂中,委内瑞拉是最大的原油来源之一,这一水平甚至超过欧佩克第一大原油出口国沙特阿拉伯。这意味如果将委内瑞拉的原油纳入制裁的范围,美国本国的石油产业也将受到影响,这或影响到原油及成品油的库存进而推升油价。

阿布扎比顾问机构玛纳尔能源集团(Manaar Energy Group)董事总经理加法尔·阿尔泰(Jaafar Altaie)表示:"美国页岩油产量的上涨以及欧佩克成员国之间对于减产的协调性不足,使得油价依然面临着下行的风险。减产协议还会维持数月,因此油价也将维持在当前水平,但是,如果继续上涨,减产协议可能就难以维系。伊拉克已经决定扩大产量,伊朗已经扩大了产量,同时沙特阿拉伯正在增加钻油井数以扩大产能。"阿尔泰认为,当前情况下布伦特原油确实在未来几个月有机会到达每桶80美元,但他对油价能否维持在这一线持怀疑态度。除非接下来的一段时间,全球原油库存还在持续下降,最重要的是欧佩克在减产上能够保持更为高度的一致,同时油价维持在当前的水平才有可能实现。阿尔泰指出,油价维持在当前价位水平的时间将会持续到2018年第一季度末,这段时间如果欧佩克真能够严格执行减产,那么油价每桶将有机会上升5美元。前期市场情绪推动的上涨行情或使油价面临严重的上行压力。

丹麦盛宝银行大宗商品策略主管瀚森表示,原油价格在接下来的一周接近关键阻力位,这是因为美国原油产量创新高和原油库存自2017年11月以来的首次上升,抵消了欧佩克减产对于油价的提振。来自高盛和摩根大通等机构对于油价强劲上涨的预测一度推升了市场看多的情绪,这也是油价在当前价格下难以继续上行的重要原因。

2017年的这个时候,各大银行在考虑减产协议将会持续多长时间。压倒性的观点是对减产协议的怀疑。分析人士称这一协议将在几个月内破裂,或者生产国将会延续他们不遵守协议的习惯。另一些人则认为,美国页岩油产量增长如此之快,将抵消欧佩克、俄罗斯及其合作伙伴的所有减产努力。

一年转瞬即逝,因现实情况改变,这些银行也在改变他们的看法:现在他们开始先后发布了对原油价格的乐观预期。高盛最近放弃了对油价的怀疑,并预测6个月内布伦特原油价格将达到每桶80美元。在高盛预测的几天前摩根大通曾表示,预计几个月内油价将达到每桶78美元。

1月中旬,美国银行将布伦特原油价格预期上调至每桶64美元,与高盛和摩根大通的预期相比,这个预测看起来还不够乐观。摩根士丹利的预测位于中间,预计2018年上半年布伦特原油价格将偶尔触及每桶70~75美元,在第三季度稳定在每桶75美元左右。

这些修正是由于欧佩克和俄罗斯做了不可思议的事——他们设法降低了全球库存，从而推高了价格。彭博社的格兰特·史密斯（Grant Smith）在最近的一篇文章中详细阐述了银行对欧佩克的错误看法，从怀疑是否会达成减产协议，到俄罗斯意外加入该协议，以及欧佩克2017年末减产执行率超过100%。

客观地看，这些怀疑是有道理的。例如，伊拉克一直超出配额生产，因此沙特阿拉伯不得不加大自身减产力度以维护该协议。委内瑞拉2017年的产量跌至30年来的最低水平，但不是因为主观意愿。这一下降是多年来管理不善、投资不足和美国制裁的必然结果。此外，利比亚和尼日利亚的石油供应中断、2017年末北海福尔蒂斯原油管道供应中断，以及对全球经济和原油需求增长的乐观情绪，都支撑了油价的上涨。

美国页岩油产量并未抵消总计达180万桶的"欧佩克+"日减产，这与多数分析师最初的预期相反。但这些预期从一开始就相当乐观。美国能源信息署的数据显示，美国原油日产量从2017年1月27日当周的891.5万桶到2018年1月26日当周的991.9万桶，一年日产量累计增加100.4万桶。这仅仅是合理的预期，因为一年前，页岩油生产商还在经受着2014年油价暴跌带来的打击。在油价暴跌后，他们也更加小心谨慎，担心过快地提高产量。

人们可能会认为，这将使他们对自己的预期更加谨慎，但银行现在正在兜售乐观的预测，这可能会反过来困扰他们。越来越多的人警告说，油价上涨可能会使全球经济偏离轨道，并抑制需求。此外，原油和石油产品的多头头寸也出现了创纪录的高位。这种情况通常会导致回调，可能是一个大的回调，尽管其影响可能是暂时的。欧佩克及俄罗斯领导的非欧佩克产油国要将减产协议维持到2018年底仍面临很多跳涨。现在判断市场将如何运作以及地缘政治风险如何展开，或许还为时尚早。

2018年2月6日（周二），美国能源信息署发布短期能源展望报告，将2018年美国原油日产量预期从1027万桶上调至1059万桶，将美国2019年原油日产量预期从1085万桶上调至1118万桶。油价方面，预计2018年WTI原油价格为每桶58.28美元，预计2019年WTI原油价格为每桶57.51美元，预计2018年布伦特原油价格为每桶62.39美元，2019年为每桶61.51美元。产量增速方面，将2018年美国原油日产量增速预期从97万桶上调至120万桶，将2019年美国原油日产量增速预期从58万桶上调至59万桶。需求方面，将2018年美国原油日需求增速预期从47万桶下调至45万桶，将2019年美国原油日需求增速预期从34万桶上调至35万桶；将2018年全球原油日需求增速预期上调1万桶至173万桶，将2019年全球原油日需求增速预期上调7万桶至172万桶。供需平衡方面，预计原油市场在2017年日短缺从42万桶增至52万桶，2018年日过剩将从23万桶降至20万桶，2019年日过剩从35万桶降至22万桶。将2018年欧佩克原油产量日均值预期从3268万桶下调至3243万桶，将2019年欧佩克原油产量日均值预期从3294万桶下调至3270万桶。预计2018年1月欧佩克原油日产量上升9万桶至3241

万桶,将欧佩克2017年12月日产量从3254万桶下调至3232万桶。

《华尔街日报》点评美国能源信息署短期能源展望报告称,该报告的重点是,美国能源信息署上调美国2018年和2019年的原油产量预期,其中2018年日产量预期为1059万桶,2019年为1118万桶,这两个预期均较上次报告预期上调了3.1%。另外,美国能源信息署还将2018年WTI油均价上调5.3%至每桶58.28美元,布伦特原油均价上调4.4%至每桶62.39美元。

美国石油协会公布的数据显示,美国至2月2日当周原油库存意外下降105万桶,远超预期的增加286万桶,结束之前连增两周的局面。金融博客零对冲点评称,此次美国石油协会原油库存数据意外下滑,受此影响,WTI油价小幅上涨;分析师表示油市的市场情绪将随着股市回暖而有所改善;不过需警惕精炼油库存大增带来的负面影响。当日,WTI油价收报每桶涨0.49美元至63.92美元,涨幅0.77%,布伦特油价收报每桶涨0.30美元至67.22美元,涨幅0.45%。

美国能源信息署署长琳达·卡普亚诺(Linda Capuano)在一份声明中表示,美国能源信息署对布伦特油价2018年和2019年的预期比目前的水平低了一点,因为美国强劲的生产增长预计将有助于缓和全球石油价格。美国能源信息署还预计,到2022年,页岩油开发和低需求将使美国成为一个净能源出口国,到2029年将成为石油净出口国。原油产量的增长将由得克萨斯州的二叠盆地驱动,在达科塔斯和落基山脉地区获得收益。与此同时,墨西哥湾沿岸地区的产量将在2025年后趋于平稳,因为在鹰滩钻井的生产效率降低。

安哥拉石油部长迪亚曼蒂诺·阿泽维多(Diamantino Azevedo)在2月6日发表讲话称:"预计欧佩克在2018年内不会进一步扩大减产规模,我们不会超过欧佩克限产规定。同时作为非洲第二大原油出口国,安哥拉计划2019年开启黄金开采,希望借此使自己过度依赖原油和钻石的经济结构能够更加多样化。安哥拉对于加强经济结构多样化的态度是非常严肃的。我们计划将在近期开启黄金开采,希望能够在2019年推动两到三个金矿正式上线,但产量预计将较小。"

据路透社2月6日报道,根据接近欧洲炼油厂的贸易商和消息人士称,俄罗斯旗舰乌拉尔原油的品质恶化,已促使多个买家正在评估购买量和价格。波兰最大炼油商奥伦石油(PKN Orlen)副总裁米罗斯拉夫·科查尔斯基(Miroslaw Kochalski)说:"公司购买的乌拉尔原油质量发生变化,可能会影响未来的交易。这为与合作伙伴进行谈判提供了契机,同时也涉及价格条件。"据称,业内其他的乌拉尔原油买家也持同样态度。俄罗斯能源部和俄罗斯石油管道运输公司都承认乌拉尔原油存在质量不佳的问题。

到达欧洲客户的乌拉尔石油是由不同来源的石油混合而成,混合过程在俄罗斯管道系统内部进行。这种混合油的品质取决于较高质量和较低质量成分的相对比例。路透社称,2月出口至欧洲的石油接近俄罗斯联邦技术监督与计量局确定的质量标准区间低端。

交易员和了解欧洲炼油厂情况的消息人士称，乌拉尔原油质量下降抑制了价格，促使买家思考减少购买量的可能性。

至少有 5 位交易员称，他们认为乌拉尔原油受到影响，因为之前被混入乌拉尔原油的较高质量原油正转而输往东方，进入向中国等亚洲市场出口原油的东西伯利亚—太平洋石油管道。业内人士称："就目前而言，俄罗斯大部分轻质低硫原油都供给中国市场，而西方买家不得不接受剩下的原油。"俄罗斯能源部承认，乌拉尔原油的质量过去几年一直在下降，但表示这是因为老油田正在枯竭。俄罗斯石油管道运营商——俄罗斯石油运输（Transneft）也表示原油质量在下降。但发言人伊戈尔·戴奥明（Igor Dyomin）称，迄今为止还没有客户抱怨质量问题，质量处于容许范围内。俄罗斯能源部在电邮中称："基于其评估，2019 年乌拉尔原油的硫含量将仍在标准范围内（不超过 1.8%），不会对俄罗斯石油的出口价格产生负面影响。"

第三节
美国日产油量一周增逾 30 万桶加速油价下跌

2018 年 1 月底以来，油价紧跟着美国股市的步伐出现了较大程度的回落，布伦特油价从每桶 70 美元开始下跌，2 月 6 日盘中创出了每桶 66.53 美元的低点。道达尔首席执行官帕特里克·潘彦磊表示，油价的供需平衡是微妙的，2018 年以来，布伦特原油至少两次试探每桶 70 美元上方，创了 3 年来的高点。地缘政治因素以及欧佩克各成员国就减产达成一致消化了市场过剩的库存推动了油价的上涨。

潘彦磊认为，市场形势仍处于"不稳定状态"。供需平衡解释了商品在市场的周期与波动，这种平衡是微妙的。油市上还有很多的不确定性因素，因此没有理由能够说布伦特油价将维持在每桶 70 美元高位，也许行情正走在通往每桶 50 美元的路上。

美国 2017 年的原油产量开始与沙特阿拉伯持平，这是由于前总统奥巴马解除了长达 40 年的原油出口禁令，这对欧佩克力图通过减产维持市场供需平衡的目标构成了挑战。潘彦磊称，市场对于原油需求的增长将会进一步加速，达到 3 年来最高水平，这意味着需要更多的原油供给来满足需求的增长。按照道达尔的布局，到 2022 年，道达尔将以每年 5% 的增速来扩大原油的生产。道达尔 2017 年的净收入较 2016 年的 83 亿美元大约增加了 30%。较好的业绩得益于三个因素：费用的下降、产量的增加以及较高的原油价格。

据美国《钻井生产力报告》（DPR）数据，尼日利亚最大的油田夸伊博油田的原油日产量下降了近 41%，从 2010 年的 135 万桶下降至 79 万桶。2016 年的武装袭击已使尼日利亚的产量下降至数十年来的最低水平，此后夸伊博油田产量一直维持在较低的水平。自2016年起，产量也下降的阿格巴米（Agbami）油田成了尼日利亚境内产量最高的油田，取代了夸伊博油田。2016年，阿格巴米油田产量为8400万桶，高于夸伊博油田的7900万桶。此前欧佩克公布的2017年12月数据显示，尼日利亚较多的原油产量抵消了委内瑞拉不断下降的产量，实现了市场平衡。随着委内瑞拉局势进一步恶化以及尼日利亚的产量也随之下降，这可能短时间对油价形成支撑。

2018年2月7日（周三），油价跌至一个月低位，WTI油价收报每桶跌2.19美元至61.73美元，跌幅3.43%，布伦特油价收报每桶跌1.87美元至65.35美元，跌幅2.78%。稍早前，美国能源信息署公布的数据显示，2月2日当周美国原油库存增加189.5万桶，且原油产量创纪录新高，日产量增加33.2万桶至1025.1万桶，引发投资者担忧，若市场抛售继续，可能导致持有大量多头头寸的投机客面临风险。尤其是美国原油日产量突破1000万桶大关，进一步加重了投资者的担忧情绪，此外美元反弹也加大了油价的下行空间。

国际文传电讯能源驻伦敦高级能源分析师阿比谢克·库马尔表示："今天公布的美国上周原油日产量为1025.1万桶，令市场感到不安，随着油价不断下跌，其影响显现出来。"资产管理机构乌龟资本顾问分析师尼克·福尔摩斯（Nick Holmes）表示："美国原油产量增长相当强劲，供应方面仍然存在一些恐慌，美国页岩油产量增长是否会令我们预期中的今年强劲需求相形见绌？"钻井信息网站（Drillinginfo.com）分析师评论道："欧佩克减产和地缘政治动荡点燃的看涨人气正逐步消退，因投资者意识到，美国逾1000万桶的石油日产量将流入市场，同时也使沙特阿拉伯和俄罗斯面临市场份额进一步被蚕食的风险。"

美国国内原油产量连续4周增长（图1-1），日产量正式突破1000万桶，此前有报告提及，美国日产油突破1000万桶将会超越沙特阿拉伯，如今真的达成之后，市场的担忧情绪进一步升高，恐怕会进一步引发投资者获利离场。同时美国产油的大增也会持续对欧佩克的减产带来影响，若增产超越减产，那么欧佩克的减产就毫无意义，减产协议很可能会面临瓦解。

金融博客零对冲点评称，美国2月2日当周原油日产量突破1000万桶，创纪录新高，或将使得市场再度关注美国国内产量数据。分析人士表示，此次美国国内原油产量大增，并不是钻井数增加所造成的，更可能是由于数据修正所致。之前11月月度数据已经显示美国国内日产量已经突破1000万桶的水平。

美国原油库存连续第二周增加，其原因不仅仅是美国产油量的增加，有三个主要原因：WTI原油和布伦特原油的价差持续缩小、美国页岩油行业的活跃、炼油厂季节性检修。2017年8月哈维飓风过后，美国墨西哥湾炼油厂的大规模停产检修使得美国原油相对过剩，WTI-布伦特价差迅速拉宽到每桶-5美元以上，美国原油日均出口量也从2017年上半年的98万桶增至第四季度的159.5万桶。超60万桶的日出口增量完全抵消了页岩油的增产，并拉动美国原油库存第四季度反季节性下降，为油价上涨铺平了道路。

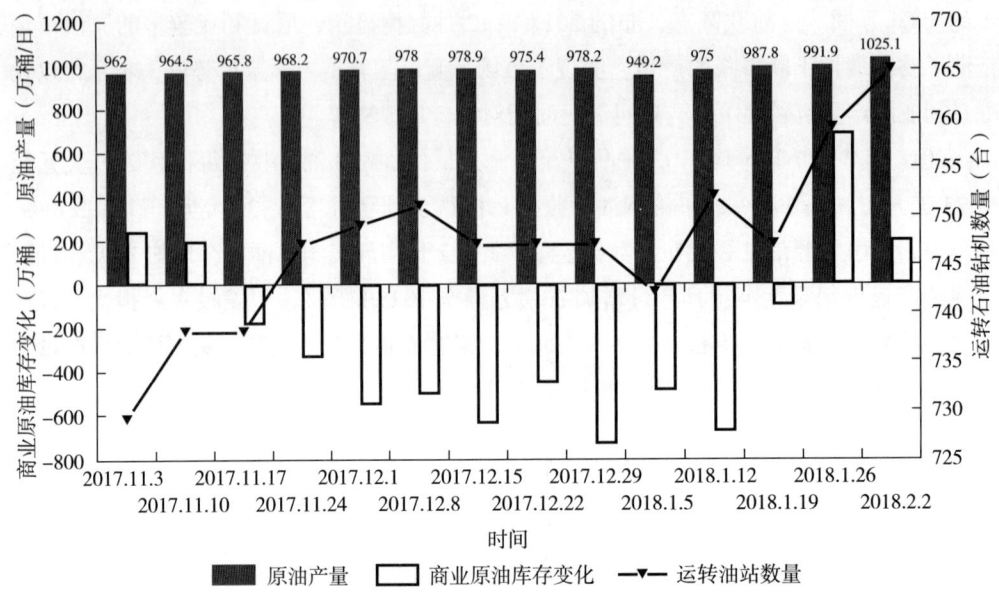

图 1-1　2017 年 11 月 3 日当周至 2018 年 2 月 2 日当周美国原油产量、库存变化
资料来源：美国能源信息署、贝克休斯。
注：时间以周为单元。

2018 年 1 月 26 日，WTI-布伦特价差在 5 个月后又回到每桶 -4.3 美元，意味着美国原油的出口套利窗口接近关闭。鉴于欧佩克国家在 2017 年底的增量出口和英国北海福蒂斯管道的修复，该价差有望维持在当前水平或继续收缩，美国原油日出口量短期或回到 100 万~130 万桶的水平。

尽管投资者对于生产商回报率的要求导致页岩油增产不及预期，但页岩油在不断上涨的油价背景下还是显示了增产加速的迹象。1 月 26 日当周原油日产量达到 991.9 万桶，接近 1970 年以来的最高水平；2 月 2 日当周原油日产量达到 1025.1 万桶，创纪录新高。1 月 26 日当周美国运转钻机数增加 12 台至 759 台，为 2017 年 9 月以来的最高值；2 月 2 日当周运转钻机数再增加 6 台至 765 台。美国能源信息署的短期能源展望预测原油日产量将从 1 月的 994 万桶增至 3 月的 1013 万桶，日增量 19 万桶。

此外，大量的库存井有望逐步投入生产。如果仅考虑库存井增长，最快也是开采成本最低的二叠盆地地区，2017 年新增 1212 口库存井，按每天 600 桶的单井平均产量计算，仅这部分新增油井的投产就能提供超过 70 万桶的日产量。加上特朗普政府推出的美国国家能源计划和减税政策，必将大力促进页岩油产业的快速发展。

近半年以来，丰厚的成品油裂解利润刺激美国炼油厂几乎满负荷运行，从 1 月下旬开始，美国炼油厂逐步进入检修季。当前美国炼油厂的日总炼能稳定在1850万桶左右，炼油厂开工率每下降1%意味着18.5万桶的库存积累。1月26日当周，炼油厂开工率降至88.1%，较上次90.9%的开工率下降2.8个百分点，1月26日当周的原油库存因此大增677.6万桶。2月2日当周的炼油厂开工率为92.5%，较上次提升4.4个百分点，原油库存因此仅增加189.5万桶，低于预期的增加315万桶，但汽油和精炼油库存增幅远超预期。

根据近5年的美国炼油厂平均开工率，2—3月的开工率较1月低3~4个百分点，相当于55万~74万桶的原油日需求损失，而这部分将全部转为库存增量。根据美国能源信息署短期能源展望关于2018年1—12月的原油产量预测，假设2018年美国炼油厂日总炼能保持在1860万桶，月度开工率取2013—2017年的5年平均值，日出口量分别选用100万桶和150万桶两种假设情景，可以得到2018年美国原油库存变动预测。

根据预测结果，在日出口量150万桶的假设前提下，美国原油库存将在2月至3月上旬反弹。而如果WTI-布伦特价差缩小导致日出口量小于150万桶，则反弹持续时间更长，且反弹幅度更大，这部分库存增量将超出市场预期，导致油价面临短期回调风险，近远月合约的价差也可能缩窄。但在4月之后，炼油厂开工率增加将重新抵消页岩油增产，美国原油库存也将持续下降。

总的来看，虽然目前美国页岩油成了原油市场十分头疼的问题，但综合来看，库存问题也并不会成为原油市场的致命伤。欧佩克目前也没有因为美国页岩油产量的增加而动摇自己的步伐，减产还是会继续下去，加上美国为引导资金回流需要美元持续贬值，全年油价有望维持强势。只不过最近一段时间，原油价格可能会承受一定的上行压力。

如果没有持续不断的利好消息，投资者将会削减多头头寸。这是当前油价面临的风险，这种危险早在最近的市场动荡之前就存在了，但随着市场的动荡加剧，石油价格下跌的风险也加剧了。德国商业银行分析师2月6日在一份报告中指出："风险厌恶情绪的上升，正促使投机性金融投资者退出他们的原油远期合约。上周报告显示布伦特原油和WTI原油的投机性净多头头寸达到或接近创纪录水平，这意味着回调风险。"

从另一方面来看，与过去几天道琼斯工业平均指数相比，WTI和布伦特原油价格的跌幅相对较小。但这也意味着还有更多的空间可以下跌。瑞典北欧斯安银行首席大宗商品分析师谢尔德罗普在一份声明中表示："多头还没有放弃。"英国石油首席执行官杜德利表示，价格调整可能是合适的，对于每桶67美元的原油价格是否合理，他说："我感觉就该这个价。油价在每桶70美元的时候感觉有点泡沫。我们预计2018年油价在每桶55到60美元之间，这对我们来说是一个健康的水平。我们不需要每桶70美元的油价。"

棘手的是，市场的突然波动似乎源于对经济过热的担忧。然而，强劲的增长通常会支撑大宗商品价格上涨。然而，油价正受到其他因素的拖累，比如美元走强，以及对加息的担忧——尽管这种担心可能引发的崩盘或会降低加息的概率。

一些季节性因素也在起作用。在夏季驾车高峰期到来之前，炼油厂即将停产维护。

这将减少原油需求,推高石油库存。利浦石油协会总裁安德鲁·利浦说:"我们正在进入炼油厂的维修季节,这将会在未来几个月里抑制美国的需求。"

2月2日当周美国原油库存也只是增加了189.5万桶,对原油行情来说并不是巨大的利空,油价会出现下跌,但不会暴跌。然而隔夜原油走势却出现了可以说2018年以来最强的单日暴跌行情,跌幅每桶超2美元。这主要是另一个数据——美国原油产量再次发生效应。纳斯达克能源和公用事业总监塔玛尔·埃斯纳表示:"美国能源信息署报告所显示的数据利空油价,不仅显示了原油和精炼产品的库存增加,而且美国原油日产量达到1025.1万桶,创历史新高,进一步引发了做空的动能。"

现在令市场最为困惑的问题是页岩油产量的继续扩张是否会打破欧佩克减产所达成的市场平衡。包括高盛以及标普全球能源资讯在内的一些机构近期认为,欧佩克紧缩市场过度,这将导致原油库存将明显低于5年的平均水平。但是美国能源信息署对于页岩油产量的大幅上修则会在一定程度上打消这些担忧。同时近期欧佩克产量有所增加,也使得市场开始担忧减产协议能否真正维系到年末,这或使得近期油价有所承压。

总的来说,随着美国产油的暴增,欧佩克减产的效果将会越来越低,这就意味着原油上涨的动能越来越小,如果美国产油还将维持目前的增长趋势,除非出现原油需求大增或者是欧佩克扩大减产来平衡美国产油的增加,否则原油市场将再次回到过去的水平,这对于欧佩克来说将会是巨大的压力。减产协议能否因为美国的"胡闹"而维系住,只能看各产油国自己的想法了。至少目前来看原油多头行情可能要暂时偃旗息鼓一段时间。而每桶60美元也将成为近期关键的支撑点位。

2018年2月8日(周四),因伊朗宣布计划增产和美国原油产量触及纪录,投资者担心全球供应不断上升,油价降至7周最低水平。WTI油价收报每桶跌1.31美元至60.42美元,跌幅2.12%,布伦特油价收报每桶跌1.04美元至64.31美元,跌幅1.59%。

伊朗石油部副部长扎马尼尼亚在巴黎说:"我们正在努力——非常谨慎,而不是雄心勃勃地——在未来的3至4年里,计划将我们的日产量增加70万桶至470万桶,如果伊朗能够与国际公司就其4个油田的开发达成协议,伊朗有能力将日产量增加100万桶。"

自从两年前美国政府解除实施40年的石油出口禁令后,大至中国、印度,小至西非的多哥,满载美国原油的油轮已陆续抵达了30多个国家。石油出口禁令解除,让大量美国页岩油倾巢而出,压低了国际原油价格,削弱了欧佩克的影响力,也抢走了一些欧佩克成员国的市场份额。

在美国页岩油革命尚未出现的2005年,美国石油日净进口数量为1250万桶,如今只有400万桶。在亚洲及欧洲一些全球最大石油进口国家,美国油企不断拿下新客户,对沙特阿拉伯及俄罗斯构成直接重大威胁。全球只有这两个国家的产油量足以与美国抗衡。

在美国国内,出口热潮带动油管运输景气,催生一波墨西哥湾运输基础建设的新投资。2017年美国日均原油出口159.5万桶,到2022年可能提高到约400万桶。根据国际能源署预测,未来10年全球石油供给增长预计有80%以上来自美国。2010—2017年间,按年均计算,美国原油日产量从547.8万桶猛增至935.1万桶,2017年11月美国原油月度日产量更是突破1000万桶至1007.1万桶,创下48年纪录高位,这归功于西得克萨斯州和北达科他州的页岩油田吸引到大量的新开采投资。这令美国整体产油量追平沙特阿拉伯,并逼近俄罗斯。

全球独立石油贸易商贡渥集团首席经济学家戴维·法伊夫指出:"大多数的预估都认为美国原油日产量在2018年将增长约50万~60万桶。美国能源部的预估则更加乐观,预期日产量将增长120万桶,到2018年底时达到日产量1100万桶。增产的大部分原油预计都将被用于出口。"

美国炼油商也在用国内产原油代替海外进口。2005—2017年,美国原油日进口量已从2005年6月创下的峰值1076.5万桶降至2017年12月的778.2万桶(图1-2),累计减少原油日进口量298.3万桶。欧佩克原油在美国进口原油中所占比重从2008年1月的峰值57.9%降至2017年12月的33.9%(图1-3),占比下降了24个百分点,因美国现在更加依赖本土和加拿大生产的原油。欧佩克成员国沙特阿拉伯、尼日利亚和安哥拉受到的冲击最大,在2017年下半年,美国日均进口的沙特阿拉伯原油为70.9万桶,是1987年以来最低,远低于2003年的峰值173万桶。沙特阿拉伯原油在美国进口原油中所占比重从2013年11月的21%降至2017年12月的8.9%(图1-4),占比下降了12.1个百分点。

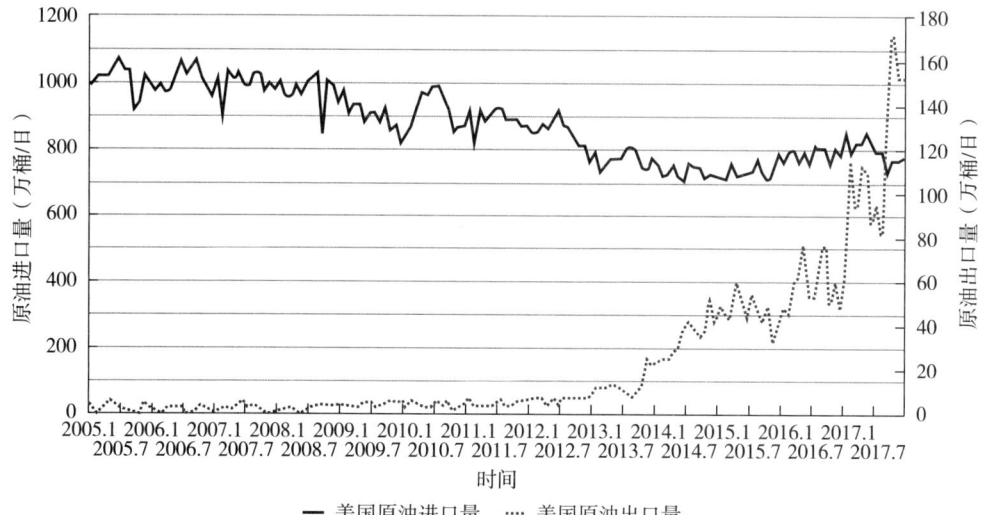

图1-2 2005—2017年美国原油进口量与出口量

资料来源:美国能源信息署。

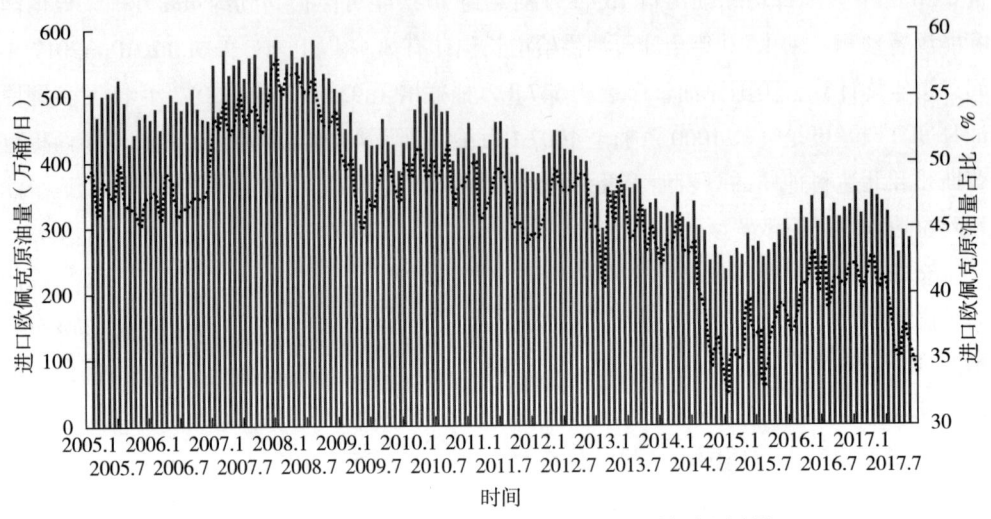

图 1-3　2005—2017 年美国进口欧佩克原油量及占比

资料来源：美国能源信息署。

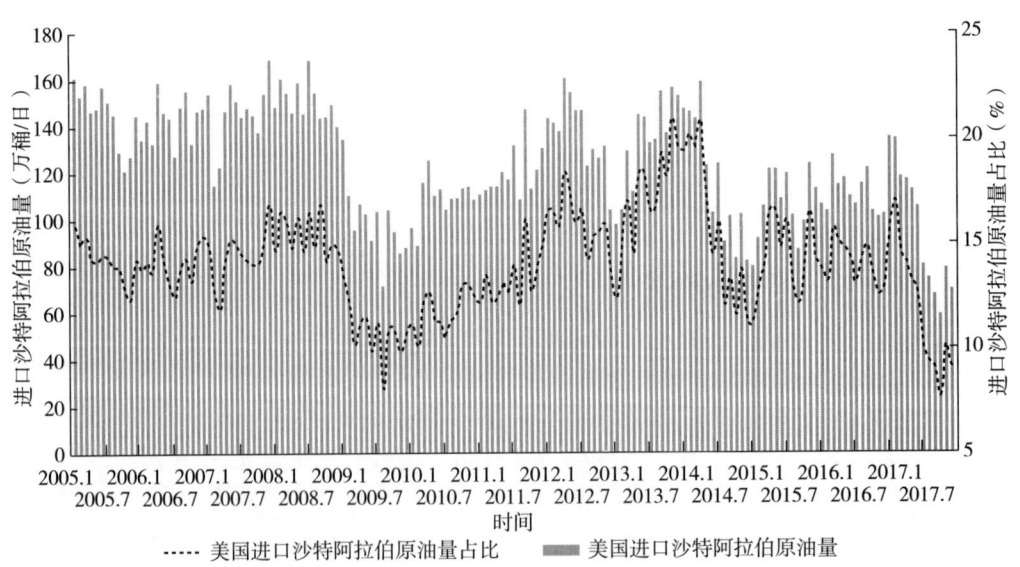

图 1-4　2005—2017 年美国进口沙特阿拉伯原油量及占比

资料来源：美国能源信息署。

美国生产商也打进了印度市场，印度是全球第三大石油进口国，同时还有一座全球最大的石化园区，由信实工业（Reliance Industries）所经营。印度正寻求分散外国原油供应源，根据汤森路透航运追踪数据，印度于 2017 年 10 月首度进口美国原油，2017 年总计买进800万桶。欧洲方面，根据海关数据，2017年11月，美国已经成为法国的第五大石油供应国，超越尼日利亚、利比亚、伊朗及北海。2016年11月，美国甚至还挤不进前10名。根据中国海关数据，中国在2017年第四季度停止进口尼日利亚原油，而2017年全年中国原油进口增长了12%，但自沙特阿拉伯进口仅增长了2.3%。原油研究机构石油模型原油分析师奥利维尔·雅各布指出："美国原油生产商实际上正从欧佩克国家抢下市场占有率。"

美国原油出口激增的效应正扩散至国内能源产业链的其他层面。得克萨斯州以及墨西哥湾周边的港口正大兴土木，以便能够接纳规模更大的油轮。得克萨斯州南部科珀斯克里斯蒂（Corpus Christi）港的首席商务官雅尔·佩德森（Jarl Pedersen）表示："2016年油价还在每桶40美元区间的时候，如果我们没有将原油送至出口市场的选项，我认为石油生产会少得多。"

输油管及物流业者是最大的受惠族群，因原油需求热络，意味着将石油送往墨西哥湾储存并等待出口的那些公司获利会更加稳定。美国石油管道领导厂商企业产品合作伙伴（Enterprise Products Partners）公布2017年获利创历史新高，受到其管线业务及海运码头事业的提振，该公司经营超过5000英里输油管线以及3800万桶原油储存设施。二叠盆地至墨西哥湾的重要输油管线业者麦哲伦中游合作伙伴（Magellan Midstream Partners）预期，未来两年将花费超过17亿美元在建设项目上，其中包括休斯敦地区新的港区、存储以及海运终端，以因应不断增长的需求。

墨西哥湾地区的码头运营商及航运业者正扩大投资，以防供应瓶颈出现，因有越来越多美国原油输出。兴建出口港区可能得要花费18至24个月时间。墨西哥湾各大码头可以处理3/4的美国原油出口，但是只有路易斯安那海上石油港（Offshore Oil Port, LOOP）能够接待装载多达200万桶原油的超级油轮。多数航道过于狭窄。2017年西方石油旗下位于科珀斯克里斯蒂的英格尔赛德（Ingleside）码头试着要装运一艘超级油轮，但该航道的水深不足以完全乘载这类船只。2018年1月底，科珀斯克里斯蒂港口首席执行官肖恩·斯特劳布里奇（Sean Strawbridge）转寄了一封6位能源业高管签名的信函，要求特朗普政府提供6000万美元的联邦资金改善船运航道，这是作为该港口3.2亿美元扩大并深化航路投资的一部分。这些能源业高管写道："解除原油出口禁令仅在得克萨斯州南部就可以带来500亿美元的工业项目。"

2月5日以来，原油市场惨遭空头血洗，在上周超级周过去之后，原油市场的利空全面爆发，先是随着美联储主席更迭换人引发的股市"崩盘"，投资者纷纷抛售原油股票给原油市场带来第一重利空；随后在上周非农数据强势利好以及美联储3月加息预期持续升温的情况下，美元开启了强势反弹行情，进一步给原油市场施压；之后每周固定的美国原油库存数据也没能带来利好，美国日产油更是进一步突破千万桶，在这样的大趋势下，国际油价回吐了1月所有涨幅，到2月8日，WTI油价在每桶60美元边缘徘徊。

随着美国页岩油产量持续升高,很大程度削弱了欧佩克减产所带来的效果,如今市场的担忧情绪卷土重来,开始担忧美国页岩油产量的增加将会直接覆盖减产带来的效果,使欧佩克减产毫无作用。在这样的情况下,欧佩克还能否坚持减产,真的要打上一个问号。如今的局面就好像欧佩克在不断省吃俭用,但美国不仅在坐享其成,而且还在进一步压迫欧佩克,因此市场的担忧不无道理,如果局面进一步恶化,减产协议很有可能会直接瓦解,各大产油国再次加入疯狂产油的队伍中,而且是要超越美国的产油,才能在美国口中抢下利润,然而这样的结果对于原油市场无疑是毁灭性的打击。

美国原油日产量已经攀升至 1025.1 万桶的新高峰。市场分析机构 SRSrocco Report 首席执行官、资深分析师安格鲁(Steve St. Angelo)表示:"美国油产增加得越多,就越不可避免地会崩塌,并且会崩得更加猛烈。因此,当美国主流媒体吹捧美国产油的辉煌新纪录,即其产量已经超过了 1970 年的峰值以及沙特阿拉伯目前的石油产量时,这其实是个喜忧参半的消息。"为什么这么说呢?因为美国当前创纪录的油产水平是不可持续的,这有两个关键原因。

第一,石油产量的变化往往是对称的,增加多少就会减少多少。虽然说并非每个国家或者每个油田都会发生这样的情况,但是这样类似的现象却是发生过的。例如,在阿根廷和挪威就发生过。有的时候,许多国家的国内石油工业也会因战争、地缘政治事件以及石油开采技术的影响,导致生产情况发生变化。从 1930—2007 年美国石油产量的变化就可看到类似的升降模式。

第二,美国页岩油行业遭遇金融灾难。新的页岩油生产趋势与以往大不相同。美国石油日产量从 1947 年的 500 万桶增加了 1 倍至 1970 年的近 1000 万桶的峰值用了 23 年,而页岩油行业用了不到 10 年的时间就实现了使美国日产油从 2009 年的 500 万桶倍增至当前的逾 1000 万桶。对于那些认为美国石油行业将在未来几十年继续实现创纪录的产油量的美国人来说,可能没有意识到页岩油行业正经历的金融灾难。

安格鲁认为,自 2008 年页岩油行业起步以来,美国页岩行业尚未因产油而赚到任何钱。不仅如此,他们还花了大量投资人的钱,债务还很重。2009—2017 年,美国的能源勘探和生产企业的现金流为负值。尽管美国 2/3 的页岩能源公司仍在亏损,但投资者仍然在向里面砸钱。可以说,如果没有这些资金,美国页岩油行业将会陷入困境。

美国页岩油行业还面临另一个下行风险。安格鲁表示,页岩能源行业所生产的石油 API 度非常高,美国国内的炼油厂根本无法全部利用,只能靠越来越多的出口来消化。所以那些认为美国开始出口石油是成为世界主要产油国的表现是不对的,美国这样做纯粹是因为国内消化不了罢了。另外,世界其他地区对中间馏分燃料的需求要更大。2016 年欧盟原油进口平均 API 度是在 35.2 度,而美国大部分的页岩油 API 度都是在 40~50 度之间。

2018 年 2 月 9 日(周五),WTI 油价收报每桶跌 1.37 美元至 59.05 美元,跌幅 2.27%,

为2017年12月以来首次跌破每桶60美元；布伦特油价收报每桶跌1.60美元至62.71美元，跌幅2.49%。主要原因是美国运转钻机数增加26台至791台，为2017年1月以来最大单周增幅，市场对原油供应增加的忧虑重现，以及其他金融市场的大剧烈波动影响油市。2月5—9日，WTI油价每桶累计收跌6.01美元，跌幅9.2%，布伦特油价每桶累计收跌5.52美元，跌幅8.1%。近几周投机者的净多头头寸数量也达到纪录高点水平，受欧佩克的减产、不断升级的地缘政治局势以及持续加快的经济因素支撑，但一旦这些支撑力不在，则将会有大量的石油充斥市场，其惨状将超过3年前。

第四节
欧佩克认为过剩原油的减少速度比预期更快

接下来的两周，油市企稳上行，2018年2月12—16日，WTI油价收报每桶累计上涨2.56美元至61.61美元，涨幅4.34%，布伦特油价收报每桶累计上涨2.19美元至64.90美元3.49%；2月19—23日，WTI油价收报每桶累计上涨1.96美元至63.57美元，涨幅3.18%，布伦特油价收报每桶累计上涨2.20美元至67.10美元，涨幅3.39%。两周累计，WTI油价收报每桶涨4.52美元，涨幅7.65%，布伦特油价收报每桶涨4.39美元，涨幅7.00%。

2018年2月12日（周一），欧佩克月度原油市场报告公布，需要实施减产的11个成员国1月日产量为2937.1万桶，减产执行率为137%，高于2017年年12月的129%。欧佩克秘书长巴尔金多在开罗召开的一个会议上称："欧佩克和非欧佩克减产执行率达历史新高。欧佩克与非欧佩克减产协议仍旧在进行中，预计2018年原油需求维持强势，原油库存进一步下降。欧佩克与非欧佩克产油国需要保持合作至2018年以后，欧佩克支持利比亚和尼日利亚提高原油产量的努力，委内瑞拉方面提议欧佩克和非欧佩克开展为期5年的合作。"

业内刊物《七点报道》的联合主编泰勒·里奇指出："原油价格在周一早些时候一度反弹，但那种上涨走势随后则消于无形，原因是能源市场关注的重点回到了美国页岩油产量永无休止的上升上。欧佩克和美国能源信息署公布的报告均表明美国原油产量将在未来几个月时间里有所增长，这是导致原油价格从上周的每桶60美元上方回落的主要原因。但与此同时，在经历了两年以来的最差单周表现之后，全球股市在周一的交易中反弹，从而为油价提供了一些支撑。泛欧斯托克600指数周一收盘上涨1.2%，标普500指数在截至原油期货市场收盘时也劲升2%。"

欧佩克轮值主席、阿联酋能源大臣马兹鲁伊在迪拜接受采访时表示，考虑到需求强劲和生产商遵守减产承诺，2018年市场应该会重新平衡。科威特石油大臣拉希迪也表示：

"市场预期页岩油生产将比2017年更强劲，这是我们必须关注的事情，但考虑到所有因素，我认为这不会对市场造成重大扭曲。2018年全球的石油日消费量将增加160万桶，能够消化美国页岩油产量的增长。"

欧佩克月度报告显示，1月欧佩克成员国的原油日产量达到3230.2万桶，较之2017年12月下降了0.8万桶。这是由于伊拉克、沙特阿拉伯以及利比亚增加的产量未能完全的抵消委内瑞拉产量的大幅下降以及安哥拉的小幅减产。

1月委内瑞拉的原油日产量为160万桶，较之2017年12月下降了4.7万桶。尽管基于减产协议，委内瑞拉允许日生产197.2万桶，但随着委内瑞拉国内经济的崩溃，原油产量出现了自由落体式的下跌，使其产量远远偏离这一水平。不过委内瑞拉方面上报欧佩克的1月日产量为176.9万桶，较之2017年12月增加了14.8万桶。

欧佩克周一表示，2018年全球原油日需求预计将增加159万桶，比上次预估高出6万桶。美国和其他非欧佩克产油国2018年预计将日增产140万桶，较上月预估高出25万桶，且是自2017年11月后连续第三次上调预估。欧佩克成员国将需每天供油3286万桶以达到供需平衡，较早前预测减少23万桶。欧佩克指出："市场预计要到接近2018年底时才会恢复平衡。"

美国能源信息署周一称，美国页岩油日产量预计将在3月增加11万桶至675.6万桶。3月日增幅将超过2月的增长10.9万桶。美国页岩油产量增长预计扰乱全球供应平衡，因为这将抵消其他产油国减产的效果。高盛表示："全球石油需求虽然稳定，而且供应受阻，以及美国产油业自律，但投资者仍看淡油价难以持续上扬。即使石油需求前景较乐观，但投资者不相信美国产油者将继续保持生产纪律。石油增产需自愿地受限，而且纵使石油需求展望更为正面，投资者亦转而更看好其他金属及矿业，因为对中国政策推动的供应限制更具信心。此外，亚洲消费者对汽车销售及对美国原油需求的看法，普遍更加乐观，其中，中国汽车销售的长期前景仍看似十分乐观，中大型汽车持续成为趋势，新能源汽车在中国的销售步伐仍缓慢。"

2018年2月13日（周二），国际能源署发布的月报称，在美国的带动下，非欧佩克国家原油产量正快速增长，这使得2018年供应的增加可能超越需求增量，从而很快引发中东产油国对石油政策做出新一轮大幅调整。美国生产商正开启第二轮大规模增产，他们2018年的产量增长规模之大，将等同于全球需求的增量。不过，根据国际能源署的数据，尽管美国页岩油产量增长，但全球主要经济体的原油库存在2017年12月创下6年来最大降幅。

交易平台和研究机构富拓外汇市场研究副总裁杰米尔·艾哈迈德表示，过去一周，全球金融市场聚焦于股市剧烈震荡，其实原油市场波动性也很大，油价遭遇了两年来最大的跌幅，市场对美国原油产量增长的担忧升温以及美元反弹严重拖累了油价。有乐观看法认为，市场供需已达到重新平衡，这使得油价暂时站稳于每桶60美元水平。

2018年2月14日（周三），美国能源信息署公布的数据显示，截至2月9日当周美国原油库存增加184.1万桶至4.22095亿桶，预期增加274.79万桶；汽油库存增加359.9万桶，预期增加142.8万桶；精炼油库存减少45.9万桶，预期增加16.61万桶。数据公布后，油价短线急升。但值得注意的是，美国国内原油日产量增加2万桶至1027.1万桶，再创历史新高。

沙特阿拉伯能源大臣法力赫表示，欧佩克宁愿让石油供应略有不足，也不愿在条件不成熟的情况下过早结束减产协议。这番表态提振油价反弹。俄罗斯能源部长诺瓦克与沙特阿拉伯国王萨勒曼会面，并就合作进行了协商，俄罗斯与沙特阿拉伯的目标是就23个项目进行合作，并将在4月在沙特阿拉伯与法力赫会面讨论油市状况。诺瓦克表示对美国页岩油产量的增长不担心，因需求增长，世界需要更多石油产量。

尽管俄罗斯曾经暗示，下半年可能需要开始逐步终结减产，但法力赫在利雅得与诺瓦克会面后表示，全年都应该维持减产，与其过早结束减产，并且发现手中掌握的数据不太可靠，还不如维持原油供应轻微不足，确保存量处于业界所需的水平，这对市场反而有利。因此2018年将会维持政策不变，要这样做来平衡市场。法力赫强调，目前原油库存下降的趋势正确。

全球最大场外石油经纪商PVM石油协会分析师斯蒂芬·布伦诺克表示，"几乎没有人质疑2017年属于欧佩克，因其成功地对石油市场再次施加定价影响。然而，2018年，与美国页岩油产量的强劲增长相比，欧佩克减产将越来越屈居次要地位。"

2月15日（周四），美国原油库存增幅不及预期暂时减缓了投资者对原油产量不断攀升的担忧情绪，美元承压重挫也加大了油价的上行空间。同时，沙特阿拉伯能源大臣法力赫支持减产的言论压过美国增产以及原油库存增加的利空。阿联酋能源大臣马兹鲁伊表示，以沙特阿拉伯和俄罗斯为代表的广大产油国致力于起草一份协议，以便在2018年末集体减产协议有效期结束后，继续保持长期产业联盟关系。

2月16日（周五），市场预期主要产油国有望在年内进一步限制原油供应，为油价带来稳固支撑，但美国运转钻机数继续走高令市场担忧情绪加重，美元反弹依然限制了油价的上行空间。不过目前油市的乐观情绪依然高涨，主要是受到阿联酋能源大臣马兹鲁伊昨日的讲话提振。

2月19日（周一），中东紧张局势为油价带来有效支撑，同时减产行动也部分抵消了美国原油产量不断攀升带来的利空影响，不过美元企稳反弹限制了油价的上行空间。以色列总理内塔尼亚胡周日（2月18日）发表讲话称，以色列有可能对伊朗采取直接行动，而并非局限于对其中东盟友进行攻击，这令中东局势陡然紧张，为油价带来有效支撑。阿联酋能源大臣马兹鲁伊已经表态，沙特阿拉伯和俄罗斯有望在年底前就长期合作达成协议，这令减产协议到期后的原油市场得到了一定的稳定保障。

法国兴业银行石油市场研究主管迈克尔·维特纳表示："由于预计2018年宏观经济

和石油产品需求增速强劲,且欧佩克将继续减产,将布伦特原油价格每桶预期上修4美元。这将抵消由美国带动的非欧佩克国家产量的强劲增长。综合各因素,全球市场将大体平衡,经合组织适度消化库存,非经合组织国家适度地增加库存,将2018年WTI原油每桶预期上调4美元至62美元。"法国兴业银行认为全球市场将会恢复平衡的观点没有发生重大变化。全球需求逐步走高,经合组织2017年的库存消化比之前预期更加剧烈,令2018年开年的势头更加积极。

2018年2月20日(周二),加拿大原油供应下降提振了美国原油需求,自2017年泄漏事故爆发以来,加拿大基斯通油管输送量一直受限。不过即便乐观情绪依然充斥市场,布伦特原油价格依然适度承压,同时美元反弹也在打压油价。以色列周日发布的威胁言论令中东紧张局势再度升温。尽管如此,欧佩克的减产行动依然令原油市场看多情绪高涨,但美国原油产量不断攀升依然成为减产行动的最大威胁。

欧佩克和俄罗斯等非欧佩克产油国最新的会谈结果显示,双方均认为供应过剩局面正在加速消散,市场中的过剩供应正在以比预期更快的速度减少。在经历了4年的供应过剩之后,全球原油市场终于有望在2018年第二季度或第三季度重归均衡,这要比预期的更早。阿联酋能源大臣马兹鲁伊周二在伦敦举行的行业会谈上表示:"我们已经在2017年取得了惊人的成绩,原油市场已经逐步回归到健康的状态。我们相信2018年将看到供需关系重归均衡。"与此同时,虽然全球原油库存已经逐步逼近5年平均水平,但欧佩克和非欧佩克产油国的减产联盟看似并未出现任何松动,双方依然在为着稳定油市这一共同目标而不懈努力。欧佩克秘书长巴尔金多讲话称,欧佩克及其伙伴国1月的原油减产协议履约率达133%,给了市场巨大动能。

阿联酋正在牵头以争取将欧佩克与俄罗斯和其他伙伴国的合作延长至减产协议2018年到期之后更长时间。阿联酋能源大臣马兹鲁伊在伦敦召开的国际石油周会议上发表讲话后说:"由24个国家组成的集团正一同为供需平衡做出贡献。俄罗斯是这一集团中的重要国家,沙特阿拉伯、阿联酋和其他许多国家也是如此。通过合作,这些国家可以为市场上出现的任何意外情况做好准备,以避免供应过剩或短缺。我希望这种合作能永远持续下去。"

作为欧佩克现任轮值主席的马兹鲁伊表示:"我的角色是努力起草一份关于我们将如何继续合作的章程,从而实现更强劲的经济增长,并确保供应充足。已有一份草案,但欧佩克尚未准备好对外公布。各国部长将进行讨论,乐观的话在2018年晚些时候将就章程达成一致,但也有可能无法实现。"

马兹鲁伊还说:"2018年阿联酋的减产执行率至少为100%,其中第一季度阿联酋的减产执行率高于100%。欧佩克正在考虑以5年均值作为目标的逻辑,计划下个月与页岩油产油国会面。当前欧佩克没有讨论退出减产协议的策略,俄罗斯方面致力于将减产协议实施至2018年底。见到大量投资回到页岩油行业,希望这能够提供额外供应以应付需求增长。"

2018年2月21日（周三），美银美林全球大宗商品和衍生品的研究主管布兰奇在报告中称，布伦特原油2018年的均价预计在每桶64美元，因美国和全球的通胀预期上升以及美元潜在的疲软可能会在未来一两年支持油价。2019年布伦特原油的均价可能下滑至每桶60美元，因欧佩克主导的减产退潮，且美国供应对价格上涨做出反应。美银美林指出："由于石油市场目前处于倒挂状态，且此种趋势可能持续2~3年，因此风险偏向上行。预计到2023年油价处在每桶50~70美元之间。供需方面，预计到2020年，全球石油日需求平均增长130万桶，在2021—2023年间放慢至80万桶。相比之下，过去3年平均每年日增幅为160万桶。预计到2023年美国每年页岩油日供应量平均增长70万桶。因此，欧佩克需要平均每年增加石油日产量43万桶，从而实现2023年之前全球供需平衡。"

2月22日（周四），国际原油期货价格上涨，扭转盘中的下跌走势，原因是美国能源信息署数据显示上周美国原油库存出人意料地有所下降。截至2月16日当周美国原油库存减少161.6万桶至4.20479亿桶，相比之下调查显示，分析师此前平均预期该周原油库存增加190万桶。俄克拉荷马州库欣的原油库存也继续下降，在上周减少了266.4万桶，连续9周下滑，触及2014年12月来最低。在美国原油库存下降的同时，由于炼油厂进入了维护季节的缘故，原油的需求承压。另外，美国原油出口量的增长也对油价起到了一定影响。美国原油库存意外下降以及美元走弱为油价带来了有效支撑，同时美国原油日产量轻微回落0.1万桶至1027万桶，也缓解了投资者的担忧情绪。

2月23日（周五），受利比亚石油产量下降和沙特阿拉伯的乐观评论的支持，原油期货价格收盘上涨，在本周的交易中也连续第二个星期走高，继续收回本月早些时候遭遇卖盘时的跌幅。沙特阿拉伯认为，以欧佩克为主导的削减库存的努力正在发挥作用。本周美国国内运转钻机数量增加1台至799台。该项数据可为美国的未来原油产量提供线索，钻探平台数量增加意味着产量可能增长，这对于油价来说通常是个负面因素。但在这份报告公布以后，原油价格保持住了此前的上涨势头。

沙特阿拉伯能源大臣法力赫2月23日在新德里表示，全球石油市场在重新平衡，预计石油库存在2018年继续下降。但由于季节性和炼油厂停产维护等因素，石油需求目前疲软。法力赫自2月22日起展开两日访问印度行程。法力赫称："目前处于需求疲弱期，我们都知道这是季节性情况。炼油厂正在进行维修，消费者需求偏低，但数据本身会说话。许多机构文件显示库存减少，我认为这在2018年将会持续下去，希望各市场将能企稳。"

法力赫还表示："将适时宣布沙特阿美首次公开上市时间。石油产量增加可以放缓，但无法阻止。沙特阿拉伯承诺实现限产目标。伊拉克向印度石油供应增加带来的短期波动并未造成困扰。沙特阿美正寻求投资印度西海岸炼油厂。下一步或在2019年放松石油限产。预计将在2019年早些时候就欧佩克减产协议的延长做出决定。欧佩克与沙特阿拉伯还未决定2018年之后的供应框架。欢迎俄罗斯与欧佩克加强合作。"

利比亚的埃尔斯韦特（Elsvert）油田因劳资纠纷暂停生产，凸显出北非国家从国内冲突中复苏的脆弱本性。在内战的持续影响下，利比亚一直在努力提高石油产量。数据显示，2017年利比亚原油日均产量为81.7万桶，为2013年以来的最高水平。目前还不清楚何时恢复生产，或何时解决劳动争议。据称，石油设施保安员正在寻找至少两年的工资。该油田由梅尔利塔石油与天然气公司（Mellitah Oil and Gas B.V.）经营。该公司由利比亚国家石油和意大利的埃尼集团共同拥有。在油田关闭后，原油从早期的损失中反弹，该油田的原油日产量为7万桶。利比亚日产量一直保持在100万桶左右，但由于动荡局势，石油产量仍然不稳定。纽约能源对冲基金阿盖恩资本创始合伙人基尔达夫指出："此次利比亚事件又一次提振了油价。在过去的几个月里，原油市场已经从一系列事件中受益，无论是此前基斯通输油管发生原油泄露，北海福蒂斯原油管道关闭，还是现在。"

2月24日（周六），沙特阿拉伯能源大臣法力赫表示，沙特阿拉伯希望欧佩克及其盟友2019年能放松对石油产量的限制，并在2018年减产协议结束后，建立一个稳定油市的永久性框架。欧佩克及其盟友致力于给市场带来平衡和稳定。欧佩克和沙特阿拉伯在延长减产协议至2018年以后一事的框架上还未做出决定，目前正在进行评估，一旦油市出现平衡，我们就会宣布进一步措施，很有可能就是放松限制；预计这将在2019年某个时候发生，但具体什么时候还不清楚。欧佩克还希望将该协议转化为与其他主要产油国建立永久性框架的协议。这种协议旨在让欧佩克与非欧佩克产油国共同参与市场监控，并能迅速做出决定。

法力赫指出："无论是产油国还是消费者都意识到，一个没有舵手的市场是有害的，损害各方利益。自欧佩克执行减产协议以来，油价已从2015—2016年的低点翻倍。乐见美国页岩油产量上升，不过随着委内瑞拉和墨西哥等国的石油产量下降，市场已经吸收了美国不断增长的页岩油产量。美国页岩油产量增加将不会阻碍'欧佩克+'削减石油产量的努力，也将不会对国际原油市场造成太大困扰，因为全球原油需求正在上升，同时欧佩克减产协议还在执行。"

法力赫还称，由于季节性需求疲软，2018年1—3月，沙特阿拉伯石油产量远低于产量上限，日均出口量低于700万桶。沙特阿美已经签署了初步协议，投资印度西海岸日产能120万桶的炼油厂项目。沙特阿美也在寻求购买印度现有主要炼油厂和扩建项目的股份。印度计划到2030年将其炼油厂日产能扩张77%至880万桶。沙特阿拉伯也将签署石油供应协议，作为购买印度炼油厂股份的部分协议。这是沙特阿拉伯在亚洲扩张其市场份额所采用的一个策略。沙特阿拉伯承诺在印度尼西亚及马来西亚投资数百亿美元，以获取长期的原油供应协议。

利比亚的石油出口将有所下滑，因为最近爆发的抗议活动中断了该国主要油田埃尔菲尔油田的石油生产，这是两个月来首次出现的情况，导致欧佩克国家的石油产量出现再次下滑的风险。利比亚国家石油表示,埃尔菲尔的出口终端梅利塔的石油装载量将有所变化,因为不可抗力从 2 月 23 日就开始影响该油田的石油输出量。埃尔菲尔油田警卫因为工资和其他福利发起了抗议。不可抗力是一种法律条款,如果当事人因为无法控制的事件不能履行合同,则可以免除责任。

据彭博社称,梅利塔本月将装载 4 艘油轮,每艘油轮将装载约 60 万桶的石油。其中一艘油轮计划在 2 月 21 日至 2 月 23 日进行装载。由于脆弱的政治协议几乎无法将利比亚各方团结在一起,该国正面临一系列挑战,无法恢复到 2008 年约 180 万桶的日产量水平。

2 月接近尾声,下面回顾一下 1 月欧佩克减产协议的执行情况。

2018 年 1 月 31 日,路透社调查,欧佩克 1 月原油产量从 8 个月低点回升,日产量较上月增加 10 万桶至 3240 万桶,减产执行率达到 138%。减产高执行率的一个原因是委内瑞拉因经济危机产量大幅下滑。

2 月 5 日,彭博社调查显示,欧佩克 1 月日产量比 2017 年 12 月增加 2 万桶至 3240 万桶。俄罗斯 1 月日产量 1095 万桶,与 2017 年 12 月相比基本持平。欧佩克 1 月的减产执行率是 127%,而俄罗斯的减产执行率接近 100%。欧佩克减产执行率高主要是由于委内瑞拉的非自愿减产,该国石油日产量 1 月下降 3 万桶至 167 万桶。沙特阿拉伯的石油日产量增加 6 万桶至 1001 万桶,但仍低于沙特阿拉伯的减产协议产量配额。

2 月 12 日,欧佩克公布的月度原油市场报告显示,欧佩克 1 月原油日产量减少 0.8 万桶至 3230.2 万桶,需要实施减产的 11 个成员国 1 月日产量为 2937.1 万桶,减产执行率为 137%,高于 2017 年 12 月的 129%。欧佩克秘书长巴尔金多表示,欧佩克和非欧佩克减产协议仍在进行中,其中 1 月欧佩克和非欧佩克的减产执行率达历史新高;预计石油需求将是强劲的,库存将进一步下降,欧佩克和非欧佩克的合作将延续至 2018 年之后。

2 月 20 日,欧佩克在网站发表声明表示,欧佩克及其伙伴国 1 月的原油减产协议履约率达 133%,并且其部长级联合监督委员会将力争在 2018 年全年维持或超过全面履约。声明称:"部长级联合监督委员会对整体结果表示满意,但注意到近期的市场波动,强调重要的是保持警惕,务必避免自满;减产协议落实的程度不统一,整体结果得到数个表现优异的国家的推动。"

对比欧佩克公布和调整的 11 个减产成员国 1 月产量情况看(表 1–1),日产量公布值为 2937.3 万桶,调整减少 1.4 万桶至 2935.9 万桶,前后相差不是很大。但从美国能源信息署掌握的数据看,对比欧佩克的公布值,欧佩克 1 月执行减产协议仍然隐藏了 29 万桶的日产量,隐藏产量主要集中在沙特阿拉伯、阿联酋和委内瑞拉,其中沙特阿拉伯隐藏日产量 18.3 万桶、占比 63%,阿联酋隐藏日产量 4.6 万桶、占比 16%,委内瑞拉隐藏日产量 4 万桶、占比 14%,合计隐藏日产量 26.9 万桶、占比 93%。这样看来,尽管欧佩克实现了超额减产,但在产量上仍有作弊的嫌疑。

表1-1 2018年1月欧佩克11个成员国原油产量数据比对（万桶/日）

成员国	欧佩克第二手来源数据			美国能源信息署数据③	①-③	②-③
	2月报告①	3月调整②	②-①			
阿尔及利亚	102.9	102.6	-0.3	104	-1.1	-1.4
安哥拉	161.5	159.6	-1.9	161	0.5	-1.4
厄瓜多尔	52.3	51.9	-0.4	51.3	1	0.6
加蓬	19.8	20.0	0.2	20	-0.2	0
伊朗	382.9	381.8	-1.1	384	-1.1	-2.2
伊拉克	443.5	445.0	1.5	443	0.5	2
科威特	270.7	270.6	-0.1	271	-0.3	-0.4
卡塔尔	59.6	60.5	0.9	61	-1.4	-0.5
沙特阿拉伯	997.7	997.6	-0.1	1016	-18.3	-18.4
阿联酋	286.4	286.2	-0.2	291	-4.6	-4.8
委内瑞拉	160.0	160.1	0.1	164	-4	-3.9
合计	2937.3	2935.9	-1.4	2966.3	-29	-30.4

资料来源：欧佩克秘书处、美国能源信息署、邓正红软实力研究应用中心。

下面按照欧佩克2018年2月报告公布的欧佩克参与减产的11国2018年1月的产量数据（表1-2），采用本书四种算法中的第三种、第四种算法计算相应的减产执行率。

表1-2 2018年1月欧佩克11个成员国执行减产协议一览（万桶/日）

成员国	减产配额①	产量目标值②	本月产量实际值③	2016年12月产量实际值④	③-②	③-④
阿尔及利亚	-5	103.9	102.9	108	-1	-5.1
安哥拉	-7.8	167.3	161.5	172.4	-5.8	-10.9
厄瓜多尔	-2.6	52.2	52.3	54.5	0.1	-2.2
加蓬	-0.9	19.3	19.8	21.3	0.5	-1.5
伊朗	9	379.7	382.9	372	3.2	10.9
伊拉克	-21	435.1	443.5	463.2	8.4	-19.7
科威特	-13.1	270.7	270.7	281.2	0	-10.5
卡塔尔	-3	61.8	59.6	64.3	-2.2	-4.7
沙特阿拉伯	-48.6	1005.8	997.7	1047.4	-8.1	-49.7
阿联酋	-13.9	287.4	286.4	307.1	-1	-20.7
委内瑞拉	-9.5	197.2	160.0	202.1	-37.2	-42.1
合计	-116.4	2980.4	2937.3	3093.5	-43.1	-156.2

资料来源：欧佩克秘书处、邓正红软实力研究应用中心。

注：表中"2016年12月产量实际值"源于2017年1月18日欧佩克发布的月度原油市场报告。

第三种算法：以减产协议规定的日产量目标值2980.4万桶为基准，得出2018年1月欧佩克11国日产量超减产43.1万桶，按照116.4万桶日减产配额净值倒推欧佩克11国日减产为159.5万桶，再与日减产配额净值相比，减产执行率为137%。

第四种算法：延续第三种算法，即用调整后的125.4万桶日减产配额加上43.1万桶超减产额，倒推欧佩克11国日减产为168.5万桶，再与调整后的日减产配额相比，减产执行率为134.4%。

从上述计算来看，第三种算法是欧佩克惯用的计算方法，由此得出的减产执行率137%与欧佩克月报公布的减产执行率一致，较2017年12月按同种算法计算的129.4%减产执行率提高7.6个百分点。

下面采用美国能源信息署公布的数据计算并验证欧佩克2018年1月减产执行率。

2018年1月，根据美国能源信息署公布的数据，欧佩克参与减产的11个成员国的实际日产量总计2966.3万桶（表1–3），较上月日增产17.3万桶，2016年12月的日产量总计3114.4万桶，减产协议规定的日产量目标值为2980.4万桶，日减产配额扣除伊朗增产9万桶后的净值为116.4万桶。

表1–3　2018年1月欧佩克11个成员国执行减产协议一览（万桶/日）

成员国	减产配额①	产量目标值②	本月产量实际值③	2016年12月产量实际值④	③－②	③－④
阿尔及利亚	-5	103.9	104	105	0.1	-1
安哥拉	-7.8	167.3	161	165	-6.3	-4
厄瓜多尔	-2.6	52.2	51.3	54.4	-0.9	-3.1
加蓬	-0.9	19.3	20	22	0.7	-2
伊朗	9	379.7	384	378	4.3	6
伊拉克	-21	435.1	443	466	7.9	-23
科威特	-13.1	270.7	271	292	0.3	-21
卡塔尔	-3	61.8	61	67	-0.8	-6
沙特阿拉伯	-48.6	1005.8	1016	1050	10.2	-34
阿联酋	-13.9	287.4	291	310	3.6	-19
委内瑞拉	-9.5	197.2	164	205	-33.2	-41
合计	-116.4	2980.4	2966.3	3114.4	-14.1	-148.1

资料来源：欧佩克秘书处、美国能源信息署、邓正红软实力研究应用中心。

下面按照美国能源信息署公布的欧佩克11国2018年1月的产量数据，采用第三种、第四种算法得出相应的减产执行率。

第三种算法：以减产协议规定的日产量目标值2980.4万桶为基准，得出2018年1月欧佩克11国日产量超减产14.1万桶，按照116.4万桶日减产配额净值倒推欧佩克11国日减产为130.5万桶，再与日减产配额净值相比，减产执行率为112.1%，较2017年12月同种算法127%的减产执行率下降14.9个百分点，较欧佩克公布的减产执行率137%低24.9个百分点。

第四种算法：延续第三种算法，即用调整后的125.4万桶日减产配额加上14.1万桶超减产额，倒推欧佩克11国日减产为139.5万桶，再与调整后的日减产配额相比，减产执行率为111.2%，较2017年12月同种算法125%的减产执行率下降13.8个百分点，较欧佩克公布的减产执行率137%低25.8个百分点。

第五节
美国页岩油暴增触动投资者及主要产油大国

进入2018年2月以来，美国原油产量的大增给原油市场带来了巨大的冲击，油价一度回吐1月所有涨幅，目前虽然再次回到每桶60美元上方，但美国页岩油已然成目前原油市场最大的前进阻碍。然而美国原油日产量已经高达逾1000万桶，仍在不断创出新纪录，但是许多推动页岩油改革的投资者们至今仍在苦等得到回报的日子。

页岩油开发商从这些投资者手中募集了数百亿美元的资金来生产石油和天然气，结束了数十年来石油产量不断削减的局面。但是大多数美国页岩油生产者数年来并没有将不断提升的产量转化为利润，这让他们的资金支援者们倍感受挫。2017年，华尔街的投资者们耐心已经被耗尽，纷纷要求页岩油生产商们能将更多的资金转移到红利分发和股票回购上。私募基金能源投资（Energy Ventures）合伙人阿诺普·波达尔（Anoop Poddar）说："投资者们都在呼吁，请给我们一些钱吧！"

尽管原油价格最近已经攀升至4年的高点，但是这种要求回报的呼吁仍旧引发了一场辩论：要求即时回报的投资者可能会面临迫使企业遏制扩张的风险；而如果油价继续上涨，这种扩张可能带来更高的长期收益。目前，页岩油生产商的股价尚未从2014年油价崩盘中恢复过来。尽管美国整体股市出现反弹，但是能源板块仍然滞后。标普500能源指数能源股（SPNY）仍只在其2014年年中期巅峰近1/3的低位，当时美国原油突破了每桶100美元。

在如何应对投资者施加的越来越高的压力以及这种压力对公司市值的影响，美国页岩油公司出现了分歧。2018年，美国15家最大的独立页岩油公司中已经有5家开始支付或提升季度红利。但是，其中6家公司自2014年油价崩盘以来从没有发过红利或者说他们没有削减开支来派发红利。

2月早些时候，阿纳达科石油将现有的股票回购计划增加了5亿美元，并将股息提高了20%，这令其股价在次日上涨了4.5%。因为股票回购减少了流通在外股票的数量，提升了剩余股票的价值。先锋自然资源也将其股息红利提升了4倍，其股票之后迅速上涨了4%。先锋自然资源董事长斯科特·谢菲尔德称："股价的上涨让公司朝着向股东返还现金的目标迈进了一步。"相反的是，那些抵制提振股息红利的公司市值却在下降。前面提到的6家没有发过红利的公司，就有4家公司——西莱能源（Cimarex Energy）、戴文能源、帕斯利能源和诺布尔能源（Noble Energy）在过去12个月股价至少下跌了19%，只有1家公司大陆资源的市值出现了增长。

油价的上涨显然让已经扩大产量的页岩油公司增加了现金流入。油价上涨提升了页岩油公司的收入，但是，页岩油公司因为投资者要求回报而使支出的提升受到限制。美国金融服务机构高文公司追踪的65家页岩油生产商中，有41家将2018年全年的开支计划推高了10%，明显低于油价涨幅。一些页岩油公司对2018年的平均油价估测比较保守，预计价格在每桶50～55美元。更高的价格就意味着他们可以支付新的钻井投资并仍然可以派发股息红利。

目前，页岩油投资者正在寻找能够在控制成本、支付股息和增加产量等冲突目标之间找到最佳平衡的公司。ICON能源基金（ICON Energy Fund）投资组合经理德雷克·罗林森（Derek Rollingson）表示："我们正在寻找那些能够在提高产量、控制成本和派发红利之间取得平衡的公司。"达拉斯（Dallas）能源分析师迈克·布雷德（Mike Breard）表示："油价进一步上涨可能导致投资者承担更多风险并惩罚那些在派发红利上更为保守的页岩油公司。"

美国原油目前产量已超越沙特阿拉伯，未来可能还会进一步增加，这一局面已经形成，正威胁着欧佩克及其盟国消除全球供应过剩，并推高油价的努力。未来欧佩克除了坚持减产之外，还能否有应对美国产油大增的办法呢？

沙特阿美曾考虑通过总部位于休斯敦的子公司莫蒂瓦企业（Motiva Enterprises）将美国原油航运至亚洲，该公司在得克萨斯州的亚瑟港经营着北美最大的炼油厂，炼油日产能超过60万桶。相对廉价的美国原油在过去一年里越来越多地流向中国、印度和韩国等主要消费国，并蚕食了沙特阿拉伯等传统供应商的市场份额。尽管美国石油在亚洲仍未站稳脚跟，但沙特阿美正试图利用目前美国页岩油繁荣带来的改变全球市场上货物流动的机遇。

目前西得克萨斯中质原油的上升势头可能会影响到潜在的墨西哥湾原油运输。能源咨询机构能源视线驻新加坡分析师奈文·纳赫（Nevyn Nah）表示："从目前的水平看，WTI相对于迪拜价格的强势，并不足以证明美国原油的套利流进亚洲。"根据航运数据，一艘名为"阿斯特阳光"（AST Sunshine）的苏伊士型油轮，暂时试图将原油从美国运往亚洲,但未能最终完成航程。该船原定于 2 月底从美国墨西哥湾沿岸运输 95 万桶原油,运往新加坡和中国宁波。

2018 年 2 月 27 日(周二),国际能源署称,最迟到 2019 年,美国将取代俄罗斯成为全球最大产油国,且美国石油产量在 2020 年之前不会触顶,美国的页岩油荣景将继续颠覆全球市场。此前,美国能源信息署表示,到 2018 年底,美国原油日产量将超越 1100 万桶,届时美国将取代俄罗斯,成为全球最大产油国。俄罗斯目前原油日产量略低于 1100 万桶。

国际能源署署长比罗尔在日本东京参加的一个会议期间表示:"美国页岩油增速非常强劲,美国将很快成为世界第一大石油生产国。美国在 2019 年一定会取代俄罗斯成为全球最大的原油生产国,如果不是 2018 年的话。美国石油产量不会在 2020 年之前触顶,在未来 4 至 5 年也不会下滑。不仅在美国产量增长强劲,加拿大(尤其是油砂)及巴西近海项目产量增长也很强劲,这是美国以外的两大主要原油产量增长驱动因素。"

日经中文网 26 日报道也指出,美国有可能在 2018 年成为全球最大的原油生产国。美国 2017 年的石油产量仅次于俄罗斯和沙特阿拉伯,位居全球第三。美国将增产页岩油,因为页岩油的生产成本下降,以当前的原油价格能够实现盈利。2018 年的平均日产量将超过 1000 万桶,反超首位的俄罗斯。

在俄罗斯及欧佩克等主要产油国自愿限产、以提振油价之际,美国石油产量飙升打乱了全球油市。美国石油出口也在扩大,包括销往亚洲一些成长最快的市场,抢走了欧佩克及俄罗斯的市场份额。2 月 23 日当周,美国原油日净进口量下降 160 万桶至 498 万桶,为 2001 年美国能源信息署开始统计该数据以来的最低水准,让欧佩克数十年来依赖的重要市场进一步流失。

进入 2018 年这两个月,美国让人印象最深的事情,一个是美联储主席的换人,耶伦正式下岗,另一个就是美国产油量的大增,目前美国的日产油量已突破 1000 万桶,超过了沙特阿拉伯,这让本来打算在 2018 年凭着减产利好而持续上涨的原油价格遭遇直接拦截。为何美国会突然大幅增加原油的生产呢?其实这一直就是特朗普计划之中的一环。

自从特朗普上任美国总统这一年时间以来,除了让美国变得越来越孤立之外,越来越大的债务危机压得美国喘不过气来,美国政府三番两次面临停摆危机,然而特朗普面对美国的债务问题,不仅没有更好的解决方法,反而进一步落实税改政策,让美国政府的压力继续扩大,同时特朗普能做的也只是大幅缩减预算。面对日趋紧张的美国赤字危机,特朗普真的束手无策吗?其实并不是如此。

美国产油量的扩大有两大因素:首先是美元的持续下跌让市场的原油需求得到了提高,而造成美元下跌的幕后主使就是特朗普,如今上任一年以来,美元指数从 100 大关上方跌破如今 90 一线,特朗普贸易保护政策是主要压力,同时特朗普的各种行为都增添了市场对美元的担忧。其次是特朗普税改落地给美国企业减轻了巨大的生产负担，特朗普的目的就是通过给企业减负来刺激企业的生产力，尽管如此给美国政府带来了巨大财政压力。如今美国原油企业压力大减，自然会全力投入到生产上去，因此这是美国产油量大增的又一关键因素。

从美国疯狂产油的背后，自然可以看出特朗普想要"卖油"的小心思，要知道如今欧佩克那边在全力减产，使得原油价格摆脱了2017年的低点在不断回调，虽然美国产油让油价上涨出现了一定的减速，但并没有对大格局带来改变，而且前段时间特朗普公布的最新预算案中就有一条是将来美国要大量出售战略储备原油，同时逐渐减少原油进口。特朗普希望以此实现美国原油产业的自给自足。

特朗普是商人出身，对于美国的经济问题，并不是没有自己的方法，只是在用更加"商人"化的手段来缓解，可以看出原油产业只是一小部分，特朗普显然是想要先从原油这一块入手，将来美国不用再依靠别国的原油，自己生产原油、销售原油，这样可以大大提高原油带来的收入，而且还可以进一步扩大美国的原油出口，让原油产业成为美国经济重要的一环。可想而知，美国的原油生产在未来一段时间，至少是在2018年必然是会持续上涨的，而欧佩克方面也表示会在2018年维持减产协议，那么这两者很可能会在2018年维持一个僵局，2019年的原油市场则可能会迎来更多的不安因素。

受常规油气资源的持续萎缩及美国页岩油气的冲击，美国页岩油对国际油价的持续撼动，让欧佩克成员国和俄罗斯等传统产油国陷入了危机感的同时，也试图复制美国页岩油气热潮。俄罗斯正试图复制美国页岩油气热潮，使得原油最主要的生产基地来自页岩油田。

作为全球最大的原油生产国之一，俄罗斯在全球石油供给中占比约为13%，由于页岩油相对技术上要求高且投入巨大，目前还几乎没有页岩油的贡献。与此同时，俄罗斯的常规油气正呈现着不断下降的趋势，现有的大型油气田大都是在20世纪60—70年代之间发现的，老化严重。俄罗斯政府非常依赖石油和天然气，油气带来的收入占联邦预算收入的约1/3。《华尔街日报》指出："俄罗斯的传统油田正面临着衰退，需要在未来10年建立新的油田。"

在页岩油储量方面，俄罗斯与美国不相上下，同时具有自己独特的优势。美国能源信息署发布的储量报告显示，俄罗斯在全球的页岩油储量持平于美国的750亿桶，约占全球总量的22.3%，中国的页岩油储量排名第三，为30亿桶，加拿大的页岩油储量排名第十，约为9亿桶。占地面积100万平方千米的俄罗斯巴热诺夫（Bazhenov）页岩区，估计有超过1.2万亿桶页岩油的含量，页岩油资源非常集中，以现有技术能够开采的大约有740亿桶，相当于美国巴肯页岩油产区可开采量的10倍。

为深入推动国内开采页岩油，俄罗斯政府为相关企业提供了相关的税收优惠政策，并鼓励企业与科研机构合作，重点开发技术。在政策引导下，俄罗斯第四大石油生产商俄罗斯天然气工业石油将发展重点从与荷兰皇家壳牌的合作转向了推进巴热诺夫页岩区页岩油开采的新技术，并计划在下一个10年开始商业生产。俄罗斯天然气工业石油表示："2025年巴热诺夫页岩油将可以弥补俄罗斯油气总产量的2.5%。"此外，俄罗斯最大的石油公司俄罗斯石油与英国石油签署合作协议，协议主要勘探目标为俄罗斯中部伏尔加—乌拉尔（Volga-Urals）地区难以开采的页岩油。在此项协议中，俄罗斯石油将持有新合资公司51%的股权，英国石油持有49%的剩余股权。

现阶段，俄罗斯政府依然坚持将重点放在新的常规项目和苏联时期的油田上，通过减少收益来提高产量，这依然是阻止俄罗斯的产量下降的最重要举措。在俄罗斯一步步踏向页岩油生产的同时，加拿大也在悄悄地进行着一场页岩油气革命。

加拿大页岩油气革命最显著的标志在于，油气投资商由长周期的油砂投资转向短周期的页岩油气项目投资。据加拿大《环球邮报》（The Globe and Mail）援引伍德麦肯兹的调查显示，2018年加拿大页岩油气总投资将从2017年的75亿美元增至100亿美元，这大约占到油气资源集中的加拿大西部地区总投资的44%。加拿大页岩油气区块的投资可能在2018年首次超过油砂的投资，预计2018年油砂的投资将从2017年的100亿美元降至的81亿美元。国际能源署表示，2017年加拿大石油产量出现强劲增长，2018年日产量将达到495万桶，预计在未来几年内其产量增速将在主要产油国中排名第二。

2018年2月27日，受欧佩克和国际能源署对美国页岩油产量提高增速的预测和美元走高影响，投资者预期上周美国原油库存和产量将回升，油价出现了快速回落。美联储主席鲍威尔表示，美联储将坚定地采取渐近加息的方式。这使得美元出现了大幅拉升，并创出了近期高点于90.50一线，也使得美国原油迅速回落至每桶63美元一线下方。WTI油价收报每桶跌1.16美元至62.84美元，跌幅1.81%，布伦特油价收报每桶跌1.20美元至66.33美元，跌幅1.78%。

鲍威尔2018年2月27日自上任美联储主席以来首次在国会向众议院金融服务委员会作证，其演讲备受瞩目，并且引发了金融市场的剧烈震荡。鲍威尔在事先准备的证词中提到，由于经济增长前景依然强劲，央行可以继续渐进式升息。不过，他在随后的问答环节的一句话中向华尔街透露了2018年可能加息4次的信号。

分析师认为，最近油价下跌更多是因为投资者抛售，而不是油市本身因素。此次抛售是对估值过高的股市的一次修正，同时也引发了对通胀和美联储加息的担忧，甚至还有更悲观的：生产率增长放缓、债务增加和大宗商品价格上涨已经限制了全球经济的增长。

欧佩克轮值主席、阿联酋能源大臣马兹鲁伊表示，目前欧佩克正在致力于打造一个欧佩克超群，这个新的集团将在2018年底减产协议到期之后继续发挥作用，以维持长期稳定的合作。但市场人士认为，目前欧佩克正面临越来越多的挑战，这些问题得不到妥善解决，将会使得欧佩克努力维持减产协议以达到油市供需平衡的目标落空。首先，欧佩克内部对于减产已经开始出现了分歧。伊拉克拥有最切实可行的原油增产计划，伊拉克的石油部门报告显示，1月伊拉克的总出口量达到了1.08亿桶，日出口量超348万桶，这使得伊拉克已经成为减产协议中最不合规的国家之一。同时，伊朗、俄罗斯以及阿联酋等国家也开始制定自己的增产计划，这或在未来使油价承压。其次，外部竞争的压力。除了美国原油产量不断攀升外，也促使了一些较大的产油国提升其产量。数据显示，墨西哥正积极地扩大生产，并计划到2030年将日产量提升50%至300万桶。巴西也计划到2022年之前陆续投入累计约600亿美元的资金扩大原油的生产。

政府及船运追踪数据显示，亚洲主要石油进口国在2018年1月进口的伊朗原油较上年同期增加3.3%，创3个月高位，因中国进口量大增，抵消掉其他3个国家的购买量下降。数据显示，中国、印度、日本及韩国1月从伊朗日均进口170万桶原油，创下去年10月以来的最高位。这个水平也略微高于4国2017年日均167万桶的进口量。

由于美国可能重启对伊朗的制裁，伊朗急于挽留住亚洲的几大买家客户，希望通过打折销售来增强本国原油相对于其他中东供应方的吸引力。中国1月日进口伊朗原油较上年同期跳涨85.9%至74.9万桶，是2017年9月以来最高水平。而在之前的3个月里，中国对伊朗原油的进口则连续出现同比下滑。印度1月日进口伊朗原油同比下滑10.7%至49.5万桶。日本1月日进口伊朗原油同比下滑2.9%至20.3万桶。

2018年2月28日（周三），原油价格创两周多来最大跌幅，因美国能源信息署数据显示原油和汽油库存增长超预期。至2月23日当周美国原油库存增加301.9万桶，超过预期的增加300万桶，汽油库存连续4周增加，美国国内原油日产量增加1.3万桶至1028.3万桶，再创历史新高，并接近俄罗斯产量，推动了原油库存的增长。WTI油价收报每桶跌1.29美元至61.55美元，跌幅2.05%，布伦特油价收报每桶跌1.58美元至64.75美元，跌幅2.38%。

美国能源信息署指出，经调整后的2017年11月原油日产量增至1005.7万桶，2017年12月日产量下降10.8万桶至994.9万桶。11月的日产量超过了1970年11月的1004.4万桶。过去几年页岩油行业进入繁荣期，石油产量大幅增长，使得美国超越沙特阿拉伯，现在日产量仅次于俄罗斯。RJO期货驻芝加哥高级市场策略师斯特里布表示："我们有更多的石油可以生产，日产量突破1100万桶的门槛将比预期要快上许多。"

美国原油产量增加，主要是因为得克萨斯州和北达科他州的页岩油区增产所致。随着水力压裂等新技术的采用，过去10年这些地区的产量便大幅增加，产量增加已使得美国10年来石油进口减少了20%，并提振了能源出口。2017年12月产量在连增3月后回落，主要是受墨西哥湾近海日产量减少13.1万桶的带动。受火灾影响，墨西哥湾4个石油平台直至12月底均处于关闭。按地区分，12月美国北达科他州原油日产量较11月减少1.5万桶，得克萨斯州原油日产量增加3.6万桶，离岸海湾地区日产量则减少13.1万桶。美国能源信息署表示，2017年12月原油和油品日总需求达2008万桶，较上年同期增加约 0.5%，但较前月下滑约 1%。

美国的原油市场由大量不协调的私营企业所主导的，其中相当一部分企业较之国际上的竞争者拥有明显的生产成本优势，这意味在可以预见的未来，美国依然是原油市场的主要参与者。自 2008 年以来，美国的原油日产量提升了 1 倍多，接近 1030 万桶。同时，美国本土的石油日需求 10 年来维持在 1850 万桶至 1970 万桶，因此随着产量的不断提升也给了美国原油更多的出口机会。

斯特拉塔斯顾问分析师阿什利·彼得森表示，欧佩克在减产协议上能达到何种程度的合作，以应对美国页岩油产量不算攀升的步伐，可以视作是 2018 年油价的最决定性的因素。相比于 2017 年，2018 年油价波动将更为频繁，这是由于市场对于美国原油增产摇摆不定的情绪所推动的。分析师警告说，随着减产协议到期，如果欧佩克不能有序退出的话，将可能导致全球原油库存的快速回落，从而导致油价的恶性上涨。国际能源署也警告说，油价的不断上涨在未来几个月将导致更多的钻井、更多的复杂因素、更多的产量以及更多的对冲，美国所主导的供应激增将会导致原油市场陷入更深层次的供过于求，这可能重蹈 2014 年覆辙。

在刚刚过去的 2 月，美国产油量的大增给原油市场带来了不少"麻烦"，本来在欧佩克减产的作用下，原油市场正在逐渐迈入平衡的局面，进入 1 月之后 WTI 油价一度走高上涨到每桶 66.66 美元。但在进入 2 月之后，美国产油突然大增让原油涨幅快速收缩，甚至在短短一周时间里回吐了整个 1 月的涨幅，可见给原油市场带来的冲击有多大。而随着美国产油量的增大，市场也在担忧欧佩克能否在这样的局面下坚持减产。2018 年原油价格恐怕就是在美国增产与欧佩克减产之间的较量中生存。

此前欧佩克认为美国页岩开采者正快速耗尽最好的一级和二级页岩开采区，而且无法用新的页岩油田取而代之。美国页岩油产量将在未来快速下跌，如今看来这一预估显然是错误的。国际文传电讯能源驻伦敦高级能源分析师阿比谢克·库马尔表示，页岩油产量的上升趋势仍然是油价的主要利空因素，这一趋势正受到参与欧佩克减产协议国家的密切关注。

第六节
页岩油增产打压油价与特朗普关税打压美元

美国原油产量增加在 2018 年打压油价，即便欧佩克和俄罗斯减产。随着 2018 年 2 月原油行情收官，可以发现美国产油量的持续增大给原油市场带来了十分巨大的影响。一方面大幅削减欧佩克的减产效果，一方面也在不断加剧库存过剩的局面，而且根据美国能源信息署预测，美国原油增产可能要持续到 2050 年才会出现缩减。那么当前的原油市场能否撑到美国原油增产停止的那一刻呢？

2018 年 2 月 28 日，据相关机构预测，从近期美国能源信息署数据看，未来 3~4 年美国原油产量增长势头或终结。分析指出，2010—2015 年美国原油日产量增长 400 万桶，但 2016 年原油出现下滑，直到 2017 年 1 月至 12 月日产量再重返 120 万桶的增势，刷新 1970 年初期以来的水平。美国原油产量的增势，共识的一个原因是大部分缘于页岩油产量的增长。但很多人未能预料的是这部分涨势使得美国原油产量直逼 1970 年峰值。

那么之后呢？这一答案或许可以从美国能源信息署近期数据中找到。美国能源信息署预测，原油市场将呈现趋紧的状态，未来 2~3 年内，美国页岩油日产量将不断增长，这一增势或保持到 2050 年，之后料将下滑。其中，低油价资源（Low Oil Resource）项目预测直到 2020 年，油市供给都将呈现趋紧状态，之后到 2050 年将呈现缓慢趋紧过程。高油资源（High Oil Resource）项目则预测截至 2025 年，油市将呈现趋紧，之后缓慢趋紧的状态。

只有相关基础设施建设脚步跟上，石油产量才可能继续上涨。但是页岩油也面临一些运输的问题，伴随石油勘探问题的还有天然气。在一些油田没有存储的设备，所以这些天然气就被释放了，但这一行为是违法的，所以生产将同时受到限制。此外，较高的油价对油田服务提出了更高要求，使得勘探公司的利润升高，而石油生产商的成本也有抬升，这都是限制勘探活动的几个关键原因。

2 月 28 日早盘油价陷入震荡，亚盘交易时段，人气低迷，油价下行。不过，沙特和阿联酋原油产量意外下跌消息传出，油价获得支撑。美国对委内瑞拉采取与原油相关的制裁行动，也为油价提供一定支撑。不过，美国产量飙升可能削弱欧佩克减少全球原油供应的担忧，油价仍徘徊在两周低点。WTI 油价收报每桶跌 0.21 美元至 61.34 美元。布伦特油价每桶跌 0.55 美元至 64.20 美元，跌幅 0.85%。

美国产量的增加使欧佩克和俄罗斯主导的供应限制黯然失色。瑞士佩特罗马特里克斯分析师奥勒·汉森·汉斯克尔说:"页岩油与沙特阿拉伯等产油国之间的市场份额争夺战中，前者再次占据上风。我们看到油价更大的下行风险。"市场等待下周一 3 月 5 日（下周一）休斯敦剑桥能源周会议期间，美国页岩油商和欧佩克就如何以最佳方式减少全球石油供应过剩、推动油价回暖问题的最新迹象，进一步突显了美国原油产量对国际油价的影响。

2 月 28 日，路透社调查显示，2 月欧佩克产量降至 10 个月低点，主要原因是阿联酋一个油田停产维保以及委内瑞拉产量持续下滑，欧佩克 2 月减产执行率为 149%，较

之上个月的138%明显增加。三菱日联资深分析师芥田知至说:"尽管欧佩克和俄罗斯等非欧佩克成员国的产量限制在不断扩大,但自1月底以来,市场一直在关注美国的产出增长。"

根据彭博社对分析师、石油公司和船舶跟踪数据的调查,欧佩克14个成员国2月日产量可能下降8万桶至3228万桶。这是2017年4月以来的最低水平。委内瑞拉的日产量下降3万桶至168万桶。欧佩克能够兑现减产承诺,多数原因就在于委内瑞拉。该国的石油行业不仅缺乏投资,且面临美国制裁威胁。阿联酋的石油产量下降,是因为达斯布伦德(Das Blend)油田进行维修。阿联酋2月日产量降5万桶至280万桶。沙特阿拉伯日产量降8万桶至988万桶。

中东的原油价格在2月出现了回落,因亚洲对于中东地区的原油进口出现了明显的回落。一般而言在每年第二季度的炼油设备维护高峰期,原油的进口会出现明显的回落,但显然这次的时间表有所提前。一份调查显示,沙特阿拉伯将可能降低其4月出口至亚洲的所有品级的原油价格,这是由于2月亚洲对于中东地区原油的需求呈下降的趋势。沙特阿拉伯主要轻质油的4月官方销售价格每桶将可能下跌40美分。中东同类产品的竞争以及美国原油产量的大幅上升使得一些亚洲的买家呼吁沙特阿拉伯进一步降低油价。

约有60%的受访者表示,油价可能会做进一步的回落,每桶降幅可能会达到70美分。受访者中一部分人表示,相比于中东其他同品级的原油而言,沙特阿拉伯的定价太高了。还有受访者表示,阿曼以及阿联酋的原油价格是沙特阿拉伯原油定价的标准,两国的油价还在上涨,这显然是不可取的,这可能也会促使沙特阿拉伯考虑再额外每桶降低15美分。同时也有人表示,套利交易可能会在这一地区愈演愈烈,导致油价波动频繁,这就促使沙特阿拉伯等国不得不降低油价。所有的受访者都表示希望随着燃油在亚洲市场的利润节节攀升,重质油的价格能有进一步的回落。

2018年3月1日美联储主席鲍威尔在国会进行第二次作证,出席参议院银行业委员会听证会并宣读声明稿。鲍威尔讲话称,美国经济增长相当稳健,薪资温和增长,薪资增速较缓主要受到生产力增长有限的影响。劳动力市场都将进一步走强,预计渐进加息依然是适当的。盘中美元指数延续鲍威尔鹰派讲话的利好,行情持续扩大涨幅一度快要触及91.0一线,然而就在市场认为美元终于迎来了翻身之日的时候,或者说市场刚刚从鲍威尔的鹰派国会讲话中缓过神来,"美元克星"特朗普就迫不及待地扔下了一枚重磅"炸弹"。而这枚"炸弹"很可能将此前在鲍威尔以及美联储扶持下的美元再次打回深渊。特朗普发表了最新贸易保护的言论,美元随后闻讯暴跌。

虽然此前特朗普表示希望看到强势美元,然而特朗普的一番话却再次引爆了市场行情,美元指数在特朗普言论的影响下短线跳水回吐日内所有涨幅,最终重新跌回90.50一线,而3月2日开盘之后,美元指数跌幅还在持续扩大,可以说特朗普给刚刚出线希望的美元指数泼了一盆凉水，浇灭了市场的热情。特朗普称将于下周公布对钢和铝制品进口征收关税的细节，将对进口钢铁征收 25% 的关税，对进口铝征收 10% 的关税，美股受此影响大幅重挫，道琼斯指数跌超 400 点，跌幅 1.73%，纳斯达克指数跌幅 1.27%，标普 500 指数跌幅 1.37%。此外，美元指数日内一度刷新 6 周高位令油价承压，但其之后逆转涨势，令油价收回部分失地。

令人惊讶的是，美国总统特朗普加剧贸易战担忧情绪，导致贸易保护主义打压美元多头，间接利好原油价格。不过，数据显示，美联储最为关心的核心 PCE（个人消费支出）物价指数年率增长 1.5%，为连续 3 个月保持不变。美国通胀数据表现良好，必然支撑美联储加息计划，从而升温美联储 2018 年加息 4 次预期，长线利好美元利空国际原油价格。

美国总统特朗普再举贸易保护主义大旗，对进口钢铁和铝产品课征高额关税以保护美国生产商。这可能导致欧洲等主要贸易伙伴的报复，同时帮助引发了美股大规模抛售。市场风险偏好快速降温，美元也开始显现疲态。而美国关税政策或将引发市场避险，美元面临进一步承压。

特朗普说："人们不知道我们国家遭到其他国家多么不公的对待。"他认为，贸易趋势"摧毁"了美国的钢铁和铝工业。2018 年 3 月 1 日早上，特朗普在推特上发文称，美国的钢铁和铝行业"已经被几十年来的不公平贸易和与世界各国的糟糕政策所摧毁。我们决不能让我们的国家、企业和工人再被利用。我们需要自由、公平和明智的贸易！"

欧盟委员会主席容克（Jean-Claude Juncker）在特朗普宣布决定对进口钢材和铝产品征收关税后发表声明说："将坚定和相称地捍卫我们的利益。欧盟委员会将在未来几天提出一项符合 WTO 原则的对付美国的措施，以重新平衡事态。"

澳大利亚国民银行分析师加文·佛兰德（Gavin Friend）表示："这对全球市场是不利的，因为保护主义和贸易关税不利于全球增长，这为全球股市下跌和债券市场反弹留下了可能。贸易保护主义将对美元构成压力，尤其是在赤字不断增加的背景下。"佛兰德指出，在贸易保护主义抬头的环境下，美元兑发达国家的货币的表现不会好。

三菱日联全球市场研究主管内田稔（Minori Uchida）表示，美国的关税政策正引发风险规避，这可能会推动美元/日元跌破 106 关口，并跌向 105.50 水平。对美国保护主义的警惕正在打压美元/日元。金融市场的不稳定可能抑制日本对海外债券的投资，也会给日元带来上行压力，尤其是考虑到日本海外资金遣返。随着美元/日元汇率接近 105，预计与直接投资和进口商相关的买盘将会提供一些支持。

摩根大通驻东京日本利率和外汇研究部主管佐佐木融（Tohru Sasaki）表示："在美国总统特朗普宣布对进口钢铁和铝征收关税后，美元/日元汇率面临下行压力。随着美国的保护主义立场变得更加强硬，美元的走势预计将会疲软。不清楚美国的贸易保护主义会导致什么结果，但如果市场认为美元走软可能改善贸易问题，美国可能会采取这种立场。即使强劲的薪资数据推高美债收益率，美元也可能下跌，因为美元和收益率的相关性近期并没有发挥作用。"

特朗普认为这些关税将保护美国就业。但多数经济学家表示，对于诸如汽车和石油行业等钢铝消费者而言，进口价格上涨的影响将是摧毁的就业要多于所创造的就业。蔡金分析（Chaikin Analytics）首席执行官马可·蔡金（Marc Chaikin）认为："这可能会让市场受到惊吓，最大的可能是一场贸易战，没有人会为此感到兴奋。股市面临的一些压力是对有关关税的回应。"新桥证券（Newbridge Securities）驻纽约首席市场策略师唐纳德·塞尔金（Donald Selkin）说："特朗普宣布了关税举措，股市应声下跌。此举将提高汽车的价格，看看汽车股的表现。这会提高使用钢和铝物品的价格。"

2018年美国突然大幅产油并不是空穴来风，因为特朗普主张的贸易保护和原油有着千丝万缕的关系。特朗普的贸易保护主张对外贸易中实行限制进口以保护本国商品在国内市场免受外国商品竞争，并向本国商品提供各种优惠以增强其国际竞争力的主张和政策。2017年特朗普落实税改大大降低企业缴税其实就是在为贸易保护铺垫，如今美国页岩油企业的大力发展，很大程度是受到特朗普税改的影响。而随着美国持续产油，不少机构都预测未来美国的原油出口将会成为全球第一。而美国也会从2018年开始持续缩减原油的进口，并且此前特朗普的预算计划中有一条内容就是未来将会持续出售原油储备。这其实就表明了特朗普一项原油的长远计划，美国原油将实现自给自足，从原油的需求方转变为供应方。那么对于原油市场来说，可能会在未来加剧原油过剩的局面，不利于油价的上涨。

特朗普宣布将征收高额关税以保护美国生产商，投资者担心此举将引发一场贸易战，引发美国的主要贸易伙伴的反制措施。美国康涅狄格州传统能源资深分析师兼经纪人迈克吉利安称："关税计划引发对经济增长可能不能提振需求的担忧，油价仍然承压，因担心美国产量增幅，足以抵消欧佩克和俄罗斯减产的影响。"美国油气行业批评此项关税计划，称此举将提高大型基础设施项目成本，进而减少能源业工作岗位。3月2日（周五），特朗普赤裸裸地称，"贸易战是好的，并且容易取胜。"这令美元承压，缓解了油价的下行压力。当日，WTI油价收报每桶涨0.11美元至61.45美元，涨幅0.18%，布伦特油价收报每桶涨0.36美元至64.56美元，涨幅0.56%。

CMC Markets驻悉尼首席市场分析师斯普纳表示："市场未显现任何关于人气逆转的明显迹象。油市目前主要受到美国原油库存增多驱动，而且整体而言，市场步伐过大过快，然后又有美元剧烈波动以及特朗普征税消息带来影响。"美国上周汽油库存大增248.3万桶，预期仅增加34.66万桶。汽油库存在上周的增长是反季节的，原因是现在适逢炼油厂的维护季节，因此在每年的这个阶段，通常来说燃油库存是不会上升的。研究机构资源经济学家（Resource Economist）原油和炼油产品主管伊赫桑·乌尔哈克（Ehsan Ul-Haq）指出："炼油厂的产能利用率仍旧处在很低水平，因此我们本来应该看到库存下降才对,但市场上的需求不够强大。汽油进口量也处在很低水平。"

特朗普的关税计划肯定会在以生产钢铁为主的城市中受到欢迎,因为其目的是保护美国生产商免受来自廉价外国供应商的"不公平"竞争。然而,这将不可避免地推高美国石油和天然气生产商的成本。这对正在复苏的页岩油行业来说可能是个坏消息,因为页岩油已经让美国走上了成为全球最大石油生产国的道路。

在石油管道中使用的钢材必须符合严格的技术规范,以确保其不会被腐蚀或断裂,这些钢材的使用寿命一般超过30年,远远超过家用电器或汽车的寿命。但美国的这个市场对钢铁制造商来说非常之小,仅占美国总量的3%,这还是与国内石油产量的激增有关。美国钢铁制造商基本上放弃了这一市场,转而青睐那些质量规格不那么严格的高产量产品。

相关机构研究发现,无论成品还是以原材料的形式,近年来美国管道中使用的钢材大约有77%来自进口。因此,进口产品成本的上升不太可能促进美国国内原油供应的激增。一旦特朗普的关税成为法律,管道公司就会看到他们所需的钢铁成本出现飙升,除非他们被排除在此法律之外。否则,他们将不可避免地将更高的成本转嫁给石油和天然气生产商。

美国石油协会首席执行官杰克·杰拉德(Jack Gerard)在特朗普宣布征收钢铁关税的同一天表示:"石油和天然气产业依赖国外的钢铁建设项目,今天采取的行动不符合政府维持能源复兴、建设世界级的基础设施的目标。美国石油和天然气产业尤其在许多项目上依赖特种钢,这些钢材是美国本土钢厂无法提供的。"

杰拉德称,管道产业对国外钢铁的依赖即是一个明显的例子。在为美国的石油产业制造管道的约40家钢厂中,只有约一半在美国境内。在2017年,美国石油协会曾建议管道生产商在美国的项目中只使用美国制造的钢铁,但这一计划可能已遭到政府的否决。而在大型的、有严格的性能要求的管道上,符合要求的美国生产商就更少。只有8家美国生产商能够制造直径大于30英寸(合76.2厘米)的管道,而能够制造符合某种厚度标准的管道的厂家只有3家。而能够制造最高规格、尺寸、厚度的管道的厂家美国则一家都没有。

进口管道、配件和阀门的成本一旦增加25%,对于一条280英里长的石油管道而言,其成本大约增加7600万美元,这些管道通常需要将页岩油从二叠盆地输送到墨西哥湾沿岸。对于一个大型项目,比如达科他管道项目的成本增加可能高达3亿美元。达科他管道项目是特朗普就任总统伊始,在2017年1月24日签署的,兑现了他要提振能源项目的竞选承诺。特朗普在签署行政命令时说,达科他管道项目将受到政府与企业重新谈判的条件约束,将在建筑行业和钢铁行业创造大量就业岗位。但是,这项计划遭到美国印第安人部落和环保组织的强烈反对。达科他管道项目于2014年公布,总投资约38亿美元,输油管道全长近1200英里,从北达科他州的巴肯油田向东南延伸至伊利诺伊州,每天可从北达科他州输送多达57万桶原油到伊利诺伊州。美国石油管道协会(Association of Oil Pipe Lines)首席执行官安迪·布莱克(Andy Black)说:"我们正在敦促政府避免用钢铁关税伤害美国原油产业,损伤美国就业。"

新征税款甚至还没有到位,已经引起了美国一些行业的抱怨,其中一些是特朗普承诺要保护的行业。业界担心由关税带来的额外费用将导致管道项目的推迟或取消,最终会损害美国工人的建造和承包工作。页岩油行业已经面临着管道瓶颈阻碍产量增长的前景。管道建设的进一步障碍也会影响到油田的就业。很难看出谁将从一种美国钢铁行业无法或不愿意满足国内需求的钢材进口关税中获益。石油管道协会政府及公共关系主席约翰·斯图迪(John Stoody)则表示:"分析没有考虑到生产大直径管道规格产品的美国钢厂数量十分有限。美国的生产商产能有限,这会产生长期的积压。订单估计有1到2年延迟,这会引起项目取消。"

但一些分析家认为这些警告有些言过其实。资产管理机构乌龟资本顾问能源投资组合经理萨利(Matt Sallee)就认为,虽然关税确实会影响项目的最终成本,但管道生产商有着吸收成本的方法。萨利说:"我不认为制造一个管道的成本会受到显著的消极影响,对于成本的上升,公司只需要求更高的关税或更高的船运费来推进项目。"

美国能源部预测,到2018年11月,美国原油日产量将突破1100万桶,2019年还将进一步增长。但这在一定程度上取决于原油生产商将产品推向市场的能力,并越来越多地依赖于墨西哥湾沿岸的出口终端,因为他们需要更多的管道。而关税使石油管道建造成本增加了1/4,这只会阻碍页岩油行业的扩张。因此受益的将是俄罗斯和欧佩克。此前,俄罗斯和欧佩克眼睁睁地看着为提振油价而实施的减产行动,得到的回报却是美国页岩油产量不断增加。现在,"让美国再次伟大"的总统特朗普所做出的决策可能损及美国页岩油行业增长,这可能会让俄罗斯、伊朗和委内瑞拉欢欣鼓舞,而这肯定不是特朗普的初衷。

也有分析认为,美国产油量激增,油价不一定会下跌,因为美国增产是要做世界头号产油大国,与沙特阿拉伯和俄罗斯抗衡,加上美国将有更多的原油流向全球市场,油价上升对美国是有利的。现在有一种情况,就是美国很可能与沙特阿拉伯联手,将美国原油价格推升至每桶70~80美元。

沙特阿拉伯基于沙特阿美上市,当然希望油价愈高愈好,这样沙特阿美上市的估值就愈高,有助于上市利益最大化,但沙特阿拉伯凭一己之力难以提升油价,于是在2016年11月沙特阿拉伯与欧佩克达成减产协议,随后俄罗斯也加入减产行列,WTI油价从2016年12月30日每桶53.41美元的低点升至2018年1月25日每桶66.66美元的高点。

2017年5月底,特朗普当选总统后首次出访,第一站便是沙特阿拉伯,这次访问的焦点是沙特阿拉伯向美国购买军备设施,加上其他投资总值3500亿美元,这是特朗普上任后首次取得的主要成就,之后不到一个月,WTI油价便从每桶42美元开始节节上升，应该说这并不是巧合。另外，沙特阿拉伯王储穆罕默德将在2018年3月19日访问美国，石油必定是主要议题之一，只要美国配合，WTI油价升至每桶70~80美元绝无难度，而油价上升对美国来说也是乐见的。

2018年3月5日（周一），有着全球能源界"达沃斯论坛"之称的第37届剑桥能源周于周一起在美国休斯敦召开，会议日程长达5天。在欧佩克和美国页岩油公司会晤前，油价出现了小幅上涨。这是因为市场预期原油生产商们将会讨论如何进一步减少全球原油的供应过量。不断攀升的页岩油产量拖累了欧佩克通过减产协议维持供需平衡以推升油价的努力。欧佩克将页岩油视作是一个整体而不只是一个个独立公司的简单集合，同时希望美国页岩油公司的高管们能够将美国的原油日产量降至1000万桶下方。但欧佩克知道这种希望落空的可能性很大，因为美国页岩油生产商同意集体定价或者产出协定的话，将会违反美国的反垄断法。新加坡期货经纪商奥安达亚太区贸易主管斯蒂芬·因内斯（Stephen Innes）说："欧佩克和非欧佩克组成的联盟的契合度保持在历史高位，但是因为俄罗斯向欧佩克不断施压——威胁其要退出联盟，欧佩克不得不将橄榄枝抛向美国页岩油公司。因此，这次会议上取得任何积极的发展都将会成为对油价的支持。"

由于国内外对于原油以及石油燃料需求的不断上升，美国石油运转钻机数创下了近3年来的最高水平。3月2日当周美国运转钻机数上升至800台。超过70%的油钻集中在4个主要的页岩区域内，其中得克萨斯州的二叠盆地以及新墨西哥州是主要的钻探地点，集中了434台石油钻机。自从2017年11月开始，美国运转石油钻机几乎一直处于增加的过程中，与此同时美国原油日产量也攀升至1000万桶上方。而市场上种种的信号显示未来原油产量还有进一步上涨的空间，由于市场担忧近期原油的供应量将会过剩，这导致近期油价承压。美国银行财富管理高级投资策略师哈沃斯表示，页岩油生产商似乎在吸引资本投资上取得了很大的进展，同时在当前的油价水平上获得了很大的收益。

国际能源署3月5日（周一）称："未来5年美国页岩油产量料将飙升，因钻油活动脱离3年疲势迅速回升。尽管有收紧投资以及愈发侧重回报而不是增长的说法，但当油价企稳并开始上升时，美国生产商还是迅速恢复起来。美国将从欧佩克手中夺取市场份额，并更加接近石油自给自足的状态。"

国际能源署还大幅上调了此前的增长预期。国际能源署认为，为消除全球石油过剩，欧佩克与俄罗斯等产油国在2017年实施减产协议，为其他产油国大幅改善了前景，因油价在2017年期间大幅上涨。到2023年，非欧佩克原油日产量预计会上升520万桶至6330万桶；美国原油日产量将增长270万桶至1210万桶，得益于页岩油产量的增长将超过传统原油供给的下降。国际能源署在2017年曾预计，在油价至多每桶60美元水准时，到2022年美国页岩油日产量将增长140万桶，在每桶80美元时，页岩油日产量将增长至多300万桶。

国际能源署署长比罗尔称，美国原油产量将满足60%的需求增长，未见有迹象表明石油需求将在2023年达到峰值。非欧佩克原油产量增长强劲，油市将在未来数年间发生改变。到2020年，美国新增原油产量将覆盖80%的全球需求增长。美国、巴西、加拿大及挪威的原油产量将使得全球原油市场维持原油供应过剩状态。尽管预计未来5年全球原油需求不会见顶，但2018年日增长140万桶之后，未来5年将放缓至100万桶。比罗尔认为，不管欧佩克的政策如何，预计页岩油产量将继续上升。鉴于美国页岩油的产量激增，欧佩克和其他产油大国需要"重新考虑"未来的增长计划，美国的原油出口能力在未来5年内预计将翻倍。

欧佩克秘书长巴尔金多和其他欧佩克官员3月5日（周一）将与美国页岩油生产商举行晚宴。摩根士丹利分析师马蒂恩·拉特斯表示："欧佩克和美国页岩油产油商周一在休斯敦会面，双方同意展开任何形式合作的可能性都非常小。欧佩克有自己的问题，但这是一个在过去多年里，时不时影响石油市场的国家组织，有些情况下影响还非常巨大。但是，美国的页岩油生产商有数百家公司，他们之间极不可能有任何的协作。晚宴对欧佩克来说，将是很好的信息收集渠道，但这都只会是单向的，双向交流似乎非常困难。"

国际能源署署长比罗尔在IHS马基特组织的剑桥能源周新闻发布会上表示："非欧佩克增长太强劲，将改变石油市场未来多年的形势。未来5年，仅仅是美国的产量就能满足全球60%的需求增长。我可以告诉你，如果价格比我们的假设更高的话，我们的预期可能需要上修。国际能源署对2023年油价的假设是布伦特原油为每桶58美元，相比之下目前布伦特原油超过每桶65美元。没有见到石油需求触顶的迹象，石油产业肯定没有进行足够的投资以确保未来的生产。欧佩克和一些非欧佩克国家在2016年底达成的减产协议引发了美国页岩油产量的增长浪潮。预计一旦减产协议在2018年底到期，欧佩克很难有进一步减产的空间。我们不能忽略页岩油的增长，他们来势汹汹，这会影响每个人。在一个页岩油革命的世界，没有哪个是孤岛，每个国家都会受到影响。"

第七节
美国页岩油抢占市场份额威胁主要产油国

2018年3月5日（周一），美国总统特朗普在推特表示，如果达成新北美自贸协定（North American Free Trade Agreement，NAFTA），则不会对墨西哥及加拿大征收钢铝关税。这传达出较为积极信号，对油价形成一定的提振，美股也止跌转涨。

CNBC报道，沙特阿拉伯将携手普京来遏制美国大幅攀升的原油产量，沙特阿拉伯支持普京在中东发挥更大作用。目前美国原油产量已超越沙特阿拉伯,并接近俄罗斯,对欧佩克减产保价的策略形成了冲击。

欧佩克秘书长巴尔金多讲话称,欧佩克与非欧佩克国家之间的联合行动对所有产油机构持开放态度;欧佩克与非欧佩克国家的减产联合行动十分坚固;预计石油需求将持续保持强劲,至少保持到 2040 年。

北美自由贸易协定第七轮谈判定于 3 月 5 日结束,特朗普对钢铁及铝的关税提案给谈判带来了意想不到的挑战。美国贸易代表莱特希泽(Robert Lighthizer)表示,美国在北美自由贸易协定谈判中未能取得预期中的进展,谈判的时间越长,遭遇的政治阻力越大。墨西哥工业集团表示,政府将对美国出口商采取同样措施。加拿大方面也称,将对美国采取报复性措施。

随着美国产油量的持续升高,原油市场格局已经演变成欧佩克减产与美国增产之间的斗争。国际能源署预计,美国页岩油产量将在未来 5 年大幅增长,从欧佩克手中夺走市场份额,并使曾经作为全球最大石油进口国的美国接近自给自足。在作者看来,这很可能就是特朗普贸易保护计划的一部分:第一步是疯狂增产,第二步是逐渐减少进口,第三步达成原油的自给自足,第四步成为最大的原油供应方。这四步方针很有可能就是未来特朗普打算用来缓解美国经济压力的手段之一。之前特朗普强调贸易保护主义就可以看出,特朗普在这一政策方面并没有改变自己的观点,只要他是总统,贸易保护这条道路就会一直走下去。而原油很可能就是开启这条道路的先行者。

欧佩克秘书长巴尔金多 3 月 5 日(周一)在休斯敦举行的年度剑桥能源周能源会议上发表了讲话,他说:"我希望今天晚上能与美国页岩油开采商进行会晤。我在一年前与对方展开了首次会晤。这次会议主题不是关于油价或减产,而是关于技术和生产前景。从页岩油开采商那里可以学到非常丰富的经验。"

在 2017 年剑桥能源周会议及纽约的会议上,巴尔金多还和对冲基金以及其他金融市场参与者进行了会晤。他表示:"毫无疑问,金融市场将继续对石油产生冲击,尤其是对实物石油产生冲击。我们一直在努力了解该领域的复杂市场动态和复杂性。在过去的 10 年时间里,美国一直是石油行业的主要干扰因素。美国利用新技术更有效地进行钻探,并且从曾经认为不可能产油的地方开发出了石油。"

来自美国的新供应给油价带来了压力,导致两年前油价暴跌至每桶 30 美元。自那时起,由沙特阿拉伯领导的欧佩克以及俄罗斯和其他非欧佩克产油国同意限制产量,这样世界就可以吸收全球供应过剩的部分石油。油价已经回升至每桶 60 美元以上。巴尔金多称限产协议"像直布罗陀的岩石一样坚固",欧佩克也希望能使该协议更加持久。但是,欧佩克也清楚地看到了要吸取的教训。

巴尔金多指出:"过去 6 个周期对石油生产国造成了严重的伤害。"他注意到,在经济低迷时期,数十家美国钻探公司宣布破产。随着油价反弹,美国石油行业的钻探量增加，目前的日产量突破为1000万桶，略高于沙特阿拉伯。巴尔金多表示："石油需求强劲，但不如金融危机爆发前那么强劲了。我和一些欧佩克以及非欧佩克成员国的石油部长3月5日早些时候进行了会面，与《联合国气候变化框架公约》执行秘书埃斯皮诺萨（Patricia Espinosa）讨论了气候变化问题。气候问题的讨论一直集中在化石燃料上，但讨论主题应该围绕温室气体排放。因此，技术可能在减少排放方面发挥作用，而不仅仅在燃料来源方面发挥作用。欧佩克成员国都是发展中国家，会受到气候变化的影响。"

一同赴会的尼日利亚石油部长卡其库也称，欧佩克计划在其成员国产油企业与美国页岩油企业之间召开"研讨会"，但并不计划对这些企业施加压力，希望展开对话。卡其库说话比起巴尔金多更为直率，称欧佩克国家与美国页岩油巨头都需要在维持油价稳定方面承担责任。

卡其库指出："我们需要开始关注在这些领域非常活跃的企业，并开始让他们承担一些价格稳定方面的责任。页岩油供应的快速增长不仅是欧佩克的问题，也是整个石油行业的问题。我不认为它需要压力。我认为石油公司会第一个告诉你，油价稳定对他们是重要的。"然而，美国石油巨头们无法像欧佩克所做的那样参与供应限制来影响价格，一些石油部长则淡化了页岩油的增长无法处理的想法。厄瓜多尔石油部长卡洛斯·佩雷斯称："页岩油田的总采收率往往要低于传统油田。它有影响，但不是我们预期的影响。回收系数依旧低迷，因此目前不存在额外的影响。"

美国页岩油气革命的先驱之一、EOG资源原董事长兼首席执行官马克·帕帕（Mark G. Papa）在休斯敦能源周会议在接受采访时称，美国页岩油产量增速并不会如市场似乎认为的一样快。帕帕渴望告诉与会者，外界普遍持有的页岩油生产商能够快速提升产量，并维持这些水平的看法是错误的。

现年71岁的帕帕目前是美国另一家页岩油公司百年资源开发（Centennial Resource Development）的董事长兼首席执行官，3月5日晚间帕帕和其他页岩油公司高管一同会晤欧佩克秘书长巴尔金多，会后，他将在剑桥能源周能源大会上发表公开讲话。帕帕称："石油市场现在处于误导的状态中，需要有人站出来说话。"帕帕暗示比起专家们的看法，未来的供应可能更为受抑。

尽管语气亲切，但帕帕说话却经常直出直入，没有一点客套。在会晤宾馆外接受彭博社采访时，他称，预计晚宴将满是"概括"和没有进展的讨论。采访中，他并未说页岩行业未来会陷入困境，但他的主旨是页岩油不是外界认为的"大坏狼"（"big bad wolf"），或者油气市场全能的破坏者。他强烈反对市场分析师、高管和投资者持有的看法，即美国的产量将长期占据全球供应，使价格持续走低。类似的一个例子便是本周一（3月5日）国际能源署在中期展望报告中的预测。国际能源署称，到2023年，美国将取代俄罗斯成为世界最大产油国，并预计在此期间美国将占到新石油产出的60%。

在2018年1月的讲话中，帕帕告诉公司高管和投资者，北达科他州和南得克萨斯州大部分最好的钻井地点已经被开采。竞争对手对他们的预期过分乐观了，将近期包括油砂短缺在内一些运营挑战作为行业困境的预兆。其实，页岩油公司面临着西得克萨斯州和新墨西哥州二叠盆地土地的短缺。上述地区是美国最热门的钻探地区。帕帕称，这样的约束，再加上投资者对回报的要求越来越高，将导致比多数预期低得多的美国石油产量增长。

帕帕的一些抨击充满嘲讽，包括他对行业目前趋势（推动使用所谓的"大数据"和"自动化"来实现油田和钻井的现代化）的怀疑。帕帕笑着说："显然，你可以只用你的想象力去梦想5到10年内大数据会发生什么。"一些高管私下对他的批评感到愤怒，称他的评论是自私的，因为百年资源开发已经拥有了得克萨斯州主要钻探土地的开采权。百年资源开发刚成立时除了帕帕在行业中的名头外，几乎啥都没有，眼下这家公司已经上市，目前市值约为50亿美元。若市场采纳帕帕的看法，即页岩油增长将受到限制，那么它可能推高油价并使百年资源开发获益。帕帕说："我的动机是想警告这个行业，不存在任何潜在的个人利益。"

但帕帕并非唯一一位反对美国石油产量惊人增长预测的人。另一位行业先驱，大陆资源董事长兼首席执行官哈罗德·哈姆也质疑对美国产量的预测。哈姆表示，超过10家美国石油生产商要么为2018年设定了比分析师预计要低的目标，要么说他们的开支将不得不多于预期以达到先前的产量目标。

尽管一些地质学家和行业小公司多年来错误地预测了页岩的消亡，但帕帕在行业中的资历让他的批评更加难以让乐观主义者驳斥。猎头公司海德思哲国际（Heidrick & Struggles）休斯敦办公室的合伙人乔尔包（Les Csorba）说，"他有着挑战传统观点并通过创造人们可以问令人不舒服问题的文化来培育创新的名誉。"

帕帕称，看到越来越多的公司完善从页岩中提取天然气的工艺，开始担心市场会陷入供应过剩。他相信这次自己又会是正确的一方，并对批评人士不以为然。他说："即便行业中99%的人都对特定的事情非常肯定，99%的人也经常是错误的，现在我的看法是少数派，但接下去的一两年，我非常强烈感到事实将证明我的看法是对的。"

伍德麦肯兹在3月5日发布的研究显示，美国新增页岩油产量将远超该国的炼油产能。到2023年，美国新增石油产量中的3/4将出口至欧洲和亚洲。研究指出，美国页岩油对全球市场存在持续影响，而美国国内炼油产能和原油产量增长情况不匹配。除非建设新的基础设施，否则美国原油将在墨西哥湾港口遇到瓶颈。

伍德麦肯兹称，美国油田预期增加400万桶的日产量中，美国炼油商每天将消化90万桶至100万桶。这将使未来5年新增原油和凝析油产量中有3/4进入非美国买家手中。这些石油将在全球市场与中东和非洲产原油竞争。

美国炼油商更愿意加工中质原油和重质原油，无法消化所有的新增轻质原油。由于预计汽油需求将下降，美国在增加原油加工产能方面一直放缓脚步。至少从2014年开始，埃克森美孚就考虑扩大得克萨斯州博蒙特炼油厂的轻质油炼油产能，但尚未批准该项目。研究指出，2022年前大部分原油和凝析油出口将输往欧洲炼油厂，之后的新增原油可能出口至亚洲。2017年末美国原油日出口量达到210万桶，2018年2月美国对中国的原油出口环比增长21%。伍德麦肯兹的这项研究与国际能源署的说法如出一辙，国际能源署指出，美国页岩油产量将在未来5年大幅增长，从欧佩克手中夺走市场份额。美国将涉足国际油市，美国的出口能力在未来5年内预计将翻倍。

对美国石油的需求未来可能减弱。伍德麦肯兹首席经济学家埃德·劳莱（Ed Rawle）称，2019年全球范围原油需求增长预计将强劲，但未来10年某个时候需求可能趋平或下滑。伍德麦肯兹北美原油市场资深分析师约翰·科尔曼（John Coleman）表示，近一半新的美国凝析油产量将来自得克萨斯州和新墨西哥州的二叠盆地。预计日产量190万桶二叠盆地石油中的多数将前往南得克萨斯石油出口枢纽科珀斯克里斯蒂。至少有两条连接该地区和二叠盆地的管道正在建设当中。

研究者称，不清楚是否会有足够的海运油库存储能力和码头来满足新的流入。路易斯安那离岸石油港口是唯一一个直接装载和卸载超大型油轮（VLCC）的墨西哥湾地点。大多数大型油轮都是直接从较小船上装载货物的。西方石油已经测试在其靠近科珀斯克里斯蒂的英格尔赛德码头给VLCC装货。这艘船无法在满载的情况下通过科珀斯克里斯蒂的航道，装货不得不在墨西哥湾完成。2017年10月，科珀斯克里斯蒂港与美国陆军工程兵团签署了一份协议，扩建航道以适应更大的油轮。

原油价格震荡不停，而欧佩克发出警报，称美国页岩油产量持续增长，其在亚洲原油市场的份额将高达40%，届时原油价格恐面临新一轮的供应过剩冲击。在欧佩克持续减产之际，美国页岩油正在疯狂抢占全球原油市场份额。页岩油正在向全球原油消费中心——亚洲发起进攻。

据伍德麦肯兹调查，2017年11月，中国、韩国、印度、日本、中国台湾、新加坡和泰国等亚洲主要买家从美国日进口原油合计超过60万桶。伍德麦肯兹研究预测，在接下来5年内，美国向亚洲炼油商提供的轻质原油有望每天达到130万桶，或将满足亚洲炼油商40%的现货需求。自从2016年美国原油出口禁令解除以来，美国原油出口量呈现爆炸式的增长。亚洲地区的炼油商纷纷买入西得克萨斯轻质原油、雷马（Thunderhorse）原油和马尔斯（Mars）混合原油等种类多样的美国原油。

而美国更是将出口矛头锁定全球头号原油消费国——中国。据中国海关总署的统计，2018年1月美国对中国出口石油200万吨，远远高于2017年12月的83.5万吨，增幅接近140%。中国石化旗下的贸易公司联合石化2017年从美国进口557万吨原油，是亚太地区最大的美国原油贸易商。中国石化表示，2018年从美国进口的原油或将上升80%，达到1000万吨。伍德麦肯兹亚太区炼油和油品市场研究总监古普塔（Shushant Gupta）指出："以中国为首的亚洲地区增加对美国原油的购买，弥补了该地区原油产量下滑的缺口，并使得原油进口来源变得更加多样化，从而降低了进口中断的风险。"

随着美国疯狂抢占亚洲市场份额，正在履行减产计划的欧佩克面临着巨大的挑战。伍德麦肯兹预测，美国2020年年中的原油日出口量有望增加至400万桶，足以与欧佩克第二大产油国伊拉克的原油出口抗衡。欧佩克此前在月报中上调了美国的原油产量预期，反映出欧佩克已经意识到美国的威胁。

2018年3月6日（周二），美国能源信息署公布月度短期能源展望报告。预计2018年美国原油日产量将增加138万桶至1070万桶，此前为增加126万桶；预计2019年美国原油日产量将增加57万桶至1127万桶，此前为增加59万桶。预计2018年美国原油日需求增速为47万桶，此前预期为45万桶；预计2019年美国原油日需求增速为36万桶，此前预期为35万桶。将2018年全球原油日需求增速预期下调3万桶至170万桶，预计2019年全球原油日需求增速预期持平在172万桶。

对于美国石油产量在不断上涨，沙特阿美首席执行官纳塞尔表示，沙特阿拉伯和美国并非油市的竞争对手，全球日益增长的石油需求能为沙特阿拉伯和美国提供足够的增产空间。尽管市场一直认为两国在争夺全球石油行业的霸主地位，但两国的命运实际上是紧密相连的。当被问及美国页岩油的增产是否会开始侵吞沙特阿拉伯的市场份额时，纳塞尔指出："由于全球强劲的经济增长，预计未来几年全球石油日需求增速将达到140万桶至170万桶。市场仍有增长的空间，页岩油产量也会增长，特别是在市场改善的情况下。正如我之前所说的，需求在扩大。我对越来越多的美国石油被运往亚洲并不感到担忧。确实，美国正在向其他市场出口石油，但美国是一个巨大的市场，我们也在向美国提供大量石油。"

特朗普强推关税导致白宫首席经济顾问、国家经济委员会主任科恩（Gary Cohn）辞职，这引发市场新一轮的恐慌情绪，预计特朗普的贸易保护政策后市还会进一步压低美元行情。特朗普将对进口钢铁和铝分别征收25%和10%的关税，将重新打造美国钢铁和铝产业。美国媒体《政治》（Politico）此前指出，特朗普的这个决定表明，科恩在白宫已经被边缘化。过去几个月，科恩一直反对关税，但不是商务部长罗斯（Wilbur Ross）和贸易顾问纳瓦罗（Peter Navarro）的对手。当天，特朗普还在社交网站发文，他否认白宫处于混乱状态，但称可能会有更多人员变动。特朗普在推文中称："人总是会来会走的，我想在做出最终决定之前进行彻底的对话。我仍然想做一些人事调整（永远追求完美）。没有混乱，只有巨大的能量！"科恩辞职消息公布后，美股ETF（Exchange Traded Funds，交易所交易基金，又称交易型开放式指数基金）盘后普遍下跌，标普ETF盘后下跌1%。美元对日元跳水0.4%，美元指数下跌0.6%至89.52，黄金大涨1%，美债收益率下跌，美国原油跌破每桶62美元，标普500ETF-SPDR（SPY）盘后跌超1%。2017年8月17日，美国媒体曾传言科恩将辞职，导致高盛及整个股市下挫。白宫随后很快否认了这一传言，市场由此随之削减跌幅。

特朗普宣布推行对进口钢材和铝的关税措施，是科恩离职最直接的催化剂。科恩长期支持自由贸易，他认为这一决定可能会危及美国经济增长。特朗普在一份声明中表示："科恩一直是我的首席经济顾问，在推动我们议程方面做得非常出色。"并称赞科恩为"难得的人才"，"感谢他对美国人民的奉献"。白宫幕僚长约翰·凯利（John Kelly）表示，科恩"为美国经济发展和通过历史性的税收改革贡献了自己的专业和领导力，为美国做出了卓越的贡献。"科恩在一份声明中表示："能够为我的国家服务并制定促进增长的经济政策惠及美国人民，特别是历史性税收改革的通过，我感到非常荣幸。"科恩还称："非常感谢总统给了我这个机会，希望他和政府在未来取得巨大成功。"

剑桥能源周会议第二天，欧佩克秘书长巴尔金多接受采访时表示，从中长期来看，这种情况对石油行业来说并不健康。能源行业目前面临的一个最重要问题是缺乏投资。在2015年至2016年的经济低迷期间，石油行业投资出现了1万亿美元的缺口。石油供需基本面强劲，全球石油日需求将首次超过1亿桶。但能源周会议达成的共识是，如果过去几年的趋势能继续下去，可能埋下未来全球能源危机的种子。没有人愿意看到这种危机出现。在过去几年石油供过于求期间，剧烈的波动成为常态，这种周期能持续多少时间缺乏确定性。周期的影响对投资活动的影响非常负面。

沙特阿美首席执行官纳塞尔表示，未来25年，石油行业投资方面需要20万亿美元资金。欧佩克乐观地认为，投资问题将回到能源行业议程的首要位置。巴尔金多认为："我们需要抓住错过的投资机会，以便可持续性地恢复稳定。缺乏确定性是投资者的一大担忧。"

俄罗斯能源部第一副部长阿列克谢·特克斯勒（Alexei Texler）在能源周会议上表示："俄罗斯不希望成为欧佩克成员国，但是希望即使在当前的减产协议结束后仍能够和该组织保持密切的合作。即使以后合作形式会有所改变，但是当前的合作将会持续下去，它在全球的原油市场上创造了一种新型的家庭式的关系。欧佩克和俄罗斯将会进一步深化合作，并在潜在的技术和政策领域展开交流。不过，这一合作并非必须是以正式的合作模式展开。减产协议对俄罗斯一些项目的推进产生了限制，但是俄罗斯的原油生产商仍依然会维持当前的市场份额。美国的原油产量是对俄罗斯市场份额的一种威胁。"

2018年3月7日（周三），美国能源信息署公布数据显示，3月2日当周美国原油日产量再度增加0.4%至纪录新高的1036.9万桶，这令市场担忧情绪加重，目前已经进一步逼近全球最大原油生产国俄罗斯产量水平。分析师认为美国原油产量继续增长，必然会威胁到欧佩克的减产行动，从而令油价承压。

美国石油产量将大增，并将超过当前全球最大石油生产国俄罗斯。针对"美国将成为全球最大的石油生产国"这一说法，特朗普3月7日一早在推特发文回应称："我们正在努力，无论工作还是安全！"

尽管关于美国原油产量的消息是事实，但美国仍然是石油净进口国。媒体对美国能源行业的多数报道暗示，美国已日益成为向世界其他地区出口能源的大国，这在世界舞台上为美国创造了某种"能源主导"地位。

说美国是原油出口国是对的，但并非净出口国。3月2日当周，美国日进口原油800.3万桶，日出口原油149.8万桶，进出相抵，美国日净进口原油650.5万桶。美国原油进出口的奇怪状况源自美国没有足够的产能冶炼该国生产的页岩油，更确切地称，是致密油。对很多美国精炼厂来说，这种油太"轻"。因此，美国多数页岩油被运至国外有这种冶炼能力的炼油厂。美国倾向于进口与其总体冶炼产能相匹配的重油。美国的炼油产能超过其自身石油产品消费的需要，比如汽油、柴油、喷气燃料和燃用油。这些产能的一部分过去30年来一直用来生产这些出口的产品。

随着美国页岩油的增产，减产协议结束的日子可能不会远了，这肯定是一个不怎么有利的事件。按照市场的假设，减产协议也许会一直维持到沙特阿美上市，然后沙特阿拉伯对减产的兴趣预期就会衰退。其他欧佩克国家也已准备好再次开动阀门，科威特、阿联酋和伊都表达了协议结束后增产的野心。科威特石油大臣拉希迪表示，科威特在3月底前会将日产量提高至322.5万桶。伊拉克计划在年底前将日产量从460万桶提高至500万桶，伊朗表示可能在协议结束后每日增产10万桶。

最近关于组成欧佩克超级组织——"欧佩克+"的讨论助燃了风险情绪，不过俄罗斯有多大兴趣还有待观察。就算成行，也很难成为永久方案。无论如何，在美国的强力挤压下，减产都不是一个稳定油价的长期解决方案。因此总的来看，美国产油的暴增短期对于原油市场的冲击，欧佩克或许还能凭借其自身实力来抗衡，但时间一长，到2019年甚至2020年，恐怕欧佩克内部一些成员国都可能会加入提高产油的行列。因此到时候原油市场可能会面临更加紧张的局面。所以2018年针对美国方面的疯狂产油，欧佩克必须及时做出应对措施，如果能够把原油市场的导向权最终掌握在自己手里，那么未来原油的整体走势还是能够有所期待的。

第八节
特朗普关税政策正为油价下跌创造风暴

2018年3月7日（周三），埃克森美孚首席执行官戴伦·伍兹（Darren Woods）在纽约举行的分析师报告会上称："需求飙升是油价反弹的主要原因，欧佩克国家减产提供了帮助，但真正推动需求处在比近期历史高得多水平的是经济扩张。但如果经济不稳，原油价格可能会跌回每桶40美元。当需求开始减少，如果二叠盆地的产量持续上升，我认为你将看到一个不同的市场再平衡，欧佩克将不得不对他们想要如何管理这个问题做出一些呼吁。埃克森美孚不能依赖短期市场波动来做长期投资计划，因此公司用每桶40美元的价格测试。"

自欧佩克主导的减产于2017年1月实施以来，油价在震荡中持续上涨，不过油价再度面临压力，很大程度是因为美国产出激增。目前，欧佩克在跟美国页岩油较量，欧佩克想把石油价格往上提，美国页岩油则把价格往下压，但美国已经起到主导作用。油价一涨，页岩油就出来，价格就下跌；油价一下跌，页岩油就少一些，然后油价就上涨。不过，欧佩克的产量仍然很大，对油价也有一定的影响，只不过美国的影响更大。考虑到受美国页岩油产量增加的影响，以及受到欧佩克等产油国的限制供应，未来国际油价仍将以波动为主。

需要指出的是，在原油国际贸易方面，美国仍然不能取代欧佩克。页岩油的出现使美国成为国际石油供应方面的一股很大的力量，但国际贸易的大头还在沙特阿拉伯，换言之，美国原油国际贸易可能取代俄罗斯，但不可能取代欧佩克。在这方面，老牌产油国也非常自信。沙特阿美首席执行官纳塞尔表示，"无论美国出口怎样增长，我们都不会感到忧心。我们作为供应国的可靠性无可匹敌，我们拥有长期销售协议的客户基础是最庞大的。"

2018年3月8日（周四），WTI油价收报每桶跌1.02美元至60.33美元，跌幅1.66%，布伦特油价收报每桶跌0.70美元至63.87美元，跌幅1.08%。欧洲央行宣布维持利率水平不变，并剔除"如果展望恶化，将增加购债规模或持续期限"的表述。市场一度将此举视为欧洲央行将加速收紧货币政策的信号，提振欧元大涨。但此后，欧洲央行宣布下调2019年欧元区的通胀预期。欧洲央行行长德拉吉也表示，仍旧认为需要等待通胀持续上升的信号。此外，德拉吉强调，下行风险与全球因素、外汇市场和贸易保护主义威胁有关。

鉴于近期贸易保护主义抬头的担忧不断升温，德拉吉此番讲话再度引起市场紧张，且与先前对欧洲央行立场解读成较大落差，欧元因此快速回落，提振美元走强，并收复90整数关口。另一方面，特朗普关税计划又有新进展。特朗普3月8日宣布，对钢铁和铝进口征收关税，但将推迟对加拿大与墨西哥的关税，以待北美自贸协定的谈判结果。而这一决定在特朗普宣布前已走漏风声，美元兑加元闻讯快速跳水逾50点。特朗普在推特上表示，美国在保护和发展本国的钢铁和铝工业的同时，也会采取灵活的措施以保证和盟友的有效合作。这使得美元开始走强，再次收至90.0一线上方。

特朗普签署的这两项关税，将在15天内生效。继钢铝之后，原油是否会成为下一个关税目标呢？在笔者看来，特朗普对原油进口可能有更多的"玩法"，而不仅限于关税这一手段，比如制裁等。有一点可以肯定，促进美国原油出口至少是在特朗普的计划之中，因为当前美国凭借着对页岩油的高效采集和利用，使得产油量有了飞速提升，超越沙特阿拉伯逼近俄罗斯，各大机构都在不断上调未来美国产油量，此前国际能源署预测未来 5 年美国产油可能会主宰整个原油市场格局。之前特朗普的预算计划中也有将来出售美国储备原油的计划，由此看出，特朗普如今正加大力度为美国产油业的未来铺路。

将来美国对原油的需求将会越来越少，自身提供的产油量将会满足本身的需求，同时还有足够的富余来提供出口，那么美国对于进口原油必然会有更多的限制，增加关税将会是必然的手段之一，甚至还有可能会限制进口数量等。从特朗普贸易保护主义出发，只要美国有能力解决自身的需求，那么必然会加大对本土行业的扶持，同时限制进口商品对本土产品的冲击。

特朗普关税引爆投资市场，有消息称特朗普关税或令原油价格陷入下跌"噩梦"中，因原油市场供需平衡关系将被打破，国际油价面临下行压力。全球最大场外石油经纪商 PVM 石油协会分析师斯蒂芬·布伦诺克表示，特朗普对钢材和铝进口征收关税，将为油价下跌创造一场完美风暴。2018 年 3 月初，美国总统特朗普宣布对钢材和铝进口征收关税，这引发了全球的强烈反应，并加剧了贸易战的担忧。

布伦诺克指出，特朗普保护主义关税对石油供需平衡的需求面构成了"重大威胁"，可能会引发油价下行压力的"恶性循环"。此举一定会削弱贸易和经济增长。经济乐观与石油消费密不可分，因此，对全球经济健康的任何负面影响都会抑制石油需求增长前景。简言之，贸易战将导致油价下行。

尽管特朗普强调征税的原因是为了国家安全，但此举在市场引发了一波不确定性。而白宫经济顾问科恩的辞职进一步加剧了投资者的担忧情绪。科恩被认为是反对保护主义贸易政策的壁垒。布伦诺克表示："全球贸易战的前景对油市不是一个好兆头，近期股市大跌重压于整个能源市场的情绪就是证明。"花旗石油和天然气分析师克里斯·曼恩表示，贸易战全面开打对能源市场的确切影响很难估量。关税方面的决策进展仍处于"初级阶段"，因此不太可能会对油价造成实质影响。但所有一切可能会很快改变。

特朗普关税是一石激起千层浪，金融投资者忧心忡忡，担忧其令国际油价大幅波动，为此美国能源部长佩里解释称，特朗普关税对原油行业并无影响，投资者无须过虑。佩里表示，能源行业的整体基调是乐观的，不会因为这几件事而受到太大的影响。据佩里称，特朗普政府的目标是通过减少规定来鼓励能源行业的创新。

佩里表示："无论是公用事业公司还是基础设施部门，都在因特朗普的所作所为而担忧，各行各业都在为之愤怒。但即便如此，在被问及能源行业是否会受上述事件的影响时，对此事，多数人还是持乐观主义态度的。可以肯定的是，许多能源高管表示，由于该行业采用了数据分析和机器学习等技术，美国能源产量还将继续呈增长态势。要去监管，要创新。这些创新包括来自私营部门的创新，来自美国能源部实验室的创新。我们要努力，将美国人的创造力发挥出来。"

埃克森美孚董事长兼首席执行官伍兹表示，这项关税可能会抵消共和党减税和特朗普放松监管议程带来的一些积极的影响。西门子董事长兼首席执行官乔·凯瑟尔（Joe Kaeser）在剑桥能源周接受采访时也表达了对此的担忧之情，不过他表示，这些对西门子业务的具体影响将是微不足道的。许多项目都依赖钢铁，因此诸多管道公司对此尤为担忧。美国石油管道协会表示，额外的费用将导致管道项目推迟或取消，减少建筑和承包工作，从而最终对美国工人造成损害。一些分析人士称，关税不会对钢铁行业产生过大的影响，因为原材料价格只是整体成本的一小部分。

2018年3月7日，沙特阿拉伯王储穆罕默德抵达伦敦，拉开对英美的访问之旅。英国访问结束后，穆罕默德王储可能将从3月19日至4月第一周访问美国，届时他将与美国总统特朗普会面，并到访纽约、波士顿、休斯敦、旧金山等城市。就沙特阿美上市的进展情况，作为沙特阿美董事长的沙特阿拉伯能源大臣法力赫3月8日在伦敦接受媒体采访时称："可能是有史以来最大规模的沙特阿美首次公开上市将被沙特阿拉伯当地交易所的上市锚定，任何的国际上市将在适当的时候公布，如果有的话。对王国来说，2018年12月31日和2019年1月1日之间没有价值损失，因此，我不认为你提到的这个人为的最后期限是重要的。"法力赫在暗示，沙特阿美的首次公开上市可能延后至2019年，推迟了王储穆罕默德现代化沙特阿拉伯经济计划中的一个关键部分。

直至最近，沙特阿拉伯官员都坚称，沙特阿美2018年首次公开上市在按时进行。法力赫表示："公司已经为世界最大石油生产商的股份销售做了所有必需的准备。关于沙特阿美首次公开上市唯一确定的事情是，一是它将会发生，二是锚市场将是沙特阿拉伯证券交易所。我们已经为沙特阿美2018年上市创建了框架——财政和其他方面的监管。当我们感到上市成功的条件已经到位时，我们将宣布实际的时机。"

沙特阿美首次公开上市是穆罕默德王储推行沙特阿拉伯经济转型项目——"2030愿景"的基石。沙特阿拉伯官员希望，通过发售市值达2万亿美元沙特阿美约5%的股份能够筹集到1000亿美元。尽管如此，许多观察家已经质疑这个估值，称公司的真实估值接近1万亿美元。

法力赫的言论也给英美两国官员的希望泼了冷水。他们原本预期沙特阿拉伯将选择纽约或伦敦作为巨额股份发售的国际场所。在最初的首次公开发行计划中，国际和本地双重上市是不可或缺的，但法力赫是最新一位将重点放在利雅得上市优先的沙特阿拉伯高级官员。不过这次穆罕默德王储访问英国，两国就未来数年相互贸易和投资领域650亿英镑（900亿美元）的目标达成一致。

法力赫在采访中还讨论了欧佩克政策的展望，称该组织与俄罗斯达成一致的减产在2018年到期后可能继续下去。法力赫说："到了解除（限制）的时候，我们会逐步解除（限制），我们适应季节的变化。如果我们在第一季度取消这些限制，我们将需要意识到炼油厂维护季节和较低的需求。因此，在需求减少的时候，我们不能解除所有限制并让大量原油涌入市场。"

2018年3月9日（周五），WTI油价收报每桶涨1.79美元至62.12美元，涨幅2.97%，布伦特油价收报每桶涨1.62美元至65.49美元，涨幅2.54%。美朝关系缓和，有效提振了市场风险情绪，同时美国运转石油钻机数7周以来首次下降。

美国总统特朗普3月8日表示，他将会见朝鲜领导人金正恩。这对亚洲市场来说是一件好事。美国首开先河的朝鲜峰会可能标志着朝鲜半岛无核化进程取得重大进展。这展现出双方关系缓和的迹象，也令市场风险情绪大幅提振。

美国非农就业人数增幅刷新2016年7月以来新高，失业率连续5个月维持在2017年低位。就业市场收紧应推升薪资增速，但2月薪资增速有所放缓；在经历2017年连续9个月的经济扩张后，2018年截至目前经济增长似乎正在放缓。消费者支出降低、金融市场波动性更大，经济学家预计经济增速或在第一季度放缓至2%的低迷水平。

薪资增速表现不佳，让美元最终还是回归跌势，这给原油带来了有效提振，同时美朝关系的进一步缓和也让市场的风险情绪大大降低。纽约能源对冲基金阿盖恩资本创始合伙人基尔达夫表示，就业报告"显示了强劲的、潜在的经济状况和增长，其中包括能源需求的增加。"

荷兰银行资深能源经济学家克里夫在给投资者的一份报告中说："美国成为世界上最大的石油生产国似乎只是时间问题。"与中东产油国不同的是，美国石油生产商的钻探和销售活动完全依赖于经济，而中东产油国的石油产量主要由国有石油公司决定。如果油价保持在当前水平或进一步上涨，美国石油开采商是有利可图的，并将会提高产量；如果价格下跌，美国的产量将下降。克里夫称："美国石油生产与油价之间的关联性将保持相当强。"

沙特阿拉伯能源大臣法力赫3月8日在伦敦已谈到欧佩克的未来政策，他称，欧佩克将在2018年将维持减产措施，目前讨论是否会延长至2019年为时尚早。不过，减产协议2018年底到期后，2019年欧佩克与非欧佩克盟国之间的协议将会演变。鉴于通常第一季度石油需求季节性疲软，该组织不会一次性取消所有的限制措施。法力赫还指出，欧佩克将采取必要措施，保障2019年石油市场的稳定，正考虑未来合作的若干选项。即便2018年美国的日产量增加100万桶，也不会令形势失控。

高盛欧洲证券研究部门联席主管维格纳3月9日在接受采访时称："如果需求如预期那样强劲，欧佩克可能已经开始准备在2018年下半年退出一部分减产措施。"但即便欧佩克准备退出减产，高盛当前依旧维持未来6个月的油价目标在每桶82.5美元，强劲的需求是维持价格目标的主要原因。当晚，美国总统特朗普在宾夕法尼亚州为共和党代表里克·萨科内（Rick Saccone）助选时宣布，2020年竞选口号为"让美国保持伟大（Keep America Great）"。

伊朗石油部长赞加内称，欧佩克或在2018年6月同意于2019年开始放松当前的石油生产限制，伊朗将谨慎地寻求部分恢复自身生产。赞加内表示："伊朗希望欧佩克努力将油价维持在每桶60美元左右,以抑制美国页岩油生产。若油价跳涨至每桶70美元左右,将会刺激美国页岩油大量增长。"赞加内还称,欧佩克的下一步决定取决于俄罗斯的立场;沙特阿拉伯对在6月会议上决定在2019年开始放松减产持开放态度;如果美国产油商不减产,那就不需要与他们进行对话;预计其他产油国将同意伊朗在受到制裁之后提高石油产量;伊朗将谨慎地寻求部分恢复自身生产;伊朗目前的石油日产量约为380万桶,可能增加约10万桶。不过,赞加内并未透露伊朗何时会增产。

《石油经济学家》(Petroleum Economist)刊文称,地缘政治以及美国页岩油供应增长将影响2018年油价。2018年的风险朝着两个相反的方向发展:一方面,预计全球经济增速前景将是2008年经济危机以来最好的水平;另一方面,地缘政治包括贸易战以及真正的战争,几乎是冷战以后最激烈的水平,其中委内瑞拉、伊朗和朝鲜将是潜在的"火药桶引爆点"。就基本面而言,最重要的因素应该是美国页岩油生产商对于油价走高的可预测的反应。多数观察人士预计,2018年美国石油供应将出现大幅增长,日增幅达到100万桶的水平,抵消大部分需求的增长,从而使得油价承压。

高盛发布报告称,持续预计2018年整体宏观局势仍将有利石油需求,2018年全球原油日需求将增长185万桶,因2018年开局强劲且第二季度需求可能加速,尽管近期有略为放缓的迹象。高盛将最近油价下滑归因于季节性因素,称过去10年的数据显示,现在需求疲弱情况在第一季度出现,而历史上是在第二季度出现;这种新模式显示,尽管预计第二季度需求增长可能低,但季节性需求低点可能已经出现,2018年春季需求增长可能增加。高盛还指出,185万桶的日需求增幅预测高于2018年页岩油及其他非欧佩克产油国的增速,将导致第三季度原油库存进一步下降,跌至5年平均水准以下,并引发油价另一波涨势。

虽然高盛信心满满,但是荷兰银行却不敢苟同。该行认为,美国对亚洲的原油出口大增或将损害欧佩克减产协定的效果,布伦特原油或因此跌至每桶60美元下方。美国在亚洲市场的份额正在加大,这或促使部分欧佩克成员国增产。减产协议持续时间越长,成员国违反协议增产的可能性越大,因此预计布伦特原油将在2018年下半年跌至每桶57美元。

荷兰银行大宗商品策略师帕特森3月12日撰文就布伦特原油未来前景进行前瞻分析,认为美国原油出口商的激增可能预示着欧佩克减产的厄运。帕特森表示,美国对亚洲的原油运输量激增可能会破坏欧佩克与其盟国之间达成的减产协议,这或导致油价跌至每桶60美元以下。一旦美国的资本流动开始在"宝贵的亚洲市场"中获得更大的份额,可能会促使一些国家增加供应量。帕特森在新加坡接受采访时表示:"限产协议持续的时间更长的话,就会开始分崩离析。他们将给予美国更大的市场份额。"

帕特森指出,"油价自2017年以来出现反弹,这激励着美国的钻井商生产更多石油,即使他们努力使支出规范化。我们需要看到油价在短期内低于每桶60美元,以降低美国生产商的积极性。"随着美国的石油产量不断增加，美国出口给亚洲的石油也在增加，而亚洲是中东产油国的传统堡垒。2018年2月，就连沙特阿美也曾考虑通过一个美国部门加大针对亚洲市场的出口，但当时还没有确定这在经济上是否可行。帕特森认为，"中东并不真正想放弃亚洲市场。我们认为，减产协议履行率可能会下滑。该协议仍将正式生效，但一旦进入2019年，就没有机会看到这样的协议。"

尽管这些年来欧佩克及其成员在"保持市场份额"这一方面肆无忌惮，如果美国的威胁变得足够大，那么看到一些违反当前减产协议的行为也不会令人意外。这也是为什么欧佩克在过去谈判时难以达成协议的原因之一，也是为什么各国仍试图撇清减产的原因，尽管他们已经是该协议的一部分。

经历了一年多的团结后，欧佩克正分裂成为两大阵营，一方面是以沙特阿拉伯为主的国家希望继续推升油价至每桶70美元，另一方面是伊朗等国希望油价维持在每桶60美元附近。两大阵营的分歧在于每桶70美元的价格是否会促使美国的页岩油公司进一步扩大产能导致油价崩溃以及减产协议是否应当继续维持。

伊朗希望欧佩克致力于将油价维持在每桶60美元附近以遏制页岩油生产商，如果油价上涨至每桶70美元附近，将会进一步激发美国页岩油生产商的积极性。相比于欧佩克的生产商，伊朗石油部长赞加内称，美国的页岩油生产商显然灵活度更高，因为他们可以凭借技术来根据油价快速调整原油的产量。

沙特阿拉伯则看淡页岩油扰乱市场的能力，并表示欧佩克以及俄罗斯的联合将是对抗美国原油产量的堡垒。俄罗斯以及其他9个产油国共同加入了欧佩克的减产协议，减少了约占世界2%的原油产量。沙特阿拉伯能源大臣法力赫表示，不认为页岩油可以超越欧佩克在能源领域的主导地位，在未来的几个月，欧佩克仍将维持减产协议，即使供给难以满足市场的需求导致油价上涨，也不会改变目前的立场。尽管法力赫从未公开表示希望油价涨到每桶70美元，但是私下里沙特阿拉伯的官员却表示希望达到这一水平，从而为"2030愿景"提供更多的资金，并为沙特阿美首次公开上市提供支持。

挪威能源咨询机构吕斯塔德能源副总裁比约纳尔·汤豪根（Bjornar Tonhaugen）表示，如果2019年平均油价达到每桶70美元，与每桶60美元的油价水平相比，美国的石油日产量将多增加60万桶。国际能源署也表示，页岩油产量的大幅上涨导致了市场对于欧佩克原油的需求低于其当前的产量，这种情况将会持续到2020年。这将会导致欧佩克维持减产的期限将远超大部分成员国所预期的那样。欧佩克有关官员表示，对页岩产量的担忧可能会主导欧佩克6月在维也纳举行的会议。

尽管美国页岩油产量大幅上升一度使市场担忧是否会导致供给过剩、导致油价出现2014年的暴跌。但是国际能源署近期表示，上游支出锐减可能在未来是一个潜在的麻烦。由于缺乏新的大规模的常规项目，随着页岩油产量逐渐的平稳，到2020年，需求激增可能会导致市场供应短缺。沙特阿美首席执行官纳塞尔也表示，在未来的25年全球的油气行业大约需要 20 万亿美元的投资以维持当前的需求。粗略的计算结果显示，这需要每年投入大约 8000 亿美元，但是自 2014 年油价暴跌开始，每年实际的投资仅有 5000 亿美元左右。

纵观目前原油市场整体格局，主要分为两大势力，一个是由欧佩克主导的减产势力，在 2017 年达成减产协议之后，为原油市场提供了源源不断的底部动力，希望原油过剩的局面能够早日结束，原油市场能够早日达成供需平衡。而另一个则是 2018 年异军突起的美国产油，2018 年美国产油量的持续大增极大程度遏制了欧佩克的减产脚步。可以说这两股势力是目前左右原油价格的主要因素，哪一方占优，原油价格就会向着哪一方倾斜，而最近欧佩克方面显然难以阻挡美国疯狂产油的力度，国际能源署甚至表示 5 年内美国产油就会主宰整个原油市场。市场在期待欧佩克能够尽快出台具体对冲措施或者加大减产力度来挽救原油价格，否则如果美国产油继续扩大的话，恐怕原油价格跌破每桶 60 美元也只是时间问题。

第二章

国务卿蒂勒森被解职

　　特朗普执政以来，伊朗正日益被边缘化。在中东地区争夺影响力的地区战争中，特朗普政府显然站在沙特阿拉伯一边。特朗普突然宣布解除美国国务卿蒂勒森的职务，并且由中情局局长蓬佩奥接替。对于这突如其来的变故，有人认为蒂勒森与特朗普积怨已久；也有人认为是两人在对伊朗问题上存在分歧，因为蓬佩奥对伊朗核协议是坚持强硬态度，这或许是在预示特朗普可能要对伊朗采取强硬行动了。

要点

欧佩克之所以能够避免其减产执行率下滑,主要原因是委内瑞拉石油产量继续大幅下降。委内瑞拉原油产量持续下降的原因包括:经济危机继续加剧、没有用于投资和维护的资金、债务危机、美国的制裁、委内瑞拉国家石油的政治化以及人才流失。

正当马杜罗政府沾沾自喜于通货膨胀率下降、原油持续高产之际,美国又发起了新一轮对委内瑞拉的经济制裁与封锁,导致原油产量进一步下降,也加剧了委内瑞拉国内的危机。美国也似乎摸到了搞垮委内瑞拉石油生产的"魔法":对其制裁愈严,其通货膨胀率就愈高,原油产量也愈低。高通胀是委内瑞拉原油减产的主要诱因,250%~300%的通货膨胀率区间促成了委内瑞拉原油减产的定势,在这个通胀区间,如果通胀一次性改善达不到50个百分点的回落幅度,减产定势很难改变,减产惯性会持续影响;如果已有的高通胀未消退,又出现通胀新高,就如雪上添霜,会加速原油产量下滑。

由于受到美国的经济孤立,委内瑞拉正从"绝望"中试图转向加密货币,他们发行的"石油币"有石油、天然气、黄金和钻石的支撑。"石油币"将吸引来自卡塔尔、土耳其和其他中东国家的投资,当然也包括来自欧盟和美国的投资。"石油币"最初将不能通过委内瑞拉法定货币玻利瓦尔来购买。随着委内瑞拉陷入恶性通货膨胀,该国原本的官方货币早已崩溃。

美国疯狂产油的背后,隐藏着特朗普对于贸易保护的思想,特朗普希望美国在原油这一块从原油的需求者转变为供应者,所以特朗普要通过减税来降低美国本土企业的负担,以此来刺激本土企业的生产力。美国页岩油产量在2018年暴增就是这个原因,再加上欧佩克被减产计划所束缚,这对于美国来说是一个绝佳的抢占市场的机会。面对美国的疯狂产油,虽然欧佩克方面表示会继续维持减产来对抗,但并没有什么具体的行动。

两年前与美国页岩油竞争,沙特阿拉伯要的是产量和市场份额,而不惜牺牲油价;

现在的沙特阿拉伯为推进经济改革，要的是每桶70美元的油价，而不惜减产和失去市场份额。这是沙特阿拉伯与伊朗对于减产协议争议的本质分歧。如果伊朗增产，势必破坏减产协议的维持，引发新一轮石油产量竞争，导致油价再次暴跌，这有悖于沙特阿拉伯的改革初衷，也是其不愿看到的。加之两国之间的政治对抗日趋尖锐，甚至中东局面由此而难以左右。在此内忧外患之际，沙特阿拉伯急需借助美国的力量来压制伊朗。于是就有了穆罕默德王储的访美之行。

面对特朗普要退出核协议的威胁，伊朗目前唯一能做的似乎就是呼吁增产，通过增产控制油价上涨，从而遏制页岩油增产。但是，伊朗形单影只势弱，在欧佩克减产协议下，能呼应其增产的寥寥无几。伊朗想邀传统友邦俄罗斯加入增产同盟，但俄罗斯向来狡猾，即使遭遇美国新的制裁，也不愿意因此招惹美国。伊朗想煽动俄罗斯退出减产协议，俄罗斯的回答是，俄罗斯并不担心页岩油的增长，也不担心美国可能超过俄罗斯成为全球最大的原油生产国。

在特朗普政府迟迟不能出台清晰完整的对叙利亚政策之际，普京并没有坐等特朗普伸出橄榄枝。一方面，在叙利亚内部，俄罗斯极力拉拢原先由美国支持的叙利亚库尔德人，由俄罗斯石油牵头组织多个石油贸易商与库尔德地方政府商谈从其手中购买石油的事宜，并且在军事上帮助叙利亚库尔德人的武装组织抵御土耳其方面的进攻，还向其提供军事顾问和培训人员；另一方面，俄罗斯与美国在中东的传统盟友埃及不断走近，不仅与塞西政府达成协议要在苏伊士湾建设俄罗斯的工业园区，并且在位于埃及西部的西迪巴拉尼空军基地部署了俄军的特种部队和无人机分队。

卡塔尔断交事件可以看作是特朗普中东政策胜利的一个表现。特朗普的中东政策就是遏制伊朗，壮大沙特阿拉伯和埃及的力量。如今，阿拉伯世界不仅跟伊朗对立起来了，而且把阿拉伯世界的"内奸"卡塔尔也踢出去了。特朗普似乎对沙特阿拉伯领导的断交举动表现出的是一种"即兴"的支持，是特朗普式的非常规做法，而蒂勒森的谨慎态度则体现了美国较为公允的做法。

特朗普在空军1号上致电蒂勒森，正式告知解职决定。3个小时后，蒂勒森对《华盛顿邮报》发表离职声明，说收到过特朗普的电话，宣布将于2018年3月31日午夜正式离职。在1132个词的离职声明中，蒂勒森对国务院工作人员、外交人员以及国防部等合作伙伴表达了谢意，但唯独没有感谢特朗普。

蒂勒森虽对解职一事早有准备，但仍事发突然。蒂勒森匆忙离职，是特朗普执政风格的牺牲品，也是对特朗普执政风格的解脱。撤换蒂勒森，特朗普称这是一个"关键节点"。美国与朝鲜关系出现转机，加之正筹划开展几轮贸易谈判，特朗普希望在即将到来的美朝对话以及多个贸易谈判前，能够组建符合自己政策偏好的外交团队。

第一节
委内瑞拉高通胀率促成欧佩克减产高执行率

细心的读者不难发现,从 2017 年第四季度开始,欧佩克的减产协议执行进入超额减产阶段,即减产执行率在 2017 年 10 月突破 100% 以后,欧佩克的超额减产水平持续走高(表 2-1)。按照欧佩克秘书处第一时间公布的产量数据以及欧佩克惯用的算法,2017 年 10 月,欧佩克参与减产 11 国减产执行率为 104%,11 月为 121%,12 月为 129%,2018 年 1 月为 137%,2 月为 147%。这几个月正是美国页岩油产量暴增、原油日产量突破 1000 万桶大关的关键时期,欧佩克在完成目标减产的情况下,还这么持续超高减产,是不是为了缓冲美国产量的爆发而进行的深度减产?其实不然,主要是欧佩克成员国委内瑞拉经济恶化导致产量大幅下滑,使得欧佩克减产执行率依然维持高水平。

表 2-1 2017 年 1 月至 2018 年 2 月欧佩克和委内瑞拉减产执行率一览(万桶/日)

月度	欧佩克参与减产 11 国			委内瑞拉		
	原油产量	实际产量-产量目标值	减产执行率	原油产量	实际产量-产量目标值	减产执行率
2017 年 1 月	2988.8	8.4	93%	200.4	3.2	66%
2017 年 2 月	2968.1	−12.3	111%	198.7	1.5	84%
2017 年 3 月	2976.1	−4.3	104%	197.2	0	100%
2017 年 4 月	2967.4	−13	111%	195.6	−1.6	117%
2017 年 5 月	2972.9	−7.5	106%	196.3	−0.9	109%
2017 年 6 月	2985.6	5.2	96%	193.8	−3.4	136%
2017 年 7 月	2996.3	15.9	86%	193.2	−4.0	142%
2017 年 8 月	2985.6	5.2	96%	191.8	−5.4	157%
2017 年 9 月	2982.9	2.5	98%	189.0	−8.2	186%
2017 年 10 月	2975.4	−5.0	104%	186.3	−10.9	215%
2017 年 11 月	2955.6	−24.8	121%	183.4	−13.8	245%
2017 年 12 月	2946.1	−34.3	129%	174.5	−22.7	339%
2018 年 1 月	2937.1	−43.3	137%	160	−37.2	492%
2018 年 2 月	2925.4	−55.0	147%	154.8	−42.4	546%

资料来源:欧佩克秘书处、邓正红软实力研究应用中心。

注:表中产量数据源于欧佩克月报第二手资料(不含修正数据),欧佩克 11 个参与减产成员国日产量目标值为 2980.4 万桶,日减产配额为 116.4 万桶,委内瑞拉日产量目标值为 197.2 万桶,日减产配额为 9.5 万桶,减产执行率采用欧佩克惯用的算法,即本书所列第三种算法。

按照欧佩克减产协议，委内瑞拉的日产量目标值为197.2万桶，从欧佩克实行减产协议以来，委内瑞拉的原油产量逐月下滑，基于欧佩克第二手资料，2016年12月委内瑞拉原油日产量为202.1万桶，到2018年2月，日产量降至154.8万桶，过去14个月，委内瑞拉累计日减产47.3万桶，减幅达23.4%。继2017年9月委内瑞拉原油日产量跌破190万桶至189万桶后，委内瑞拉的原油产量下滑之势已无法遏制，与日减产配额9.5万桶相比，其产量衰减幅度呈倍数递增，2017年10月超配额日减产10.9万桶，减产完成率215%；11月超配额日减产13.8万桶，减产完成率245%；12月超配日减产22.7万桶，减产完成率339%；2018年1月超配额日减产37.2万桶，减产完成率492%；2月超配额日减产42.4万桶，减产完成率高达546%。

委内瑞拉原油产量大幅下滑，使欧佩克的减产协议履行持续处于超额减产的高位。2017年10月，欧佩克减产执行率突破100%至104%，超额日减产5万桶，委内瑞拉的减产贡献达到218%；11月欧佩克减产执行率较上月提高17个百分点至121%，超额日减产24.8万桶，委内瑞拉的减产贡献为56%；12月欧佩克减产执行率较上月提高8个百分点至129%，超额日减产34.3万桶，委内瑞拉的减产贡献为66%；2018年1月欧佩克减产执行率较上月提高8个百分点至137%，超额日减产43.3万桶，委内瑞拉的减产贡献为86%；2月欧佩克减产执行率较上月提高10个百分点至147%，超额日减产55万桶，委内瑞拉的减产贡献为77%。

从上面数据分析可知，欧佩克之所以能够避免其减产执行率下滑，主要原因是委内瑞拉石油产量继续大幅下降。委内瑞拉原油产量持续下降的原因包括：经济危机继续加剧，没有用于投资和维护的资金，债务危机，美国的制裁，委内瑞拉国家石油的政治化以及人才流失。巴克莱分析师在一份研究报告中写道："不幸的是，这些因素并没有消失，这意味着2018年委内瑞拉的产量和政治状况可能仍将恶化。"巴克莱预测，2018年委内瑞拉日均石油日产量为143万桶，比2017年平均水平大幅下降约70万桶，2018年下半年日产量平均仅为135万桶。

债务危机不断加剧，形势进一步恶化。多年来，委内瑞拉和国家石油一直优先考虑支付债券，即使街头的人道主义危机日益恶化。人们挨饿，基本物资匮乏，医院缺乏药物。然而债权人仍继续得到付款，至少在几个月前是这样。令人担忧的是，一旦委内瑞拉拖欠主要债券款项，债权人就可以在全球范围内购买石油资产，这将使该国的情况更加糟糕。因此，委内瑞拉可能会继续向债权人支付其所能支付的债务。然而，问题在于政府在很多方面都有困难。由于没有现金，甚至无法为其油田和炼油厂最基本的维护提供资金，因此产量现在正急剧下降。这将使其现金状况在每一天都变得更加糟糕，反过来又会使偿还债务变得更加困难。巴克莱分析师写道："如果产量继续以最近加速的速度下滑，政府支付即将到期的债务的时间将会被严重缩短。"

巴克莱表示："形势可以逆转的唯一方式是改变政府。我们认为，可持续增长的产量很可能需要以下几个因素：政府更迭、外汇改革、财政调整、调整国家石油股本授权以及油价上涨。这在短期内不太可能出现。所以产量将继续下降。"巴克莱还指出："由于委内瑞拉局势有进一步恶化的可能，有可能出现更大幅度的产量下滑。如果突然出现严重的供应中断（每日100万~150万桶），我们预计价格将在短期内上涨5%至10%，不过持续的中断可能会进一步推高价格。然而，如果油价突然大幅下降，很可能会促使欧佩克提高产量，以防止油价过度上涨。"

欧佩克2018年2月产量公布之前，就有调查显示，欧佩克2月原油日产量较1月下降约7万桶。根据普氏能源资讯的计算，欧佩克11个参与减产的成员国2月减产执行率达到了145%，依然维持在较高的水平。欧佩克合规度维持在高位很大程度上是由于委内瑞拉的产量下降，但是有部分国家的合规度却出现了下滑，比如伊拉克和伊朗。伊拉克的产量已经大大超出了其协议限额，其减产执行度仅有65%，整个2月伊拉克的日产量为443万桶。而伊朗在2月的日产量为383万桶，与上一个月基本持平，但是也超出了日生产上限3万桶。普氏能源资讯指出，委内瑞拉国家石油难以获得稀释剂和提取液以保持其炼油厂的运营和基础设施的维护，是导致其产量不断下滑的重要因素。如果美国对委内瑞拉实施制裁的话，那么委内瑞拉的局势或进一步恶化。

据欧佩克数据，委内瑞拉石油收入占出口总收入的95%以上，政府收入一半来源于石油。尽管2017年末以来油价出现了大幅的反弹，但是自2014年油价大跳水开始，委内瑞拉过度依赖石油的经济体制便为委内瑞拉的经济崩溃埋下了隐患。由于2014年原油价格跌去了2/3，使得委内瑞拉国内财政出现重大问题，石油收入难以抵补支出，在这样的情况下，委内瑞拉政府选择大量印刷钞票来弥补政府的赤字，这是委内瑞拉货币玻利瓦尔大幅贬值的开始。

经济学家和反对派领导人表示，前巴士司机兼工会领袖出身、对经济一窍不通的马杜罗肆意拒绝改革委内瑞拉的控制措施，对经济崩溃也是不管不顾，正在将该国进一步带向深渊。马杜罗可能计划向债券持有人和外国债权人支付加密货币，但该计划十有八九会失败。委内瑞拉商会和协会联合会主席卡尔洛斯·拉兰萨巴尔（Carlos Larrazaba）曾表示，委内瑞拉的通胀率使所有人都蒙受损失，而总统每年将货币流动性扩大到900%，这是导致通货膨胀的主要推手。而在通胀恶化的过程中，马杜罗一次次错误的行动最终将委内瑞拉推入了经济崩溃的深渊。2016年末，马杜罗废除了面值100的玻利瓦尔，并发行更大面额的货币，但由于新钞未能及时到位，导致整个市场现金短缺，加剧了经济的崩溃。马杜罗执政的4年里，委内瑞拉货币玻利瓦尔贬值99.5%。

2018年1月18日，委内瑞拉政府公布的数据显示，2017年12月，委内瑞拉原油日产量下降了21.6万桶至160万桶，为连续第15个月下降。2017年全年，委内瑞拉的原油日产量平均下降了64.9万桶，下降幅度达29%。这是石油行业近年来最严重的衰退之一。据欧佩克与英国石油的统计，苏联解体让俄罗斯的石油产量下降了23%，2003年美国入侵伊拉克令其石油产量也有所下降，而委内瑞拉的石油行业衰退比这两者更加严重。

严重的经济危机、普遍的政府腐败以及管理不善，加上马杜罗对委内瑞拉国家石油的清洗，使这个石油巨头一度陷入瘫痪。此外，美国的制裁吓退了一些最后一批投资者。上述多种因素造成了委内瑞拉原油产量大降。委内瑞拉一直在努力应对恶性通货膨胀、经济衰退、粮食短缺，并试图重组外债以避免债务违约。这使得该国的整个经济，包括占该国出口收入大部分的国有化的石油工业，都处于危险之中。虽然交易商普遍认为委内瑞拉原油产量将继续下降，但实际上投资者可能低估了该国危机的严重程度。

加拿大皇家银行全球大宗商品策略主管克罗夫特 2017 年底曾表示，油市正在重新实现平衡，但生产商仍面临着许多真正的挑战，其中之一就是委内瑞拉。该国的政治和经济动荡或使该国面临破产的境地，这对油市来说无疑是一个重大挑战，委内瑞拉将成为 2018 年石油行业面临的最大风险。

自国际油价 2014 年跳水 2/3 起，这个石油产业占整个国家经济 80% 以上的欧佩克成员国便迅速陷入崩塌。从国内生产总值、财政预算，到通胀率、汇率水平等经济指标无一不令人咋舌。从以往公布的国内生产总值数据看（图 2-1），自 2014 年开始，委内瑞拉经济增长便呈现负增长。2015 年全年经济增长萎缩 5.7%，2016 年全年更是以下滑 18.6% 的表现收尾，创下自 2003 年第一季度以来最差局面，2017 年为所有美洲国家经济增长中表现最糟糕的国家。由于某些原因，委内瑞拉政府 2017 年早些时候已不再定期发布部分宏观经济数据。

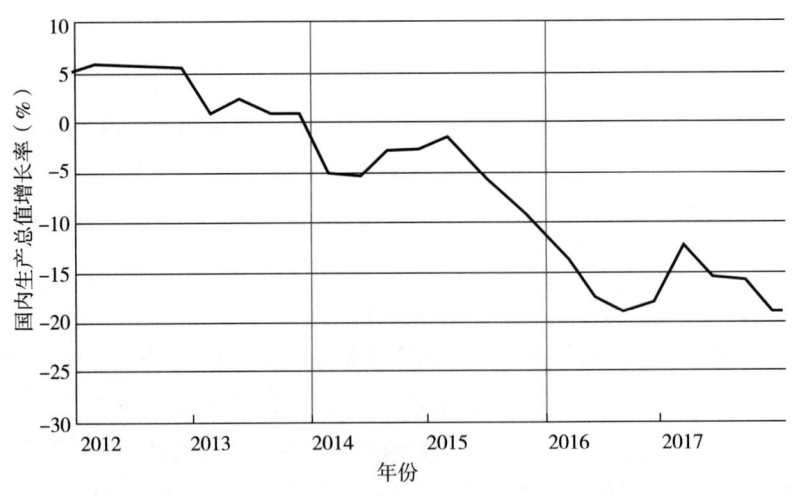

图 2-1　2012—2017 年委内瑞拉国内生产总值增长率

资料来源：委内瑞拉中央银行。

委内瑞拉货币玻利瓦尔 2017 年急剧贬值，在黑市上，玻利瓦尔兑美元在一年里大贬逾 90%。据委内瑞拉中央银行公布的数据，2017 年 12 月，该国通货膨胀率高达

863%（图2-2）全年平均通货膨胀率为438%。但是，据国际货币基金组织测算，委内瑞拉2017年12月的通货膨胀率为969%，全年平均通货膨胀率为493.6%，两项数据均高于委内瑞拉中央银行公布的指标。

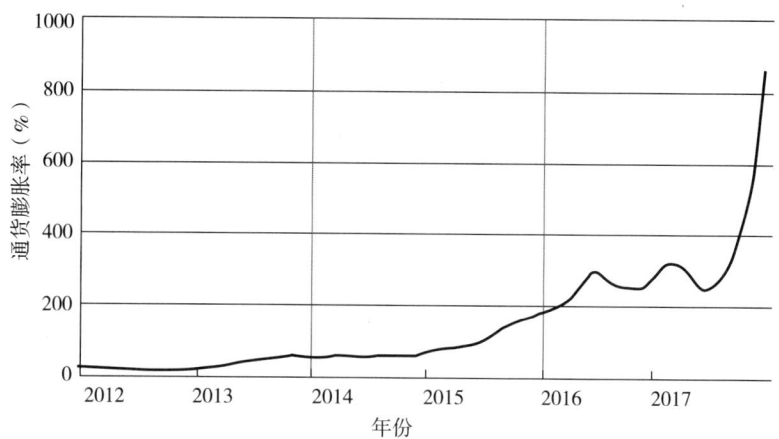

图2-2　2012—2017年委内瑞拉通货膨胀率

资料来源：委内瑞拉中央银行。

从表面上看，委内瑞拉原油产量持续下滑与其经济恶化有直接关系，但细细梳理却不尽然，还有更深的原因。下面来看看2017年委内瑞拉原油产量与通货膨胀率的变化（图2-3），原油产量有两个方面的数据比较，即美国能源信息署公布的委内瑞拉原油产量和欧佩克基于第二手资料公布的委内瑞拉原油产量。总的来看，两方面的产量数据变化趋势基本一致，且在2017年9月委内瑞拉的原油日产量明显跌破一个档位。

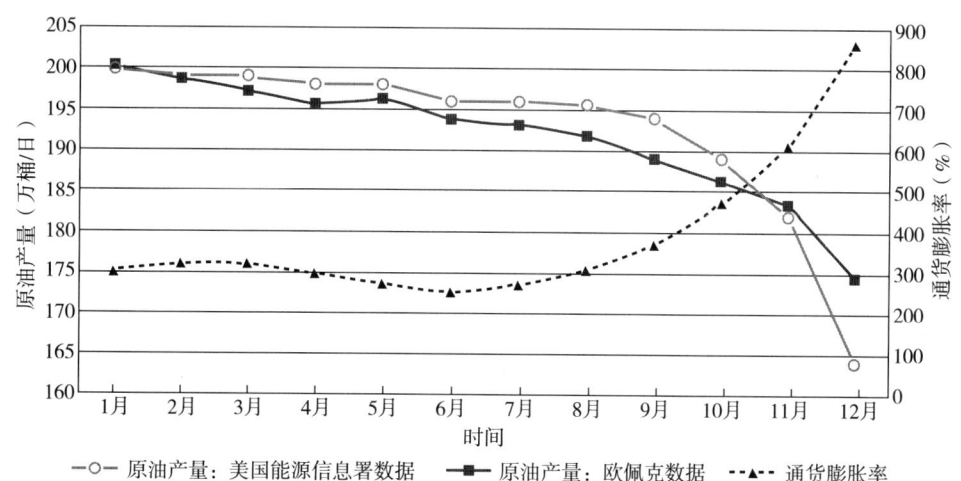

图2-3　2017年委内瑞拉原油产量与通货膨胀率

资料来源：美国能源信息署、欧佩克秘书处、委内瑞拉中央银行。

美国数据显示，2017年1—8月委内瑞拉原油日产量保持在195万桶以上，月均日产量为197.7万桶，较欧佩克减产协议分配给委内瑞拉的日产量目标值197.2万桶高出0.5万桶；9月委内瑞拉原油日产量跌破195万桶至194万桶。

欧佩克数据显示，2017年1—8月委内瑞拉原油日产量保持在190万桶以上，较美国数据下限低5万桶，月均日产量为195.9万桶，较美国数据低1.8万桶，较欧佩克减产协议分配给委内瑞拉的日产量目标值197.2万桶低1.3万桶，9月委内瑞拉原油日产量跌破190万桶至189万桶，与美国数据恰恰相差5万桶。

对比上述两方面数据，2017年1—2月，双方公布的数据高度接近，或者可以说完全一致。欧佩克数据，委内瑞拉1月、2月的原油日产量分别为200.4万桶和198.7万桶，美国数据则分别为200万桶和199万桶。由于美国方面的数据一般取万桶为整数，欧佩克的数据若四舍五入，则完全与美国一致。双方数据差异是从3月开始的，当月委内瑞拉原油日产量美国数据为199万桶，与2月持平，欧佩克数据为197.2万桶，恰好达到欧佩克对委内瑞拉的产量目标值，较2月日减产1.6万桶，较美国数据低1.8万桶。以2017年2月为基准，3—7月，欧佩克数据委内瑞拉原油累计日减产5.5万桶，月均日减产1.1万桶；美国数据累计日减产3万桶，月均日减产0.6万桶，较欧佩克数据的减产幅度低0.5万桶。

从惯例来看，美国方面的数据可能更真实客观。从2017年3月开始，欧佩克数据之所以低于美国数据，看得出欧佩克倾向于偏袒、维护委内瑞拉，有意压低委内瑞拉原油日产量在减产协议目标值之内，以此塑造委内瑞拉从3月开始每月都在严格履行减产协议的形象。而从美国数据看，3—5月委内瑞拉的原油产量都超减产协议目标值，6—7月的日产量均为196万桶，尽管低于减产目标值，但较目标值仅低1.2万桶。委内瑞拉如此持续的高产作为当然是美国不愿意看到的。

欧佩克数据从2017年3月起与美国数据出现明显差异，主要是委内瑞拉国内动荡加剧，出现无间断的街头示威和警民冲突，造成多人伤亡，同时委内瑞拉与美国的关系更加紧张。自2016年以来，美国曾多次要求委内瑞拉释放政治犯，委内瑞拉政府对此予以驳斥并指责美国干涉内政。2017年2月13日，美国财政部宣布对委内瑞拉副总统艾萨米（Tarek El Aissam）实施制裁，理由是艾萨米涉嫌"在国际毒品走私中扮演重要角色"，并认定其为"毒枭"。美国媒体说，艾萨米是迄今遭美国制裁的最高级别委内瑞拉政府官员，美国此举定将使原本不睦的两国关系雪上加霜。马杜罗随后宣布将采取一切手段对美国相关指控进行强力回击。

2017年3月1日，美国参议院通过决议，要求委内瑞拉立即释放政治犯、接受国际人道主义援助，并支持美洲国家组织启用《美洲国家民主宪章》对委内瑞拉实施制裁。委内瑞拉总统马杜罗在当日的电视讲话中表示，希望与美国在互相尊重的基础上改善关系。马杜罗希望与特朗普政府通过对话和外交渠道解决分歧，但重申美国必须尊重委内瑞拉的主权和独立。马杜罗还对特朗普日前在国会演讲中关于打击毒品的措施表示欢迎。

2017年3月29日，委内瑞拉最高法院宣布，因为国民议会藐视法庭，所以取缔国民议会的所有权力。这就意味着，由反对派控制的国民议会将无法推行任何针对马杜罗的行动，议会事实上被冻结了。3月30日，在马杜罗授意下，委内瑞拉最高法院试图代替议会行使立法权。虽然几天后，最高法院同意修改决议，不会代替议会执行立法权，还是引发了反对派抗议。另外，从2017年3月开始，由于恶性通胀太惊悚，委内瑞拉停止公布M2数据，至此所有经济数据都停止更新。

2017年3月，委内瑞拉与美国的紧张关系进一步升级，美国意欲加大打压委内瑞拉，而欧佩克则相对比较同情委内瑞拉国内外的处境，从遵守国际协议的角度有意调低委内瑞拉的原油产量，以此说明尽管委内瑞拉国内局势动荡，但仍在严格履行减产协议，以此博得国际社会的同情，并缓和委内瑞拉与美国的紧张关系。美国则不一样，似乎一直以客观的态度观察委内瑞拉的原油产量变化。

从国内经济看，委内瑞拉的通货膨胀率在2—3月达到321%的高点后，4—6月连续3个月下降，到6月降至253%，较2—3月下降了68个百分点，也就是说，委内瑞拉的经济情况在2017年第二季度已有所好转，并支撑了原油持续高产。这当然是美国不愿看到的，因为美国要搞垮马杜罗，首先得搞垮委内瑞拉的支柱产业——石油生产，而要搞垮石油生产，必须断其血液——资金，要断其资金，就得搞乱委内瑞拉的经济。只有让委内瑞拉的通货膨胀率持续恶性膨胀，才能彻底动摇马杜罗政府的执政根基，最终达到扶持反对派上台的目的。

正当马杜罗政府沾沾自喜于通货膨胀率下降、原油持续高产之际，2017年7月至8月，美国又发起了新一轮对委内瑞拉的打压。7月26日，美国财政部宣布对委内瑞拉13名现任或前任政府官员实施经济制裁。7月31日，美国宣布对马杜罗实施制裁。8月9日，制裁又扩大到8名参与组织和支持制宪大会的委内瑞拉官员。根据美国的规定，受制裁的个人在美国境内的资产将被冻结，同时禁止美国人与其进行贸易往来。8月25日，美国总统特朗普签署行政令，对委内瑞拉进行新一轮的制裁，制裁禁止美国金融机构参与委内瑞拉政府和委内瑞拉国家石油发行新债券和股权的相关交易，以及禁止购买已发行的部分债券等。这导致了委内瑞拉大量的债务出现了违约。与此同时，石油禁运使得委内瑞拉难以进口轻质油。委内瑞拉一半以上的原油为重质油，需要进口轻质油进行稀释后才可以进行出口，而美国的封锁使得委内瑞拉难以解决这一问题，导致原油产量进一步下降，也加剧了委内瑞拉国内的危机。马杜罗称，美国对委内瑞拉实施的一系列制裁措施是金融迫害。

美国对委内瑞拉进行的新一轮经济制裁与封锁，使得原本飘摇的委内瑞拉经济更加脆弱不堪。就在美国宣布制裁的7月、8月，委内瑞拉的通货膨胀率第二季度向下向好的走势被紧急刹车，并立马掉头向上走高，7月通货膨胀率提高18个百分点至271%，8月通货膨胀率再升38个百分点至309%。由此也拉开了委内瑞拉经济继续恶化的新序幕。

2017年9月，美国对委内瑞拉的所有制裁集中在这个月开始见效，当月委内瑞拉的通货膨胀率创下全年新高至372%，无论美国数据还是欧佩克数据，委内瑞拉的原油产量都被拉至相应的档位之下。由此，美国也似乎摸到了搞垮委内瑞拉石油生产的"魔法"：对其制裁愈严，其通货膨胀率就愈高，原油产量也愈低。

由于美国制裁加大，国内对抗性更加尖锐，2017年第四季度委内瑞拉通货膨胀率直冲云霄，原油产量急转直下，11月通货膨胀率达到614%，较8月扩大近1倍，而在这个月，对于委内瑞拉原油产量，欧佩克数据与美国数据首次出现位置交替，即先前1—2月双方数据一致、到3—10月美国数据高于欧佩克数据变为美国数据低于欧佩克数据，欧佩克数据委内瑞拉11月原油日产量较上月减少2.9万桶至183.4万桶，而美国数据则是较上月减少7万桶至182万桶，此时美国数据对欧佩克数据的下行剪刀差仅为–1.4万桶。12月，委内瑞拉通货膨胀率高达863%，创下全年最高纪录，与此同时委内瑞拉原油日产量也创下全年最低水准，欧佩克数据较上月减少8.9万桶至174.5万桶，美国数据较上月减少18万桶至164万桶，对欧佩克数据的下行剪刀差扩大至–10.5万桶。

从美国数据对欧佩克数据下行剪刀差扩大情况看，受恶性通胀加剧的影响，委内瑞拉原油产量大幅减少已是毋庸置疑的，欧佩克之前一直在调低委内瑞拉的原油产量以维护其履行减产的形象，而在通胀进一步恶化的情况下，又在数据上"挽救"委内瑞拉大幅下滑的原油产量，不至于减产太多，使产量尽量"保持稳定"，由此可看出，欧佩克确实在暗中尽最大努力"帮助"委内瑞拉对抗来自美国方面的评价。

2017年7月至12月，委内瑞拉的原油产量下滑幅度越来越大，很明显是受到了越来越高的通货膨胀率影响。那么，委内瑞拉的原油产量与通货膨胀率之间到底存在何种程度的影响关系？为此，本书按照来自委内瑞拉中央银行的通货膨胀率和美国能源信息署公布的产量数据，对它们之间从2014年至2017年的变化粗略地进行分析（图2-4），发现通货膨胀率确实是影响委内瑞拉原油产量的一个重要因素，但委内瑞拉的石油生产对通货膨胀率的变化还是有一定区间的承受力，且通货膨胀率走高影响原油产量是有区间段的。

2014—2015年的两年间，委内瑞拉的通货膨胀率从2014年1月的59%扩至2015年12月的184%，通货膨胀率扩大了两倍，但24个月每月的原油日产量始终保持在240万桶。这说明委内瑞拉原油日产量240万桶的水准能忍受185%以下的通货膨胀率影响。

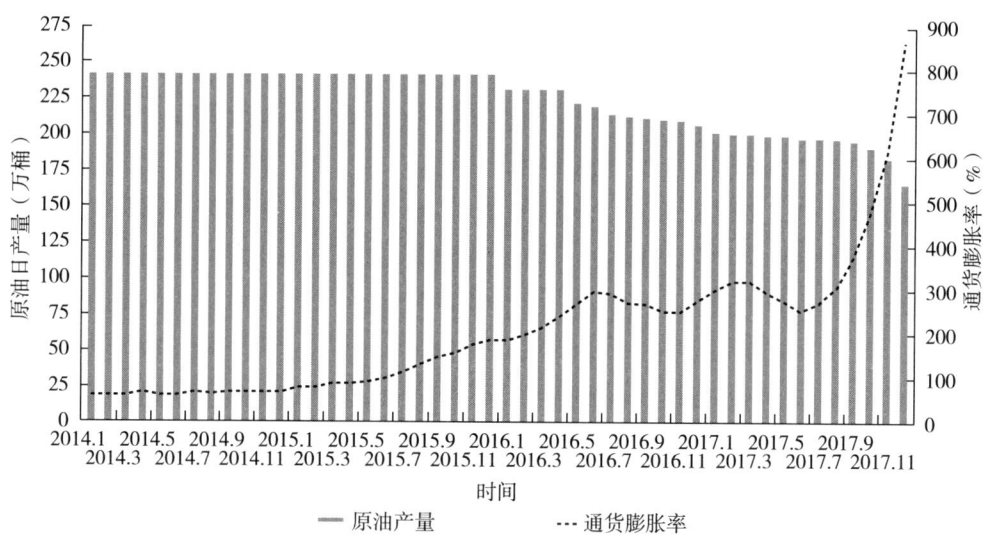

图 2-4　2014—2017 年委内瑞拉原油产量与通货膨胀率
资料来源：美国能源信息署、委内瑞拉中央银行。

2016 年 1 月，委内瑞拉通货膨胀率扩至 188%，较上年 12 月仅高 4 个百分点，其原油日产量就减少 10 万桶至 230 万桶，换言之，通货膨胀率在 184%～188% 这个区间段，每扩大 1 个百分点，委内瑞拉的原油日产量就要减少 2.5 万桶。230 万桶的原油日产量水平维持了 4 个月，其通货膨胀率持续扩大，到 4 月达到 238%。这说明通货膨胀率在 239% 以下，委内瑞拉的原油日产量至少可维持 230 万桶的水平。

2016 年 5 月，委内瑞拉的通货膨胀率扩至 267%，较上月高 29 个百分点，其原油日产量减少 10 万桶至 220 万桶，换言之，通货膨胀率在 238%～267% 这个区间段，每扩大 1 个百分点，委内瑞拉的原油日产量就要减少 0.34 万桶。对比 1 月与 5 月通货膨胀率走高对原油产量的影响，通货膨胀率在 267% 以下，每走高 1 个百分点，对原油产量减少的影响愈来愈弱。

2016 年 6 月，委内瑞拉的通货膨胀率扩大 30 个百分点至 297%，原油日产量减少 2 万桶至 2018 万桶；7 月通货膨胀率缩小 4 个百分点至 293%，原油日产量并未增、仍减少 6 万桶至 212 万桶；8 月通货膨胀率缩小 21 个百分点至 272%，原油日产量仍未增、继续减少 1 万桶至 211 万桶；9 月通货膨胀率缩小 5 个百分点至 267%，通胀水平与 5 月持平，但原油日产量并未恢复至 5 月的规模，仍继续减少 1 万桶至 210 万桶。这说明，在通货膨胀率接近 300% 的情况下，委内瑞拉的通胀即使有些改善，甚至回落至之前的水平，但由先前高通胀产生的减产惯性仍在继续影响原油产量下降，短期内难以恢复相应的产量水平。

10 月、11 月这种高通胀减产惯性仍在继续影响委内瑞拉原油产量下降。10 月通货膨胀率继续回缩 14 个百分点至 253%，原油日产量减少 1 万桶至 209 万桶；11 月通货膨胀率回缩 1 个百分点至 252%，原油日产量减少 1 万桶至 208 万桶。就在委内瑞拉高通胀在慢慢回落、先前的减产惯性还未完全消退的时候，12 月，委内瑞拉通货膨胀率再次扩大 26 个百分点至 278%，原油日产量加速减少 3 万桶至 205 万桶；2017 年 1 月，通货膨胀率继续扩大 25 个百分点至 303%，原油日产量猛减 5 万桶至 200 万桶。这说明，在 300% 上下的高通胀环境下，即使通货膨胀率有所改善或持续改善，但相比高通胀而言，因改善幅度太小不足以扭转高通胀对经济的破坏性，因此，委内瑞拉的原油只能继续维持减产，而其间一旦通货膨胀率冲高，必然加大原油减产的幅度。

从上述分析评估通货膨胀率对委内瑞拉原油减产的影响，高通胀是委内瑞拉原油减产的主要诱因，250%~300% 的通货膨胀率区间促成了委内瑞拉原油减产的定势，在这个通胀区间，如果通胀一次性改善达不到 50 个百分点的回落幅度，减产定势很难改变，减产惯性会持续影响；如果已有的高通胀未消退，又出现通胀新高，就如雪上加霜，会加速原油产量下滑。2016 年 7 月至 11 月，委内瑞拉通胀持续回落，从 6 月 297% 的高点回缩至 11 月的 252%，5 个月通胀累计回落 45 个百分点，因为没有出现一次性回落幅度达到 50 个百分点，所以，原油产量在减产惯性作用下继续下降，累计日减产 10 万桶。在此情形下，2016 年 12 月至 2017 年 2 月，委内瑞拉通货膨胀率又连续 3 个月回升 69 个百分点至 321%，这无疑加大了原油减产的幅度，3 个月累计日减产 9 万桶。

2017 年第二季度，委内瑞拉又重演高通胀环境下的缓慢回落，通货膨胀率连续 3 个月累计回落 68 个百分点至 253%，仍然没有出现一次性回落幅度达到 50 个百分点，况且通货膨胀率仍然处在 250%~300% 的原油减产定势区间，因此，原油产量继续下滑，只是减幅有所放缓，3 个月累计日减产 3 万桶，其中有两个月产量持平。

2017 年 7—8 月，美国宣布了加大对委内瑞拉经济制裁和封锁的一系列措施，委内瑞拉通货膨胀率连续两个月反弹，累计回升 56 个百分点至 309%，但因为美国仅仅宣布追加制裁措施，对委内瑞拉石油行业还未起到实际制裁效果，因此这两个月的原油产量基本持稳，7 月日产量与 6 月持平，为 196 万桶，8 月日产量与前两个月基本持平，为 195.5 万桶。9 月，美国所有的制裁措施都集中在这个月开始见效，加之委内瑞拉国内局势更加动荡，通货膨胀率一个月就骤升 63 个百分点至 372%，原油生产之前持稳的局面也被打破，日产量减少 1.5 万桶至 194 万桶。委内瑞拉的原油生产在创新高的通胀环境下又拉开新一轮跌势。

2017 年 10 月，委内瑞拉通货膨胀率扩大 102 个百分点至 474%，原油日产量减少 5 万桶至 189 万桶；11 月通货膨胀率扩大 140 个百分点至 614%，原油日产量减少 7 万桶至 182 万桶；12 月通货膨胀率扩大 249 个百分点至 863%，原油日产量减少 18 万桶至 164 万桶。由此看出，当通货膨胀率突破 370% 之后，通胀以超过 100 个百分点的增幅蹿升，委内瑞拉的原油减产幅度也随之急跳。这 3 个月委内瑞拉通货膨胀率累计扩大

491 个百分点，原油日产量累计减少 30 万桶，相当于通胀每扩大 100 个百分点，原油日产量则减少 6 万桶。如此高的通货膨胀率和原油减产幅度，进一步加深了委内瑞拉在 2018 年的减产定势。

第二节
委内瑞拉发行"石油币"试图实现经济自救

伦敦风险评估机构维里斯克枫园（Verisk Maplecroft）调查了多个国家，并制定了政府稳定指数（GSI），该指数利用一些预测数据和分析师的预测，对各国未来几年的地缘政治风险进行评估，结果并不令人鼓舞。维里斯克枫园表示，预计稳定指数将出现恶化的国家数量"远远超过我们所看到的稳定指数上涨国家"。原因是多方面的，包括低油价以及民主体制受到侵蚀。

维里斯克枫园指出，我们不认为不稳定性上涨必然会导致政变或重大的政治动荡，但是一个不太容易预测、高于常规风险的环境很可能会出现。在这些国家，为寻求稳定局面和保持其影响力，政府或武断地制定决策，或采取措施收买关键利益相关者，或无法通过监管改革，这些将是在这些国家进行石油项目的主要风险。在这种情况下，委内瑞拉是一个明显的爆发点。在维里斯克枫园看来，该国经济和石油业的恶化影响深远。但委内瑞拉也展示了一个不同的问题——破坏不需要来自一次政变、一场内战或其他明显的地缘政治发展。2002 年政变失败后，委内瑞拉国家石油被清洗，在过去的 15 年里，委内瑞拉的石油产量不断下降，因委内瑞拉政府解雇了国家石油的资深专业人员，并将收入用于其他目的，而未能投资于现有的石油资产。

自 2017 年底，呼之欲出的委内瑞拉"石油币"便成了市场的焦点。按照委内瑞拉总统马杜罗的构想，计划将该国奥里诺科重油带（Orinoco Belt）阿亚库乔（Ayacucho）区块 1 号油田的全部石油储量作为发行"石油币（Petro）"的物质基础。该油田的石油储量约 53 亿桶，价值大约 2670 亿美元。每个"石油币"等值于一桶原油。如果真能实现的话，"石油币"的市值将超过比特币，成为第一大加密货币。委内瑞拉信息部长罗德里格斯（Jorge Rodriguez）表示，对于正式宣布首批"石油币"的发行只存在时间的问题了。"石油币"能够有效地让深陷外交孤立陷阱的委内瑞拉免受国际金融体系的冲击。

20 世纪美元与黄金挂钩确立了美元在国际货币上的统治地位，而黄金的保值性以及世界各国的认可使得黄金储量世界第一的美国能够大量的发债，促进了资本的流入和经济的繁荣。委内瑞拉巨大的石油储量正是其优势所在，而委内瑞拉在美国封锁的情况下难以在国际市场上发债，那么"石油币"就间接充当了信用凭证，在一定程度上为其筹资创造了空间。同时相比于其他的虚拟货币以信用作为交易的基础，将原油与"石油币"等值赋予了其价值，这也在一定程度上会吸引一部分加密货币市场的投资者。马杜罗"抛弃"美元另辟蹊径的主要原因在于近期比特币的疯涨势头，而种种迹象表明数字货币正慢慢受到主流投资世界的青睐，也促使他萌生了这个念头。市场猜测，马杜罗或只是想在加密货币市场分得一杯羹。

2018年1月5日，马杜罗在电视讲话中表示，他已下令将于近日首批发行1亿个数字加密货币"石油币"。马杜罗说，每个"石油币"都有委内瑞拉的1桶原油作为实物抵押。"石油币"的首次发行将由虚拟货币交易所承担，目前该交易所正在试运行中。"石油币"是第一个由主权国家发行并具有自然资源作为支撑的加密数字货币，将被用来进行国际支付，成为委内瑞拉在国际上融资的一种新方式。委内瑞拉政府希望通过发行"石油币"这种加密货币来实现自救。正如马杜罗所言，发行"石油币"目的是"推进货币主权、促成金融交易、打破金融封锁"，将令委内瑞拉货币体系迈入新阶段，利用富足的矿藏变相向国际寻求融资，支持经济和社会发展。

委内瑞拉政府计划将在"石油币"上投入近60亿美元的资金，并派出了一个高级代表团前往卡塔尔，以望能获得投资。然而，委内瑞拉的这一计划立即遭到了抵制，其中就包括委内瑞拉反对派控制的国会，认为发行"石油币"是非法的。美国财政部也反对"石油币"的发行，认为"石油币"可能会违反美国对委内瑞拉的制裁，并帮助"支撑"四面楚歌的马杜罗政府。

事实上，委内瑞拉试图通过这种方式拯救其快要崩塌的经济也令一些人感到费解。许多投资者认为，这个"羽翼未丰"的"石油币"应该无法解决委内瑞拉当前所面临的危机。资产管理机构TCW新兴市场集团拉丁美洲主权分析师莫罗·罗加（Mauro Roca）表示："'石油币'并不是一种加密货币，它更像是一个有石油储备支持的国家所打的欠条。面对恶性通货膨胀和数百亿美元的债务，委内瑞拉在石油开采方面存在严重的问题，所以这些借条很难保留很多价值。鉴于当前的宏观经济背景，'石油币'不太可能会解决什么关键性的问题。"对于罗加的观点，其他分析师也表示赞成。他们认为，即使不说全部，应该大部分投资者都不会接受"石油币"的加密货币属性。

国际咨询机构控制风险（Control Risks）安第斯地区政治风险业务负责人、哥伦比亚作家劳尔·加莱戈斯（Raul Gallegos）表示："这种虚构的货币充当现金应该不太可能被任何公司或银行所接受。"加莱戈斯在其最近的一篇名叫《原油国家》的文章中详细描述了委内瑞拉是如何不恰当地管理其石油财富的。加莱戈斯称："'石油币'可能会成为一种工具，用来将现金秘密地从崩溃的经济体中转移出去，并将其转化为外币。那么对与已故总统查韦斯（Hugo Rafael Chavez Frias）政权有关系的人来说，'石油币'将成为一种洗钱工具。"

加莱戈斯表示，不管委内瑞拉能否掀起一波加密货币浪潮，其国内的恶性循环仍在继续。食品、医药和消费品严重短缺，导致一些委内瑞拉人在垃圾堆里找食物，一些人饥饿而死，而有些人却死于一些基本的和可根治的疾病。这样看来，投资者对这个国家感到恐惧，选择避而远之也不是没有原因的。

分析师莫罗·罗加认为，委内瑞拉石油产量不断缩水，以石油储备为支撑的"石油币"前景堪忧。物价不断上涨，目前还不清楚马杜罗政府将如何应对恶性通货膨胀，而恶性通货膨胀通常会加速政治衰退，甚至沦落到边缘化的境地。外界普遍预计马杜罗2018年将竞选连任，而且很有可能在有争议的情况下获胜。然而，随着委内瑞拉的石油产量继续下降，甚至可能在油价接近3年高位的情况下进一步跳水，他的政府将在2019年陷入挣扎。

加莱戈斯则指出："即使石油价格正在上涨，委内瑞拉政府也不会从中获益。给马杜罗政府提供援助的俄罗斯，将可能继续在经济上支持委内瑞拉，以期能在委内瑞拉主要石油企业获益更多。但是，委内瑞拉的经济前景预计将继续恶化，那么它最终可能被迫宣布债务违约。本身'石油币'就是打着有石油储备为支撑的名号，现在委内瑞拉的石油产量并没有保障，那么'石油币'想要有好的发展怕是痴人说梦了。"BTU分析（BTU Analytics）执行总裁托尼·斯科特（Tony Scott）称："6个月前，对美国产量可能快速增长有许多恐慌，但这被委内瑞拉石油产量的波动所抵消。"

2018年2月初，马杜罗表示，委内瑞拉官方加密货币"石油币"将于2月20日开始预售，政府希望此举能够帮助委内瑞拉突破美国和欧盟施加的国际封锁。马杜罗称："6周前我宣布委内瑞拉将推出官方的加密货币。政府已经采取措施确保这一计划成为现实。"

委内瑞拉政府加密货币负责人卡洛斯·瓦尔加斯（Carlos Vargas）表示，预售和首次公开发行将使用硬通货和加密货币，目前还无法使用玻利瓦尔。他称："我们的责任是为'石油币'找到最合适的投资人，二级市场也会随之出现。在ICO（Initial Coin Offering，首次币发行）结束后，大家将可以在交易所使用当地货币购买'石油币'。在委内瑞拉挖矿传统加密货币的行为并不违法，该活动目前完全合法；我们已经与最高法院举行了会议，法院已经解除对前几年被拘捕矿工的指控。"

凭借其全球最大规模的原油储备，委内瑞拉一度是南美最富有的国家，现在的处境却愈发艰难。由于现金短缺，委内瑞拉的原油产量在过去几个月持续下降，2017年12月降至近30年来的最低水平。欧佩克数据显示，委内瑞拉2017年12月的原油日产量进一步减少8.2万桶至174.5万桶；委内瑞拉政府公布的数据显示，2017年12月原油日产量大幅下降21.6万桶至162.1万桶；美国能源信息署数据显示，委内瑞拉2017年12月的原油日产量减少18万桶至164万桶。

纵观整个2017年，委内瑞拉原油产量下降幅度属全球最大。新月石油首席执行官马吉德·贾法尔在达沃斯世界经济论坛上表示："委内瑞拉的产量已经降到了30年来的最低点,如果委内瑞拉的经济危机导致进一步的产量下降,我担心的是,委内瑞拉的事件可能导致一场冲击,油价2018年可能升至每桶80美元。"不过,委内瑞拉石油部长奎维多表示,委内瑞拉2018年可轻松将石油日产量增加100万桶,使其生产能力提高到247.2万桶;最近与石油巨头荷兰皇家壳牌和道达尔进行了谈判,他们在委内瑞拉的合资企业中持有少数股权。

2018年2月5日,委内瑞拉央行推出新外汇平台,官方汇率贬值逾99%。批评人士指出,该举措无法创造一个有效运行的货币市场。委内瑞拉央行表示,新DICOM外汇系统首次拍卖的汇率为每1欧元兑30987.5玻利瓦尔,相当于1美元约兑25000玻利瓦尔。和之前的DICOM汇率相比,约贬值86.6%,较上周取消的1美元兑10玻利瓦尔补贴汇率则贬值99.6%。新汇率比黑市美元汇率仍低很多。根据今日美元网站(DolarToday),1美元在黑市可换228000玻利瓦尔。存在这么大的汇率差距,多年来吸引委内瑞拉人逢低买进美元,再到黑市脱手套现获利。这已经引起硬货币短缺,进而导致食品和药品等进口产品匮乏。

有消息称,美国正考虑对委内瑞拉实施原油制裁,从而对马杜罗政府施压,迫使其"重归宪法"。要知道委内瑞拉拥有全球最大的油气储量资源,是欧佩克的重要一员,也是美国最大的进口原油供应商。委内瑞拉石油探明储量为2980亿桶,居全球第一位。如果美国真的对委内瑞拉采取原油制裁,恐怕会掀起原油市场的一场风暴,甚至可能引发"黑天鹅事件"。

2018年2月4日,美国国务卿蒂勒森访问墨西哥等拉丁美洲国家时表示:"正在考虑对委内瑞拉实施石油禁运的可能性。显然,对委内瑞拉石油产业进行制裁,有效禁止委内瑞拉对美国石油出口,或是禁止美国石油和炼化产品出口到委内瑞拉,这些一直都在我们的考虑之中。美国这么做是为了向马杜罗政府施压,推动委内瑞拉回归宪法。"石油制裁被认为是特朗普政府真正可以伤害马杜罗政府的几个选项之一。蒂勒森指出:"美国政府也会考虑石油制裁对委内瑞拉市民产生的影响。目前针对原油制裁的一方面顾虑是,这一政策是否会影响到委内瑞拉人民的生活。这是一个能够结束这一切纷争的方法,如果不采取措施,即意味着委内瑞拉人民将承受更长时间的痛苦。"加拿大皇家银行资本市场大宗商品策略部门负责人克罗夫特表示:"即使美国不选择石油禁运,委内瑞拉也已经从一个单纯的风险事件变成一个重要的供给破坏现实。"

蒂勒森访问拉丁美洲,试图争取支持对委内瑞拉进行更严厉的制裁。他甚至提出了美国禁止进口委内瑞拉石油的可能性。这一想法尚未最终敲定,可能会采取多种方式,包括利用金融制裁来打击委内瑞拉的出口,禁止委内瑞拉向美国出口,或者禁止美国出口委内瑞拉所需的稀释剂以与重油混合。所有这些措施都将对委内瑞拉生产和出口石油的能力产生严重影响。蒂勒森正试图与加拿大和墨西哥合作建立一个"工作小组",以减轻加勒比海地区因对委内瑞拉石油禁运蒙受的影响。

蒂勒森似乎有意提议对委内瑞拉的石油进行制裁，甚至可能是禁运。他说，他将把这件事交由特朗普决定。特朗普过去一直支持对委内瑞拉采取更强硬的行动。蒂勒森最近也提出了一场军事政变的可能性。蒂勒森说："委内瑞拉将会发生变化。我们希望这是一个和平的改变。"下一个重要日子是4月22日，也就是委内瑞拉政府宣布将举行总统选举的日期。几乎没有人认为选举是自由和公平的，而且包括邻国哥伦比亚在内的许多国家都表示，他们不会承认这一结果。在这种背景下，分析人士预测委内瑞拉石油日产量将减少数十万桶都算是乐观的。大量的风险可能会使2018年的产量比预期的要低得多。

美国政府指责马杜罗是导致该国经济和政治危机的罪魁祸首，这引发委内瑞拉国内频繁爆发暴力抗议以及出现了食品和药品短缺的局面。相反，马杜罗则控诉美国及其盟友试图破坏他的合法政府。国际货币基金组织数据显示，委内瑞拉2018年通货膨胀恐飙升至13000%。目前经济危机已经令该国数以千计的居民逃往邻国。

近几年低油价且被美国制裁，委内瑞拉的通货膨胀高居全球首位，广义货币M2超发同比大幅上涨1120%，汇率大幅贬值。委内瑞拉深陷债务危机的泥沼，马杜罗政府、委内瑞拉国家石油和委内瑞拉电力还有90亿美元债务将在2018年到期，他们需要在2月偿还7.5亿美元的债务，宽限期是30天。不过，标准普尔评级不看好委内瑞拉能够如期还债，预测第一季度委内瑞拉违约风险达50%。委内瑞拉在4月、8月、10月和12月将面临巨额债务到期的挑战。尽管委内瑞拉总统马杜罗此前多番强调能够偿还债务，但这些债券持有者可能无法长期等待下去，预计会联合起来前往美国法院上诉。不过，由于美国正在对委内瑞拉进行经济制裁，这可能成为史上最复杂、最棘手的违约纠纷案件。

一旦债券持有者选择上诉，委内瑞拉国家石油有可能面临巨额罚款，这无疑将加剧该公司的财务危机，并导致其原油生产再度遭受打击。委内瑞拉2018年很可能重演2003年国家石油工人罢工时原油产量骤减的情形，短期将造成地缘政治风险溢价。但从眼下原油格局来看，2018年原油的关键词是"减产"，如果委内瑞拉真的遭遇美国的制裁而出现原油产量大幅缩减的情况，那对于原油价格来说可能是一个好消息，当前欧佩克在维持减产，但美国却在大量增产，而对委内瑞拉的制裁显然是希望长痛不如短痛，通过这种方式，可能会缓解美国产油暴增所带来库存过剩担忧。

随着数字加密货币的火热浪潮席卷全球，2018年2月20日，全球诞生第一个法定数字货币。委内瑞拉正式预售该国发行的"石油币"，这也是人类历史上的第一个国家发行的法定数字货币。马杜罗表示："石油币"预售首日便获得了7.35亿美元认购订单。但他没有披露初始投资者的任何细节，也没有提供证据来证实这一数字。他表示，委内瑞拉的旅游业、一些汽油销售和原油交易可能接受"石油币"支付。"石油币"将于下月正式公开发行。"石油币"发行总量约1亿枚，预售3840万枚。

"石油币"首批发行1亿枚（每个石油币以委内瑞拉的1桶原油作为担保），按照1桶原油约60美元的价格计算，总价值超过60亿美元。不同于比特币和以太币等其他数字货币，"石油币"是全球第一个获得政府背书、公开发行的虚拟货币。委内瑞拉政府将接受以"石油币"作为缴税、费用、捐款、公共服务手续费的支付方式。现阶段开放预购的"石油币"必须以强势货币或其他加密货币购买，不接受投资人以委内瑞拉货币玻利瓦尔购买。委内瑞拉政府为鼓励海外投资人购买"石油币"，将发行多种语言版本的"石油币"投资指南。委内瑞拉政府顾问表示，大约38.4%的"石油币"会通过私下拍卖方式出售，而且会"打四折"来吸引投资者。

2018年2月21日，委内瑞拉总统马杜罗宣布，下周委内瑞拉将发行一种名为"石油黄金"（petro gold）的加密数字货币，它将由黄金资源支持，会更强大，会提振最近刚刚发行的该国石油资源支持的"石油币"。此外马杜罗强调，"石油币"是第一个由主权国家发行并具有自然资源作为支撑的加密数字货币，将被用来进行国际支付，成为委内瑞拉在国际上融资的一种新方式。这一数字货币将帮助委内瑞拉渡过目前的经济困难，打破美国的金融封锁。马杜罗欢迎全世界的投资者来投资"石油币"。

委内瑞拉政府透露，他们发行的"石油币"有石油、天然气、黄金和钻石的支撑。"石油币"将吸引来自卡塔尔、土耳其和其他中东国家的投资，当然也包括来自欧盟和美国的投资。"石油币"最初将不能通过委内瑞拉法定货币玻利瓦尔来购买。随着委内瑞拉陷入恶性通货膨胀，该国原本的官方货币早已崩溃。

委内瑞拉知名记者弗朗西斯科·托罗（Francisco Toro）表示，由于受到美国的经济孤立，因此委内瑞拉正从"绝望"中试图转向加密货币。她说："他们一直在试图找到规避反洗钱制裁规定的方法，而加密货币或许就是解决方法之一。"

尽管外界的猜疑偏多，但也有一位分析师认为，"石油币"是个"绝佳的主意"。这个人就是交易公司埃托罗（Etoro）的高级市场分析师马蒂·格林斯潘（Mati Greenspan）。格林斯潘认为，"石油币"对于俄罗斯总统普京所构想的类似项目来说，可能能成为一个成功的先驱。格林斯潘说："普京和马杜罗面临了很多类似的问题。两国都非常依赖原油价格，然而原油价格在过去几年相当不稳定。此外两国都面临美国制裁的问题。实际上目前所有的政府和银行都构想过这样的加密货币系统，但只有马杜罗真的第一个做到了——这就是绝境催生的创新力量。"

俄罗斯近几个月来也有类似的加密货币计划。俄罗斯计划通过"加密卢布"来作为该国对抗西方制裁的手段，这正和委内瑞拉的石油币构想相似。格林斯潘还赞赏委内瑞拉以大宗商品来作为"石油币"支撑的想法。格林斯潘说："用大宗商品来作为加密货币支撑的想法非常妙，因为目前世界上充斥着毫无基础的资金。我们在加密社区中很少看到有人持这一想法，这才令人感到意外。在这样的情况下，我相信'石油币'是真的针对更多的机构投资者和其他政府。无论之后发生什么，这对普京来说都将是个绝佳的参考。"但是，加密货币比较网站（Crypto Compare）首席执行官海特尔（Charles Hayter）则认为，不能完全确信委内瑞拉所谓的"石油和矿产资源"能够满足预期。

实际上，委内瑞拉和俄罗斯也并非仅有的希望从数字货币中获益的国家。此前以色列也曾宣布过类似计划，希望发行"数字谢克尔（digital shekel）"。迪拜也准备乘坐这趟区块链列车，发行国家主导的数字货币。分析师认为，通常来说，一些金融系统较为不发达、经济发展较为疲软的国家更为青睐比特币等数字货币，数字货币在这些国家的汇价往往也更高。

2018年2月24日，马杜罗接受采访时表示："我可以告诉你，之前严重的不公正问题导致我们损失了约100万桶的原油日产量。我认为2018年上半年内，我们有望恢复此前丧失原油产量的70%。"马杜罗指责美国挑起的"经济战争"和委内瑞拉国家石油的腐败问题，是原油产量下降的主要原因。

然而市场几乎认为"石油币"无法解决委内瑞拉自身的经济危机，未来委内瑞拉原油产业是否能够如马杜罗所预期的那样可能还是要打上问号。首先，虽然"石油币"会以某种方式和委内瑞拉的石油商品挂钩，但其政府并未详细说明如何运作。主要质疑是委内瑞拉管理数字货币的能力以及是否向公众公开交易信息。其次，委内瑞拉的财政偿付能力不足可能会影响投资者兴趣。虽然"石油币"有委内瑞拉国家石油作为支持，但受到政府管理不当以及石油价格持续低迷影响，委内瑞拉国家石油过去数年面临贪污及债务问题，而且产油设施破损，令产油量不断下跌。

彼得森国际经济研究所（PIIE）研究报告指出，受限于委内瑞拉政府过去的"信用问题"，不仅难吸引国际买家，就连委内瑞拉国民也不会大量购买"石油币"。美国财政部表示，这款加密货币会是委内瑞拉政府信贷的延伸，并且警告美国公民或公司不得购买"石油币"，否则就会触犯美国对委内瑞拉的制裁令。美国杜兰大学（Tulane University）社会学系教授大卫·斯米尔德（David Smilde）认为，"石油币"将很可能会落得与委内瑞拉国债同样的下场。委内瑞拉政府在2017年11月未能支付债券利息，被国际评级机构标普宣布债务违约。此外，委内瑞拉预计在4月举行总统选举，若马杜罗未能成功连任，"石油币"的合法性也将面临考验。如果他竞选失利，新任政府可能会宣布"石油币"违法，令其最终退出市场。

随着"石油币"的诞生，各界大佬都纷纷表示委内瑞拉这个做法并不能真正解决经济问题，甚至可能反而会引发美国进一步的制裁。美国脱离本国真实财富创造能力超发货币的行为持续削弱了美元信用基础，使得当前以美元为主导的信用本位制国际货币体系与全球价值创造体系出现了明显的系统性偏差。在此情形下，"石油币"这一创新模式为有关主权国家探索、发行具有真实财富支撑、有跨境支付和国际融资功能的新型货币形式提供了启示。不论"石油币"能否解决委内瑞拉当前的经济困境，从其发行模式来看，"石油币"以石油、天然气、黄金等真实财富为信用背书，突破了既有数字货币缺乏信用锚的桎梏，对国际货币回归价值锚和探索解决现存国际货币体系缺陷具有一定积极意义。

显然，"石油币"如果对美元带来压力，那么美国自然不能坐视不理，委内瑞拉有着大量石油资源，那么如果美国扩大对委内瑞拉的制裁范围，例如限制美国向该国出口原油产品，将会直接影响委内瑞拉超重原油的稀释生产，恐怕会进一步打压该国原油产量。美国能源信息署数据显示，委内瑞拉目前主要从美国进口重石脑油，每月约200万桶。而委内瑞拉近一半的原油产量是依赖于从美国进口重石脑油来进行稀释生产。市场分析师指出，虽然美国禁止委内瑞拉进口原油将损害美国炼油厂利益，但此举也将进一步打压委内瑞拉原油产量。不过委内瑞拉也有其他选择，该国可以支付更高的价格来从他国购买重石脑油，从而保证原油产量不会受到太大影响。只是委内瑞拉的经济依然面临崩溃的边缘，如今若通过购买其他国家的原油，恐怕会进一步加大自身的负担，而若不买，美国的制裁恐怕会让委内瑞拉的原油产业遭受重创，那么"石油币"存在的价值也将变得十分渺小。目前美国对委内瑞拉的制裁主要集中在对马杜罗政府在美国金融机构的存款账户以及个人和企业行为，同时也禁止其他机构购买委内瑞拉债券。美国已经制裁数十名委内瑞拉官员和多家委内瑞拉实体，以图孤立委内瑞拉总统马杜罗。不过，美方制裁没有直接针对委内瑞拉石油出口，既未禁止委内瑞拉石油在美国销售，也未叫停美国企业精炼委内瑞拉原油。

有消息称，美国倾向于在4月22日委内瑞拉大选前对该国石油行业实施制裁。不过最终决定还未做出，美国仍在权衡这种制裁对普通委内瑞拉人和从委内瑞拉进口大量原油的美国炼油厂的影响。目前有两个主要方案供选择：其一是专门针对委内瑞拉石油部门施加新制裁；其二是收紧现有的金融制裁，使马杜罗政权无法从石油这一主要收入来源中获利。

尽管马杜罗政府对于"石油币"的未来一片看好，但无论是委内瑞拉民间还是经济界，对于"石油币"的质疑声依旧不少。委内瑞拉国会认为，发行"石油币"实际上是对该国石油储备的一种借款，而政府所有的借款举措必须要经由国会批准，否则就是违法的。目前国会已宣布发行"石油币"违法。此外，委内瑞拉国内的数字货币专家吉尔（Jose Antonio Gil）指出，尽管作为"石油币"物质基础的阿亚库乔区块1号油田的储量为50亿桶，但鉴于这些石油尚未完全开采，如果被认定为有欺诈性质的发行，可能最终会令"石油币"变得一文不值。

2018年2月28日，一名美国官员表示，特朗普政府正考虑对委内瑞拉一个军方经营的石油服务公司进行制裁，禁止保险公司为委内瑞拉石油出口提供保险。这将加大对委内瑞拉总统马杜罗的压力。马杜罗将在4月的大选中竞选连任，美国及其盟友驳斥选举是一场骗局。该官员称，美国考虑对该国至关重要的石油产业实施制裁，这是对此前制裁措施的升级。一些措施可能在大选之前实施，另一些可能在大选后采取。制裁不排除全面禁止委内瑞拉向美国出口石油,这将是与石油相关的制裁措施中最严厉的措施之一。短期内可能给油市造成强大冲击,目前还没有做出决定;如果美国采取行动,将会考虑到对普通委内瑞拉人、其邻国以及对美国石油产业和美国消费者的冲击。食品短缺和恶性通胀已经让委内瑞拉人深受其害。

2017年,委内瑞拉是美国原油和成品油的第四大供应国,委内瑞拉对美国石油出口创下自1991年以来最低。从2005年至2017年的13年间,美国进口委内瑞拉原油呈明显的下降趋势(图2-5),2005年美国日均进口委内瑞拉原油为124.1万桶,为13年中最高年度纪录,其中2015年4月日进口委内瑞拉原油139.1万桶,创下13年中最高月度纪录。随着美国页岩气革命爆发以及页岩油革命的跟进,美国进口委内瑞拉原油正不断下降,2009年美国日均进口委内瑞拉原油跌破100万桶至95.1万桶。2013—2016年,由于页岩油产量暴增,美国对委内瑞拉原油年度日均进口量减至80万桶以下,4年日均进口量为75.1万桶。2017年美国加大制裁和委内瑞拉经济进一步恶化,美国日均进口委内瑞拉原油更是降至61.9万桶,其中2017年12月日进口委内瑞拉原油降至不到45万桶,为43.7万桶,创下13年中最低月度纪录。

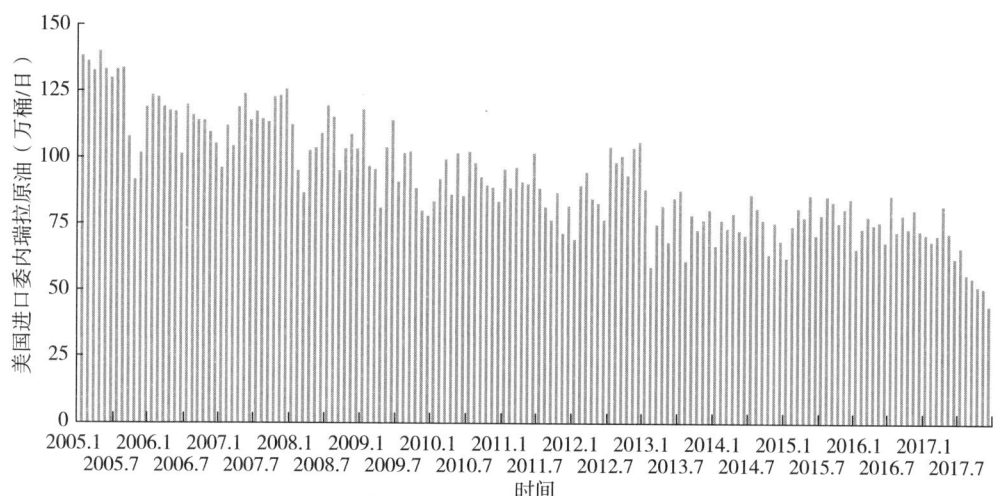

图2-5 2005—2017年美国进口委内瑞拉原油
资料来源:美国能源信息署。

美国新的制裁目标可能包括委内瑞拉军方经营的石油服务公司卡明普(Camimpeg)。军方经马杜罗批准于2016年成立该公司,为委内瑞拉国家石油在开采、物流和安全方面提供支持。另一个制裁选项,可能是禁止保险公司为与委内瑞拉国家石油公司有关联的油轮和石油船货提供保险服务。特朗普政府仍在考虑禁止向委内瑞拉出售美国的轻质原油和成品油,委内瑞拉将其与自己生产的重质油混合然后出口。2018年3月19日,美国总统特朗普发布行政命令,禁止美国境内交易委内瑞拉政府或代表该国政府发行的任何数字货币。这是特朗普政府限制马杜罗政权获得资本的最新举措。

第三节
特朗普想让美国成为原油市场最大供应方

2018年3月11日,沙特阿拉伯政府新闻办公室在一份声明中表示,沙特阿拉伯国王萨勒曼已下令在检察官办公室设立专门的部门来调查和起诉腐败案件。用沙特阿拉伯司法大臣穆杰布(Sheikh Saud Al Mojeb)的话说,"这一举动旨在提高效率并加速打击腐败的进程"。

2017年11月4日晚,沙特阿拉伯国王萨勒曼发布国王令,成立最高反腐委员会,该委员会以涉嫌腐败和洗钱等犯罪行为为由,拘捕了数十名王室成员和政府官员。被捕的涉贪人员除了沙特阿拉伯王子外,还有十多名来自美国、英国、法国等地的商人。这一行动引发了沙特阿拉伯民众的强烈欢迎,沙特阿拉伯最高宗教机构——高级学者委员会发表声明,对萨勒曼国王的反腐行动表示支持,称这将有利于国家和民族的利益。而作为一个原油大国,随着反腐行动的展开,大批涉事官员以及王室家族成员遭到逮捕,引发了原油市场的剧烈行情,当时布伦特原油价格一度飙升到每桶64美元上方,成为油价上涨的主要推动力。

有消息称,沙特阿美等待已久的上市计划不太可能在2018年实现,预计将延期到2019年。之前沙特阿拉伯王室对于沙特阿美整体估值目标为2万亿美元,计划出售5%的股权以获得1000亿美元左右的资金,再将其注入主权财富基金进行投资,来帮助沙特阿拉伯摆脱对石油的依赖。

造成上市推迟的原因,一方面在于沙特阿拉伯内部出现了一些分歧,王储穆罕默德较倾向于在纽约上市,而沙特阿拉伯能源大臣法力赫等高级官员和沙特阿美高管则更倾向于伦敦。法力赫之前表示:"我想说,诉讼和信息披露在美国是一大问题,沙特阿美太太太重要了,经受不起这种风险。"众所周知,英国和美国的上市信息披露非常严格,因此,对于沙特阿美这样一家"秘密"太多的公司来说,定期做信息披露实在是强人所难。

另一方面,可能是由于近期沙特阿拉伯加强反腐、减产等举措,国际油价开始上涨,沙特阿拉伯政府的收入超过预期,财政压力有所缓解。但有分析认为,推迟上市是一种抬价的手法。沙特阿拉伯现在手头宽裕了,希望吊一下投资者胃口,最大程度提高自己的身价。无论如何,穆罕默德王储肯定还是要让沙特阿美上市,因为这是他经济改革中的重要一环。

沙特阿美拥有2640亿桶、约占全球20%的已探明原油储量，位列世界第一；同时拥有283万亿立方英尺、位居世界第四位的探明天然气储量。穆罕默德王储在"2030愿景"中宣称，要让沙特阿拉伯经济摆脱对油气的依赖，将非石油出口占非石油国内生产总值的份额从16%增加至50%。在沙特阿美上市后，沙特阿拉伯将成立世界上最大的主权财富基金，规模为3万亿美元。

能源分析师普遍认为，原油价格将对沙特阿美上市时间起到重要影响。吕斯塔德能源高级合伙人涅斯文认为，石油价格达到每桶70美元时，沙特阿美2万亿美元的估值才有可能实现。现在，在经历了持续半年的增长后，布伦特原油价格已攀至每桶65美元，这已经距离目标价格不远。但沙特阿拉伯政府更加关注原油价格的未来走势，只有认为未来一至两年的价格可以至少在每桶70美元左右，才会启动沙特阿美的首次公开上市，因为这将对投资者对沙特阿美的估值产生关键作用。如果每桶70美元左右的长期价格是一个重要因素，这可能表明上市时机还没有到来。2019年3月的布伦特原油期货现报价每桶62.41美元，比2018年3月12日每桶64.95美元的收盘价低2.54美元。

现阶段因为美国的产油影响，原油价格被打压在每桶60美元附近，而且美国还在持续给原油市场施压，这一现状可能会促使沙特阿拉伯采取必要的手段来帮助油价升高达到能够上市的条件。近期原油价格的涨幅在不断被空头压缩，虽然每桶60美元有较强的支撑，但缺乏有效的多头力量让油价能够上涨，加上库存的持续升高，美国产油的进一步扩大，欧佩克方面似乎并没有什么应对的措施。如果沙特阿拉伯能够率先采取什么手段来应对美国的产油，助推油价上涨，不仅能够缓解目前原油的疲软态势，也能够为沙特阿美启动首次公开上市铺平道路。

随着美国产油量越来越多，不少机构都在不断上调未来美国产油的预期。国际能源署称未来5年美国产油就将会主宰整个原油市场格局，这并非危言耸听，因为美国现在已经开始下一步的计划，那就是抢占亚洲市场，如果真的成功了，欧佩克对于美国的威胁恐怕将会大大降低。那么为什么美国要选择亚洲作为自己的下一个目标呢？

前面说过，美国疯狂产油的背后，隐藏着特朗普对于贸易保护的思想，特朗普希望美国在原油这一块从原油的需求者转变为供应者，所以特朗普要通过减税来降低美国本土企业的负担，以此来刺激本土企业的生产力。美国原油产量在2018年暴增就是这个原因，再加上欧佩克当前因为被减产计划所束缚，因此对于美国来说是一个绝佳的抢占市场的机会。因此，也不难发现，面对美国的疯狂产油，虽然欧佩克方面表示会继续维持减产来对抗，但并没有什么具体的行动。

如今特朗普完成了第一步——疯狂产油，那么接下来特朗普将要把计划延伸到第二步，那就是抢占市场，在拥有原油巨大生产量之后，特朗普必须大幅提高原油的出口，抢占更多的原油市场，这样才能实现利益最大化，很显然亚洲就是特朗普计划第二步的首要目标。

根据美国能源信息署的数据，过去6个月（2017年9月—2018年2月），美国日均原油出口量为155.8万桶，是此前6个月（2017年3—8月）的1.6倍。亚洲是美国石油的最大买家。伍德麦肯兹提醒欧佩克，美国页岩油生产商试图扩大亚洲市场份额。亚洲消耗的石油比其他任何地方都要多。到2025年中期，美国日均出口原油将飙升至400万桶左右，出口量堪比伊拉克和加拿大。

国际能源署称，到2023年，中国和印度的原油需求将占全球原油需求增量的1/2，无疑是全球能源消费的主力。由于全球经济的较强增长，原油需求也将随之增长。石化产品也是全球原油需求增长的重要贡献者，尤其是在美国和中国。大约170万桶的原油日需求增长将来自市场对石化原料乙烷和石脑油的需求，占未来5年全球石油总需求增长的1/4。原因是，随着发展中国家的中产阶层群体壮大，对消费品和服务的需求随之增大，这包括护肤品、食品、塑料、肥料、家具、汽车润滑剂等由原油加工而来的生活和工业用品，随之推高原油需求。2018年1—2月中国国内原油生产同比下降1.9%至3037万吨，相当于日产油377万桶。与此同时，中国炼油产能上升7.3%至9340万吨，暗示中国将进口更多原油。

由于受到身处经济危机的委内瑞拉的牵连，到2023年，欧佩克日产能净增长仅为75万桶。与之形成鲜明对比的是，届时美国的原油日产能增长为370万桶，超过全球日增长640万桶的一半。在非欧佩克国家中，美国、巴西、加拿大和挪威几乎贡献了全部石油产量增长。

美国的原油进口正呈明显下降之势，2005年日均进口原油1012.6万桶，2017年日均进口原油降至796.7万桶，日进口原油累计下降215.9万桶，预计到2023年将下降到低于500万桶的水平。而中国和印度则逐年增长，其中中国的日进口量预计到2023年增长到1000万桶，印度则是500万桶左右。另外，由于产量不断上升，页岩油已成为全球石油产量增长的最主要来源之一。在油价方面，国际油价到2023年前不太可能出现大幅上涨，预计将维持在每桶60美元左右，不过，一旦某些产油国陷入不稳定，油价很可能出现短期较大波动。

总之，在原油市场的未来，中国和印度对于原油的需求量在持续升高，而美国如今在疯狂抢占亚洲市场，显然就是在为今后布局。可以看出亚洲市场是美国原油抢占市场计划的第一步，未来很有可能会有第二步、第三步。美国原油正在不断减少进口，增加出口，产油量大增的背后，特朗普预计想要让美国成为原油市场最大的供应方。欧佩克2018年被减产所牵制无法有效反制美国的行动，但万一提前结束减产，之前所有的行动都功亏一篑，恐怕2018年的原油格局都将被美国所主导。

2018年3月14日（周三），美国能源信息署公布3月9日当周数据，美国原油库存增加502.2万桶，预期增加250万桶，连续3周增长，且创2月2日当周以来新高；美国国内原油日产量增加 1.2 万桶至 1038.1 万桶。新加坡期货经纪商奥安达亚太区贸易主管斯蒂芬·因内斯称:"美国原油产能史无前例的扩张,已经并将继续给国际油价施加明显的下行压力。"美国康涅狄格州传统能源资深分析师兼经纪人迈克吉利安说:"我认为我们缺乏明确的方向,我认为,美国能源信息署的报告并没有提供很多油市恢复平衡是在继续还是已经停止的线索。市场继续保持震荡走势。"

沙特阿拉伯提议,采用新衡量标准来确定油市何时实现平衡。这表明在欧佩克及俄罗斯等其他产油国减产行动眼看要实现降低过剩库存的初始目标之际,欧佩克对减产协议的目标已有所转变。从 2017 年 1 月起,欧佩克、俄罗斯和其他 9 个产油国联合日减产 180 万桶,旨在将经合组织国家的原油库存降至 5 年均值。国际能源署数据显示,到 2017 年 12 月,经合组织国家的原油库存已从 2016 年 7 月的 31 亿桶纪录高位降至 28.51 亿桶,2017 年全年减少 2.16 亿桶,目前仅较 5 年均值高出 5200 万桶。以 5 年均值作为减产目标,欧佩克及其盟友其实占了便宜。5 年均值是一个移动的目标,即便有减产协议,该均值也一直在上升。2017 年 9 月,5 年均值从 2016 年底减产协议敲定时的约 27.3 亿桶升至 28.6 亿桶。

渣打银行大宗商品研究部门主管保罗·霍斯内尔称,在一段时期的供应过剩后,随着更多供应过剩的年份被涵盖在内,实现这一目标慢慢变得更加容易。但随着经合组织的库存目标发生变化,沙特阿拉伯的想法也出现变化。沙特阿拉伯能源大臣法力赫称,在考虑 2018 年底到期的减产协议的前景时,欧佩克及其伙伴应当观察非经合组织国家石油库存、浮式储油设备的储量及运输中的原油等指标,但这些指标更难监测。自 2014 年以来,非经合组织地区的石油需求就超过了经合组织的消费量。但非经合组织国家的库存往往是战略库存,而非商业库存,因而透明度较低,随着供需变化而改变的可能性较小。

法力赫曾表示,最好是要对市场"矫枉过正",他的意思是要允许经合组织国家的库存水平降至 5 年均值以下,而不是过早结束减产协议。这是可能推迟协议结束日期的又一个信号。为了评估供需是否达到了可持续的平衡状态,欧佩克可观测原油库存可满足需求的天数。这将显示,消费是否足以避免库存反弹。经合组织国家的石油库存,目前相当于未来 61 天的需求量,为 2015 年 2 月以来最低。美国投资机构太平洋风险管理驻伦敦分析师塔马斯·瓦加称:"欧佩克及其伙伴国必须不断提醒市场,2016 年底结成的联盟不仅仅基于利益关系,即便油市稳定得以实现,也不会考虑解散联盟。"美银美林的分析师表示:"欧佩克和俄罗斯或许最好暗示会采取一个循序渐进、抑或是逐步减少的方式,他们应该暗示如果油价守稳,那么一旦协议终止,产量将只会增加。"

美国总统特朗普宣布任命库德洛(Larry Kudlow)接替科恩担任美国国家经济顾问。据库德洛本人表示,没有理由认为,总统特朗普不想看到一个稳定而强劲的美元。希望美元能比当前水平稍微再强劲一些。美联储将采取一切必要措施,但希望不会"做得太过分"。对此，市场反应相对平淡。分析师认为，白宫人事变动正在成为日常事件，市场已渐渐开始麻木。库德洛还说，退出北美自由贸易协定将带来糟糕的后果，不认为钢铝进口关税会伤及美国经济。

欧佩克发布月报，首次预测随着美国原油行业蓬勃发展，2018年来自欧佩克竞争对手的新增石油供应将超过需求增长。将2018年非欧佩克石油日供应增幅预计上调26万桶至166万桶，这已经是自2017年11月以来连续第四次上调这一预估，当时的预估为87万桶。欧佩克调整后的预估几乎赶上国际能源署等机构的预估。国际能源署预估的2018年非欧佩克产油国的原油日供应增幅更高，约为180万桶。

欧佩克还将2018年石油日需求增长预计上调1万桶至160万桶，将2018年市场对欧佩克的石油日需求预计下调25万桶至3261万桶，这是连续第四次调低市场对于欧佩克原油的需求。德国商业银行分析师卡斯腾·弗里奇表示，根据欧佩克的报告，在2018年剩余时间里，对欧佩克原油的日需求必须达到3300万桶，才能摆脱供给过剩的局面。

欧佩克称，对2018年来说，更好的价格环境不仅有利于页岩油生产商，预计会带动美国页岩油产量增加，同时也有利于加拿大、英国、巴西、中国等其他产油国，因此，产出增幅预计会更高。预计欧佩克主导下的供应减产协议将继续支撑石油市场再平衡，需求仍构成支撑因素。

惠誉分析师表示，尽管欧佩克延长减产协议在近期推动了油价的上涨，但是美国页岩油产量的激增可能会导致产量的过剩。他们倾向于认为这可能会导致油价跌至每桶60美元下方，同时页岩油将在全球原油需求增长的份额中占据相当一部分的比例，这将使得油价在较长的一段时间内将维持在每桶50至60美元区间。

随着美国产油量的越来越高，一个无法忽视的问题逐渐成了投资者最大的担忧。那就是美国产油对欧佩克减产的影响，简单来说，欧佩克通过减少原油产量，使得原本朝着供应过剩局面发展的原油市场开始向平衡发展，然而2018年美国突然扩大原油产量，并且产量之高，在一定程度上抵消了欧佩克减产带来的效果，最开始市场担忧欧佩克会提前结束减产，因为随着美国产油的持续升高，欧佩克减产带来的效果也就对应越来越低，原油市场迈向平衡也将越来越慢，当美国产油量超过减产带来的效果之后，整个原油市场可能又会重新回归到之前的过剩局面。

特朗普针对美国进口钢材铝材的关税计划，引发了市场的巨震，投资者开始担忧特朗普的行为是否会引发全球的贸易战。这对于美元的国际影响可能是致命的，更重要的是，特朗普的这一行为可能会进一步恶化美国和其他外贸国的关系，这次美国开了关税的头，仅仅是针对钢材铝材，那下一次是否又要对别的商品增加关税，同时美国也要出口商品，特朗普的这一行为，是否也会引发别的国家的不满从而对美国增加关税？这可能会导致整个贸易市场的混乱。

虽然现在关税事件并没有发展到最危急的一步，特朗普似乎也表态称无意搞贸易战,并且豁免了加拿大、墨西哥和澳大利亚,暂时缓解了市场的担忧,但要知道,特朗普坚持的贸易保护对于整个市场来说,是一个巨大的隐患。万一将来真的演变成全球贸易战的局面,在贸易战的大环境下,原油市场的走向恐怕难料。

欧盟委员会主席容克表示,特朗普决定对外国钢材和铝材征收关税是一项"双输"举措,他再度威胁对美国产品针锋相对地征收关税,同时如果欧盟无法获得豁免,将向世贸组织提起申诉。欧盟准备以"保障性措施"回应特朗普的25%钢材关税和10%的铝材关税,从而确保世界其他国家流向美国的金属出口不会被分流到并且充斥欧盟市场。

据经合组织预计,2018—2019年两年全球经济增速将接近4%,高于此前预期。但同时也警告,称贸易战可能会让近几年的经济增势倒退,因美国决定对钢材和铝征收关税,而中国、欧盟和其他国家可能会采取报复行动。经合组织呼吁世界主要国家避免陷入可能阻碍贸易、需求、竞争乃至全球经济形势的争端。

摩根大通首席执行官杰米·戴蒙(Jamie Dimon)在一场商业圆桌会议上说:"总统指出了贸易方面的一些重大问题。但正确的做法是与盟国从战略上仔细考量这些问题,确保采取正确的举措,而不是贸然采取往往会适得其反的一次性行动。我们都非常尊重科恩(注:白宫首席经济顾问,已辞职),我认为这是一个损失,因为科恩聪明机智,对全球经济了如指掌。我们希望他的接班人实力深厚。"商业圆桌会议对白宫宣布对钢铝进口产品实施关税感到不满。

尽管市场的贸易战的忧虑仍在升温,但包括摩根大通在内的机构都认为,尽管特朗普最新举措可能令贸易摩擦升级,但真正的贸易战不太可能爆发。摩根大通表示,预计中美之间的贸易摩擦会升级,基准情形是"迈向谈判的崎岖之路,而非全面开打贸易战"。贸易对抗是"双输"局面,不仅会伤害中国和生产链上的其他国家,也会造成美国价格上涨、贸易逆差也不一定会改善。

富兰克林资源(Franklin Resources)前董事长、有"新兴市场教父"之称的马克·墨比尔斯(Mark Mobius)也认为,市场高估了贸易战的风险,其实"不会发生"。他称:"所有这些关于贸易战的讨论都过头了,我认为它不会发生。美国的双边谈判正开始产生积极影响,你会看到正面消息出来,我们必须意识到这一点。"墨比尔斯进一步表示,他更关注的是有多少对贸易战的恐惧存在:"如果有这样的恐惧,那么就有机会,因为它不会像看上去那样糟糕。"

从美国页岩油发展看,特朗普目前显然是不希望引发贸易战的,因为美国产油在持续增长,美国希望原油产业能够一边减少进口,一边加大出口,让美国成为全球原油市场的供应方,而如果贸易战爆发,美国的大量原油将会难以出口,只能不断堆积积累,造成全球原油库存的又一次过剩局面,从而压低油价。这对于每天原油产量巨大的美国无疑是巨大的伤害,所以原油对于特朗普来说是希望,不可能在当前扑灭这个希望。

尽管欧佩克公开表示在2018年会维持减产，让市场暂时安心，但一直到现在，欧佩克面对美国的疯狂产油行为，似乎也没能给出什么具体的方针计划，只能继续在减产方面坚持。这无疑是慢性死亡，因为美国产油量还在持续扩大，在超越沙特阿拉伯之后，已经开始瞄准下一个目标俄罗斯。此前国际能源署甚至预测未来5年内，美国产油量就会主宰整个原油市场。这并不是危言耸听，如果局面按照目前的形势发展下去，很有可能市场就会迎来这一天。

最近，美国能源信息署、国际能源署和英国石油公布了对美国原油产量的最新展望。这些预测都有一个共同观点：在未来几年，美国的产量增幅将远远超过欧佩克的产量增幅，并将获得更多的市场份额。

美国能源信息署给出几种预测情景。基本预测情景是，美国产量随着技术进步而继续增加，未来5年日产量增幅将达到约300万桶。在最悲观的情景下，到2022年左右，原油日产量将较2017年的水平增加100万桶。而乐观的情景是，到2050年，原油日产量将大幅增长近900万桶。

英国石油在2018年能源展望报告中称，美国将成为全球最大石油生产国。英国石油的基本预测情景是，在政府政策、技术和社会偏好等条件基本不变的情况下，美国原油日产量将增长约500万桶，在21世纪30年代初日增幅将达到近1000万桶，届时美国产油商将从欧佩克和俄罗斯手中夺取市场份额。

国际能源署预测，在未来3年内，美国增加的石油产量将占全球需求增长的80%。到2023年，全球石油日产能将增长640万桶，美国石油日产量预计增加380万桶。

2018年原油市场开了一个好头，但美国原油产量的半路拦截直接击中了欧佩克的软肋，美国疯狂产油的行为对于原油市场来说无疑是巨大的打击，更关键的是欧佩克受到减产的限制无法有效应对美国这突如其来的压力，如今局面越发不可收拾。自从美国产油量开始持续上涨之后，市场明显感觉到了原油走势的疲软。虽然行情多次死里逃生，但可以看到原油价格的高点一次不如一次。市场是希望原油价格控制在每桶60～65美元区间内，然而随着原油走势越来越疲软，美国产油的利空在不断加剧，再加上欧佩克方面的分身乏术，恐怕未来原油的前景并不乐观。

美国可以说是趁着欧佩克受到减产的制约这一疲软时期趁机而入，一方面加大产油打压油价，另一方面占领市场，而欧佩克只能看在眼里。虽然欧佩克答应要在2018年坚持减产，但俄罗斯并没有这个义务。伊朗石油部长赞加内表示，如果事态按照目前的局势演变下去，俄罗斯可能在2018年底前或年底后就退出减产协议。此外，欧佩克可能选择对减产协议进行修改。到目前为止，俄罗斯还遵守着减产协议的相关义务，尽管俄罗斯能源部长诺瓦克也曾提到，如果石油市场重新平衡，减产协议可能会在2018年12月之前结束。但如果局面真的出现无法挽回的情况，恐怕减产协议破裂只是时间的问题。届时对于原油来说无疑是毁灭性的灾难，原油恐怕要面临十分严峻的局面。

现在的问题不仅仅出在欧佩克和俄罗斯的石油产量方面，美国的石油出口也在蚕食欧佩克在亚洲的市场份额——这是一个关键的市场。难怪提早结束减产协议的谈判开始进行了。总的来看，俄罗斯结束减产似乎也无可厚非，面对美国的疯狂行为，欧佩克就像一艘不断下沉的轮船，而俄罗斯正好就在这艘船上，越早下船可能越能够保全自我，否则持续发展下去，俄罗斯可能只会跟欧佩克一起石沉大海。从另一方面来说，如果俄罗斯提早结束减产加入和美国的竞争之中，或许能够在一定程度上限制美国产油的扩展速度。虽然无论怎样的结果，对于原油价格来说都是巨大的利空。

第四节
特朗普解除蒂勒森国务卿职务意在制裁三国

2018年3月是美国总统特朗普执政以来非同寻常的一个月。3月1日，特朗普称，将于下周公布对钢和铝制品进口征收关税的细节，将对进口钢铁征收25%的关税，对进口铝征收10%的关税。3月8日，特朗普宣布，对进口钢铁征收25%的关税，对进口铝征收10%的关税，但将推迟对加拿大与墨西哥的关税，以待北美自贸协定的谈判结果。

3月13日，特朗普按照他最为擅长的方式，在推特上公布了解除蒂勒森国务卿任职的决定，并提名中央情报局局长迈克·蓬佩奥（Mike Pompeo）为其继任者。特朗普称，他和蒂勒森在伊朗问题上有分歧；在朝鲜问题上特朗普是自己做决定的。蓬佩奥是一位直言不讳的伊朗批评者，他呼吁废除2015年签订的核协议。特朗普此前曾威胁要退出在他上台之前伊朗和6国（美国、英国、法国、俄罗斯、中国和德国）之间签署的伊朗核问题全面协议（即《联合全面行动计划》），除非美国国会和欧洲盟友能够达成后续协议对该协议进行"修复"。

3月15日，美国宣布对俄罗斯个人和团体实施新的制裁，包括莫斯科的情报机构和俄罗斯的一个宣传组织。"通俄门"特别检察官穆勒（Robert Mueller）要求特朗普集团（The Trump Organization）提交所有与俄罗斯及相关受调查议题有关的文件，这是特别检察官首次直接要求特朗普集团提交资料。特朗普曾多次否认在2016年大选期间与俄罗斯有任何不当行为或协调。2017年7月，特朗普曾声称，如果调查跨越俄罗斯问题，并触及家族财务状况的话，那就"越过了红线"。

在美国政府宣布对俄罗斯进行新一轮制裁后,美国参议院民主党领袖舒默(Chuck Schumer)表示,特朗普对俄罗斯的新制裁证明穆勒的调查是有必要的,"通俄门"调查并非特朗普所说的"政治迫害"。英国首相特雷莎·梅(Theresa May)声称俄罗斯"极有可能"与俄罗斯前情报人员谢尔盖·斯克里帕尔(Sergei Skripal)中毒事件有关。美国有线电视新闻网报道称:"在实施制裁的过程中,特朗普政府终于在国会授权下,对莫斯科的网络入侵实施惩罚措施。这一迟来的行动让人们开始质疑特朗普是否愿意惩罚莫斯科。然而,无论多迟,这些新措施都是特朗普对俄罗斯干预选举的最严厉惩罚。"

2018年3月19日,沙特阿拉伯王储穆罕默德抵达美国,开启为期21天的访美之旅。就在16日,穆罕默德表示,伊朗最高领袖哈梅内伊(Ayatollah Khamenei)犹如希特勒(Adolf Hitler),伊朗和全球大国2015年达成的核协议是"有瑕疵的协议",一旦伊朗发展核武器,沙特阿拉伯也将研制核武器。

美国总统特朗普签署行政令,禁止美国国民及其他美国境内个人、属美国法律管辖实体及其海外分支机构使用委内瑞拉政府发行的一切数字货币交易。禁令自美国东部时间19日中午12点15分起生效。特朗普还授权美国财政部长,为了执行这项命令,可以发布一切必要的监管法规,并称所有美国政府机构都要采取一切权限内的适当措施,执行此禁令。虽然没有直接点名,但这道命令显然是针对委内瑞拉上月开始预售的"石油币"。

3月20日,特朗普在白宫会见了穆罕默德王储,双方宣布敲定了巨额军售订单。特朗普说,得益于沙特阿拉伯企业,"许多人有了工作"。沙特阿拉伯已经敲定价值125亿美元的订单,将从美国公司购买飞机、导弹和护卫舰。穆罕默德则赞扬了沙特阿拉伯与美国"非常深厚的"关系,他说,沙特阿拉伯人正在考虑价值4000亿美元的美国投资机会。穆罕默德此次访美很重要的一个目的就是伊朗。一位高级政府官员表示,穆罕默德和特朗普的讨论预计将对特朗普下一步如何处理伊朗核协议起到关键的指导作用。

3月22日,特朗普在白宫签署行政备忘录,指示美国贸易代表将对价值600亿美元中国进口商品增加关税,对中国商品征收至少500亿美元关税,并称中国侵犯美国知识产权。针对美方即将公布301调查结果的行为,中国商务部有关负责人22日表示,中方坚决反对美方这种单边主义和贸易保护主义行径。绝不会坐视合法权益受到损害,必将采取所有必要措施,坚决捍卫自身合法权益。

也在22日,特朗普发推文宣布,前美国驻联合国代表博尔顿(John Robert Bolton)将担任国家安全顾问,替换麦克马斯特(Herbert Raymond McMaster)。博尔顿是一位对伊朗问题态度强硬的官员,他一直以来都呼吁对朝鲜和伊朗动武。

2018年3月26日,欧洲理事会主席图斯克(Donald Tusk)说,欧盟中已有14个成员国宣布驱逐俄罗斯外交官,以回应俄罗斯涉嫌在英国暗杀俄罗斯前特工斯克里帕尔。同日,美国宣布将驱逐数十名俄罗斯外交官,并关闭俄驻西雅图领事馆;加拿大宣布驱逐 4 名俄罗斯外交官。

2018 年 3 月 27 日，美国总统特朗普命令 60 名俄罗斯外交官离开美国，并关闭了俄罗斯驻西雅图的领事馆，以回应俄罗斯对英国俄罗斯前间谍斯克里帕尔的袭击。

特朗普 3 月的外交政策从宣布钢铝关税和撤换国务卿到制裁俄罗斯、委内瑞拉，以及对中国进口商品加征关税，可谓事件不断、一环扣一环，对外态度更加强硬。其中一个重要风向标就是蒂勒森被解职、蓬佩奥接任国务卿。从持续发生的事件看，蒂勒森的解职无疑是为进一步制裁伊朗、委内瑞拉和俄罗斯这 3 个石油大国作铺垫，称得上是"退一击三"。随着蒂勒森惨淡的任期告终，美国或逐步步入与世界各地的对抗。

特朗普突然宣布解除美国国务卿蒂勒森的职务，并且由中情局局长蓬佩奥接替。对于这突如其来的变故，市场上议论纷纷，有人认为蒂勒森与特朗普积怨已久，也有人认为是两人在对伊朗问题上的分歧，因为蓬佩奥对伊朗核协议是坚持强硬态度，这或许是在预示特朗普可能要对伊朗采取强硬行动了。

进入 2018 年第一个引爆油市的事件就是伊朗政局出现危机。自 2017 年末国内出现动乱，伊朗多个城市发生大规模示威抗议。特朗普随后在推特发文指责伊朗当局打压示威者的行为，并呼吁伊朗政府做出改变。随着伊朗局势的恶化，特朗普指责伊朗违背了联合国框架下的核协议。特朗普政府内部对是否恢复制裁"讨论激烈"，特朗普决定采纳幕僚的意见，即再维持 120 天现状，暂不恢复制裁，但同时宣布针对伊朗企业和个人的新制裁，以惩罚伊朗试射弹道导弹和"支持恐怖主义"。随着叙利亚问题的发酵，以色列以及沙特阿拉伯与伊朗的分歧加剧，以色列总理内塔尼亚胡 2 月 18 日表示，以色列可能会对伊朗采取行动，因为叙利亚边境事件使中东的敌人更接近于直接对抗。与此同时，特朗普不断对伊朗施压，并表示除非核协议有一定程度的修正，否则 1 月的推迟制裁将是最后一次。

尽管蒂勒森任期期间内没有明显的成效，但是总体而言他的方针策略是相对温和的，而蓬佩奥则是一个典型的鹰派人物，并使得中情局的政治化倾向明显。此前，蓬佩奥不仅将伊朗比作"伊斯兰国"武装组织，并在 2017 年 10 月的一次演讲中称伊朗是一个"残暴的极权国家"，还承诺要限制伊朗的投资环境，并"撤回" 2015 年的核协议。蓬佩奥当时表示，美国情报部门和财政部可能会揭露伊朗与该国精英安全部队有关的业务，从而使伊朗更难插手地区事务。

按照核协议，美国总统必须定期对伊朗遵守协议的条款进行重新认证，并在未来几个月后取消对伊朗的制裁。特朗普已经经历了几次这样的认证，部分原因是蒂勒森的劝说。2016 年 11 月，当蓬佩奥被任命中央情报局局长时，他曾警告说，伊朗"意图摧毁美国"，并称核协议是"灾难性的"。特朗普也曾拒绝证实核协议，并要求强化该协议的条款，遏制协议中未提及的伊朗活动。蓬佩奥曾表示要撕毁与伊朗达成的核协议，蓬佩奥上任后最高的目标之一可能就是伊朗。随着蒂勒森的离任和蓬佩奥的到来，所有迹象都指向美国可能会在5月的重新认证到来前撕毁协议。

特朗普执政以来，伊朗正日益被边缘化。在中东地区争夺影响力的地区战争中，特朗普政府显然站在沙特阿拉伯一边。作为奥巴马时代与伊朗达成的核协议的一部分，即国际社会对伊朗的制裁被解除。该协议称，只要伊朗能够限制核项目，就允许解除对该国经济和贸易活动的制裁。长期以来，人们一直担心伊朗将此作为是发展核武器的幌子。然而，特朗普自当选以来一直对伊朗核协议持强烈批评态度，他强调伊朗没有坚持这一协议，尽管特朗普迄今为止还没有撕毁或重新谈判协议。

2018年1月，特朗普决定继续执行伊朗核协议，但指出伊朗核协议的"严重缺陷"需要修正。特朗普希望，协议中允许伊朗在接下来10年里慢慢恢复核活动的所谓"日落条款"应当被移除。特朗普威胁要退出伊朗与六大国之间的核协议，除非美国国会和欧洲盟国"修补"该协议的严重缺陷。

哈佛大学肯尼迪学院国际关系学院教授斯蒂芬 M. 沃尔特（Stephen M. Walt）在接受《纽约时报》采访时表示："蓬佩奥还没有采取任何行动，但已经表示要采取强硬态度。"事实上，在特朗普当选几天后，蓬佩奥在推特上发文："我希望撤销与世界上最大的恐怖主义支持国达成的协议。"蓬佩奥一再表示要走强硬路线，而蒂勒森却是少数几个劝阻美国政府对伊朗和朝鲜采取激进行动的官员。因此，蒂勒森下台后，美国与伊朗直接冲突的可能性直线上升。

加拿大皇家银行首席大宗商品策略师克罗夫特表示，蒂勒森在特朗普政府中起到了缓和的作用。蒂勒森曾主张维持伊朗核协议，并不赞成对委内瑞拉采取非常严厉的经济制裁。著名的鹰派人物蓬佩奥担任国务卿，预计特朗普会果断做出决定，在5月12日退出伊朗核协议。

尽管特朗普自参加竞选以来，毫不掩饰对伊朗核协议的不满，不过特朗普撕毁核协议的倾向遭遇了国内政治势力以及欧洲盟友的强大阻力。英国、法国和德国的领导人极力规劝特朗普"别退群"，而美国军方以及很多政治人物也都公开发声警告特朗普撕毁核协议将招致非常严重的后果。据一份机密文件称，英国、法国和德国就伊朗弹道导弹问题及其在叙利亚内战中扮演的角色，提议欧盟对伊朗实施新的制裁，以试图劝说美国政府不退出2015年与伊朗签订的核问题协议。如果放弃核协议，伊朗自然会迈向核武器开发的这条道路，拥有核武器的国家又会增加一个，可以说特朗普的行为进一步加剧了全球的危险性。

伊朗副外长阿拉克齐（Abbas Araqchi）3月16日表示，欧洲若对伊朗实施任何新的制裁，都将直接影响伊朗核问题协议。阿拉克齐指出："如果一些欧洲国家为取悦美国总统而跟风对伊朗进行制裁，他们将犯下大错，并会看到伊朗核协议为此受到直接影响。"

蒂勒森解职、蓬佩奥接任国务卿，引发了有关特朗普可能取消伊朗核协议的猜测。在此敏感时刻，沙特阿拉伯王储穆罕默德却展开了出访美国之旅。明眼人一看就明白，沙特阿拉伯想和美国结盟，共同对抗和制约伊朗。

目前在欧佩克内部伊朗和沙特阿拉伯本身就出现了巨大的观点分歧，这可能会导致欧佩克的减产产生巨大的不确定性。3月11日，伊朗石油部长赞加内称，欧佩克可能会在2018年6月的会议上同意2019年开始放松限产。希望维持油价在每桶60美元水平，更高的油价会令美国页岩油生产商增产。但沙特阿拉伯为沙特阿美上市着想，希望油价未来1~2年内都维持在每桶70美元。沙特阿美是探明储量最大的石油公司，也是沙特阿拉伯最重要的国企。沙特阿拉伯号称沙特阿美市值2万亿美元，原定于2018年年中上市，但目前市场观点认为，沙特阿美的首次公开上市不太可能在2019年前实现。沙特阿拉伯和伊朗对于目标油价的分歧，可能会让欧佩克的限产计划在2018年年终就终止。如果美国对伊朗的介入，可能会让结果朝沙特阿拉伯预计的油价方向运行。

沙特阿拉伯王储穆罕默德在出访美国两天前表示："沙特阿拉伯不想研制任何核弹，但毫无疑问的是，如果伊朗研制出核弹，我们也将尽快拥有核武。伊朗最高领袖哈梅内伊希望在中东地区有所作为，这很像当年想对外扩张的希特勒。世界各地及欧洲的许多国家要到事情发生，才认清希特勒有多危险。我不愿看到中东发生同样事情。"伊朗外交部发言人巴赫拉姆·卡塞米（Bahram Qassemi）在一份声明中称，沙特阿拉伯王储穆罕默德是一个"妄想和幼稚的人"。阿盖恩资本合伙人基尔达夫则指出，这个地区的紧张局势比人们意识到的要高。

自"阿拉伯之春"开始以来，美国与沙特阿拉伯关系一直在恶化，沙特阿拉伯王室反对美国支持的民主运动，美国如果要掌握中东的控制权，使得沙特阿拉伯等国更加依赖美国，就需要激化伊朗矛盾，增加中东地区安全的不确定性，由此，美国更倾向于退出核协议。另外，中东越乱，对美国来说越有利可图。2017年5月，特朗普上任后首次出访便选择了沙特阿拉伯，并与之签署了千亿美元军售合同，鼓励沙特阿拉伯及其海湾盟友共同牵制伊朗。2017年10月6日，美国政府又宣布将向沙特阿拉伯出售价值150亿美元的"萨德"反导系统。美国政府官员亦多次在不同场合声称伊朗是美国中东利益的最大威胁。美国退出伊朗核协议能起到搅动中东政局的作用，有利于美国控制权的实施。

如果特朗普真的撕毁伊核协议，那么结果将会是美国重新对伊朗进行严厉的制裁，而伊朗也会因此重新成为一个拥有核武器的国家，还不仅仅是这样，和伊朗一直对抗的沙特阿拉伯也表示，如果伊朗拥有核武器，那么沙特阿拉伯也将开始研制核武器，不可能让伊朗威胁到沙特阿拉伯的存在。很显然，特朗普并不想事情发生到这一局面，而沙特阿拉伯似乎也不想。

奥巴马政府对伊朗核协议的处理方式导致沙特阿拉伯和美国的关系一度紧张，此次穆罕默德的到来恰逢两国关系得到改善。一位美国官员说："我们持续从沙特阿拉伯、阿联酋以及以色列听到这样的抱怨——他们没能在伊朗核协议签订的过程中足够的发声，所以穆罕默德这次来就是为了确保他们的想法可以被了解，并且让我们（美国）能够知道伊朗核协议推进过程中他们的安全顾虑。"

穆罕默德王储与特朗普的会面，讨论的内容包括基建项目，俄罗斯在叙利亚扮演的角色以及沙特阿拉伯领导对也门内战和伊朗核协议的干预。沙特阿拉伯与伊朗长期不睦，两国在也门和叙利亚的代理战争也在继续。沙特阿拉伯最近宣称，一枚从也门射入沙特阿拉伯的没有爆炸的火箭上有伊朗的标记。沙特阿拉伯空军频频袭击伊朗支持的也门胡塞武装。

沙特阿拉伯和伊朗的局势在升级。随着穆罕默德王储访美，一个对抗伊朗的意愿联盟（coalition of the willing）似乎正在形成，成员包括沙特阿拉伯、阿联酋、以色列和美国。特朗普面临两个选择：一个是希望撕毁伊朗核协议，同时又不想伊朗拥有核武器，这样沙特阿拉伯也能够保持安静，然而这一点难就难在伊朗不可能让美国就这么随意欺负。而另一个选择就是撕毁协议让伊朗拥有核武器，但不让沙特阿拉伯干预，这一点相比之前可能还稍微简单，特朗普完全可以和沙特阿拉伯达成某种交易，让美国在沙特阿拉伯驻军抵御伊朗的核威胁，当然这就需要沙特阿拉伯王储和特朗普之间进行详细沟通。毕竟沙特阿拉伯就是怕伊朗有核武器之后直接对付沙特阿拉伯。

分析人士认为，若美国和沙特阿拉伯结盟对付伊朗，油价则上看每桶70美元。纽约能源对冲基金阿盖恩资本合伙人基尔达夫指出，穆罕默德王储已将国内对手清理完毕，地位稳若泰山，而他下一个目标就是宿敌伊朗。伊朗的威胁太大，反倒促使中东各国团结抵御外侮，以色列与沙特阿拉伯都决定联合次要敌人，打击主要敌人，两国开始分享情报并携手抗敌，对峙局势逐渐加温。假如穆罕默德在言词和行动上加码打压伊朗，美国又撤出伊朗核协议，那么WTI原油价格有望朝7字头迈进。不过，倘使这些紧张局势都未曾发生，那么每桶50～55美元才是较合理的油价波动区间。

特朗普说，随着两国领导人开始会面，美国和沙特阿拉伯之间的联盟"现在可能正处于历史最好时期，而且我认为还会变得更好"。两国关系在前任总统奥巴马时期"非常、非常紧张"。特朗普政府采取亲沙特阿拉伯的立场，这与奥巴马政府的立场大为不同。特朗普曾表明，他不会寻求把美国价值观强加给支持美国外交政策和经济目标的其他国家——然后穆罕默德王储来到了美国。特朗普称赞沙特阿拉伯"正非常努力"地停止在中东地区资助恐怖主义。但是，一些参议员要求美国停止为支持沙特阿拉伯盟友而干预也门局势这一问题，沙特阿拉伯王储辩称美国和沙特阿拉伯可以一起努力为该冲突带来政治解决方案。他还保证沙特阿拉伯会给也门提供人道主义援助，此前有批评称也门冲突给平民带来苦难。

2018年3月中下旬，特朗普政府重新调整了其国家安全团队，让更多的鹰派官员任职，这些官员反对2015年美国与伊朗的核协议。3月25日，伊朗支持的胡塞叛军从也门对沙特阿拉伯发动导弹袭击，虽造成人员伤亡，但没有破坏该国的石油基础设施。沙特阿拉伯王储在与特朗普的会谈中承诺购买更多的美国军事装备,这表明为对抗伊朗,在穆罕默德王储领导下的沙特阿拉伯外交政策会更激进。在过去9个月里,美国已经向沙特阿拉伯出售了540亿美元的军用器械。

全球最大场外石油经纪商 PVM 石油协会分析师斯蒂芬·布伦诺克在谈到伊朗问题时表示,就目前的情况来看,问题不在于美国是否会退出核协议并对伊朗采取新的制裁措施,而是何时会对伊朗采取行动。纽约能源对冲基金阿盖恩资本创始合伙人基尔达夫表示,目前的紧张局势有一些只是缓解地缘政治方面的担忧,但25日晚上从也门发射的火箭弹却让市场不寒而栗。沙特阿拉伯王储在访问美国前就向地区竞争对手伊朗发出了威胁,穆罕默德访美试图加速美国退出伊朗核协议。

沙特阿拉伯与美国联盟对抗伊朗,其背后的实质还是石油竞争。就伊朗而言,受西方制裁多年,一直想恢复到之前的原油产量规模,但受限于减产协议,其原油产量增长相当缓慢,同时与美国之间长期存在敌意,又不希望美国原油产量增长太快。伊朗认为,当油价达到每桶60美元的水平时,欧佩克应该放松减产限制,这样既能遏制美国页岩油过快增长,又能保住欧佩克市场份额。很显然,伊朗想摆脱减产协议的约束而增加产量。

伊朗的这种想法如果放在两年前,很容易与沙特阿拉伯达成某种共识,因为当时沙特阿拉伯正不惜一切代价、扩大原油产量,并试图将美国页岩油逐出市场。但实际情况下,美国页岩油不但没倒下,反而韧劲十足,而沙特阿拉伯却因油价暴跌至长期低迷,国内经济陷入困顿。总结教训,沙特阿拉伯觉得这样做得不偿失,于是走上了经济转型之路,并与美国达成某种妥协(或说交易更确切),结束了长达两年的欧佩克常规油与美国页岩油之间的份额之争,以此换取美国对沙特阿拉伯经济改革的支持,尤其是扶持油价助力沙特阿美上市。

两年前与美国页岩油竞争,沙特阿拉伯要的是产量和市场份额,而不惜牺牲油价;现在的沙特阿拉伯为推进经济改革,要的是每桶70美元的油价,而不惜减产和失去市场份额。这是沙特阿拉伯与伊朗对于减产协议争议的本质分歧。如果伊朗增产,势必破坏减产协议的维持,引发新一轮石油产量竞争,导致油价再次暴跌,这有悖于沙特阿拉伯的改革初衷,也是其不愿看到的。加之两国之间的政治对抗日趋尖锐,甚至中东局面由此而难以左右。在此内忧外患之际,沙特阿拉伯急需借助美国的力量来压制伊朗。于是就有了穆罕默德王储的访美之行。

穆罕默德王储访美与特朗普解除蒂勒森国务卿职务仅相隔6天,在沙特阿拉伯看来,这是最佳的访美时机,蒂勒森的离职和蓬佩奥的接替,意味着美国帮助沙特阿拉伯打压伊朗迈出了关键一步,鹰派人物蓬佩奥的上台,可能会推动美国在5月退出伊朗核协议。穆罕默德王储访美无疑是进一步强化沙特阿拉伯与美国在中东的联盟关系,通过减产让出市场份额和签署巨额军火订单,使美国更加坚定地站在沙特阿拉伯这一边。

穆罕默德王储此时访美，还有一个关键性变化，就是按照美国能源信息署的产量统计，2月美国原油产量真正首次超越沙特阿拉伯（图2-6），成为全球第二大原油生产国。之前所说的美国原油产量在2017年11月首次超过沙特阿拉伯，其比较的产量数据出处不一，美国方面并未认可。

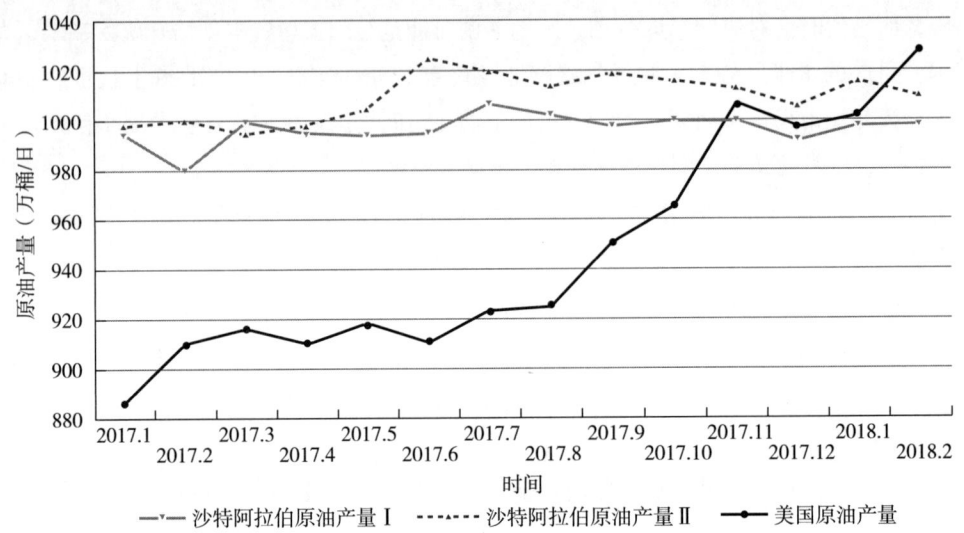

图2-6　2017年1月至2018年2月美国与沙特阿拉伯原油产量比较

资料来源：美国能源信息署、欧佩克秘书处。

注：沙特阿拉伯原油产量Ⅰ为欧佩克月度报告基于第二手资料的数据（不含事后修正数据），沙特阿拉伯原油产量Ⅱ和美国原油产量为美国能源信息署提供的数据。

美国原油产量在2017年11月超越沙特阿拉伯，这是市场上流行的说法，即以美国能源信息署公布的美国原油产量与欧佩克公布的沙特阿拉伯原油产量做比较，按照这个比较，沙特阿拉伯当月日产量为999.6万桶，美国日产量为1007.1万桶，超沙特阿拉伯7.5万桶；而按美国能源信息署公布的数据，沙特阿拉伯当月日产量为1013万桶，仍比美国多5.9万桶。虽然两个机构的数据比较，美国产量超过了沙特阿拉伯，但美国认为，在沙特阿拉伯产量作弊的情况下超产，胜之不武。按美国能源信息署的数据，美国原油产量超沙特阿拉伯是在2018年2月，较之前所谓的超越延后了3个月。

2018年2月，沙特阿拉伯日产量欧佩克数据998.2万桶，美国数据为1010万桶，美国原油日产量为1028.1万桶，较沙特阿拉伯欧佩克数据超29.9万桶，较其美国数据超18.1万桶。从美国能源信息署公布的产量数据看，美国原油产量正式超越沙特阿拉伯，沙特阿拉伯已将世界第二大产油国的位子让给了美国。这意味着沙特阿拉伯已对美国页岩油产量暴增彻底服软。穆罕默德王储选在此时访美，至少在产量氛围上显示出足够的友好。

第五节
俄罗斯遭受制裁不挺"盟友"却讨好美国

2018年3月22日,随同王储访美的沙特阿拉伯能源大臣法力赫在华盛顿接受了路透社的采访。尽管美国的原油产量持续快速增长,但法力赫表示,我并不认为页岩油行业是一个威胁;如果没有页岩油供应,全球供应将会吃紧。法力赫这番表态与之前伊朗石油部长赞加内对美国页岩油的看法截然相反,明显是对着伊朗来的,当然也有讨好、巴结美国的意思,因为美国原油产量扩大,对欧佩克来说是弊大于利。一是页岩油产量快速增长本身就是对欧佩克执行减产协议的挑战;二是欧佩克减产相当于是为页岩油增产让出市场。而沙特阿拉伯恰恰利用了欧佩克的减产势头,迎合美国,无非是寻求美国帮助,制裁伊朗,提升油价。

美国页岩油的增产抵消欧佩克减产的努力,几乎已经成为市场的共识。荷兰国际集团大宗商品策略师沃伦·帕特森称,美国对亚洲原油出口激增,欧佩克减产协议将受到破坏,油价有可能会回落到每桶60美元以下。美国原油对亚洲出口的扩大,一方面得益于美国原油和中东石油每桶2美元的差价,另一方面也得益于中国市场进口美国原油规模的扩大。美国产量和出口双双上升,欧佩克内部对限产的观点分歧压力随之增大。

沙特阿拉伯之所以花血本敦促美国尽快退出伊朗核协议,这其中有"曲线救国"的心机。一则借美国之力打压伊朗,可在地缘政治方面占据上风;二则通过恢复对伊朗制裁,迫使伊朗原油大幅减产,这样可以缓解页岩油增产对欧佩克减产的冲击。就像美国制裁委内瑞拉,导致其原油产量大幅下滑,也因此成就了欧佩克的超额减产执行率。在沙特阿拉伯看来,相比与伊朗的敌对,美国页岩油增产根本不是问题,只要美国抡起大棒,市场完全可以化解。

所有的迹象都表明,美国试图在5月撤销伊朗核协议。哥伦比亚大学全球能源政策中心公布了一份报告,预计在美国重新对伊朗石油出口实施制裁一年后,伊朗每年石油日供应可能减少40万~50万桶。如果美国再次对伊朗实施制裁,伊朗吸引外资将主要限于俄罗斯等国家。由于担心触怒美国并受到惩罚,国际石油公司将远离伊朗,这会降低伊朗未来数年石油产量的增长。即便特朗普在5月12日不退出核协议,仅是制裁的潜在风险也会吓跑伊朗的投资者,这将削弱伊朗未来的产量。

面对特朗普要退出核协议的威胁,伊朗目前唯一能做的似乎就是呼吁增产,通过增产控制油价上涨,从而遏制页岩油增产。但是,伊朗形单影只势弱,在欧佩克减产协议下,能呼应其增产的寥寥无几。伊朗想邀传统友邦俄罗斯加入增产同盟,但俄罗斯向来狡猾，即使遭遇美国新的制裁，也不愿意因此招惹美国。3月15日，美国宣布对俄罗斯个人和团体实施新的制裁，就在这个关键时刻，伊朗想煽动俄罗斯退出减产协议。当天，伊朗石油部长赞加内表示，俄罗斯可以退出协议，因为俄罗斯没有义务到2018年底前都遵守减产协议，可能在2018年底前或年底后就退出减产协议。此外，欧佩克可能选择对减产协议进行修改。6月的欧佩克会议上可能会同意从2019年开始逐步地退出减产协议。伊朗希望欧佩克能够使油价维持在每桶60美元附近以控制美国页岩油产量激增。赞加内称伊朗可以增加日产量10万桶，但是他没有具体说明伊朗何时会增加产量。

2018年3月18日，俄罗斯能源部长诺瓦克回应了赞加内的讲话，诺瓦克表示，无论是在6月的下次会议上开始讨论逐步退出减产还是延长减产到2019年，俄罗斯都将致力于完成与欧佩克的原油减产协议。不过一旦实现市场平衡的最终目标，我们将开始考虑逐步退出，这可能在第三季度或第四季度开始发生，不排除在6月会议上讨论退出策略的问题。如果石油市场的情况需要延长减产到2019年，那么俄罗斯也会同意，将视情况来采取行动。我并不担心页岩油的增长，也不担心美国可能超过俄罗斯成为全球最大的原油生产国。

诺瓦克的讲话基本体现了"四不得罪"：一是不得罪欧佩克，无论退出减产还是延长减产，都与欧佩克步调一致；二是不得罪伊朗，也谈到了逐步退出减产的问题；三是不得罪沙特阿拉伯，声称不担心页岩油的增长，这话与法力赫的表态如出一辙；四是不得罪美国，美国已超沙特阿拉伯成为全球第二大产油国，而且产量正迫近俄罗斯，诺瓦克不担心美国成为全球最大的产油国，表明俄罗斯无意与美国进行原油竞争。

国际能源署预计，2018年底美国原油日产量将超过1100万桶，抢占俄罗斯的霸主地位。根据美国能源信息署公布的数据，2月美国原油日产量超沙特阿拉伯18.1万桶至1028.1万桶，与世界第一大产油国俄罗斯仅相距26.9万桶（图2-7）。德国商业银行指出，2017年6月以来的8个月里，页岩油日产量平均每月增加了13.1万桶。这将使页岩油产量在一年内猛增150万桶，足以满足全球石油需求的增长。因此，欧佩克在当前基础上没有扩大产能的余地。美国能源信息署表示，自2015年底解除原油出口禁令之后，美国原油出口就显露上升的迹象。美国原油出口国也从2016年的27个增加到37个。美国原油出口增长最显著的是中国，另一个大型亚洲原油进口国则是印度。

页岩油产量快速增长、出口能力的增强以及WTI现货价格对布伦特原油价格的溢价成为2017年美国原油出口激增的主要原因。油价网站撰文称，就目前来看，这三大因素将继续支撑美国页岩油出口。如果真是如此，欧佩克恐怕要采取行动了，因为他们的市场份额恐怕会因此而减少。

高产量是美国原油出口激增的第一大因素。根据美国能源信息署的说法，2018年，美国页岩油日均产量为1070万桶，高于2017年的930万桶。到目前为止，美国原油产

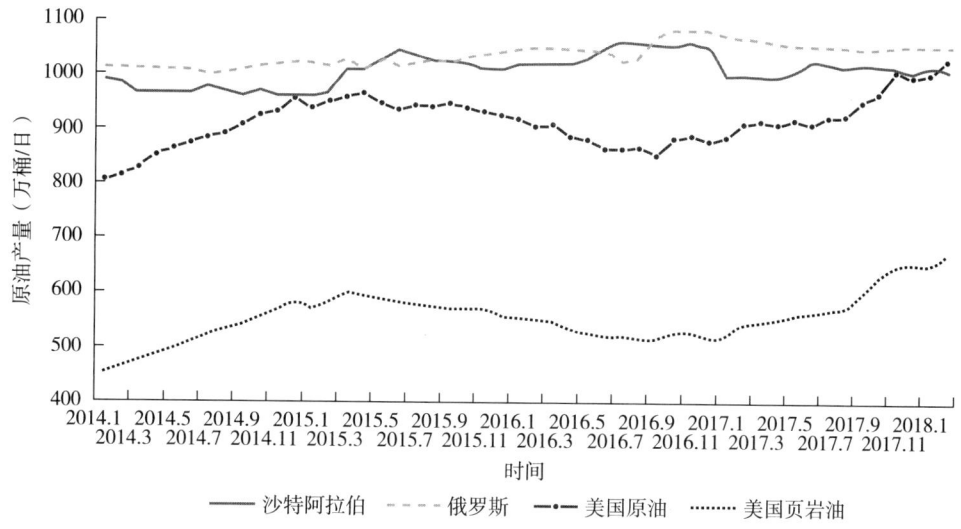

图 2-7　2014 年 1 月至 2018 年 2 月美国、沙特阿拉伯、俄罗斯原油产量比较
资料来源：美国能源信息署。

量已超过欧佩克主要产油国沙特阿拉伯，而且美国有望在 2018 年晚些时候超过俄罗斯，成为世界上最大的原油生产国。除了高产量，WTI- 布伦特之间的价差也是原因之一。美国能源信息署表示，2017 年，WTI- 布伦特之间的平均价差为每桶 3.36 美元，到 2018 年，这个价差将达到每桶 4 美元。相比之下，2016 年两者之间的价差仅为每桶 0.40 美元。再就是出口产能。在出口方面，路易斯安那州的近海石油港口在扩大后，超级油轮能够装载 200 万桶石油，降低了运输成本，从而使美国原油出口更具吸引力，尤其是通往亚洲石油市场的长途航线上。

能源咨询机构伍德麦肯兹表示，美国原油出口将继续上升，到 2022 年，美国将成为全球第四大石油输出国，将仅次于沙特阿拉伯、俄罗斯和伊拉克。伍德麦肯兹估计，到 2020 年，美国将日出口 400 万桶的轻质低硫原油，这些原油价格将介于每桶 38～45 美元之间。

就目前形势来看，这三大因素仍对美国原油出口有利，而美国原油出口已在全球石油市场上占据了上风。至于会不会中断，美国原油能走多远，这都将取决于油价和美国页岩油生产步伐，而欧佩克也可能很快决定是否要开始捍卫市场份额了。

欧佩克最近将 2018 年非欧佩克日产量预期上修 28 万桶，相当于同比增长 166 万桶。欧佩克解释称，上修主要因 2018 年第一季度经合组织、俄罗斯和中国的产量高于预期。这无疑是承认了 2018 年原油供应将超过需求，这一趋势让欧佩克感到担忧。而承认美国页岩油产量增长将超出预期或许意味着欧佩克意识到需要将目前的减产协议延长至计划时间之后。

针对供应产量大增,市场一个更直接的反应可能是:欧佩克将改变过去定义成功的总体标准,包括非经合组织库存、浮动库存、运输中的石油以及石油库存可使用天数。但无论欧佩克想使用哪种衡量标准,美国页岩油产量仍在飙涨。荷兰银行大宗商品策略师沃伦·帕特森称,尽管欧佩克及其盟友在2017年遵守了削减产量以降低市场供应余量的承诺,但美国对备受重视的亚洲市场原油出口的增加可能会促使一些产油国也跟风提高产量。减产协议持续时间越长,越是容易开始瓦解,欧佩克在继续将市场份额拱手让给美国。

美国页岩油产量飙升,就需要全球尤其是亚洲地区更多的市场空间吸纳,而欧佩克减产所让出的市场还不足以解决页岩油的增产需求,因为页岩油不仅需要市场,还需要一定水准的油价以保证足够盈利,欧佩克减产刚好抵消页岩油增产,这对油价顶多是维持平衡。这种减产与增产的相持在一定程度上制约着美国页岩油行业的发展,美国必须打破这种僵局,才能为页岩油创造更大的发展条件。在这种情况下,欧佩克的两大产油国伊朗和委内瑞拉就成为美国寻求下手的对象,况且这两大产油国与美国向来不睦,美国对其下手也符合自身的政治意图。

截至2018年2月,由于受美国制裁和国内经济恶化,委内瑞拉原油日产量较2016年前240万桶的日均产量水平已大幅减少80万桶至160万桶,而美国页岩油日产量较2016年12月累计增长了151.2万桶。很明显,委内瑞拉被迫减少的产量还远远抵消不了页岩油的增量。伊朗自解除制裁以来,原油日产量累计增长100万桶。如果美国退出伊朗核协议,恢复对伊朗的制裁,至少可将伊朗原油日产量逼回至解除制裁前的280万桶水平,这样就能为页岩油增加日供应100万桶的市场空间,至少可以缓解自2017年1月以来页岩油的产量增量,同时趁欧佩克减产维持油价之势,还可以增产更多的页岩油。由此看来,受页岩油增产驱动,美国退出伊朗核协议已是箭在弦上,势在必发,而且对委内瑞拉也会进一步加大制裁,迫使两国在石油产量上做出更多更大的"让步"。

加拿大皇家银行首席大宗商品策略师克罗夫特在给彭博社的电子邮件称,特朗普任命中央情报局局长蓬佩奥接替蒂勒森出任国务卿,可能对石油"非常利多"。这一举措"对与伊朗的协议和美国对委内瑞拉的政策都有潜在的巨大影响。"可能会对美国产生一些可怕的影响,或使其在未来数月对伊朗的态度和立场会有所恶化。

委内瑞拉官方公布的数据显示,2月委内瑞拉原油日产量下降至158.6万桶,创下了1980年以来的最低水平,较之1月的176.9万桶再次下跌了18.3万桶。据悉,约有10万桶日产量的下降来自奥里诺科河的重油带。由于缺乏稀释剂和超重原油的储存,委内瑞拉国家石油与少数外国合作伙伴的合资企业在2月完全停产。

国际能源署表示,委内瑞拉依然是整个欧佩克中最大的风险因素。委内瑞拉的产量很容易陷入加速下滑,在缺乏其他产油国补偿性措施的配合下,委内瑞拉很可能成为使得油市陷入赤字的决定性因素。不过伦敦能源研究机构WTRG Economics的能源经济学家詹姆斯·威廉姆斯表示，美国原油产量的增量大大超过委内瑞拉减少的产量。美国2018年预计原油日产量将增加120万桶，但是委内瑞拉原油日产量仅减少35万桶。尽管这个拉丁美洲国家拥有全世界最大的原油储量，但是目前有两个因素困扰着他们。一个是对于新油井的开发以及已有油井和基础设施的维护投入不足，另一个问题是潜在的政变以及内战所导致的生产的崩溃。欧佩克有足够闲置的产能来弥补委内瑞拉产量的减少，但是海运的延误意味着将会出现一段时间的短缺，这使得油价或出现每桶10美元至20美元的短暂上涨。BMI Research 却称："我们仍旧看衰委内瑞拉石油生产前景，未来一年时间里，该国原油日产量将从目前的154.8万桶（注：欧佩克数据，委内瑞拉2月日产量）下滑到37.9万桶。"

2018年3月19日，特朗普终于对委内瑞拉"石油币"下手了，禁止美国国民及其他美国境内个人、属美国法律管辖实体及其海外分支机构使用委内瑞拉政府发行的一切数字货币交易。就在特朗普签署对委内瑞拉数字货币禁令后，美国副总统彭斯（Mike Pence）的办公室称，彭斯将在美洲国家组织（OAS）的一场会议上发表讲话，施压委内瑞拉政府，呼吁所有美洲国家组织成员国加大对马杜罗政权的压力，迫使其恢复国内民主、解决人道主义危机。

自2017年马杜罗强行解散老一届制宪议会、并剥夺合法当选议员权力之后，特朗普政府一直在加大对委内瑞拉的制裁压力。近几个月来，美国对20多名现任和前任委内瑞拉政府官员实施了海外资产冻结，其中就包括马杜罗。白宫发出禁令不允许美国银行购入新的委内瑞拉国债，令该国财政更加入不敷出。

尽管委内瑞拉想通过"石油币"来获得资金从而缓解国内危机，但随着国际评级机构不断下调委内瑞拉的信用评级，再加上不断累积的债务，"石油币"想获得国际的认可可能难上加难，据统计，仅中国，委内瑞拉就已经欠下了高达230亿的债务，再加之委内瑞拉单一的经济结构，在经济状况未能出现明显改观前，"石油币"或只是一次危险的尝试。如今特朗普更是直接下令全面禁止"石油币"交易，这几乎已经直接宣判了"石油币"的死刑。

就在白宫对委内瑞拉"石油币"发布禁令之际，委内瑞拉总统马杜罗宣布，俄罗斯卢布将是为数不多的可与"石油币"自由兑换的法定货币之一，其他的是人民币、土耳其里拉和欧元。但是，一周之后的3月27日，俄罗斯财政部国家债务部门负责人康斯坦丁·维什科夫斯基（Konstantin Vyshkovsky）表示，目前还看不到任何基于加密货币向俄罗斯支付任何部分债务。维什科夫斯基这一表态就等同于宣布，俄罗斯将不会接受委内瑞拉发行的加密货币。随着俄罗斯拒绝接受加密货币偿债，深陷经济困境的委内瑞拉试图通过"石油币"偿还俄罗斯31.5亿美元债务的希望也随之破灭。

2017年11月，俄罗斯和委内瑞拉签署协议后，俄罗斯对委内瑞所欠的31.5亿美元债务进行重组，这给了委内瑞拉一丝喘息的机会。根据协议的内容，委内瑞拉将在未来

10年偿还债务，其中包括前6年"最低支付"额度。就在协议签署后的一个月，委内瑞拉总统马杜罗表示将会发行基于本国石油储备的加密货币，并于2018年正式发行。

这里有个细节值得引起注意，就在伊朗即将遭受美国制裁、委内瑞拉再次被美国制裁的关键节点上，两国都想拿俄罗斯作靠山，以图挺住美国的打压。但是，俄罗斯方面的态度似乎一点也没有力挺两个"盟友"的意思。之前伊朗希望俄罗斯退出减产协议，与其一同对抗美国页岩油，俄罗斯却回应了"两个不担心"：不担心页岩油的增长，不担心美国超越俄罗斯成为全球最大产油国。这明显是与伊朗不同调。现在美国禁止委内瑞拉"石油币"，马杜罗希望用"石油币"偿还俄罗斯债务，亦遭到俄罗斯拒绝。

目前俄罗斯、委内瑞拉和伊朗都在美国制裁之列，按理说此刻三国强化同盟、共同抵制美国才合乎常规，可俄罗斯在自身亦遭受美国制裁之际，与两个"盟友"表现出截然不同的态度，不愿掺和他们的事情，很有撇清自己、讨好美国的意思。要知道，自从国务卿蒂勒森被撤换之后，特朗普之前对俄罗斯温和、友好的态度已经开始转向，由于"通俄门"事件和俄罗斯前特工斯克里帕尔被害，促使特朗普对俄罗斯强硬，并对其制裁。

近期特朗普风云不断，从关税言论引爆全球贸易战担忧情绪，到白宫人事风云引发伊朗原油生产担忧，在此关键时刻，特朗普"通俄门"再起波折。值得注意的是，俄罗斯大选即将开始。目前"通俄门"特别检察官穆勒正在收集俄罗斯与特朗普勾结干涉美国大选的各种证据，美国出台了对俄罗斯的新一轮制裁措施。虽然西方国家对普京的指责预计不会深刻地影响俄罗斯选举的结果，但若普京再次获选，美国和俄罗斯恐将延续当前的紧张关系。纽约能源对冲基金阿盖恩资本创始合伙人基尔达夫表示，西方国家和俄罗斯之间日益加剧的紧张关系，令贸易流动和经济活动下降的可能性增加，这将降低能源需求的增长。

特朗普就任美国总统以来，一直想改善与俄罗斯的关系，起用蒂勒森担任国务卿更是如此，因为蒂勒森与俄罗斯总统普京的私交甚好，被称为"最亲普京的美国人"，特朗普希望他能在对俄罗斯方面发挥更大的作用。特朗普当初提名蒂勒森担任国务卿时就这样评价他："蒂勒森可不只是公司领导人，他是世界级的玩家，负责世界上最大的公司。他认识很多外国政要，并且不是泛泛之交，这是巨大优势。蒂勒森在俄罗斯活动颇多，当然这些活动都是代表埃克森美孚，并非为他本人。"

但是，特朗普希望对俄罗斯友好的主张却始终被"通俄门"纠缠着，因俄罗斯涉嫌干涉2016年美国总统大选。因此，特朗普在修善与俄罗斯关系上还是有所顾忌的，否则就被坐实是真正"通俄"。2017年8月2日，特朗普签署了一项针对俄罗斯、伊朗和朝鲜的制裁法案。对俄罗斯制裁内容包括奥巴马时期6项制裁俄罗斯的行政令，涉及能源、军工、银行等行业。根据议案，美国将以俄罗斯涉嫌干涉美国2016年总统选举和乌克兰危机等为由，追加对俄罗斯相关个人和实体的经济制裁，并以发展弹道导弹项目等为由，对伊朗和朝鲜实施新制裁。就特朗普个人意愿讲，这个制裁法案并非他的初衷，是在无可奈何的情况下签署的。因为此前美国参众两院几乎全票通过了这一法案。当天，美国国会参议院以98票赞成、2票反对的表决结果通过了这份议案。按照程序，议案将在美国总统特朗普签字后正式生效。而即使特朗普行使否决权，参议院也能够以2/3多数推翻总统的否决。

说实话，2017年美国实施对俄罗斯的这次制裁，是特朗普的一种不情愿行为，或者说主要还是政治上的权宜之计，而这个制裁又是由来自民主党和共和党的压力所推动。当时，特朗普仍希望与俄罗斯改善关系。现在，所有的这些都被改变了，特朗普政府在2018年3月15日又开始了对俄罗斯新的制裁，并在3月27日命令60名俄罗斯外交官离开美国，关闭了俄罗斯驻西雅图的领事馆。美国有线电视新闻网报道称："在实施制裁的过程中，特朗普政府终于在国会授权下，对莫斯科的网络入侵实施惩罚措施。这一迟来的行动让人们开始质疑特朗普是否愿意惩罚莫斯科。然而，无论多迟，这些新措施都是特朗普对俄罗斯干预选举的最严厉惩罚。"特朗普政府还披露了俄罗斯试图渗透美国能源网络的企图。

2017年3月是特朗普对俄罗斯态度由温和转向强硬的关键时点，标志性的动作是国务卿人事变更，解除蒂勒森国务卿职务，意味着特朗普对俄罗斯政策不再需要朝着改善关系方向努力，起用蓬佩奥也意味着特朗普对俄罗斯外交政策将会更加强硬。当然，特朗普做出这个转变，也是为了在纠缠不清的"通俄门"事件中洗刷自己。而俄罗斯方面，尽管一个月之内受到特朗普政府的两次打压，仍然对特朗普改善俄美关系寄予希望，因此在对"盟友"伊朗对抗页岩油和委内瑞拉用"石油币"还债的问题上，并没有力挺，而是表现出"附和"美国的态度。这说明俄罗斯并不想因伊朗和委内瑞拉问题与美国明火执仗，以免招惹美国更严厉的制裁。

力挺"盟友"，不符合俄罗斯的国家利益。美国制裁伊朗和委内瑞拉，主要是针对两国的石油，若两国因美国制裁使石油业受限，无疑对俄罗斯也是有利的，毕竟俄罗斯仍是世界第一产油大国。俄罗斯回应"盟友"的说法，其实是在和稀泥、隔岸观火、明哲保身、浑水摸鱼的意味比较浓。说得严重点，俄罗斯似乎在出卖"盟友"，向特朗普抛橄榄枝，试图缓和俄美紧张关系。

第六节
蒂勒森是"最亲普京的美国人"的那些事

2016年11月8日，美国总统大选，共和党总统候选人唐纳德·特朗普战胜民主党候选人、前国务卿希拉里·克林顿赢得总统选举。12月13日，美国第45任当选总统唐纳德·特朗普在推特发文宣布，正式提名埃克森美孚董事长兼首席执行官蒂勒森出任国务卿。

一石激起千重浪。特朗普的这个提名引发各方惊诧："为什么是蒂勒森？！"美国国务卿是世界上独有的一个职位，地位仅次于总统和副总统，主要负责美国外交事务。根据美国宪法，国务卿是政府排名第一的部长，即首席部长，不同于其他国家的外长。因此一般来说，国务卿人选要具备很高的政治信任度，还要熟悉外交事务，因此以往人选多来自外交界、政界或学界。从基辛格（Henry Kissinger）到奥尔布赖特（Madeleine Korbel Albright），再到赖斯（Condoleezza Rice）、希拉里以及克里（John Forbes Kerry），莫不如此。虽然以往也有商人出身担任国务卿的先例，但像蒂勒森直接从公司高管成为国务卿的情况，还没先例，因为他根本没有从政经验，更不要提外交经验了。

蒂勒森出生在得克萨斯州，得克萨斯州口音浓重，1975年本科毕业于得克萨斯大学奥斯汀土木工程专业，并进入埃克森美孚，直到担任国务卿前，蒂勒森从未离开过埃克森美孚。64岁的蒂勒森按照正常的退休年龄在埃克森美孚的职场时间不到1年了，2017年将正式退休。蒂勒森是个很务实、也很会谈判的人。其最鲜明的个人特点是工作作风强悍，能言善辩，擅长商业谈判，他的侃侃而谈甚至让那些经常打断别人发言的国会山（注：指美国国会大厦）政客们都甘拜下风，也令各国公司同行印象深刻。

蒂勒森在埃克森美孚长期负责上游产业（石油勘探和开采业务），有中东地区和俄罗斯的工作经验。从1998年起，蒂勒森就是埃克森美孚与俄罗斯打交道的主要负责人。1998年12月1日，埃克森宣布以772亿美元收购美孚。1999年11月30日，美国联邦贸易委员会批准了埃克森和美孚合并，这一兼并案最终成交金额高达810亿美元，合并后的公司更名为埃克森美孚，这一年蒂勒森也由也门分公司总裁晋升为埃克森美孚副总裁，负责上游业务。之后的两年，凭借高歌猛进的全球采掘业务、对新钻探技术的鼓励和严明的公司纪律，蒂勒森引领这家与业界其他公司一样面临石油开采能力见顶挑战的"瘸腿巨人"取代沃尔玛（WalMart）登上《财富》杂志（Fortune Magazine）世界500强榜首。2001年，埃克森美孚首席执行官李·雷蒙德（Lee Raymond）开始考虑接班人时，将蒂勒森和负责下游产业（炼油和化工）的爱德华·格兰特（Edward G. Galante）同时升职为常务副总裁，由于油价连年攀升，蒂勒森所负责的上游业务在2002年贡献了公司总利润的80%以上。2004年，蒂勒森出任埃克森美孚的总裁，2006年升职为董事长兼首席执行官。

埃克森美孚与俄罗斯有极深的关系。从叶利钦（Boris Nikolayevich Yeltsin）时期，蒂勒森便开始与俄罗斯高层直接打交道。他与普京也建立了私人友谊。2011年8月30日，蒂勒森代表埃克森美孚与俄罗斯石油签署战略合作协议，共同开发俄罗斯在北极圈领海的丰富油气资源。北极油气田是尚未被开发的油气田之一，全球绝无仅有，各国早已虎视眈眈。这次俄罗斯与美国破天荒合作进军北极，《纽约时报》形容，埃克森美孚赢得了业界"梦寐以求的巨奖",而一直欠缺相关深海钻探技术的俄罗斯,将借助美国抗冷开采技术,在北极圈大展拳脚。时任俄罗斯总理的普京亲自见证了俄美两大能源巨头签署仪式,普京说:"全球首屈一指的埃克森美孚,将在俄罗斯的战略位置及深水大陆架进行开采,开拓新历程。"蒂勒森则表示,这次签署协议"对于两家公司都代表着一个重要的战略举措。"

俄罗斯选择与埃克森美孚合作,主要是看中了对方深海钻井技术及陆上所用的水力压裂钻探技术,俄罗斯一直希望能引进有关技术,在境内进行开发。而为了换取北极勘探开采权益,埃克森美孚则同意俄罗斯石油入股其在美国的钻井作业,包括在墨西哥湾的深海钻油台,以至得克萨斯州岸上油田项目,这也是俄罗斯国家公司首次入股美国本土能源资产。路透社评价称,过去10年,美俄在推动能源合作上毫无进展,美国业界根本放弃了俄罗斯这个市场。如今美俄石油巨头能破天荒合作,实为美国总统奥巴马上台后"重新启动"美俄关系、寻求修好的成果。

北极圈能源与矿产资源丰富,随着全球暖化,北极作为21世纪"淘金地"的战略价值日益显现,大国之间围绕北极资源而展开的"寒战"(Ice Wars)在持续升温。俄罗斯能源部报告显示,仅在俄罗斯领海范围内北冰洋所蕴藏的矿物,价值就高达2万亿美元。北极最有价值的资源当属石油和天然气,美国地质调查局估计,北极圈内蕴藏900亿桶石油、440亿桶液态天然气和1660万亿立方英尺的天然气。

但是,正当蒂勒森领导下的埃克森美孚与俄罗斯石油合作开发北极油田涌现一缕曙光之际,美国却对俄罗斯实施经济制裁,禁止美国公司帮助俄罗斯公司开采北极石油、页岩油或海上油田。这对蒂勒森来说不啻为当头一棒,10亿桶石油无法开采,埃克森美孚深陷冰冷俄罗斯。

2014年8月19日,俄罗斯石油宣布,虽然该国的石油行业正被欧盟广泛的制裁措施所影响,不过公司将在挪威石油的帮助下开始钻探在北极圈内的第一口油井。埃克森美孚将在这个夏天开始在俄罗斯北极地区的钻探活动,这个通过与俄罗斯石油合资开展的项目,将使用来自挪威首富控制下,世界最大海上钻井公司海钻(Seadrill)已经在喀拉海的一个钻井平台。不过这些合作关系不仅仅受到以美国为首的西方国家对俄罗斯制裁措施的影响,而且遭到世界野生动物基金会以及绿色和平组织等环境保护团体的反对,他们认为在北极圈发生石油泄漏的风险远远超过了在当地开采资源可能带来的好处。

为了不错过在北极冰封期之前的石油钻探,蒂勒森亲自一趟又一趟地到白宫与奥巴马的经济顾问商讨。最终,埃克森美孚得到许可,推迟对与该公司有关活动的制裁条款开始的时间。2014年9月19日,埃克森美孚表示,已经获得美国政府的许可,可以在相应的制裁措施所要求的截止期之后,有更多时间来关闭公司在俄罗斯北极地区一处投资7亿美元项目中的油井。埃克森美孚称,曾向美国政府提出延期申请,以便继续完成关闭在俄罗斯喀拉海地区的尤尼弗西特斯卡亚 1 号（Universitetskaya-1）油井的工作，在暂时放弃这个项目之前确保油井的安全。公司强调，在美国政府的制裁措施将 9 月 26 日确定为截止期之后，公司已经立即停止了在这一油井处的钻探工作。

埃克森美孚在声明中说："美国财政部已经认同尤尼弗西特斯卡亚 1 号油井的复杂性，以及喀拉海北冰洋环境的敏感性，并授予埃克森美孚、其他美国承包商及参与项目的人员一项许可，以确保安全和负责任的，这一处勘探井相关活动的关停。"

最新一轮的制裁措施意在惩戒俄罗斯对发生在乌克兰东部的分离主义武装分子活动的涉入，美国和欧盟的公司被禁止帮助俄罗斯在北极圈、深海以及页岩地质带进行原油资源的勘探。制裁措施导致埃克森美孚及其合作方俄罗斯石油暂停了这处位于西伯利亚北岸，在水面以下 260 英尺处油井的钻探活动。在参与项目的工程人员警告说，他们需要更多时间来使用水泥妥善封堵油井，并完成测试确保没有泄漏、裂口和可能导致水源和环境污染的疏漏之后，埃克森美孚开始寻求美国政府批准，豁免截止期的要求。

埃克森美孚和俄罗斯石油正在勘探的这一地区是从未有人类钻探活动的地带。也就是说，油井的压力变化、地层密度和不同深度的温度区别都是未知的，使得预料之外崩塌和压力爆裂的风险增加。因为这些原因，工程人员在关闭油井需要在抽离油井的时候，对几乎每一英尺的状况进行记录。这个过程可能需要数周时间。

2014 年 9 月 28 日，俄罗斯石油首席执行官谢钦宣布，在北冰洋喀拉海与埃克森美孚共同开发的一口钻井开始出油，表明这一地区有望成为世界最重要原油产区之一。谢钦称，此前他乘坐俄罗斯考察船，历时两天到达油井所在区域。作业钻井的探明储量为 10 亿桶原油，周边区域也具有相同地质构造，这意味着该地的石油蕴藏量堪比美国墨西哥湾。喀拉海油田将在 5 到 7 年内正式产油，并将发现的油田命名为"胜利"。"这超出了我们的预期，"谢钦表示，这一发现表明"北极在碳氢化合物能源领域的特殊重要性"。

俄罗斯宣布发现这一油田的时机非常微妙。出于制裁的目的，美国财政部勒令美国公司在 9 月 26 日前停止所有在俄罗斯的钻井和测试活动，埃克森美孚获得授权的最后工作期限是 10 月 10 日。尽管 28 日宣布了这一发现，但俄罗斯石油和埃克森美孚无法联合进行后续钻探开发，该地区项目半途搁浅。埃克森美孚方面的回应十分谨慎。发言人理查德·克尔（Richard Keil）表示："我们发现了石油，但尚不能预料最终结果。我们目前的当务之急是完成这口油井，并按照美国政府的许可期限安全退出与俄罗斯方面的合作。"

纽约经纪公司第一执行（Prime Executions）首席能源策略师克里斯·凯特曼（Chris Kettenmann）表示，埃克森美孚和俄罗斯石油此前一直面临巨大压力，在完成钻探和趁最后期限到来前暂时密封油井之间陷入两难抉择。如情况乐观，埃克森美孚预计钻探作业最早可能于 2015 年某个时候才能恢复。

开发北极地区石油储备工程浩大，将花费数千亿美元，并耗时数十年，但这是俄罗斯总统普京的勃勃雄心。俄罗斯西伯利亚油田行将耗尽，亟需发掘新的能源储备，以与美国争夺世界最大油气生产国的地位。但是，西方制裁禁止欧盟和美国公司帮助俄罗斯公司开采北极石油、页岩石油或海上油田。俄罗斯在2014年3月吞并克里米亚以及之后不断给乌东部的亲俄分裂分子提供军事支持，遭到美欧讨伐。2014年以来，美国和欧盟已经对俄罗斯施加了多轮制裁，且惩罚措施愈加严厉。

喀拉海的原油储量估计在90亿桶原油，按2014年8月WTI油均价每桶96.54美元来算的话，价值约达8688亿美元。俄罗斯西伯利亚旧油田的石油产量日渐萎缩，正急于开采深水石油、北极石油和页岩油等非常规原油。俄罗斯开发非常规原油必然需要西方石油公司的技术支持。而俄罗斯的能源技术支持一旦被长期切断，俄罗斯石油产量减少就是必然会发生的事情了。美欧此前制裁仅仅禁止西方公司对俄罗斯北极、离岸和页岩油项目进行技术转让。这些制裁措施本身就包含了漏洞。而最新制裁措施通过禁止西方公司向俄罗斯能源公司转移商品设备和服务缝合了这些漏洞。尤尼弗西特斯卡亚1号（Universitetskaya-1）油井的停工是西方制裁的确能够重创俄罗斯的最有力证据。

埃克森美孚发言人表示，律师正在研究制裁条款，明确制裁会对公司产生何种影响。一名美国官员指出，埃克森美孚的律师或许会找到创造性的途径来规避制裁措施，但美国政府的目的就是要让埃克森美孚关停喀拉海的钻井项目。不过，美国对俄罗斯的最新制裁预计不会损害埃克森美孚近期的公司利润。因为制裁生效时，尤尼弗西特斯卡亚1号钻探井刚刚开始运作，该油井的石油产量至少要在10年后才能达到显著水平。然而，若美国长期制裁俄罗斯，埃克森美孚与莫斯科之间的"羁绊"可能会受到影响。埃克森美孚倚靠俄罗斯来补充其老枯油田减少的石油产量，同时将俄罗斯视为新市场来取代委内瑞拉等国。

2014年9月29日，埃克森美孚宣布，由于美国相关机构不许可，将终止与俄罗斯石油在北极地区联合勘探开采石油的计划，并撤出全部工作人员。埃克森美孚表示，从理论上来说，两家公司存在继续合作的可能性，但是双方公司必须先取得相关政府机构的许可，而埃克森美孚没有取得美国相关机构的许可，公司将于10月中旬从该地区撤出自己的工作人员。俄罗斯石油首席执行官、普京总统的长期盟友谢钦称，美国的制裁措施不会阻止俄罗斯对北冰洋的石油储量进行开发。上周，谢钦在视察俄罗斯在北冰洋喀拉海地区的油田时说："不管发生什么，我们都将继续致力于在此地的工作。我们将为下一季的工作做好规划。如我所说，我们现在还只是开始了在尤尼弗西特斯卡亚的首个工程，在这里还会有超过30个钻井平台。"

谢钦说，如果埃克森美孚被迫离开这个项目："我们将会自行开发，并引入必要的技术和其他的，在合作上没有限制的合作方。"他强调："项目的运营方是我们与埃克森美孚的合资公司，我们也没有改变这个合资公司所有权结构的计划。他们将总是有机会重返这个项目，只要监管机构允许。"谢钦暗示，潜在储量的规模意味着绝对不会有市场兴趣的短缺,投资可能来自欧洲和美国之外。谢钦表示:"我们将会考虑相关法律的所有方面,但是市场将会是我们的指引。市场关系已经更加多极化,这带给我们更多机会。任何石油和天然气公司都会对我们在今日所确认的资源感到有兴趣。"

埃克森美孚终止与俄罗斯石油的合作,无功而返,引起了埃克森美孚一些投资者对蒂勒森的诸多不满。他们认为这让埃克森美孚原本持续下滑的产油量陷入了更加不利的境地。自蒂勒森接手以来,埃克森美孚的原油产量大幅下滑16%,2014年第二季度甚至降到了5年以来的最低点。2014年,原油占各项能源资产总产出的比例降至53%,而对比之下,蒂勒森刚接手埃克森美孚的2006年,这一数字是63%。

在蒂勒森已经过去的这9年任期内,埃克森美孚的原油平均日产量减少了42.1万桶,这相当于美国阿拉斯加州普拉德霍湾(Prudhoe Bay)最大油田日产量的16%。2015年4月8日,能源行业的重磅收购事件让蒂勒森更加寝食难安。这一天,荷兰皇家壳牌以700亿美元将英国天然气(British Gas)收入麾下,二者强强联手,对埃克森美孚的全球市场份额形成了更大的冲击与威胁。

埃克森美孚横空遭受的这一重大挫折,加深了外界对蒂勒森的质疑:他是否在俄罗斯押注过高。在外界看来,俄罗斯是一个主张军事介入和带有经济民族主义倾向的国家,海外资本在这里投资恐怕要承担更大的政治风险。蒂勒森对此没有发表评论。就连俄罗斯当地的行业人士也提出了相似的观点。俄罗斯尤科斯石油前副主席、居住于英国的亚历山大·特默科(Alexander Temerko)认为,蒂勒森低估了政治风险而高估了影响政策的机会。"事实证明,不是所有埃克森美孚感兴趣的东西都能让政府也感兴趣。"

意大利石油生产商埃尼前战略主管、哈佛大学研究员莱昂纳尔多·毛杰里(Leonardo Maugeri)表示,蒂勒森在这段任期中,有亮点,也有阴影。其中一个阴影,便是俄罗斯,极少有人为蒂勒森辩解。事实上,在俄罗斯开采油气的决策,正合乎埃克森美孚长期以来在全球最具风险、最孤远的地方获取资源的传统。

没有任何西方能源公司像埃克森美孚那样,与俄罗斯有着如此密切的联系。早在20世纪90年代,蒂勒森就开始管理埃克森美孚在俄罗斯的项目,包括位于俄罗斯远东地区的大型石油项目萨哈林1号(Sakhalin-1)。1998年初至1999年底,蒂勒森作为埃克森美孚驻俄罗斯公司总经理在俄罗斯工作过两年。那时,埃克森美孚是俄罗斯远东萨哈林1号油气区块开采项目的运营商,萨哈林1号油气开发项目最初进展顺利,还成了俄美在能源开发领域合作的成功典范。

1999年,在库页岛上蒂勒森第一次见到普京,并熟识了自普京以下的所有俄罗斯政界高层。2011年8月,埃克森美孚与俄罗斯石油在普京的见证下签署了北极喀拉海和黑海油气开发项目战略合作协议。2012年,埃克森美孚击败了英国石油等其他竞争对手,与俄罗斯石油公司签署了协议,以大约32亿美元的代价换取了北冰洋项目1/3的股权,埃克森美孚还同意支付大部分的油气勘探费用。埃克森美孚与俄罗斯石油成立了合资公司，后者持有该公司66.67%的股权，埃克森美孚则持有剩余股权。2013年，双方又宣布成立合资公司（埃克森美孚持股49%），共同开发楚克奇海等7处油气资源。为了表彰蒂勒森在促进美俄关系上的贡献，2013年6月，普京在出席圣彼得堡国际经济论坛（International Economic Forum）时为蒂勒森颁发了俄罗斯最高荣誉之一的"友谊勋章（Order of Friendship）"。

但是，美欧对俄罗斯制裁的步步紧逼，使得埃克森美孚不得不彻底放弃在北冰洋的油田勘探项目。彭博社（Bloomberg News）2014年12月1日的报道称，埃克森美孚和俄罗斯石油终止了与挪威西姆近海（Siem Offshore）及雷姆近海（Rem Offshore）两家公司的合作项目，两笔订单涉及的服务包括5艘石油勘探供应船。两家公司因此会收到违约金。这意味着，在欧美国家加大对俄罗斯制裁力度的背景下，埃克森美孚正在对该国的投资进行实质性的撤出。

俄罗斯插手乌克兰事务，美国和欧盟对其展开制裁，并因此危害到了俄罗斯石油联手欧美石油公司开发北冰洋的计划。两年前，埃克森美孚与俄罗斯石油签订在北冰洋勘探石油的协议后，蒂勒森预期该项目将会增强俄美两国的联系。不过现在看来，美国的外交政策正在威胁埃克森美孚得到其所亟须的石油。美国莱斯大学公共政策系教授肯尼斯·迈德洛克（Kenneth Medlock）表示，俄罗斯巨量的能源资源让埃克森美孚很难割舍其与克里姆林宫的关系。从外交政策来看，埃克森美孚与俄罗斯的关系将该公司置于一个很尴尬的位置，它一方面从普京那里得到利益，另一方面则被白宫要求远离这位俄罗斯总统。对于如何处理俄罗斯遭遇制裁所导致的问题，蒂勒森称，该公司反对制裁，"我们一直鼓励做决策的人意识到，这项决策会在多大程度上伤害到那些真正受到制裁影响的人。"

当然，蒂勒森也并非埃克森美孚史上第一位看中俄罗斯资源的掌门人。2003年，埃克森美孚时任首席执行官李·雷蒙德就差一点和尤科斯石油时任总裁、石油大亨米哈伊尔·霍多尔科夫斯基（Mikhail Khodorkovsky）达成协议，收购这家当时俄罗斯最大石油公司的股份。雷蒙德的关键兴趣在于埃克森美孚能否最终控股，但这并不是一件容易的事。为了防止国家核心资源落入美国之手，普京毫无意外地否定了这项收购。不久，俄罗斯当局以欺诈和逃税罪名逮捕了霍多尔科夫斯基，尤科斯石油最好的资产也被出售给了克里姆林宫控制的俄罗斯石油。从那以后，雷蒙德才逐渐冷却了投资俄罗斯的热情。

尽管雷蒙德在其任期的最后一两年对俄罗斯不再抱有幻想，但随着2006年蒂勒森的走马上任，俄罗斯又再次进入了埃克森美孚的战略版图。2011年8月底，蒂勒森决定冒险再闯俄罗斯。埃克森美孚与俄罗斯石油签署合作协议，共同勘测北极油气田。按照协议，双方将共同投资32亿美元，用于北极喀拉海和黑海的勘探。此举被业内解读为"双方针对竞争对手英国石油的一个战略性举措"。普京出席了这一签约仪式。普京之所以支持这次合作，是想借助埃克森美孚的经验，将俄罗斯石油推向全球顶级石油生产商的行列。作为合作的回报,埃克森美孚将允许俄罗斯石油开发美国墨西哥湾、得克萨斯州陆上油田和其他地方的石油。

来自埃克森美孚的主要竞争对手公司的一位主管曾这样评价,雷蒙德和蒂勒森之所以在进军俄罗斯持有不同的态度,与其当时所处的背景有关:雷蒙德在面对多样选择时,让他看待事物均带有质疑眼光;蒂勒森在页岩钻井的提议因花费太高、难以取得可观利润而被否后,就几乎没有和埃克森美孚体量相配的选择。"对于埃克森美孚这样的大公司而言,全世界与之体量匹配的机会为数不多,而俄罗斯就是其中一个。"总部设在华盛顿的战略与国际问题研究中心(Center for Strategic & International Studies)研究员、曾担任雪佛龙公司(Chevron)主管的爱德华·乔(Edward Chow)说。这个观点阐释了俄罗斯在蒂勒森心目中的地位。

蒂勒森设定了一个目标,他要在自己退休之前,即2017年底,将埃克森美孚的全球油气总产量提升8个百分点,相当于日产430万桶油当量。2015年刚满63岁的蒂勒森知道在职场上留给自己的时间不多了。从2006年初接手埃克森美孚担任董事长兼首席执行官,已经过去了9个年头。还有两年,他就到了强制退休年龄。在这9年里,行业的资源瓶颈逐渐凸显,全球范围内大型未开发的油气田越来越少。在蒂勒森的首席执行官任期内,埃克森美孚的石油产量大幅下滑,当蒂勒森听到俄罗斯前方传来喀拉海地区原油储量预计超过10亿桶的这个爆炸性消息时,大大地松了一口气。只是很快,蒂勒森仿佛坐上过山车,从情绪的最高点骤然俯冲到了冰点。

克里米亚加入俄罗斯,乌克兰边境紧张局势持续升级,美国先后发起了几轮对俄罗斯制裁,其中包括针对能源、金融、防务等领域的经济制裁。政令之下,埃克森美孚在俄罗斯发现的石油富矿变得可望而不可及。蒂勒森在2014年3月曾表示,埃克森美孚想要在2017年底之前提高产量的前景变得非常黯淡。对所有商人来说,这都是一个无奈而沮丧的时刻。斩获富矿的激动劲儿还没过去,却突然要面对收拾起铺盖走人的尴尬局面。

在两年后的强制退休大限到来前,蒂勒森当然希望,埃克森美孚能比自己接手时的状况更好,但荷兰皇家壳牌与英国天然气的"联姻"使得这一切变得更加艰难了,埃克森美孚想要改变困局需要更高的代价。蒂勒森也只能面对现实,再一次在寻找收购标的,而眼下的油价暴跌正给了他适时抄底的机会。鉴于过去的教训,埃克森美孚这回将短期收购目标优先放在美国,包括美国最为昂贵的页岩油气田,在那里开采油气,将无须或几乎无须承担政策风险。而长期收购目标仍然放在俄罗斯。

有一点要说明,西方国家对俄罗斯的制裁措施要求美国和欧盟的油气公司不得对俄罗斯的深海、页岩和北极圈地区进行勘探,但并未禁止地震探查或获取钻探权等活动,这就为埃克森美孚的大胆行动打开了一条通道。美欧对俄罗斯制裁以来,埃克森美孚仍继续在俄罗斯市场上抢购钻探权,这使其在普京的"后院"获得了比在美国更多的勘探权。2015年3月3日埃克森美孚向美国监管部门提交的文件显示，从长期来看，该公司在俄罗斯市场上控制的勘探权已经达到了6370万英亩，相比之下，截至2013年底为1140万英亩，而该公司在美国市场上拥有的勘探权则仅为1460万英亩。蒂勒森或许忍不住幻想，如果俄罗斯方面进展顺利，那么这些增产目标显然可以分分钟实现。但让人无奈的是，那超过10亿桶石油，依然只能静静地躺在一纸禁令与冰冷的海底之下。

第七节
特朗普曾看好蒂勒森能成功运营好国务院

特朗普当选总统后，第一时间启动了内阁遴选工作，在国务卿人选方面着手最早、放风最多、决定最晚。最开始，美国前众议院议长金里奇（Newt Gingrich）的呼声最高，但很快他自己表示"不感兴趣"。之后为了国务卿人选，特朗普先后约见了前马萨诸塞州州长和2012年大选共和党总统候选人罗姆尼（Willard Mitt Romney）、前纽约市长朱利亚尼（Rudolph William Louis Rudy Giuliani Ⅲ）、国会众议员罗拉巴克（Dana Tyrone Rohrabacher）、前美国驻联合国代表博尔顿（John Robert Bolton）、前国务卿基辛格、艾奥瓦州州长布兰斯塔德（Terry Edward Branstad）、广播访谈节目评论员英格拉哈姆（Taura Ingraham）、华盛顿市长鲍泽（Muriel Elizabeth Bowser）、前中情局长彼得雷乌斯（David Howell Petraeus）等。另外，奥巴马政府的第一位驻华大使洪博培（英文名乔恩·亨茨曼，Jon Huntsman）、前参议院外交关系委员会主席柯尔克（Bob Corker）、前福特汽车公司首席执行官穆拉利（Alan Mulally）也曾被视为国务卿的人选。但最终在只剩两人（另一人为罗姆尼）的短名单中敲定蒂勒森。

2016年12月10日，蒂勒森受到特朗普接见，特朗普过渡团队的成员称：这一位才是特朗普的"首选国务卿人选"。但是，美国参议院已经警告将对蒂勒森的任命进行严格审查，因为蒂勒森"与俄罗斯关系密切"。参议院外交关系委员会成员梅内德斯（Bob Menendez）表示，蒂勒森若获任"将为普京主导我们的外交政策提供一个积极的同谋"。英国广播公司（BBC）11日报道说，当国际社会就侵占克里米亚对俄罗斯实施制裁时，蒂勒森公开对此提出批评。

俄新社称："蒂勒森是俄罗斯的朋友。他是与普京总统交往最多的美国人之一"。在西方国家开始对俄罗斯实施制裁后，蒂勒森多次表明反对立场，他称："由于对俄罗斯实施制裁，2015年初埃克森美孚损失数十亿美元。"报道称，蒂勒森是自贸协议的支持者，在这点上他与特朗普存在不同看法。克林顿政府前国防部副部长、战略与国际研究中心主席约翰·哈姆雷（John Hamre）表示，除了基辛格以外，蒂勒森与普京的相处时间比所有美国人都多。布鲁金斯学会中东政策中心的专家苏珊妮·马洛尼（Suzanne Maloney）认为，蒂勒森的商业经历使他对政治和区域动态有了"深刻、细致的了解"，尤其是因为他在石油行业工作。在这个意义上，蒂勒森的商业经验为特朗普内阁提供了非常不同的观察角度，这对外交来说非常重要。哥伦比亚大学全球能源中心主任博尔道夫（Jason Bordoff）认为，鲜有美国公司总裁像蒂勒森这样与普京私交甚好，如果他当国务卿，美国对俄罗斯政策将出现"急剧转变"。

美国媒体称，如果蒂勒森被任命国务卿，他将成为最富有的白宫高管之一。不过在此之前，他还需要通过参议院的严格审查。共和党参议员麦凯恩说，他对蒂勒森与俄罗斯的关系感到担忧。而参议员格雷厄姆（Lindsey Graham）表示，虽然不了解蒂勒森，但能从克里姆林宫得奖，还是友谊奖，"那我们就有想法了"。

特朗普力推蒂勒森，引发美国各界争议，其中备受质疑的是蒂勒森与俄罗斯政府不同寻常的关系。美国调查公司欧亚集团总裁布雷默（Ian Bremmer）称，蒂勒森将与特朗普一起，全面重启美俄关系。蒂勒森如上任，2016年将是"普京最好的一年"。反对派认为，蒂勒森与普京的私人交情将冲击到美俄关系。在乌克兰、叙利亚等问题上，国务卿扮演着举足轻重的角色。未来蒂勒森上任后如在上述重要地区向俄罗斯退让，将有损美国国家利益。

蒂勒森进入特朗普的视野，得益于前国务卿康多莉扎·赖斯（Condoleezza Rice）和前国防部长罗伯特·盖茨（Robert Gates）的推荐，但他真正博得特朗普的好感，还是在于其在美国业界口碑甚高的管理才能，这一点足以让特朗普与之惺惺相惜。概括来说，主要是三个因素：一是都没有从政经验。特朗普当选美国总统之前是做生意的，没有从过政。1952年出生的蒂勒森，迄今为止也从未担任公职或从事任何外交工作。两个在政治上很"纯洁"的人，无疑容易一拍即合。

二是都有商业基因。某种程度上说，蒂勒森比特朗普更懂商业，因为蒂勒森领导的埃克森美孚是全球规模最大的上市公司之一，业务遍布世界各地。虽然没有任何政府经验，但蒂勒森已经展现出了善于运营跨国机构的能力，无疑也具备卓越的团队运营、组织机构管理能力。毕竟，美国国务院本质上也就是这样一个跨国组织，其能力毋庸置疑。在美国媒体眼中，蒂勒森丰富的谈判经验，是特朗普选择他作为国务卿的原因之一。他能够强硬地展现自己的决心，让对方放弃本来坚持的条件或利益。特朗普对蒂勒森的态度相当不错，他公开称赞蒂勒森是一个"世界级的玩家"。

三是都比较"亲俄"。特朗普无论在竞选期间还是当选总统后，都对俄罗斯和普京赞赏有加，而且得到了普京的友好回应。可以说，特朗普的"亲俄"倾向明显。而蒂勒森的"亲俄"背景也比较深。特朗普乐意将美国国务卿的职位交给蒂勒森，这样似乎使他对俄美关系更有信心。严格地讲，"亲俄"的说法有些偏颇。如果按照特朗普或者美国视角，应该说蒂勒森比较熟悉俄罗斯，熟悉普京等高层的思路、未来诉求、对国际事务的想法，事实上有助于特朗普政府重构两国关系。

美国 2016 年总统大选期间，俄罗斯因素成为关注的焦点。当然，蒂勒森与俄罗斯的"亲密"关系仅是其中之一。《华盛顿邮报》12 月 10 日爆料称，美国中央情报局秘密评估认为，俄罗斯政府通过中间渠道，向维基解密网站提供俄罗斯方面方通过黑客盗取的希拉里阵营电子邮件，从而影响美国大选。美情报机构已经锁定了与俄罗斯政府有关系的一些个人。不过维基解密创始人阿桑奇（Julian Paul Assange）此前否认其泄露的邮件与俄罗斯有关系。2016 年 10 月，美国国土安全部在综合 17 家情报机构情报基础上得出结论，俄罗斯盗取美国政治人物及政党电子邮箱，目的是干预美国总统选举。

2016 年 12 月 13 日，特朗普正式提名蒂勒森出任国务卿。美国能源行业显然因特朗普的抉择而激动万分。油气公司赫斯（Hess）首席执行官约翰·赫斯（John Hess）便公开为特朗普的选择鼓掌，并称特朗普在人选任命问题上清楚地表明了能源至关重要，油气产业是未来美国经济真正的引擎。鉴于媒体称蒂勒森在能源领域之外没有任何外交经验，当天特朗普在一份声明中称，蒂勒森懂得如何经营一家全球性公司，这一经验对成功管理美国国务院至关重要；蒂勒森对地缘政治有着深刻理解，是全球最有成就的商业领袖和国际交易人士之一。

不过，在特朗普提名之后，蒂勒森正式成为国务卿还需要国会通过。关于蒂勒森担任国务卿一职还存在很大的争议。蒂勒森一方面缺乏职业外交经验，另一方面被认为与俄罗斯关系密切。但是，特朗普过渡团队传出消息称，特朗普正式决定提名蒂勒森前，已经争取到多名共和党大佬的支持，为他顺利闯关参议院的提名听证会增加胜算。

20 世纪 20 年代，美国第 30 任共和党籍总统柯立芝（John Calvin Coolidge, Jr.）有过一句名言："美国的国家大事就是做生意。"特朗普虽然没有从政经验，却有着极好的政治直觉。在大选的最后几个月中，他原来凭着直觉说的话（作者诙谐地称之为"大嘴巴意识流"）逐渐形成了一套新的外交政策的思路，其核心就是"美国第一"。也就是说，在处理国际事务上，一切以美国的实际利益为优先，少受或者不受意识形态的束缚。这种现实主义的具体做法，便是在国际关系中，无论是军事还是贸易，尽量采用国与国之间的谈判方式，减少大而空并且可能对美国不利的多边国际协约。对于世界上其他地区的各种麻烦，如果美国没有实际利益的话，就尽可能地不去干预。这位惯做生意的候任总统相信生意是一笔一笔做的，合同是一个一个签的，只有这样才能最大限度地保护国家利益。众议院军事委员会议员罗伯特·惠特曼（Robert Whitman）表示："我同意当选总统的做法，不去做那些帮助他国建设政权的蠢事，而是将美国利益放在最前列。"

蒂勒森虽没有任何当外交官的经历，但他的商业思维比较切合特朗普的交易思维，因为在商业场上积累的谈判经验可以触类旁通到外交场。也可以说，蒂勒森是一位深谙能源、经济事务和市场规律的美国国务卿，这从一个侧面反映了特朗普希望新一届美国政府外交班底直接服务于其主抓国内经济事务的执政思路。特朗普将投入巨大精力处理中东事务，这里就必须涉及与俄罗斯的战略利益协调，而蒂勒森恰好集合了精通国际能源市场运作规律和与俄罗斯关系密切两项"特长"。

2016年12月13日，在威斯康星州举行的"答谢之旅"大会上，特朗普说："蒂勒森是我们这个时代的世界上最了不起的、最有才能的商界领袖之一，在石油行业中做过一些最好的交易。他是个很了不起的外交家，是个强势的人。他已经赢得了我们国家许多领袖的尊敬。蒂勒森将会扭转多年以来美国在外交政策中犯下的种种错误以及造成的灾难。"特朗普相信，蒂勒森领导全球化企业的能力会帮助他"成功运营好国务院"。蒂勒森在随后的声明中说，他对成为国务卿提名人选感到"荣幸"，赞同特朗普有关"恢复美国外交关系信誉、推进国家利益的愿景"。

特朗普一向喜欢任命无政府经验者进入内阁，对蒂勒森的提名与此吻合。蒂勒森身上有代表大公司、大商业利益的一面，这很容易被传统的温和共和党人所接受；另一方面，他又没有任何政府经验，会被激进派认为与特朗普竞选以来反精英、反华盛顿、反建制的风格相投，所以也可以接受。蒂勒森管理埃克森美孚这样的大型跨国公司，具备运营国际组织管理能力，长期从事石油产业，不乏国际视野，在国际场合打交道不怯场，还和普京有良好的关系，这些都是优势。克林顿改革美国政府时也曾提到企业家精神，以这种精神运营美国政府释放提高效率且降低成本信号，符合特朗普变革的想法。

特朗普曾极力说服他的支持者，蒂勒森将积极维护美国利益，称他是"一个强悍的人"。在竞选期间，呼吁与俄罗斯之间建立友好关系、质疑北大西洋公约组织（North Atlantic Treaty Organization，NATO，简称：北约组织或北约）有效性的特朗普让美国盟友大吃一惊。北大西洋公约组织是第二次世界大战后为对抗苏联，由美国带头建立的军事集团组织。效劳于全世界最大的能源公司的蒂勒森在与海外国家达成贸易协议的过程中积累了丰富的外交经验。蒂勒森在一份声明中表示，他认同特朗普"恢复美国的信誉"这一目标。

有关蒂勒森的提名公布后，俄罗斯第一时间给予积极评价，期望俄美两国发展更良好关系。普京的首席外交政策顾问尤里·乌沙科夫（Yury Ushakov）说，不只是总统普京，俄罗斯很多人与蒂勒森保持着良好的"工作关系"，认为他是个"靠谱的人"，"在他所属的行业非常专业"。乌沙科夫说，俄方希望处于危机中的俄美关系能早日结束。俄罗斯外交部长谢尔盖·拉夫罗夫（Sergey Lavrov）表示："特朗普提名蒂勒森的决定务实。我们希望，这种务实将成为处理俄美关系和应对国际事务方面建立互利关系的良好基础，我们已经准备好与任何有意在平等基础上发展与俄罗斯关系的合作伙伴对话。"

分析人士认为，如果有公司能从取消对俄罗斯制裁中受益良多，那它一定是埃克森美孚。而随着蒂勒森被特朗普提名为国务卿，取消对俄罗斯制裁也不再是天方夜谭。美国独立理财顾问机构爱德华琼斯（Edward Jones）高级能源分析师扬伯格（Brian

Youngberg）说："取消制裁是埃克森美孚的最大利益所在。在所有能源公司中，它会是最大的受益者。"埃克森美孚与俄罗斯最大的石油公司俄罗斯石油的合作是非同寻常的，这是对未来半个世纪石油行业的巨大赌注，蒂勒森对此"赌上了他的职业生涯"。制裁对埃克森美孚发展造成了巨大阻碍，而埃克森美孚的老旧油田已日渐枯竭。蒂勒森从来都不是制裁决策的支持者，他也毫不掩饰他想重回北极圈的兴趣，表示"我们非常渴望重回北极圈开采"。蒂勒森说制裁政令让他们俄罗斯北极圈内"卸除所有开采设备和基础设施"，但他们并没有失去俄罗斯北极圈这一据点。他说，俄罗斯"采取措施保证了我们的权益"。

蒂勒森被称为"最亲近普京的美国人"，按说俄罗斯对特朗普的这一提名应该欢呼雀跃才是，但情形并非如此。普京的新闻发言人佩斯科夫（Dmitry Peskov）则强调称："现在对未来做任何预测都根本不合逻辑，更不要说沉湎于幻想、认为一切一下子就会变好了。"俄罗斯联邦委员会国际事务委员会主席科萨切夫（Konstantin Kosachev）在网上说，大多数俄罗斯和美国的分析人士都认为，蒂勒森的提名会通过参议院的批准，"但我不这么认为，共和党在参议院中没有那么明显的优势，关于蒂勒森的提名很容易被否决。蒂勒森的对外政策在共和党内部就会遇到足够多的反对者，比如麦凯恩、罗姆尼等人，他们会给蒂勒森列出一个长长的红线清单，让他承诺不逾越。"

不少俄罗斯专家称，对蒂勒森的提名应该可以被通过，只是蒂勒森上任后的一举一动都会被放在显微镜下放大观察，他的"亲俄"标签将受到格外关注，这并不利于他调整美国对俄政策。蒂勒森尽管是一位没有从政经验的商人，但他也被外界称为"有政治嗅觉的商人"。他自己曾说："要想在俄罗斯做好生意，就要有灵敏的政治感觉。"特朗普提名蒂勒森后，普京2013年6月亲自授予蒂勒森俄罗斯"友谊勋章"的细节就被美欧媒体翻出来热炒，以渲染蒂勒森的"俄罗斯情愫"。蒂勒森在被提名前最后一次见到普京是在2016年6月17日，普京出席圣彼得堡国际经济论坛时与蒂勒森交流。

特朗普的顾问凯莉安娜·康威（Kellyanne Conway）评论称："蒂勒森与普京的关系是建立在商业利益之上的，那并不是当地酒吧里的推杯换盏。"美国著名外交家基辛格则认为，特朗普对蒂勒森的提名是个好决定，他说："我并不在意他与俄罗斯关系十分友好的证据，我们不应该把这些关系看成私人关系。"基辛格相信，蒂勒森与俄罗斯的联系不会影响到他作为美国国务卿的作为。

一位了解蒂勒森的知情者在接受俄罗斯《生意人报》采访时表示，蒂勒森是"俄罗斯的朋友"这个说法并不正确。此人强调："埃克森美孚在俄罗斯下了很大的赌注，所以它需要在俄罗斯开采新的区块。这并非出于什么'爱'。"埃克森美孚一方面想方设法让在俄罗斯项目躲过美国对俄罗斯制裁的条条框框，另一方面正利用这个机会试图扩大在俄罗斯生意。此人还表示，蒂勒森出任美国国务卿后，未必就"亲俄"。"当然，他是个很聪明的人，知道在俄罗斯和谁谈、如何谈。同时，他也对如何更有效地拿到自己想要的东西了如指掌。"

如此看来，在很多美国人眼里"亲俄"的蒂勒森，在俄罗斯人眼里并非如此，何况一些了解蒂勒森的分析人士也认为，这位熟知俄罗斯门道的商人，在出任美国国务卿之后面对俄罗斯时，很可能是"友谊归友谊、生意归生意、公务归公务"。

2016年美国总统大选，最不被看好的特朗普竟然当选了，实在让人意外。大选在如火如荼的时候，希拉里的一连串丑闻被维基解密爆出，美国的一名高级官员透露，中情局认为俄罗斯干预了美国大选，以帮助特朗普取胜，而且还削弱了美国选举制度的信心。中情局称，一些与俄政府有联系的人向维基解密网站提供了数千封民主党外泄电邮，其中包括希拉里竞选团队主席的电邮。美国一直在干涉别国的政权，这次大选被人干预让这个超级大国确实感到不是滋味。

12月25日，俄罗斯举行了记者招待会，普京首次变相承认俄罗斯干预了美国大选。普京在发布会上说，在大选的最后阶段没有人相信特朗普会赢，除了我们。说完露出了狡黠的微笑，展现了一个胜利者骄傲的姿态，台下也是爆笑一片。美国总统竞选期间，大洋彼岸就敲响了对中国的第一次"警钟"。特朗普承诺要对中国征收45%的关税，借口是担心美国制造商无法同中国工厂竞争。

俄罗斯科学院远东研究所副所长、经济学博士安德烈·奥斯特洛夫斯基（Andrey V. Ostrovskiy）认为，特朗普上任后将推行的真正的"对华政策"还有待观察。他说，如果提高中国商品的关税，那么将引发普通美国人的不满。据统计，中国商品每年为每户美国家庭节省了1000美元。中国也对从美国获得的先进技术感兴趣。大规模冲突对双方都不利。但专家认为，如果巧妙地周旋于中美之间，利用他们的矛盾，俄罗斯可以加强自己在世界舞台上的地位。

12月29日，奥巴马宣布，因俄罗斯涉嫌通过网络袭击干预美国总统选举而对俄罗斯进行制裁。美国官员表示，美国将从华盛顿和旧金山驱逐35名俄罗斯外交官，令其72小时内离境。美国12月30日中午起禁止俄罗斯外交官进入领事馆。美国关闭俄罗斯驻马里兰和纽约的领事馆，其原因是这些领事馆似乎从事情报工作。奥巴马将驱逐的俄罗斯外交官称作"间谍"。

奥巴马在书面声明中称："今天命令采取一系列行动回应俄罗斯政府对美国官员施加侵占性的压力，并以此回应针对美国选举发起的网络攻击行动。私下和公开场合多次向俄罗斯政府警告后才做出该决定，这是对违反国际准则、试图损害美国利益的必要和适当回应。但是美国从未提供俄罗斯与为影响美国总统选举结果而进行黑客攻击有关系的任何证据。"对于奥巴马的指责，莫斯科表示否认。

针对奥巴马宣布制裁俄罗斯，30日，俄罗斯总统普京表示，俄罗斯不会驱逐美国外交人员。克里姆林宫还发布消息称，普京祝贺美国人民和候任总统特朗普新年快乐，并邀请美国驻俄使馆外交官子女参加克里姆林宫举办的新年枞树晚会。美国候任总统特朗普当天在推特发文赞赏普京的决定,并说:"普京延迟行动实在太棒了——我一直知道他非常聪明!"[Great move on delay(by V. Putin)- I always knew he was very smart!]不过,特朗普指的"延迟"(delay),意思不明。特朗普此前称,有关俄罗斯牵涉黑客攻击的指控"荒谬"。另外,当被问到会否对俄罗斯进行制裁,特朗普称,美国人应该向前看。特朗普的幕僚康威则说:"就算是一些在大部分议题上支持奥巴马总统的人,他们都认为他今天的举措是想围困特朗普候任总统。假如政治是推动他这样做的因素,这真的非常不幸。"

在美国总统大选之前的早些时候,美国情报机构曾表示,俄罗斯政府曾授权黑客入侵美国政治组织的网络系统,试图对总统大选进行干扰。2016年10月11日,美国国土安全部曾在一份报告中指出:"到今天为止,已有33州、11县及地方选举机构与国土安全部探讨我们的网络安全服务。现在距离11月8日选举日还有29天时间,我们鼓励其他的选举机构完成同样的事情。"12月9日,美国国家安全及反恐顾问摩纳哥(Lisa Monaco)表示,总统奥巴马已下令全面调查针对2016年美国总统大选发起的黑客活动,此份调查报告将会在候任总统特朗普2017年1月20日上任前完成,奥巴马希望在任期结束前能拿到完整报告。白宫发言人、奥巴马高级顾问埃里克·舒尔茨(Eric Schultz)补充道,此次调查将涵盖自2008年起与美国大选有关的一切恶意网络攻击,其中包括针对希拉里的电邮泄露事件,以及大选投票者注册系统及数据库的检查,最终调查的目标是为了弄清楚黑客的真正目的。

针对白宫此次调查活动,俄罗斯政府否认美国政府的说法,并要求美国提供实质证据,而不是空口诬蔑。俄罗斯外交部发言人玛丽亚·扎哈洛娃(Maria Zakharova)表示:"每次美国对我们做出各式各样的指控时,我们对其指控的原因都非常感兴趣。但当我们的外交部长要求美方提供指控的全面证据信息时,他们却从未有过回应。"

2017年2月1日,美国国会参议院以56票赞成、43票反对的结果,通过总统特朗普提名的蒂勒森为美国国务卿。蒂勒森随后在总统特朗普和副总统彭斯的见证下宣誓就职。参议院外交关系委员会主席科克当天表示,蒂勒森将成为美国国务院一位有能力、高效的领导者。他说,蒂勒森将捍卫美国的价值观,巩固美国与传统盟友的关系,并寻求构建新的伙伴关系。科克称,处理美俄关系将是蒂勒森任内的一项重要工作。他表示,特朗普总统已明确表态,愿改善美国与俄罗斯的关系。作为美国最高级别的外交官,蒂勒森将负责落实并推动特朗普的这一想法。

作为国务卿,蒂勒森要处理的事情很多,首当其冲的便是伊朗核问题。历史性的伊朗核协议是民主党总统奥巴马多年苦心经营的成果。2015年7月在维也纳正式签署,2016年1月16日起正式生效。这一协议先是由华盛顿与德黑兰2012年至2013年连续18个月秘密商谈,随后又"6+1"公开谈判的结果。伊朗核协议的核心就是伊朗保证其核计划的民用性质以换取国际社会取消经济制裁。该协议实施以来,包括伊朗的敌国沙特阿拉伯和以色列也承认，伊朗遵守了协议的规定。奥巴马曾希望在自己2017年1月结束总统任期前，与自1980年以来跟美国断绝外交关系的伊朗解冻。奥巴马寻求在波斯湾国家和在中东地区建立一种新的平衡关系，但是，奥巴马的这一战略被沙特阿拉伯视为对伊朗过分有利，也激起了共和党占主导地位的美国国会的反对。

第八节
特朗普竞选团队的"通俄门"风波不断发酵

特朗普当选美国总统以来，其竞选团队不断被指控"通俄"。俄罗斯方面坚决否认干预美国大选，但特朗普就职以来，其竞选团队的"通俄门"风波不断发酵。2017年1月22日，据《华尔街日报》报道，美国情报机构调查了特朗普任命的总统国家安全事务助理迈克尔·弗林（Michael Flynn）与俄罗斯政府的关系，弗林成为首位因俄罗斯涉嫌干预美国大选而被美国情报机构调查的特朗普政府官员。也就是这一天，弗林刚刚与多名白宫高级顾问一起宣誓上任。

事件的起因是，弗林在2016年12月29日与俄罗斯驻美国大使谢尔盖·基斯利亚克（Sergey Kislyak）通了5次电话。当天，美国总统奥巴马宣布了对俄罗斯的一系列制裁措施，作为对俄罗斯涉嫌干预美国大选的回击。通话的时机比较敏感以及俄罗斯决定不对美国采取报复行动，引起人们质疑特朗普小圈子同克里姆林宫关系的问题。民主党参议员库恩斯（Chris Coons）说，如果这个国家安全顾问不值得信任并且不讲真话，国家安全委员会人员就会处于混乱，那对国际关系会形成大问题。其实，这不是弗林第一次陷入危机。2016年12月《华盛顿邮报》就曝出弗林在担任美国驻阿富汗国际安全援助部队情报主管时违反相关规范，"不恰当地与多位外国军事官员分享机密信息。"

包括联邦调查局、中央情报局在内的情报机构还调查了弗林此前与其他俄罗斯人士的联络。对弗林的调查主要是为了确认他和俄罗斯官员的联络是否违法。同时，美国参议院情报委员会也在调查其他与特朗普有关的人士与俄罗斯的联系。前特朗普竞选团队主席马纳福特（Paul Manafort）及顾问罗杰·斯通（Roger Stone）和卡特·佩吉（Carter Page）也已经因为他们与俄罗斯有关的利益和公开表态受到了调查。

在2016年大选中，弗林对俄罗斯的态度一直是西方媒体关注的焦点。他在大选中呼吁美国与俄罗斯加强合作，并与普京保持建设性关系。称"普京将是美国在某些事上的可靠伙伴"，美国需要和俄罗斯建立一个全面的关系。

2017年1月13日，《华尔街日报》报道称，美国当选总统特朗普在专访中暗示，如果俄罗斯在打击恐怖主义等方面对美国"有帮助"，或将撤销奥巴马政府的最新对俄制裁。1月21日，特朗普在上任后的第一个整天视察了美国中央情报局总部并发表讲话，称自己"1000%支持中情局"。

但是，美国媒体报道了越来越多的证据，指责弗林曾在特朗普政府的过渡时期与俄罗斯驻美国大使基斯利亚克讨论关于取消奥巴马政府对俄罗斯进行制裁之事。弗林公开否认相关报道，副总统彭斯和其他一些内阁高官也多次在电视采访等公开场合为他否认媒体报道和进行辩护。

《华盛顿邮报》在2月9日更明确地引用数名前美国官员的话指出，他们交流的内容包括弗林"不恰当地""有可能非法地"向俄罗斯暗示他们可以等待新政府撤销奥巴马总统的报复制裁。在相关报道后，弗林退而表示他不能100%记清楚当时谈话的内容。随着媒体报道的升温，特朗普政府面临越来越大的压力。众议院民主党领袖佩洛西（Nancy Patricia D'Alesandro Pelosi）在11日致电特朗普，要求暂停并取消弗林的安全级别（security clearance）。佩洛西在声明中称，她再次要求联邦调查局调查特朗普总统与俄罗斯之间经济、政治和私人关系，特朗普对普京的"叩头"做法危害了美国的国家安全。佩洛西在声明中质问道："俄罗斯到底握着特朗普什么把柄让他玩弄取消制裁和削弱北约的想法？！"

2017年2月13日晚，就在白宫表示"特朗普总统正在评估国家安全顾问弗林与俄罗斯官员私下交流情况"后数小时，弗林即发表声明，辞去任职。上任不到1个月便辞职，也使他成为美国历史上任期最短的国家安全顾问。在辞职信中，弗林将离职原因归咎于"由于事情发展太快，我在向候任副总统和其他人汇报与俄罗斯大使的通话内容时，无意中提供了不完全的信息……我已经诚挚地向总统和副总统道歉，他们已经接受了我的歉意。"13日当晚，特朗普临时指派了退休美国陆军中将凯洛格（Keith Kellogg）接替弗林。

从事件性质看，弗林在总统还未正式就职之前就单方面与外国政要会见，谈及未来政府关系走向，这是非常不恰当的；同时，他向特朗普政府隐瞒了事实，至少在职业操守上存在很大的问题。按照美国1798年通过的《罗根法》（Logan Act）规定，禁止私人参与外交政策，而弗林可能在特朗普就职之前与俄罗斯驻美大使讨论美国对俄制裁问题，触犯了此法，这种行为最严重的后果是有可能被列为叛国罪。

2月14日，白宫发言人斯派塞（Sean Spicer）在例行记者会上表示，在过去几周时间里，白宫一直就前任国家安全事务助理弗林与基斯利亚克的通话进行调查，并得出结论。特朗普总统在听取调查结论后认为，他已对弗林失去信任，有必要换人，遂要求其辞职。斯派塞进一步解释称，特朗普对弗林失去信任的主要原因是他误导副总统彭斯，并引发一系列的后果。斯派塞称，弗林与基斯利亚克聊了什么并不重要，重要的是弗林没有如实汇报通话内容。他说，这不是一个有关合法性的问题，而是一个有关信任的问题。当被问及特朗普是否曾授意弗林与俄方讨论制裁一事时，斯派塞明确表示:"绝对没有"。

弗林在舆论压力下被迫辞职,离开只把持23天的关键岗位,也使总统特朗普的声誉在"禁穆令"被联邦法院否决后再遭重击。这里提一下"禁穆令",2017年1月27日,美国总统唐纳德·特朗普签署了一份名为"阻止外国恐怖分子进入美国的国家保护计划"的行政命令。这份行政令要求,未来90天内,禁止伊拉克、叙利亚、伊朗、苏丹、索马里、也门和利比亚等七国公民入境美国。因为所涉七国均以穆斯林为主要人口的国家,因此这份行政命令也被媒体和民间团体称为"禁穆令"。

然而,与弗林辞职相关的"通俄门"事件还在发酵,特朗普被迫对俄罗斯变脸,即使"通俄门"不会演变为另一次"水门"事件,特朗普与俄罗斯的蜜月也许没有真正开始就要流产。"通俄门"涉及的不止弗林一个人,美国媒体披露说,特朗普的竞选团队主席马纳福特也间接与俄罗斯有染。乌克兰政府曾指控马纳福特2016年8月收受亲俄政党1270万美元贿赂款项,美联社也曝光他帮助该党派向两家华盛顿游说公司转交220万美元。马纳福特尽管否认上述指控,但承认自己确实在给亲俄的前乌克兰总统亚努科维奇(Viktor Fedorovych Yanukovych)做顾问。如此瓜田李下,确实表明特朗普团队与俄罗斯关系非同寻常,其政敌们认定特朗普对俄罗斯怀有好感,不会是无缘无故的。弗林与基斯利亚克关于制裁问题的交谈,恰恰发生在奥巴马酝酿对俄制裁的敏感阶段,他作为候任总统亲信对俄方所做出承诺,显然给政敌们留下充分的想象空间。

弗林"通俄门"事件令特朗普面临各界对他"亲俄"的指责,怀疑他是在俄罗斯的帮助下才入主白宫。特朗普急需寻找机会转移国内压力。这个机会来了,2017年4月7日凌晨4点40分左右,美国海军从部署在地中海的两艘"阿利·伯克"级导弹驱逐舰(Arleigh Burke Class Destroyer)上发射了总共59枚"战斧"巡航导弹,对叙利亚政府军在霍姆斯省的沙依拉特空军基地进行外科手术式的军事打击。特朗普亲自批准并通过远程视频观看了此次军事行动,这是他入主白宫以来美军首次在海外采取重大军事行动,也是叙利亚危机发生6年来美国首次对叙利亚政府军发动大规模袭击,意味着美国对叙利亚政策发生了调整。

五角大楼称,叙利亚政府军在沙依拉特空军基地中藏有化学武器,且使用该基地起降战机对反对派展开空袭。这次军事打击是"对叙利亚政府军两天前在汉谢洪地区使用化学武器并造成大量无辜平民伤亡事件的回应"。叙利亚政府称这次袭击共造成9名叙利亚军人丧生,另有9名在该基地周围的平民死亡。

2017年4月4日,亲反对派的总部位于英国伦敦的"叙利亚人权观察组织"称,当天早上在伊德利卜南部,叙利亚政府空军或者俄罗斯空军实施空袭,并使用了化学武器造成了至少58人死亡,其中11人为儿童。随后反对派称,收治此次空袭受害者的医院在下午遭到了空袭。

对于这次化学武器袭击事件背后的主谋，美国、俄罗斯从一开始就展开了激烈的争执。俄罗斯称造成毒剂泄漏的可能是叙利亚政府军的空袭击中了地面上"恐怖分子所控制的化学武器工厂"，但美国并不买账。在使用战斧导弹打击叙利亚政府军事基地后第四天，白宫向媒体公开了一份4页纸的对化学武器袭击事件的情报评估报告，美国情报部门通过对"信号情报、地理空间情报、受害者生理样本的实验室分析结果以及大量可信的公开信息源"的综合分析得出结论，"坚信"是叙利亚政府从沙依拉特空军基地起飞的苏22固定翼战机在汉谢洪地区上空投放了化学武器。俄罗斯方面称已经提请联合国介入汉谢洪化学武器事件的调查，并暗示在叙利亚境内屡次发生的化学武器袭击事件与美、英两国在2003年伪造伊拉克拥有大规模杀伤性武器的证据的拙劣表现如出一辙。

且不论这次化学武器袭击事件背后的主谋到底是谁，至少这一事件给了特朗普转移美国国内"通俄"舆论压力的机会。轰炸叙利亚一方面可以作为美国坚决反对使用不人道的生化武器的证明，占尽道义优势；另一方面，打击叙利亚可以作为特朗普并不亲俄的一大明证，通过公开疏远与普京的关系来证明特朗普与俄罗斯并无幕后交易。通过快刀斩乱麻的军事行动，特朗普回应了国内有关他"亲俄"的传言，堵住共和党内和国内保守派的嘴。同时，他也遵循了"内政不足对外找补"的政坛潜规则，以外交的强硬来弥补国内政策频频遇挫的尴尬处境。

上任初期，特朗普将打击"伊斯兰国"组织作为在中东的首要任务，甚至将叙利亚总统巴沙尔·阿萨德视为事实上的反恐盟友。3月30日，美国常驻联合国大使妮基·黑莉（Nikki Haley）在纽约还表示，尽管美方认为阿萨德是解决叙利亚危机的一大障碍，但是美方不再优先考虑要求他下台，新一届美国政府优先考虑的事情是寻找合作对象来真正解决叙利亚问题。叙利亚内战爆发初期，前任总统奥巴马的立场强硬，要求阿萨德下台。但随着叙利亚内战愈演愈烈，"伊斯兰国"势力日益强大，奥巴马政府在叙利亚问题上的重心逐渐倾向打击"伊斯兰国"，在阿萨德去留问题上的立场也逐渐软化。然而美国发动空袭后，国务卿蒂勒森一改"无意推翻阿萨德"的表态，称"未来叙利亚不会有阿萨德的位子"。

美国中东政策调整，有三个方面的原因：一是占领反对使用化学武器的"道义制高点"，暗地支持反政府武装叙利亚自由军。美国支持的叙利亚自由军仅控制全国10%的领土，主要在西北部和南部狭小地区，而政府军自2016年底拿下阿勒颇后，已控制了全国主要城市。二是对俄罗斯主导中东事务的不满。2017年初，俄罗斯、伊朗和土耳其建立叙利亚问题阿斯塔纳会谈机制，美国被"边缘化"。3月，特朗普宣布增派400名士兵前往叙利亚，增强军事存在。三是回应所谓"通俄"的指责。上任仅24天的总统国家安全事务助理弗林因涉嫌"通俄"引咎辞职，特朗普急需在叙利亚问题上对俄罗斯强硬。从特朗普说自己态度改变，到下令发射战斧导弹，决策时间确实很短。除了他果断、追求效率的商人行事风格之外，也向国内和全世界展示了他强人的形象。

59枚战斧在发射后约1小时内几乎在同一时间击中目标,沙依拉特基地在瞬间几乎完全被摧毁,展现了美军无可匹敌的军事打击能力。位于华盛顿的战争研究所高级研究员克里斯托弗·科扎克(Christopher Kozak)说,特朗普希望以突然采取的军事行动彰显美国军事力量的威慑力,且通过"这样的力量为协商解决某一问题并保证协议持久有效创造条件"。

不过,此次美国对霍姆斯空军基地的空袭仍然是目标有限的战术性报复行动,并未打击首都大马士革的目标,也未轰炸政府指挥控制中心,空袭更像是"敲山震虎",对阿萨德政府、俄罗斯和伊朗发出警告。

2016年底,叙利亚政府军在俄罗斯和伊朗的鼎力支持下重新夺回阿勒颇,一举取得了地面战场上的主动优势,并持续向本国东部和北部的反对派残余力量发动攻势,叙利亚局势也一度平静。在外交场合,俄罗斯、土耳其和伊朗多次召开叙利亚问题会议,叙利亚和平进程的主导方逐渐转向这三国,作为世界警察的美国在叙利亚问题上的影响力却与日俱减。

在特朗普政府迟迟不能出台清晰完整的对叙利亚政策之际,普京并没有坐等特朗普伸出橄榄枝。一方面,在叙利亚内部,俄罗斯极力拉拢原先由美国支持的叙利亚库尔德人,由俄罗斯石油牵头组织多个石油贸易商与库尔德地方政府商谈从其手中购买石油的事宜,并且在军事上帮助叙利亚库尔德人的武装组织YPG(叙利亚库尔德人民保护联盟武装组织)抵御土耳其方面的进攻,还向其提供军事顾问和培训人员;另一方面,俄罗斯与美国在中东的传统盟友埃及不断走近,不仅与塞西(Abdel Fattah al Sisi)政府达成协议要在苏伊士湾建设俄罗斯的工业园区,并且在位于埃及西部的西迪巴拉尼(Sidi Barrani)空军基地部署了俄军的特种部队和无人机分队。

美国最不愿看到的一幕也正在发生。在叙利亚战场上,俄罗斯与伊朗形成的合作关系让两国越走越近。2017年3月底,伊朗总统鲁哈尼访问俄罗斯,表明了俄伊合作的加深。除了一系列经济合作倡议之外,伊朗外长扎里夫(Mohammad Javad Zarif)表示:"伊朗的军事基地依然可以让俄军使用,一直到'伊斯兰国'被彻底打败为止。"种种迹象表明,俄罗斯的野心并不限于通过这些杠杆迫使美国与俄罗斯谈判、取消制裁,而是大有挑战美国在中东地区话语主导权的趋势。

美国空袭叙利亚明显是针对俄罗斯的,同时加剧了中东地缘政治危机。美英法三国在安理会与俄罗斯激烈争吵,普京谴责美国的空袭为"对主权国家的侵略";土耳其埃尔多安(Recep Tayyip Erdogan)政府一改过去数月与俄罗斯和伊朗的"暧昧"关系,转而支持特朗普政府的空袭行动;沙特阿拉伯等海湾阿拉伯国家合作委员会国家也支持美国推翻阿萨德政府。

美国国防部称,在发动军事打击前,已经通过"避免冲突专线"通知了俄方,避免造成俄方人员的伤亡,但却让伊朗、叙利亚两方对俄美之间进行大国政治交易而牺牲地区小国利益的担忧进一步加深。显然，美国此举有离间俄罗斯与伊朗、叙利亚关系的意图。

空袭之后，俄罗斯和伊朗在叙利亚的联合行动指挥中心发表声明说，美国军事打击叙利亚已"越过红线"，是对叙利亚主权的侵犯，是一个危险的先例，"今后我们将强力回应任何一方针对叙利亚的任何侵略行为"。作为叙利亚盟友，俄罗斯、伊朗将强力回应针对叙利亚的"侵略行为"。

应当说，普京对特朗普空袭叙利亚相当不满，很有意思的是，在这种氛围下，4月10日，俄罗斯卫星网报道，蒂勒森4月11日至12日对俄罗斯进行访问。但俄罗斯总统新闻秘书佩斯科夫表示，俄罗斯总统普京的日程目前并没有安排与蒂勒森的会晤。路透社认为，克里姆林宫这一举动可能表明：上周美国对叙利亚的导弹攻击已经激怒普京，导致两国关系紧张，蒂勒森此访将遵循严格的外交流程，只和俄罗斯外长拉夫罗夫会面。佩斯科夫说，美国导弹攻击叙利亚政府军意味着华盛顿完全不愿意在叙利亚进行合作。不过，佩斯科夫并没有把话说死，佩斯科夫称，如果拉夫罗夫与蒂勒森的对话有必要"向国家元首报告"，那么普京与蒂勒森会面也是有可能的。但外界普遍预计，基于蒂勒森和俄罗斯长期保持着良好关系，蒂勒森此访将获普京接见。

虽然俄罗斯外交辞令"咄咄逼人"，但蒂勒森并未"接招"，似乎仍试图缓和美俄关系。蒂勒森8日接受采访时表示，他找不到俄罗斯会对美国导弹攻击叙利亚空军基地做出报复的理由。蒂勒森说，俄罗斯不是这次攻击的对象。"美国在该地区的首要之务并未改变，目标仍是打击极端组织'伊斯兰国'武装分子。"另外，在美国空袭叙利亚后，俄罗斯没有取消蒂勒森访问莫斯科，这表明俄罗斯可能愿意容忍这一次空袭。小布什（George Walker Bush）政府时期的美国驻俄大使亚历山大·韦尔伯（Alexander Vershbow）说："俄罗斯人还没有放弃和特朗普政府合作。"

4月11日，蒂勒森访问俄罗斯，是特朗普上任以来首位正式访俄的美国内阁成员。克里姆林宫当日确认，普京不会接见他。拉夫罗夫在莫斯科与美国国务卿蒂勒森会面刚开始时，便抱怨美国政府的外交政策"模糊且自相矛盾"。拉夫罗夫将美国上周对叙利亚空军基地的导弹袭击描述为"针对叙利亚的违法行为"，称"我们认为，不要让这些行动再次出现非常重要"。拉夫罗夫表示，在过去的几个月中，俄罗斯方面听到很多华府关于俄美关系现状和未来的动向。坦诚地说，在双边和国际问题上，俄美双方存在很多问题。蒂勒森则表示，这是"美俄关系的重要时刻"，并表示他们的对话将"进一步澄清双方之间的尖锐分歧，以便双方可以更好地理解这些存在的分歧并寻求缩小分歧"。

在美俄两国因叙利亚问题关系紧绷之际，美国国务卿蒂勒森访问俄罗斯，作为总统的普京到底会不会接见这位"亲俄"人士？12日，蒂勒森与拉夫罗夫进行了长达5个多小时的会谈。拉夫罗夫表示，俄罗斯方面非常希望了解美国政府在重要国际事务上的立场。蒂勒森表示，两国坦诚对话将为美俄未来关系定调。当天傍晚，可能敏感时期不想把俄美关系闹得太僵，普京最终还是接见了蒂勒森，并进行了近2个小时的会谈，为此次蒂勒森的莫斯科之行暂时画上了句号。

蒂勒森本次访问的行程实际上在3月就已确定了，但"通俄门"已然有愈演愈烈之势。此时蒂勒森访俄，被认为是为美俄关系缓和寻求新的路径。但在4月7日凌晨，美国突袭叙利亚的前提下，本次出访所能得到的积极成就几乎毫无指望，能够阻止美俄关系的继续下滑就已是最佳效果了。带着59枚战斧导弹同时击中目标的余威，作为国务卿首次访俄的蒂勒森本来计划迫使俄罗斯"在阿萨德政权和美国之间选边站"，但他似乎高估了俄罗斯对改善俄美关系的期待值。"我们在工作层面尤其是军事上的信任关系并没有提高，反而更像是被降级了。"普京在接受俄罗斯米尔（Mir）电视台的采访时这样评价当前的俄美关系。

自美国突袭叙利亚以来，俄罗斯方面的反应可以说是极为审慎。相比于2015年俄罗斯军机在叙利亚边境被土耳其击落时的快速回击，普京并没有第一时间做出回应，而是在蒂勒森抵达的前几个小时，才迂回地表达了看法。普京与到访的意大利总统马塔雷拉（Sergio Mattarella）一起召开新闻发布会时表示："有信息显示，美国正在叙利亚的其他地区，其中包括大马士革南部郊区，策划类似的事件，放置一些物质并指责是叙利亚政府所为。"普京强调，克里姆林宫有证据认为有人正在故意制造阿萨德政府使用化学武器的"假象"、进而"诱导"美国采取进一步军事行动。这一表态至少说明，普京并不希望与美国在中东造成对垒态势，但仍旧需要维持"尊严"，即坚持通过2015年底以来的一系列军事行动换取在叙利亚乃至中东地区某种程度上的实际存在。

在叙利亚局势突变的情况下，普京刻意在最后一刻决定与蒂勒森会面，是想给外界留下一种印象——俄罗斯仍愿意与美国保持密切沟通，同时也向美国暗示蒂勒森是他们所欢迎的人，希望这位俄罗斯的"老朋友"可以在美俄关系协调中继续发挥关键作用。访问结束后，蒂勒森也坦承俄美两国之间的信任关系"很低"。尽管美俄之间分歧仍旧根深蒂固，蒂勒森这次访问还是达成了一些成果：重设美俄"叙利亚空中军事行动沟通机制"；成立一个工作组，以解决较小的摩擦。

叙利亚问题一度被视为当今美俄关系发展乃至缓和的重要试金石。突袭叙利亚并不是彻底打碎这块石头，反而令特朗普政府占据了先手，获得了更大的交易空间。一方面，军事行动让特朗普罕见地赢得了美国国内两党的共同支持，暂且缓解了"通俄门"调查的压力；另一方面，军事行动实现了美国对俄罗斯在叙利亚军事存在的制衡，为进一步可能的反恐合作明确了基本规则。这就意味着，特朗普的59枚战斧导弹，在美俄之间支起了宽大的谈判桌，虽然面临刚性上限而难以迅速缓和，但如何避免更遭情形，甚至实现双方各得其所，还是可以谈谈的。

第九节
蒂勒森和特朗普在同一天的言论互相矛盾

在埃克森美孚10多年的董事长生涯里,蒂勒森以擅长在威权国家开展重大项目合作而闻名业界,从俄罗斯总统普京到赤道几内亚总统姆巴索戈(Teodoro Obiang Nguema Mbasogo),蒂勒森深入政经两界建立了广泛的朋友圈。在蒂勒森的领导下,埃克森美孚甚至拥有直接"绑架"政府对外决策的能力。

埃克森美孚对石油和天然气的寻求,它的议程并不总是与美国政府的议程保持一致。蒂勒森2012年6月在对外关系委员会发言时明确表示,他认为美国的政策应该确保该国获得平价能源。蒂勒森表示:"如果我们能够做到这一点,它的来源应该对我们没有什么影响,只要可靠就行了。"当初,蒂勒森之所以能晋升首席执行官,原因之一就是他在艰难崎岖的政治环境下成功地引导埃克森美孚进入俄罗斯石油业务。

2011年,美国国务院曾经希望在伊拉克推行新的石油产量分成合同,以促进什叶派、逊尼派和库尔德人的统一。埃克森美孚却绕开巴格达和华盛顿,直接与该国北部的库尔德政权签署了石油协议。这削弱了伊拉克中央政府的权威,促使库尔德人寻求更大的独立,也违背了美国在伊拉克的既定目标。蒂勒森就是这笔交易的核心。华盛顿研究机构大西洋理事会(Atlantic Council)的高级研究员让弗朗索瓦·塞泽克(Jean-Francois Seznec)说:"他们在该地区很有势力,完全不在乎国务院想做什么。"

《伊拉克石油报告》(Iraq Oil Report)总编辑本·范·何维尔(Ben Van Heuvelen)说,在选择与伊拉克库尔德当局进行石油交易的时候,蒂勒森的态度很明确:该协议的财务前景令其他政治考虑显得无足轻重。埃克森美孚投资的影响力也改变了一些邻国的考量,令土耳其相信直接与库尔德当局做石油交易是值得的。范·何维尔说:"埃克森美孚外交政策的一个明显趋势是,他们真的只在乎生意,只在乎做最有利于股东的事情。他们愿意在面对一大堆问题的时候,用另一种方式来看待事情。"

蒂勒森明白,自己与特朗普的个人秉性完全是两种风格,一个严谨内向,一个肆意张扬,要配合特朗普做好国务卿一职绝非易事。最后,是他的妻子敦促他做出了这个决定,她对蒂勒森说:"我觉得你应该试一试。"

2017年3月30日,蒂勒森对土耳其进行访问时强调,在合力打击极端组织"伊斯兰国"方面,美国和土耳其目标一致,没有"间隙"。蒂勒森还表示,阿萨德的去留应该由叙利亚人民自己决定。3月31日,美国驻联合国大使黑莉召开记者会指出,尽管美国依然认为阿萨德是解决叙利亚危机的一大障碍,但美方却不打算继续上届政府即奥巴马政府的做法,把注意力集中在阿萨德身上,而是转为寻找合作对象来解决叙利亚问题。

她说:"我们的首要任务不再是让阿萨德下台,而是真正了解要做什么、应当与谁合作,以改变叙利亚人民的生活。"蒂勒森、黑莉关于叙利亚阿萨德政权的说法和特朗普在竞选期间的主张是一致的,特朗普曾说,比起让阿萨德下台,美方更应优先考虑打败叙利亚和伊拉克境内的极端组织"伊斯兰国"。但时隔一周,美国59枚战斧导弹就袭击了叙利亚沙伊拉特机场,这让全世界首次感受到了美国总统的做法与国务卿外交的承诺不一致。

空袭叙利亚之后的第四天,蒂勒森出现在俄罗斯,他对这次首访极为重视,他需要在这里着力弥合美俄双方因叙利亚事件而加剧的分歧,他同时也亟须一个熟悉的环境来开启自己的外交破局。正当一切运行顺畅的时候,特朗普在华盛顿公开表态:"我和俄罗斯的关系一点都不好,或许是史上最差。"这使得蒂勒森在莫斯科的存在显得格外尴尬,尽管在最后一刻,他勉力实现了与普京的会面,然而蒂勒森自己最终也坦言,美俄关系"正处在低谷,互信度很低"。几乎是在会谈刚刚结束,俄罗斯外交部就宣布了俄罗斯、叙利亚和伊朗三国外交部长的会面计划。路透社认为,俄罗斯对蒂勒森表现出了罕见的敌意。

2017年5月23日,卡塔尔国家通讯社网站播发了据称是卡塔尔埃米尔(Emir,国家元首)塔米姆·本·哈马德·阿勒萨尼(Tamim bin Hamad Al Thani)的讲话,称支持伊朗和巴勒斯坦伊斯兰抵抗运动(即哈马斯,英文Hamas,是伊斯兰抵抗运动组织的简称),批评美国和沙特阿拉伯,并谴责对卡塔尔支持恐怖组织的有关指控。卡塔尔通讯社社交媒体账号还发文称,卡塔尔外交部要求将卡塔尔驻沙特阿拉伯等国大使召回,同时驱逐这些国家驻卡塔尔大使。

卡塔尔方面随后立即表示,卡塔尔通讯社网站及社交媒体账号遭到了黑客袭击,埃米尔讲话内容等是黑客伪造的,所播发的内容并不正确。不过,分析认为,尽管卡塔尔方面做出了解释,但正是这起事件使得卡塔尔与其他中东国家的关系迅速交恶。6月5日,巴林、沙特阿拉伯、阿联酋、埃及、也门、利比亚六国及南亚的马尔代夫、非洲的毛里求斯指责卡塔尔支持恐怖主义活动并破坏地区安全局势,分别宣布与卡塔尔断绝外交关系。

针对多国与卡塔尔断交风波,蒂勒森第一时间深入其中积极斡旋,他自信多年来在商界攒下的人脉在中东拥有足够的活动能力。他给各国熟悉的朋友们逐个打去电话,呼吁结束外交对立。蒂勒森5日在悉尼表示:"我们当然鼓励有关各方坐在一起,解决分歧。如果说我们(美国)能在他们解决问题方面扮演怎样的角色,那么我们认为海合会的团结很重要。"6月9日,蒂勒森在国务院对媒体记者说:"美国呼吁断交风波中的各方进行冷静而有深度的对话,不要让事态再度升级。美国支持科威特埃米尔的斡旋。卡塔尔埃米尔已在停止向恐怖分子提供资金支持和将恐怖分子驱逐出卡塔尔方面取得进步,但他必须做得更多、动作更快。"他呼吁沙特阿拉伯、阿联酋、巴林和埃及减轻对卡塔尔的封锁。蒂勒森是在同有关国家的领导人商议后发表上述讲话的，他还说，"根据这些对话，我很清楚达成解决方案的要素已经具备。这场削弱运输联系和贸易往来的危机已经开始造成粮食短缺，伤害到卡塔尔民众，也妨碍了商业往来，不利于美国打击'伊斯兰国'。"

正当蒂勒森摩拳擦掌打算施展自己的外交才能、调停中东局势，特朗普却和他唱起了"对台戏"。就在蒂勒森公开发表声明不到两小时后，特朗普在白宫玫瑰花园对媒体记者说，卡塔尔"历史上一直是恐怖主义的很高程度资助者"，卡塔尔"必须停止（对恐怖主义的）资助、停止其与此资助有关的极端主义意识"。特朗普说，沙特阿拉伯等国针对卡塔尔的行动"冷酷但有必要"。美联社分析，特朗普的说法可能促使沙特阿拉伯等国做出进一步举动、愈发孤立卡塔尔。

路透社评论，沙特阿拉伯等国宣布与卡塔尔断交后，特朗普政府的表态"互相矛盾"，不清楚是要孤立卡塔尔还是要促进各方对话。美联社将蒂勒森和特朗普在同一天发表的言论评为"互相矛盾的信号""混乱的外交"。不过，一名没有透露姓名的美国政府高级官员向《华盛顿邮报》记者解释，特朗普和蒂勒森当天的"口径"确有不同，但他认为："两人的政策是一致的。蒂勒森可能有他的观点，而随后总统也有他自己的观点，当然总统的观点占上风。"

实际上，涉及卡塔尔断交风波，美国政府内部释放的不统一声音不止于此。美联社报道，美国国务院此前说，美方并未干预沙特阿拉伯等国的断交决定，直至事发前才获得相关通知。但特朗普9日说，在他上月访问沙特阿拉伯、与多个阿拉伯和伊斯兰国家领导人会面期间，一些国家领导人和他谈及"对付卡塔尔"。他当时和蒂勒森及美军高级官员决定，"是时候敦促卡塔尔停止（对恐怖主义的）资助了"。卡塔尔断交风波是否影响驻卡塔尔美军行动是美国政府必须面对的问题。对此，蒂勒森9日说，断交风波"正妨碍"美国在这一地区的军事行动以及打击极端组织"伊斯兰国"的努力。但美国国防部发言人杰夫·戴维斯（Jeff Davis）当天在一份声明中说，美军在卡塔尔乌代德空军基地的活动眼下没有受影响，断交风波只是影响美军"为长远军事行动作规划的能力"。

以沙特阿拉伯为首的几个海湾国家6月5日宣布与卡塔尔断绝外交关系，并指责卡塔尔"支持恐怖组织""破坏区域稳定"。当时就有分析指出，这些行动似乎有特朗普介入的迹象。果不其然，特朗普9日在白宫记者会上的表态证实了他确实参与其事。特朗普在记者会上说："我们必须做出决定，要采取方便的行动，还是要等最终采取艰巨而又必要的行动。我们不得不制止资助恐怖主义的行为……我确定，是时候要卡塔尔结束资助行动了。"特朗普还补充道，他最近前往沙特阿拉伯首都利雅得出席峰会后，协助制定了上述应对方案。特朗普对自己在沙特阿拉伯的演讲才促使阿拉伯国家联合起来压制卡塔尔，得意之情溢于言表，在推特发文对沙特阿拉伯等国做法做出积极评价。然而，让美国始料不及的是，这场断交风波迅速发酵，超越了美国的应付限度。

一般而言，美国外交决策核心圈层由总统、国务卿、国家安全顾问和国防部长构成。作为美国石油利益集团代表的国务卿蒂勒森没有从政和外交经验，而国家安全顾问弗林虽有30多年情报从业经验，但他已栽在"通俄门"事件，因此，对中东和俄罗斯的外交角力，主要靠蒂勒森发挥更大的影响力。不过，通过蒂勒森访俄以及调停卡塔尔断交风波看，特朗普和蒂勒森的说法已经出现某种程度的不同调，甚至可以说，是特朗普事先"做局"，制造事端，然后由蒂勒森出面斡旋，缓和事态。即使如此，蒂勒森仍被特朗普没遮拦的"大嘴狂言"打脸。这说明，蒂勒森在特朗普外交决策中的角色正由核心圈滑向核心圈边缘。所谓核心圈边缘，就是特朗普的某些实质性的外交幕后决策并不被蒂勒森所掌握。

卡塔尔断交事件可以看作是特朗普中东政策胜利的一个表现。特朗普的中东政策就是遏制伊朗，壮大沙特阿拉伯和埃及的力量。如今，阿拉伯世界不仅跟伊朗对立起来了，而且把阿拉伯世界的"内奸"卡塔尔也踢出去了。特朗普似乎对沙特阿拉伯领导的断交举动表现出的是一种"即兴"的支持，是特朗普式的非常规做法，而蒂勒森的谨慎态度则体现了美国较为公允的做法。

海湾阿拉伯国家都是美国的盟友，但长期以来一直存在矛盾。发生在海湾阿拉伯国家之间的卡塔尔断交风波就是特朗普使的"离间计"。特别是一些阿拉伯国家早就对卡塔尔的一些做法感到不满。美国的如意算盘是，只要在这些国家之间挑起一场外交争端，那么这些国家必然会求助他们共同的"老大哥"美国。这样美国不仅可以两边通吃，还可以借机显示美国在该地区的主导地位和能力。

为化解卡塔尔断交风波进行斡旋，美国迅速派遣蒂勒森前往海湾"灭火"。2017年7月10日至13日，作为国务卿的蒂勒森首次访问海湾国家，马不停蹄地穿梭于科威特、卡塔尔和沙特阿拉伯之间。蒂勒森本意是想通过平息这场由美方一手挑起的争端，来夯实美国与海湾国家关系，巩固美国在海湾地区影响力。但事与愿违，不仅蒂勒森空手而回，而且如果争端持续下去反而可能让美国在该地区的对手渔翁得利。据美国媒体透露，蒂勒森希望通过这次海湾之行，至少说服相关国家同意坐到一起，就如何解决这场风波举行面对面谈判。但是，这些国家连这样一个能让美国挽回面子的姿态都没有做出。至于说服双方同意尽快恢复关系和取消制裁更是希望渺茫。

美国之所以难以收拾断交风波引发的乱局，主要是因为特朗普政府尚未解决对外政策不确定的问题，缺乏系统完整的中东政策，草率使出"离间计"，却没有准备好如何控制局势以及如何收场的后手。美国中东政策的不确定性，还让被离间双方从美国的一些做法和自相矛盾言论中，解读出对自己有利的信息，完全不理会对方的立场和感受，相关海湾阿拉伯国家都陷入骑虎难下的境地。对他们来说，如果不做出让步就很难解决这场风波，但如果做出让步又可能伤害自身利益甚至影响国内政局稳定。在这种两难困境下，即便美国想平息这场由自己一手挑起的风波估计也很难在短期内见效。

2017年10月20日，蒂勒森又开启了就任国务卿以来的第二次中东之行。蒂勒森此行的目的有两个：一是调停沙特阿拉伯与伊拉克的双边关系，呼吁中东盟友围堵伊朗；二是进一步协调中东各国，促进解决卡塔尔外交危机。

就在蒂勒森出访的一周前（10月13日），特朗普发表电视讲话，称伊朗政府是"恶霸政权"，并指责其资助恐怖主义。他表示，奥巴马时代签署的伊朗核协议是美国最糟糕的交易之一，不符合美国国家利益，因此他决定拒绝向国会证实伊朗仍在遵守该协议。特朗普还宣布，他已指示美国财政部对伊朗伊斯兰革命卫队施加制裁，并呼吁美国盟友一同加入该行动。在此背景下，蒂勒森此次中东之行的首要目的，也被媒体普遍解读为拉拢美国在中东的传统盟友，以加强对宿敌伊朗的遏制。同时也指出，由于特朗普政府尚未采取实质性措施遏制伊朗挑衅，再加上中东国家参与抗衡伊朗的政治意愿及能力有限，蒂勒森建立中东"反伊朗阵线"的外交努力，或终将收效寥寥。

蒂勒森访问的首站是沙特阿拉伯，与同样到访该国的伊拉克总理阿巴迪（Haider al-Abadi）一同见证了沙特阿拉伯与伊拉克协调委员会首次会议的召开。尽管同属于阿拉伯世界，逊尼派大国沙特阿拉伯和什叶派人口居多的伊拉克，由于意识形态和伊斯兰教派纷争上的矛盾，长期以来关系僵冷。直到近年来，沙伊高层互访愈发频繁，两国关系才逐渐破冰。2015年，沙特阿拉伯时隔25年重开驻伊拉克的大使馆。2017年8月，沙伊两国陆路边界也在关闭多年后重新开放。

肆虐伊拉克的极端组织"伊斯兰国"被大幅打击后，伊拉克将启动重建工作。在10月22日举办的新闻发布会上，蒂勒森呼吁沙特阿拉伯积极参与伊拉克的重建。但他随后的发言，却将矛头指向了另一个中东大国——与沙特阿拉伯和伊拉克均具有复杂利益纠葛的伊朗。蒂勒森说："如今，打击'伊斯兰国'的战斗即将结束，伊拉克境内的'伊朗民兵'也应该回家了。"蒂勒森表示，任何驻扎在伊拉克的"外籍战士"都应该解散或撤出，从而将此前被"伊斯兰国"占领的土地重新交回伊拉克人民手中，并让伊拉克能够在沙特阿拉伯等邻国的帮助下开启重建。

蒂勒森所说的"伊朗民兵"，实际上指的是2014年伊拉克近1/3领土被"伊斯兰国"占领后，由伊拉克政府组建起来的什叶派民兵组织"人民动员"（Hashed al-Shaabi）。这支武装力量事实上属于伊拉克安全体系的一部分，其成员也以什叶派伊拉克人为主，在打击"伊斯兰国"的作战中发挥了重要作用；但它主要是由伊朗提供资助，并由驻扎在伊拉克境内的伊朗军官卡西姆·苏莱马尼（Qassam Suleimani，注：苏莱马尼曾指挥伊拉克境内的反美战斗、并涉嫌派人暗杀沙特阿拉伯驻美大使，他的行动左右着中东局势，被称为伊朗的间谍王）单独提供军事指导。

美国一直认为，伊朗正是凭借扶持"人民动员"的势力，长期渗透并扩大对伊拉克的影响。但蒂勒森的上述发言，却错将这一隶属于伊拉克军事系统的民兵组织称作"伊朗民兵"，并立即遭到了伊拉克方面的强烈反应。伊拉克总理办公室10月23日通过声明澄清，"人民动员"的成员是伊拉克人，他们为保卫国家做出了极大牺牲，并强调"任一方都无权干涉伊拉克事务，或决定伊拉克人应如何做。"伊拉克国民议会的什叶派议员、"人民动员"发言人阿塞迪（Ahmed al-Assadi）则回应称，蒂勒森的言论只能表明他"缺乏经验"。

伊拉克分析家、长期追踪伊拉克政治经济问题的乔尔·韦应（Joel Wing）指出："2003年萨达姆（Saddam Hussein）政权被推翻以来，伊拉克被许多邻国拒之门外，但却一直能够得到伊朗的支持。"伊朗是伊拉克的主要贸易伙伴，每年向伊拉克派遣数千名什叶派穆斯林朝圣者，并在2014年"伊斯兰国"势力最盛时向伊拉克提供军事援助；相比之下，沙特阿拉伯、科威特等逊尼派阿拉伯国家，仅在最近几年才开始向伊拉克伸出橄榄枝。

但韦应也强调，伊朗对伊拉克事务的影响并非绝对。他以近期伊拉克库尔德自治区独立公投引发的政治危机举例，尽管伊朗从一开始便明确表态反对库尔德自治区公投，却无力阻止公投的最终发生；仅能在随后展开的针对伊拉克"争议地区"领土的谈判中，对库尔德人施加部分压力。韦应称："许多评论文章都试图将德黑兰描绘成这场危机的幕后操纵者，但伊朗只是利用了（伊拉克）现有的情势。"

对于蒂勒森试图调停沙特阿拉伯与伊拉克关系、并借此制衡伊朗的努力，韦应并不看好。他分析称，由什叶派人士主导政治的伊拉克，在与逊尼派邻国沙特阿拉伯缓和关系的同时，不会轻易放弃与什叶派邻国伊朗的密切联系，"伊拉克想和所有邻国都搞好关系。"尽管美国希望削弱伊朗在中东的影响力，但在韦应看来，现任美国政府不一定具备足够的意愿和手段去实现这一目标。

美国智库伍德罗·威尔逊国际学者中心（Woodrow Wilson Center）中东项目主任亚伦·大卫·米勒（Aaron David Miller）则指出，不仅深受伊朗影响的伊拉克难以被拉入美国遏制伊朗的阵营，即便是伊朗在中东地区长期以来的死对头、以逊尼派"老大哥"自称的沙特阿拉伯，也未必做好了与伊朗"硬碰硬"的准备。米勒表示，曾多番驱动中东地缘博弈的沙特阿拉伯，目前正受到卡塔尔断交风波、也门战争等多项地区摩擦和冲突局势的牵制，因此将很难有效地在对抗伊朗的事务中投射政治和军事力量。谈到特朗普10月13日宣布的对伊朗新政策，米勒坦言："我记得舒尔茨（George Pratt Shultz，曾担任美国国务卿）曾说过，'如果你还没决定一项政策，你很可能会发表演讲'。现在总统（特朗普）给了我们一份演讲，但我并不认为这些强硬的言辞将被付诸实践。"米勒称，尽管特朗普在演讲中对伊朗态度强硬，并积极呼吁其他国家与美国一同制衡伊朗，但这项新推出的对伊朗战略仍缺乏清晰脉络。米勒还指出，近期有关蒂勒森与特朗普关系破裂的传闻，已然为蒂勒森这位自就任以来便争议不断的国务卿，在中东开展的外交工作蒙上了阴影。

2017年10月22日，蒂勒森结束了对沙特阿拉伯的访问，随后奔赴卡塔尔，再度试图斡旋持续了数月的海湾国家断交风波。22日晚间，蒂勒森在卡塔尔表示，美国总统特朗普已经和有关国家领导人进行了沟通，并向他们强调到了解决争端的时候了。蒂勒森称："目前没有迹象表明各方已准备好对话，所以我们也不能强迫不准备对话的人进行对话，而且白宫没有收到相关邀请，也不清楚各方是否准备好解决这一外交危机，但是我们将继续促进各方对话并达成一致。"蒂勒森表示，美国将继续与区域内其他国家合作，促进解决卡塔尔外交危机。

第十节
蒂勒森在离职声明中唯独没有感谢特朗普

自从访问俄罗斯和两访中东以来，蒂勒森和特朗普在外交政策上的分歧日渐明显，基本上特朗普制造事端，蒂勒森出面灭火，接着特朗普再点火，蒂勒森除了疲于应对，处境尴尬，身心也十分疲惫。按理说，总统与国务卿在对外事务上存在分歧在美国历史上是很正常的事情，但特朗普和蒂勒森对待彼此之间分歧的态度着实令人大跌眼镜。蒂勒森与特朗普在沙特阿拉伯军售、卡塔尔断交、朝鲜局势、伊朗限核协议、委内瑞拉制裁、阿富汗增兵等重要外交议题上分歧重重，特朗普经常和蒂勒森就对待朝鲜、伊朗、气候协定等议题以传统保守方式争吵，加之蒂勒森又不喜欢回电话，这一个习惯也让特朗普生气。

蒂勒森是个做事稳重的人，在他担任国务卿初期，经常为特朗普在外交上的冒失和鲁莽打圆场，不过，特朗普的一意孤行和自以为是逐渐使蒂勒森失去了耐心。2017年7月20日，美国国防部在五角大楼召开安全会议，会议结束后，蒂勒森当着白宫和内阁高官的面指责特朗普是"白痴（moron）"，令在场官员目瞪口呆。按照美国媒体的报道，特朗普认为蒂勒森观念传统，与他在世界重塑美国角色的理念格格不入；而蒂勒森不满特朗普时常公开与他主张的外交政策唱反调，同时感到自己在白宫日益孤立无助。

对于蒂勒森的指责，特朗普很生气。特朗普当时却对媒体表示："这是假消息。不过，如果他真的这么说，那么我想，我们应该来一场智商测试比赛。我会让大家知道谁会赢。"这句话被美国媒体解读为特朗普与蒂勒森不和的新证据。但是，白宫和国务院方面立即予以否认。白宫发言人莎拉·桑德斯（Sarah Huckabee Sanders）说："总统从未暗示国务卿不具备超群智商。他的话纯属开玩笑。他对国务卿信心十足。"尽管如此，但美国媒体并不买账。美联社说，鉴于两人关系紧张的公开迹象越来越多，特朗普的"比智商"言论"来者不善"。《华盛顿邮报》说，无论特朗普是不是在开玩笑，他的话是白宫官员口中两人之间已经出现"信任裂痕"的"最新证据"。

　　2017年7月24日，特朗普在西弗吉尼亚州的大型童子军集会上发表了演讲，受到童子军们的热情欢迎和拥戴。但是特朗普的演讲内容被指过分涉及政治，事后招致很多童子军父母和网友的不满。美国童子军集会每4年举行一次，这次集会吸引了美国各州12到18岁近3.5万名童子军到场。特朗普在演讲开场时表态不会谈论政治，但是之后却陆续批评了奥巴马、希拉里和美国政坛，引来童子军的一阵阵喝彩以及对前政治人物的嘘声。特朗普说："每当我去华盛顿看到各类政客时，仿佛来到了沼泽，政坛可不是个好地方。也许我今天应该改称之为'粪坑'或'下水道'。"网友们表示，特朗普的演讲固然有其精彩、振奋人心之处，但是过多的政治内容也令人反感。批评的声音集中在特朗普的演讲有违美国童子军一贯的的无党派、兼容并蓄的传统，以及过多夸耀特朗普个人的成功而非赞颂美国国民的非凡和美德，削弱了童子军为多样化和现代化所做出的努力。曾身为全美童子军主席的蒂勒森对此极度不满，并一度希望辞职，后经副总统彭斯、国防部长马蒂斯（James Norman Mattis）和白宫幕僚长约翰·凯利（John Kelly）等人劝说才作罢。至此，在美国政界，有关两人不和乃至蒂勒森萌生退意的猜测已传言四起。

　　8月11日晚，数千名所谓"团结右翼"的白人种族主义者在弗吉尼亚州夏洛茨维尔举行大规模集会，抗议当地政府拆除南北战争时期代表奴隶主利益的罗伯特·李（Robert Edward Lee）将军的纪念塑像。集会很快招来了大批反对者，12日上午，双方由口角相争升级为暴力斗殴。在冲突中，一辆汽车还蓄意冲入反对白人种族主义者的集会人群，现场一片混乱，造成至少1人死亡，34人受伤。当天下午，特朗普发表讲话谴责了这场暴力活动。但特朗普并未对引发骚乱的白人种族主义团体予以任何批评，而是称美国这样的问题由来已久。特朗普反复强调，这个问题（种族矛盾）由来已久，不是从特朗普时期才有的，也不是从奥巴马时期才有的，这个问题由来已久。早在11日晚间集会刚刚开始时，就有美国媒体和公众要求特朗普做出公开表态，但特朗普却一直保持沉默直到12日中午。《华盛顿邮报》对此评价称，特朗普作为美国总统，对此次的种族主义事件反应迟缓，无助于平息事态。相反，特朗普在对待穆斯林人员在美国国内外发动的恐怖袭击却要反应快得多。

　　针对特朗普有关弗吉尼亚州夏洛茨维尔大规模集会中的暴力流血事件的表态所引发的舆论争议，蒂勒森对外先是称："我不认为有人会怀疑美国人民的价值观，或是美国政府或政府机构促进和捍卫那些价值观的承诺。"随后对于特朗普的价值观，蒂勒森只回答了一句："总统的言论代表他个人"，便再无其他解释。不过，第二天，蒂勒森的助理否认国务卿上述言论是对特朗普价值观的批评。该助理表示："（美国）价值观从（美国）宪法开始。总统的职责在于维护那些价值观。他对夏洛茨维尔事件的回应是否最恰当？答案是否定的。但是，那不代表美国改变了。这就是为什么总统只代表他自己，因为宪法才代表这个国家。"

在白宫观察人士看来，蒂勒森与他的助理在间隔很短的时间内发表评论似乎事有蹊跷。美国波士顿大学政治学教授托马斯·沃伦（Thomas Warren）分析称："美国宪法而不是总统才代表这个国家"的表态"显示出了对特朗普集权式总统管理风格的不屑"。沃伦认为，蒂勒森助手的这番话是在"和特朗普说拜拜"。而蒂勒森发言人哈蒙德（R.C. Hammond）28日的一条推特更加剧了外界的猜测。他在推特上发了蒂勒森最近说过的一段话："美国的宪法和几百年的政治传统所保障的言论自由是区别我们和世界上其他所有国家政府的标志。"

蒂勒森在公众场合不仅没有维护自己顶头上司的形象，反而毫不掩饰地贬损特朗普，这令特朗普大为不满。于是，特朗普也毫不客气地对蒂勒森予以回击。特朗普对媒体和记者坦言他和蒂勒森在很多议题上存在分歧。他说："蒂勒森就是不明白，他完全就是活在自己的世界里。"

曾为前共和党总统候选人罗姆尼担任顾问的瑞安·威廉姆斯（Ryan Williams）表示："高级助手和内阁官员公开批评总统是极不寻常的。从某种程度上，他们可能受够了当前的形势，因此不计较后果。而可能的最坏情况不过是被解雇。"同样对特朗普提出批评，但此前表示暂不会辞职的白宫首席经济顾问、国家经济委员会主任科恩则说，如果离开白宫，他将有很多选择。科恩此前曾任高盛总裁兼首席运营官，在高盛任职25年。与科恩一样，蒂勒森也公开表示对埃克森美孚的怀念。他说，如果他重新担任埃克森美孚的首席执行官，能更好地为美国服务。

2017年9月30日，中国外交部长王毅在北京和蒂勒森举行会谈，就朝鲜半岛局势深入交换了意见。关于斡旋美朝对立产生的紧张局势，蒂勒森会后对媒体表示，正通过直接渠道试探朝鲜的对话意愿。而次日（10月1日），特朗普连发推特，讽刺蒂勒森白费力气，称与朝鲜对话"是在浪费时间"，"省省力气吧，雷克斯"。特朗普还说："我们会做必须做的"，以及"我告诉过出色的国务卿先生蒂勒森，尝试跟火箭人谈判是浪费时间"。特朗普此番表态被舆论视为对蒂勒森的羞辱。美国前助理国务卿伯恩斯（Nicholas Burns）认为，特朗普用推特"彻底削弱了蒂勒森，这是对蒂勒森表示公开拒绝，令人感到蒂勒森和总统之间没有信任，这是非常不好的。"

10月4日，蒂勒森辱骂特朗普的"白痴门"被美国各大媒体炒作，并持续发酵。特朗普非常恼火，生了两个小时闷气，在白宫跟幕僚长凯利发了一通脾气，还比预定计划晚了20分钟离开白宫，前往拉斯维加斯视察枪击案现场。凯利临时中止了与总统一起出行的计划，紧急召集蒂勒森和国防部长马蒂斯。蒂勒森随后召开临时记者会，维护自己与总统的关系，否认有意辞职。但被问到"是否叫总统为白痴"时，蒂勒森称"不想处理鸡毛蒜皮的小事"，被解读为间接承认了辱骂总统。蒂勒森在记者会上表示，自己从未考虑过离开，对总统与美国的承诺从未改变，并称赞特朗普是"聪明又爱国"的总统,与自己的外交立场一致,且批评不实报道是卑鄙的。《华盛顿邮报》在采访了19名前任和现任白宫官员后表示,特朗普和蒂勒森的关系已经到了"不可修复"的冰点。

2017年11月30日,美国媒体报道称,特朗普有意解除蒂勒森的职务,任命中央情报局局长蓬佩奥担任国务卿一职,并称特朗普可能在未来几周内做出最终决定。对此,白宫及美国务院发言人当天均予以否认。不过,国务院发言人诺尔特(Heather Nauert)在新闻发布会上表示,总统特朗普与国务卿蒂勒森之间存在明显分歧。诺尔特说:"当然,他们在很多领域存在分歧,尤其是涉及政治时。国务卿本人也说过,这是总统聘用他的原因之一。他(蒂勒森)可以与总统持不同意见,但总统也可以就各种政策做出最终决定。"据诺尔特称,蒂勒森当日与特朗普举行了两次会谈。

12月1日,特朗普在推特上表示:"有媒体猜测我已经或计划将雷克斯·蒂勒森解职,这是假新闻,他不会离任。虽然我们在一些问题上持不同观点,但最终决定权在我。我们将继续通力合作,美国将重新被世界尊重。"特朗普当天还贴出了蒂勒森宣誓就职的图片。美联社报道称,相比于白宫此前一天的温和表态,特朗普12月1日的推文是对蒂勒森最强有力的支持,这意味着蒂勒森已经度过"危险期"。据美联社援引消息人士的话称,蒂勒森对自己目前的工作感到满意,他无意辞职。这名消息人士还表示,特朗普从未与蒂勒森讨论过离职一事。当天上午,蒂勒森就解职传闻也做出回应。他在国务院与来访的利比亚总理萨拉杰(Fayez el-Sarraj)共同会见记者时表示,有关他将被解职的传闻是"可笑的"。实际上,到2017年底,据美国媒体称,白宫已制定好让蒂勒森离职的计划,特朗普早有更换国务卿的想法,而蒂勒森也早有辞职的准备。

2018年3月13日上午,蒂勒森提前结束了非洲之行,在返回美国4小时后,特朗普就发表了推特,宣布对蒂勒森解除国务卿职位的决定。特朗普说:"中情局局长迈克·蓬佩奥将成为我们的新国务卿。他会干得非常棒!感谢雷克斯·蒂勒森的服务。吉娜·哈斯佩尔(Gina Haspel)将成为新的中情局局长。她是首位出任该职的女性。祝贺所有人!"在短短的推特发文中,特朗普倍加推崇蓬佩奥和哈斯佩尔,而对蒂勒森的评价只是轻描淡写地感谢他的服务。当天午后,特朗普在空军1号上致电蒂勒森,正式告知解职决定。3个小时后,蒂勒森对《华盛顿邮报》发表离职声明,说收到过特朗普的电话,宣布将于3月31日午夜正式离职。在1132个词的离职声明中,蒂勒森对国务院工作人员、外交人员以及国防部等合作伙伴表达了谢意,但唯独没有感谢特朗普。

蒂勒森虽对解职一事早有准备,但仍事发突然。自2017年12月起,蓬佩奥便着手接班准备,中情局日常工作交由副局长哈斯佩尔主持。蒂勒森对此心知肚明,只是不愿轻易放弃,希望能尽力留下好名声。2018年3月10日,在蒂勒森还在非洲访问期间,白宫幕僚长凯利在当地时间凌晨两点半的时候(注:美国东部时间18时30分)打电话给正在内罗毕休息的蒂勒森,告诉他"总统现在非常不高兴"。凯利当时还提醒蒂勒森,让他对特朗普可能的"推特风暴"有所准备。当时没有完全理解凯利意思的蒂勒森认为,在美朝元首即将举行对话之际，特朗普应该不会炒掉自己。

凯利所说的"总统现在非常不高兴"到底是咋回事？主要是特朗普不满意蒂勒森此前关于朝核问题的表态。蒂勒森3月8日在埃塞俄比亚访问期间对记者表示，美国和朝鲜离直接对话还有很长一段路要走。不过，数小时后，特朗普就表态称，同意与朝鲜最高领导人金正恩在5月前会面。特朗普的表态无异于打脸，蒂勒森9日不得不改口称虽然条件尚未成熟，但美方持开放态度。此举令特朗普深感不满，认为蒂勒森有意挑战其权威。特朗普在3月9日就决定换掉蒂勒森，但凯利力劝其等蒂勒森回国之后再公开。

关于如何处理朝核问题，特朗普与蒂勒森似乎从不在一个频道上。当蒂勒森2017年谈及美朝直接对话的可能性时，特朗普在推特发文要求蒂勒森"勿浪费时间"；而当蒂勒森回归现实强调条件不成熟时，特朗普则火速做出首脑会晤的决定。特朗普从来就是生活在聚光灯前的"明星"，对媒体的关注和报道十分敏感。因此，其难以忍受蒂勒森在如此重要的问题上"抢风头"，一如其对白宫持续不断的泄密事件的零容忍态度，必须得有人为此负责，蒂勒森唯一的选择就是离开。蒂勒森显然感受到特朗普对其日益累积的不满已到达某种顶点，美朝对话出现转圜而自身被蒙在鼓里以及特朗普的强烈态度使其察觉事态的严重性。

2018年3月9日，白宫就撤换蒂勒森开始准备工作，包括与蓬佩奥以及中情局新局长候选人哈斯佩尔进行沟通，但仅限于核心成员。在蒂勒森启程回国的12日下午，多位白宫助手对其去职一事仍不知情。特朗普显然对核心团队下达了严格保密的任务要求，以杜绝消息泄露，从而牢牢把握主动权。

那为何特朗普偏偏选在3月13日这个时间节点上宣布解除蒂勒森国务卿职务？在俄罗斯前间谍于英国中毒身亡事件上，蒂勒森于12日表示尚难看清幕后主谋，但随后即指示国务院发表声明坚定支持英国政府的判断，指责俄罗斯无视他国主权和人民安全的行为。2018年3月13日，特朗普就俄罗斯前间谍在英国中毒事件"发声"，表示承认英国方面调查到的证据，但并没有直接指责俄罗斯。据美国有线电视新闻网报道，特朗普在白宫外对记者说："根据目前的证据，听起来像是俄罗斯方面干的。但我们需要把所有事实弄清楚。"特朗普13日还与英国首相特蕾莎·梅通话，讨论俄罗斯"双面间谍"斯克里帕尔（Sergei Skripal）父女中毒案。白宫方面表示，特朗普同意特蕾莎·梅所说的俄罗斯"必须给出合理解释"，并敦促俄罗斯解释这种武器级神经剂如何在英国得到使用的。他们还表示，这起事件的策划者"必须承担严重后果"。

与特朗普的态度不尽相同，蒂勒森12日的说法是严厉指责俄罗斯。据《华盛顿邮报》报道，蒂勒森说，导致俄罗斯前间谍在英国中毒的神经毒剂"显然来自俄罗斯"，他还称俄罗斯"是世界上不稳定的因素，公然无视其他国家的主权和公民的生命。"13日，民主党迅速发表声明称，蒂勒森是因对俄罗斯总统普京态度过于强硬而被解雇。而白宫方面坚称，解雇蒂勒森的决定早在他发表此言论之前就已做出。报道称，此举是在与朝鲜展开谈判之前，特朗普对其国家安全团队进行的一项重大人事调整。

2018年3月13日早上8点44分，美国国务卿蒂勒森从幕僚递给他的一条推特发文中得知，自己被总统特朗普炒掉了。让蒂勒森难堪的不仅是自己作为当事人事先对此并不知情，还在于特朗普这条推特发文的内容反映出的策略。在这条推特发文中，特朗普先是介绍了新国务卿人选蓬佩奥，然后用一句话顺带提了一下蒂勒森，随后又着重介绍和称赞了蓬佩奥。毫无疑问，特朗普在推特发文时想向蒂勒森传递出一条清晰的讯息：他不准备给予蒂勒森任何尊重，哪怕这是两人要说再见的时候。

美国国务院负责公共外交和公共事务的副国务卿史蒂夫·戈德斯坦（Steve Goldstein）13日上午发表声明称，蒂勒森并不知道自己被解雇的原因，他并不想辞职，蒂勒森非常愿意留下，因为在关键的国家安全问题上已取得明确进展。他还证实说，蒂勒森13日被解职前没有和特朗普谈话，也没有被告知遭解职的原因。不过，戈德斯坦随后也被白宫炒了鱿鱼。

以下是蒂勒森被解职前5天动向（据美国有线电视新闻网、《华盛顿邮报》，均为美国东部时间）。

——3月8日

6时23分，蒂勒森在埃塞俄比亚说，美国和朝鲜离直接对话还有很长一段路要走。

17时，特朗普宣布，将有一份关于朝鲜的重大声明要宣布。

18时30分，蒂勒森与特朗普讨论朝鲜问题。

19时，韩国特使团宣布，特朗普同意与朝鲜最高领导人金正恩会面。

——3月9日

18时30分 蒂勒森在肯尼亚的酒店睡觉时被白宫幕僚长凯利的一通电话叫醒。凯利对蒂勒森表示，蒂勒森将会被解除国务卿职务，但并未告知具体时间。

——3月10日

正在访问肯尼亚的蒂勒森身体不适。

凯利再次致电蒂勒森，告诉其将被撤职。

——3月12日

蒂勒森称因身体不适将提前结束非洲的行程返回美国。在返程飞机上，蒂勒森仍在展望接下来美朝首脑会晤（包括时间、地点）的具体准备工作，似表明其对个人职位的安全性抱有信心，提前回国可处理好相关事宜。他还提及自己在美朝领导人会面中的作用，他说："我有信心自己有能力为双方领导人的成功会面创造条件。但是，我并不是唯一服务这项工作的人，其他人也在为此忙碌。"

——3月13日

8时44分，特朗普在推特上宣布，将蒂勒森撤职，并委派现任中情局局长蓬佩奥接任国务卿一职。

中午，在特朗普发布消息大约 3 小时后，蒂勒森说他收到了特朗普的电话。《华盛顿邮报》称，蒂勒森声音颤抖地表达了对职业外交官、美国人民、国防部长等的感谢，但没有对特朗普表示感谢。

其实，促成蒂勒森快速下岗的突发性事件恰恰是国家安全问题之一——朝鲜最高领导人金正恩要求直接会晤特朗普。据《纽约时报》报道，在韩国特使郑义溶前往白宫传达金正恩口信途中，特朗普还给蒂勒森打电话言及朝美峰会的可能性。但是，9 日特朗普临时决定接受金正恩邀请，并没有征求蒂勒森的意见。事实上，特朗普也不听任何其他安全团队主要助手的质疑或忠告。

蒂勒森匆忙离职，是特朗普执政风格的牺牲品，也是对特朗普执政风格的解脱。特朗普性格自负，行事独断专行，不能容忍其下属对自己的不忠甚至与自己唱对台戏。而蒂勒森在诸多关键国际问题上的看法既不被特朗普的核心团队认可，又得不到共和党建制派的支持。工程师出身的蒂勒森喜欢照章办事、秩序井然，看不惯特朗普的自由散漫、言行乖张，而特朗普则认为蒂勒森应扮演好执行者的角色，而非时不时与总统唱反调。特朗普喜欢通过社交媒体发布政策消息，蒂勒森则坚决不用，只让助手将总统的推特发文打印出来以供了解。两人均作风强硬、各有主见，这种强人风格为之后的种种冲突埋下隐患。特朗普说：“我们其实很合得来，但在一些事情上存在分歧。拿伊朗核协议来说，我认为协议很糟糕，但他认为还不错。我希望要么废除协议要么加以修改，但他的看法有点儿不同。因此说，我们的想法其实并不一样。”特朗普表示，蒂勒森离开华盛顿会更开心：“坦率地说，我和蒂勒森相处得很好。我祝福他，我认为他会很开心，现在会更加快乐。我真心感谢他的服务。”这或许有几分道理。

特朗普上任的 400 多天内，白宫已经有 25 位高官离职。美国布鲁金斯学会研究员邓帕斯（Kathryn Dunn Tenpas）撰文称，在特朗普上任的第一年中，白宫的人员流动率达到 34%，历史上从未有过。以下是从 2017 年 1 月 31 日至 2018 年 3 月 13 日所有已离职的政府官员：

（1）2017 年 1 月 31 日离职的司法部代理总检察长萨莉·耶茨（Sally Yates）；

（2）2017 年 2 月 13 日离职的国家安全顾问迈克尔·弗林（Michael Flynn）；

（3）2017 年 2 月 17 日离职的国家安全委员会西半球事务主任克雷格·迪雷（Craig Deare）；

（4）2017 年 3 月 30 日离职的白宫副幕僚长凯蒂·沃尔什（Katie Walsh）；

（5）2017 年 4 月 9 日离职的安全副顾问麦克法兰（KT McFarland）；

（6）2017 年 5 月 9 日离职的联邦调查局局长詹姆斯·科米（James Comey）；

（7）2017 年 5 月 30 日离职的白宫通讯联络主任迈克尔·杜布克（Michael Dubke）；

（8）2017 年 7 月 21 日离职的白宫发言人肖恩·斯派塞（Sean Spicer）；

（9）2017 年 7 月 23 日离职的白宫幕僚长赖因斯·普里巴斯（Reince Priebus）；

（10）2017年7月27日离职的国家安全委员会中东事务首席顾问德雷克·哈维（Derek Harvey）；

（11）2017年7月31日离职的白宫通讯联络办公室主任安东尼·斯卡拉穆奇（Anthony Scaramucci）；

（12）2017年8月18日离职的白宫首席战略师史蒂夫·班农（Steve Bannon）；

（13）2017年8月19日离职的总统监管改革特别顾问、对冲基金大佬卡尔·伊坎（Carl Icahn）；

（14）2017年8月25日离职的总统副助理、白宫反恐事务顾问塞巴斯蒂安·高尔卡（Sebastian Gorka）；

（15）2017年9月29日离职的卫生与公共服务部部长汤姆·普莱斯（Tom Price）；

（16）2017年12月8日离职的国家安全副顾问迪娜·鲍威尔（Dina Powell）；

（17）2017年12月22日离职的总统副幕僚长里克·迪尔伯恩（Rick Dearborn）；

（18）2018年1月20日离职的总统高级助手、公共事务办公室公关主任欧玛罗莎·马尼戈特·纽曼（Omarosa Manigault Newman）；

（19）2018年1月29日离职的联邦调查局代理局长安德鲁·麦凯布（Andrew McCabe）；

（20）2018年2月7日离职的白宫秘书罗伯·波特（Rob Porter）；

（21）2018年2月27日离职的白宫通讯联络办公室副主任乔什·拉斐尔（Josh Raffel）；

（22）2018年2月28日离职的白宫通讯联络办公室主任霍普·希克斯（Hope Hicks）；

（23）2018年3月6日离职的白宫国家经济委员会主任加里·科恩（Gary Cohn）；

（24）2018年3月12日离职的特朗普个人助理约翰·麦肯蒂（John McEntee）；

（25）2018年3月13日离职的美国国务卿雷克斯·蒂勒森（Rex Tillerson）。

为何特朗普如此频繁地进行人事调动？一方面，特朗普本人缺乏执政和外交经验，尤其在对外事务上存在不少"盲点"，这使他最初很多异想天开的主张很难在实践中得到推行；另一方面，特朗普要求手下的人对他忠诚和服从，按照他的意志办事。而由于特朗普本人的思维经常变化，他手下的人即便没有自己的主见，也很难与他始终保持步调一致。于是，特朗普就干脆让他们走人。就在蒂勒森离职后的第10天，特朗普又更换了他的国家安全顾问。

当初特朗普任命毫无从政经验的蒂勒森为国务卿，是希望借助蒂勒森与普京特殊的个人关系开启美俄关系缓和的大门，但实际上"私人关系"在对俄外交上并未给蒂勒森带来多少优势。同时，美国国内的巨大压力（尤其是"通俄门"事件）已经使特朗普改善与俄关系的愿望成为泡影，这使他当初任命蒂勒森为国务卿的意义消失殆尽。再加之蒂勒森在国务院内部和对外关系处理上都未能满足特朗普的预期，因此，特朗普对蒂勒森的反感加大，蒂勒森也与特朗普渐行渐远。

伍德罗·威尔逊国际学者中心的米勒表示："在（美国）国务院工作的经历告诉我，让国务卿获得权力的最简单方式就是确保总统在内外事务上都能全力支持他。但就蒂勒森而言，情况并非如此。因此，他在外交访问中发表的任何声明，效果都将是非常有限的。"蒂勒森自上任以来，他这个国务卿在外交上并没有实权，处于某种被架空的状态，可见总统对他信任不足。

撤换蒂勒森，特朗普称这是一个"关键节点"。美国与朝鲜关系出现转机，加之正筹划开展几轮贸易谈判，特朗普希望在即将到来的美朝对话以及多个贸易谈判前，能够组建符合自己政策偏好的外交团队。就在特朗普宣布解除蒂勒森国务卿职务的当天，特朗普对媒体表示，他和蓬佩奥"相处得很好"，他认为蓬佩奥将能"出色"担任国务卿一职。他认为蓬佩奥是当下"关键节点"担任国务卿一职的正确人选，并期待蓬佩奥继续推进朝鲜半岛无核化进程。蓬佩奥本人当天也发表声明说，期待能带领国务院制定并执行特朗普的外交政策。

蓬佩奥不仅与特朗普有着密切的私人关系，而且其政策主张与特朗普比较接近。在朝核问题上，他强调美国不会同朝鲜妥协；在伊核问题上，蓬佩奥支持特朗普反对伊核协议的主张，曾希望"撕毁协议"。可见在某种程度上，蓬佩奥就是特朗普集权倾向下顺应其意向的执行者。特朗普解除蒂勒森职务后也承认，自己和蒂勒森"不对路"，与蓬佩奥"更能想到一块儿去"，自己终于有一个"符合心意"的内阁了。由此可知，特朗普更换国务卿的想法之一，就是希望在历史性的美朝领导人会面前，让信任的人掌控外交团队，以便更好地贯彻执行自己的意图。

第三章

美国退出伊朗核协议

相比中美贸易摩擦带来的恐慌，中东局势的爆发带来的影响显然要更大。毕竟中美贸易冲突，只会有两败俱伤的结果，而且还会给全球经济带来巨大的危害，但中东局势不同，中东地区一直就是特朗普瞄准的目标。不论是叙利亚还是伊朗核协议，是特朗普迟早都要解决的问题。就在叙利亚化学武器袭击事件搅得中东局势剑拔弩张之际，美国总统特朗普较预期提前4天宣布美国退出伊朗核协议。

要点

摆在俄罗斯面前的是两个选择：一个选择是和欧佩克联手延长减产，则意味着无法限制美国的行动，未来很长一段时间在整个原油市场缺乏主导力量，但是因为减产的缘故，整个原油市场的发展是相对健康的。另一个选择是不和欧佩克联手而提前结束减产，那么欧佩克可以立即加入产油大军中去，和美国对抗争夺市场份额，这可在一定程度上大幅限制美国的产油脚步，但整个原油市场将会又一次面临产量过剩的局面。因此这对于俄罗斯来说是一个两难的选择。当然欧佩克选择和俄罗斯联手达成原油减产联盟是对于整个原油市场最好的结果。

2018年美国产油量开始突飞猛进，其中很大原因是特朗普给美国企业减轻税收负担，目的就是为了刺激美国本土企业的持续生产，而美国对页岩油充分的利用和开采，成了美国原油产量爆炸式增长的根本原因之一。这背后似乎就透露着特朗普的一个如意盘算：特朗普在成为总统之后一直埋头重振美国的本土企业。任何政策都是希望更多的美国企业能够发挥更大的产能，减少企业向外流失，一切都是贸易保护的核心思想。最终税改的落地让美国企业所承受的负担更小，而2018年美国产油的爆发，就是特朗普走出的第一步棋。第二步棋是具有广泛的原油市场份额。特朗普显然是在朝着这个方向迈进，而且从目前情况来说，这一进展似乎还挺顺利。

尽管美国页岩油产量已开始面临资本开支缩减和技术开采下降的压力，但至少未来5年仍是页岩油产量爆发并持续保持高产的关键时期。国际能源署指出，得益于页岩油产量的显著增长，到2023年美国将成为世界最大的产油国，预计到时美国的原油日产量将增加370万桶，超过全球预期增加的产量的一半。随着得克萨斯州二叠盆地以及鹰滩原油产量翻番，到2023年日产量预计将增加270万桶，因此对于新的管道和港口出口能力的投资，对于美国原油推向国际市场具有至关重要的作用。

从4年前的恩卡纳收购阿斯龙能源到埃克森美孚收购巴斯家族二叠盆地页岩资产，再到康乔资源收购RSP二叠盆地，二叠盆地正变得越来越拥挤，这不仅意味着土地价格的飞涨，而且还会迅速减少二叠盆地管道网络的可用空间。随着这些边缘地区开始被开采，越来越多的原油需要被运往库欣或墨西哥湾沿岸。

二叠盆地的输油管道网络已经饱和，迫使石油大幅降价，有可能影响对该地区后续产量大幅增速。为了将所有的石油从二叠盆地运输出去，新的管道容量是必要的。但几乎没有人预料到该地区会如此迅速地耗尽管道空间。

过去5年，美国的页岩油革命成为石油市场的头号游戏规则改变者。美国页岩油比传统的沙特阿拉伯石油生产商成本高一些，但关键在于，页岩油钻井从关闭到启动更为方便，并且开停成本相当低廉。页岩油生产商成为石油市场上所谓的"摇摆生产商"，夺走了欧佩克及其成员国的市场。当需求疲软时，他们可以关闭油井，但当需求再次回升时，他们同样可以增加产量。页岩油生产商对于油价的变动更具有弹性。

随着中美贸易冲突升级，石油多头正在退缩。基金经理大幅削减对WTI原油的看涨头寸，减持规模达到2017年8月以来最大，因全球两大经济体之间的针锋相对引发了能源需求萎缩的恐慌，沽空飙升。贸易争端担忧加剧了美国供应过剩的困境，位于俄克拉荷马州最大的原油分销中心的仓储量创下2016年12月以来最大增幅，产量连创纪录。中美贸易对峙这一幕和2017年朝鲜局势如出一辙，2017年朝鲜局势也让朝鲜和美国之间时刻处于一触即发的状态，似乎就差越过最后的红线，而当时全球的避险情绪也因朝鲜局势的爆发而大增，从而引发对应商品的剧烈行情波动。如今中美贸易的摩擦加剧，对于一些商品的影响则更加显著，而原油受到的影响巨大。

过去一年多来，明知美国页岩油大肆倾泻市场，欧佩克的市场份额受到被抢占的威胁，而沙特阿拉伯方面的态度较过去数年来却出奇的反常，一方面在欧佩克内部力主减产，一方面又声称"美国页岩油不是一个威胁，如果没有页岩油供应，全球供应将会吃紧。"正常来看，欧佩克减产保油价是为了挽救处于困境的石油输出国经济，即使其中有沙特阿拉伯经济改革需要更高油价支持的目的，这些都是可以理解的，但美国页岩油增产本来就对欧佩克减产起抵消作用，沙特阿拉伯不但不责怪，反而说缓解了供应吃紧，其对美国阿谀奉承的媚态暴露无遗。

目前来看，在中东问题上，美国在制造局势紧张，而沙特阿拉伯则通过主导欧佩克减产来制造市场紧张。两国一唱一和，推升油价是必然的。目前的局面是沙特阿拉伯乐意见到的。不过，沙特阿拉伯也不会轻易表露这种喜色，在公开场合还是以一种负责任的态度加以掩饰。

第一节
沙特阿美推迟上市与欧佩克延长减产协议

沙特阿美似乎在加快上市的节奏,该公司估值号称 2 万亿美元。倘若如此,沙特阿美的市值可以排进全球国内生产总值前 10 名,真正的是"富可敌国"。这个估值是怎么来的?根据沙特阿美 2608 亿桶的探明原油储量以及每桶 8 美元(注:此为沙特阿美的油价生死线)的保守价值进行简单估算,沙特阿美的资产价值为 2.0864 万亿美元,照此计算,沙特阿美 2 万亿美元的估值还是偏低的。但自始至终,市场都对沙特阿美的估值持怀疑态度,随着其上市的临近,市场的怀疑正在加深。

沙特阿美的资产到底值多少,其透明度令投资者产生怀疑。事实上,沙特阿美从未对外公布过财务报告,虽然其保证在首次公开上市前会公布,但能查询到的沙特阿美财务报告还是 2017 年 7 月 20 日公布的,这份报告包含了 2016 年的产量数据。沙特阿美原计划从 2018 年初开始公布财报,但如今 2018 年第一季度即将过去,依然迟迟未见其财报数据的公布。即使抛开这些,用探明储量乘以每桶 8 美元的保守价值进行估算 2 万亿美元的估值方法也颇有争议。

彭博社分析师利亚姆·邓宁(Liam Denning)认为,沙特阿美需要每桶 80 美元的油价才能达到其宣称的 2 万亿美元市值。如今的石油世界和五年前有着天翻地覆的差异,石油价格的崩跌教会石油生产商节衣缩食,在挑选项目时需要更谨慎,以确保有源源不断的现金流和分红。的确,石油生产商不得不出售额外的股份,并暂缓分红,但随着近几年油价开始回升,那些暂缓的分红和被出售的股份又回来了。邓宁表示,在投资者考虑是否应该投资一家公司时,收益率是他们考虑的核心。投资者并不那么关心探明储量和生产成本,他们关心的是如何将这些探明储量和生产成本转化为分红。看起来简单,但这样一算,事情就没那么简单了。

全球石油巨头的平均边际自由现金流在 5% 至 7% 浮动。俄罗斯石油以 12.95% 的水平登顶,相比之下,埃克森美孚最低,为 5.194%。基于这些实际的数据,邓宁做了一系列有意思的测算,包括对油价、沙特阿美的产量和成本以及利润率等。结果显示,为了以 5% 的边际自由现金流吸引投资者,沙特阿美需要以每桶 80 美元的价格出售原油,而这也是唯一能匹配得上 2 万亿美元市值的方法。除非发生灾难性事件,不然原油很难在短期内升至每桶 80 美元。由于财务顾问发现,沙特阿美很难企及 2 万亿美元的市值,英国《金融时报》称,沙特阿美可能将首次公开上市延期至最早 2019 年进行。沙特阿拉伯能源大臣法力赫也曾暗示,沙特阿美上市计划可能推迟。这意味着全球最大原油生产国的经济改革计划遭遇挫折,因为沙特阿美一直是这一战略的关键一环。

2018年3月20日，CNBC报道称，沙特阿美预计将在2018年下半年在沙特阿拉伯国内上市，该公司目前没有在海外上市的具体计划。华尔街日报分析指出，两大因素动摇了沙特阿美海外上市的勃勃雄心。一是担心法律风险，二是油价上涨令沙特阿美寻求更高估值上市的需求下降。沙特阿拉伯官员称，沙特阿拉伯王储穆罕默德已经同意：赴美上市的法律风险难以逾越。沙特阿美计划在海外上市，然而目前原油价格过低，在油价没有达到每桶70美元之前，沙特阿拉伯想要实现这一计划恐怕将会十分困难。

沙特阿美此前预计将拿出5%左右的股份进行公开发售，市场对于该公司的估值介于1万亿～2万亿美元之间，沙特阿美有望成为史上规模最大的首次公开上市。不过，尽管该公司目前没有在海外上市的计划，但沙特阿美仍然希望2019年某个时间能在外国金融中心上市。沙特阿美在声明中称："公司继续审核上市的选择。除了在国内交易所塔达武尔（Tadawul）上市之外，一系列国际上市仍在积极审核之中，公司将不会对首次公开上市的过程进行评论。"

凯投宏观发布的预测数据显示，在多年庞大的预算盈余之后，沙特阿拉伯当前账户赤字在国内生产总值中所占比例将攀升至20%。根据国际货币基金组织的预测数据，沙特阿拉伯这个产油大国要想达到预算平衡，需要油价居于每桶106美元的高位。国际货币基金组织警告称，如果油价始终居于每桶50多美元的低位，沙特阿拉伯强大的现金支持也撑不过5年。

道格玛资本（Dogma Capital）分析师达尼洛·奥诺里诺（Danilo Onorino）表示，出售沙特阿美的股权会吸引本来有意于其竞争对手的投资，而沙特阿拉伯由此可能会吸干资本市场对石油产业的所有投资，会有效地让墨西哥和其他石油生产商出现资本短缺以及融资困难。沙特阿拉伯主要的顾虑来自伊朗。华盛顿智库保卫民主基金会（Foundation for Defense of Democracies）首席执行官马克·杜博维茨（Mark Dubowitz）表示，沙特阿拉伯此举的目的是为了吸引全球基金管理者以及对冲基金，并为其提供一个选择的机会——到底是和沙特阿拉伯做生意还是和伊朗做生意。特朗普解雇了美国国务卿蒂勒森，并可能要撕毁伊朗核协议，进一步对伊朗进行制裁，这对于沙特阿拉伯来说似乎是一个好消息。

尽管沙特阿美宣布计划在2018年上市，但《华尔街日报》预计，沙特阿美上市情况复杂，可能会拖到2019年。路透社也赞同此观点，分析其原因，可能是考虑到重组。路透社称，在沙特阿美计划首次公开上市的这段时间内，当然希望油价越高越好。所以这就不难理解从2017年开始沙特阿拉伯为什么特别积极地推动减产，而且2018年以来也一直在非常严格地执行减产，就是为了刺激油价。沙特阿拉伯在2018年的目标油价是每桶70美元，尽管3月26日布伦特原油盘中最高已突破每桶70美元至70.34美元，但要油价持稳于每桶70美元还有待观察。不排除沙特阿拉伯在未来会增加减产的幅度，确保油价维持更高水平。

路透社和《经济学人》都认为，如果沙特阿美上市能够顺利进行，那就意味着油价可能马上就要大涨了。法国兴业银行原油市场研究负责人迈克·维特纳则认为，沙特阿美的上市不会立即对油价产生影响，而且新股发行不会改变沙特阿拉伯目前利用低油价影响全球供求关系的政策。

从目前的油价走势看，沙特阿美上市工作已准备到位，但还处于观望之中。正如能源大臣法力赫所言，沙特阿美准备好上市，但还在等待最佳的上市时间。法力赫陪同穆罕默德王储访美时表示："作为全球最大的公司，沙特阿美可能在2018年进行首次公开招股，但也可能是晚些时候。剩下的事情是选择可能的上市地点和时间。就像我说的那样，我们需要确保市场为此做好准备。我们准备在下半年进行首次公开上市，如果能确定这是最佳时间的话。"然而，法利赫补充称，如果错过这个时间，也不是什么大问题。他不认为2018年是沙特阿美上市的必要年份，除非这是最佳的上市时间。

法力赫还讨论了沙特阿拉伯与俄罗斯的关系。自从同意与欧佩克和其他产油国联手遏制石油产量以来，沙特阿拉伯与俄罗斯的关系日益密切。法力赫说："我认为，合作和分享技术经验，同时鼓励俄罗斯供应公司进入沙特阿拉伯进行投资，这是我们开始着手的一个领域。我认为，未来将听到更多俄罗斯对沙特阿拉伯供应链的投资。沙特阿美的首次公开上市预计将吸引俄罗斯资本，并能集中投资者、养老金和个人手中的资金。一些投资者和俄罗斯资本明智地希望投资于声誉和潜力巨大的公司，此次沙特阿美的首次公开上市将向这部分人士开放。我们相信，沙特阿美在投资名单上将会名列前茅。这与我们从各个主要经济体看到的情况相似。每一个主要经济体都已经把沙特阿拉伯看作一个非常有吸引力的投资地。"

法力赫称："欧佩克和其他产油国之间达成的石油产量协议对沙特阿拉伯、俄罗斯以及包括美国页岩油生产商在内的其他产油国都是有利的。预计欧佩克将于6月与俄罗斯举行会谈，就每日减产180万桶石油的协议展开讨论。我们将在6月审查，到底什么才是均衡市场的具体目标。即使市场达到平衡，石油生产商也不会放任市场失去平衡。"

沙特阿拉伯王储穆罕默德试图推行欧佩克长期减产协议，为沙特阿美上市铺路。穆罕默德指出："沙特阿拉伯和俄罗斯正在考虑将目前短期的减产协议延长更长的时间。我们正努力将为期1年的限产协议转变为10~20年的协议。我们对大前景有共识，但尚未研究具体细节。"值得一提的是，俄罗斯并非欧佩克成员，在过去的石油过剩时期，俄罗斯曾多次与欧佩克合作过，但两者间的10~20年协议将是前所未有的。莫斯科和利雅德缔结长期盟约，实质上等于吸收俄罗斯至沙特阿拉伯主导的欧佩克，与此同时强化俄罗斯在中东的势力。

市场调查机构IHS马基特副董事长、剑桥能源周创始人丹尼尔·耶金表示："这一切都是为了应对石油市场的这一特殊危机，或者它是否反映了世界石油市场的重新洗牌。欧佩克国家希望找到一种方式，将这种关系制度化，而不是让它成为一种一次性交易。"

华盛顿咨询机构拉皮丹能源（Rapidan Energy）总裁麦克纳利（Robert McNally）表示："沙特阿拉伯想要得到帮助以打破油市荣衰周期。历史显示，若油市中缺乏一个长期、有力、称职、一贯、有纪律的产量调节国，那么油价就会出现像过山车一样的走势，就像是过去10至15年我们见到的剧烈波动，而沙特阿拉伯和俄罗斯不想再见到这样的情形。"

虽然欧佩克的这个计划具有一定的可行性，但真的要实现起来，恐怕还是有一定的困难，主要是很难说服俄罗斯同意。在目前的原油市场上，美国是占据主导地位的，因为欧佩克和俄罗斯都在保持减产，而美国在疯狂产油，并且还在不断扩张自己的市场份额，说简单点就是欧佩克和俄罗斯在削减利益，而美国在趁机扩大自己的利益范围，如果欧佩克和俄罗斯不采取相应的反制手段，恐怕减产的结果将会功亏一篑。

还有关键一个因素，就是欧佩克和俄罗斯之间并不存在相互帮助的义务，如今美国在不断扩张自己的市场，已经开始瞄准亚洲的份额，俄罗斯显然不能坐视不理，然而和欧佩克达成长期减产更多的是对自身的限制而非对美国的制约。就是说并不会影响到美国的产油脚步。美国依然是在疯狂产油，而欧佩克的想法是和俄罗斯进一步延长目前的减产计划。这对于俄罗斯来说显然并不是最优的选择，毕竟俄罗斯没有义务和欧佩克一同减产，俄罗斯完全可以提前结束减产，加入和美国的市场争夺之中，这样不仅可以减缓美国原油市场的扩张速度，同时也能阻碍美国产油的步伐。然而这样的结果对于欧佩克来说将会是巨大的影响，因为疯狂产油的国家从一个变成了两个，虽然美国的脚步变慢了，但俄罗斯却放弃了减产。单靠欧佩克的苦苦支撑，原油市场很可能又会回到过去的局面。

所以摆在俄罗斯面前的是两个选择：一个选择是和欧佩克联手延长减产，则意味着无法限制美国的行动，未来很长一段时间在整个原油市场缺乏主导力量，但是因为减产的缘故，整个原油市场的发展是相对健康的。另一个选择是不和欧佩克联手而提前结束减产，那么欧佩克可以立即加入产油大军中去，和美国对抗争夺市场份额，这可在一定程度上大幅限制美国的产油脚步，但整个原油市场将会又一次面临产量过剩的局面。因此这对于俄罗斯来说是一个两难的选择。

2018年原油市场毫无疑问是被美国的行为彻底打乱了格局，美国、俄罗斯、欧佩克形成了三足鼎立的局面，未来原油市场的命运究竟会如何，可能最终还是要落到俄罗斯的选择上面。加拿大皇家银行资本市场大宗商品策略部门负责人克罗夫特说，首先，结盟计划由沙特阿拉伯王储发布，而非沙特阿拉伯能源大臣，表明这位王储像俄罗斯总统普京一样，对本国石油政策有最终决定权；其次，沙特阿拉伯与俄罗斯的关系似乎不仅限于石油利益，王储穆罕默德和普京的私交可能是促成这一石油联盟的重要因素。

穆罕默德王储2017年10月访问俄罗斯，为俄罗斯带去一揽子投资和贸易项目。两国关系迅速升温。沙特阿拉伯一直被视作美国在中东地区的坚定盟友，与美国就叙利亚等地区事务立场一致，支持叙利亚反对派武装，而俄罗斯支持阿萨德政权。俄罗斯其实作为目前原油市场的第三方，虽然是跟随欧佩克一同保持减产行动，但和欧佩克不同，俄罗斯可以随时退出减产，更何况美国目前还在不断抢占市场份额，同时原油产量也在不断逼近俄罗斯，这无疑是对俄罗斯的巨大威胁。如果俄罗斯未来考虑和欧佩克签订更长的减产计划，可能会面临和如今欧佩克一样的处境，那就是受到减产的限制而无法去制约美国的行动。

当然欧佩克选择和俄罗斯联手达成原油减产联盟是对于整个原油市场最好的结果，但俄罗斯可能就会面临吃亏的局面，如果俄罗斯不接受协议，则完全可以提前退出减产，去和美国相互竞争抢夺市场，这样一来俄罗斯的市场亏损就能够迅速止血，然而这对于整个原油市场来说却会雪上加霜，因为又一个国家开始疯狂产油抢夺市场，只剩下欧佩克在孤零零维持减产，然而独木难支，欧佩克的减产效果在俄罗斯和美国的产油行动下恐怕只会是杯水车薪。整个原油市场恐怕会再次回归到过去的过剩局面，欧佩克内部可能也会因为减产的无效而分崩离析。因此，未来原油市场究竟走向如何，其实决定权在俄罗斯手上。

沙特阿拉伯王储穆罕默德预测，尽管可再生能源技术和电动汽车的进步，到2040年世界石油需求将不会达到峰值。但为了结束沙特阿拉伯对石油的依赖，我们正在推动沙特阿拉伯经济在2030年之前使其多样化。沙特阿拉伯计划通过发行沙特阿美5%的股份筹集资金。根据金融市场状况，沙特阿美仍可能在2018年底或2019年初进行。

资产管理机构乌龟资本顾问执行董事和能源资产组合经理詹姆斯·米克（James Mick）表示，地缘政治紧张局势升温推动油价上涨。最大的风险是美国可能再对伊朗实施制裁。欧佩克成员国也给油价提供支撑，沙特阿拉伯和俄罗斯均重申了延长减产协议的目标。

从沙特阿拉伯方面透露出的信息看，沙特阿美正为2019年上市做准备。既然沙特阿美已推迟到2019年上市，那么欧佩克的减产协议延长至2019年也是必然的。石油库存正接近经合组织成员国的5年均值，这是判断油市是否"重新平衡"的重要标准。欧佩克减产已有15个月时间，石油库存几乎回到了均值。然而，从所有迹象来看，欧佩克还没有准备好取消减产协议，高级官员还暗示，希望将减产协议延长至2019年。

既然减产协议要延长至2019年，那么现行的衡量油市平衡的石油库存5年均值标准可能就要修改了。欧佩克一直坚持将经合组织的石油库存作为其衡量的依据，其目标是将库存降至5年均值。2018年2月经合组织库存高出5年均值约4400万桶，低于2017年初的约3亿桶，目标很可能在2018年的某个时间实现，或许是在第二季度或第三季度。出于多种原因，达到这一目标并不能让欧佩克满意。其中一个原因，5年均值是一个动态的数据，也就是说，过去5年的库存数据中有超过5年库存过剩。换句话说，目前的5年均值远远高于2014年初的5年均值，当时库存并未受到供应过剩的影响。

这种观点的另一面是，石油市场的规模比 2014 年要大得多。供应和需求都更高，这意味着全球市场可能需要更高水平的石油库存。因此，库存高于 5 年均值并不一定是坏事。

欧佩克突然对经合组织石油库存作为唯一衡量标准不满意，还有另一个原因，就是经合组织的库存并不能反映全球石油市场。那么非经合组织国家库存状况如何呢？包括非经合组织国家的库存数据是一个更全面的衡量标准，将为全球石油市场描绘出更准确的图景。然而，问题在于，非经合组织的数据是出了名的不透明，这正是经合组织库存数据被广泛引用的原因。尽管如此，欧佩克试图用另一个衡量标准以证明减产的合理性。有一种想法是使用 5 年均值，但库存过剩的年份数据将"打折"。或者，欧佩克可能使用 7 年均值，这将使今天的库存过剩相对于 5 年均值显得更多，因此需要减产协议维持更长时间，欧佩克也在考虑更长的减产期限。

欧佩克将在 4 月讨论一系列可能性。沙特阿拉伯能源大臣法力赫在 2 月曾表示："消费者对需要持有多少库存的看法可能已经改变。我们需要确保关注非经合组织库存、动态库存、投资者行为和部分机构的数据。"沙特阿拉伯正在为 2019 年沙特阿美上市做准备，因此沙特阿拉伯尤其热衷于维持减产。油价上涨是至关重要的，放弃目前的减产可能导致价格再次下跌，这是不可接受的风险。这意味着，无论欧佩克提出何种衡量标准，它想要使用的新标准都需要论证维持减产是合理的。

摩根大通在一份报告中称："根据经合组织 1 月 18 日发布的库存数据，若以欧佩克最初的 5 年均值为目标，目前库存过剩 1100 万桶。然而，若是以 7 年均值为目标，这一数字则为 6900 万桶。"将衡量标准由 5 年均值换为 7 年均值意味着减产协议将维持更长时间。

最近一段时间中东地区局势在持续发酵，起因是特朗普可能会撕毁伊朗核协议进一步对伊朗采取制裁，而作为伊朗的死对头沙特阿拉伯则和美国签订军售大单，显然是想要进一步压制伊朗。其实自从特朗普上任以来，伊朗问题就是特朗普的心腹大患，只因伊朗核协议是奥巴马签署的，作为奥巴马的遗留政治遗产，特朗普必须推翻，而沙特阿拉伯正好是可以合作的伙伴，因此沙特阿拉伯自然而然抱上了美国的大腿，双方相互合作、共同制裁伊朗。

不过伊朗也不可能坐以待毙，既然沙特阿拉伯可以找到美国作为靠山，那么伊朗也可以找帮手，俄罗斯就是伊朗的不二选择。正所谓"敌人的敌人就是朋友"，伊朗和俄罗斯在面对美国时就成了这样的"难兄难弟"。美国一边对俄罗斯实施新制裁，另一边则不断威胁要退出伊朗核协议，这促使伊朗和俄罗斯越走越近。

最近俄罗斯一家能源公司与伊朗签署了一份价值 7.42 亿美元的油田开发协议，金额虽然不高但意义重大。这不仅是伊朗自 2016 年初解除制裁之后迎来的第二笔石油外资，也是俄罗斯、伊朗两国开展的首笔石油开发交易。显然，两国身处"多事之秋"，"抱团"正在成为最佳"取暖"利器。

就在特朗普宣布撤换蒂勒森的第二天（3月14日），俄罗斯一家国有石油公司——扎鲁别日石油（Zarubezhneft）引领的财团与伊朗国家石油签署了7.42亿美元、为期10年的油田开发协议，将携手开发位于伊朗西部伊拉姆省（Ilam）的两个油田。

伊朗通讯社指出，扎鲁别日石油引领的财团还包括伊朗私营能源公司达纳能源（Dana Energy），双方将与伊朗国家石油一起开发阿班（Aban）和西配达（West Paidar）油田，目标是将原油日产量从目前的3.6万桶提升至4.8万桶，增幅超过30%，未来10年总产量预计将接近1亿桶。根据协议，扎鲁别日石油将提供大部分开发资金并拥有80%的权益，达纳能源持有剩余20%权益。7.42亿美元的总投资包括6.74亿美元的确定性资金以及6800万美元的非确定性投资。这是伊朗解除制裁以来第二份与外国能源公司签署的油气开发协议。2017年7月，道达尔与中国石油就南帕尔斯气田（South Pars）11期项目与伊朗签署了价值48亿美元、为期20年的合作开发协议，成为伊朗解除制裁以来首个对其再投资的外国油企。

伊朗石油部长赞加内在德黑兰举行的签约仪式上表示："这是我们第一次与一家卓越的俄企签署油田开发协议，希望这不是最后一次，虽然谈判过程很艰难，但结果喜闻乐见。此次合作将加速提高伊朗与伊拉克边境地区油田产量，有望在未来几年为伊朗带来40亿美元的财政收益。伊朗还在与俄罗斯石油、俄罗斯天然气工业以及卢克石油等俄企进行谈判，未来有望达成更多合作。"

伊朗国家石油总经理卡尔多尔则表示，这是伊朗与俄罗斯合作的第一笔油气开发交易，"两国政治关系处于有史以来最高水平，但经济领域的合作却尚未达到同一水平，此次合作正是一次机会。"卡尔多尔对扎鲁别日石油予以了高度肯定，特别是油田勘探和开发方面，称其拥有丰富经验。此外，伊朗还计划向本土公司授出石油合同。伊朗石油部将从3月21日开始的新一年（伊朗农历年）内，向本土油气生产和钻井公司授出价值60亿美元的石油合同。赞加内表示，伊朗希望尽可能扩大本土公司在石油项目中的存在感，这些合同所属石油项目将由伊朗国家石油负责投资，后者大部分资金将通过伊朗国家发展基金获得。

伊朗《金融论坛报》指出，伊朗拥有100多个低开发的油气田，不管是西方油企，还是俄罗斯能源巨头，即便是本土不知名公司，只要符合技术、管理和财务等方面的标准，都可以在该国石油经济中分一杯羹，为伊朗产量增加贡献力量。

这份7.42亿美元的协议，将伊朗和俄罗斯的关系再次拉近。《以色列时报》撰文称，在美国的强势压迫下，俄伊两国不断深化双方关系，未来还将有更多这样的协议、合作诞生，这也是两国加强政府关系的一个缩影。事实上，俄罗斯能源企业所拥有的资金实力和技术经验可以为伊朗石油工业注入更多活力。

早在2017年3月，俄罗斯总统普京就对俄伊关系予以了肯定，称两国将朝着"新层次战略伙伴关系"迈进。当时，普京与到访俄罗斯的伊朗总统鲁哈尼举行会谈并签署联合声明，在巩固、尊重和扩大两国关系的同时，将深化包括能源在内的各个领域的合作。时隔不到 7 个月，普京对伊朗进行访问，再次强化了两国政治关系。

《海湾时报》指出，美国的"强人所难"正好给伊朗和俄罗斯腾出了合作的空间，美国对俄罗斯制裁越严重、对伊朗核协议越发难，则俄伊两国合作基础越稳固。俄伊都是能源资源大国，两国天然气出口量约占全球总量的 37%，结伴出现在国际舞台只会给以美国为首的西方国家带来更大压力。

《华尔街日报》撰文称，伊朗石油工业本该在伊朗核协议达成后迅速回暖，但实际却迟迟不见起色。美国可能退出伊核协议的结局，让许多西方油企不得不采取观望态度。就连打头阵的道达尔都不太乐观。道达尔首席执行官潘彦磊表示，若美国对伊朗实施制裁，道达尔希望寻求其在伊业务得到豁免。2017 年道达尔高调重返伊朗，曾被业内视为一系列西方投资的先兆，但时至今日，道达尔仍是唯一在伊朗推进油气项目的西方油企。

伍德麦肯兹分析师霍马扬·法拉克沙希表示，伊朗曾预计制裁解除后本土油气行业每年能吸引 100 亿美元新外资，但事实证明，过去两年仅吸引到 13 亿美元左右的外资。国际能源署数据显示，在经历最初的回暖后，伊朗原油日产能稳定在 385 万桶，远低于伊朗过去几年做出的各种预期。

对伊朗而言，美国的威胁和震慑仍然存在，外资流入的速度慢于预期，的确给该国石油工业腾飞造成了困扰和迷茫，但谁又能保证伊朗和俄罗斯的"抱团取暖"不会成为下一个影响能源市场的"黑天鹅事件"呢？

第二节
美国疯狂产油透露特朗普的一个如意盘算

2018 年美国的产油量开始突飞猛进，其中很大原因是特朗普给美国企业减轻税收负担，目的就是为了刺激美国本土企业的持续生产，而美国对页岩油充分的利用和开采，成了美国原油产量爆炸式增长的根本原因之一。摩根大通认为，未来随着页岩油行业的崛起，原油恐怕会变得越来越廉价。

摩根大通研究主管克里斯蒂安·马莱克（Christian Malek）表示，欧佩克产油国和主要能源公司的盈亏平衡价格将在 2019 年底前回落至每桶 50 美元。对于包括沙特阿拉伯、伊拉克和科威特等国来说，当前的盈亏平衡价格为每桶 65 美元左右。14 个欧佩克成员国和大型石油公司之间围绕盈亏平衡的竞争将很快推动油价进入恶性循环，中期定价可能会被下调至每桶 50 美元左右。

马莱克认为，油价正朝着每桶 50 美元的方向发展。虽然大型石油公司提高效率标准是降低盈亏平衡的主要因素之一，但最具影响的很可能是美国页岩油的持续增产。俄罗斯在中期内继续与欧佩克保持合作的前景是相对乐观的。我们的基本预估是，你会发现他们在一个独立的框架上达成一致，但最终只涉及产量范围。历史表明，欧佩克遵守单独配额的做法从未发生过，因此我认为，这个框架可能只会停留在纸面上。

宝盛银行宏观和大宗商品研究主管诺伯特·鲁克尔（Norbert Rucker）指出，美国页岩油产量上升，对冲基金在期货市场持有过多看涨头寸以及延长至2018年底的产油国减产协议都是导致石油市场较为脆弱的原因，这些不利因素不应该被低估。

欧佩克遭遇了美国页岩油的突袭，或许欧佩克能够保证在2018年还能维持减产协议，但2019年能否继续维持真的不能轻易下定论，欧佩克在6月可能会发表相关的言论，要知道现在美国的增产显然是停不下来的，并且还在持续扩张亚洲的市场份额，欧佩克想要靠拉拢俄罗斯来一起控制原油市场的平衡，但俄罗斯是不是会答应还是一个问号。

自从2018年美国开始疯狂产油以来，这背后似乎就透露着特朗普的一个如意盘算，其实通过观察就能够发现，特朗普在成为总统之后一直埋头重振美国的本土企业。任何政策都是希望更多的美国企业能够发挥更大的产能，减少企业向外流失，一切都是贸易保护的核心思想。最终税改的落地让美国企业所承受的负担更小，而2018年美国产油的爆发，就是特朗普走出的第一步棋。

美国原油产业有着先天的优势，那就是对页岩油的充分开发和利用，因此只要让原油企业的负担更小，美国产油量自然而然就会有爆发性的增长。而随着美国产油量的持续增加，特朗普的下一步计划就是逐渐让美国摆脱原油进口，使美国的原油能源能够自给自足，并且在未来甚至可以转变为出口方对外销售石油，这样不仅节省了进口原油的开支，同时通过大量出口原油还能够获得巨大的利润，而要达到这样的程度就需要满足两个条件，一个是要有碾压般的原油产量，另一个是具有广泛的原油市场份额。当前特朗普显然是在朝着这个方向迈进，而且从目前情况来说，这一进展似乎还挺顺利。

然而事情的进展真的能够按照特朗普的如意算盘前进吗？答案恐怕并没有那么容易，美国或许可以做大原油产量超过其他产油国，但市场占有并不是美国想就能够做到的，尤其是亚洲市场，欧佩克就不能答应。如今因为欧佩克要维持减产，不得不控制产量，这就导致在市场份额上欧佩克处于被动状态，而美国可不管这些，趁着欧佩克减产来抢占市场份额，欧佩克如果最终减产协议破裂，必然会再次回到市场争夺的局面中，同时这一局面也意味着原油价格重新回归持续下跌的场景，最终只能两败俱伤。

就算退一步讲，欧佩克依然坚持减产协议，俄罗斯可不会对美国的举动不闻不问，俄罗斯的原油产量本来就很大，现在美国产量逼近俄罗斯，并且开始争夺市场份额，俄罗斯自然不会袖手旁观，更何况俄罗斯和欧佩克不同，不用顾忌减产，完全可以提前进入和美国争夺市场份额的战斗中来。而最关键的一点就是，美国想要扩大亚洲原油市场份额,而亚洲市场中国是最大的原油进口国,搞定中国就搞定了最大的原油需求方,然而近期特朗普却和中国搞起了贸易摩擦,引发中美关系的紧张,而这一事件发展下去,中国自然不会考虑从美国进口原油,而且美国的贸易保护全球皆知,特朗普征收关税令美国又一次震惊世界,谁还会来和特朗普做生意呢?

油价回暖刺激了美国页岩油产量迅猛增长,市场对页岩油增产的担忧长期以来是做空的主要动机。然而,在企业资本开支和开采技术瓶颈的双重制约下,美国页岩油产量不可能无限制膨胀下去。

一般来说,页岩油田建设周期从探勘到采油需要2年左右,钻井完工后3~4个月出油效率达到峰值,随后开始出现衰减,两年后降至最高值的25%~30%,也就是说,一旦美国能源企业资本开支放缓,两年后页岩油供应边际增速就会下行。2011年开始,美国能源公司资本开支增速减缓,2014年国际原油价格暴跌,此后美国能源企业资本开支增速由正转负。由于资本开支不支持进一步增产,美国页岩油供给压力有望出现缓解。

页岩油开采技术的瓶颈是另一个限制产量的因素。根据美国能源信息署统计,2011—2015年美国原油日均增产345万桶,较此前增加了72%。主要是这段时期内开采技术的进步使得美国页岩油成本重心下移,主产区的单产率得到了极大提升。但2017年以来,美国部分页岩油产区单个钻机出油量明显出现回落,如果继续增产则面临从富油区延伸至贫油区,从而遇到新的技术瓶颈,单产率仍难以提升。

尽管美国页岩油产量已开始面临资本开支缩减和技术开采下降的压力,但至少未来5年仍是页岩油产量爆发并持续保持高产的关键时期。国际能源署指出,得益于页岩油产量的显著增长,到2023年美国将成为世界最大的产油国,预计到时美国的原油日产量将增加370万桶,超过全球预期增加的产量的一半。随着得克萨斯州二叠盆地以及鹰滩原油产量翻番,到2023年日产量预计将增加270万桶,因此对于新的管道和港口出口能力的投资,对于美国原油推向国际市场具有至关重要的作用。随着美国页岩油产量的不断上升以及美国致力于成为原油出口大国野心的膨胀,美国还将会对配套设施进行升级。

过去5年,美国的页岩油革命成为石油市场的头号游戏规则改变者。随着页岩油的开采,油市逐步出现某种形式的竞争力。美国页岩油比传统的沙特阿拉伯石油生产商成本高一些,但关键在于,页岩油钻井从关闭到启动更为方便,油井从开启到关闭的成本相当低廉。页岩油生产商成为石油市场上所谓的"摇摆生产商",夺走了欧佩克及其成员国的市场。当需求疲软时,他们可以关闭油井,但当需求再次回升时,他们同样可以增加产量。页岩油生产商对于油价的变动更具有弹性。

国际能源署预计,美国原油日出口能力将从2017年底的190万桶上升到2020年的470万桶,到2023年将会达到500万桶。众多分析师认为油价后市上涨的前景可能有限。

美国原油产量增长是最大的威胁,而欧佩克减产对油价的提振可能会逐步减弱。

中东地区作为全球石油资源的宝库,中东国家稍微有点动向可能都会给整个原油市场带来较大的影响,从之前沙特阿拉伯反腐,再到后来的伊朗核协议,都是影响原油价格的因素。而当前虽然欧佩克在苦苦坚持减产来抗衡美国的疯狂增产行为,但是效果并不明显。在伊朗受到美国制裁威胁之际,伊拉克可能要开发新的油田,这恐怕会给未来原油又增添一大空头压力。

2018年3月29日,伊拉克石油部宣布,将采取措施,在新合同中减少石油公司从政府那边获得的费用。新的合同将不包括公司收入中包括的石油副产品、在当前油价与报酬之间建立联系、并引入一种特许权。伊拉克石油生产商目前从政府那里获得了与产量增加有关的费用,包括石油和石油副产品,如液化石油气和干气。

4月1日,伊拉克石油部发言人吉哈德(Asim Jihad)表示,伊拉克计划在4月15日向新地区授予石油和天然气勘探开发合同。这些新地区位于伊朗和科威特边境地区,以及海湾地区的近水海域。伊拉克计划在4月13日向提供报价的石油公司提供投标文件。4月15日将提交报价,同一天将宣布最终的获胜者。

伊拉克是仅次于沙特阿拉伯的欧佩克第二大石油生产国。2014年,石油过剩导致油价暴跌,降低了伊拉克的支付能力。随后,伊拉克决定改变合同。过去10年,英国石油、埃克森美孚、埃尼、道达尔和荷兰皇家壳牌等公司帮助伊拉克将石油日产量提高了250万桶至470万桶。半自治的库尔德斯坦地区政府在其控制下的伊拉克北部地区生产石油和天然气,他们按照一种生产共享模式进行生产,这种模式能为公司提高利润。

如今原油格局,美国产油在不断提升,未来甚至可能成为净出口国,而欧佩克则希望联合俄罗斯进一步延长减产,和美国来进行长期斗争。伊拉克如果在未来进一步提升产油量,则可能会大幅削弱欧佩克的减产效果,导致原油价格面临更大的下行压力,原油库存过剩问题可能也会因此卷土重来。

欧佩克、国际能源署以及一系列国际石油公司的高管对2020年供应缺口的扩大以及潜在的价格上涨发出了警告,这是因为2014年油价暴跌后数年里上游投资急剧缩减,这或使得原油产能不断下降。

历史总是按照固有的足迹运行的,一般而言,长期的低油价将会导致产业支出急剧减少,从而引起产量的下降,进而推升油价,这是原油行业的周期性特征。但是对于全球原油行业而言,美国页岩油产业的繁荣是始料未及的,至少10年前这一产业还并未存在。

页岩油不是一个理想的生产调节者,但是过去的几年里发挥了重要作用,即使资本支出出现了大幅的下降,布伦特原油目前依然维持在每桶70美元附近,有效避免了再次拉升至每桶100美元上方。在2014年油价暴跌之前,全球原油行业每年上游油气项目的支出超过了7000亿美元,在2015年和2016年,这一支出下降了约25%。咨询机构伍德麦肯兹指出，上游的支出自2015年以来维持在4000亿美元左右，这可能会导致未来的原油投资缺口高达1万亿美元。此外，欧佩克内部的闲置产能问题也值得关注。目前，只有沙特阿拉伯有实际意义的日闲置产能250万桶，安全和商业问题将继续困扰着委内瑞拉、伊朗、伊拉克、尼日利亚和利比亚等国，这些国家的生产情况具有较大的不确定性。

2018年4月2日（周一），受累于俄罗斯产量上升、沙特阿拉伯预期将下调对亚洲的原油售价以及中国与美国针锋相对的贸易行动加剧，国际油价大幅收跌，WTI油价收报每桶跌2.06美元至62.85美元，跌幅3.17%，布伦特油价收报每桶跌1.66美元至67.69美元，跌幅2.39%。

俄罗斯能源部公布的数据显示，俄罗斯3月原油日产量环比上浮2万桶至1097万桶。这是俄罗斯原油产量自2017年12月以来首次增长，并且小幅高于减产协议中俄罗斯的配额水平。要知道俄罗斯和沙特阿拉伯是集体减产协议的主要发起国，俄罗斯的增产让外界猜测其在为退出减产协议做准备。而欧佩克第二大产油国伊拉克2018年初日产能达到近500万桶，明显超过减产协议规定的435.1万桶日限额。伊拉克内4月1日批准的一项计划，到2022年其原油日产能将提升到650万桶。

有贸易消息称，预计最大的石油出口国沙特阿拉伯将在5月下调所有销往亚洲的原油价格，以反映中东基准迪拜油价的下跌。瑞穗能源期货主管鲍勃·雅格表示，有猜测称沙特阿拉伯将降低其亚洲客户的油价，当想要保持减产的时候，降价不是沙特阿拉伯真正想要的结果。

消息一出，市场对于俄罗斯未来的行动计划以及沙特阿拉伯的举动都产生了巨大的担忧，这很有可能是在为将来最坏的局面做准备，虽然之前沙特阿拉伯尝试和俄罗斯联手延长减产，但毕竟俄罗斯在面对美国的各种打压不会进一步限制自身的产量，所以市场对于这两者的延长减产协议持相当怀疑的态度，而更有可能发生的情况是，俄罗斯加入和美国一起竞争市场份额的斗争中来，而欧佩克对于无力回天的局面可能也会提前结束减产，也加入这一乱战之中。因此，市场对于未来的担忧并非空穴来风，原油市场很有可能又会回到当初那个库存产能过剩的时代。

美国能源信息署前署长谢明斯基警告称："可能短期来看，市场波动不会那么大，因为页岩油正在满足不断增长的需求。但是从2020年开始的10年可能就没这么幸运了。这就是为什么我称之为'混乱十年'。我们现在资本投资不足，页岩油估计也不足以满足未来的原油需求增长。"

有些人认为，欧佩克拥有足够的剩余产能，能够满足市场，稳定价格。但是花旗银行大宗商品研究全球主管莫尔斯警告称："欧佩克可能正在以最大产能生产，而且由于欧佩克国家投资不足，存在市场挤压的风险。原油市场一直恐惧欧佩克会突然大幅增产，但是可能出现供应缺口，导致市场更为紧张。我们发现越来越多的政局表明，并不是国际石油公司,也不是独立石油公司的投资在拖后腿,而是欧佩克国家在拖累,尤其是利比亚、尼日利亚、委内瑞拉、伊朗和伊拉克。"

路透社调查显示,因委内瑞拉产量继续下滑,3月欧佩克原油日产量环比下降17万桶至3204万桶,这是2017年4月触及3190万桶低位之后的最低水平。3月委内瑞拉原油日产量减少10万桶至151万桶,阿尔及利亚日产量也减少4万桶至100万桶,利比亚日产量也因部分油田关闭而降至100万桶下方,沙特阿拉伯原油日产量小幅下降1万桶至987万桶。

目前支撑油价上涨的因素包括:欧佩克延长减产至2018年底;委内瑞拉因国内动荡及管理不善,产油量在继续下滑;伊朗石油出口则面临美国可能再度实施制裁的威胁;美国页岩油产量在迅猛增加,但活跃钻机数量近几周已趋于平稳;全球经济同步增长以及油价温和在推动消费快速增长,预计日消费量增幅将连续第四年超过150万桶。现在最大的不确定性在需求方面,宏观经济周期在迅速发展,利率在上升,贸易保护主义抬头令经济前景笼罩阴云。尽管石油行业的复苏似乎处在这个周期的中段,但宏观经济背景似乎处在这个周期的晚期阶段,到2019年或2020年时经济减速的风险越来越大。

2018年4月2日,在华尔街股市重挫的情况下,油价暴跌3%。华尔街大佬已然放话:那些头脑发热的原油多头,你们该看看美国页岩油生产商有多疯狂!华尔街投资大佬称,2014年美国页岩油生产商疯狂掠夺市场份额导致全球原油供需平衡崩溃,随着2016年油价回暖,美国油气公司股东也纷纷回归,现在原油生产商应该对这一问题保持警惕!

自美国页岩油在全球原油市场崭露头角以来,页岩油生产商就一直被冠以"疯狂逐利""不计成本"等印记。2016年以来,油价的逐渐回暖使得美国页岩油生产商有了更多的资金可以继续扩大勘探和开采。加上页岩油一直不断地进行技术升级,开采成本大大缩减,而大宗商品价格的上涨使得页岩油生产商拥有了更为乐观的资金流。

从债务市场来看,投资者依旧乐于向美国油气公司进行融资,而投资方也不再仅限于机构。咨询机构迪罗基数据(Dealogicdata)的数据显示,即便这些油气公司的股票发行量已经在不断下降,美国油气公司的债券发行却从2016年的226亿美元升至2017年的276亿美元。银行的借贷也依旧强劲。与此同时,很多私募股权基金也对页岩油产业"垂涎欲滴"。在这样的情况下,美国油气公司的净负债再度开始拉升,颇有一种不撞南墙不回头的态势。

咨询机构先秦数据显示,自2014年来,能源私募股权基金已经融资超过1630亿美元。经济学家菲利普·弗莱杰甚至暗示,中国可能也在为投资美国页岩油产业做准备。中国是目前全球最大的能源进口国,且中国原油期货的上市使得中国在国际能源市场拥有了更大的话语权。

美国能源公司表示,目前,美国原油处于每桶63美元附近,在这样的水平下,能源类公司还有大把的投资机会。而达拉斯联储的一项调查显示，美国能源生产商的损益均衡油价为每桶46～55美元区间。这也是美国页岩油生产商目前所依仗的底气。即便在油价上行空间有限的情况下，美国页岩油产量也正逐步提升。

阿联酋能源大臣马兹鲁伊表示："欧佩克的减产协议消除了全球85%原油供应过量的问题，目前欧佩克正在与其他产油国寻求减产协议到期后进一步合作的问题。世界正在从减产协议中获益，不担心潜在的贸易危机会打乱原油市场的秩序，因贸易战而导致的不利因素只会对钻井成本产生影响，但是这对于油价而言影响是微乎其微的。"

俄罗斯能源部长诺瓦克表示："一旦当前的石油减产协议2018年底到期，欧佩克与非欧佩克之间的合作组织可能会成立。我和沙特阿拉伯能源大臣法力赫讨论了长期合作的问题，当前的互动机制已经证明是有效的。我们正在考虑一种可能是长期合作的模式，包括市场监测、信息交换的可能性以及是否需要实施一些联合行动。石油减产不是灵丹妙药，但这是必要的措施，而与欧佩克展开更广泛的合作是必要的。"

2018年4月3日，一艘沙特阿拉伯油轮在红海以西的荷台达遭到炮火袭击，当时该油轮正前往埃及埃因苏赫纳港口（Port of Ain Sukhna）。荷台达是也门城市，位于西海岸中部卡希布湾内，濒临红海的东南侧，也是也门主要港口之一。标普全球普氏能源资讯称，这艘载着200万桶原油的油轮当时位于一个关键的航道中。该油轮已在红海中停泊，目的地指向埃及。另有报道称，胡塞叛军称他们袭击了一艘军舰，以回应不久前造成也门平民死亡的一次空袭。这次袭击发生之前，胡塞武装在3月26日向沙特阿拉伯发射了一系列导弹。沙特阿拉伯拦截了其中的7枚导弹，但有一人被导弹碎片炸死。4月4日，沙特阿拉伯能源大臣法力赫试图通过推特发文安抚市场。他表示，这次袭击是胡赛武装一次绝望的尝试，但不会停止沙特阿拉伯的石油供应。

胡塞武装袭击沙特阿拉伯超级油轮。这表明，也门将战争引向沙特阿拉伯和其石油设施的行动有所升级。3年前，沙特阿拉伯加入了也门战争。但是，沙特阿拉伯与伊朗之间的代理权之争迄今并未给油价带来多少溢价。然而，如果与伊朗结盟的胡塞武装在袭击沙特阿拉伯及其石油设施方面取得更大的成功，这种情况可能会发生改变。

加拿大皇家银行全球大宗商品战略主管克罗夫特表示，这最终可能成为沙特阿拉伯和伊朗之间直接对抗的导火索。在胡塞叛军迫使也门总统哈迪（Abdu Rabbih Mansour Hady）流亡国外后，沙特阿拉伯王储穆罕默德领导沙特阿拉伯参与了这场地区战争。克罗夫特表示："想象一下，如果那艘油轮被严重损坏了，这会引发一场油轮战吗？我担心这不只是单一事件而已，还会引起对海峡安全的担忧。胡塞叛军一周前刚刚向利雅得发动了一次导弹袭击。"

阿盖恩资本分析师基尔达夫表示："油价并没有对此次油轮袭击事件有所反应。在4月3日全球风险资产出现抛售的情况下，油价确实保持了稳定。WTI油价最近一次达到每桶66美元之际，正值也门向利雅得机场发射了火箭弹。沙特阿拉伯不能忍受更多类似的袭击了,他们的耐心不得不被耗尽。"

2018年4月5日(周四),受助于美国股市走高,沙特阿拉伯意外上调原油售价,有迹象显示,中美两国间的贸易争端正在缓和,国际油价微幅上涨,WTI油价收报每桶涨0.17美元至63.73美元,涨幅0.27%,布伦特油价收报每桶涨0.27美元至68.50美元,涨幅0.40%。价格期货分析师菲尔·弗林表示:"沙特阿拉伯宣布将提高5月原油官方售价,此举支持油价。沙特阿拉伯认为有理由提价,不会失去市场份额,这对原油市场而言是有利的消息。"

截至3月30日当周,美国原油日产量达到创纪录的1046万桶,美国原油日出口量同样触及历史新高,达到217.5万桶。2007—2008年,美国原油日产量最多达到521.1万桶,且当时的法律禁止多数原油出口,因此美国的出口量极低。美国数年来一直出口精炼油产品,包括汽油、喷气燃料和柴油。随着美国管制原油的法律发生变化,美国原油出口量越来越高。美国能源信息署预计,到2022年,美国将成为净能源出口国。美国商务部长罗斯表示,原油贸易一直是美国贸易逆差的重要来源。随着页岩油的来临,全球能源行业的情况将和以前完全不同。中国2017年日进口石油840万桶,而美国的石油日进口量则下降至780万桶,而且美国的石油进口量还会下滑。这是一件好事。美国的石油贸易一直是美国贸易赤字的一个重要源头,这不能怪任何人,但考虑一下:如果将840万桶乘以每桶60美元,美国每天出口的石油价值超过4.8亿美元。将这一数字再乘以365天,能得到一个相当大的数字。

当问及为何能源不被纳入征税名单时,罗斯表示:"能源是一个在贸易方面经常被讨论的话题。我们一直在讨论能源。你看到2017年11月我带领的贸易使团与中国签订的液化天然气订单,数量巨大。"

2016年,中国进口液化天然气2610万吨。第一个长期合约由中国石油与美国液化天然气生产企业于2017年冬天签订,从切尼尔能源(Cheniere Energy)的路易斯安那州萨宾帕斯(Sabine Pass)出口终端每年进口120万吨液化天然气。中国的征税清单不包括石油、天然气、汽油或柴油燃料,但却包括石油化工产品及丙烷,如果中国关税实施,将对这些企业带来打击。

2017年中国自美国进口原油逾8100万桶,占美国出口的20%。中国是蓬勃发展的美国原油出口业务的重要客户。中国已取代美国成为全球最大的石油进口国。利浦石油协会总裁安德鲁·利浦表示:"2017年中国从美国进口了8100万桶原油,相当于日进口22.2万桶,占美国原油出口的20%,是美国第二大原油进口国,仅次于加拿大的日进口32.3万桶。在解除长达40年的原油出口禁令后,美国自2016年开始增加原油出口。美国出口预计继续保持在非常高的水平,因墨西哥湾沿岸地区的轻质原油与世界其他地区的价差刺激大量出口。从政治的角度看,每一艘装载200万桶原油的超级油轮会让美国对中国的贸易逆差减少1.2亿美元以上。"

第三节
中美贸易紧张关系升级引发原油价格下跌

2018年4月2日至6日当周,油价呈现震荡下行趋势,油价在周一(4月2日)和周五(4月6日)两度大跌,均和中美贸易战风险升级有关。4月2日(周一),中国宣布提高对128项美国进口产品的关税,加剧了市场对两大经济体贸易摩擦恐将升级的担忧,并抵消了美国石油钻井数减少构成的利好。市场担心,随着中国反制美国对华加征钢铝税,中美贸易战风险可能进一步上升,进而可能危害全球经济和原油需求,美油应声大跌3.17%。分析师认为,油价一度从美国石油钻探数量下降中得到提振。但中国和美国之间的贸易摩擦增加,可能会动摇全球市场,并损害原油市场的看涨情绪。

4月6日(周五),美国总统特朗普威胁对更多中国商品加征关税,市场担忧重燃对全球两大经济体之间爆发贸易战可能伤及全球经济增长,WTI油价收报每桶跌1.78美元至61.95美元,跌幅2.79%,布伦特油价收报每桶跌1.06美元至67.44美元,跌幅1.55%。

特朗普4月5日(周四)表示,已命令美国贸易官员考虑对另外1000亿美元中国进口商品加征关税,令美中贸易紧张关系升级。中国4月6日警告称,如果美方公布新增1000亿美元的征税产品清单,中方已经做好充分的准备,将毫不犹豫、立刻进行大力度的反击。芝加哥能源咨询机构里特布施合伙人总裁吉姆·里特布施指出:"爆发全面关税战的可能性增加,令人联想到经济增长放缓的景象,这可能抑制过去数月重现强劲定价环境的旺盛原油需求。"美国康涅狄格州传统能源资深分析师兼经纪人迈克吉利安表示,有关潜在贸易战对经济增长和能源需求影响的疑虑波及了原油市场,市场一周来的上下波动都围绕这个进行。

中美贸易争端急剧升温,在特朗普宣布对中国加征1000亿美元关税之后,中国商务部就中美贸易问题召开新闻发布会,表示美国误判了形势,如果美国公布1000亿美元的清单,中国将立刻反击。美国白宫也同时发表声明称,除了本周的关税声明外,美国贸易代表办公室对中国的不公平做法发起了一场世界贸易组织争端。双方再次剑拔弩张令原本有所恢复的市场情绪遭受冲击,避险需求重燃令原油等风险类资产再度承压。

原油研究机构石油模型分析师奥利维尔·雅各布表示:"中国对美国原油出口使用'火箭筒'选项,这对油价构成风险。中国是美国原油的主要进口国(仅次于加拿大),每天大约有40万桶,如果中国对美国原油征收反关税,美国的供需状况将很快变得非常沉重,这将导致美国原油价格压力,将对全球油价产生负面影响。"阿盖恩资本创始合伙人基尔达夫称:"最新的贸易战争令原油遭受重创。当特朗普宣布征收关税的时候,它立即就被抛售了，我们跟其他市场一同遭到打击。"

随着中美贸易冲突升级，石油多头正在退缩。基金经理大幅削减对WTI原油的看涨头寸，减持规模达到2017年8月以来最大，因全球两大经济体之间的针锋相对引发了能源需求萎缩的恐慌，沽空飙升。纳斯达克驻纽约分析师塔玛尔·埃斯纳称："考虑到不确定性增加，人们撤出资金。贸易战担忧总是引发人们担心从需求的角度来看会产生什么样的影响，因为通常它对经济增长不利，如果你是一个净多头，你现在可能想要对冲一点。"根据美国商品期货交易委员会数据，截至4月3日当周，对冲基金将WTI净多头头寸减持9.4%，达到424256份期货和期权。由于基金对看涨合约的减持幅度达到近一年最大，多头减少7.4%，空头跃升23%，创2017年8月以来最大升幅。

贸易紧张局势导致油价陷入两个月来最糟糕的一周，并引发股市大跌。贸易争端担忧加剧了美国供应过剩的困境，位于俄克拉荷马州最大的原油分销中心的仓储量创下2016年12月以来最大增幅，产量连创纪录。

市场担忧美国页岩油将成为中国下一个打击目标。2018年4月4日（周三），中国公布的对美贸易反制清单中就已包含液态丙烷等石化产品。分析称，中国可以随时抛弃美国的能源，但对于美国来说，能源是敏感话题，两国可能最终达成协议，中国会明智地使用能源这张王牌。

自从贸易争端的开始，中国就一直毫不示弱，因为中国手中握有一张王牌。石油模型分析师奥利维尔·雅各布指出："如果中美之间的贸易战持续下去，中国扔出美国原油进口这一重磅炸弹，那么油价将面临风险。"2017年，中国是继加拿大之后的美国原油第二大买家。市场观点认为，中国对原油施加的任何关税举措都可能对美国原油供需造成重大影响，并将影响美国油价，继而波及全球石油价格。

雅各布警告道："假如中国准备打击美国原油出口，对原油市场流动性的影响将与美国打击伊朗核协议的预期影响大致相同。"2017年，中国首次超过美国，成为全球最大的原油进口国。俄罗斯、沙特阿拉伯、安哥拉、伊拉克、伊朗和阿曼为中国前六大原油进口国，2017年中国从美国进口的原油占总量的2%，尽管中国从美国的原油进口规模大幅增加，但相比从其他国家的原油进口量仍然较小。2017年，美国至中国的原油出口量占美国原油总出口额的20%，中国成为美国第二大原油出口地。

现代期货驻首尔大宗商品分析师宋志云认为："中国可以在任何时候抛弃美国能源，因为（除美国外）其他地方还有大量供应。对美国来说，能源则是个敏感话题。两国最终可能达成协议。中国可能不会那么快使用能源来解决争端，而会明智地用这张牌。"

2018年4月4日，中国对美方对华产品加征关税建议清单做出回击。国务院关税税则委员会决定对原产于美国的大豆、汽车、化工品等14类106项商品加征25%的关税，涉及2017年中国自美国进口金额约500亿美元。丙烯、聚乙烯及部分下游化工产品被列入该名单。尽管原油并未被列入上述关税加征名录，但投资者对潜在风险保持谨慎态度。业界认为，如果中国表现出对原油征收关税的意愿，将通过市场发出冲击波。

自美国2016年恢复原油出口以来，页岩繁荣帮助该国抵消了与中国日益扩大的贸易逆差。咨询机构JBC能源称，美国周四公布的2月贸易统计数据显示，美国贸易逆差扩大至2009年以来的最大值；如果排除石油在外，则是有史以来的最大值。

就在人们的焦点都聚集在近期中美贸易摩擦上面的时候，美国似乎不甘寂寞又把俄罗斯惹上了。4月6日，美国财政部宣布，将对一批俄罗斯个人和实体实施制裁，以回应所谓的"俄罗斯在全世界范围内的'全部恶意行为'"。这份制裁名单中，包括7名俄罗斯商业领导人和他们拥有或控制的12家企业，以及17名俄罗斯高官，此外还包括一家俄罗斯国有武器进出口企业及其下属银行。

纵观近期一些重大事件，似乎都和美国有关，先是中东地区伊朗核协议随时面临被美国撕毁的危机，同时美国和沙特阿拉伯签订军售大单，整个中东地区的局势都处于惴惴不安的状态，随后美国又和中国产生贸易冲突，对中国商品增加关税，而中国也不甘示弱对美国商品增加关税，短时间市场的紧张气氛迅速升温，人们担忧贸易冲突最终会引发为贸易战，到时候产生的经济影响可就不局限于中美两国。而这边的危机还没有平息，美国又惹到俄罗斯头上，可以说美国还真是不嫌事大。这样一来，短时间内美国接连触怒了伊朗、中国、俄罗斯等国家。

作为美国总统的特朗普在平稳度过一年任期之后终于要爆发了？虽然过去一年的任期时间里，特朗普收获了"差评"无数，但至少没有让美国陷入更深的国际冲突之中，无非就是美国经济没有太大的起色，而如今特朗普这样的行为举措，无疑是让美国在国际上的外交变得更加困难。可以发现，自特朗普身边的许多官员离职或被辞退以来，特朗普的整个举动都变得十分激进，这不排除因为特朗普身边都是激进派的官员的因素，但如果未来都按照这样的脚步前进，只会让美国的经济进一步陷入危机，加剧外交裂缝，同时让全球陷入巨大的恐慌之中，避险情绪会被持续点燃。

中美贸易摩擦的升级，中国很有可能会对美国出口原油征收关税，甚至直接不再进口美国出口的原油，要知道中国的原油需求是亚洲原油市场重要的一块，如果丢失中国原油市场，美国短期内恐怕难以找到足以弥补这一块缺失的替换方案。再加上如今美国还在疯狂产油，下一步计划就是从原油需求国转变为原油供应国，失去中国这一大市场，对于美国来说将会是巨大的损失。原油价格可能会遭受巨大的打击。

同理对于俄罗斯也是一样，美国和俄罗斯进一步闹僵双方的关系也会让俄美之间的贸易通道受阻，更关键的是，美国同时得罪中国和俄罗斯，而中国完全可以和俄罗斯进一步联手合作，这样在这场由美国挑起的混战之中，只有美国一方面是输家，中俄相互合作不会有太大的损失。

如今中美贸易对峙这一幕和2017年朝鲜局势如出一辙，2017年朝鲜局势也让朝鲜和美国之间时刻处于一触即发的状态，似乎就差越过最后的红线，而当时全球的避险情绪也因朝鲜局势的爆发而大增，从而引发对应商品的剧烈行情波动。如今中美贸易的摩擦加剧，对于一些商品的影响则更加显著，从原油价格4月6日当周的走势就可以看出，原油受到的影响巨大。

从另一方面来看，如果参照2017年朝鲜局势的发酵，避险情绪来得快去得也快，因此中美贸易引发的油价暴跌可能也只会持续短暂的时间，一直等到事件的进一步升级，才会再次爆发新的跳水行情。这点从4月6日当周的原油走势就可以看出一二，2018年4月2日中美贸易冲突爆发，油价每桶暴跌逾2美元，但2018年4月3日行情迅速止跌反弹，4月4日"V"形反弹，2018年4月5日进一步收涨，虽然涨幅不大，不过可以看出在2018年4月2日暴跌之后，其实压力并没有持续在打压油价下跌，反而是利好的入场帮助油价死里逃生。而2018年4月6日的暴跌又是因为贸易战进一步发酵。由此来看，油价并不一定还会继续下跌，除非中美贸易进一步发酵升级。

不过中美贸易进一步升级的可能性似乎不大，尽管目前两国贸易关税问题针锋相对、以牙还牙，但从美国方面的态度看，还是不愿意发生贸易战，即使已经发生争端，仍计划通过协商解决。4月5日，特朗普发布声明称，考虑在中国不公平的贸易报复，已经下令美国贸易办公室考虑对中国1000亿美元进口商品征收附加关税，但美国仍然计划就贸易与中国进行磋商。

美国贸易代表莱特希泽随即发布声明表示，任何额外的关税计划都将经过相同的公示期。美国于4月3日宣布，对中国500亿美元的关税措施清单将进行60天的公示，没有关税会在程序完成前生效。莱特希泽称："在经过详细调查后，美国贸易代表办公室发现大量的中国伤害美国经济行为的证据。基于这些证据，中国合理的反应应该是改变行为，就像中国此前多次承诺的那样。中国不仅没有改弦更张，反而威胁要对包括农产品在内的大量美国出口品征收额外关税，这种做法将给美国带来进一步伤害，因此特朗普的要求是正确的。"他同时提到，与4月3日所宣布的关税类似，额外的关税都要经历公开评论程序，要到相应的程序完成后再生效。

尽管特朗普在301调查方面动作频频，甚至扬言加征1000亿美元关税，但白宫对"贸易战"的口风正在发生微妙的变化。4月6日，接替科恩才上任5天的白宫国家经济委员会主任库德罗（Lawrence Kudlow）和美国财政部长姆努钦均表示："中美之间并没打贸易战"。

库德罗坚称，中美之间并没打贸易战，一切都还处于公示阶段。从库德罗下面这句反复强调的表述中，也能看出中国强硬回击给美方造成的压力。库德罗称，贸易纠纷上别怪特朗普政府，要指责就指责中国。

CNBC报道认为，特朗普对中国加码1000亿美元关税一事并没有和他的经济幕僚们商议过，至少没和自己的首席经济幕僚商议。库德罗表示自己也是特朗普宣布考虑加码当日才知道的。库德罗称，科技是这次事件的核心，不否认制造业和农业会遭到伤害，但是不能够让中国继续"盗窃"美国的科技成果，那代表着中国扼杀了美国的未来。

库德罗说："中国已经是一个第一世界国家了，他们一定要遵守规则。"这一说法倒是与特朗普的推特保持一致。特朗普4月7日在推特上大呼，中国被世贸组织视为发展中国家，获得了巨大的待遇和优势，而美国却遭到世贸组织的不公平待遇。

库德罗强调美国并没有发动贸易战，现在的文件全都是"提案"和"想法"，是美国贸易代表办公室提出给公众讨论的，什么都还没有执行。之后库德罗开始为特朗普辩护，并且试图将指责引向中国。他说，加拿大、欧洲、日本、澳大利亚等都是自由市场经济国家，而且他们已经表达了对于美国立场的支持。他反复对在场媒体强调，不要指责"受到各国支持"的特朗普，并指责中国："我觉得好笑，当人们问为什么特朗普总统要发动贸易战，为啥他要增加关税，等等。这样看如何？为什么中国20年来不做改变，中方知道在破坏规则，为什么还要继续？怪中国！不要怪政府，不要怪日本，不要怪欧洲，怪中国！"库德罗还说："中国是问题，而特朗普总统是解决问题的人。他是20年来头一个有勇气挑战中国贸易的美国领导人。"

库德罗总是将指责向中国倾泻，以至于媒体采访主持人不得不打断他。主持人打趣说道："我们听了太多对中国的指责了，说说你们打算怎么做吧。"库德罗的态度突然和缓下来，他表示没有谈判也没有行动。库德罗说："中美两国一直保持对话，特朗普非常敬重中国领导人，而且特朗普认为中国领导人也非常尊重他。特朗普认为中国领导人拥有非常强的谈判技巧，不过谈判还没有正式开始。一切都还只是在考虑中，并没有任何手段付诸实践……"另外库德罗还强调美方目前一切行动都是在"探索"和"考虑"解决方案，政府公告和文件中所有的加税都是"考虑"过程，没有任何实质性的行动。

中国商务部发言人高峰4月6日在吹风会表示，一段时间以来，双方的财经官员并没有就经贸问题进行任何谈判。美方公布301调查报告以及产品建议清单以后，中方予以坚决回应；美方再次提出增加1000亿美元征税商品，中方进行了更加坚定的回应；在这种情况下，双方更不可能就此问题进行任何的谈判。高峰表示，美方的行为十分无理。美方严重错判了形势，采取了极其错误的行动，这种行动的结果就是"搬起石头砸自己的脚"。如果美方公布新增1000亿美元征税产品清单，中方已经做好充分的准备，将毫不犹豫、立刻进行大力度的反击。"我们不排除任何选项。"

自美国掀起贸易争端以来，原油价格可谓是节节败退，油价走低一部分程度上是由于美国原油产量的居高不下，还有一个重要的原因就是中美之间不断升级的贸易紧张关系。如果双方的贸易争端领域扩大至原油市场的话，那么原油市场可能会遭受重击。目前，尽管市场在很大程度上仍由欧佩克主导，但美国的页岩油气革命已经减弱了欧佩克的能量。如果中美贸易争端真的进一步升级，页岩油产业很有可能就是中国打蛇打七寸的关键，正好2018年美国产油如日中天，如果对美国页岩油产业能够进一步的压制，美国难免要吃苦头。

油价信息服务首席能源分析师汤姆·克罗扎称:"美国石油出口的飙升可能破坏原油价格的上涨。美国正在以创纪录的速度出口原油,并且这一速度没有放缓的迹象,而这有可能使正在恢复中的全球原油市场不再平衡。(美国)石油出口是我们未来30天需要关注的问题。美国的高产可能会决定2018年下半年和2019年油价如何交易。"

2018年夏季的石油市场将受到政治事件和国际关系巨大变动的影响。例如,伊拉克和委内瑞拉将在5月进行选举;"超级鹰派"博尔顿和蓬佩奥将进入美国白宫入职,分别就任国家安全顾问和国务卿,这两人将成为潜在的市场推动者。此外,由于美国和中国之间的贸易紧张局势升级,导致国际油价一周之内两度暴跌。克罗扎认为:"贸易战、经济衰退和任何关于全球经济疲软的看法都将削减石油价格。所以记住这一点,我们可能希望看到石油的完美定价,但是完美是一件很难实现的事。"

不过市场人士表示,尽管中美之间的贸易摩擦愈演愈烈,但是有一个部门基本被排除在外——那就是能源。美国原油产量巨大,中国则有很大的原油需求。美国是中国石油的重要来源国。事实上,如果不是美国过去10年美国能源产业的繁荣,美国的贸易逆差可能将超过4000亿美元。穆迪首席经济学家马克·赞迪(Mark Zandi)表示,以美元计算,2017年第四季度原油及相关产品的贸易逆差已经缩减至460亿美元,仅为2008年第三季度峰值4519亿美元的1/10。原油贸易的赤字在急剧下降,如果原油及相关产品的贸易逆差自2007年以来没有发生改变,那么近期的美国国内生产总值将减少11%。

2018年4月9日(周一),美国官员在中国贸易关税上的立场软化,特朗普对美国将与中国达成协议表示乐观,市场对中美爆发贸易战的风险情绪得到缓解,美元指数承压下挫利好现货原油价格,WTI油价收报每桶涨1.34美元至63.29美元,涨幅2.16%,布伦特油价收报每桶涨1.11美元至68.55美元,涨幅1.65%。有关分析认为,中美贸易阴霾继续影响环球金融市场,但仍处于口水战阶段,最终双方达成协议机会较高。

特朗普4月9日表示,美国政府将"可能"与中国达成协议,以化解贸易争端。中国外交部4月9日表示,美国应该为贸易摩擦负责,并补充说,在目前的环境下进行谈判是不可能的。澳新银行认为:"油价(4月9日)大幅上扬,因美元走软且贸易战疑虑缓解令投资者买兴回归,有关美国和中国正就贸易争议进行私下谈判的报道,帮助缓和了投资者的焦虑情绪。"高盛首席经济学家简·哈祖斯(Jan Hatzius)表示,高盛仍预期两国会达成妥协,并且关税对经济的影响不会很大。

在4月的第一周行情里,原油价格在4月2日就因为中美爆发的贸易冲突而直线跳水暴跌,随后在4月6日行情中贸易冲突进一步的升级又让油价迎来一轮暴跌行情,两次的暴跌让上周油价几乎回吐了此前大部分涨幅,WTI原油价格也一度跌破每桶62美元。然而从4月9日市场透露的风向来看,中美贸易摩擦似乎并没有进一步升级,反而有降温的趋势，这让市场的情绪大幅消退，原油价格也在大涨。尽管如此，国际能源署警告称，美国可能引发的贸易战恐拖累全球经济增长放缓，从而打击原油需求表现。

2018年4月10日（周二），中美贸易争端缓解，有效改善市场风险情绪，原油等风险资产获得强势提振，同时叙利亚局势再度紧张为原油增加了地缘政治风险溢价。WTI油价收报每桶涨2.29美元至65.58美元，涨幅3.62%，布伦特油价收报每桶涨2.60美元至71.15美元，涨幅3.79%。

中国国家主席习近平在博鳌亚洲论坛开幕式上发表主旨演讲称，中国开放的大门不会关闭，只会越开越大。习近平在演讲中提到多项改革举措，包括中国将大幅度放宽市场准入，放宽汽车行业外资股比限制，保护在华外资企业合法知识产权，2018年将相当幅度降低汽车进口关税，同时降低部分其他产品进口关税。此外，中国将继续推进经济全球化。习近平表示，零和心态愈发陈旧落伍，支持通过对话解决争端。此番言论无疑缓解中美贸易冲突的担忧，令市场风险偏好情绪迅速升温，美股期货大幅飙升。4月10日亚盘开盘之后，习近平在博鳌论坛上的讲话给市场吃了一颗定心丸，表达了中美贸易并不会进一步恶化的观点，进一步让市场的紧张情绪瞬间大幅降温。盘中原油价格自亚盘开盘之后依然保持稳定的上涨趋势，延续了昨日的利好。

外界认为，中国领导人的讲话降低了市场对中美两国贸易摩擦升级的担忧。印度能源咨询机构三重彩董事苏克里特·维贾亚卡尔称："随着市场对中美两国贸易摩擦升级的担忧缓解，原油价格得以大幅攀升。"法国外贸银行驻香港高级经济学家阮纯（Trinh Nguyen）表示："市场将把中国国家主席习近平的讲话视为积极因素，这将有助于降低风险，显然这对亚洲新兴市场货币构成利好，特别是那些与中美贸易争端关系最密切的货币。"

美国总统特朗普表示，习近平主席有关关税的讲话带来了美中两国彼此不加征关税的可能性，甚至可能降低关税。如果中国愿意向更多美国产品开放市场，美国可能避免贸易战。他说："我不会称之为贸易战，因为实际上是贸易谈判。"

4月13日，中国海关总署新闻发言人黄颂平表示，第一季度外贸形势良好，全球经济复苏支持中国对外贸易。不过，随着中美近期在贸易方面的冲突升温，第二季度外贸面临的全球不确定性和外部压力上升，但预计仍有可能保持增长势头。黄颂平指出："目前中美贸易状况是市场决定的，归根结底是因为中美两国经济结构、产业竞争力和国际分工存在差异。如果考虑到统计、转口贸易，还有服务贸易等因素，中美贸易的顺差实际上没有那么大。中国从不刻意追求顺差，希望美国以更理性的方法妥善地处理贸易摩擦。"

第四节
叙利亚化武袭击事件打破油价难涨的僵局

2018年4月7日（周六），叙利亚反对派武装控制的东古塔地区杜马镇遭到疑似毒气袭击，导致70余人丧生。叙利亚反对派、美国、英国等第一时间指责叙政府军使用化学武器（简称"化武"）袭击无辜平民。

4月9日，特朗普谴责叙利亚化武袭击事件令人发指，并表示将在24～48小时之内做出决定是否对叙利亚进行军事打击。特朗普指出，在叙利亚问题上有众多军事选项，将对叙利亚化武袭击进行强而有力的回应。叙利亚及其主要盟友俄罗斯指责以色列在霍姆斯附近的叙利亚空军基地发动袭击。美国五角大楼正式否认叙利亚国家电视台有关"美国军方对叙利亚政府空军基地发射导弹"的报道。美国国务院称，叙利亚杜马镇疑遭化学武器攻击的受害者症状，与窒息性毒剂或神经毒剂造成的症状吻合。美国驻联合国大使黑莉也表示，希望联合国安理会在4月10日为美国请求对叙利亚问题展开调查的草案进行投票，无论联合国安理会是否采取行动，美国将回应叙利亚化武袭击事件。

特朗普在推特上发文称："这次攻击是愚蠢的，很多人在叙利亚疯狂的化学武器攻击中丧生，包括妇女和儿童。俄罗斯和伊朗要为支持阿萨德负责，要付出重大代价。"特朗普称，俄罗斯总统普京"可能"会对最近的化学武器攻击负有一些责任。如果普京参与了这次攻击，普京将面临"非常艰难"的处境。普京及所有参与这次攻击的人将付出代价。特朗普在内阁会议期间还表示："如果是俄罗斯，如果是伊朗，如果是他们联手犯下这些事情的话，我们会弄明白，并会很快知道答案。"4月9日晚些时候，特朗普还表示，美国对于这一问题明白了一点。至于谁应该为这次所谓的化学武器攻击负责，美国"正取得相当好的答案"。不过，特朗普并未就这一话题提供更多细节。

叙利亚内战已持续数年，叙利亚总统阿萨德的支持者已不止一次被指责使用化学武器。最近的一次明显的化学武器攻击是4月4日发生在大马士革之外。攻击发生后，多人发生抽搐并口吐白沫的情况。不过，阿萨德政府否认使用化学武器。上周，特朗普表达了希望将美国军队撤出叙利亚的意愿，因美国在叙利亚打击极端组织"伊斯兰国"的军事行动将很快结束。目前尚不清楚明显的化学武器攻击是否会改变特朗普的计划。

尽管叙利亚本身并非主要的产油国，但整个中东是全球最重要的原油出口地，中东紧张情势通常会令油市惴惴不安。特朗普取消了原定前往多个南美国家的行程，转而关注美国对叙利亚事态发展的反应，市场对地缘政治方面的担忧推动了原油价格的上涨。特朗普会见了军方官员，讨论对叙利亚总统阿萨德领导的政府对本国人民进行化学武器袭击，美国该做出何种反应。但美国未来在中东介入战局可能会中断原油供应链，并使石油生产商难以向海外发货，这引发了对石油的看涨押注。据悉，美国一队运输机正前往中东地区。欧洲航空安全组织（Eurocontrol）表示，空对地导弹及巡弋导弹可能在接下来的72个小时内动用，并警告有可能造成无线电导航设备暂时中断。沙特阿拉伯王储穆罕默德4月10日表示，沙特阿拉伯可能参与国际社会行动对叙利亚暴力事件做出反应，沙特阿拉伯期待布伦特油价升至每桶80美元。

美国白宫4月10日宣布，特朗普总统本周不会前往秘鲁参加美洲国家峰会，副总统彭斯将取而代之。自1994年这一地区峰会创立以来，尚无美国总统缺席的先例。按照白宫的说法，特朗普将继续留在国内，主导美国对叙利亚的回应，并监控世界各地的事态进展。

市场目前还担心美国可能恢复对伊朗的制裁，由于中东地区的高度紧张态势，油价正在飙升。海港环球证券能源交易主管罗伯托·弗里德兰德表示，美国的航母舰队正在驶往中东，同时沙特阿拉伯正在寻求推动布伦特原油能够升至每桶80美元，一定程度上支撑了原油。叙利亚总统阿萨德领导的政府和主要盟友俄罗斯表示，没有证据表明发生了毒气袭击，而且这一说法是虚假的。这一事件将让美国和俄罗斯再次针锋相对。而阿萨德的另一个主要盟友伊朗，威胁要对以色列对叙利亚军事基地的空袭做出回应，可能加剧地区的紧张局势。鉴于伊朗支持叙利亚政府，这可能推动美国更早地退出核协议，这将会使得伊朗的原油工业遭受打击。

2018年4月11日（周三），阿拉伯卫星电视台称，沙特阿拉伯空军防御部队在首都利雅德上空拦截了1枚导弹。人们在密切关注地缘政治风险，一些大型航空公司调整了航线，此前欧洲空中交通管制机构敦促飞越地中海东部的飞机保持谨慎，因可能对叙利亚进行空袭。这让近期的地缘政治紧张局势雪上加霜，油价进一步攀升。WTI油价收报每桶涨1.16美元至66.74美元，涨幅1.77%，布伦特油价收报每桶涨0.85美元至72.00美元，涨幅1.19%。

特朗普警告俄罗斯"做好准备"，美国准备对叙利亚发动导弹攻击。特朗普在推特发文对俄罗斯称："俄罗斯誓言击落任何以及所有射向叙利亚的导弹。俄罗斯做好准备吧，因为导弹要来了，是精良、崭新而且'聪明的'。你不该和使用毒气杀害自己的人民并且以此为乐的畜生为伍！"在叙利亚长达7年的内战期间，俄罗斯政府一直支持叙利亚政府。此前，俄罗斯驻黎巴嫩大使表示，俄罗斯军队将拦截美国的导弹，并可能瞄准发射导弹的美国战机。

美国国防部长马蒂斯4月11日表示，美国仍然在评估关于叙利亚化武袭击的情报，美国军方准备好在适当的情况下就叙利亚的军事袭击提供选项。这些言辞令叙利亚局势急剧恶化，全球金融市场大暴动，原油价格大幅飙升。

对冲基金阿盖恩资本合伙创始人基尔达夫表示，美国原油价格在突破2018年高点每桶 66.66 美元之后，可能会升至每桶 70 美元。按照基尔达夫的说法，4 月 11 日早盘油价上涨完全是由于特朗普的言论，这使得市场分析了总统的意图。基尔达夫表示，问题在于特朗普是否会命令军方单独打击叙利亚，或将矛头指向伊朗，后者也支持阿萨德，并在叙利亚有相当大的影响力。

据官方媒体报道，沙特阿拉伯的防空部队拦截了也门胡塞武装向沙特阿拉伯城市发射的至少 3 枚弹道导弹。这 3 枚导弹在首都利雅得和南部城市吉赞和纳季兰被分别拦截。胡塞武装声称，4 月 11 日袭击了利雅得的国防部和沙特阿美位于纳季兰的一个石油销售设施。此前有报道称，也门胡塞叛军对沙特阿美拥有的设施发动了无人机袭击。上周，胡塞武装袭击了一艘沙特阿拉伯油轮。由于胡塞武装的目标是沙特阿拉伯的石油设施，沙特阿拉伯领导对也门的入侵导致了石油的地缘政治风险溢价。

尽管美国能源信息署公布的数据显示，截至 4 月 6 日当周，美国的商业原油库存增加了 330.6 万桶至 4.28638 亿桶，且美国原油产量继续创新高，但油价还是创下新高。追踪油轮信息公司克利珀数据的商品研究主管马特·史密斯表示："胡塞武装的导弹确实压过了美国能源信息署报告的利空，只是从上周的进口数据来看，4 月 11 日的数据相当悲观。目前所有人都在关注地缘政治的紧张局势，不是因为市场已经大体上达到平衡，而是因为地缘政治局势影响了很多方面。"

相比中美贸易摩擦带来的恐慌，显然当前中东局势的爆发带来的影响要更大，毕竟在中美贸易冲突中，所有人都认为中美发生贸易战的概率很低，只会有两败俱伤的结果，而且还会给全球经济带来巨大的危害，但中东局势不同，中东地区一直就是特朗普瞄准的目标。不论是叙利亚还是伊朗核协议，是特朗普迟早都要解决的问题。只是这一次的叙利亚风波直接将中东局势的导火索给点燃，让这一局面提前到来。

当然这段时间美元的疲软也从侧面减少了油价上涨的阻力，而美元的疲软也是因为受到近期各种恐慌事件的影响，所以中东的局面越乱，美元可能越弱，油价涨势就越大。从 4 月 9 日开始，原油已经创下"三连阳"的行情，并且这 3 天原油的涨幅都十分巨大，眼下市场正紧盯中东局势的变化，如果出现缓和的趋势，将会直接导致原油行情出现高位跳水，但如果进一步激化，原油价格还将继续扩大涨幅。

这次中东局势的爆发直接帮助原油打破了 2018 年开年以来的僵局，年初 WTI 原油价格虽然一度上涨最高至每桶 66.66 美元，但随后行情一直都是被打压在每桶 65 美元一线下方，每次想要突破每桶 66 美元最终都以失败告终，尤其是在美国产油爆发之后，原油的涨势进一步被削弱，2 月原油价格遭遇大跳水，虽然 3 月行情有所回暖，但最终还是折戟在每桶 65 美元一线。2018 年前 3 个月的原油行情基本上就在原地踏步，而进入 4 月短短两周的时间，原油价格在经历了暴跌到暴涨之后，直接突破开年新高，并且成功站上每桶 66 美元，这无疑已经突破了之前的枷锁，进入了新的上行空间。而下一段原油行情的目标，可能就是每桶 70 美元。伴随着中东局势的爆发，市场对于未来油价的预期必然也会有所提高。

2018年4月12日（周四），因叙利亚局势紧张，且全球原油库存减少，油价持稳，仍接近2014年底触及的高位。WTI油价收报每桶涨0.42美元至67.16美元，涨幅0.63%，布伦特油价收报每桶涨0.08美元至72.08美元，涨幅0.11%。由中东地缘政治紧张局势引发的担忧已经让投资者将基本面因素搁置一边。美国投资机构太平洋风险管理驻伦敦分析师塔马斯·瓦加表示，目前的情况是，石油供需面因素沦为配角，而地缘政治成为最受关注的焦点。如果基本面是推动油价的主要因素，我们就不会看到本周油价延续涨势。

特朗普与其国家安全助手讨论了美国在叙利亚问题上的各种选项。白宫在声明中称，特朗普周四同他的国安团队开会讨论了叙利亚局势，没有做出最终决定。我们仍在对情报进行评估，并同我们的合作伙伴和盟国进行沟通；将同法国总统马克龙与英国首相特雷莎·梅通电话。

马克龙此前表示，法国掌握了叙利亚政府在大马士革附近发动这次袭击的证据，并会在搜集到所有必要信息后决定是否还击。英国首相特雷莎·梅获得一些资深大臣的支持，准备与美国及法国一道采取行动，以阻止叙利亚继续使用化学武器。美国国防部长马蒂斯表示，相信叙利亚发生了化武攻击，但稍后他也表示美国并没有做出采取军事行动的决定。

尽管如此，俄罗斯常驻联合国代表瓦西里·内本齐亚（Vassily Nebenzia）称，不排除美国与俄罗斯开战的可能，担忧美俄之间会爆发更广泛的冲突，敦促美国及其盟友不要对叙利亚采取军事行动。俄罗斯、叙利亚以及伊朗表示，有关杜马镇遭到毒气袭击的报告是反对派与救援人员捏造的，并谴责美国企图利用此事作为打击叙利亚政府的借口。

总部位于荷兰的禁止化学武器组织表示，该组织的一个专家小组已动身前往叙利亚，将于周六（4月14日）展开调查。美国与其盟国是否会等待调查结果出炉后再决定采取行动，目前仍无法断定。

三星期货商品分析师金光瑞表示，大家在密切关注叙利亚接下去会发生什么；随着地缘政治风险加剧，短期美油可能触及每桶70美元关口，市场震荡将持续。高盛大宗商品研究部主管柯里表示，中东的紧张局势使得本来紧张的油市形势出现恶化，将油价推升至每桶72美元，并将进一步靠近此前3个月每桶82.50美元的3个月预期。巴克莱表示，地缘政治事件可能使得布伦特原油价格在4月和5月维持在每桶70美元之上，但在下半年有很高的可能性向下回调；在短期内，油价将受益于供应迟滞、地缘政治风险和严冬造成的完美风暴；2018年下半年油价很可能转而向下，预计2018年布伦特原油均价为每桶63美元，2019年为每桶60美元，2018年WTI原油均价为每桶58美元，2019年为每桶55美元。

叙利亚冲突扩大了俄罗斯、美国和欧洲大国间关系的裂痕，加剧了中东地区的对抗局面。这影响了市场情绪，也增加了中东可能面临供应中断的忧虑，从而推高了原油价格。能源视线分析师理查德·马林森表示，油价上涨肯定带有一些地缘政治上的溢价，但我不认为油价上涨仅仅是叙利亚问题引发的。相反，马林森认为原油期货价格在两大主要价格驱动因素的推动下飙升至多年高点——对中东地缘政治紧张局势加剧的"更广泛影响"以及对美国退出伊朗核协议的前景感到担忧。

针对叙利亚局势，特朗普4月11日曾警告称很快会以军事行动做出回应。特朗普当日表示，美国与俄罗斯的关系从未如此糟糕，并警告莫斯科"做好准备"，美国对叙利亚涉嫌使用化学武器的导弹打击即将到来。但他4月12日在推特上改口称，军事打击"可能很快，也可能不会那么快"，似乎在暗示攻击行动可能不像他前一天说得那么快。这化解了市场的一些忧虑情绪。特朗普说，美国对叙利亚总统阿萨德部队的打击可能"很快就会来，也可能不会很快就来"；将与国家安全顾问们会晤，以讨论美国对叙利亚当局被指使用化学武器袭击平民事件的回应措施，相关决定将"很快"做出。美国国防部长马蒂斯表示，美国在叙利亚的目标是打败"伊斯兰国"组织，而不是"卷入内战"。

事实上，特朗普不仅在叙利亚问题上的态度有所缓和，他还就中美贸易争端、北美自由贸易协定谈判以及重新加入跨太平洋伙伴关系协定发表相对友好言论，市场紧绷的神经放松下来。特朗普表示，正在考虑重新加入其当选总统后不久就退出的跨太平洋伙伴关系协定，有信心解决贸易冲突的同时不破坏经济。许多人认为这是来自特朗普政府的和解信号。最近一系列风险事件的导火索都是特朗普所引发的，如果特朗普的态度出现缓和，那几乎就是从根源上给当前局面降温，必然会让市场的情绪大幅减退，而凭借着中东地区局势爆发而趁机大涨的原油价格必然受到市场情绪降温的影响。

从4月9日至12日，国际两大主要原油本周每桶都已上涨约5美元，有望创下2017年7月以来最大单周涨幅。WTI原油每桶累计上涨5.21美元，布伦特原油每桶累计上涨4.56美元。4月11日两大原油双双劲升至2014年底以来高位，因特朗普警告即将以导弹攻击叙利亚，而沙特阿拉伯表示成功拦截飞越利雅德的导弹。三菱商事石油风险经理托尼·努南（Tony Nunan）称："最后的每桶5美元左右涨幅是因为叙利亚情势引发的地缘政治局面，看起来特朗普稍微缓和态度，但这并不表示油价不会只因为基本面就上涨，因为市场供需偏紧。"

交易商寻求在周末前锁定原油多头仓位，对冲基金阿盖恩资本合伙创始人基尔达夫表示："在周末之前，他们试图锁定原油看多头寸，或押注价格将继续上涨。随着军事打击日益临近，如果有的话，油市消化越来越多的地缘政治不安情绪。鉴于叙利亚与其他石油生产大国的关系密切，叙利亚对全球稳定性构成了风险。叙利亚是俄罗斯和伊朗的一个附庸国，局势升级的风险相当高，我认为这正是市场所担心的。而目前，叙利亚风险已全面升级。"

需要注意的事实是，攻打叙利亚本身不会对原油产量造成太大影响。据统计，叙利亚目前原油日产量为2.5万桶，仅占全球原油日产量约0.025%，而在2000年时，其日产量为60万桶。因此，叙利亚本身原油产量对于油价的影响非常小。在武装打击事件冲击下，原油短期反弹仍然可期，但长期来看主导油价的核心因素仍是基本面供需。不过，一旦中东紧张局势缓解，风险情绪缓和也将促使油价在短期内快速回调。

尽管目前叙利亚的原油产量还不及古巴、新西兰和巴基斯坦，但该国地理位置十分关键，临近的都是主要的中东产油国。叙利亚位于"俄罗斯—中亚—中东—北非"这一重要产油带之间，并接近重要的原油运输通道，伊拉克北部通往土耳其的输油管道及埃及苏伊士运河与该国距离均在300千米内。

中东的原油出口牵动着全球的原油价格神经。正是因为叙利亚所处的地理位置太靠近许多世界原油运输管道和海上航线。目前中东每年向欧洲出口1126.7万桶原油，都要经过叙利亚。这其中涉及一条非常重要的原油运输管道"伊斯兰管道"。而这个"伊斯兰管道"又是叙利亚负责建造的。所以，并非是叙利亚能出产多少石油，而是其拥有中东地区原油输出的重要战略位置。美国以化武为借口，频频打击叙利亚，主要是叙利亚地理位置很重要，而叙利亚政府却又与伊朗、俄罗斯关系密切。这样一来，对中东地区石油管道输出和航运输送都是一种威胁。

如果俄罗斯的势力完全占据了叙利亚，甚至俄罗斯在叙利亚建设大量军事基地，那么，只要在这个位置上卡住石油输出管道，那么全球原油价格就会出现飙升。最好的办法是美国有必要扶植在叙利亚境内亲美的势力存在。这样可以与俄罗斯在叙利亚有所平衡。另一方面，叙利亚的盟友伊朗、俄罗斯都是坚定地抛弃石油美元计价、使用石油欧元或石油人民币计价的国家。如果叙利亚政府与这些能源生产国家走得太近，那会影响到石油美元的地位。

既然叙利亚与俄罗斯、伊朗关系密切，那么美国就要找借口对叙利亚动武，既要敲打伊朗，又要对俄罗斯进行威慑。美国的意思很明白，对那些敢于悍动石油美元地位的国家绝不轻饶。在美国对叙利亚动武的问题上，很多人认为特朗普是为了转移国内民众的视线，或者说为了阻止叙利亚政府军全面打赢最后内战。但是应看到叙利亚的地理位置极端重要，是中东石油输向欧洲的关键节点，而现在叙利亚政府更亲向于俄罗斯，这让特朗普政府产生了担忧。此外，叙利亚的盟友更倾向于抛弃石油美元，建立新的国际石油计价和结算体系，这是美国人所最忌惮的，而打击叙利亚，就是要敲打它几个盟友，不要妄想挑战石油美元地位。

2018年4月13日（周五），原油价格收涨，WTI油价收报每桶涨0.23美元至67.39美元，涨幅0.34%；布伦特油价收报每桶涨0.42美元至72.50美元，涨幅0.58%。过去的一周，叙利亚局势对金融市场产生了非常大的冲击，美国原油周线大涨近9%，创下逾8个月来最大单周涨幅，一度创逾3年新高每桶67.76美元。

4月13日晚上9时许，特朗普在白宫发表讲话，宣布对叙利亚化学武器相关设施进行精确打击，此外，特朗普还称英国、法国将共同参与这场军事行动。特朗普此次的发言也直接针对阿萨德政权的支持者——俄罗斯和伊朗。特朗普说："我要对俄罗斯和伊朗发问：什么样的国家政府才会与大量无辜儿童和妇女的遇难有关？美国不寻求在叙利亚永久驻军。美国期待能够迎接自己的勇士凯旋。希望某一天我们能和俄罗斯甚至伊朗和平相处，但是也许不会吧！"

特朗普表示："我已经下令美军对制造、散播、使用化学武器相关的目标披露，这个命令是在与英国、法国取得协同一致的情况下做出的，目的是为了对化学武器使用方形成强大的警告作用。美、英、法三国对叙利亚的联手打击包括：军事、经济和外交。除非叙利亚放弃使用化学武器，否则军事行动不会停止。"美国五角大楼方面表示，将于1小时内公布打击的目标。不过据媒体称，14日凌晨叙利亚首都大马士革已经发生了好几起爆炸事件，3处科学研究机构和多处军事基地也遭到袭击。叙利亚国家电视台说美、英、法三国对叙利亚"发动了侵略"。

美国国防部召开记者会，称第一个打击目标是一个科研中心，第二个目标是霍姆斯以西一个化武储存中心，第三个目标是一个化武储存和军事指挥综合体。英国首相特雷莎·梅在一份声明中说："这不是干涉内战，也不是政权更迭，而是有限度的和有针对性的打击，不会加剧紧张局势，并采取一切可能的方式保证叙利亚居民安全。虽然这一行动专门针对的是叙利亚政权，当然它也会向任何认为自己可以不受惩罚而使用任何化学武器的国家发出警告信号。不允许化武使用变成常态，无论是叙利亚境内、英国或全球任何地方。"法国总统马克龙确认与英、美一同参与叙利亚袭击，但打击目标仅限于化学武器设施。他说："叙利亚发动化学武器袭击，已经跨越了红线，毫无疑问，在这次化学武器攻击中叙利亚政府负有责任。"

特朗普4月14日在推特上表示："昨晚进行了一次完美的打击。感谢法国和英国，感谢他们的智慧和他们优秀军队的力量。结果好的不能更好了。任务完成！""我们为我们伟大的军队感到骄傲，在花费了数十亿美元的资金之后，我们的军队将很快成为我们国家有史以来最好的军队。无与伦比！"CNBC撰文指出，这一描述引发了人们的疑问：如果阿萨德再次使用化学武器，西方军队是否会再次干预，或者在俄罗斯日益增长的好战行为中，冲突是否会升级？

美国国防部就美国对叙利亚打击行动举行吹风会。美国国防部发言人达纳·怀特（Dana White）表示，美国成功打击了每个预定目标。美军联合参谋部主任麦肯齐表示，目前没有任何证据表明俄罗斯方面进行了军事反击。联军在此次打击中发射了105枚导弹，目前美军尚不能确认任何人员伤亡的情况。至于是否会继续打击，怀特称，昨晚美方对阿萨德政府释放了强烈信号，下一步联军的行动完全取决于叙利亚政府是否继续使用化武。

美国五角大楼表示，俄罗斯在这次袭击发生之前已经受到正式通知，但是俄罗斯没有参与此次行动。俄罗斯驻美使馆回应："我们被威胁了。我们警告，这样的行动不会没有后果。所有责任归于华盛顿、伦敦和巴黎。"俄罗斯驻美大使表示，侮辱俄罗斯总统是"不可接受的"，美国无权指责其他国家。俄罗斯总统普京谴责空袭是对叙利亚的"侵略行为"，并表示将召开联合国安理会紧急会议。俄罗斯立法委员也表示，美国对叙利亚的攻击是一种犯罪。

叙利亚局势的恶化是美俄在叙利亚多年武装对峙的进一步升级，短期可能大幅推升油价，但预计美俄就叙利亚问题发生直接军事对峙持续时间不会太长，油价将重回供需主导的趋势。美国发表声明称，对叙利亚的隔夜导弹打击是"一次性的"，这可能会缓解 2018 年 4 月 16 日市场开盘时油价飙升的风险。

大西洋理事会拉菲克哈里里（Rafik Hariri）中心高级研究员亚伦·斯泰恩（Aaron Stein）称："我们知道行动已经完成，而且正如我们大多数人所预期的那样，是一次有限的行动，目的是为了惩罚和威慑化学武器的使用。"美国官员表示，此次联合行动虽未提前通知俄罗斯，但俄美军方曾通过常用沟通渠道进行沟通，以避免双方军队发生冲突，在空袭没有击中任何俄罗斯资产。石油模型分析师奥利维尔·雅各布表示，美方与俄罗斯的提前沟通表明，他们试图避免直接对抗。

巴克莱资本分析师在导弹袭击前警告称："叙利亚局势的任何升级，都可能引发中东其他地区对美国及其盟友的对抗，这将加剧能源供应的威胁。因此，随着出行季的到来以及欧佩克可能在 6 月的会议上决定延长减产协议，在第二季度剩下的两个月里，很难看到油价有多大的下行压力。"巴克莱能源大宗商品研究主管科恩（Michael Cohen）表示："当你看到叙利亚局势升级时，其也增加了其他地方升级的风险。无论是在也门，还是在沙特阿拉伯，还是伊朗或伊拉克，都可能在整个中东地区引发紧张局势，如果基本面因素强劲，这些因素将会很重要。如果基本的背景很弱，那就无关紧要了。"

一位石油分析师对 CNBC 表示，在中东紧张局势升级之际，油价可能很快飙升至每桶 100 美元以上。阿卡普能源（Akap Energy）创始人兼董事总经理阿尼什·卡帕迪亚（Anish Kapadia）在接受 CNBC 电视采访时说："我认为，如果中东局势真的开始恶化，今年某个时候会出现三位数的油价，这并不是不可能的。在 6 个月前预计原油期货价格将达到每桶 60 美元或 70 美元时，市场参与者还认为是痴人说梦。但自那以来，中东地区紧张局势加剧，使油价有望在 2018 年晚些时候飙升至每桶 100 美元以上。"

从 4 月 9 日的"美国将在未来 24 小时至 48 小时内就如何回应此事做出决定"，到 4 月 11 日的"俄罗斯做好准备，因为导弹将打击叙利亚！"就在市场等待事态进一步激化之际，特朗普 4 月 12 日突然让步，称"从未说过将何时开始对叙利亚进行打击，可能很快也可能不会很快"。正在市场为特朗普的缓和立场稍感喘息之际，狼真的来了——特朗普 4 月 13 日晚间宣布，美国已联合英国和法国对叙利亚军事设施实施精准打击，以作为对叙利亚"化武袭击"的回应。叙利亚武装部队总司令部 2018 年 4 月 14 日发表声明说，当天凌晨，美、英、法三国对叙利亚"发起侵略"，向首都大马士革及其以外地区多个目标发射约110枚导弹。

事后，俄罗斯、伊朗相继发声谴责，而与此同时，加拿大、澳大利亚等国则纷纷表示支持英、美、法对叙利亚的联合行动。联合国秘书长古特雷斯（Antónío Guterres）在回应美、英、法对叙袭击时称，维持和平是联合国安理会的责任，呼吁各国保持克制，避免叙利亚局势升级。

不过值得注意的是，美国副总统彭斯4月14日在秘鲁首都利马说，美国政府已经做好再次军事打击叙利亚的准备，并将应对叙利亚及其盟国可能采取的报复行动。阿萨德政府如果再次使用化学武器，将为此付出"极大代价"。

美国驻联合国大使黑莉4月15日继续表明立场，称直到目标完成前，美国不会将军队撤出叙利亚。美俄关系非常紧张，部分是因为叙利亚问题，但是美国仍希望与俄罗斯有更好的关系。财长姆努钦将于4月16日宣布对俄罗斯的制裁措施。

俄罗斯外交部表态称，在袭击叙利亚后，美国将更加迫切希望与俄罗斯就战略稳定进行对话。莫斯科可以应对任何美国对俄罗斯的威胁。俄罗斯副外长也进行表态，称俄罗斯将研究联合国关于美、英两国提议的叙利亚问题解决方案；关于叙利亚问题，俄罗斯政府也有红线；俄美两国政府之间的沟通渠道仍然畅通。

特朗普在4月13日联合英法打击叙利亚的行为无疑令市场再次聚焦地缘政治风险，这将令美俄关系再次处于风口浪尖之上。思考市场（Think Markets）首席市场分析师纳伊姆·阿斯拉姆（Naeem Aslam）认为："第一次打击是在预期之内，已经被市场所消化。但是如果出现第二轮打击，那么则与预期不符，这将令市场避险情绪急剧升温。目前市场焦点应转向对立国俄罗斯。"

俄罗斯总统普京4月15日警告，西方国家对叙利亚的进一步攻击将为全球局势带来混乱。值此之际，美国准备透过新的经济制裁增加对俄罗斯施压。根据俄罗斯发布的声明，普京与伊朗总统鲁哈尼进行电话会谈，两人均认为西方国家发动袭击已令叙利亚7年内战达成政治解决的机会受到破坏。声明指出："普京特别强调，倘若这类违反联合国宪章的行动持续下去，则不可避免地将导致国际关系陷入混乱。"

第五节
沙特阿美上市前希望油价涨至每桶80美元

就在叙利亚化学武器袭击事件搅得中东局势剑拔弩张之际，距结束为期3周访美仅相隔两天的沙特阿拉伯王储穆罕默德就马上呼应特朗普表明态度，沙特阿拉伯可能参与国际社会行动对叙利亚暴力事件做出反应。王储所说的"国际社会行动"自然以美国为首的盟国对叙利亚化武事件采取的打击措施，而绝不是俄罗斯、伊朗和叙利亚政府组成的"国际社会"；王储所说的"可能参与"，语气上还是显得不坚定，不像美国的铁杆盟友——英国、法国那样果断——参与共同打击。

穆罕默德王储这样的表态似乎处于一种观望式的摇摆平衡，当然前提是支持美国对叙利亚化武袭击事件的行动，表明沙特阿拉伯站在美国一边，同时又不敢就这一事件与中东其他国家尤其是伊朗和叙利亚政府进行公开的对抗，免得招惹对方打击报复，因此语气上留有余地——"可能参与"。之前在穆罕默德王储访美期间，沙特阿拉伯一艘油轮就遭到了胡塞武装的袭击。穆罕默德王储之所以这样做，从他目前的心态来看，他是巴不得中东紧张局势进一步升级，因为他有更深的打算，希望布伦特油价涨至每桶80美元，以支持沙特阿美在上市前获得更高的估值。

过去一年多来，明知美国页岩油大肆倾泻市场，欧佩克的市场份额受到被抢占的威胁，而沙特阿拉伯方面的态度较过去数年来却出奇的反常，一方面在欧佩克内部力主减产，一方面又声称"美国页岩油不是一个威胁，如果没有页岩油供应，全球供应将会吃紧。"正常来看，欧佩克减产保油价是为了挽救处于困境的石油输出国经济，即使其中有沙特阿拉伯经济改革需要更高油价支持的目的，这些都是可以理解的，但美国页岩油增产本来就对欧佩克减产起抵消作用，沙特阿拉伯不但不责怪，反而说缓解了供应吃紧，其对美国阿谀奉承的媚态暴露无遗。换言之，美国页岩油增产并不影响欧佩克减产支撑油价的效果。既然如此，为什么欧佩克还要坚持减产呢？与其放任页岩油增产，为何不让伊朗增产？现在的局面是页岩油增产与欧佩克减产处于相持阶段，布伦特油价已突破每桶70美元，已达到沙特阿拉伯在2018年的目标油价，但沙特阿美上市迟迟未动，这只能说明沙特阿美上市已被推迟，在等待更高的油价。

而就目前状况而言，增产与减产相持，油价再往上升肯定有难度，但沙特阿拉伯已看到机会，就是特朗普撤换国务卿蒂勒森，美国将退出伊朗核协议对伊朗进行再次制裁，这样的地缘政治风险极可能将加速推升油价。于是，就有了接下来为期3周的穆罕默德王储对美国的访问之旅。前面说了，穆罕默德此行的一个重要目的就是敦促美国加快对伊朗的制裁。很巧的是，2018年4月7日是穆罕默德访美的最后一天，而就在这一天发生了叙利亚化武袭击事件，这对沙特阿拉伯来说简直是"喜从天降"，看到了更高油价出现的希望。就在美国宣布对叙利亚化武事件即将做出行动反应之际，穆罕默德王储立即表明沙特阿拉伯支持美国行动的态度，同时希望布伦特油价接近每桶80美元。这说明，因为特朗普撤换蒂勒森使伊朗面临美国制裁，这一事件促使沙特阿拉伯为沙特阿美上市寻求更高油价；而叙利亚化武事件发生，使得沙特阿拉伯更加明确地将2018年目标油价从每桶70美元提高到了每桶80美元，目标油价提高幅度为14.3%。

可以说，沙特阿拉伯是想趁中东局势之乱来谋取一己之利；反过来为了谋取一己之利又乐见中东局势更加紧张。可谓"隔岸烧火，乱中渔利"。沙特阿拉伯这种损人利己的心思，其中东对手看得十分清楚。就在穆罕默德王储就叙利亚化武事件表态的第二天，沙特阿拉伯就遭到了来自也门胡塞武装的导弹袭击，尽管沙特阿拉伯的防空部队对导弹进行了拦截，但至少沙特阿拉伯想利用中东紧张局势提高石油的地缘政治风险溢价遭到了对手警告性的敲打。正因为此，4月13日，美、英、法三国共同发起了对叙利亚的军事打击，而从事后多方面信息看，沙特阿拉伯并未参与其中。由此看来，在中东问题上，沙特阿拉伯还是低调一点为好。

4月9日至13日，国际油价"五连阳"，主要是叙利亚化武事件引发中东紧张局势带来了地缘政治风险溢价，当然沙特阿拉伯希望油价能进一步走高的因素也不能忽视，毕竟沙特阿拉伯是中东第一大产油国，它的一举一动在某种程度上都代表着油价走势的方向标。据称，沙特阿拉伯希望油价接近每桶80美元，以便为政府大量的政策议程提供资金，并且支持国家能源巨头沙特阿美在首次公开募股前的估值。该报道一度导致油价短线快速拉涨。

目前来看，在中东问题上，美国在制造局势紧张，而沙特阿拉伯则通过主导欧佩克减产来制造市场紧张。两国一唱一和，推升油价是必然的。目前的局面是沙特阿拉伯乐意见到的。不过，沙特阿拉伯也不会轻易表露这种喜色，在公开场合还是以一种负责任的态度加以掩饰。正如沙特阿拉伯能源大臣法力赫所说："欧佩克将会持续管理市场来维持稳定性，并希望能吸引更多国家加入。如果市场需要延长减产协议，沙特阿拉伯会主张延长；如果市场需要供应，沙特阿拉伯将主张'放宽'供应。将寻求延长在12月到期的欧佩克与俄罗斯之间的减产协议。"只要沙特阿拉伯坚持延长减产协议，那么沙特阿美推迟至2019年上市就是铁定的了。基于持续管理市场维持稳定性的说法，沙特阿拉伯能源部重申，将致力于使库存回归正常水平。沙特阿拉伯计划将5月原油日出口量维持在700万桶以下，沙特阿拉伯3月原油日产量为991万桶。

尽管过去1个月内沙特阿拉伯官员在私下讨论时一直小心翼翼地避开说出精确的油价目标，但是与这些官员交谈过的人声称，从对话中得出的结论是沙特阿拉伯设定的目标油价是每桶80美元。而早在5个月前，沙特阿拉伯能源大臣法力赫在迪拜接受记者采访时称，沙特阿拉伯希望油价能居于每桶70美元的水平。

2018年4月8日，穆罕默德王储在接受《时代》杂志采访时，首次把油价和沙特阿美的上市联系在一起。他预计沙特阿美石油的上市将与油价上涨同步。谈及沙特阿美迟迟未能上市一事，这位力挺旨在摆脱对石油收入依赖的经济改革计划的王储说："我们不会再推迟沙特阿美的上市日期了。我们说过，我们准备在2018年左右让该公司完成首次公开募股。而且，我们已经做好了准备，设定好了相关法令。我们已经完成了所有让我们准备好让沙特阿美进行上市的步骤。现在的问题是选择正确的时机。我们认为，2018年油价将会上涨，2019年也将继续上涨，因此我们正在努力选择合适的时机让沙特阿美完成上市。不过，如果时机合适，我们随时准备进行首次公开上市。"尽管沙特阿拉伯最初的目标是2018年下半年的首次公开上市，但沙特阿拉伯人目前预计，该公司将于2019年启动首次公开上市。

2018年1月5日，沙特阿拉伯政府颁布法令，将沙特阿美的企业模式从国有变更为股份制，并已从1月1日起生效，为沙特阿美即将到来的首次公开发行铺平了道路。改制后的沙特阿美董事会将由11名成员组成，其中6名由沙特阿拉伯政府指派，而所有持股超过0.1%的股东都有权向董事会推举1名成员。

近来沙特阿拉伯能源大臣法力赫暗示，沙特阿拉伯宁愿继续收紧油市，也不愿让旨在解决油市供过于求的减产努力半途而废。2018年2月，法力赫曾说过："如果我们不得不在过度平衡油市的问题上犯错，那就顺其自然吧。"法力赫还公开表示，沙特阿美上市的时间对沙特阿拉伯来说必须是最佳的。能源分析师普遍认为，油价将对沙特阿美的上市时间起到重要影响。

沙特阿美的首次公开募股原本计划在2018年下半年进行，其规模有望创下全球首次公开募资规模的新纪录。穆罕默德曾表示，沙特阿美的价值相当于全球其他上市油气公司市值的总和——2万亿美元。按照拟将出售5%股份的计划，沙特阿美首次公开募股的规模或达到1000亿美元。值得一提的是，沙特阿拉伯希望油价涨至每桶80美元的愿望，并非所有欧佩克成员国的愿望，因为部分成员国担心沙特阿拉伯希望看到的高油价可能会导致美国页岩油生产商更卖力地增产。

似乎与沙特阿拉伯提高目标油价相呼应，沙特阿美出乎意外地提高对亚洲原油售价。据中国石化旗下交易部门联合石化的消息，中国石化5月将把从沙特阿美的原油进口量削减40%。中国石化如此大幅地削减购油量，向沙特阿美发出了两个非常明确的信号：第一是中国石化不同意涨价，第二是感觉可以从其他地方获得替代供应。这几乎是沙特阿拉伯原油重要买家史无前例的一个反应，凸显出市场对沙特阿美决定对亚洲客户提高5月官方售价感到多么意外。发出这种信号的不只是中国石化，两家北亚炼油企业的交易人士表示，他们5月也准备将购自沙特阿拉伯的原油削减10%。

沙特阿美上调5月向亚洲客户出售的阿拉伯轻质原油官方售价，每桶售价较阿曼/迪拜基准报价升水1.20美元，按月上调10美分。根据现货迪拜近月与第三个月的价差曲线，市场原本预期沙特阿美会调降每桶价格0.50~0.60美元。与布伦特及WTI不同，迪拜原油市场目前呈正价差，远期船货价格高于近期船货。市场由此判断认为，沙特阿美应该会调降官方售价，因为沙特阿美的官方售价定价通常与迪拜原油定价结构变化一致。但沙特阿美没有披露定价调整的理由，让市场对这次涨价多少感到困惑。对于沙特阿美这次一反以往作法的最有可能解释，是沙特阿美为了计划中的股票首次公开发行，目前尽全力要使油价维持高档。

沙特阿美上市要获得成功，需要有强劲油价，每桶70美元以上的油价已从之前的目标变为最低必要水准。布伦特原油价格目前在每桶72美元上下，与每桶80美元的目标还有较大差距,这意味着沙特阿拉伯得尽可能地拱高油价。截至目前,提高油价的主要手段包括减产协议、放大地缘政治风险,而沙特阿拉伯意外调高亚洲大客户的官方售价,可能是意在维持油价强劲的另一招。但从中国石化的反应来看,沙特阿美恐将沦落至最难堪的下场。

如此意外抬高售价,将让沙特阿拉伯在中国的市场份额可能持续拱手让给竞争对手,在此同时若中国石化在取得替代供应源上未遭遇困难,这可能打破油市吃紧、价格应该续涨的说法。沙特阿拉伯向来是中国最大的原油供应国,但过去两年已将此宝座让给了俄罗斯。中国海关数据显示,2017年自沙特阿拉伯的进口量较上年仅增加2.3%,低于10.2%的整体进口增幅。自俄罗斯的进口量跳升13.8%,自第三大供应国安哥拉的进口量增加15.3%。

2018年1—2月,中国自沙特阿拉伯的进口量下降了8.9%,自俄罗斯和安哥拉的进口量分别增加了20.7%和2.6%。如果安哥拉继续赢得中国的市场份额,则可能在2018年超越沙特阿拉伯,成为仅次于俄罗斯的第二大供应国,这种可能性势必会引起沙特阿美管理层及其政治掌局者的关切。看起来沙特阿拉伯正在进一步将自己推入进退两难的境地,他们需要将原油价格维持在高位以推动沙特阿美上市,但又面临着丢失亚洲市场份额、并可能损害长期客户关系的风险。

2018年4月11日,第16届国际能源论坛部长级会议在印度新德里正式开幕,主题为"全球能源安全的未来:过渡、技术、贸易和投资"。沙特阿拉伯能源大臣法力赫表示,全球最大原油出口国沙特阿拉伯不会坐视油市再度出现供应过剩,但也不希望油价升至"不合理水准";过去打压油价的供应过剩有很大部分都已获得解决,而欧佩克成员国希望达成供需接近平衡。

欧佩克秘书长巴尔金多表示,目前原油库存仍然比5年均值高4200万桶,因此我们仍然有工作要做。欧佩克与非欧佩克国家之间的合作效果不错,但眼界不能仅限于市场再平衡,欧佩克与非欧佩克国家之间的合作应当继续。我们仍谨慎乐观地认为库存将降到5年平均水平。伊朗石油部长赞加内则称:"我认为油价目前的水平可接受,我认为所有人对这个价位都比较满意。"

阿联酋能源大臣马兹鲁伊接受普氏能源资讯采访称,与俄罗斯和其他盟国保持长期的石油管理联盟将使欧佩克能够更快地对油市基本面做出反应并稳定市场。重要的是,我们能够以更快的速度就如何管理市场达成一致,而不是要用几个月或1年的时间;欧佩克的目标是在减产协议到期之前,与非欧佩克达成永久协议以确保联盟合作的连续性。在目前欧佩克与非欧佩克联盟中,24个国家之间仍坚持着减产,这份减产协议将到2019年前结束。目前油市尚未平衡,因此在此之前不能谈论任何决定。美国页岩油产量的增加和需求仍不明朗,这是油市再平衡过程中的一个因素,油市实现平衡可能需要更长的时间。

马兹鲁伊还称,为了帮助其他欧佩克成员,欧佩克一直在与美国能源信息署、国际能源署、国际能源论坛以及其他市场观察人士接洽以提高其预测和分析的质量。"我们一直在与其他人合作以提高透明度,同时缩小报告内容与实际情况之间的差距。"此外,马兹鲁伊表示,欧佩克将继续寻求与美国页岩油生产商进行合作。尽管欧佩克很清楚美国页岩油生产商不能在市场管理方面与欧佩克进行合作,但进行对话对增进彼此对市场基本面的理解具有重要意义。鉴于未来几年全球石油需求和经济增长的预期,市场可以同时容纳欧佩克和美国页岩油。

与此同时,俄罗斯能源部长诺瓦克表示,一旦联合减产协议到2018年底到期,俄罗斯与欧佩克的合作安排可以是无限期的。他还重申,创设一个与欧佩克间的联合机构以在全球油市上协调行动。本质上讲,这个联合机构可能等于某种国际组织,可以每半年召开一次会议讨论油市的形势,欧佩克成员国和非欧佩克产油国都可参加。

沙特阿拉伯能源大臣法力赫在公开场合的态度也越来越强硬。这表明,即使欧佩克接近削减石油库存的目标,也应该继续收紧石油市场。欧佩克的目标是将工业化国家的石油库存削减至5年平均水平。法力赫上月在纽约接受采访时表示,目前油价接近每桶70美元,这不足以刺激该行业的投资。该行业的投资仍远低于2014年油价崩盘前的水平。这种情况让他意识到,油价给出的投资恢复信号还不够。不过,法力赫没有给出油价目标。

沙特阿拉伯渴望油价上涨是受到国内政策要求的推动。尽管沙特阿拉伯的预算赤字随着油价复苏而大幅缩减,但穆罕默德王储已经制订了一项雄心勃勃且耗资巨大的经济和社会改革计划。他还需要为沙特阿拉伯在也门日益旷日持久的军事争端买单。尽管几乎没有迹象表明,沙特阿拉伯准备深化减产使油价升至每桶80美元,但沙特阿拉伯的这一愿望至少表明,他们将继续采取目前的减产措施,直到更接近这一油价目标。

沙特阿拉伯希望出现的情况是,委内瑞拉的石油产量下降,美国可能对伊朗实施新的制裁,石油需求增长以吸收美国的页岩油产量。沙特阿拉伯的战略在欧佩克内部并不是普遍存在的。这种策略存在一定风险,可能会进一步提振美国的石油产量,而美国的石油日产量已经超过1000万桶的创纪录高位。

国际能源署石油行业和市场部门主管尼尔·阿特金森表示:"石油市场再平衡可能会在2~3个月左右的时间内达成,减产协议正使库存逐步降至5年均值。"欧佩克正考虑改变衡量尺度,转而将7年均值或更长时间的均值来作为衡量减产协议是否成功的依据。若改变当前发达国家商业石油库存5年均值这一标准,将使达成目标的时间被推后。根据阿特金森的说法,如果欧佩克要达到10年均值,那么在库存降至这一水平之前,还有很长的路要走。

对于欧佩克可能改变目标可能表明产油国不满意减产协议下的当前油价这一观点,阿特金森表示,石油供应和需求并不是"精密工程",不能够精确地指出油价的准确值。

生产商目前很高兴地看到，油价似乎已经维持在每桶 60 美元上方，最近也有所上涨，现在他们正观察石油需求如何发挥作用。如果全球贸易受到严重破坏，可能会对经济增长造成负面影响，进而影响需求增长。

长期以来，石油需求、供应和库存缺乏透明度被视为油价过度波动的原因。收集和报告数据的联合组织数据倡议（JODI）是生产者和消费者能够获得最清楚全貌的机构。欧佩克资深研究分析师阿齐兹·叶海伊（Aziz Yahyai）在新德里举行的 JODI 信息研讨会上称，来自国际能源署、美国能源信息署和欧佩克的石油需求估计出现下滑。3 家主要官方预测机构于 2017 年 7 月对 2017 年全球石油需求量进行了估计，从每天超过 9500 万桶至每天超过 9700 万桶，差距在后来几个月的预测中缩小。叶海伊说："已经有一些改善了，两三年前，这个差距大约为每天 200 万桶，现在只有约 100 万桶。"但是，每日 100 万桶的差距仍然约占全球市场的 1%，因此很难做出准确的预测。

叶海伊表示，虽然 JODI 数据库是其他地方难以取得的重要信息来源，但它的缺点包括缺乏库存的资料，以及中国、俄罗斯和阿联酋等大型消费国的数据不足。"全球库存水平是检查供需数字准确性的来源。但是，缺乏或不正确的库存数据会让做出准确的评估非常困难。"

国际能源署署长比罗尔表示，欧佩克以及俄罗斯主导的减产协议使得成熟油田原油产量出现了明显的回落，而全球原油需求依然强劲，引发了市场对于原油供给的担忧。尽管美国所主导的非欧佩克产油国的原油产量将会出现明显的上升，但是预计将难以满足未来 5 年全球原油需求增量的 2/3。仅仅只有美国产量增加是不足以满足未来需求增加的，这是两个因素所导致的，首先全球的原油消费仍在强势上涨，受石化、工业以及航空的推动，预计 2018 年的原油日需求还将增长 150 万桶，其次一些成熟油田的产量正在下降，每年全球都在失去相当于北海原油产量的原油日供给，约 300 万桶。比罗尔警告说，尽管油价已经出现了较大的回升，但是原油的投资依然很低，仅有 2014 年原油价格崩溃前的 40% 左右。对于市场所担忧的美国页岩油产量激增是否会对欧佩克减产的努力产生影响，比罗尔表示，市场上另一个令人不安的因素是委内瑞拉产量已经下降一半，该国的原油产量还将进一步下降，将会抵消美国原油产量增加的影响。

沙特阿拉伯能源大臣法力赫表示，市场大部分的过量供应已经被消除了，对于当前的市场状况感到满意。当被问及是否对每桶 80 美元的价格满意，法力赫表示，目前没有明确的价格目标，但是对一些产油国产量的下降以及缺乏新的行业投资感到担忧。目前能够抵消这种情况的唯一方法是金融市场为上游项目提供投融资。

牛津能源研究所（OIES）发布报告称，过去一年油价出现上涨，这可能更多是由于需求增加，而不仅仅是欧佩克与非欧佩克国家的减产。这暗示，当欧佩克试图制定未来的战略时，成功与否在很大程度上取决于全球经济和石油需求的增速。例如，欧佩克将某一程度的油价水平作为目标。该报告分析了近年来决定油价的一些变量，并将过去几年分为4个阶段：欧佩克捍卫市场份额（2013—2015年）；欧佩克的高产量与低价格战略，试图将美国页岩油生产商赶出市场（2015—2016年）；欧佩克与非欧佩克减产（2017年）；欧佩克消耗石油库存的策略（2018年1月至今）。分析完这4个阶段，得出的一个有趣结论是，石油的需求是非常重要的，可以说比市场认为的更为重要。实际上是石油的需求在推动油价。

过去5年，媒体和分析师关注的焦点通常是石油的供应情况，如美国页岩油的增长，或欧佩克的减产政策。但证据表明，石油需求放缓或产量出人意料增长往往会产生同样多的影响，有时甚至产生更多的影响。在2013年至2015年期间，欧佩克为了捍卫市场份额，并迫使美国页岩油生产商破产，全力以赴地生产石油。高企的石油供应无疑是油价暴跌的关键因素。不过，石油的需求情况也很重要。在2013年末至2015年初之间，由于美国页岩油和欧佩克石油产量的增加，布伦特原油价格每桶下跌约38美元。然而，油价下跌也不仅仅是供应方面的问题。全球经济增速放缓也导致油价每桶下滑了26美元。当美国的页岩油产量在2015年和2016年初开始崩溃时，美国的石油供应出现减少，这相当于使布伦特原油价格每桶下跌了12美元。但同样的，尽管油价下跌，经济表现不佳和需求减弱导致布伦特原油价格每桶下跌了20美元。虽然还有其他因素推动油价涨跌，但供应冲击和需求增长是最重要的两大因素。

可以肯定的是，欧佩克及其非欧佩克成员国同意在2016年末（第二阶段），每天减少180万桶的石油供应。但至少在最初的时候，油市的基本面情况没有反映这一事实。在2016年底开始实行减产协议时，欧佩克就加大了石油产量，增加了流入市场的石油。因此，油价上涨是人们对减产的预期所致。在投机的兴奋消退之后，布伦特原油价格出现下跌。美国页岩油产量增加，而欧佩克在这段时间进行减产，导致油价每桶下跌了5美元。这是值得注意的一个情况，因为需求增加导致油价在这一时期每桶上涨了6美元。这又是需求影响油价的一个例子。在第三阶段（2017年），石油的供应状况出现了混乱局面，因为在美国页岩油产量增加的时候，欧佩克的减产履行率大幅上升。

牛津能源研究所估计，美国页岩油的增长可能会使油价每桶下跌4美元，而欧佩克的减产使油价每桶上涨1美元。在2017年上半年，欧佩克减产的影响微乎其微，因为减产的履行率很低，而产量增速很快。2017年，美国页岩油增长和欧佩克减产造成的影响相互抵消。但是，牛津能源研究所释放出的关键信息是，2017年全球经济增速强劲（国内生产总值增速为3.7%），导致石油需求出现飙升，使布伦特原油价格每桶上涨约12美元。

牛津能源研究所称，欧佩克战略的"成功"很大程度上是由需求驱动的。而在2015—2016年的周期中，高产量战略"失败"也是因为需求方面的因素。换言之，2015年和2016年，欧佩克增加了涌入市场的石油量，帮助击败了美国的页岩油生产商。但这一情况发生之际，正值全球经济出现复苏，这种"糟糕的时机"导致油价出现暴跌。

与此同时，尽管 2017 年欧佩克开始削减石油产量，但油价的大幅上涨与强劲的经济关系更大。这不仅仅是一段有趣历史，还给了欧佩克一个教训，因为欧佩克正在思考应该选择何种方式控制好石油市场。对全球石油需求增长的预期是影响当前欧佩克石油政策的一个关键因素。相比美国页岩油增速的下修，2018 年油价对需求增长更为敏感。出人意料的是，经济疲软可能将油价每桶拉低 5 美元，而页岩油供应的强劲增长只会使油价每桶下跌 2.50 美元。

从实际意义上讲，贸易战的影响可能超过欧佩克预期，因为这将危及国内生产总值增长。为了弥补疲软的经济，欧佩克需要将石油日产量再削减 100 万桶。而为了弥补页岩油的增加，欧佩克只需将日产量削减 50 万桶就能产生同样的价格效应。显然，欧佩克也渴望石油需求强劲。这能使欧佩克尽可能长时间地削减石油产量，然后逐步淘汰这一战略。如果全球的石油需求意外下滑，欧佩克的选择将变得非常严峻：欧佩克要么决定减产，要么转向更高的产出战略。不过，这两种选择都存在巨大的风险，这反映出欧佩克发现自己面临微妙的处境。

第六节
特朗普发表言论指责欧佩克操控抬高油价

沙特阿拉伯似乎从来都不会在公开场合说出自己的明确目标油价，对于每桶 80 美元的油价，沙特阿拉伯官员对于油价目标仍是态度暧昧，其能源大臣法力赫则是已经断然否认油价目标的存在。但从沙特阿拉伯的说法和供应行为来看，可以合理推论其未言明的油价目标在每桶 80 美元上下 5 美元的区间，即每桶 75～85 美元。油价在每桶 80 美元上下，将可使沙特阿拉伯的预算平衡，还可支持政府雄心勃勃的改革计划，并让沙特阿美上市时的估值更容易达到 2 万亿美元。

从部长们及其他高层官员的言论中推测，过去 18 个月来，欧佩克对于油价的期望值从每桶 60 美元附近稳步提高至每桶 70 美元以至如今的每桶 80 美元。欧佩克油价目标的不断提高契合了我们熟悉的模式，即油价越是涨，欧佩克就会期待涨更多。对于欧佩克成员国而言，可持续的平衡油价永远比当前价格每桶至少高出 10 美元。

但追求高油价的同时，欧佩克也要冒风险，美国页岩油及其他产油竞争对手会增加供应，同时石油消费增长可能放缓。欧佩克成员国已经表示，他们希望投资增加，但这也暗示美国页岩油以及欧佩克以外其他产油国的产出增加。法国兴业银行石油市场研究主管维特纳认为，产油国不会认为已经取得胜利并停止减产，他们乐见库存继续缩减，油价升至每桶 70～80 美元的高位。现在的问题是，他们什么时候会对油价上升感到不舒服？

2018年4月18日晚间，路透社称，沙特阿拉伯倾向支持油价升至每桶80美元甚至100美元。即使目前达到减产目标，欧佩克及其盟国也不太可能在6月会议上更改石油减产协议。目前欧佩克正接近其减产协议最初制定的目标——将石油库存降至5年平均水平。不过迄今为止还没有迹象表明沙特阿拉伯及其盟国有意提前终止或者变更减产协议，以减缓供应收紧的速度。

过去一年，沙特阿拉伯对油市的态度已从之前追求产量和份额转变为追求油价，成为欧佩克产油国为提振油价而积极采取措施的主要支持者。业内称，沙特阿拉伯立场的转变可能与沙特阿美的上市估值有关。有消息称，沙特阿拉伯王储希望看到油价进一步走高，最近几周，沙特阿拉伯高层在闭门会议上透露了其希望油价未来升至每桶80美元甚至每桶100美元的愿景。相关人士表示："我们已经预感到了一个完整计划，即沙特阿拉伯官员想要在沙特阿美上市前把油价推升至每桶100美元理想水平，这样沙特阿美一旦上市，其融资需求将会得到很大保障。同时也可以更好地帮助沙特阿拉伯推进其提出的'2030愿景'经济改革计划。"总之，沙特阿拉伯希望油价上涨是肯定的，而且并不局限于推动沙特阿美上市，可能还包括其他的计划。

另一位消息人士还称："我个人认为现在每桶70美元是石油价格的底线，我们已经兜了一圈。在沙特阿美的首次公开募股完成前，如果沙特阿拉伯希望油价升至每桶100美元的高位，我也不会觉得意外。欧佩克6月会议或许不会做出任何变更，并可能一直持续到年底，因为市场仍需要支持。"

2018年4月20日（周五），欧佩克产油国以及包括俄罗斯在内的减产协议盟国在沙特阿拉伯第二大城市吉达召开联合部长级监督委员会（JMMC）会议。会上包括沙特阿拉伯能源大臣、伊拉克石油部长、俄罗斯能源部长在内的各国石油部长一致认同，将不会在周五的会议上讨论变更减产协议问题，目前仍需要维持之前的协议一段时间，如有必要，可以考虑在6月讨论逐步增加产量，前提是取决于市场。

阿曼石油和天然气大臣鲁姆希表示，国际油市依然供应过剩，希望减产协议持续至2018年底。他还透露，没有人谈论每桶100美元的价格目标，油价更实际的水准应在每桶65～75美元。欧佩克和非欧佩克联合技术委员会认为，全球原油供应过剩的情况已经基本消除，比他们的预期提前实现了减产的一个关键目标，部分归因于2017年1月起欧佩克牵头的减产协议。相对于5年平均来看，过去3年导致油价承压的过剩原油库存自2017年1月以来已经下降了97%，市场应该会在本季度实现再平衡。但是，鲁姆希表示："我不认为这项任务已经完成。这是正在进行中的工作。我们取得了进展，但我认为这项工作没有完成。我不认为存在供应不足，充其量就是平衡或接近平衡的局面。石油市场仍然供过于求，希望欧佩克及其盟友能坚持减产安排直到任务完成。"

以下为部分主要减产参与国石油部长的讲话。

沙特阿拉伯能源大臣法力赫说："减产的效果相当可观，3月石油减产的执行率为

145%，对此相当满意。虽然库存已有所减少，但并没有建立起处于合适水平的原油库存，欧佩克需要更严格地遵守削减计划。页岩油产量增速高于我们的预期，库存仍在正常水平之上，原油需求存在不确定性。不担心油价情况，而是担心油市稳定性与投资水平。需要关注油市未来走势，考量的指标不止一个，合作框架必须进一步扩大。我们计划在6月会议上讨论库存的合适水平。2019年欧佩克与盟国将继续合作。在当前的油价水平下，需求没有受到影响。有能力吸收油价走高带来的影响。如果市场需要更多石油储备，我们会调整产能。"

阿联酋能源大臣马兹鲁伊说："比起油价我们更关注的是市场稳定性；希望媒体可以停止询问关于目标油价的问题，因为不存在目标油价一说；我们的任务还没有完成，需要继续努力；油市稳定是我们这个联盟的长期目标；相比市场稳定，并没有那么担心油价；部分成员国没有遵守好减产协议，这不存在借口；希望年末可以达成长期的欧佩克与非欧佩克国家协议；希望其他成员可以支持达成欧佩克与非欧佩克国家之间的无限期合作协议。"

俄罗斯能源部长诺瓦克说："欧佩克减产工作进行顺利，原油库存下降2.93亿桶的成绩令人印象深刻，7个月以来的减产执行率接近超过了100%；欧佩克产油国和其他国家建立了充满信任的关系，这为未来的合作打下了坚实的基础。没有明确的规定说明欧佩克与非欧佩克国家应当在供应过剩结束之后停止减产；如有必要，或将在6月讨论逐步增加产量，不排除2018年增加产量的可能性，这取决于市场情况。需要假以时日来观察市场的再平衡是否是可持续的，欧佩克与非欧佩克国家需要看到至少维持几个月的市场稳定，没有进行关于调整委内瑞拉减产配额的明确讨论。欧佩克与非欧佩克国家最早或将于2018年年内降低减产额度，现在谈论2018年之后与欧佩克的合作形式还为时过早。"

伊拉克石油部长阿卢艾比说："4月20日欧佩克与盟国不会讨论延长减产协议的问题；欧佩克与盟国减产将持续至2018年底；伊拉克原油日产量为432万桶，伊拉克原油日产能为500万桶；石油市场正在趋稳，库存下降；伊拉克中央政府正在与库尔德就基尔库克管道问题进行谈判；伊拉克库尔德地区原油日出口量为33万~35万桶。"

对于是否继续维持减产协议，20日俄罗斯能源部长诺瓦克和沙特阿拉伯能源大臣法力赫都接受了CNBC的采访。诺瓦克对CNBC说："可能不会一直支持欧佩克减产协议直至其到期。我现在不能给你一个准确的答案，因为我们不知道市场在未来几个月表现如何。我们需要继续监控市场，对于是否退出协议我不能明确地说是还是否，这太直率了；我们对这一选项保持开放，以便能够在长期内根据更准确地数据做出更平衡的决策。"诺瓦克承认，减产协议已经生效，但还有很多工作要做。他说："打个比方，毫无疑问，现在的情况比3个月前、半年前或者1年前要好得多，但病人还没有完全康复。我们确实降低了病人的体温，但还没有让其完全恢复。决定减产协议未来的是市场形势。我想再次强调，我们需要根据市场形势采取行动，我们要有稳定市场的信心。"

沙特阿拉伯能源大臣法力赫也对 CNBC 表示："产油国尚未完成任务。我们必须要有耐心，我们不应该草率行事，不应该自满，也不应该受到一些诸如'任务完成'之类杂音的影响。我认为我们还有工作要做。"

也就在欧佩克开会的这一天，美国总统特朗普在推特发文抨击欧佩克，称其减产"人为"抬高了石油价格，并宣称此举"不会被接受"。特朗普称："看起来欧佩克又在故技重施。各处石油产量创下新高，海上油轮满载，石油价格却人为地非常高！这没有好处，并且不会被接受。"

特朗普所说的"原油价格受到人为操控，不能接受当前如此高水平的油价"，此言一出便遭到其他多个产油国部长和能源组织领导人的围攻。当天，欧佩克秘书长巴尔金多对特朗普的言论做出反驳，表示欧佩克并未寻求人为地推动原油价格上涨，明确申明欧佩克并无此种机制。巴尔金多说："我们并没有任何价格目标，欧佩克没有，非欧佩克（产油国）在此联手（减产）行动中也没有。欧佩克已经邀请美国页岩油生产商参加该组织将于 6 月在维也纳举行的研讨会，讨论下一步行动。我们欧佩克国家以自己身为美国的朋友而骄傲，而美国已经从他们的增长、发展和繁荣中获得了利益。"巴尔金多还指出："欧佩克和非欧佩克的减产协议把石油行业从迫近崩溃的危险中拯救了出来，目前处于稳步重塑市场稳定性的轨道上，这符合生产者、消费者和全球经济的利益。"

沙特阿拉伯能源大臣法力赫称，世界有能力吸收高油价，油价不存在人为操控，完全由市场所决定。阿联酋能源大臣马兹鲁伊认为，原油价格上涨并非认为抬高，而是地缘政治恶化的缘故。俄罗斯能源部长诺瓦克接受彭博社电视采访称："油价靠市场决定，美国原油大幅增产多亏了欧佩克与非欧佩克产油国的减产努力。不能说某人人为地把油价抬高或是压低，因为油价由市场决定。由于欧佩克、俄罗斯等国的减产协议，美国一直在增加本国石油产量。但欧佩克及其盟友不打算现在讨论特朗普的言论。"诺瓦克还说："油价或将在 4 月升至每桶 80 美元。欧佩克减产协议帮助恢复了美国得克萨斯州的油气行业，欧佩克与非欧佩克成员国对减产目标没有分歧，沙特阿拉伯并未就联合项目的相关制裁感到担忧。"同时，诺瓦克拒绝就美国进一步制裁伊朗可能产生何种影响发表评论。

如果从特朗普的角度来看，目前特朗普认为油价过高，那么之后的行动必然会进一步打压油价，因此必然会进一步加大美国的产油力度，甚至不排除对原油进口增加关税的可能，避免因为他认为"过高"的油价损害美国的利益，毕竟之前有多次提到过，特朗普是希望打造一个原油净出口的美国。因此对于油价过高的现状，美国很有可能会采取一些行动来阻碍油价上涨。

随着原油价格攀升至 2014 年以来的最高水平，大宗商品基金已经基本扭转了 2017 年遭遇的客户资金外流情况。威斯贝克资本管理（Westbeck Capital Management）和大宗商品世界资本（Commodities World Capital）等公司纷纷预期布伦特原油价格很快将从目前的每桶73美元涨至每桶80美元以上；如果他们的预测成真，那么石油对冲基金目前的资金回流可能才刚刚开始。

投资数据分析供应商eVestment全球研究主管彼得·劳雷利（Peter Laurelli）表示，在预计市场会出现波动的情况下，这些基金也得到追捧，2018年可能继续吸引资金流入。据eVestment数据，2018年1—3月，投资者向专注于大宗商品的对冲基金配置了30亿美元，这是2016年第三季度以来的最大金额。2017年，他们从此类基金中撤出了6.8亿美元，是2014年以来的首次全年净流出。截至4月13日当月，皮埃尔安杜兰兹（Pierre Andurands）旗下专注于石油投资的安杜兰德资本管理（Andurand Capital Management）营收上涨7%，2018年迄今为止，该投资基金亏损比例已收窄至0.3%。2018年第一季度，专注能源等投资的大宗商品交易顾问公司北极蓝资本（Arctic Blue Capital）收益上涨逾1%，该公司2017年业绩下降达12.5%。

威斯贝克资本管理首席运营官贾里·哈比卜（Jari Habib）表示，威斯贝克能源基金的资金外流从2018年开始扭转（2月创下的高达两位数的跌幅也被收复），截至4月19日，资金回流速度上升至11%。2017年该公司能源基金资金流出率达到17%。该公司预计2018年下半年，油价将涨至每桶85美元以上。

大宗商品世界资本数据显示，截至4月19日，该公司去年4.4%的资金流出量基本得到回流。大宗商品世界资本预计下半年油价将上涨至每桶80美元。该公司首席投资官卢克·萨德里安（Luke Sadrian）表示，相较简单买入和持有，更建议投资者进行"波动性"交易。不过，萨德里安对油价的核心预期仍然是看涨。

WTI原油虽然在2018年1月上涨，但2月仅在两周内便下跌13%，使部分看涨油价的对冲基金遭遇严重损失。而如今，油价再次上涨，油价水平是2016年初的两倍多。特朗普威胁要退出伊朗核协议一直在推高油价。作为全球最大的原油出口国，沙特阿拉伯希望将油价推升至每桶80美元。委内瑞拉原油产量下降和全球库存下降以及叙利亚日益恶化的紧张局势也在对油价发挥正面作用。中东局势如果进一步恶化，整个地区原油供应将遭到破坏。

瑞银财富管理大宗商品业务执行董事韦恩·戈登（Wayne Gordon）表示，如果美国下个月重新对伊朗实施制裁，那么油价每桶可能会上涨5~7美元。虽说每桶60~70美元的油价对于欧佩克而言是个理想区间，但是对伊朗制裁可能会将油价推高至每桶70~80美元。威斯贝克首席执行官勒米（Jean-Louis Le Mee）在写给投资者的信中表示，2019年将成为油价强劲的"关键之年"，届时，世界各地5年来新石油项目投资不足的影响将完全发挥作用。

针对4月20日美国总统特朗普关于"油价被欧佩克产油国人为推高"的指责，欧佩克轮值主席、阿联酋能源大臣23日表示，欧佩克没有人为地推高石油价格，而是正携手为实现拯救油市的"伟大目标"而努力。

马兹鲁伊在接受CNBC采访时称:"我认为我们从来没有说过要瞄准某个具体油价目标。我们都记得两年前原油市场的惨跌状况,这并非我们所愿意看到的,也并没有人为地去压低油价。两年前,受美国页岩油产量创纪录大增影响,国际油价在2016年曾一度暴跌至每桶不足30美元,部分依赖石油出口的产油国也因此蒙受巨大损失。基于此,欧佩克和非欧佩克产油国团结在一起,他们愿意牺牲一部分自身产能来试图解决原油市场的供需失衡问题。因此,我想说,欧佩克的目标是一个'伟大的'目标——为拯救油市长期供应过剩而共同努力。欧佩克和非欧佩克产油国之间的限产协议已经使得当前油市处于'更好的位置'。他们将继续把限产协议执行到2018年底。如果我们不能解决油市的供需失衡状态,或者说重蹈覆辙……那我们将面临更大的问题。这是一个大的蓝图,而不是在乎具体达到多高的油价。"

2018年4月23日(周一),布伦特油价收报每桶涨1.32美元至75.03美元,涨幅1.79%。随着布伦特油价突破每桶75美元关口,逾3年新高,市场分析师和石油官员再次试图找到原油的"公允价格",这一预测必须考虑夏季驾驶旺季,美国对伊朗实施新的制裁的可能性,委内瑞拉总统大选和伊拉克议会选举,欧佩克对"任务是否完成"的讨论,欧佩克首脑沙特阿拉伯希望油价涨到每桶80~100美元。

部分分析师和欧佩克官员认为油价可能达到每桶80美元,不过这一预期主要是基于地缘政治风险溢价考虑,而非市场基本面。即使油价涨至每桶80美元,这种涨势也将是短暂的,且主要因为市场担心供应中断,尤其是在中东地区,以及美国可能对伊朗石油实施新的制裁,叙利亚和也门周边地区的紧张局势。其次是因为委内瑞拉危机,该国石油产量暴跌,且将在5月举行总统选举,如果美国要对委内瑞拉实施进一步制裁,比如石油工业,这将是2018年晚些时候油价的又一张万能牌。

根据一些投资银行和石油官员的说法,短期内油价维持大约在每桶75美元,目前还没有人预测油价会达到每桶100美元。阿曼石油和天然气大臣鲁姆希表示:"我认为2018年剩下的时间里,每桶65~75美元是更现实的数字,但有很多因素可以改变这一情况,在我看来,我们现在的处境还不算太糟,可预见的未来,这一数字十之八九在每桶65~75美元范围内。"俄罗斯能源部长诺瓦克则称,油价最早可能在本月就能达到每桶80美元,尽管这一价格不是因为市场基本面,而是受地缘政治担忧推动。美银美林和高盛也预计,2018年油价将达到每桶80美元。美银美林预计,这将在本季度实现,原因是美国二叠盆地出现了一些瓶颈,可能会减缓美国原油产出增长速度。高盛预计,2018年石油需求将强劲增长,日增长预计将达到185万桶;刚刚结束的第一季度可能是2010年第四季度以来最强劲的年度增长。巴克莱预计本季度油价将面临上行压力,但预计油价将在2018年下半年出现回落,原因是美国产量激增、对伊朗重新实施制裁的担忧,以及委内瑞拉的产量下降,这些因素已经反映在油价上。

然而，目前原油市场正值多年来最紧俏之际，地缘政治担忧带来的油价上行压力可能会再次导致供应过剩，因为油价上涨将鼓励更多的美国页岩地区加大开采，以实现盈利，也可能拖累需求增长。最大的油田服务提供商斯伦贝谢却表示，美国页岩油面临"生产挑战"，这些挑战可能会减缓美国供应的增长速度。斯伦贝谢董事长兼首席执行官帕尔·吉布斯贾德在该公司第一季度财报发布会上表示："然而，在美国页岩中出现的生产挑战正在出现，这些挑战与加密钻井的井间干扰有关，可能降低一级开采的产量，以及重大的基础设施限制。"

在需求方面，油价越高，加油站的汽油价格就越高。美国能源信息署称，2018年夏天，平均每加仑汽油要花2.74美元，比2017年夏天高出11%。预计这些价格将是4年来最高的平均油价，这在很大程度上反映了原油价格的变化。从理论上讲，沙特阿拉伯乐见的每桶100美元的油价将会严重影响对需求增长。然而，沙特阿拉伯表示，愿意在2018年继续收紧市场，尽管库存即将或者已经下降到5年平均水平。沙特阿拉伯能源大臣法力赫称，任务没有完成，欧佩克正在努力确定指标和"校准"减产目标。即便受地缘政治担忧提振，油价飙升至每桶75美元的价格，但该价位是不可持续的，因为这将导致非欧佩克产油国的供应（这不仅是二叠盆地）上升，从而导致供应过剩，侵蚀需求增长。

丹麦盛宝银行大宗商品策略主管瀚森直言："事实上，油价飙涨正在推动再通胀交易卷土重来。"这背后是产油国、对冲基金、投资银行围绕油价打着各自的算盘。但这也令越来越多机构担心油价持续飙涨令全球经济正遭遇衰退隐患，令全球央行货币政策收紧步伐再添变数。美国对冲基金斯普洛特美国控股（Sprott US Holding）首席投资官里克·鲁利（Rick Rule）没想到的是，这轮油价上涨潮涌，竟然发生在特朗普指责欧佩克人为操纵油价之后。

鲁利4月26日对记者表示："原以为油价会应声下跌，但没想到过去两周油价却一反常态持续飙涨。究其原因，尽管原油供需基本面没有发生巨大变化，但地缘政治风险事件迭起令原油风险溢价持续飙涨。先是美国空袭叙利亚引发输欧原油管道损坏风险，紧接着伊朗核协议生死未卜导致市场担心伊朗原油出口量骤降，本周也门胡塞武装组织向沙特阿拉伯重要的原油运输港口发射两枚导弹，再度令金融市场担心未来一段时间沙特阿拉伯原油出口量骤降。"鲁利指出："从没见过如此多的地缘政治风险事件在同一时期接连爆发。这令原油的地缘政治风险溢价从原先的每桶7~8美元直接跳涨至每桶15~20美元，直接激发全球油价过去两周持续大涨。"

油价的飙涨，很快吸引大量对冲基金开启跟风炒作潮。美国商品期货交易委员会数据显示，截至4月17日的当周，以对冲基金为主的资产管理机构较前一周增加1475.5万桶原油净多头头寸，令整个原油净多头头寸规模上涨至年内高点4.3亿桶。推动油价上涨的不仅是对冲基金，原先一直以空头形象出现的原油生产贸易商也突然"加入"多头阵营。4月17日当周原油生产贸易商分别增加了2153.1万桶原油多头头寸与2179.8万桶原油空头头寸,多空基本平衡。丹麦盛宝银行大宗商品策略主管瀚森表示:"这种状况不同寻常。通常当对冲基金大举增加原油期货多头头寸且油价飙涨时,原油生产贸易商会选择逢高建立大量净沽空头寸锁定价差收益。"

在过去两周油价快速上涨期间,市场传闻沙特阿拉伯正积极联系其他欧佩克产油国,在6月初举行的欧佩克会议上延续当前限产协议,以此打破部分投资机构对油价突破每桶60美元令欧佩克产油国结束限产协议的猜测。这无形间激发对冲基金更大的买涨热情。比如"新债王"、债券经理杰弗里·冈拉克表示,自己还在寻找更具升值潜力的能源类股票,希望从油价上涨中获得更高的回报。

里克·鲁利认为:"这或许也是特朗普指责欧佩克人为操纵油价的原因之一。但目前而言,在众多地缘政治风险事件迭起的压力下,他的言论很难成功压制油价涨势。对冲基金之所以要助推油价突破每桶80美元,实质有着自己的算盘。随着2017年底以来美元大幅下跌,这些对冲基金纷纷买入看涨油价突破每桶80美元、存续期限3~6个月的原油看涨期权,如今他们趁着这些题材'拼命'拉涨油价,目的就是让这些期权成功行权,获取更可观的套利回报。"

据摩根大通统计,2016年油价处于最低点每桶27美元时期,全球产油国的石油相关收入一度跌至约8000亿美元,导致各个产油国不得不缩衣减食减轻财政赤字负担,没有闲置资金投资全球金融资产,因此过去两年他们至少削减了约1600亿美元的全球股票投资,以及800亿美元的全球债券投资额。如今油价迅速重回每桶70美元上方,这些产油国随着石油出口收入骤增,又开始变得阔绰起来,纷纷在全球金融市场四处买入各类金融资产保值增值。

高盛大宗商品研究主管柯里对此坦言:"过去15年资本市场运作经验表明,持续上涨的油价总是会带来产油国的储蓄盈余,这些石油美元的入场将会带来资金信贷投资活跃,进而带动需求新一轮增长与通胀压力上升。"里克·鲁利分析说:"这令对冲基金不愁找不到买家抛售自己手里高估的全球股票与房地产。"在鲁利看来,这也吸引不少对冲基金纷纷押注美元上涨。究其原因,随着油价飙涨导致美国通胀率持续上涨,美联储很可能转而提速加息步伐,导致美元利差优势在短期内进一步扩大。

受此影响,截至4月26日19时,美元指数反弹至91.12附近,创下2018年以来的最高点。但不少金融机构对此持反对态度:当油价持续徘徊在每桶70美元上方,将对美国经济增长构成负面压力;若油价触及每桶80~100美元,美国经济或将因高通胀面临衰退风险。道明证券大宗商品策略主管巴特·梅莱克表示:"特朗普之所以指责欧佩克人为操纵油价,很大程度是因为他不想看到高油价对美国经济增长构成负面冲击。"

德意志银行分析师鲁斯金(Alan Ruskin)表示:"油价飙涨在抬高市场通胀预期的同时,正悄然对美国国债收益率构成新冲击,进而影响更多资产类别的估值。具体而言,若美国国债实际收益率与通胀保值债券收益率保持正相关性,那么全球油价每桶再上涨5美元,通胀保值债券收益率还得再上涨10个基点,进一步推升10年期美债收益率稳定在3%上方。若美国10年期国债收益率保持在3%以上,则意味着美国股市将遭遇新的下跌压力。若美国金融市场因此出现泡沫破裂迹象,美联储是否鉴于通胀率上涨预期而提速加息步伐,存在着较大不确定性。这势必影响其他国家央行跟进收紧货币政策的步伐。"

第七节
美国页岩油面临管道输送能力不足的瓶颈

美国二叠盆地一直是全球为数不多的原油产量增长引擎之一。该地区的原油产量有望赶上伊朗或伊拉克的水平(图3-1),并且已推动美国原油总产量升至历史高位,与鹰滩产区加起来贡献了全美2/3的原油产量。该地区原油日产量有望在两年内从300万桶增至逾400万桶。国际能源署预计,到2023年产量将增长一倍。据美国能源信息署数据,2018年4月美国二叠盆地原油日产量为327.4万桶,较上年同期增长97.4万桶,与2018年4月伊朗382.5万桶的日产量相差55.1万桶,与伊拉克444万桶的日产量相差116.6万桶。

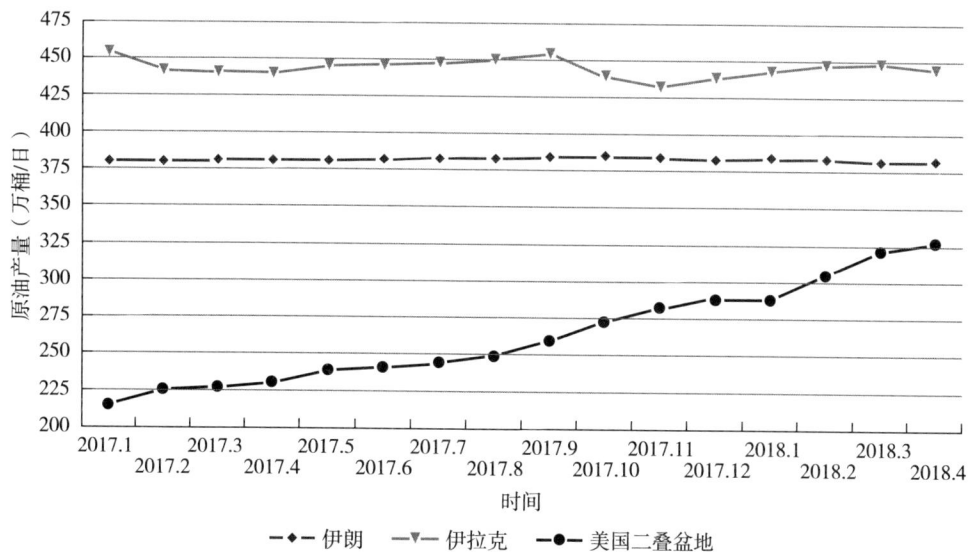

图3-1 2017年至2018年4月伊朗、伊拉克与美国二叠盆地原油产量比较
资料来源:美国能源信息署。

二叠盆地正在推动美国页岩油产量增长，预计该盆地2018年产量将大幅增加，使石油市场供应充足。石油巨头正源源不断地向该地区投入数十亿美元，而该行业增加的每3台钻机中就有2台在二叠盆地。

2018年4月3日《华尔街日报》报道，美国中型页岩油气勘探生产商康乔资源将全股收购同业竞争对手RSP二叠纪（RSP Permian），包括债务在内收购价值高达95亿美元。RSP二叠纪目前债务规模约15亿美元。此举使康乔资源成为二叠盆地最大的页岩油气生产商，也是美国6年来最大一笔油气收购交易。尽管美国暴增的页岩油产量屡遭诟病，但康乔资源却用实际行动表示了对页岩油气产业的信心。

英国《金融时报》指出，康乔资源目前市值超过230亿美元，2017年油气日产量为19.3万桶油当量，而RSP二叠纪2017年油气日产量为5.5万桶油当量，合并后将成为二叠盆地最大非常规油气生产商。之前恩卡纳（Encana）和埃克森美孚都曾斥巨资收购二叠盆地的资产。2017年1月16日，埃克森美孚以高达66.2亿美元的股票和现金收购美国得克萨斯巴斯家族（The Bass Family）旗下新墨西哥州二叠盆地的页岩油区块，将其在二叠盆地的油气资源量翻番至60亿桶油当量。而加拿大能源公司恩卡纳在2014年9月底斥资71亿美元收购得克萨斯州页岩油生产商阿斯龙能源（Athlon Energy），获得阿斯龙能源在二叠盆地约14万英亩的勘探土地和3万桶的日油气产量。恩卡纳首席执行官道格·萨特尔斯（Doug Suttles）当时预期阿斯龙能源的资产可以有至多5000口水平井，可以开采至多30亿桶原油等价物；而阿斯龙能源自己的预期是1850口水平井和14亿桶原油等价物。萨特尔斯表示："阿斯龙能源公司现有资产的产出到2019年的时候会有大幅增长，我们的二叠盆地日产量将会在未来5年有20万桶到25万桶原油等价物的增长，在之后的多年甚至会达到更高的水平。"

然而，市场对康桥资源收购RSP二叠纪的反应并不乐观。收购交易一公布，康乔资源股价大跌10%至每股143.09美元，是近8个月来最差表现；RSP二叠纪股价则上升16%至每股45美元。彭博社指出，投资者认为，康乔资源出价过高，恐会给其现金流带来负面影响。杰富瑞投资银行指出，该收购价相当于RSP二叠纪旗下每英亩钻探权益价值7.6万美元，较过去几年二叠盆地的资产收购交易平均价高很多。摩根大通的估值则更高，相当于RSP二叠纪每英亩钻探权益价值8.2万美元。

摩根大通分析师阿伦·杰亚拉姆表示尽管收购完成后可能提升康乔资源的收益，但稍显夸张的收购金额很难博得投资者的好感，特别是在美国本土页岩油产量暴涨、石油市场趋稳仍不明朗的当下。康乔资源首席执行官蒂姆西·利奇（Timothy Leach）则认为："将两家以二叠盆地为开发重点的公司融为一体，可大幅提升开发效率并减少运营成本，为投资者和股东带来更好的投资回报。"路透社指出，两家公司在二叠盆地的勘探面积相邻，相当于可在同一个位置钻更多水平井，进而形成丛式井。丛式井与钻单井相比，不仅大幅减少钻井成本，而且能满足油田的整体开发要求。

康乔资源斥巨资收购 RSP 二叠纪的举措，可以说是将资产、技术和经验进行整合，以期收到最佳勘探效果。分析师指出，页岩油气开发是资本密集型和技术密集型的产业，页岩油气生产商的规模越大越易降低运营成本。如钻长达 1 万英尺的水平井需跨越多个勘探区块，而一个中小型页岩开发商往往仅有几个区块的运营权。如果钻这种规模的水平井，需和其他运营商合作，费时、费钱还费力。

康乔资源或将引领下一轮油气行业兼并浪潮，激发其他页岩开发商的收购热情。美国纽约证券公司纳塔利安斯证券（Natalliance Securities）分析师利奥·马里亚尼（Leo Mariani）指出，过去 6～9 个月，美国油气勘探生产公司的股票表现相当糟糕，该行业需适时注点"催化剂"。随着勘探技术不断升级，美国页岩油气生产商的资本投入有望持续下降，相应的开发和生产效率将得到提升，这似乎预示着美国页岩区将掀起"并购热"。美国有线电视新闻网（CNN）撰文称，超过每桶 50 美元的国际油价正为油气资产收购和企业兼并"煽风点火"。

可以说，从 4 年前的恩卡纳收购阿斯龙能源到埃克森美孚收购巴斯家族二叠盆地页岩资产，再到现在的康乔资源收购 RSP 二叠纪，二叠盆地正变得越来越拥挤，这不仅意味着土地价格的飞涨，而且还会迅速减少二叠盆地管道网络的可用空间。4 月 9 日，RBN 能源（RBN Energy）分析师约翰·赞纳（John Zanner）表示："随着这些边缘地区开始被开采，越来越多的原油需要被运往库欣或墨西哥湾沿岸。"

随着美国原油价格节节攀升，美国页岩油气生产商表示未来几个月他们的借款能力将会有所增加，特别是得克萨斯的鹰滩地区。海恩斯布恩律师事务所研究结论显示，超过 80% 的受访者表示随着银行两年一次的评估结束，他们的借款基础或者抵押信贷可能会有所增加。鹰滩是一个成熟的页岩油产区，产量大约是美国原油产量的 12%，但是在 2018 年晚些时候该地区可能会获得更多的关注。尽管鹰滩地区的原油储量仅为二叠盆地的 1/3，但是作为美国产量最高的油田，鹰滩页岩区更接近墨西哥湾沿岸的炼油厂和管道网络，钻探权也更加便宜。同时，鹰滩原油产量仍低于 2015 年的峰值，这就为新进者创造了机会。随着 WTI 原油在过去的 6 个月上涨了 28%，美国原油生产商的债务负担明显减轻。调查显示，他们借此锁定了价格，2018 年约 50% 至 60% 的原油产量被对冲。

2018 年 4 月 11 日，WTI 原油价格盘中升破每桶 67 美元的同时，彭博社数据显示，2019 年的 WTI 原油掉期价格突破每桶 60 美元，为 2015 年 9 月以来首次。彭博分析师利亚姆·邓宁认为，这个消息不容忽视，因为这是美国原油开采公司的对冲基础，以便为将来的产量锁定较高价格。对于众多页岩油公司而言，油价达到每桶 60 美元就意味着可以大举开采。高盛上个月发布的报告称，2019 年的预期产量中，已经对冲的比例不足 10%。

随着欧佩克平衡油市的努力奏效，美国产油商正从中受益，向欧洲出口创纪录规模的原油。交易商表示，减产协议带来的较高油价，以及美国产量增加，目前使俄罗斯、尼日利亚和其他品级原油很难在欧洲卖得出去。一位地中海炼油厂的交易员称："美国原油在各地售卖,这让当地各品级原油承受巨大压力。"该炼油厂定期购买俄罗斯和里海原油,近期则已开始购买美国原油。

汤森路透艾康船舶追踪数据显示,4月美国对欧洲的日供应量为53.1万桶、总量1593万桶,创下纪录高位。根据同期数据,2018年1—4月美国的供应量同比跃升3.7倍至5020万桶(图3-2),或者57艘大型阿芙拉型油轮(Aframax type oil tankers,每艘满载原油88万桶)运量。贸易消息人士称,美国对欧洲的原油供应会持续增长,越来越多的美国原油将出现在外国的炼油厂,将来自欧佩克和俄罗斯的石油取而代之。路透数据显示,2017年美国原油出口有7%是销往欧洲,但2018年这个比例已上升至12%。鉴于英国石油、埃克森美孚和瓦莱罗能源(Valero Energy)是进口大户,所以英国、意大利和荷兰为美国原油出口欧洲的三大主要目的地。

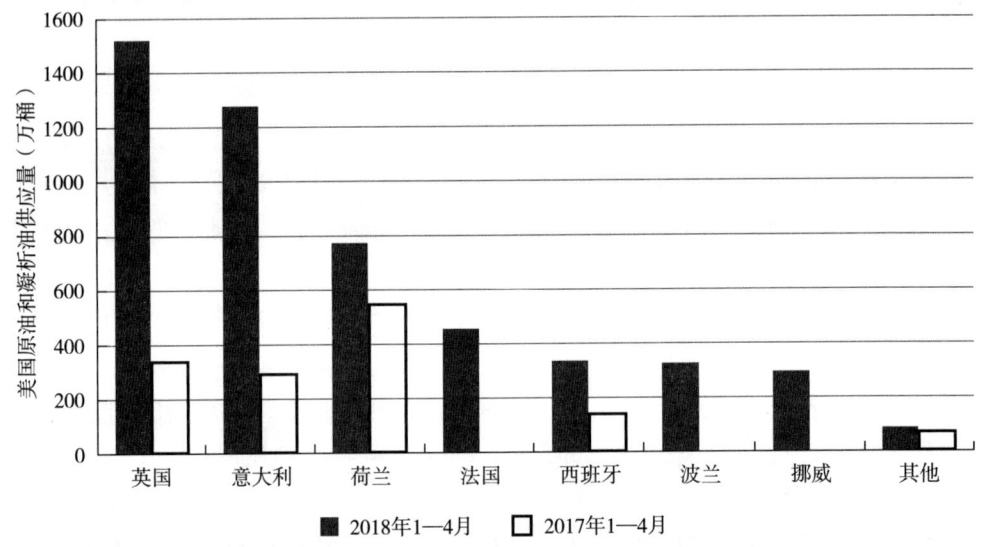

图3-2 2018年1—4月与2017年同期美国原油和凝析油供应至欧洲的分布情况
资料来源:汤森路透艾康。

根据汤森路透艾康航运追踪数据,2018年4月美国对欧洲原油及凝析油日供应量触及纪录高位,达53.1万桶(图3-3)。位于维也纳的能源咨询机构JBC能源分析师大卫·韦奇(David Wech)说,波兰炼油厂波兰国家石油(PKN Orlen)和格鲁帕洛托斯(Grupa Lotos),以及挪威国家石油正在试用美国品级原油;而且,可能还有新买家,有不少客户仍可能试用美国原油。

美国在2015年底解除石油出口禁令,但耗费了一段时日才获得欧洲传统炼油厂的青睐,这些炼油厂从北海、西非与里海石油转移,寻求供应多元化的进度缓慢。伦敦顾问机构资源经济学(Resource Economics)主任伊赫桑·乌尔哈克(Ehsan Ul-Haq)表示:"欧洲炼油厂2017年才开始试用美国原油,如今,我们对这种原油的加工已经有非常充分的了解。"

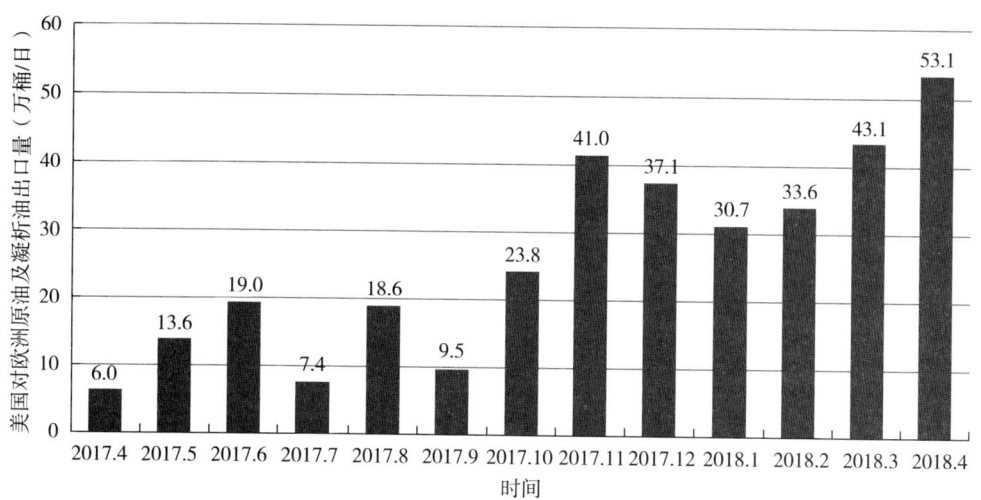

图 3-3　2017 年 4 月至 2018 年 4 月美国对欧洲原油及凝析油供应量
资料来源：汤森路透艾康。

美国原油人气上升，部分是因为美国西得克萨斯中质油（WTI）与布伦特原油期货之间的大幅价差，价格较贵的布伦特原油为全球多数级别原油的参考价格。路透数据显示，布伦特-WTI 价差 2018 年平均为每桶 4.46 美元，几乎是 1 年前的两倍。JBC 能源分析师大卫·韦奇表示，近期价差可能持续。在欧洲最受欢迎的美国石油品种有西得克萨斯中质原油、路易斯安那轻质低硫原油（Light Louisiana Sweet）、鹰滩原油、巴肯原油及马尔斯（Mars）原油。因此，当地品种替代品的价格已经大幅下降。

轻质低硫 CPC 混合油（CPC Blend）与已确定装船日期的布伦特原油价差近期触及 6 年低点每桶折价 2 美元。俄罗斯乌拉尔原油也面临压力，尽管炼油厂季节性维修已经结束。WTI 交付至意大利奥古斯塔（Augusta）的升水为每桶 0.80～0.90 美元，远低于阿塞拜疆阿泽里管输原油（Azeri BTC）的升水每桶 1.60 美元。美国石油甚至超越北海福尔蒂斯，而福尔蒂斯的产地就在欧陆的附近。鹿特丹 WTI 的价格较已确定装船日期的布伦特原油价格每桶升水约 0.50～0.60 美元，低于福尔蒂斯较已确定装船日期的布伦特原油每桶升水 0.75 美元。

从 2 月 16 日当周以来，截至 4 月 27 日当周，美国原油日产量已连续 10 周增加（图 3-4），累计日增产 34.9 万桶至 1061.9 万桶，日渐迫近俄罗斯产量水平，石油运转钻机在 4 月连续 4 周增加，累计增钻 28 台至 825 台。主要因油价稳定在相对较高的水平刺激了更多钻探活动。

所有出产于二叠盆地的原油属于轻质原油，墨西哥湾沿岸的炼油厂没有足够的产能去加工这种品级且产量不断增加的原油，因为炼油厂更倾向于中质或者重质原油，因此将这些原油进行出口是一种自然而然的反应。

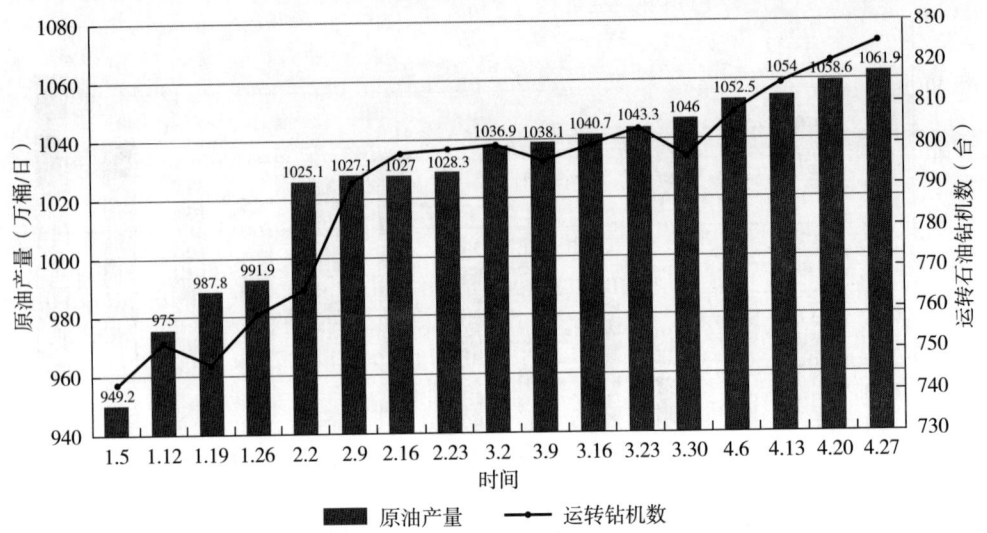

图 3-4 2018 年 1—4 月美国原油产量及运转石油钻机数

资料来源：美国能源信息署、贝克休斯。

注：时间以周为单元。

随着原油产量激增，美国的原油也慢慢从国内消费中心流向出口市场。3月美国原油日出口量达到 196.9 万桶，为 2015 年美国宣布解除原油出口禁令以来的最高水平。这批原油主要来自墨西哥湾沿岸，这里有美国 1/3 的炼油厂，日总产能接近 1000 万桶。美国原油产量持续增加，导致美国原油流向在发生改变。有消息称，墨西哥湾原油有望取代库欣原油争夺定价权。过去两年美国石油产量和出口激增，迫使一些贸易商和生产商尝试采用库欣以外地区交付的原油价格作为定价基准，而墨西哥湾的原油则成为"香饽饽"。

虽然目前原油市场的定价基准仍然是 WTI 原油价格，但随着墨西哥湾原油出口的激增，追踪墨西哥湾原油（休斯敦原油和得克萨斯州附近的二叠盆地页岩油）和 WTI 原油价格差异的差价合约量出现了大幅增加。纽交所的数据显示，4 月 20 日当周追踪得克萨斯州和库欣原油价差的未平仓合约为 16.9 万手，追踪休斯敦和库欣原油价差的未平仓合约为 10.3 万手。

法国巴黎银行驻伦敦的大宗商品市场策略主管哈里·基林古瑞安表示，随着美国向全球各地输出原油，一个新的三角正在形成，只要"魔力三角"——休斯敦、得克萨斯州和库欣三地原油的相对价差扩大，原油产量就会根据价格信号重新分配。这反映了美国原油市场的巨大变化，也使得交易者对寻找新的定价基准的呼声高涨。随着原油供应和出口的增加，一些贸易商认为，以墨西哥湾沿岸的原油价格作为定价基准更能反映全球油市的实际流向。

研究机构晨星估计,2018年10月墨西哥湾的原油储存能力将增加5600万桶。而包括企业产品合作伙伴和全美平原管道(Plains All American Pipeline)在内的许多原油公司都已经加大力度来处理墨西哥湾的出货量。尽管第一季度的收益是低于预期的,斯伦贝谢却表示,该公司计划2018年在北美页岩中增加约100万马力的岩石压裂泵以获取更多的利润。"水力压裂王"哈里伯顿亦表示,预计利润率将恢复到在经济低迷前的20%的水平。这两家公司的乐观预期来源于WTI的价格近期上涨至每桶70美元,这是一个很强的心理复苏信号,同时沙特阿拉伯表示未来将会看到布伦特原油上涨至每桶80美元。如果油价上涨至这一水平,那么原油勘探公司将会向服务提供商支付费用以进一步开采他们的油田。

哈里伯顿首席执行官杰夫·米勒(Jeff Miller)在财报公布后的电话会议上表示,对北美的页岩油前景感到兴奋,3月出口路径清楚地显示了公司正走在利润正常化的道路上。尽管美国原油钻探和水力压裂的活动正处在3年的高点,但是这家行业的顶级油田承包商一直在与投资者缺乏热情做斗争。

有迹象显示美国页岩油产量的激增将会导致更高的原油出口量。4月20日当周,美国原油日均出口量达到了233.1万桶,创历史最高水平。如果算上成品油的出口量,截至4月20日当周美国石油日出口量已经达到了创纪录的833.2万桶。

还有一个因素也在推动美国原油产量不断增加,那就是WTI和布伦特原油之间的折价差在不断地创出新高。尽管原油市场是一个全球性的市场,但是两种原油反映了一些独特的地质特征。WTI主要依靠的是美国页岩油产量的不断增加,但是布伦特则是基于更加复杂的情况,部分原因是欧佩克减产协议,同时也受到了全球强劲需求的推动。

3月1日,WTI和布伦特的折价差仅为每桶2.86美元,但到4月26日,折价差已扩大至每桶6.58美元,价格较低的美国原油更具有吸引力,这也是美国原油产量不断增加的重要原因。可以断定的是,只要WTI和布伦特的折价差保持在每桶6~7美元,那么美国原油的出口量还会进一步的增加。

不过,不断扩大的WTI对布伦特的折价差也反映了投资者对美国迅速扩大原油产量的谨慎态度。4月9日,路透社专栏作家约翰·坎普撰文称,对冲基金在最近一周缩减了原油及燃料油的多头仓位,而在之前两周则是大幅加码多仓。根据对各监管机构及交易所发布的资料进行研究,对冲基金正撤出美国西得克萨斯中质油(WTI)市场,大举转进国际指标布伦特原油。

截至4月3日当周,对冲基金和其他基金经理缩减与石油相关最重要的6个期货和期权合约净多仓,降幅高达4300万桶。投资组合经理减少纽约商品交易所(NYMEX)及洲际交易所(ICE)WTI合约净多仓的幅度达4800万桶,然而缩减布伦特原油净多仓的幅度仅400万桶。WTI原油净多仓创下8月底以来单周最大降幅,延续了近几周显现出的一种趋势。WTI原油净多仓已较1月23日创下的峰值减少了1.05亿桶,与此同时布伦特原油净多仓却增加了 2700 万桶。过去两个月中，基金一直稳步削减对 WTI 原油的曝险，同时维持对布伦特原油的庞大多仓。

因此，目前布伦特原油仓位状况看来异常高耸，而 WTI 原油仓位看来则远没有那么倾斜。基金经理所持布伦特原油的多空仓比接近 21∶1，失衡状况创下纪录，1 月 23 日时为 11∶1。相比之下，基金经理所持 WTI 的多空仓比不到 9∶1，1 月末时则接近 12∶1。

WTI 与布伦特原油仓位情况的这种转变，是期货曲线前端日历价差变化的写照。自 2 月初以来，WTI 近月合约日历价差从逆价差逐渐向正价差转变。相形之下，布伦特原油月历价差仍稳定维持逆价差，过去 3 个月走软后，近来再度收紧。

美国原油交割地库欣的原油库存一直在增加，而且迹象显示，整个得克萨斯州西部二叠盆地地区输油管道的瓶颈情况正在扩大。对冲基金撤出美国原油，流向布伦特原油，寻求转仓收益，即多仓在逆价差市场能获得正收益，但维持于正价差市场则是要付出金钱成本。在油价自 2017 年 12 月来基本持平的情况下，对投资组合经理而言，转仓收益已变得愈发重要。

WTI 原油对布伦特原油的折价幅度已扩大至 2018 年 1 月以来的最大水平（图 3-5），2 月 WTI 原油对布伦特原油的折价幅度平均为每桶 3.46 美元，3 月的平均折价幅度为每桶 3.75 美元，4 月的平均折价幅度达到每桶 5.41 美元。这反映出投资者对美国迅速扩大原油产量的谨慎态度。然而，二叠盆地页岩油产量可能已经超过管道的输送能力，并可能促使生产商放慢开采速度。

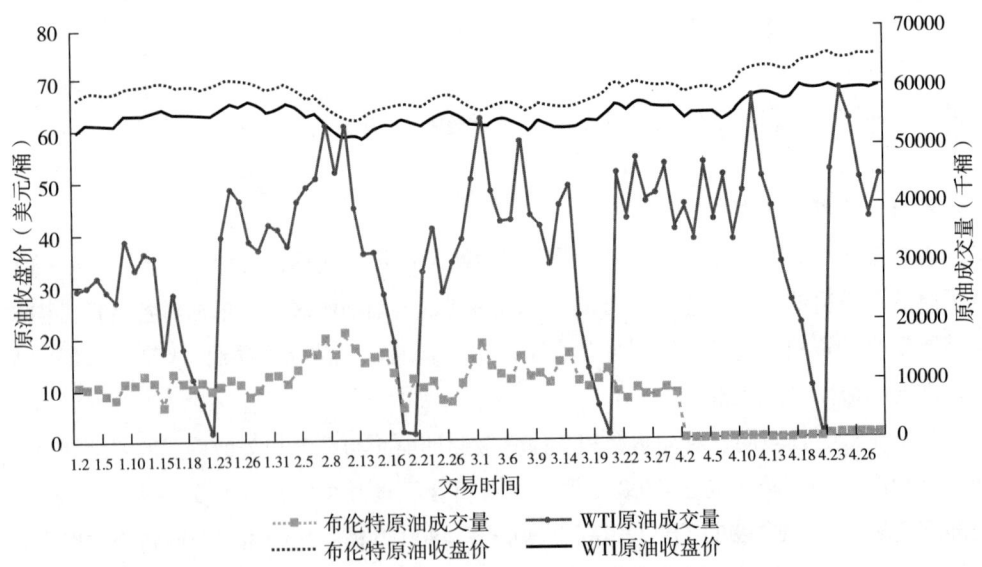

图 3-5　2018 年 1—4 月 WTI、布伦特原油价格与成交量

资料来源：新浪财经。

WTI与布伦特原油之间的价差再次拉大，反映了美国与世界其他地区的供应基本面出现分歧。2017年初，WTI与布伦特原油交易价接近，只有很小的价差；在8月飓风哈维袭击墨西哥湾岸区后，该地区炼油厂及港口因此关停数周，这使得该地区原油无处可去，进而导致该地区的原油暂时过剩，推低了WTI价格，并拉大了与布伦特之间的价差。2018年初，两者之间的价差大幅缩窄。尽管金融市场动荡，原油市场继续收紧。主要是2017年下半年美国原油库存大幅下降，缓解了拖低美国油价的部分供应过剩；一些额外的管道容量将石油运离俄克拉荷马州的库欣，也就是WTI价格的参考地。最后，过去几个季度，美国原油出口大幅上涨，帮助缓解了美国的原油过剩。

2018年4月，WTI和布伦特原油之间的平均价差再次扩大至每桶5.41美元，是上月的1.4倍。这一价差反映的是美国原油供应的增加，而世界其他地区的原油供应相对紧张。美国页岩油继续以极快的速度扩张，自2017年底以来日产量增加48.1万桶。美国的石油钻机数也激增，4月最后一周的油钻数较上年底增加78台，因为多数页岩油生产企业认为，WTI价格达到每桶60美元可以赚钱。与此同时，欧佩克减产执行减产协议，委内瑞拉的灾难性产量下降，全球石油库存已下降。换言之，全球绝大部分新供给集中在美国之际，全球石油市场看上去很乐观。美国相对于世界其他地区的市场情况的差异也就反映在WTI与布伦特原油价差的扩大。

美国石油供给过高，而其他地区供给收紧，正是WTI与布伦特价差大幅扩大的原因。而WTI价格打折幅度加大，将使美国原油对海外购买者更具吸引力，可能推高美国原油出口量，这反过来将限制WTI价格的跌幅。因此，美国出口增加将有助于缩小WTI与布伦特之间的价差。

二叠盆地的输油管道网络已经饱和，迫使石油大幅降价，有可能影响对该地区后续产量大幅增速。分析认为，为了将所有的石油从二叠盆地运输出去，新的管道容量是必要的。但几乎没有人预料到该地区会如此迅速地耗尽管道空间。上月末国际能源署就管道问题发出警告时，人们还认为瓶颈将在2018年年中开始显现。能源情报监测机构金斯凯普表示，二叠盆地的管道利用率在过去一个月里跃升至96%，二叠盆地每日的管道容量、铁路容量和当地的炼油容量总和为317.5万桶。这是一个问题，因为美国能源信息署之前预计二叠盆地4月日产量将跃升至315.6万桶，将占二叠盆地原油总容量的99%，几乎达到总容量的极限，实际上4月日产量为321.5万桶，超过预期5.9万桶，较二叠盆地原油总容量超出4万桶，占比101%，也就是说，二叠盆地的原油产量已超出二叠盆地原油的总容量。

而二叠盆地的石油价格也开始反映出这个问题。由于缺乏管道容量，加拿大石油生产商一直受石油价格折扣的困扰，但现在二叠盆地也遇到了类似的问题。4月11日，米德兰轻质低硫原油的价格相对于WTI的价格每桶低了8美元。这对二叠盆地钻探商来说是一个严重的问题，如果情况变得更糟，他们可能会被迫放慢增长速度，甚至关闭一些业务。

二叠盆地管道瓶颈问题可能会对钻探商和开采商收益产生重大影响，但这对全球石油市场有着更广泛的影响。石油市场不仅在2018年，而且在未来几年里供应充足的预测很大程度上是基于美国页岩油的强劲增长，尤其是二叠盆地。如果二叠盆地产量增长在2018年停滞不前，那将彻底颠覆关于充足供应的传统观点。对于2018年的石油市场，国际能源署表示："在美洲，利空利多因素主导了我们的中期预测。在早期，创纪录的美国供应远远超过了委内瑞拉产量减少，使油市供应充足。预计未来5年美国日产量将增加370万桶。"国际能源署警告说，进入2020年后，供应问题将会出现。如果二叠盆地产量增加幅度并没有人们预测的那么大，供应问题可能会比预期来得更快。

除了管道瓶颈，国际能源署在3月的石油市场报告中还指出："其他瓶颈，比如沙子和劳动力短缺，以及投资者对回报的需求不断增加，也可能减缓产量增长，但很有可能在2018年后才会发生。就目前而言，美国生产商在继续加大钻探活动。"与4月相比，美国5月的原油日产量预计将再增加12.5万桶，不出意料的话这些新增的产量将主要来源于二叠盆地。此外，钻探中但未完成的油井数量还在持续的增加，这主要是由于输油管道的瓶颈问题所导致的延误。美国石油管道领导生产商企业产品合作伙伴宣布将会提供米德兰至西利的全面输油管道服务，预计日输油能力将会提升54万桶，这将会有助于缓解二叠盆地地区日益增长的输油压力。同时康菲石油表示，在阿拉斯加西部北坡的6口油井的钻探活动取得了不错的进展，6口油井均有原油产出，这意味着康菲石油未来将增加3亿桶原油的开采储量。

可以肯定的是，一系列的管道建设项目可以解决这一瓶颈，但其中一些项目预计至少要到2019年年中才会上线。西得克萨斯运输空间已经饱和，随着产量的上升，2018年管道输油能力将会出现缺口，并且还会进一步扩大直到2019年中期，这可能会降低WTI原油的价格。值得注意的是，以米兰德、得克萨斯州定价的WTI原油均较纽交所基准价大幅折价，这意味着二叠盆地当前原油产量处于过剩状态，超过输油管的装载能力，大量原油无法外输。

花旗看空2019年石油前景，因为油价上涨引发2019年供应增加，并看淡2019年中期WTI-布伦特油价的价差。花旗指出，由于二叠盆地和库欣的石油输送管线遭遇瓶颈的情况更加恶化，需要铁路和卡车等更昂贵的运输选择，2019年WTI将遭遇双重打击，来自加拿大、巴西和其他地区的原油供应将会显著增加，这将压缩WTI的市场空间，而输油管道的瓶颈则会加剧这一情况，这可能会使布伦特和WTI之间的价差扩大。目前两者交易价格每桶大约相差5美元，2019年年中WTI与布伦特油价的价差可能为每桶10美元，有时候甚至每桶超过12美元。由于地缘政治和政策风险加剧，原油波动的风险溢价应该会持续上升。花旗表示，从2018年第三季度，看空WTI相对于布伦特原油的时间价差，此外，布伦特原油的基本面比WTI"好得多"，部分原因在于基础设施的局限。

二叠盆地存在着输油瓶颈，这可能会阻碍更多的页岩油输往墨西哥湾，这导致米德兰生产的原油与WTI的价差达到了每桶10美元，创2018年以来最高水平，这个区域的管道输油能力还在进一步的收窄。杰富瑞分析师马克·利尔（Mark Lear）表示，目前只能看到还有额外的25万桶日输油能力，其他额外增加的管道要到2019年下半年才开始逐步投用，因此基础设施的短缺依然是未来12至15个月所要面临的一个严峻的问题。

二叠盆地地区的原油生产商正开始遭遇管道超负荷以及原材料和工人短缺问题，这些瓶颈已引发一些投资者的失望情绪。一些能源业高管甚至质疑，该地区油田的超高产量预期是否可以实现。此外，由于美国生产的多是轻质油，而炼油厂的需求相对有限，美国页岩油生产商可能很快就要苦于寻找买家。摩根士丹利分析称，美国增长的页岩油产量，可能不得不向海外运输，因为本土炼油商消化的供给已经接近饱和。美国轻质原油为了争取更多的市场份额，有可能不得不在价格方面有所下调。

管道容量有限，部分原油可能不得不采取成本更高的运输方式（如卡车），轻质油将相对折价，钻探活动可能就此趋缓。美国原油和布伦特原油的折价差可能因此扩大，布伦特原油有望继续走强，而美国原油则可能相对疲软。事实上，美国原油的折价已开始出现。4月，二叠盆地产区米德兰盆地的WTI油价相比库欣WTI的定价，每桶平均折价近6美元，而1月，米德兰WTI油价一度每桶溢价超过1美元。

随着轻质油产量增加，运输压力显著上升。管道公司已经意识到了运输的需求，米德兰盆地已经有一条长416英里的管道在2018年初投入使用，目前每日可以运送54万桶。另有一条143英里的管道预计在7月完工，还有几个管道项目可以在2020年前投入使用。

第八节
伊朗核协议危机与整个中东地区紧张局势

2018年4月的最后一天，以色列总理内塔尼亚胡宣称，伊朗就自身的核意图对外发布了谎言，以色列方面掌握了伊朗核计划的秘密文件，同时将会公布伊朗的"秘密核文件"。以色列已向美国方面共享了这一秘密文件，而美国方面也已证实了这一系列文件的真实性。但是伊朗方面随后否认正在寻求拥有核武器。

所有的迹象都显示，欧佩克将继续减产以进一步提振油价，甚至有可能调整他们的目标为持续压缩市场提供理由。业内预计，市场再平衡的过程比预期快，一部分原因是部分国家减产的幅度超出了协议要求。但是，伊朗的调门不一样，伊朗石油部长赞加内称："下一次欧佩克政策会议不会做出任何决定，如果油价保持上涨，那就没有必要延长减产协议。"

沙特阿拉伯能源大臣法力赫表示,由于另一项重要目标即提高石油和天然气生产投资仍远未达到,限产措施应当继续;此外,油价从目前的3年高点进一步上涨并没有什么可以令人恐惧的。俄罗斯能源部长诺瓦克也称,协议设定的初始目标(库存回归至5年均值水平)已经触手可及,但并不意味着必须停止减产;我们有目标,但没有严格的决策公式。欧佩克秘书长巴尔金多表示,预计石油市场在2018年第二季度、第三季度实现再平衡,早于此前预期的2018年底;同时对产油国将在2018年过后继续保持合作越来越有信心。

2018年4月20日在吉达召开的"欧佩克+"联合部长级监督委员会会议,沙特阿拉伯能源大臣法力赫表示,虽然库存已有所减少,但并没有建立起处于合适水平的原油库存,欧佩克需要更严格地遵守削减计划,现在讨论退出减产协议还为时尚早。4月24日,布伦特油价收报每桶涨至75.03美元。为什么在油价已触及每桶75美元高位,库存水平已经达到5年平均水平的目标了,沙特阿拉伯却不肯谈退出减产协议?难道真的是因为他所说的,原油行业投资还处于比较低的水平,原油需求仍然存在不确定性?

5月2日,国际货币基金组织中东和中亚部处主任吉哈德·艾兹欧尔(Jihad Azour)表示,沙特阿拉伯2017年国内生产总值出现了2009年以来的首次萎缩,但国际货币基金组织预测2018年国内生产总值将增长1.8%,部分原因是该国根据产油国减产协议降低石油产出的影响将会消退,油价上涨预计也将有助于沙特阿拉伯经济。

沙特阿拉伯预计,2018年预算赤字为1950亿里亚尔(520亿美元),相当于国内生产总值的7.3%,这低于2017年的2300亿里亚尔,沙特阿拉伯计划2023年实现预算平衡。艾兹欧尔表示,2017年对沙特阿拉伯来说收支平衡的油价水平为每桶83美元,而且预计2018年沙特阿拉伯需要油价平均达到每桶85~87美元,才能平衡国家预算。

国际货币基金组织在报告中指出,原油作为沙特阿拉伯等一些国家的主要经济命脉,油价的上涨为这些国家的经济提供了更好的刺激和动力。但是这些国家的未来经济风险偏下行,并敦促这些原油出口国继续深化经济转型。未来油价波动,贸易局势紧张、地缘政治等风险以及全球金融状况加剧收紧等隐患都是无法避免的,在利率水平持续上升的情况下,流动定将会减少,这将对一些高负债水平的原油进口国产生较大的影响,目前主要的原油进口国平均负债与国内生产总值之比超过80%。这是一个相当危险的信号!尽管原油出口国的经济状况已经有所改善,且油价升至3年高水平左右,但是其经济表现依旧低于2014年石油危机之前的水平,高水平债务将会拖累债务、限制政府的支出水平。对沙特阿拉伯来说,目前的油价还远不足以助其实现收支平衡,据估计,只有当油价升至每桶88美元的时候,沙特阿拉伯才有可能实现这一目标,因此,可以想象的是,为了维护国内的经济增长,沙特阿拉伯将会不遗余力地采取措施来推升油价。

为期 16 个月的减产不仅消除了过剩了石油库存，还将油价推升至近 3 年高位。但是沙特阿拉伯却表示，革命尚未成功，同志仍需努力，并且敦促产油国们继续限制产量以实现新的主要目标：鼓励全球企业对未来供应加大投资。不过欧佩克并不是唯一一个对新石油项目投资欠缺发出警告的机构。从国际能源署到法国石油巨头道达尔此前都发出过警告，在相当一段时间大幅削减支出之后，原油市场可能会在 2019 年后的下一个 10 年初期出现供应短缺。知名对冲基金经理皮埃尔·安杜兰德称，投资不足可能会在几年内推动油价涨至每桶 300 美元。

也有不少人认为欧佩克对投资的担忧不过是为了将油价维持在尽可能高位。虽然第一季度财报显示荷兰皇家壳牌、埃尼和雪佛龙等大型石油公司的支出更少，但由于成本降低，他们仍在扩大生产。美国石油钻井公司正在部署更多钻机和最大限度地提高管道利用率，美国原油产量连续创纪录新高。

吕斯塔德能源表示，根据目前的价格，石油行业势将供过于求。吕斯塔德能源分析师埃斯彭·埃林森（Espen Erlingsen）说："未来 10 年，我们预计供应将继续跟上需求增长，北美页岩油活动的激增和新油田的启动是促进这一增长的主要动力。"

沙特阿拉伯能源大臣法力赫在上个月的"欧佩克 +"会议上表示，全球原油行业需要更多的投资才能满足每年 400 万～500 万桶的剩余日产能。这个产能总量是为了满足不断增长的未来需求和填补由于自然原因导致的供应中断。投资者是衡量欧佩克和俄罗斯需要继续减产多久的最重要的标准。"欧佩克 +"会议将在 6 月重新评估这一衡量标准的提议，以及其他的减产目标清单。

毋庸置疑的是，能源公司在 4 年前油价暴跌之后，削减了对新项目的投资。国际能源署表示，2014—2017 年，石油行业支出下降了 3380 亿美元，降幅 44%。此外，现有油田由于自然因素产量每年都会下降。2017 年，由于自然因素损失的产量相当于整个北海油田的产量。由于原油价格上涨，资本支出正在缓慢复苏。能源行业低迷促使能源公司更有效地运营。在过去几年中，成熟油田的下滑速度已经"明显减速"，特别是在北海和俄罗斯。

在能源公司向供应商施压并简化设计后，新项目变得便宜得多。英国石油将墨西哥湾疯狗（Mad Dog）油田的成本降低了 60%。挪威国家石油在挪威约翰卡斯伯格（Johan Castberg）油田现在每桶卖到 35 美元就能盈利，而几年前每桶要卖到 80 美元才能盈利。结果是，如今扩大全球石油生产的成本要比 2014 年的低。吕斯塔德能源表示，最近几年行业资本支出的增长已经能够满足 2020 年前所需的 7% 的产量增长，每日能够达到 1.03 亿桶。如果石油价格保持在每桶 60～70 美元之间，这种趋势将在未来 10 年继续。

法国兴业银行石油市场研究主管迈克尔·维特纳表示："以石油行业投资低下这个理由可以掩盖欧佩克的真正意图。说石油行业需要更多投资，就像在说，我们是欧佩克，我们想要油价再高一点，但是我们其实也是在为你们好。最终原因还是想要赚更多的钱。"

伊朗石油部通讯社莎娜5月1日报道,伊朗4月原油和凝析油日出口261.7万桶,创解除制裁以来纪录高位,中国和印度的购买量占伊朗出口的一半以上。伊朗高级石油官员表示,尽管美国威胁要退出核协议,但是伊朗仍将与西方的其他大国维持协议。自2015年伊朗核协议签署以来,伊朗的原油和凝析油日出口量已增加超100万桶。特朗普对待伊朗核协议的态度成了原油市场的关注焦点,特朗普计划于5月12日对此做出最终决定,但有消息称特朗普将于5月12日前给出答案。如果特朗普撕毁伊朗核协议,重启对于伊朗的制裁,这可能将会导致伊朗减少100万桶的原油日出口量。丹麦盛宝银行大宗商品策略主管瀚森说:"如果特朗普废除协议,他就冒了全球油价大涨的风险,美国重启制裁可能损伤伊朗以美元交易的能力。在其他欧佩克成员国不增加产量的情况下,美国若再次对伊朗实施制裁,每日将有30万到50万桶伊朗原油退出市场。"专家警告称,石油市场对地缘政治的任何风吹草动都非常敏感,尤其是关于伊朗核协议的结果及制裁。

2018年5月2日,国际货币基金组织称,将考虑开除委内瑞拉国际货币基金组织成员国资格,因该国未充分提交经济数据;已针对委内瑞拉未能履行某些补救措施、未遵守特定义务而向委内瑞拉发出了谴责声明。这对该国的石油行业而言无疑是当头一棒,国际货币基金组织是委内瑞拉的现金生命线,如果被开除,该生命线也就断了。价格期货分析师菲尔·弗林称:"这对委内瑞拉石油行业来说又是一次致命打击。国际货币基金组织是委内瑞拉的现金生命线,而如果委内瑞拉遭到驱逐,那么该国就将面临现金干涸的压力。"

可以看出,中东地区除了进一步发酵的伊朗核协议风波,之前一直有谈到的潜在隐患委内瑞拉也开始影响原油市场,委内瑞拉一直就处于经济危机之中,虽然推出了"石油币",但目前来看效果微乎其微,只能靠减少原油产量来减少开销。这从侧面帮助对冲了美国原油产量增加的利空影响,况且委内瑞拉的经济问题关键还不是短时间内能够解决的。澳大利亚瑞夫金证券投资总监香农·瑞夫金(Shannon Rivkin)表示:"油价最近上涨是因为对于委内瑞拉经济及其石油产业崩溃的担忧加剧,以及特朗普政府可能重新制裁伊朗"。

委内瑞拉的原油产量还在下滑,同时这种下滑的趋势还将继续。所有分析师不约而同针对一个问题,那就是委内瑞拉的产量能够降至何种低点。据欧佩克数据,委内瑞拉的原油日产量已经从2016年的215.4万桶降至2017年的191.6万桶,到2018年3月,产量已经跌至148.8万桶。由于缺乏设施维护和员工,同时经济已经处于崩溃的状态,预计委内瑞拉原油产量还将进一步下滑。

委内瑞拉将在5月20日进行总统选举,美国以及数个拉丁美洲国家已经表示将不承认选举的结果,同时将会对委内瑞拉实施新的制裁,其中一项包括可能会禁止委内瑞拉通过输油管道进口美国的轻质油以中和本国生产的重质油。

路透社调查显示，4月欧佩克原油产量继续下滑，因委内瑞拉原油产量持续减少，受政局动荡和经济危机冲击，该国原油日产量已从2016年初的近250万桶下滑至目前的约150万桶，而这种下行趋势仍未改变，这为油价带来了有效支撑。欧佩克4月减产执行率为162%，委内瑞拉贡献最大，减产执行率近600%。

国际能源署评估报告显示，委内瑞拉的石油钻井数也在不断减少，2013年中期，委内瑞拉有80多台钻机投入运营，但目前已降至40多台，这意味着短期内委内瑞拉的石油生产问题很难得到解决。当前委内瑞拉被巨额债务、劳动力短缺和恶性通货膨胀压得喘不过气，预计其产量下降的状况将持续至2018年底。此外，由于原油产量和投资不足，委内瑞拉国内的炼油厂也将陆续关闭。

莱斯大学能源专家弗朗西斯科·莫纳尔迪（Francisco Monaldi）表示，委内瑞拉石油产量正在以比预期更快的速度下降，到2018年底，日产量可能跌破100万桶。莫纳尔迪此前预计，委内瑞拉石油日产量最为糟糕的情况是到2018年底降至120万桶，而2017年初该国的石油日产量约为200万桶，因该国破产，成千上万的石油工人在恶性通货膨胀中放弃了他们的工作。更让人担心的是委内瑞拉政府与雪佛龙等主要国外石油合作伙伴之间的紧张关系。

委内瑞拉石油产量和出口的暴跌使得该国的收入急剧减少，加剧了现金紧缩的形势。不过，近期委内瑞拉向印度提出一项交易，委内瑞拉以30%的折价向印度出口石油，但印度必须以"石油币"的形式购买。

"石油币"是以委内瑞拉石油储备背书的加密货币，此前在2月20日启动了预售。"石油币"迄今已募集的资金超过38亿美元。由于美国的制裁，委内瑞拉国内资金紧张，货币大幅贬值，"石油币"则被寄予厚望，被视为委内瑞拉稳定经济和实现财政独立的"救命稻草"。不过，一些投资者对"石油币"仍持怀疑态度。即使有原油背书，但"石油币"也更像是一种中心化货币，没有人知道会有多少石油币被投放或发行，它和比特币或以太坊并不一样。

康菲石油已经寻求将委内瑞拉国家石油名下的一些资产变现，强制其偿还所欠的20亿美元债务，此举可能进一步损害该国原油产能和出口。康菲石油国际已经采取措施，将接管委内瑞拉国家石油在加勒比地区的资产，这些资产价值20亿美元，是国际仲裁庭判决给康菲石油的。如果康菲石油接管成功，则将限制委内瑞拉国家石油的营收，他们在偿债和生产上会有更多问题。

康菲石油的目标是获得在库拉索岛、博奈尔岛和圣尤斯泰希厄斯岛上的石油设施，2017年这些设施占委内瑞拉石油出口的约1/4。这三个岛上的工厂在委内瑞拉国家石油的石油加工、存储和混合以供出口中占据重要地位。委内瑞拉国家石油收到法庭查封文件，至少冻结了其中两座设施，而且有可能出售这些设施。

康菲石油的法律行动可能进一步打击委内瑞拉国家石油已然在萎缩的石油收入和该国动荡中的经济。委内瑞拉几乎完全依赖石油出口，该国石油出口较最高水平已经下滑1/3，第一季度炼油厂产能利用率只有31%。荷兰当局称，他们正在评估博奈尔岛的情况。

康菲石油在国际法庭对委内瑞拉和委内瑞拉国家石油的索赔额总计达330亿美元，为有史以来最大的企业索赔额。康菲石油在给路透社的电子邮件中称："任何对社区的潜在影响都是委内瑞拉国家石油非法征用我们的资产，以及无视国际刑事法院判决所带来的后果，公司将与当地社区和地方当局一起解决执法行动可能带来的问题。"

2018年5月7日，美国副总统彭斯宣布对委内瑞拉进行新的制裁。

虽然这轮中东风波的爆点是在5月12日，但以色列似乎在蠢蠢欲动似乎想要对伊朗提前动手，由此可见动荡不安的中东局势存在着太多的变数，另外除了伊朗和以色列的纠纷，还有其他潜在的风波，像是叙利亚战火的后续，委内瑞拉的经济危机，都可能会在后市爆发又一次引爆原油市场。所以2018年原油市场的重心之一，显然就是风云变化的中东局势。

最近一段时间原油市场的关注重点主要集中在中东局势的变化上，作为全球原油资源重地的中东地区，近期叙利亚的风波让市场嗅到了一丝战火的味道，而特朗普前段时间更是宣布会撕毁伊朗核协议，这就意味着伊朗可能重拾核武，整个中东地区会被笼罩在核威胁之中，小规模的战火估计是避免不了的，更让人担忧的是断油危机。如果中东真的因为伊核问题而爆发持续的冲突，原油市场会遭到巨大的影响，原油价格必然会暴涨。而5月12日，特朗普将宣布最后的伊朗核协议结果，这也是市场目前所认为原油价格即将爆发的时间点。

不过最近以色列的"小动作"可能会让这个原油价格爆发点有所提前。4月30日，以色列总理内塔尼亚胡在特拉维夫的以色列国防军总部发表针对伊朗核问题的电视讲话，他展示了所谓以色列情报部门从伊朗获取的有关伊朗核计划的档案文件，指责伊朗在2015年签署伊朗核问题全面协议之后仍然在秘密发展核武，"欺骗了全世界！"内塔尼亚胡说："在伊朗2015年签署伊核协议之后，伊朗加紧隐藏了核计划档案。2017年，伊朗将其核武器的档案转移到了德黑兰南部一处高度隐秘的地点，这里保存了伊朗的核档案。"

以色列这一举动着实从一定程度上提升了特朗普撕毁伊朗核协议的概率，在以色列看来，美国退出伊朗核协议是必然事件，所以以色列必须全力促成此事，况且以色列和伊朗长期不和积怨已久。这次正好可以趁着美国撕毁协议的机会，对伊朗落井下石。

据相关信息，以色列的计划恐怕远远不止是打小报告这么简单。根据美国全国广播公司（National Broadcasting Company，NBC）5月1日消息，以色列似乎准备对伊朗发起军事攻击行动，而以色列正在寻求美国方面对此的支持，但是，以色列总理内塔尼亚胡对该说法予以了否认。

有美国官员表示，几天前，以色列战斗机对叙利亚哈马市进行了轰炸袭击，导致叙利亚境内的数十名伊朗人丧生。报道称，本次轰炸袭击是针对伊朗最近所交付的一批军火武器，而本次轰炸袭击行动也被认为是以色列与伊朗之间冲突的最新进展，这表明，以色列与伊朗之间的战争"一触即发"。

以色列对伊朗在叙利亚的影响越来越担忧。不过以色列总理内塔尼亚胡称："没有人希望有这样的事态进展。"半岛电视台（Al Jazeera）中文网5月2日报道称，以色列总理内塔尼亚胡在接受美国有线电视新闻网采访时被问及，"以色列是否准备对伊朗发起战争"，内塔尼亚胡对此回应称："没有人希望有这样的事态进展。"但是，他同时也指责"伊朗正在改变该地区的规则"。此前，以色列总理就伊朗核计划对伊朗进行指控称其说谎，内塔尼亚胡透露称，已有确实的证据表明，伊朗正在进行秘密核武器计划，但是，德黑兰方面认为，这只是一种宣传手段。

有目击者称，以色列在叙利亚戈兰高地上聚集了大量的兵力，同时，数十辆坦克和军用车辆在某军事基地整装待发，似乎是在为紧急情况做准备。以色列安全和军事部门还关闭了以色列与叙利亚边界、戈兰高地以及约旦河以东的领空。

以色列军方发言人在接受半岛电视台电话采访时表示，本次的军队集结行动只是预先就计划好的例行军事演习的一部分，与近日来的事态局势发展并没有任何关系。另据报道，以色列总理与以色列国防部长阿维格多·利伯曼（Avigdor Lieberman）已于5月1日获得了以色列议会授予的在紧急情况下一起决定宣战的权力。所以，即便以色列方面并没有给出明确的答复，但现实的种种迹象已经从侧面在暗示以色列可能要对伊朗"下手"。不然为何要趁着特朗普撕毁伊朗核协议这个关键时间点出现军事调动呢，一旦以色列真的和伊朗动起手来，恐怕中东局势将会提前爆发，这轮原油价格的暴涨也将提前来临，因此在5月12日之前，对于一触即发的中东局势，任何风吹草动可能都会在原油市场掀起巨浪。

以色列总理内塔尼亚胡表示，以色列掌握了一批伊朗文件，证明伊朗有个制造核武器的秘密计划。以色列发现了55000页关于秘密核武计划"阿马德工程"（Project Amad）的材料。无可置疑，在美国总统特朗普即将决定是否撤出伊朗核协议之际，以色列提供的这些情报可能帮助特朗普下定决心。

最近一段时间，地缘局势的变化成为主导原油行情走势的关键，尤其是中东地区，稍微有点风吹草动，市场对于断油的恐慌都会骤然升高，而近期更是因为伊核风波，导致国际原油价格持续升高，即便特朗普最终还没有宣布最后的结果，市场几乎一致认为特朗普必然会撕毁协议。WTI原油价格也因此临近每桶70美元门槛，只差临门一脚就可以进入新的高度。

其实在接下来的数周和数月中，地缘危机将可能使油市进一步收紧，从而进一步推升油价。其中最主要的危机还是来源于中东、北非以及委内瑞拉的原油供给问题。而这些地缘局势的影响不仅仅是来自伊朗,还有很多其他地区的地缘因素同样会引发原油的巨大行情。

行情一:也门。伊朗和沙特阿拉伯在也门的代理人战争可能会升级。自从2015年以来,伊朗所支持的反政府武装和沙特阿拉伯所领导的阿拉伯联盟进行交战,同时也门反政府武装以沙特阿美的炼油设施以及沙特阿拉伯首都利雅得为目标不断地发射导弹,并不时对沙特阿拉伯的输油船发动攻击。由于也门位于红海的一个主要用于输油的咽喉要道,每天有数百万桶的原油将由苏伊士运河经由此地运往欧洲,因此也门反政府武装对于该地区的石油运输产生了很大的影响。

行情二:红海。发生在也门的冲突对于红海的输油路线而言也是一个破坏。尽管也门不是一个主要的产油国,但是这个地区冲突的不断升级可能会对整个中东的输油路线产生影响。

行情三:曼德海峡。曼德海峡是阿拉伯半岛的主要咽喉要道,位于也门、吉布提以及厄立特里亚之间,它将红海、亚丁湾以及阿拉伯海连接起来。美国能源信息署评估,自2016年起,每天有480万桶的原油和精炼油产量将通过这个海峡运往欧洲、美洲以及亚洲。

行情四:霍尔木兹海峡。霍尔木兹海峡是世界上最重要的咽喉要道,美国能源信息署估计,每天约有1850万桶的原油经由此地。霍尔木兹海峡连接了波斯湾、阿曼湾以及阿拉伯海,是波斯湾原油出口国沙特阿拉伯、伊朗、伊拉克、科威特、卡塔尔、阿联酋以及巴林的输油关键途径。只有沙特阿拉伯以及阿联酋拥有输油管道可以将原油输送至波斯湾外,同时还拥有额外的管道输油能力可以通过霍尔木兹海峡,因此霍尔木兹海峡是一个承载了世界30%以上原油以及相关原油产品和液化天然气的交通要道。此前伊朗曾威胁要封锁霍尔木兹海峡。尽管美国在该地拥有驻军使伊朗很难对该海峡进行封锁,但是伊朗和美国局势的不断恶化,意味着原油的流动和运输存在很大的风险。

行情五:叙利亚。叙利亚复杂的代理人冲突也会加剧中东的紧张局势。尽管叙利亚不是一个产油大国,但是冲突的不断升级可能会加深美国与俄罗斯和伊朗的紧张局势,这将会对原油市场产生直接的影响。

行情六:伊拉克。伊拉克是欧佩克仅次于沙特阿拉伯的第二大产油国,其将于5月12日举行议会选举。由于库尔德地区的问题仍未得到有效的解决,这已影响到了从伊拉克北部至土耳其地中海沿岸的原油出口。普氏能源表示,这次选举将是一个短期的风险,因为在2017年底战胜"伊斯兰国"后,伊拉克正在推动石油、炼油以及民用基础设施领域的复苏,这可能会延缓石油合同签署。

上述的地缘风险现在唯一能确定的是,都有可能出现,即使只有一到两个风险是真正的发生,也将会对原油产量产生直接的影响,并进一步推升油价上涨。在美国意欲撕毁伊朗核协议之际，伊朗发声反对更高的油价，显示其与愿意保持限产措施的沙特阿拉伯之间存在分歧，沙特阿拉伯希望继续收紧原油市场。分析指出，一旦美国退出伊朗核协议，那么作为全球主要石油生产国，伊朗原油出口可能受到限制，油市供给不确定性可能加剧，对伊朗实施新的制裁可能将油价每桶最高推升 5 美元。

伊朗石油部负责国际事务的副部长扎马尼尼亚表示，"合理的油价"应该是每桶 60～65 美元。伊朗石油部长赞加内也表示："伊朗一贯支持合理的石油价格，但并不提倡更高的油价。当前油价上涨，背后的原因是'制造出来的紧张局势'。我们坚信石油市场不应该被政治因素左右，将政治因素带入能源市场将会伤害生产者和消费者。"

船舶跟踪数据显示，伊朗的石油日出口量从 3 月的 206 万桶升至 4 月的 248 万桶。这与海上油轮石油储存减少 400 万桶相符。石油航运跟踪机构开普勒指出："伊朗石油出口的月度增长情况相当可观，这主要是由浮动存储的释放推动的。"咨询机构能源视线称，炼油厂的维护也解释了可供出口石油量增加的原因。能源视线分析师理查德·马林森表示："石油出口量增加反映出，伊朗每天减少的炼油产能接近 10 万桶，而不是石油产量出现增加。目前伊朗的石油产量相对平稳，每天产量约为 380 万桶。我们当然不认为石油产量出现上升。"

对伊朗重新实施制裁的可能性使许多国际石油公司望而却步，阻碍了伊朗政府提高产量的雄心。甚至道达尔也暗示，如果不能获得美国的豁免权，公司在伊朗进行商业活动的计划可能陷入停滞。道达尔是唯一签署了波斯湾国家重要投资协议的全球专业公司。费氏全球能源咨询分析师纳塞里（Iman Nasseri）表示："如果伊朗想把石油日产量提升至 450 万或 500 万桶，他们就需要大量的投资以及目前匮乏的技术进步。"

第九节
特朗普提前 4 天宣布美国退出伊朗核协议

2018 年 5 月 7 日（周一）下午，美国总统特朗普在推特上写道："我将于明天下午 2 点在白宫宣布我对伊朗协议的决定。"也就是说，特朗普宣布美国是否留在伊朗核协议内，抑或对伊朗实施制裁的时间将较预期提前 4 天。这无疑让市场的紧张情绪大幅提前，因之前市场默认特朗普将撕毁协议，原油价格就一定会暴涨。对冲基金研究能源分析师乔·麦克莫尼格尔指出："我认为这是特朗普计划重新实施制裁的迹象，对油市而言，唯一的问题是会有多快。我认为他们会尽快实施制裁。"当日 WTI 油价收报每桶涨 0.21 美元至 70.00 美元，涨幅 0.30%，布伦特油价收报每桶涨 0.57 美元至 75.53 美元，涨幅 0.76%。

正如彭博社所指出，德国、法国和英国一直在游说特朗普和他的高级助手们继续参与伊朗核协议，而特朗普总统经常批评这一协议。特朗普强烈暗示，他将退出该协议。法国总统马克龙在4月与特朗普会晤后表示，他预计美国将退出该协议。

美国总统特朗普倾向于废弃伊朗核协议，重新实施制裁。原油多头立即行动并拉升美国原油收报于每桶70美元的重要心理关口。但也有观点认为，即便特朗普重新制裁伊朗，对市场的影响可能有限。即便特朗普撤出伊朗核协议并实施制裁，伊朗原油的一些主要买家也不会关闭其进口终端。这意味着美国的制裁可能只会使伊朗石油日产量减少30万~50万桶，相比之下，奥巴马政府曾使得伊朗原油日产量削减了100万~150万桶。加拿大皇家银行资本市场分析师克罗夫特表示，美国制裁伊朗除了石油领域之外，还包括能源、造船、金融、贸易、保险等，伊朗的石油日出口可能会减少20万~30万桶。即便如此，在最糟糕的情况发生之前，双方至少还有6个月的窗口期，这将为达成新的核协议创造机会。花旗大宗商品研究全球主管莫尔斯表示，特朗普想要实施制裁可能不会像2012年那样顺利。

特朗普想要改写伊朗核协议的条款，但"P5+1"（联合国5个常任理事国加德国）的其他成员希望保持这种状态，因为自该协议实施以来，伊朗一直遵守协议。市场调查机构IHS马基特副董事长、剑桥能源周创始人丹尼尔·耶金认为，考虑到"P5+1"之间的不和，在实施制裁的情况下，伊朗石油日产量下降的幅度会减少，大约为30万~50万桶。另有分析认为，欧洲、韩国和日本的大部分地区将减少购买伊朗石油，以保护他们与华盛顿的密切关系。但印度和土耳其可能会"反击"。哥伦比亚大学全球能源政策中心的高级研究学者理查德·奈菲耶（Richard Nephew）表示，随着时间的推移，除非特朗普政府能够让中国和印度参与进来，否则伊朗石油削减规模将会变小。

沙特阿拉伯能源大臣法力赫5月7日在东京会晤日本贸易大臣时表示，目前所担忧的是现今闲置产能的不断收紧，但是目前的状况明显是好于2016年的，尽管如此，仍然并没有感觉到实现了市场完全稳定性的目标。下个月在维也纳举行的欧佩克以及非欧佩克产油国部长级会议上，闲置产能的问题将贯穿会议的始终。沙特阿拉伯的目标不仅仅是为了一个特定的原油价格，即5月4日所报道的沙特阿拉伯希望原油价格能够上涨至每桶80美元，沙特阿拉伯贯穿始终的目标一直是带来市场的稳定性，以实现油市的再平衡。目前的目标不是将库存降至5年平均水平，这是因为自2014年开始油市的过量供应已经导致了5年平均水平明显的抬升。

伊朗国家石油主管工程和发展事务的副总裁古拉姆瑞扎·曼努切赫里（Gholamreza Manouchehri）表示，即使美国退出了核协议，但是伊朗的原油产业仍将继续发展，只要伊朗仍可以出口原油，那么国际社会仍将可以看到核协议的运转。早在2012年欧盟和美国对伊朗核项目实施制裁的时候，伊朗的原油日产量从峰值250万桶下降至100多万桶。但是随着核协议的签署，2016年伊朗再次成了一个主要的原油出口国。

伊朗石油副部长扎马尼尼亚也表示，即使美国退出核协议，只要伊朗能够继续出口原油和原油产品，这份协议就依然有效。伊朗的目标是维持本国的原油市场，同时获得石油收入，并保护伊朗石油产业的外来投资。伊朗在未来 4 年内将原油日产量提升至 470 万桶。在一般情况下，伊朗将支持欧佩克的决定，但是伊朗还是会优先考虑自己的利益，因为越高的原油产量意味着将在市场上获得更多的利润。

沙特阿拉伯一直表示希望继续收紧原油市场，也一直反对伊朗核协议，因为沙特阿拉伯担心放弃对伊朗的制裁可能会增强伊朗的经济实力，从而使得伊朗可以通过资金支持扶持黎巴嫩、叙利亚、伊拉克以及也门境内的势力，对沙特阿拉伯发动代理人攻击。对此，扎马尼尼亚表示，沙特阿拉伯想要限制伊朗的原油市场，这显然是一场控制原油市场的斗争。

特朗普政府必须决定如何处理伊朗核协议。所有迹象都表明，特朗普试图终止该协议。恢复制裁可能会使伊朗石油日供应减少 40 万～50 万桶，这将使石油市场面临供应短缺的危险。不过，特朗普政府仍有可能采取一种更为微妙的方式——不完全扼杀整个协议，而是对伊朗采取更强硬的立场。目前还不清楚实际行动如何，但油市已经为某种程度的重启制裁做出定价，任何不符合要求的措施都可能引发抛售。渣打银行报告称："在我们看来，特朗普总统对于退出伊朗核协议的决定，很可能是未来 11 天油价上行和下跌的最大风险。"然而，在这一点上，更温和的路线似乎不太可能。

市场的观点是，特朗普撕毁伊朗核协议，重启对伊朗的制裁，伊朗自然不会坐以待毙，既然伊朗核协议已经毫无作用，失去了约束力，那么伊朗自然要再次拿起核武器来维护自己的利益，整个中东混乱的爆发点也在于伊朗重新拿起核武器。此前市场几乎不会去朝着一个方面想，那就是特朗普撕毁伊朗核协议，而伊朗还会继续留在伊朗核协议中，因为这在伊朗看来似乎是不可能去做的事情。但如今伊朗发言表示，或许真的有这种可能。此言一出，之前所有的推测，恐怕都会出现翻天覆地的变化。

伊朗总统鲁哈尼暗示称："即便美国退出，伊朗可能也会留在其 2015 年与各国签订的核协议中，但若美国着手限制其在中东的影响力，伊朗将会进行猛烈的反抗。伊朗已对任何一种可能的情形做好了准备，包括在美国退出的情况下继续与其他签署国维持核协议，或者是协议完全破灭。如果我们能在美国退出的情况下仍然得到我们想从协议中得到的东西，那么伊朗将继续遵从这一协议。伊朗想要的是利益受到除美国以外签署国的保护。在这种情况下，摆脱美国的有害存在对伊朗是一件何乐而不为的事。如果他们想要确定我们不在搞原子弹，我们已说过很多遍我们不在搞，也不会搞。但如果他们想要削弱伊朗，限制伊朗无论是在地区内还是国际上的影响，那么伊朗将会激烈抵抗。"

伊朗一些官员也表示，只要伊朗没有被排除在全球金融和交易系统之外，伊朗就会考虑尊重核协议。伊朗政府更希望协议能维持下去，因为这对伊朗国内的社会稳定有益；在受到国际制裁的数年间伊朗遭遇了经济困境，国内动荡骚乱随之而生，伊朗不希望这样的情况重现。

根据上面的分析，特朗普宣布对伊朗协议的决定之后，原油市场可能将面临两个局面：一是特朗普撕毁协议，伊朗同样离开协议，重新拿起核武器对抗美国的制裁，整个中东局势被引爆，原油价格开启暴涨；二是特朗普撕毁协议，但伊朗最终还是留在伊朗核协议中并没有重新拿起核武器，那么中东局势可能不会发生如之前预期般的巨变，市场对于中东的断油恐慌也会大幅降温，原油价格可能会在短暂的冲高之后大幅回落。或许在之前没人会去在意这第二个可能性事件，但如今伊朗方面的表态让人不得不开始警惕这一结果，而特朗普选择提前公布决定的背后，也和这一可能性事件存在一定的联系。

2018年5月8日（周二），美国总统特朗普称："美国将从2015年签署的旨在阻止伊朗建造核武器能力的国际协议中撤出。美国将恢复对伊朗实施最高级别的制裁，美国的强有力制裁将会全面生效。其他国家也可能受到美国的制裁。伊朗采取的任何行动都没有追求核武器更危险，伊朗核协议应该是为了保护美国和盟国，但它允许伊朗继续提炼浓缩铀。如果允许伊朗核协议继续存在下去，中东地区将很快爆发一场核军备竞赛。希望达成真正、持久地解决伊朗核威胁的方案，我已准备好，愿意并有能力在伊朗准备好后与伊朗磋商新的协议。"当天，特朗普正式签署文件，确认退出伊朗核协议并对伊朗重启制裁。

彭博社最初援引美国有线电视新闻网的报道称，特朗普将宣布对伊朗实施新的制裁，但不会退出该协议，这使得WTI油价暴跌3.96%。然而，这条新闻并不准确。美国有线电视新闻网实际上报道称，特朗普将恢复美国从2016年起暂停的制裁，而这标志着美国退出核协议的第一步。《纽约时报》随后报道称，特朗普告诉法国总统马克龙将退出核协议。然而，分析人士表示，国际社会缺乏对美国新一轮制裁的支持，这意味着伊朗原油日供应量可能只是减少30万~50万桶。特朗普宣布美国将退出伊朗核协议后，WTI油价快速扳回全部跌幅，截至收盘每桶微涨0.04美元至70.04美元。特朗普表示，美国希望阻止伊朗拥有核，认为伊朗加剧恐怖主义，为其提供援助。特朗普强调，任何在核武器方面援助伊朗的国家都将面临制裁，并希望达成真正、持久地解决伊朗核威胁的方案。从当天油价走势看，实际上市场普遍预期美国将退出协议，虽然此项决定早于预期，但并未掀起太大的冲击。

虽然美国退出协议并重启制裁必然会对伊朗原油供应产生重大影响，但部分交易商指出，重启制裁恐怕需要数月之久才能产生影响，因美国政府仍需时间去制定制裁框架，并明确制裁企业和银行机构的名单，这给予双方一个重新谈判的契机。高盛表示："伊朗原油供应受损将为油价带来至多每桶3.50美元的提振；未来地缘政治风险的演变将来自关键原油生产国，或为油价带来进一步的风险溢价；包括伊朗、沙特阿拉伯、委内瑞拉、利比亚和尼日利亚在内的多个关键产油国均面临政治风险加剧的可能，这将直接影响到全球原油供应。"

特朗普 5 月 8 日早间在同法国总统马克龙通话时就表示，他计划宣布美国从伊朗核协议中退出。随后有消息指，马克龙将同德国总理默克尔和英国首相特蕾莎·梅通电话，以商讨对策。据悉，特朗普国家安全顾问和国务卿均强硬敦促其终结该份协议，而英、法、德等国盟友则敦促他留在协议之中。在特朗普正式宣布这一决定以前，投资者有关美国可能会退出伊朗核协议的忧虑情绪就已经对能源市场形成了提振作用，原因是市场担心这可能会导致全球原油供应陷入短缺局面。

巴克莱银行能源市场研究主管迈克尔·科恩在一份研究报告中写道："与短期不确定性相比，伊朗核协议可能解体所将带来的地缘政治后果很可能将会扮演一个更大的、长时间持续的角色，推动原油价格继续上涨。在未来两年时间里，这种更加强硬的外交政策可能会为中东地区本来就已很高涨的紧张局势提供更多'燃料'，尤其是在伊拉克、叙利亚和也门等中东国家中更是如此，而伊朗与沙特阿拉伯之间的敌对关系正在升级。"

有分析认为，在美国现政府眼中，中东乱局似乎已简化成伊朗问题，再进一步简化成伊核问题。由于遭到共和党反对，奥巴马政府签署伊核协议后，没有寻求在国会获得通过。因此，伊核协议不具备条约的法律地位，对后来特朗普政府的约束力也较为有限。2017 年 1 月 20 日，特朗普就任美国总统。此后，他不断推翻前任奥巴马留下的政治遗产，其中就包括奥巴马外交政策的最大成果伊朗核协议。

华盛顿政治咨询机构欧亚集团董事长克里夫·库普坎（Cliff Kupchan）表示："如果制裁措施被重新实施，那么我们预计原油价格将无可避免地攀升。特朗普此举在很大程度上可能是一种谈判策略，因此不应被视为对伊朗核协议的最终裁决……但特朗普经常会被低估，直到现在也是如此。"

特朗普宣布退出伊朗核协议的决定后，德国、法国、英国纷纷宣布，他们将继续恪守核协议承诺。法国、德国和英国发表共同声明，称他们对美国的决定表示"遗憾"。欧盟外交政策与安全事务高级代表莫盖里尼称，欧盟"决心维持"伊朗核协议。俄罗斯宣布，仅美国就无法推翻该协议。俄罗斯副外长表示，愿意支持法国提出的重新谈判的提议。

在特朗普宣布美国单方面退出伊朗核协议之后，美国财政部公布了未来对伊制裁的宽限期。针对不同的行业，美国财政部将给予从 90 天到 180 天不等的宽限期，允许企业在期限内退出和伊朗的商业合作。宽限期过后制裁将全面生效，并且将适用于任何美国之外和伊朗有商业来往的企业。美国将给其盟友 180 天的缓冲期退出伊朗石油交易。180 天过渡期结束后，美国将重新对伊朗央行、指定的伊朗金融机构及伊朗能源领域实施制裁。美国国家安全顾问博尔顿表示，从现在开始任何人都不应该和伊朗签署新的商业合同。

作为回应，伊朗总统鲁哈尼发表全国电视讲话称："伊朗核协议并不是伊朗和美国签署的双边协议，美国想退出就退出。它是一份多边的国际性协议，获得了联合国安理会的肯定并通过了第2231号决议。美国的做法表明自己无视国际承诺。美国的做法是很让其蒙羞的事情，美国一直想搞乱中东。特朗普的所作所为是一场心理战，是对伊朗经济施压，我们决不允许特朗普在这场心理战和经济施压中获胜。历史将证明伊朗会一如既往地取得胜利。伊朗将暂时留在核协议中，与除美国之外的其余5个协议签署国继续进行核问题合作。如果与其他协议签署国的会谈没有产生切实的成果，伊朗可能增加浓缩铀活动。一切都取决于我们的国家利益。美国宣布退出核协议是不尊重自身做出的承诺。我已命令伊朗原子能组织，准备开始工业级别的铀浓缩。"

鲁哈尼表示，将委派伊朗外交官与剩下的几个伊核协议签字国（即除美国外的4个安理会常任理事国＋德国）协商，以保证在美国缺席的情况下让这份协议继续保持效力。伊朗外长扎里夫表示将带头做出外交努力，检验其他签字国是否能够保证伊朗的全部利益。

沙特阿拉伯作为伊朗的敌对国，早就盼美国退出伊朗核协议、并制裁伊朗，沙特阿拉伯承诺，在美国退出伊朗核协议并对伊朗实施制裁的情况下，将与其他欧佩克国家合作，以"缓和"特朗普这一决定对石油市场造成的影响。据悉，沙特阿拉伯和阿联酋都已在此前向美国表示，他们乐于提高出口量来抵消一旦美国对伊朗实施制裁以后可能会出现的任何供应短缺的压力。

尽管沙特阿拉伯的声明没有说明其是否会提高石油产量，但新的制裁措施可能会使伊朗石油日产量减少100万桶，从而为沙特阿拉伯填补缺口提供了空间。沙特阿拉伯通讯社援引能源部官员发表的声明称，沙特阿拉伯将与欧佩克内外的主要产油国和消费国共同努力，以缓解供应短缺的影响。

在特朗普宣布退出伊朗核协议的决定之后，美国财政部长姆努钦表示，对伊朗的制裁即刻生效。在伴随着特朗普宣布决定的一份文件里，美国财政部明确表示，美国将继续致力于减少伊朗石油销售。该信息比一些石油贸易商预期的要严厉得多。姆努钦称，预期油价不会走高，美国与各方进行了多次对话，愿意增加石油供应来抵消制裁措施造成的影响。

能源视线策略师亚西尔·埃尔金迪（Yasser Elguindi）表示，沙特阿拉伯能源部的声明是一份意向声明，并不暗示沙特阿拉伯要改变政策。沙特阿拉伯及其合作伙伴只会在出现重大供应混乱时做出反应，目前的政策仍是将库存降至更正常的水平。值得注意的是，如果沙特阿拉伯采取行动填补伊朗留下的石油产量缺口，可能会破坏其与俄罗斯的关系。

以下是沙特阿拉伯最可能做出的选择：一是什么都不做。沙特阿拉伯承受来自美国和其他消费国要求其增加石油产量的政治压力，让油价进一步上涨。沙特阿拉伯已经暗示，每桶80美元可能是最好的油价水平。这可以补充近几年因油价下跌受限的国库，但却增加了需求遭到破坏的风险。瓦莱罗能源（Valero Energy）高级副总裁西蒙斯（Gary Simmons）两周前警告称，油价在每桶80~100美元之间将导致消费萎缩。这也可能会激怒特朗普，特朗普此前曾在推特上就大肆抨击，指责欧佩克提高了油价。

二是填补空白。现在沙特阿拉伯原油日产量在1000万桶左右，但随着时间的推移，其有能力日产油1250万桶。沙特阿拉伯几乎可以立即将日产量提高至1050万~1100万桶。提高石油产量会让美国的盟友感到高兴，但很有可能破坏欧佩克和非欧佩克成员国精心打造的联盟，这些成员国同意在2018年底前控制石油产量。沙特阿拉伯可以证明其决定援引其传统政策，即满足其客户的任何额外需求。

三是以上两种方法都选，但悄悄进行。沙特阿拉伯悄悄地提高了石油产量，但被外界认为什么都没有做。短期来看，沙特阿拉伯此举可能取悦其美国盟友，并从竞争对手伊朗手中夺取市场份额。但是，此举很难长期不被发现。如果被发现的话，沙特阿拉伯就会在填补产量空白问题上面临困难。

如今，石油交易员对沙特阿拉伯石油出口进行实时监控，利用卫星跟踪系统计算离开沙特阿拉伯港口的油轮数量。然而，沙特阿拉伯可以利用其在荷兰、日本和埃及的战略石油储藏设施来掩盖出口增长，至少可以在市场意识到之前的一段时间这样做。

在特朗普宣布退出核协议后，日本随即表示，将寻求制裁豁免。日本经济产业省主管石油政策的官员山田隆史（Takashi Yamada）在电话中表示，日本政府计划寻求在进口伊朗石油方面免受美国对伊朗制裁政策的约束，同时将收集有关数据，以确定日本当前的进口量是否具备美国提出的大幅减少豁免条件，或者是否还需要进一步缩减从伊朗的原油进口。

2018年5月9日（周三），高盛在报告中指出："如路透社报道，制裁开始后，伊朗原油产量将日减少50万桶，目前伊朗原油日产量为380万桶。伊朗原油日供应量减少50万桶将令油价每桶上涨6.20美元。由于美国计划对伊朗实施单边制裁，加上其他产油国供应面临风险，尤其是委内瑞拉，这使得我们对夏季布伦特原油达到每桶82.50美元的预估有可能上调。"高盛分析师称："石油地缘政治风险上升加剧了布伦特原油价格预期的上行风险，并加强了我们的观点，即油价波动将继续增加。"

印度能源咨询机构三重彩（Trifecta）董事苏克里特·维贾亚卡尔在接受路透社采访时评论美国退出伊朗协议的影响时称："伊朗向亚洲和欧洲的石油出口几乎肯定会在2018年晚些时候以及2019年下降，因为一些国家为了避免美国找麻烦将开始寻求替代品。"据路透社消息，几位亚洲炼油商接受采访时称，他们已经在寻找替代伊朗原油交付的产品。

费氏全球能源咨询董事长费雷敦·费萨拉基表示："我们认为此前每日100万桶的出口限制（此前制裁举措）将重新实施。还像之前那样，可能需要几轮削减才能达到目标水准。此举对油市的短期影响将有限，因为制裁实施有180天的宽限期。"欧佩克有关人士表示，市场不应该想当然地认为沙特阿拉伯将会单独行动，市场应该首先评估因伊朗受到制裁将会对市场产生何种影响，目前他们正在努力地达成欧佩克以及非欧佩克产油国的合作，因此沙特阿拉伯不可能单独提高产量。

新加坡期货经纪商奥安达亚太区贸易主管斯蒂芬·因内斯指出："油市经历了极其波动的一天，正如预料，交易规模激增，引发结算延迟。下一步会怎么样？当然是出现更多波动。对于美国的单方面行动，油价波动在很大程度上已被考虑在内。但现在回过头来看市场供需的脆弱平衡（这是欧佩克与非欧佩克产油国签订减产协议中的重要措辞）、强劲的全球需求动能以及委内瑞拉大幅减产，可以肯定地说，石油供应缓冲遭到削弱。"

JBC能源发布报告称："我们预计未来几个月各国对伊朗原油采购量将大幅下降，正值原油市场的季节性紧俏达到顶点。对日降幅的预估低至几十万桶，多至超过100万桶，取决于东亚的一些美国盟国是表面上听从美国要求，还是明显减少进口伊朗原油。预计未来几个月可能会有大约50万~70万桶的伊朗原油日出口量退出市场。"

美国对伊朗的任何制裁都将推高油价，沙特阿拉伯最终将在此次事件中成为最大受益者。从美国对伊朗的这次事件看，美国和沙特阿拉伯之间似乎达成了某种协议，如果华盛顿向伊朗进行战斗，沙特阿拉伯将介入防止原油价格飙升。美国财政部长姆努钦的表态似乎能透露出一点信息，姆努钦称："预期油价不会走高，美国与各方进行了多次对话，愿意增加石油供应来抵消制裁措施造成的影响。"尽管姆努钦对"各方"并无明确指代，但可以肯定地说沙特阿拉伯必然在列。

不过这次情况似乎更为复杂。沙特阿拉伯与俄罗斯达成生产协议，但俄罗斯也是伊朗的盟友。现在的问题是沙特阿拉伯、欧佩克以及俄罗斯的"维也纳联盟"是否会保持石油生产目标和价格的一致步调，以应对伊朗原油出口减少的情况。花旗全球大宗商品研究主管莫尔斯说："如果没有俄罗斯人的支持，沙特阿拉伯人或许也不会这样做。"但这其实是矛盾的，俄罗斯人并不希望推高油价，因为卢布是与石油价格挂钩，卢布升值意味成本升高，对出口造成困难，俄罗斯人更希望维持一个稳定的价格。美国对伊朗全面制裁可能造成石油价格平均每桶上涨大约10美元，但若沙特阿拉伯和俄罗斯携手增产，那石油价格最终将下跌。

第十节
从美国重启制裁伊朗到委内瑞拉总统选举

在特朗普宣布退出伊朗核协议之前，交易员们就已要求更高的看涨期权相对看跌期权溢价。自2014年以来，这种多头一面倒的偏向只出现过几次，通常情况下，对冲资金会保持对看跌期权的需求，不过现在，多头已经全面占据市场，各大机构最新出炉的油价预测报告，也在显示当前原油市场是多头的天下。

在市场已经吃紧的情况下，美国重启对主要原油出口国伊朗的制裁，成为油价这波涨势的催化剂。因伊朗原油出口可能减少以及委内瑞拉产量持续崩溃，美银美林预计未来18个月内全球石油供需平衡将收紧。高盛集团预计未来几个月布伦特原油价格将上涨至每桶82.5美元，并称油价有可能超过此水平。

虽然市场担忧伊朗原油出口可能锐减，但是伊朗石油部长赞加内声称："特朗普的决定不会影响我们的石油出口，那个时代已经成为历史。伊朗的石油工业需要外国投资，但即便外资因担心美国的制裁而退出，伊朗的石油工业也能生存下去。特朗普希望油价上涨，这意味着特朗普并不诚实；我个人倾向于每桶65美元的油价。"

2018年5月10日（周四），美国得克萨斯州能源行业监管机构数据显示，得克萨斯州4月油气田钻探许可签发数量较2017年同期增加1/3。得克萨斯铁路委员会（Texas Railroad Commission）负责监管该州的油气行业，4月共签发1221份钻探许可，较2017年同增加约34%。从这几个数据中可以发现，美国原油产量依然是在持续给原油市场增添压力，而这次特朗普制裁伊朗造成伊朗原油供应的缺失，美国很可能会借此机会抢占伊朗的原油市场，这或许是特朗普计划中的一部分。BK资产管理（BK Asset Management）管理总监鲍里斯·施洛斯贝格（Boris Schlossberg）认为，原油能否继续上扬取决于伊朗。即使局势有些缓和，事态发展会在近期让原油保持动能。特朗普表示会对伊朗实施最高程度的经济制裁，这会让伊朗原油远离美国市场。

伊朗可能在美国的制裁下会产生巨大的原油供应缺口，这是造成目前原油价格大涨的主要原因。其实还有一个国家目前所面临的危机可能带来比伊朗更大的原油供应缺口，如果真的爆发，预计原油价格又会再上一层台阶。这个国家就是委内瑞拉。

普氏能源预计委内瑞拉最近的原油日出口量在141万桶，比一年前减少了50万桶以上，这也创下了除2002年至2003年罢工潮之外30年来的低位。咨询机构纽约梅德利全球顾问（Medley Global Advisors）董事帕拉西奥斯（Luisa Palacios）5月9日表示："最近原油市场最重要的日期有两个，一个是5月8日，美国宣布恢复对伊朗的制裁；另一个是5月20日，委内瑞拉将举行总统选举。"目前距离委内瑞拉总统大选已经不到两周。有消息称，委内瑞拉现任总统马杜罗5月的支持率已跌至20%。但几乎可以肯定，马杜罗将开启长达6年的又一任期。委内瑞拉的主要出口收入来源可能也将因此再遭重创。当前委内瑞拉面临债权人的资产扣押和美国制裁两大风险。

第一大风险来自康菲石油。目前委内瑞拉担心美国康菲石油将接管委内瑞拉国家石油的炼油和储油厂。康菲石油已经采取措施，将接管委内瑞拉石油公司在加勒比地区的资产。这些资产价值20亿美元，是国际仲裁庭判给康菲石油的。另一大风险同样来自美国。如果美国停止向委内瑞拉出口轻油，该国的原油产量将雪上加霜。委内瑞拉的石油储量虽堪比沙特阿拉伯，其石油种类却颇为尴尬。与易开采、易炼化的轻质油相比，委内瑞拉产油的大头是重质油，密度大、黏度高。重油也分一般重和特别重，而委内瑞拉的石油之重，达到了世界上绝大多数国家都无法炼化的程度。因此，委内瑞拉向美国出口重油，同时从美国进口轻油，否则无法满足国内对石油的需求。

美国5月7日宣布了对委内瑞拉的新一轮制裁措施，副总统彭斯呼吁更多国家加入对委内瑞拉制裁的行列。彭斯还要求委内瑞拉取消"欺骗性"的总统选举，他指责"整个世界都知道委内瑞拉在5月20日不会有真正的选举"。一旦美国对委内瑞拉实施石油制裁，该国早已萎缩的原油产量或将再减少一半以上。

欧佩克以及俄罗斯等产油国的官员们正在考虑美国对于伊朗的制裁将会对原油出口产生何种影响，同时密切关注着委内瑞拉产量的不断缩减。这些官员们还将在6月举行的会议上重新讨论这一系列问题。美国制裁伊朗将有6个月的缓冲期，这段时间买家将逐步地减少对于伊朗原油的购买，这意味着市场将不会立刻感觉到油市出现了供应的减少。来自欧佩克的消息称，尽管他们正在讨论是否需要增加额外的原油产量，但是目前对于他们而言最重要的还是维稳以保证油市处于收紧的状态，同时密切关注市场情况的变化。

伊朗的原油主要是出口至亚洲以及欧洲，从目前的情况来看，运往欧洲的原油是最有可能受到制裁的影响而减少的。不过欧佩克方面觉得现在就评估制裁的影响还为时过早，现在需要关注中国以及日本的态度，他们会继续购买伊朗的原油还是会选择站在特朗普这边对于市场的影响将是直接而且显著的。沙特阿拉伯正密切关注着美国在原油供应方面的举动，并随时准备抵消供应方面的短缺，但是沙特阿拉伯将不会选择单独行动。

就在美国总统特朗普宣布退出伊朗核协议后不久，伊朗总统鲁哈尼就表示，将与签署伊朗核协议的其他国家继续该协议。鲁哈尼在向美国传达信息的同时，也意在安抚其国内民众，暗示美国退出伊朗核协议不会进一步损害该国脆弱的经济。

伊朗国内的平静或许不会持续很久，因美国重启对伊朗的制裁可能让伊朗经济再次陷入衰退的旋涡。过去数周，伊朗货币里亚尔兑美元跌去25%，伊朗通胀飙升至8%左右。伊朗还深陷严重的信贷危机，数家银行已经破产。此外，伊朗失业率在11%以上，伊朗民众已走上街头抗议政府管理不利及政府腐败。

特朗普退出伊朗核协议的真正危险在于可能会引爆中东的战争。以色列可能会将美国举动视为其现在可以攻击叙利亚境内伊朗基地的信号。实际上，在特朗普宣布退出伊朗核协议后的第一天，伊朗与以色列在叙利亚的对峙骤然升级。

以色列和伊朗自5月9日深夜起连续数小时向对方在叙利亚境内目标展开袭击，并称这是双方有史以来最直接的军事对抗行动。5月10日凌晨1时45分至3时45分，以色列军队在叙利亚境内进行了约2小时的轰炸。俄罗斯国防部表示，28架以色列战机一夜之间在叙利亚发射了约60枚火箭弹，大部分被叙利亚防空系统拦截。以色列军方表示，以军已对叙利亚境内"几乎所有"伊朗设施站进行了空袭，作为伊朗对戈兰高地发射20枚火箭弹的回击。以色列军方发言人康利卡斯（Jonathan Conricus）中校表示："伊朗军队从叙利亚境内基地发射的20枚火箭弹是对以色列最严重的挑衅。如果伊朗再次发动袭击，我们将做好准备。"路透社称，这是伊朗军方首次从叙利亚境内向以色列发起军事打击。

《华尔街日报》称，以色列袭击伊朗在叙利亚的军事设施，意在挫败伊朗在叙利亚的影响力。以色列对伊朗的火箭弹袭击显示，该国决心驱逐伊朗在叙利亚的军事力量，尽管这可能会触发更大范围的中东战争。美国和以色列越来越担心，伊朗利用7年叙利亚战争的不稳定扩大其影响力。有官员称，他们将伊朗在叙利亚的行动视为其试图在更大范围内施加影响力的一部分行动。

作为美国退出伊朗核协议的"第一后果"，以色列和伊朗的互相袭击可能再度引爆中东局势，该地区未来形势岌岌可危，令人担忧。如果紧张局势升级，以色列、叙利亚、黎巴嫩、伊朗甚至沙特阿拉伯可能都会加入战争，这将对全球经济产生负面影响。这将推高金价、美元和油价，战争蔓延的担忧占据市场。如果俄罗斯和土耳其加入，情况会更加严重。截至目前，美国退出伊朗核协议并没有对市场产生负面影响。总部位于伦敦的国际金融顾问巨头德维尔集团（DeVere Group）国际投资策略师汤姆·埃利奥特（Tom Elliott）表示："判断美国退出伊核协议的影响还为时过早。我们将在2018年冬天看到美国退出核协议的全面影响，因此我们需要等待。除非特朗普对美国盟友施加重压，伊朗可能会度过这一关。但如果以色列将美国退出伊朗核协议视为其攻打伊朗的好机会，我们可能会看到战争的开始。"

美国财政部的一份简报显示，在美国重新对石油、能源、航运和保险行业实施制裁之前，伊朗石油的国际买家必须在11月4日前解除合同。事实证明，美国还将考虑允许各国继续进口伊朗原油，只要他们表明在180天内大幅减少这些原油的进口量。据悉，道达尔集团和奥地利石油天然气（OMV）这两家公司目前仍有意继续留在伊朗。已签署10亿美元投资开发伊朗南帕尔斯（South Pars）天然气田项目的道达尔不予置评。正在与伊朗谈判新项目的奥地利石油天然气则表示，目前一切都不明朗，因此得出结论为时过早。

日本炼油企业科斯莫石油（Cosmo Oil）则可能会用科威特原油替代伊朗石油进口。科斯莫能源控股（Cosmo Energy Holdings）董事兼高管田健一（Kenichi Taki）在财报发布会上表示，该公司并不过分担心阻碍伊朗原油供应的障碍，伊朗的等级原油占了科斯莫原油进口的4%~5%，可以用科威特原油或其他等级来改变。科斯莫石油在日本的3家炼油厂的日总炼油能力为36.3万桶。

在日本和韩国的各种终端用户都已加紧努力，使其原油采购来源多样化，因为他们与德黑兰的贸易活动将在未来几个季度受到限制。日本最大的炼油企业日本石油和能源（JX Nippon Oil & Energy，JXNOE）表示，如果无法维持伊朗原油进口，将考虑从中东和西非寻求替代供应。韩国最大的炼油商 SK 集团旗下 SK 创新（SK Innovation）表示，该公司已经大幅减少了伊朗的冷凝水和原油进口，并增加了来自俄罗斯和哈萨克斯坦等替代能源的轻质原油进口。

2018 年 5 月 10 日，美国财政部宣布对伊朗实施新一轮制裁。此次被制裁的对象包括 6 名伊朗个人和 3 家实体。被制裁对象在美国境内的资产将被冻结，同时美国人将被禁止与其进行交易往来。美国财政部还宣布，美国将从 8 月 7 日起重启因伊朗核协议而豁免的对伊制裁措施。美国财政部长姆努钦表示，根据特朗普本周做出的决定，美国财政部将着手切断伊朗革命卫队的资金来源，无论这些资金来自哪里，无论其最终用途是什么。姆努钦还感谢阿联酋政府在此事上与美国进行合作。

5 月 13 日，应外交部长王毅的邀请，伊朗外交部长扎里夫访问中国。关于伊朗外交部长扎里夫此时来华进行工作访问的目的，中国外交部发言人耿爽回应称，据我所知，伊朗外交部长扎里夫此次访问将包括中国、俄罗斯和部分欧洲国家，与有关各方就当前伊核形势发展交换意见，中国是他此行中的一站。中方是伊核全面协议缔约方，高度关注伊核问题走向，愿同包括伊朗在内的有关各方保持沟通。

在经历了一周的利好消息后，油价继续攀升，地缘政治紧张局势达到沸点，油价可能将进一步走高。伊朗继续占据新闻头条，伊朗和以色列之间的空袭也加剧了紧张局势。欧佩克认为伊朗的中断并非迫在眉睫。委内瑞拉产量大幅减少加上伊朗可能出现的产量减少，可能迫使欧佩克提前调整产量水平。但是，由于美国的制裁要到 11 月才真正生效，欧佩克还没有仓促行动。

面对美国的对伊制裁，伊朗石油的大买主会怎么做？中国是伊朗最大的石油买家，每天约 70 万桶。韩国以略高于 25 万桶的日购买量位居第二。特朗普政府对伊朗施压的计划取决于这些买家做出的决定。伊朗石油的买家需要在 11 月之前减少购买，尽管美国财政部要求他们立即开始行动。尽管如此，美国很难让伊朗买家做出行动。中国外交部发言人耿爽表示："与伊朗的正常、透明和务实的合作"将继续下去。扎里夫对中国进行工作访问。这一切似乎表明伊朗原油最大买家中国正按自己的主张应对特朗普制裁伊朗。

据彭博社报道，墨西哥一年一度的原油对冲交易已经迈出第一步，其已经要求华尔街银行和其他交易员提供报价，为下一年度的原油生产做套期保值。这是全世界最大的主权国家原油衍生品交易之一，也是全球原油市场最大规模的单一交易，覆盖 2 亿～3 亿桶原油，其操作极度机密，且影响力大，足以冲击整个原油市场。按原油期货交易员与经纪商的说法，如果布伦特原油 2019 年 6 月到期的合约以及 2019 年 12 月到期的合约波动性出现小幅上扬，可能就是墨西哥原油对冲操作带来的后果。

不过目前，墨西哥打算以什么样的价位买入原油看跌期权还不得而知。考虑到最近油价因为美国撕毁伊朗核协议等因素而大涨，这对墨西哥来说可能是一个好消息，有助于其将产油收益锁定在一个更高的水平。

墨西哥的原油产量一直居于全球前列，政府的财政收入有1/3来自石油产业。一旦油价暴跌，将影响墨西哥的财政状况。而通过购买看跌期权锁定出口价格，就像是买了一份保险，通过支付确定的小额成本，来规避未来潜在的巨大风险。过去10年，墨西哥每年都为此花费10亿美元左右。这一对冲期权交易通常在每年的5—8月进行，覆盖当年12月至来年11月的一整年。

作为原油对冲市场的超级玩家，近几年墨西哥在这类交易上收益不菲。2015年，墨西哥原油套保交易的对冲价格在每桶76.40美元，油价暴跌后，这一对冲大赚创纪录的64亿美元。2016年的看跌期权行权价在每桶42美元，这一次墨西哥至少赚了26.5亿美元。2017年墨西哥政府称将原油出口价格设定在每桶46美元。

在美国退出伊朗核协议后，伊朗的欧洲客户继续向伊朗购买石油，并且目前还不急于另寻卖家取代伊朗，但一些炼油厂和贸易商已经表示，有可能因为融资问题停止与伊朗的石油贸易。新的制裁预计将于11月起开始实施，自此期间欧洲买家仍然会从伊朗进口石油。所有买家都表示，他们将遵守对伊朗贸易实施的任何制裁，其中一些人预计，制裁的实施可能给贸易融资带来问题。

美国国家安全顾问博尔顿称，美国有可能对继续与伊朗有业务往来的欧洲企业实施制裁。然而，美国国务卿蓬佩奥表示，依然希望美国及其盟友与伊朗达成新的核协议。不过，博尔顿的论调比蓬佩奥更加强硬。西班牙石油发言人玛尔塔·洛伦特（Marta Llorente）表示："目前我们正一如既往地进行交易活动。"意大利埃尼也在继续购买伊朗石油，根据一项在2018年底到期的协议，该公司每月从伊朗购买200万桶石油。有欧洲买家表示："我们目前不会采取行动，我们还在观望，如果我们被迫减少从伊朗进口石油，我们将遵守，伊朗并不是唯一的石油卖家。"交易员预计，过渡期内欧洲客户是否会向伊朗购买石油，银行是一个关键因素。即便美国豁免制裁一些欧洲买家，他们仍可能需要减少伊朗石油进口数量。

2018年5月14日（周一），欧佩克月报显示，3月全球发达经济体原油库存已经降至距5年均线还有900万桶附近，而2017年1月距5年均线则有着3.4亿桶的差距。欧佩克在月报中称："4月原油市场表现获得了地缘政治因素的强力支持，成品油库存收紧以及全球需求也在攀升。"随着欧佩克继续推进减产行动，委内瑞拉产量也在大幅下滑，不过该国主要是受到经济危机的影响。

5月15日（周二）美国财政部宣布对伊朗实施新一轮制裁，被列入制裁名单的包括伊朗央行行长在内的4人和1家伊拉克银行。这次制裁的目标指向被美国定义为恐怖组织的黎巴嫩真主党融资事件。被列入制裁名单的个人除了伊拉克银行（Al-Bilad Islamic

Bank）董事长阿拉斯·哈比卜（Aras Habib）、黎巴嫩真主党的官员穆罕默德·奥西尔（Muhammad Oasir），还有伊朗央行行长瓦利奥拉·赛义夫（Valiollah Seif）和伊朗央行国际部副部长阿里·塔扎利（Ali Tarzali）。伊朗央行行长及其国际部副部长"上榜"，理由是协助伊朗革命卫队向黎巴嫩真主党提供资金。美国财长姆努钦表示，伊朗央行最高级官员帮助将上千万美元从伊朗伊斯兰革命卫队转移给黎巴嫩真主党，他们成为伊朗革命卫队的"共谋"，给恐怖组织融资"很可怕却并不意外"，财政部决定采取行动抑制伊朗滥用美国及地区金融系统的能力。当天在比利时布鲁塞尔访问的伊朗外长扎里夫回应称，美国对伊朗的制裁是非法的。

6天之内美国就实施了对伊朗两次制裁，美国财政部在5月10日与阿联酋一道制裁了伊朗数名个人和诸多空壳公司，指责他们通过大范围货币兑换网络向伊朗革命卫队提供资金。制裁令当时称，伊朗央行涉嫌"串谋"并积极支持货币兑换网络，令伊朗革命卫队能够获得海外银行账户的通道，进而获得资金。

2018年5月16日（周三），欧佩克方面称，油价迈向每桶80美元主要是由于市场担忧美国对伊朗制裁从而导致伊朗供应减少，以及中东局势紧张。而不是因为石油市场供求趋紧。油价在真正下跌之前可能还会有一波大涨，油价可能会涨破每桶80美元关口，然后就开始下跌。这一言论暗示欧佩克并不急于重新考虑减产协议。沙特阿拉伯认为由于投资者行为而导致油价短期走高并不足以成为产油国提高产量的依据。只有油价上涨是由供应数据影响的才会做出增产的决定。当被问及每桶79美元的油价是否过高时，相关欧佩克人士表示，每桶79美元的油价"还没到过高的程度"，油价的涨幅还未带来真正的担忧。

美国对于伊朗实施制裁，将使得中国、日本、韩国这三个伊朗原油亚洲大买家受到影响，但是影响的结果有所不同。亚洲和中东能源新闻与分析副主编姆里甘·贾普里亚尔（Mriganka Jaipuriyar）表示，由于日本和韩国是美国的长期盟友，预计将会减少对于伊朗原油的进口，但是中国可能会进一步扩大购买量。这对中国的炼油厂来说是一件好事，这将使得他们能够以一个较低的价格获得充足的伊朗原油供给。韩国和日本是美国的盟友，所以他们将坚决地遵守特朗普政府的对外政策，因为他们需要获得美国的支持以实现朝鲜半岛的无核化以及提升与朝鲜的经济和外交纽带。中国目前依然与美国存在着贸易摩擦，将会充分利用日本和韩国所留下的需求缺口，这将会加强伊朗在与沙特阿拉伯以及俄罗斯争夺中国市场份额的竞争力。就伊朗而言，它也将提供更多的激励机制以扩大中国的市场份额，特别是在近期沙特阿拉伯提高了对于亚洲市场的官方原油定价后，已经使得中国炼油厂商们明显收紧了对于该国的原油进口。

尽管美国退出了伊朗核协议，并要求各个国家减少对于伊朗原油的进口以及投资，但是欧洲以及中国明确表示将会保留当前的核协议框架。伊朗正在计划与英国能源集团佩尔加斯（Pergas）签署一份价值11.6亿美元的协议，该协议将使得该公司获得在伊朗南部油田开发的权利。如果这个协议能够达成，那么将是美国退出伊朗核协议以来伊朗签署的第一份与外国公司建立能源合作的协议。伊朗与英国佩尔加斯计划合作开发的卡兰吉（Karanj）油田目前日产量为12.7万桶，伊朗政府决定将在10年内将其日产量提升至20万桶。

美国的制裁威胁立竿见影，已经开始有大型欧洲公司逐渐撤出伊朗。5月16日，道达尔发布公告称，受到美国恢复对伊朗制裁的影响，已暂停在伊朗的天然气项目的相关工作，并警告称该公司可能不得不完全退出在该气田投资10亿美元的计划。一些伊朗的承运商已表示，受新制裁措施影响，他们将停止为此类交易提供运输服务。保险公司正在研究它们是否必须减少或停止对伊朗货物的承保。道达尔在公告中提道："公司无法承受再次制裁的风险。美国的银行参与了道达尔超过90%的金融活动，美国股东占道达尔超过30%的股权，道达尔在美国的资产相当于超过100亿美元的资金规模。道达尔必须在2018年11月4日之前撤出所有南帕尔斯气田项目的相关业务，除非能在法国和欧洲当局的帮助下获得美国的特别豁免。"11月4日是美国财政部设定对石油、港口、金融机构、能源等行业的180日过渡期的截止日。荷兰皇家壳牌在2016年签署了一份临时协议，在伊朗南部的3个油气田进行开发研究。不过，荷兰皇家壳牌与伊朗的合作不及道达尔那样深入，荷兰皇家壳牌没有在伊朗开设办事处，该公司称，仍在评估美国退出伊朗核协议的影响。

西门子首席执行官乔·凯瑟尔（Joe Kaeser）表示："特朗普的决定意味着我们的公司不能在伊朗开展任何新业务。一旦公司被发现违反了制约条款，可能会被踢出美国金融体系，并受到一系列其他惩罚。"该公司声明称："总而言之，我们无法承受任何二次制裁，其中包括美国的银行为公司全球业务所提供的美元融资损失。美国的银行90%以上的资金都来自美国。公司在美国也有大量的业务和大量的股东。"同样，世界航运巨头丹麦马士基（Maersk）、全球最大的油轮运营商丹麦托姆（Torm），已经不再接下来自伊朗的新订单。马士基声明称，将履行5月8日以前的订单，并确保在11月4日前，依照美国制裁的要求交割清楚。德国能源公司温特沙尔（Wintershal）也无法继续与伊朗的石油合作。2017年，温特沙尔与伊朗石油公司签署了一份谅解备忘录，讨论未来合作的可能，但温特沙尔的母公司巴斯夫在美国的化工业务规模庞大。

虽然美国退出伊朗核协议已过去一周多，但中东的局势却因为伊朗方面的克制而并没有迎来预期的爆发，就在市场情绪持续降温的时候，委内瑞拉似乎站了出来，委内瑞拉即将在5月20日进行总统选举，而马杜罗此举被许多美洲国家视为骗局。美国一直以来都谴责这次大选是一场骗局，并扬言将与其他国家一道对委内瑞拉实施更严厉的制裁。美国副总统彭斯说："委内瑞拉在5月20日举行的大选根本就不是真正的选举……我们认为，现在是时候采取更多的行动了。"美国可能会选择在选举结束后对于委内瑞拉原油产业进行制裁。如果美国真的进一步制裁委内瑞拉，原油价格似乎又可以迎来一波强势上涨行情了。

事情果然来了，就在委内瑞拉总统选举的前两天，也就是 5 月 18 日（周五），美国财政部 18 日以涉嫌毒品走私、洗钱等活动为由，宣布对委内瑞拉执政党统一社会主义党第一副主席、制宪大会主席迪奥斯达多·卡贝略（Diosdado Cabello）及其数名亲属进行经济制裁。自 2017 年下半年以来，美国以委内瑞拉国内人权和民主问题为由多次对委内瑞拉实施经济和金融制裁。这意味着如果美国执意要因此次大选制裁委内瑞拉，或进一步加重该国的政治经济危机，进而引起油价的进一步飙升。

美国投资机构太平洋风险管理驻伦敦分析师塔马斯·瓦加表示，马杜罗将会赢得总统大选，因为大选被"人为操纵"。更重要的问题是，美国在官方结果出来之后将如何反应。如果美国的炼油厂被禁止购买委内瑞拉石油，委内瑞拉将会陷入麻烦。美国一直在节制对委内瑞拉的原油进行制裁，因为美国墨西哥湾沿岸的炼油厂需要从该国进口原油。当被问及美国对于委内瑞拉原油产业的制裁是否来临，瓦加称，了解特朗普的人都知道，这不仅仅是一种猜测，而是实实在在可能发生的事情，因为特朗普是个态度强硬的家伙，他并不胆怯，也不害怕惩罚其他国家。

美国制裁若直接对准委内瑞拉的石油行业，这将对马杜罗政府造成突如其来的打击。委内瑞拉政府几乎完全靠石油销售，试图减缓不断加深的经济危机。2 月，时任美国国务卿的蒂勒森表示，制裁委内瑞拉石油行业或禁止委内瑞拉石油销往美国是白宫将继续考虑的事情。尽管特朗普政府早已对委内瑞拉实施了广泛的经济制裁，但直接制裁该国石油行业的额外风险犹存。随着全球债权人关注委内瑞拉的资产，加上美国也在考虑进一步制裁，全球能源市场已在为油价进一步飙升做准备。

关于可能的制裁措施手段，委内瑞拉国际事务律师阿尔巴（Mariano de Alba）认为，在短期内，石油禁运还不太可能，尤其在美国康菲石油 4 月才获准接管价值 20 亿美元的委内瑞拉国家石油的加勒比资产之后。华盛顿拉丁美洲事务办公室智囊团的分析师斯密尔德（David Smilde）也认同这种观点，斯密尔德认为，美国可能会优先采取折中措施，比如对为委内瑞拉承保的保险公司实施制裁。但无论结果如何，有两个结果是可以预见的——在 5 月 20 日之后，针对委内瑞拉原油产业极有可能制裁；而无论制裁规模大小，对于已缺乏原油再生产资金的委内瑞拉来说都是难以承受的。

2018 年 5 月 20 日（周日），委内瑞拉举行总统选举投票，选举结果预计 5 月 21 日（周一）揭晓。美国副国务卿沙利文（John Sullivan）当天表示："美国不会承认委内瑞拉总统选举结果。20 国集团（G20）外长会议 21 日将在布宜诺斯艾利斯召开会议，届时将会就委内瑞拉大选进行讨论。美国特朗普政府谴责此次委内瑞拉大选非法，欧盟以及许多拉丁美洲国家政府也反对此次选举。"

委内瑞拉国家石油炼油厂运营率据悉在大选前降至 25%。国际能源署曾警告称，特朗普当局很可能在大选之后，对委内瑞拉进行进一步制裁，包括禁止美国炼油厂从委内瑞拉购买原油等。开普勒的数据显示，委内瑞拉的原油出口比2017年同期下降了40%，4月日出口量仅为110万桶。在可见的未来，该国原油产量或将进一步下降。

2018年5月21日，委内瑞拉选举委员会称，现任总统马杜罗在上周日的大选中再次轻松当选新总统。委内瑞拉选举委员会表示，本次选举的投票率只有46.1%，远远低于2013年总统选举时的80%，因委内瑞拉主要反对党联合抵制本次选举。其中，马杜罗赢得580万张选票，最接近其票数的对手在野党进步前哨党（AP）主席、拉腊（Lara）州前州长亨利·法尔肯（Henri Falcon）获得180万张选票。不过，其主要对手均声称，投票因普遍存在违规现象而不具法律效力。对此次大选持支持态度的国家包括土耳其、玻利维亚、古巴、俄罗斯等，而主要的拉美国家、美国、欧盟则持批评意见。

大选结果公布后，美国副国务卿沙利文表示，美国不会承认此次委内瑞拉总统选举结果，并且针对该国的石油工业制裁仍在"积极审查"中。沙利文称："我们需要确保坚持这一目标——针对腐败体制官员而不是人民实施制裁。在委内瑞拉民主已经恢复的情况下，我们不希望以一种让其难以继续修复的方式伤害该国。石油制裁是至关重要的一步，目前正处在积极的审查之中。"

2016年石油价格暴跌导致拥有世界最大石油储量的委内瑞拉经济崩溃，2017年石油产量下降13%至28年来的最低点。除石油价格因素外，投资增长乏力、来自美国的制裁等因素均对委内瑞拉石油业造成冲击，进一步使委内瑞拉陷入危机。同时，由于石油产量下降，国际债权人加强施压，在委内瑞拉的跨国公司也纷纷撤出或收缩业务。

据国际货币基金组织预计，委内瑞拉通货膨胀率将在2018年达到13000%，经济萎缩15%，到2022年，失业率将升至36%。生活成本高企及生活必需品短缺导致近年来委内瑞拉街头抗议活动不断。因此，赢得大选的马杜罗仍将面临扭转经济困境的艰巨任务。马杜罗在广受批评的总统大选中再度获胜后，美国宣布禁止购买委内瑞拉政府或委内瑞拉国家石油公司的债券。

市场调查机构IHS马基特拉丁美洲首席政治分析师迭戈·莫亚奥坎波斯（Diego Moya-Ocampos）表示："下一步是美国对委内瑞拉石油行业的制裁。这十分重要，因为委内瑞拉的石油收入占该国国内生产总值的25%、财政收入的50%以及外汇收入的97%。因此，很明显，对石油业的制裁将给委内瑞拉带来重大改变。石油产量的大幅下跌与糟糕的经济状况毫无关系，而是由于经济管理不善和普遍存在的腐败造成的。"经济学人智库拉美分析师费尔南多·弗雷杰多（Fernando Freijedo）表示，石油制裁将严重影响委内瑞拉的收入，对该国的经济和政权内部稳定性造成毁灭性打击。

欧佩克方面称，如果市场更为紧张就需要进行一些调整。欧佩克轮值主席、阿联酋能源大臣马兹鲁伊表示，欧佩克面临比伊朗更重大的问题，他暗指的是委内瑞拉。美国墨西哥湾沿岸对于委内瑞拉的重质原油是一个核心的市场，如果美国禁止进口委内瑞拉原油，对于那些以委内瑞拉原油作为原料的炼油厂将是比较痛苦的，但是没有市场预期的那么困难，因为这些厂商可以选择从墨西哥、加拿大、哥伦比亚以及伊拉克进行进口，而墨西哥国内需求疲软有效地弥补了美国的需求。这将会导致委内瑞拉原油出口量的进一步下降，增加了市场上重质原油的稀缺性，从而进一步收窄重质原油和轻质原油的利差，进而支撑油价。

从3月13日特朗普宣布解除蒂勒森国务卿职务以来，美国对伊朗和委内瑞拉的制裁几乎是交替进行的，有意思的是，美国制裁这两个产油国发声方面是有主次之别的。对伊朗制裁，以总统特朗普、国务卿蓬佩奥发声为主，而对委内瑞拉的制裁，则以副总统彭斯、副国务卿沙利文发声为主。

2018年5月21日，委内瑞拉总统选举结果出来后，美国副国务卿沙利文表示不承认选举结果，并在考虑制裁委内瑞拉石油行业。就在同一天，美国国务卿蓬佩奥在华盛顿传统基金会发表政策演讲，公布特朗普政府宣布退出伊朗核协议后的"B计划"。蓬佩奥宣称将组建新的全球联盟，通过"最严厉的制裁"促使伊朗服软。

美国CNBC称，蓬佩奥在华盛顿传统基金会发表政策演讲，这也是他出任国务卿以来首次进行外交政策演讲。他对伊朗进行了猛烈抨击，称美国"不会允许伊朗发展核武器，现在不行，永远不行"。美国将对伊朗实施最严厉制裁，"现在只是个开始，制裁将是痛苦的，这将是历史上最强大的制裁"。

蓬佩奥邀请全球盟友加入美国，对伊朗施压。蓬佩奥的"B计划"包括伊朗必须停止一切铀浓缩、不得预处理钚、允许"无条件进入全国任何地点进行核检查"、停止发展弹道导弹、停止支持中东及其他地区所谓"激进及恐怖组织"、从叙利亚撤出所有武装人员、停止威胁以色列等12项具体要求，该计划甚至禁止伊朗发展重水核反应堆——这意味着伊朗连和平利用核能都不被允许。

蓬佩奥试图证明美国和伊朗之间有"达成新协定的前景"。他称，"如果伊朗做出重大改变"，美国将会承诺一些"潜在的、令人瞩目的重大让步"。他以美国"与朝鲜这样曾经重大对手直接对话"为例称，"只要伊朗出现重大改变，美国将结束对伊朗的制裁，支持伊朗经济现代化，并帮助其重新融入全球金融体系"。

对于蓬佩奥提出的针对伊朗的"B计划"，美国国务院政策规划司司长布里安·霍克（Brian Hook）称，为实现这一计划，美国将组建一个新的国际联盟，通过制裁和制裁威胁向伊朗施压，迫使伊朗重新就"一个新的安全框架"进行谈判。而这一新"安全框架"的涵盖范围将远远超过伊朗核协议。霍克表示："我们需要一个能够完全解决伊朗威胁的新框架。"

对于蓬佩奥宣称美国和伊朗之间有"达成新协议的前景"，伊朗核协议支持者、美国全国美籍伊朗人理事会理事长特里塔·帕尔西（Trita Parsi）称："我认为，这一战略只会带来严重的对抗。"其他一些学者也认为，不管特朗普政府的目标是什么，但在中东，以色列和沙特阿拉伯一直敦促特朗普政府对抗伊朗，因此美伊之间误判的概率很高。美国布鲁金斯学会情报项目主任布鲁斯·里德尔（Bruce Riedel）称："在不久的将来，我们将看到美国与伊朗处于军事对抗之中。"

伊朗总统鲁哈尼21日晚发表讲话回应蓬佩奥针对伊朗新举措的言论时表示："你认为你是谁，能代表世界替伊朗和其他国家做决定。今天全世界不会接受美国替他们做出的决定。"鲁哈尼还指出："今天的世界更需要相互帮助。美国新的领导班子让美国政策倒回到15年前，而说这些威胁论的时代已经过去。我们的人民已经厌倦了这样的言论，也会无视它。"

第四章

"欧佩克+"名义增产

基于汽油零售价格走高,势必影响到共和党及特朗普的国会中期选举,美国政府通过非正式的渠道单独告知沙特阿拉伯以及其他一些欧佩克产油国,敦促他们提高原油日产量100万桶,这项要求并非通过欧佩克传达的。与过去不同的是,欧佩克似乎更愿意接受美国要求其提高产量的呼吁。沙特阿拉伯之前希望美国尽快恢复对伊朗制裁,作为交换条件,沙特阿拉伯承诺稳定全球原油市场。

要点

在美国决定退出伊朗核协议以及委内瑞拉的石油产量减少后,全球原油库存的迅速减少以及对原油供应的担忧都将成为欧佩克改变想法的原因。美国提出的对油价过高的担忧也将使欧佩克开始进行内部讨论。特朗普抱怨油价过高,他认为是欧佩克在"搞事情",当全球各国原油储备屡创纪录、海上还有满载的油轮时,油价被人为抬高,没有好处也不可接受。英国石油首席执行官杜德利也预计,在油价升破每桶80美元后,将有大批美国页岩油进入市场,且欧佩克可能重新恢复供应以给油市降温。

在反对美国实施制裁问题上,伊朗正在寻求欧佩克的支持,并暗示不认同沙特阿拉伯有关可能需要提高全球石油供应的观点。伊朗石油部长赞加内在写给欧佩克轮值主席、阿联酋能源大臣马兹鲁伊的信件中表示,希望欧佩克能根据欧佩克章程第2条对伊朗实施保护,该条款强调欧佩克要保护成员国的利益。

无论在原油价格受地缘政治影响不断走高时,还是受俄罗斯和沙特阿拉伯即将增产影响油价下跌时,WTI-布伦特折价差均不断走扩。究其原因:首先,本轮油价上涨主要受伊朗和委内瑞拉供给减少预期影响。中东局势动乱对布伦特油价的影响更为显著,因此使得前期折价差不断走扩。其次,WTI-布伦特原油之间的折价差作为衡量石油市场收紧的指标,两者折价差扩大表明全球供需或已达到紧平衡,对布伦特油价的支撑力度更强,同时表明油价未来还将走高。

美国总统特朗普不断在推特上批评欧佩克。由于担心汽油价格对中期选举的影响,特朗普政府正大力游说,希望增产。伊朗驻欧佩克理事阿德比利表示:"我们呼吁欧佩克和俄罗斯的兄弟们,我们不需要安抚特朗普。特朗普制裁了欧佩克的两位创始国,也制裁了俄罗斯。我们是受责任和价值观驱动的主权国家。全世界都必须反对美国这种傲慢的态度,未来将这样做。市场的原油供应充足,欧佩克应该在年底前遵守其决定。我相信,许多欧佩克成员国也有同感,并采取了同样的行动。"

两大经济体的贸易纠纷似乎愈演愈烈,由于中国是美国最大石油进口商之一,两国互征关税必定会减少美国原油的出口，美国很难在短期内找寻能够替代中国需求体量的国家。此外，美国原油日产量续创新高，已达1090万桶，但输油管等配套措施却仍存问题，而其中部分特殊管道都是由中国提供，运输方面的挑战亦会加重美国原油供求失衡的局面。

美国页岩油生产商先锋自然资源董事长斯科特·谢菲尔德应邀出席欧佩克第7届国际研讨会，谢菲尔德称："在伊朗、利比亚与委内瑞拉产量下降，且西得克萨斯州与新墨西哥州二叠盆地页岩油产量增长受制于管道输送能力的情况下，欧佩克应该出手干预。欧佩克应逐步将日产量提高100万桶，以便在其他地方产量减少之际维持全球原油供需平衡。我们没人希望油价在每桶80～100美元，那太高了，在每桶60～80美元之间最好。"

谢菲尔德还说："当下二叠盆地输油管道承载能力不足问题已经十分突出，部分公司将被迫停产，也有一些公司会将钻井平台迁往他处，只有具备可靠运输工具的公司还能继续发展。部分公司甚至不得不动用卡车将原油运送到数百英里之外的出口终端。而一些小公司则将石油钻井平台从二叠盆地转移到其他管道承载能力相对富余的地区，石油服务公司也开始减少向钻井公司派遣水力压裂技术人员的数量。"

2018年6月22日，欧佩克第174届大会在维也纳正式召开，这次会议并没有确定增产的具体数量，欧佩克在公报中称，原油市场状况已经改善；成员国将致力于恢复100%的减产执行率；联合部长级监督委员会将监督执行率目标；需要新的指标来衡量市场。不过这次会议各方就名义日增产100万桶达成一致，且日产出增长总量不会超过100万桶，增产额度将按比例分配。随后的6月23日，第4届"欧佩克+"部长级闭门会议结束后称，"欧佩克+"同样同意名义上100万桶的日增产水平，增产配额在欧佩克与非欧佩克产油国之间没有正式的划分。

沙特阿拉伯或许给予了特朗普有关增产的承诺，这背后可能代表了沙特阿拉伯希望让特朗普更加坚定地对伊朗施加制裁。但就目前情况来看，沙特阿拉伯真实的增产极限和所花的时间都是一个很大的未知数。尽管沙特阿拉伯理论最大产能仍存在200万桶的日闲置，但算上相应扩产所需花费的经费和时间而言，可能在1年以内很难实现承诺。

伊朗驻欧佩克理事阿德比利说："特朗普你要求欧佩克降低石油价格，但是你的推特已经将油价每桶推高了至少10美元，请立即停止这种手段。你在欺负欧佩克里面的好人。你实际上是诋毁他们，破坏他们的主权，我们希望你更有礼貌。欧佩克过去30年从没操纵油价，而美国对主要的产油国实施制裁，却要求他们降低价格?!从何时起你（特朗普）开始使唤起欧佩克？"

特朗普即将在2018年11月迎来中期大选，而油价是最能影响选民情绪的因素，尤其是夏季驾驶高峰期即将到来，对于特朗普而言，油价必须降。在无法得到俄罗斯支持的情况下，特朗普只能在伊朗问题上做出让步。

第一节
每桶 80 美元的油价拉响未来供应缺口警报

2018 年 5 月 17 日（周四），布伦特油价自 2014 年 11 月以来首次升穿每桶 80 美元至 80.5 美元（4-1），之后因美元走强和美国原油产量攀升回落，截至收盘每桶上涨 0.23 美元至 79.56 美元，涨幅 0.29%。伊朗原油出口担忧情绪加重，委内瑞拉经济危机形势继续恶化为油价带来支撑。

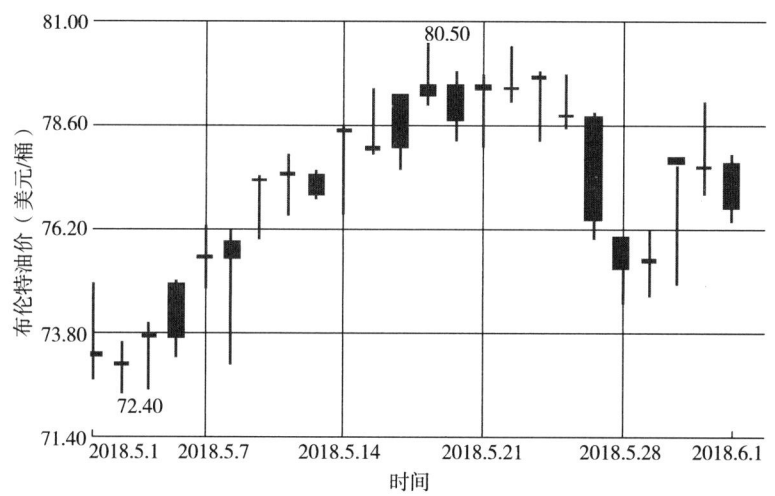

图 4-1　2018 年 5 月布伦特原油价格

资料来源：新浪财经。

由于担心经济危机导致委内瑞拉石油产量进一步减少以及潜在的对伊朗石油供给冲击，油价升至每桶 80 美元上方之后，欧佩克成员国正牵头就如何能提高原油产量而进行初步谈判。当然，决定提升原油产量只是选项之一，并不是每个欧佩克成员国都能调整现有的产量上限目标；欧佩克可能决定放松对 4 月创纪录新高 166% 的减产执行率要求，取代成一份供应限制的协议。

在美国决定退出伊朗核协议以及委内瑞拉的石油产量减少后，全球原油库存的迅速减少以及对原油供应的担忧都将成为欧佩克改变想法的原因。美国提出的对油价过高的担忧也将使欧佩克开始进行内部讨论。4 月下旬，特朗普曾在推特抱怨油价过高。他认为是欧佩克在"搞事情"，当全球各国原油储备屡创纪录、海上还有满载的油轮时，油价被人为抬高，没有好处也不可接受。英国石油首席执行官杜德利也预计，在油价升破每桶 80

美元后，将有大批美国页岩油进入市场，且欧佩克可能重新恢复供应以给油市降温。

沙特阿拉伯也正在监测美国退出伊朗核协议对原油供应的影响，曾暗示增产，以弥补市场供应短缺。沙特阿拉伯能源部官员表示，沙特阿拉伯将与主要产油国和消费国合作，承诺稳定全球原油市场，维护原油生产者和消费者的利益以及全球经济增长的可持续性。

目前市场的看法是，由于没有足够的基础设施来输送增产的原油，即使特朗普没有对伊朗石油出口实施制裁，下半年市场陷入赤字的风险仍然很高，这使得美国页岩油生产的短周期投资无济于事。换句话来说，美国页岩油生产商即使每日再增加20万到30万桶的产量，依然不足以抵消来自欧佩克产量的大幅下降。

因需求强劲、欧佩克减产以及中东和委内瑞拉的地缘政治紧张局势，原油期货价格目前已接近3年半以来的最高水平。不少人认为，伴随着未来中东原油供应恐慌的进一步升级，每桶80美元甚至100美元对于原油来说都将会是触手可及，然而在一些人看来，在进入每桶80美元之后，原油将会面临更加危险的处境。很多金融机构已经在思考油价升至每桶100美元所产生的经济影响，瑞银也加入了这一行列。瑞银警告称，油价已突破有利于全球经济增长的"最佳区域"，若持续上涨将预示着美国进入衰退。

美国过去的6次经济衰退中，有5次发生在油价大涨之后。当油价大幅上涨之时，就会增加燃料成本，并减少消费者在整体经济中的开支。但当原油成本降幅太大时，就会拖累产油国的经济增长。瑞银表示，直到最近，油价还在这两个极端范围内。瑞银经济学家表示，如今油价离每桶100美元越来越近，高油价再次带来完全负面的影响。有利于全球经济增长的最佳油价区域似乎在每桶50～70美元之间。

瑞银认为，如果油价每桶再上涨20美元，会阻碍经济增长并推高消费者物价。油价若处于每桶100美元，预期2019年全球经济增长将从4%降至3.86%。如果油价触及这一水平，全球通胀将达到4%，高于该行目前对7月消费者物价上涨3.1%的预测。

可以肯定的是，油价上涨对全球不同地区会产生很不一样的经济影响，但无疑会提高美国面临的风险。瑞银表示："我们应认真对待油价大涨的可能性，尤其是因为美国过去6次经济衰退中，高达5次都是发生在油价大涨之后。"

瑞银指出，过去一年的油价反弹为过去70年来油价的第11次最大涨幅，油价未来可能继续走高。欧佩克和俄罗斯等产油国达成减产协议，降低了石油库存。同时，地缘政治紧张局势和美国对伊朗以及可能对委内瑞拉实施制裁，这给未来的石油供应带来不确定性。尽管美国页岩油产量大增，但跟不上不断增长的需求。大型石油项目的投资不足将在2019年开始影响石油供应。

尽管过去一年油价创下历史上最大的涨幅之一，但幅度仍小于过去衰退发生之前的涨幅。在调整了通胀因素之后，全球油价仍低于2005—2015年大部分时间的水平。燃料效率的提高也意味着当今世界经济活动所需的石油减少。美国如今在全球石油生产中占有更大的份额,这意味着,作为全球最大的经济体,美国从油价上涨中受益更大。但瑞银仍然认为,油价每桶再上涨20美元不会带来很多新的石油产量。

昂贵的石油会引发经济衰退。就像所有的大宗商品一样,石油的价格是由供求关系决定的。当供过于求时,价格就会下跌;当需求超过供给时,价格就会上涨。联邦金融网络(Commonwealth Financial Network)首席投资官布拉德·麦克米兰(Brad McMillan)表示:"油价通常相当不稳定,你所看到的大多数价格波动只是噪音,但大幅上涨确实会对经济产生影响。确切地说,80%或更多的年增率。从历史上看,油价的上涨会导致美国经济放缓甚至衰退。我们还没有到达那一步。2017年这个时候,每桶石油价格约为每桶45～50美元,所以危险地带是每桶81～90美元。"

纽约大宗商品投资机构戈林与罗森茨瓦吉联营(Goehring & Rozencwajg Associates)执行合伙人利·戈林(Leigh Goehring)表示,对于那些知道如何解读这些迹象的有远见的投资者来说,他们有巨大的机会从油价中获利。面临目前的全球紧张局势,石油随时都可能达到这些高度。一些没有人能预见到的地缘政治事件可能会将油价推至每桶100美元以上。这样的峰值曾经对全球经济产生负面影响,但今天并不一定如此。这需要人们知道高油价是否有利于美国以需求为基础的石油价格上涨,比如我们目前正在经历的油价上涨,这是经济增长的积极信号。

纽约基金公司迪雷克森(Direxion)董事总经理兼另类投资主管埃吉林斯基(Ed Egilinsky)说,投资者可以判断需求是否超过原油期货曲线的供给,原油期货曲线仍处于现货溢价。投资管理机构达夫和费尔普斯(Duff & Phelps)的克雷斯韦尔(John Creswell)和格鲁豪斯(David Grumhaus)表示:"当商品期货合约的价格接近到期日时,就会出现现货溢价。这是相对于当前供应的直接需求的迹象。全球石油需求强劲,每年日增长约150万桶,在过去的几年中,我们预计这个需求增长继续。"

尽管关于石油产量何时会达到顶峰还有一些争论,但克雷斯韦尔和格鲁豪斯认为这至少还需要10～20年。由于美国是主要的石油生产国,需求的上升对美国经济是一个利好。不断增长的生产将吸引更多来自国内外的资本支出。从2015年到2017年,全球石油支出的匮乏,意味着除了主要欧佩克国家、俄罗斯和美国以外,其他地区的石油产量不太可能大幅增加。美国仍处于控制地位,并可能继续成为摇摆不定的生产者。

由于供应减少,石油价格可能是经济下滑的先兆,正如我们在金融危机中看到的那样。2006年至2008年间,欧佩克在2006年的减产后,石油市场陷入了短缺。截至2008年6月底,布伦特油价从每桶约50美元飙升至每桶145美元,减缓了全球34个最发达国家的经济增速。戈林与罗森茨瓦吉联营执行合伙人戈林说:"我们认为,我们正在以非常相似的方式重复2006年底至2008年全球石油市场的情况。我们的库存水平已经达到了一个临界点,任何进一步的拉动都会给价格带来严重的上行压力。"

金融市场可能变得紧张，油价是通货膨胀的主要诱因之一。价格上涨迫使企业支付更多的能源成本。当企业的成本增加时，企业就会提高价格以补偿，而价格上涨也会导致通胀。随着通货膨胀的增加，消费者的可支配支出减少，整体经济增长放缓。联邦金融网络首席投资官布拉德·麦克米兰说："持续的市场下跌通常发生在经济衰退的背景下。任何能引发经济衰退的因素，都对金融市场不利。当我们接近每桶81～90美元的门槛时，金融市场的风险将会上升，能源和大宗商品的收益最大。"

迪雷克森董事总经理兼另类投资主管埃吉林斯基说："像航空公司和其他工业企业的大用户可能会感受到油价上涨带来的最大压力。但是一些行业，比如能源，将会受益。能源股在一段时间内已经落后于其他的大宗商品，这可能代表着利用目前这种差距的机会。"纽约大宗商品投资机构戈林与罗森茨瓦吉联营执行合伙人亚当·罗森茨瓦吉也说："自然，大宗商品受益于价格上涨。过去5至10年，大宗商品价格低迷的时代可能即将结束。因此，投资者应该对大宗商品有一定的敞口。利率上升、市场波动和通胀的可能性，使这成为人们多元化投资组合和投资于可能从这种环境中获益的资产类别的好时机。"

国际能源署数据显示，在原油行业投资水平历史性的下降了25%之后，2015年和2016年开始出现复苏，但是2017年没有显著的增加，基本持平，这使得原油投资开始略显不足。而2018年以来数据显示，投资最近略有增长，这使得原油行业投资依然存在很大的缺口，这将会对未来的原油生产埋下隐患。

国际能源署表示，目前全球大部分的原油投资都集中在美国的页岩油，即使原油开采成本已经下降，同时效率有所改善，但是到2033年上游投资也许不足以避免全球闲置产能的严重不足。同时，5年后预计全球原油需求还将继续增长，这时候供应可能将会出现明显的不足。

地缘政治风险让投资者保持警觉，但投资者也在关注俄罗斯和沙特阿拉伯即将举行的谈判，他们将讨论是否应该考虑放松对减产协议的过度遵守。这种情况下，油价涨势受限。从年度基本面来看，由于未来原油市场供需对油价的提振将会大大降低，供应相对需求将再次上升，因此基本面的刺激作用将不会如此有力，油价将交投于每桶55～75美元这一区间，低于当前的油价。

2018年油价维持着稳定上涨的走势，如果美国的原油生产商选择了低于当前价格的点位进行对冲，那对于他们而言将会存在一定的风险，因此部分的原油生产商放弃了使用对冲。大陆资源首席执行官哈罗德·哈姆表示，近期内不会选择进行对冲。事实上，作为北达科他州最大的页岩油生产商之一的大陆资源，自从2018年第一季度末以来就没有进行任何对冲的动作。

高盛表示，对冲可能会阻碍钻探的活动，同时使得原油生产商关注于资本约束。原油生产商预计将会增加对于现有的期货合约的对冲，以缓和2019年油价的波动，但这可能导致资本支出的增加。预计 2018 年的大部分产量增长将来自对冲 50% 以上的生产商。全球原油需求的增长依然强劲，延续了 2017 年的趋势。但每桶 80 美元的原油价格可能已经使得部分需求增长的预期开始出现回落。

近段时间中东爆发了一连串事件，先是美、英、法三国对叙利亚的打击，随后特朗普撕毁伊朗核协议，之后美国又表示要对委内瑞拉进行制裁，整个中东局势在近期急速升温，也正是因为美国的搅局，使得几个原油大国可能面临巨大的原油供应缺口，这引发了原油价格的一轮暴涨。

但对于这个原油缺口，有专家推测很可能会被美国补上，因为欧佩克已经在减产中，因此不可能说有多余的力量来填补这么大的一个原油缺口。如果美国来填这个缺口，这就意味着将会有大批的原油市场份额落入美国手中，美国将从整个中东的嘴里抢过来一大块肉，而这么做的结果，欧佩克的未来将会面临一个难以处理的局面。目前欧佩克的减产还能够应对一下美国的增产，但如果美国进一步吞并市场之后，欧佩克恐怕就很难再阻止美国的脚步。

更重要的是，欧佩克和俄罗斯是联手减产，但俄罗斯是义务性质减产，眼下美国即将吞并这么大一个市场，俄罗斯不可能袖手旁观让美国坐收渔利，因此俄罗斯很大概率会退出减产去和美国竞争这个原油供应缺口，在失去了俄罗斯这个帮手之后，欧佩克还有必要继续减产吗？恐怕即便坚持，效果也是微乎其微了。

英国石油首席执行官杜德利预计，在油价升破每桶 80 美元后，将有大批美国页岩油进入市场，且欧佩克可能重新恢复供应以给油市降温。杜德利称，由于页岩油产量飙升，且欧佩克的产能将提振产量，预计油价将降至每桶 50～65 美元。2 月以来油价已上涨 30%，让英国石油等油企搭上了顺风车，英国石油 2017 年的获利在连降 3 年后回升。

市场目前还能够在不影响需求增长的情况下应对油价上涨，但杜德利称，油价长时间维持在每桶 80 美元以上的市况是不健康的。杜德利说："两年前油价还在每桶 27 美元，这对全球增长是极有利的，但这对产油国是可怕的，也造成产油国无力采购。这一价位是不健康的……我认为油价升至每桶 80 美元以上，也不是健康的价格。"

尽管国际能源署因油价上涨而下调了 2018 年石油需求增长前景，但英国石油仍认为，石油消费量预计每日将增加 170 万桶，强劲增长势头预计将延续一段时间。全球经济已度过了前所未有的 10 年增长期，尽管美国可能恢复对伊朗制裁，且中美两国贸易关系紧张，但经济增长势头还可能持续。

所以这轮原油价格的大涨带来的反而是持续不断的麻烦，甚至有机构表示，油价上涨或拖累全球石油需求。凯投宏观大宗商品经济学家托马斯·普赫（Thomas Pugh）表示："随着布伦特原油价格徘徊在每桶 80 美元左右这 3 年半以来的高点，如果油价保持在当前水平或进一步上涨，2019 年石油消费增长可能大幅放缓。油价上涨 20%（自

2018年初以来的增长幅度）可能会使工业化经济体的石油日需求减少达100万桶。相反，如果消费增长放缓，这是另一个认为价格不会在很长时间里保持如此高水平的原因。"

油价网站专栏作家伊莉娜·斯拉夫（Irina Slav）认为，如果欧佩克正在谈论是否提高原油产出这一问题，那便意味着该组织不希望看到油价升至每桶80美元以上。沙特阿拉伯和阿联酋的能源大臣已表示不存在基本面因素令布伦特油价持于每桶80美元上方。当美国在2018年底开启对伊朗的制裁，其带来的原油供应中断也会被足够的产量抵消。当前，其他欧佩克官员认为每桶80美元以上的油价并非最佳的价格水平。

原油贸易商贡渥集团首席经济学家戴维·法伊夫表示，委内瑞拉减产和制裁扩大意味着其石油日产量可能进一步减少50万桶，到2018年底将降至100万桶以下。而即便是美国不追加制裁，委内瑞拉当前也没有足够的资金来维持原油生产。油价网站专栏作家伊莉娜·斯拉夫称，欧佩克或许应该"感谢"委内瑞拉，其产量下滑让欧佩克的减产事半功倍。此前不少分析认为2018年油价有望上破每桶100美元，但如今欧佩克开始考虑提高原油产出，这或许表明市场对油价的预计过于乐观了。

高企的油价也让欧佩克面临来自外部的压力。世界第三大原油消费国印度已经要求沙特阿拉伯保证维持油价稳定，并表示每桶80美元的油价"并不合理"。印度能源部国际合作联合秘书桑杰·苏德希尔（Sanjay Sudhir）指出："我们并不是说油价应该停留在每桶25美元的水平，但是，至少它得处于一种合情合理的价位才行。每桶80美元已经不是合理价位，也不是市场驱动的价位。"其实，早在4月初，印度石油和天然气部长达尔门德拉·普拉丹（Dharmendra Pradhan）表示："每桶70美元的油价对印度经济来说太高，因为印度经济对价格异常敏感。如果油价居于每桶50美元左右，我会非常高兴。但是，每桶80美元将极大地挤压印度经济。"

印度对油价飙升忧心忡忡，也是情有可原。近些年来，印度之所以成为全球增长最快的主要经济体，低油价功不可没。根据印度经济调查数据，油价每上涨10美元，就会导致印度经济增长率下滑0.2%～0.3%。受利于低油价，印度享有较低的进口账单，并改善了贸易平衡和经常账户。油价上涨，会导致印度购买石油的进口成本上升，而这大大恶化了该国政府贸易平衡和经常账户。2017年11月，欧佩克在《2040年全球石油前景》中指出，未来20年内，印度能源需求增长的速度将比其他国家都快。然而，如果油价继续上涨的话，这种需求可能会受到影响。在近来发布的报告中，BMI Research 的分析师们指出："如果油价继续上涨，印度的能源消费很难继续以当前的速度增长。"

为了让普拉丹安心，沙特阿拉伯能源大臣法力赫向他表示："支持全球经济增长是沙特阿拉伯的主要目标之一，为了实现这个目标，欧佩克将尽力保证充足的原油供应，以抵消潜在的供应短缺。"法力赫还与阿联酋、美国和俄罗斯的石油官员通过电话，也与韩国等主要石油消费国沟通过，打算采取全球合作行动来减少市场对油价高涨的焦虑。

摩根大通石油分析师克里斯蒂安·马利克（Christyan Malek）称，委内瑞拉局势对全球石油市场的实质影响将远超伊朗制裁。当前欧佩克必然会持续关注委内瑞拉的形势。也正如俄罗斯能源部长诺瓦克所说，开始放宽原油产出配额的时机或许已经来临，当前的油市仍是买方市场。

尽管伊朗宣称美国的制裁将不会对伊朗的原油出口产生影响，但是伊朗所说这句话的前提是欧盟可能会拒绝遵循美国对于伊朗的制裁。伊朗石油部长赞加内在会见欧盟气候行动与能源专员米格尔·阿里亚斯·卡涅特（Miguel Arias Cañete）后表示："如果欧盟没有跟随美国退出核协议，那么这个协议将依然有效，同时伊朗的原油出口将不会发生改变。欧佩克的每一项新决定都需要全体成员一致通过，我相信如果欧盟愿意帮助伊朗的话，那么伊朗原油的出口水平将不会发生改变。"

2018年5月18日，欧盟宣布采取一系列措施来反制美国对于伊朗的制裁，这包括允许成员国直接向伊朗央行支付货款以购买原油，同时恢复了1990年代的阻挠法案，即允许欧盟的成员国无视美国的制裁，同时也不用担心美国对欧盟成员国企业的报复。但是问题在于，这可能并不会奏效。首先是欧盟一个整体，在反对美国的过程中，考虑到美国在经济规模以及政治上的影响力，很难确保每一个成员国都能够一致地支持伊朗，更不用说欧盟各成员国内能够一致地来反制美国对于伊朗的制裁。

俄罗斯已经开始酝酿逐步退出减产协议。5月24日（周四），俄罗斯能源部长诺瓦克在圣彼得堡国际经济论坛（St Petersburg International Economic Forum）的间隙表示："如果6月的会议上欧佩克以及非欧佩克产油国觉得市场已经趋于平衡，那么将考虑适当的放开产量的限制。俄罗斯和沙特阿拉伯对于减产协议的未来持有相同的立场。"诺瓦克准备在周五与出席圣彼得堡国际经济论坛的沙特阿拉伯能源大臣法力赫会晤。

俄罗斯第二大原油生产商卢克石油首席执行官瓦吉特·阿列克佩罗夫在圣彼得堡国际经济论坛间隙亦表示："现在是提高石油产量的时候了，因为油价已经达到每桶80美元，这是自2014年末以来的最高水平。我希望诺瓦克能够在6月欧佩克维也纳会议召开之前召集他们进行有关的讨论，因为油价已经上涨至每桶80美元，这是一个相当高的水平。"

澳洲券商阿希贸易商首席市场策略师格雷格·麦肯纳首席市场策略师格雷格·麦肯纳表示："原油价格开始有波动了，这是由于欧佩克以及俄罗斯将在6月会议上讨论增加产量。俄罗斯的表态让我感到震惊，随着原油库存开始走稳，油价可能会再次上升，但是由于产量的限制导致了利润的减少，所以俄罗斯现在希望退出减产协议，这种想法对于投资者而言是十分重要的，因为这可能会导致价格的回落。"

在美国退出协议后，欧盟、中国以及俄罗斯试图来挽救这个协议，同时这些国家的外交官员5月25日（周五）在维也纳与伊朗外交官员进行会谈。伊朗最高领袖哈梅内伊已经向欧盟传达了五个要求，其中包括欧盟将会保证伊朗的原油都能够出口，这对于欧盟的领导人而言显然是一个很难达成的要求。哈梅内伊表示，如果欧盟未能提供相应的保护，伊朗将会恢复已经终止的核活动。

哈梅内伊向欧盟传达的五个诉求：①美国拒绝了伊朗核协议，因此欧盟需要制定相应的解决方案来应对美国的违约。②欧盟必须承诺不会提出有关伊朗导弹以及地区性事务的问题。③欧盟必须反对任何对于伊朗的制裁，特别是美国对于伊朗的制裁。④欧盟必须保证伊朗的原油都能够卖出。如果美国对于伊朗原油的出售进行了干预，欧盟必须要保证伊朗至少能够出口伊朗想要出口的量。欧盟还需要对伊朗的损失进行补偿，同时欧盟也需购买伊朗的原油。⑤欧盟的银行必须要保证与伊朗的交易。特此声明，伊朗和这三个国家（即英、法、德三国）没有冲突，但是基于以往的经验，伊朗不会信任这三个国家。

事实上，德国和法国是欧盟的核心国之一，伊朗所表达出的不信任实际上会降低欧盟对于伊朗的耐心，同时伊朗以重启核活动为威胁要求欧盟满足自身的需要，这或招致欧盟站在伊朗的对立面，进一步阻碍伊朗的原油出口。

2018年5月25日（周五），沙特阿拉伯能源大臣法力赫、作为欧佩克轮值主席的阿联酋能源大臣马兹鲁伊和欧佩克秘书长巴尔金多都出席了彼得堡国际经济论坛，并与俄罗斯能源部长诺瓦克讨论了产量协议的相关问题。沙特阿拉伯、俄罗斯和阿联酋的能源部长讨论了将日产量提高约100万桶，把减产协议执行率降至100%。

俄罗斯总统普京在圣彼得堡国际经济论坛上表示："我们对能源和石油价格的无休止上涨不感兴趣，俄罗斯和欧佩克不打算坚持现有的减产计划。如果你问我什么是公平的价格，我会说我们对每桶60美元非常满意。美国决定退出伊朗核协议并重新实施制裁导致原油价格上涨，每桶60美元的原油价格是均衡价格，足以进行必要的投资。超过每桶60美元可能给消费者带来一些问题，对生产者也不利。欧佩克与俄罗斯和其他石油生产国减产协议的未来命运将取决于是否有可能就伊朗核计划达成协议。接下来会发生什么将取决于伊朗核协议以及如何影响世界能源市场。"

俄罗斯能源部长诺瓦克表示："虽然欧佩克和盟国下个月商议减产协议前途的时候有很多问题要讨论，但供应的逐步复苏是关键。大家原则上同意，6月的维也纳部长级会议需要非常认真地讨论这个问题。在那里会提出不同的选择。但最有可能的是逐步放松。我们的目标是避免市场不稳，同时避免过热。现在就判断如果放松减产后会有多少供应将回归还为时过早，并且关于放松减产还没有最终决定。欧佩克和盟国对过热的市场不感兴趣，只关心公平的油价。"

沙特阿拉伯能源大臣法力赫表示："在油价接近每桶80美元之际，欧佩克及其盟友可能会在2018年下半年逐步提高石油产量，以减轻消费国的焦虑情绪。我认为在不久的将来，平稳释放供应以免震惊市场的时机将会到来。当欧佩克、俄罗斯及其他主要产油国在6月举行会议的时候，将做必要的事情来安抚消费国。"

花旗大宗商品研究负责人莫尔斯表示："俄罗斯在未来3到4年内将石油日产能增加100万桶的计划，已经成为比油价上涨更重要的目标。是俄罗斯最开始坚持要在6月会议上对欧佩克协议进行评估，关于限制产量，俄罗斯在增加产量与油价上涨之间的平衡在当前价格水平上已经达到临界点。沙特阿拉伯的想法也发生了转变，因为他们承认价格上涨对需求有影响，但美国的政治压力可能不是其政策转变的触发点。如果石油价格在接下来的几周内持续走弱，增加产量的决定可能会推迟到晚些时候。"

因俄罗斯和欧佩克计划增产的消息令原油多头信心大受打击，同时美国运转油钻数再度大增，以及美元反弹均令油价承压。25日，WTI油价收报每桶跌3.17美元至67.50美元，跌幅4.49%，布伦特油价收报每桶跌2.40美元至76.42美元，跌幅3.04%。

在反对美国实施制裁问题上，伊朗正在寻求欧佩克的支持，并暗示不认同沙特阿拉伯有关可能需要提高全球石油供应的观点。伊朗石油部长赞加内在写给欧佩克轮值主席、阿联酋能源大臣马兹鲁伊的信件中表示，希望欧佩克能根据欧佩克章程第2条对伊朗实施保护，该条款强调欧佩克要保护成员国的利益。赞加内要求在2018年6月举行的欧佩克大会上额外增加一个议题，讨论欧佩克如何对遭受非法、单方面和域外制裁的成员国予以支持。

马兹鲁伊致信答复称，有两个备选办法可供讨论这个问题。一是欧佩克成员国将考虑伊朗这一请求，并将其纳入2018年11月左右的欧佩克会议议程中；二是将伊朗的请求作为"伊朗伊斯兰共和国的请求"列入6月会议的"任何其他事项"中，而不会列入主要议程。

除请求援助外，赞加内还在信中透露伊朗希望欧佩克能延长减产协议，这与近来一些减产国希望增产的看法矛盾。沙特阿拉伯能源大臣法力赫和俄罗斯能源部长诺瓦克在圣彼得堡会晤后，两国暗示将在6月22日维也纳会议上考虑增加日产量100万桶左右，将减产履约率降至100%，引发油价深跌。对此，赞加内在信中表示，伊朗不同意欧佩克一些部长们最近对原油市场的评论。他说，一些欧佩克部长"旁敲侧击地表达了一些可能会被误认为欧佩克官方立场的观点"。另一方面，赞加内说，如果美国对伊朗的制裁威胁得到解决，伊朗会在尽可能短的时间内恢复其在原油市场的份额，称伊朗将恢复正常生产水平，不会接受这方面的任何限制。

欧佩克成员国之间的关系开始出现裂痕，以伊朗和科威特为首的成员国不满沙特阿拉伯迫于美国和俄罗斯的压力想要压低油价。伊朗是沙特阿拉伯的死对头，但科威特一直保持中立。这次科威特表达对沙特阿拉伯的不满，显示出欧佩克内部的深层次不和。科威特石油官员指责沙特阿拉伯允许与美国的政治联盟影响对石油政策的判断。

第二节
慢涨快跌使 WTI 与布伦特原油折价差扩大

前面讲了，由于中东紧张局势加剧，委内瑞拉大幅减产，同时经合组织石油库存较 5 年均值的水平愈来愈近，加之沙特阿拉伯为沙特阿美上市做铺垫希望油价涨至每桶 80 美元，这使得布伦特原油在 2018 年 4 月一路快速上涨，4 月 23 日，收盘达到每桶 75.03 美元，这是自 2014 年 11 月以来油价每桶首次上破 75 美元。30 日为 4 月最后一个交易日，布伦特原油盘中升至过去 41 个月最高点每桶 75.62 美元。4 月布伦特油价每桶累计上涨 5.32 美元，涨幅 7.67%。

而 WTI 油价 4 月每桶累计上涨 3.66 美元，涨幅 5.64%，较布伦特原油每桶少涨 1.66 美元。在国际油价大幅上涨的情况下，WTI 原油较布伦特原油涨幅的差距拉大，主要原因有三个：一是 4 月全球油价的上涨因素对推动布伦特油价快速上升具有直接作用，布伦特油价基本反映了除美国之外的全球原油市场走势；二是美国原油产量的激增在一定程度上限制了 WTI 油价的上涨；三是受限于管输瓶颈，二叠盆地管道输油能力已超负荷，使得美国原油产量处于过剩状态，这也限制了 WTI 油价的上涨。对美国原油产量不断增长的担忧，内陆的过剩原油因缺少输油管运力而滞留，重压了美国原油价格，一个月之内美国原油与布伦特原油贴水增加了 1 倍。换言之，在中东局势紧张、欧佩克超额减产的情况下，美国原油的涨幅没能跟上布伦特原油上涨的节奏，主要是自身因素限制了，以至于特朗普指责欧佩克人为操纵推高油价！

WTI 原油涨幅落后于布伦特原油，最直接的体现就是前者对后者的折价差扩大。2 月 WTI-布伦特每桶平均折价差为 3.46 美元；3 月每桶平均折价差为 3.75 美元，较上月每桶平均折价差仅扩大 0.29 美元，扩幅 8%；4 月每桶平均折价差迅速扩至 5.41 美元，较 3 月每桶平均折价差扩大 1.66 美元，扩幅 44%，较 2 月的折价扩幅为 56%。不仅如此，在 4 月的最后 6 个交易日，WTI-布伦特每桶折价差均超 6 美元。

5 月，受地缘政治以及预期伊朗和委内瑞拉原油供给减少的影响，国际油价继续飙升，5 月 17 日布伦特油价盘中升至 3 年半以来最高点每桶 80.50 美元，收盘亦在每桶 80 美元左右，为每桶 79.56 美元，WTI 油价收盘至每桶 71.59 美元。尽管两者都在上涨，但 WTI-布伦特原油折价差扩至每桶 7.97 美元，创下 2018 年初以来折价差最高纪录（图 4-2）。各大机构发出警告，油价突破每桶 80 美元之后，恐导致全球经济衰退，影响原油需求增长。随后有消息传出俄罗斯、沙特阿拉伯准备增产，以填补伊朗、委内瑞拉因制裁和产量下滑而出现的供应缺口，从而稳定油价不至于涨得太快。5 月下旬，油价转入回落，尽管如此，在5月最后两个交易日，WTI-布伦特原油折价差连续两天创下新高。5月30日，布伦特油价跌至每桶77.86美元，WTI油价跌至每桶68.23美元，WTI-布伦特原油每桶折价差扩至9.63美元；31日，布伦特油价跌至每桶77.61美元，WTI油价跌至每桶67.10美元，WTI-布伦特原油每桶折价差扩至10.51美元。不仅如此，折价差还在继续扩大，6月1日，布伦特油价跌至每桶76.71美元，WTI油价跌至每桶65.71美元，WTI-布伦特原油每桶折价差扩至11.00美元；6月7日，布伦特油价涨至每桶77.44美元，WTI油价涨至每桶65.95美元，WTI-布伦特原油每桶折价差扩至11.49美元。

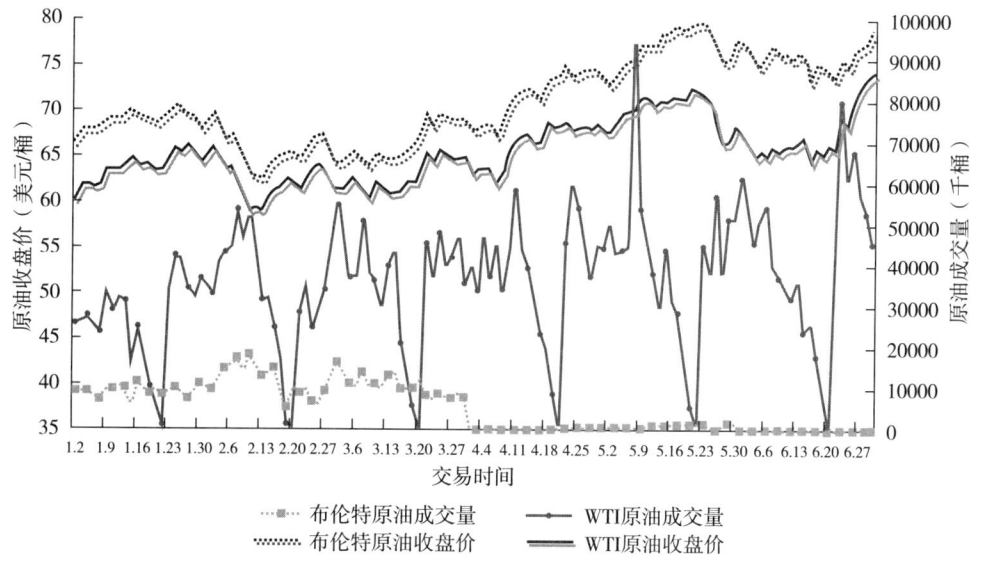

图4-2　2018年1—6月WTI原油、布伦特原油价格及成交量
资料来源：新浪财经。

从5月初以来，不论油价涨跌，WTI-布伦特原油折价差都在持续扩大。之所以出现这种状况，主要是WTI原油与布伦特原油的涨跌幅度不同步。在油价上涨的时候，WTI原油的涨幅落后于布伦特原油；在油价下跌的时候，WTI原油的跌幅又大于布伦特原油。5月，WTI-布伦特原油每桶平均折价差为7.22美元，较4月扩大1.81美元，扩幅33%，其中当月最大折价差发生在5月31日，为每桶10.51美元。6月，WTI-布伦特原油每桶平均折价差为8.53美元，较5月扩大1.31美元，扩幅18%，其中当月最大折价差发生在6月7日，为每桶11.49美元，与2月每桶平均3.46美元的折价差相比，扩大232%。

近期无论在原油价格受地缘政治影响不断走高时，还是受俄罗斯和沙特阿拉伯即将增产影响油价下跌时，WTI-布伦特折价差均不断走扩。究其原因：首先，本轮油价上涨主要受伊朗和委内瑞拉供给减少预期影响。中东局势动乱对布伦特油价的影响更为显著，因此使得前期折价差不断走扩。其次，WTI-布伦特原油之间的折价差作为衡量石油市场收紧的指标，两者折价差扩大表明全球供需或已达到紧平衡，对布伦特油价的支撑力度更强，同时表明油价未来还将走高。值得注意的是，无论是5月初以来油价暴涨时还是近期由于俄罗斯和沙特阿拉伯暗示将放松减产协议导致油价大幅降低，WTI-布伦特的折价差均在走扩。

WTI 原油和布伦特原油均是反映国际原油市场动向的基础原油，由于二者油品质地接近，二者定价理应较为接近，但是从历史来看，二者价差曾出现过大幅波动，从2015年美国取消石油禁运之后，WTI-布伦特价差波动有所减小，整体折价差均值在每桶3.2美元左右，但目前最高升至11.49美元，创2015年3月以来新高。

目前全球原油期货定价体系中，WTI 和布伦特期货合约是全球最为重要的两个原油期货合约，其中，超过65%的原油参考布伦特原油进行定价，大约30%的原油参考WTI价格进行定价。从合约上看，WTI 原油期货合约的标的物是产自美国西得克萨斯州的中质原油，布伦特原油的标的物则是产自英国北海布伦特油田的轻质原油。从油品上看，WTI 原油轻质度API为38.7，含硫量0.45%，而布伦特原油API为38.1，含硫量为0.39%。因此，二者油品接近，价差应该较小。

WTI 原油和布伦特原油存在折价差并且不断波动，地理位置和运输便捷度是二者存在价差的主要原因。从地理位置来看，布伦特原油产自英国北海布伦特油田，其产出的原油首先通过通道运输至萨洛姆湾（Sullom Voe）地区储存，然后通过海上运输运往世界各地，运输十分便利。而WTI原油，产自美国内陆得克萨斯州，陆上运输受到美国国内运输管道运输能力和方向的限制。从合约本身来看，布伦特原油仅限于通过期转现的方式进行实物交割，因此不设置交割地，叠加运输便利，因此布伦特原油基本上不受基础设施的约束，可以方便快捷地运往世界各地，能够很好地反映除美国以外的国际原油供需水平，在国际中的影响力也较大。但是，WTI 原油期货只能实物交割，并且交割地设在美国俄克拉荷马州的库欣，交割地和运输条件的不利使得WTI 原油价格受此外力的影响较大，更多反映美国国内原油供需，这就使得二者之间存在价差。

布伦特原油覆盖面更广，运输更加方便，能够较好地反应除美国以外的全球其他地区的原油供需，其波动主要与全球供需相关，受外部条件影响较小。而WTI主要是内陆原油，受运输设备和交割地点限制，WTI主要反映美国原油的供需情况。在2015年以前美国一直实施石油禁运，导致即使二者存在价差，投资者也无法进行套利，进一步加剧了二者价差走扩。

在美国解禁石油出口之后，虽然美国石油可以出口至其他国家，但是其仍然受制于陆上运输以及基础设施，相比而言布伦特油价依然更能够反映除美国之外的原油供需情况，当全球原油供需较为紧张时，美国国内供需依然较为平稳，因为美国原油优先满足国内需求，WTI油价对国际供需敏感度较低，若此时美国原油出口不足以支撑全球供需缺口时，布伦特原油价格涨幅将超过 WTI。二者价差通常被当作是全球原油供需紧张程度的指标。布伦特原油受中东局势影响更大，从欧洲原油进口地来看，对俄罗斯、中东和北非这 3 个地区的进口量占比较大，因此，中东和北非地缘政治风险均会导致二者价差走扩，并推动油价上升。

本轮油价上涨行情主要是由于中东地缘政治风险导致市场担忧原油供给大幅降低引起的，但此时伊朗和委内瑞拉由于制裁导致的原油供给降低并没有体现出来，同时原油需求也并没有显著变化，这种情况下，目前对于供给降低预期的修正必将伴随着油价的下跌。但是随着不断减产以及全球需求提升，原油供需有趋紧之势，对布伦特油价支撑力度更强，使其下行幅度较 WTI 小，价差不断走扩。

从需求方面看，即将进入夏季需求旺季，7—8 月原油需求为全年高点，因此中期内原油需求将有所提升。从库存来看，5 月 27 日欧佩克与非欧佩克产油国联合技术委员会讨论结果显示，产油国已经在 2018 年 4 月实现"将国际石油库存削减至 5 年均值下方"这一目标，实现再平衡。因此，目前全球原油供需已经趋紧，对布伦特油价支撑力度较大，同时表明油价未来还将走高。

2018 年 5 月 31 日（周四）如预期一致，美国总统特朗普宣布对加拿大、墨西哥和欧盟征收 25% 的钢铁关税，征收 10% 的铝关税。关税将于华盛顿时间午夜生效。特朗普终于对美国最亲密的盟友下手了！美国商务部长罗斯表示，美国希望继续与加拿大、墨西哥和欧盟就贸易进行谈判。与欧盟的谈判取得了进展，但是不足以继续豁免其关税。对此，欧盟委员会主席容克当天表示，欧盟将对美国的这一决定采取报复行动。德国总理默克尔抨击美国的钢铝关税是"单边"和"非法"的，警告这将招致"报复升级，到最后伤害到所有人"。法国总统马克龙告知美国总统特朗普，美国的关税非法，欧盟将回击。

特朗普政府也在考虑对进口汽车以及 500 亿美元进口中国商品加征关税。也就是说，在中美贸易摩擦再次升级之际，特朗普又将贸易保护大旗挥舞到其他国家，此举无疑加大了全球贸易战爆发的风险，对爆发全球贸易战的担忧正在愈演愈烈。国际货币基金组织警告说，贸易保护主义浪潮是全球经济前景面临的最大风险。世界贸易组织总干事阿泽维多（Roberto Azevedo）也警告成员国不要走向贸易战争，贸易战将一发不可收拾。

朝鲜主要官员金英哲 6 月 1 日（周五）在白宫椭圆形办公室与特朗普进行了一个多小时的交谈，并向特朗普转交了朝鲜领导人金正恩的一封信函。有消息称，金正恩预计在信中会表现出对与特朗普会面的兴趣。

油价网站分析师蒂利耶（Martin Tillier）表示，金融市场总体来看处于重大风险时期。股票、债券和货币都在对诸如贸易、朝鲜和意大利政治等各种新闻做出反应，油价也是如此。蒂利耶认为，综合地缘政治、供需情况和技术面因素来看，WTI 价格未来有望反弹至每桶 70 美元。市场人士表示，油价真正的危险在于，特朗普的贸易改革措施限制了石油需求。随着欧佩克考虑增加产量，特朗普的贸易政策可能会导致需求的下降，两件事件叠加将会导致油价跌至每桶 60 美元下方。

贸易战的升级可能会对油市产生重大的影响。国际能源署表示："特朗普最初提出关税的时候，意味着美国的贸易保护主义正在抬头，这将对市场产生风险，并提高全球贸易战的可能性，这将导致全球经济的放缓，而经济放缓的后果就是成本的上升，尤其是海运部门和货运行业的燃料费用。"

美国石油协会执行主席兼首席执行官杰克·杰拉德则表示："新征关税将会扰乱美国的油气行业复杂的供应链，这将影响美国正在进行以及未来计划实施的能源项目，并削弱美国的经济安全。这是因为，油气运输管道所使用的特殊钢材大部分都是依赖进口的。"

得克萨斯州独立生产商以及专利协会（Texas Independent Producers & Royalty Association）主席朗加内克（Ed Longanecker）表示："假如美国的石油和天然气公司 2017 年仅在管道上的花费达 80 亿～90 亿美元，如果他们以后所有管道材料都从国外进口，新征关税将使其费用每年增加超过 20 亿美元。"

据俄罗斯第三大原油生产商俄罗斯天然气工业石油数据，目前，俄罗斯拥有 50 万桶的日空闲产能。据花旗消息，这家公司同俄罗斯另一家原油生产商俄罗斯石油计划在原油生产限制放宽后就增产。据彭博社统计，在 5 月的最后两天，俄罗斯石油原油日产量增加了 7 万桶，该公司称，这是为俄罗斯和欧佩克达成的逐步增产计划"做准备"。俄罗斯石油目前的日闲置产能达 12 万至 15 万桶，第一季度其日产量为 457 万桶，该公司称，他们能迅速将 10 万桶的日产能投入使用。沙特阿拉伯也打算提高原油产量。石油产量追踪器石油物流（Petro Logistics）的数据显示，5 月沙特阿拉伯的石油日产量增至 7 个月以来的最高水平。彭博社数据显示，哈萨克斯坦计划在 5 月将产量提高至创纪录水平。

特朗普上台执政以来，美国国内政治斗争前所未有，对美元造成了压力。可以说，在 2018 年 4 月以前，美元与美国经济出现了背离现象。但是，由于美国经济表现亮丽，且一年来美国民主党派别主导的对特朗普的所谓"通俄门"的调查查无实据，正面临终结，从而美元在 4 月底再度奋起。随着美国退出伊朗核协议，中东局势潜伏着重大变局的可能，原油潜在上升动能犹在。同时，特朗普政府主张公平贸易，美国的贸易逆差或可缩减，从而不再强使美国国内的物价低迷，那么原油价格上涨，会拉动全面的物价上涨，所以美国的利率会逐阶稳步上升，推动美元上升或减缓其弱势趋势。而美元上升，会强化美国的地位，稳固特朗普的地位，进而利于特朗普推行在中东和东亚弃核的政策以及公平贸易政策，也利于原油价格上升。所以，美元与原油价格之间形成了互相正向激励的逻辑。但是，目前这种美元与原油价格相互激励，相伴齐涨的逻辑链，是一种新颖的链条，不适合长期的美元与原油之间的内在链条，因此只能是阶段性的。在特朗普的中东和东亚的弃核政策以及其贸易问题取得进展以后，这种美元与原油之间的共涨关系或就将结束。

2018年5月31日，在接受CNBC财经论坛节目采访时，纳斯达克企业解决方案公司能源和公用事业主管塔玛尔·埃斯纳说："我认为油价下跌是暂时的，并且基本面的情况仍然很强劲。眼下，受避险情绪拖累，油市有点混乱。在对以总统特朗普为首的美国政府即将引爆贸易战的担忧，以及对欧盟完整性的质疑的双重影响下，市场对风险的厌恶情绪一直在升温。需要指出的是，对欧盟完整性的质疑，助推了美元的上涨。美元走强，导致以美元为出售单位的大宗商品对其他货币的持有者来说变得更加昂贵。"

美国页岩油钻探公司正面临工人短缺和得克萨斯州西部管道容量有限等难题。与此同时，这些钻探公司更加关注的是如何将价值回报给股东，而非将收入投入到新的生产中。埃斯纳指出："页岩钻探公司要想增产，还需消除另一个障碍。很多公司同意以远低于当前水平的价格向客户交付石油，这种做法被称为'对冲'，并在假设2018年平均油价为每桶60美元的基础上制定资本支出计划。在观察石油期货价格曲线的斜度时，你会发现它是向下的。这意味着，在未来几年内以诱人的价格对冲产出变得更加困难，油价可能会稳定在每桶70美元左右，同时期货价格能否升至这一价位水平主要取决于供需基本面。"

侯赛尼能源（Husseini Energy）创始人兼总裁萨达德·侯赛尼（Sadad Al-Husseini）指出："很明显，每桶80美元的价格太高了，并且还会涨得更高。另一方面，欧佩克也不想失去市场。如果跌至每桶70美元下方，显然价格又太低了，因此欧佩克成员国正试图在6月22日会议之前协调好他们的战略。"

侯赛尼还说："在现货市场，石油买卖是以满足实际需要为目的的'相当均衡'。出于这个原因，在评估委内瑞拉的石油产出将减少多少以及美国制裁将会把多少伊朗石油从市场上带走之前，欧佩克几乎没有必要改变其政策。欧佩克成员国拥有闲置产能，如果有必要，欧佩克随时可以增产。我相信，如果需要增产，欧佩克的能源部长们会这么做。现在，他们只是还不想增产，因为现在没有问题。美国石油产出可能即将达到巅峰，不过美国石油行业在2019年之前应该可以解决产出瓶颈难题。此外，加拿大和巴西也要增产。"

美国投资银行派杰（Piper Jaffray）旗下能源公司西蒙斯（Simmons）预测，2018年美国平均原油和天然气钻机总数将上升至1025台，2019年为1125台。目前正在服役的油气钻机数已经达到了1060口，这意味着如果按照西蒙斯的预测，那么2018年下半年将没有必要增加任何的钻井。迄今为止，美国运转油气钻机平均总数已经达到了993台，较之2017年的平均876口出现了明显的上升，这使得2018年运转油气钻机总数将可能达到2014年平均1862口以来的最高水平。

考虑到目前美国 WTI 和布伦特原油之间宽阔的折价差，美国出口商正尽可能多地出口原油，因为他们可以在国际上提高价格。5—6 月，美国原油出口增幅惊人，并且连续 3 个月创出自原油出口解禁以来的最高月度纪录（图 4-3）。4 月，美国原油日出口 175.6 万桶，超出 2017 年原油出口最高月度（10 月）纪录 3.6 万桶，5 月美国原油日出口量猛增 24.9 万桶至 200.5 万桶，6 月原油日出口量又大增 19.5 万桶至 220 万桶。美国原油出口飙升，主要得力于 WTI 与布伦特原油之间快速扩大的折价差，相比布伦特原油，美国原油更便宜，在国际市场更具竞争力。

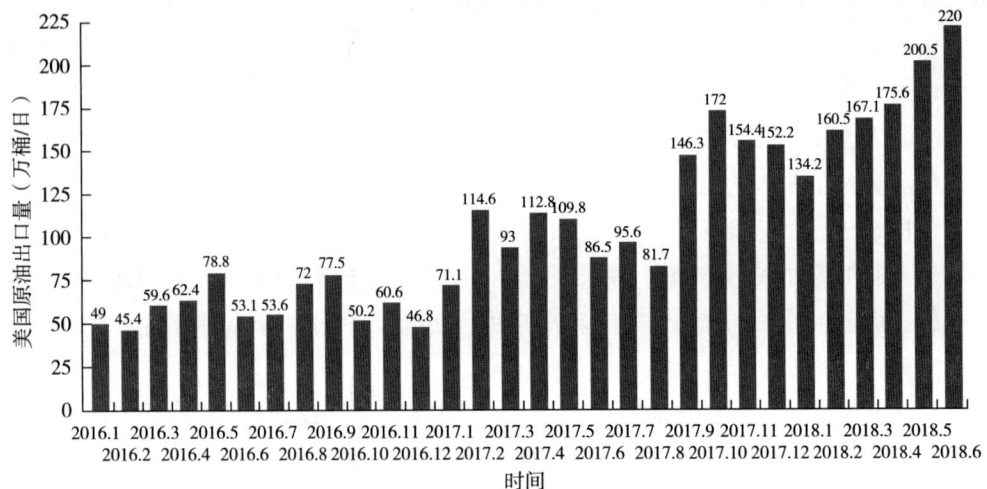

图 4-3　2016 年至 2018 年 6 月美国原油出口量

资料来源：美国能源信息署。

6 月美国出口的原油一半以上是运往亚洲。这无疑正在吞噬俄罗斯和欧佩克其他生产国的市场份额。对中国而言，规模最大的炼油商中国石化已购买了创纪录的 1600 万桶（53.3 万桶/日）的美国原油，从而减少了从沙特阿拉伯的原油进口量，以降低美国对中国的贸易逆差。由于新的炼油能力、战略库存储备加之国内产量下降，中国对原油的急切需求使之成为世界最大的原油进口国，中国 2017 年原油日进口量达到 840 万桶，较美国 790 万桶日进口量超出 50 万桶。美国原油出口量持续创下新高，且趋势明显上升。从长远来看，美国出口量中期内将继续增加，到 2022 年，美国将成为仅次于沙特阿拉伯、俄罗斯和伊拉克的世界第四大石油出口国。

据期货交易所的定价显示，应该还会有一大波美国原油如海啸般涌向亚洲。WTI 期货和布伦特原油期货的定价表明，美国原油目前相比布伦特原油而言太过便宜，以至于全球的炼油商都应会大量买入它，尤其是主要消费地区亚洲。如果中国和美国确实设法达成某种形式的贸易共识，那么或许会鼓励中国购买美国原油。

伊朗和伊拉克的原油互换交易从4月中旬开始，基于互换协议，伊拉克将会从基尔库克油田输送原油至伊朗进行精炼，同时伊朗也会输送同等数量的原油至伊拉克的北部港口用于出口。这一协议被认为是伊朗在增加自身在伊拉克的影响力，此前伊朗帮助伊拉克平息了库尔德的独立运动。在这场风波平息之后，伊朗帮助伊拉克派遣武装前往库尔德地区，并重新获得了基尔库克及其油田的控制权。早些时候关于这份互换协议的报告显示，基尔库克油田最初向伊朗日提供3万桶的原油，但是在一年内可能会上升至6万桶，至于这一协议的最初期限，双方可能会考虑延长。同时，双方考虑可能会在基尔库克边界至伊朗修建新的管道以取代油罐车，这意味着尽管这一互换协议只有一年的期限，但是双方是将其作为一个长期的交易展开的。不过有分析称，互换协议可能会使得伊拉克和阿拉伯国家的关系有所恶化。一直以来伊拉克与沙特阿拉伯一直保持着良好的关系，但随着伊拉克向伊朗靠近，可能会加剧这一区域的紧张关系。

面对美国的制裁，伊朗在不断寻求新的解决方法，而如今和伊拉克的合作被沙特阿拉伯看在眼里，或许会及时反馈给美国，伊拉克是否会成为美国又一个制裁目标呢？不排除这种可能，美国似乎想要杜绝伊朗的任何生存"机会"。如果美国真的又对伊拉克进行制裁，原油价格恐怕还会遭遇更大的利空冲击。

2018年6月5日（周二），沙特阿拉伯将7月向亚洲出口的阿拉伯轻质原油官方售价较上月每桶提高0.20美元。沙特阿拉伯此前就有过上调亚洲原油售价的举措，很显然沙特阿拉伯此举是看到了未来一段时间原油价格恐怕会持续陷入利空的漩涡之中，因此提高原油售价来及时止损。

虽然沙特阿拉伯和其他产油国的确愿意提高产量和出口，但官方售价看起来却反映出增产并不是他们高度重视的当务之急。如果沙特阿拉伯想给油市发出明确信号，那本应该下调官方售价。这样一来，买走约2/3沙特阿拉伯出口原油的亚洲炼油厂就会增加购买。相反，沙特阿拉伯满足了市场对油价的预期，似乎在暗示他们对当前油市状态、沙特阿拉伯出口水平及其原油实际售价都比较满意。

或许沙特阿拉伯很有理由感到满意。汤森路透石油研究和预测编制的船运和港口数据显示，沙特阿拉伯5月对中国的原油出口情况相当不错，中国是全球最大的原油进口国。数据显示，5月每日有113万桶沙特阿拉伯原油在中国卸货，创2017年2月以来单月最高纪录。

尽管中国石化不满沙特阿拉伯上调官方售价，认为这一价格并没有市场基本面做支撑，曾表示可能减少采购沙特阿拉伯原油，但中国对沙特阿拉伯原油的进口仍居高不下。对沙特阿拉伯而言，原油市场或许正处于甜蜜点，油价较上年同期上涨了约50%，主要进口国的需求也十分强劲。另外，他们在与本地区主要对手伊朗的竞争中还得到美国的帮助。他们再次向油市展现，欧佩克仍是一支不容忽视的力量。

美国页岩油激增已经陷入了精炼和运输的瓶颈，严重地限制了该产业满足全球不断上涨的原油需求的能力。这个问题使得美国二叠盆地的页岩油生产商们不得不大量打折出售生产的原油以交付不断上涨的运输费用。瑞杰金融表示："当这些生产商不得不用卡车将原油输送至500千米外的墨西哥湾时，这就和它听上去的一样十分低效，这导致两地之间的原油价差拉开至最近所看到的水平。"

高盛报告显示，瓶颈的阻碍将会延续至2019年，另一个关键的瓶颈可能是卡车司机的短缺。估计到2018年底还需要3000至4000辆的卡车，由于美国正面临着卡车司机的短缺，有部分事情将不得不选择放弃。另有机构的研究则表明，二叠盆地油井的钻探速度应当被减缓。美国原油生产商在未来几个月没有足够的能力可以将生产的原油运送至目的地，这可能还会导致部分生产的终止，首先受到冲击的将是一些较小的页岩油生产商。不过这一些问题还将持续至2019年末，因为额外的管道运输能力直到2019年的第四季度才能完工上线。

第三节
美国私下要求沙特阿拉伯日增产原油100万桶

2018年6月5日，美国政府通过非正式的渠道单独告知沙特阿拉伯以及其他一些欧佩克产油国，敦促他们提高原油日产量100万桶，这项要求并非通过欧佩克传达的。与过去不同的是，欧佩克似乎更愿意接受美国要求其提高产量的呼吁。对于美国私底下要求沙特阿拉伯和其他一些欧佩克产油国日增产100万桶，俄罗斯能源部长诺瓦克表示对此事并不知情。不过他指出，欧佩克和非欧佩克国家应根据需求考虑放宽减产限制。

其实，这已不是美国第一次要求沙特阿拉伯增加石油供应以缓解高油价。2008年初，美国前总统布什就向沙特阿拉伯施压要求其增产，当时正值油价出现历史性上涨之际，但沙特阿拉伯拒绝了；2012年，在宣布对伊朗实施制裁后，奥巴马政府也要求沙特阿拉伯增产，沙特阿拉伯再次拒绝。如今，美国发现自己已陷入与6年前类似的境地：油价攀升至多年高位，对伊朗的制裁也可能会推高油价。但与之前美国政府不同的是，此次特朗普政府提出了一个具体的数字。虽然美国议员常常在油价高企时批评欧佩克国家，该国政府也时而鼓励欧佩克增产，但美国政府提出具体的增产要求尚属罕见。

此次美国的干预欧佩克产量实际上是有迹可循的。早在4月，特朗普就曾在推特上罕见地批评欧佩克推高油价的行为。而在上个月，美国财政部长姆努钦表示，美国已与愿意提高原油产量以抵消伊朗供应缺口的各方进行了各种对话。他们愿意增加原油供应，以抵消伊朗制裁所造成的供应下降。几乎是同时，沙特阿拉伯表示将努力减轻原油市场的任何供应短缺所带来的影响。由此看出，沙特阿拉伯之前希望美国尽快恢复对伊朗制裁，沙特阿拉伯与美国之间是有交换条件的，那就是沙特阿拉伯承诺稳定全球原油市场。

2018年5月25日在圣彼得堡国际经济论坛期间，欧佩克秘书长巴尔金多对特朗普4月指责欧佩克推高油价的言论做了回应。巴尔金多称"我们为自己是美国的朋友而感到自豪"，随后提到过去美国曾呼吁欧佩克增加石油产量以降低油价。巴尔金多言下之意，似乎是欧佩克的减产联盟将出于美国政府官员声明的考虑而采取行动、增加产量。事实上，美国官员并不是第一个向欧佩克抱怨油价上涨的人。也在5月，印度最早向沙特阿拉伯表达了油价上涨过快的担忧。巴尔金多表示，4月特朗普的言论在一定程度上影响了原油产量，欧佩克有必要采取行动以阻止油价上涨太多。6月2日，欧佩克成员国沙特阿拉伯、阿联酋、科威特、阿尔及利亚以及非欧佩克成员国阿曼的石油部长们聚集科威特，召开联合部长级监督委员会非正式会议，试图在6月22日会议前制定出一项战略。尽管欧佩克官员并没有透露更多细节，但他们承诺"需要健康的市场条件以刺激石油工业的投资，确保稳定的供应以满足不断增长的需求，抵消全球部分地区产量的下降。"

欧佩克以及其盟国正在讨论是否需要提高产量。沙特阿拉伯以及俄罗斯这两个参与减产协议的最大产油国已经表示将会提高原油产量以弥补伊朗和委内瑞拉产量的不足。不过，这两个国家的提议必须要获得24个产油国的一致同意，这其中不乏一些希望继续提高油价的国家。

对于美国要求沙特阿拉伯增产石油，填补伊朗石油减少出口一事，伊朗驻欧佩克理事阿德比利（Hossein Kazempour Ardebili）严词抨击，并称欧佩克不会答应美方要求，这可能让6月22日的欧佩克会议陷入紧张。阿德比利表示："看到美国因为自己对伊朗及委内瑞拉违法实施制裁，而指示沙特阿拉伯出面填补减少的伊朗出口石油，真是疯狂又令人惊讶，预期欧佩克不会答应美国的要求，美国对伊朗及委内瑞拉的制裁，将引发油价跳涨反应，就像美国上一轮制裁伊朗期间一样。不会有任何欧佩克国家会与两个创始成员国对立，上次美国企图打压伊朗，但油价升到每桶140美元。"

6月11日（周一），欧佩克轮值主席、阿联酋能源大臣马兹鲁伊表示，美国没有要求欧佩克增产，以弥补委内瑞拉与伊朗产量的供应短缺。马兹鲁伊称："美国对我们来说非常重要，但是我们尚未收到任何来自美国官方或非官方的信息。"马兹鲁伊的表态似乎在掩盖沙特阿拉伯与美国之间的私下交易。

伊拉克石油部长卢艾比则认为："价格仍需要支撑和稳定，产油国不应过度夸张油市需要更多的供应。我们拒绝一些产油国在未与减产协议其他成员国磋商情况下的单边决定。"卢艾比还表示，预计6月22日举行的欧佩克会议将会很"艰难"，但不会"特别困难"；如果在6月会议上欧佩克成员国达成一致，伊拉克将同意增产；伊拉克当前原油日产量保持在432.5万桶，处在欧佩克减产协议规定范围内。

伊拉克议会在 5 月 12 日大选后，政治上的分歧以及争端可能会导致其陷入政治危机之中，同时可能会殃及伊拉克石油政策的推行，进而推迟伊拉克达成的原油合同以及投资。从选举中脱颖而出的悬浮议会已经确定了推迟组建新政府，因为没有一个联盟赢得了足够的席位来保证施政的独立性，这可能会进一步引发新的危机，从而冲击伊拉克的原油产业。一部分新当选的官员表示，伊拉克将会更好地脱离减产协议，从而使得伊拉克可以出口更多的原油。一些新当选的议员甚至要求对近期已经签署的原油合同进行修改，这可能将进一步恶化伊拉克的原油投资环境。

卡塔尔能源大臣萨达表示："尽管油市收紧和地缘政治的不断发酵推升了油价，但是有消息称欧佩克可能考虑与非欧佩克产油国在管理原油的供给上延长合作。全球原油的上游投资不足，这可能难以满足未来原油生产的需要。除了美国页岩油，可以说全球原油的勘探与开采普遍存在着一种滞后的现象，这就需要刺激原油的投资，从而确保足够的原油供给以满足全球不断增长的需求，同时抵消世界上部分地区产量供给的下降。"在达成减产协议时，萨达正好担任欧佩克轮值主席，他没有对欧佩克是否会在维也纳会议上通过谈判退出减产协议置评，但是他表示，将会在召开的会议上审查市场的状况，并做出决定，同时还将考虑到短期市场和长期市场的稳定性。

委内瑞拉以及伊朗呼吁欧佩克成员国应该保持团结，并表示如果欧佩克以牺牲其他国家的市场份额来增加产量，将是与欧佩克的原则背道而驰，因为欧佩克的宗旨是保护每个产油国的国家利益。

俄罗斯正在侧重于企业盈利情况或推动原油出口的原油税收改革，这可能将导致主要的原油公司承压，精炼厂受到的冲击最为明显，因为这项改革将会增加下游的税收负担，但是上游部门则可以看到税收从基于产量转向基于利润。

俄罗斯计划逐步取消原油出口税。俄罗斯财政部长西卢阿诺夫和能源部长诺瓦克宣布他们已经与原油公司达成一致，在未来 6 年将会逐渐取消原油出口关税，每年减少 5%，到 2023 年从当前的 30% 减至 0。这对于原油生产商而言无疑是个好消息，基于生产规模征收的税收将转变成基于盈利状况进行征收，将会刺激投资者在原油产业扩张过程中的投资。

但这并不完全是好事，因为逐步取消原油出口关税实际上是为了减少国家对于炼油企业的支持。在过去的 10 年里，为了促进原油企业的现代化，俄罗斯对于炼油企业的投资是工业投资的 5 倍，这主要是因为原油和原油产品出口在税收上的差异。俄罗斯政府的目其实是为了刺激炼油厂的升级，同时提高轻质油的产量。在 2015 年，俄罗斯已经降低了原油和轻质油产品出口税率，同时提高了对重质原油产品的税收。俄罗斯还计划 2019 年暂时提高原油和凝析油矿产资源税。

6 月欧佩克会议悄然接近，欧佩克减产联盟内部却呈现出加速分裂的迹象。根据闲置产能的充裕程度，可将欧佩克及其盟友笼统地分成增产和减产两派。拥有丰富闲置产能的国家，如沙特阿拉伯和俄罗斯，属于增产一派，而闲置产能匮乏的国家则属于减产阵营，包括受到制裁的伊朗和陷入经济危机的委内瑞拉。导致两派加速分化的主要原因在于原油增产问题。当下沙特阿拉伯和俄罗斯正设法推进原油增产，但遭到了来自伊朗和委内瑞拉的抵制。

沙特阿拉伯、俄罗斯对当前的油价感到满意，希望开始提升产量，收割一波市场，他们正为此拉拢盟友。而另一方，伊朗和委内瑞拉希望油价继续上涨，以便他们有限的产量能换来更多外汇。而为了促成各自的主张，这些国家正在努力争取阵营内其他成员的支持。值得注意的是，无论是增产还是减产，他们主张的背后似乎都有美国的身影。

美国悄悄施压欧佩克，要求后者将原油日产量提高100万桶，以确保稳定的原油供应，并抵消世界某些地区的供应下滑，但后来阿联酋能源大臣又否认了这一说法。而据欧佩克预计，在未来6个月，俄罗斯、沙特阿拉伯及阿拉伯半岛的其他国家需日增产87.5万桶，才能填补伊朗和委内瑞拉下滑的产量，并防止下半年原油市场供应缺口的进一步扩大。尽管委内瑞拉方面曾宣称可能会在减产协议放宽后实现增产，但该国当前的石油产量已远远低于2016年减产协议的产能目标，并预计会在未来几个月进一步下降。

而伊朗所面临的状况则更为窘迫。虽然美国当局并未表明伊朗原油买家需要削减多少购买量才能规避制裁，但伊朗的货物运输保险已经出现问题，伊朗制裁给原油市场带来的冲击将远远超出大众预期。此次特朗普的制裁计划集中在伊朗的铀浓缩及原油出口领域，而针对原油出口的削减幅度肯定会超过奥巴马时期的每半年减少20%。从美国政府放出的风声看，即便最保守地估计减产25%，也足以让伊朗的石油日出口量从11月开始减少67.5万桶。

从目前情形来看，即便欧佩克内部面临进一步撕裂的风险，以及中东局势恐将再度恶化，但增产派仍有脱离减产派独自进行增产的可能性。沙特阿拉伯和俄罗斯或将不顾欧佩克内部的反对独自开启增产的步伐。伊拉克则支持伊朗和委内瑞拉退出减产协议。俄罗斯石油已完成了产能测试，并有能力在数日内增加10万桶的原油日产量。俄罗斯天然气工业石油则预计，俄罗斯目前约有50万桶的闲置日产能。沙特阿拉伯则透露拥有150万桶的闲置日产能，可在90日内投入运营。可以预见的是，6月22日的欧佩克会议将会成为两派争端的风暴中心。即便两派无法达成协议，增产派仍有可能发出增产宣言，并丢出利空油市的重磅炸弹。

2018年6月12日（周二），欧佩克发布月度原油市场报告，4月发达经济体原油总库存已经低于5年均线，从2017年1月比5年均线高3.4亿桶下降至4月比5年均线低2600万桶水平，已经实现减产目标。按照美国能源信息署公布的数据，4月经合组织商业石油库存确实已低于5年均线（图4-4），即从2017年1月比5年均线高3.5亿桶下降至4月比5年均线低1071万桶。尽管两家机构公布的原油库存略有差异，但反映库存变动的方向是一致的。既然降库存的目标已经实现，下一步欧佩克的产量政策必然要进行修改。不过,欧佩克报告指出,2018年下半年油市前景具有高度不确定性,因美国、中国和印度需求有下降可能,而非欧佩克产油国产量上升。这暗示下周的欧佩克会议上欧佩克减产联盟并不会急于全面放宽产量限制。

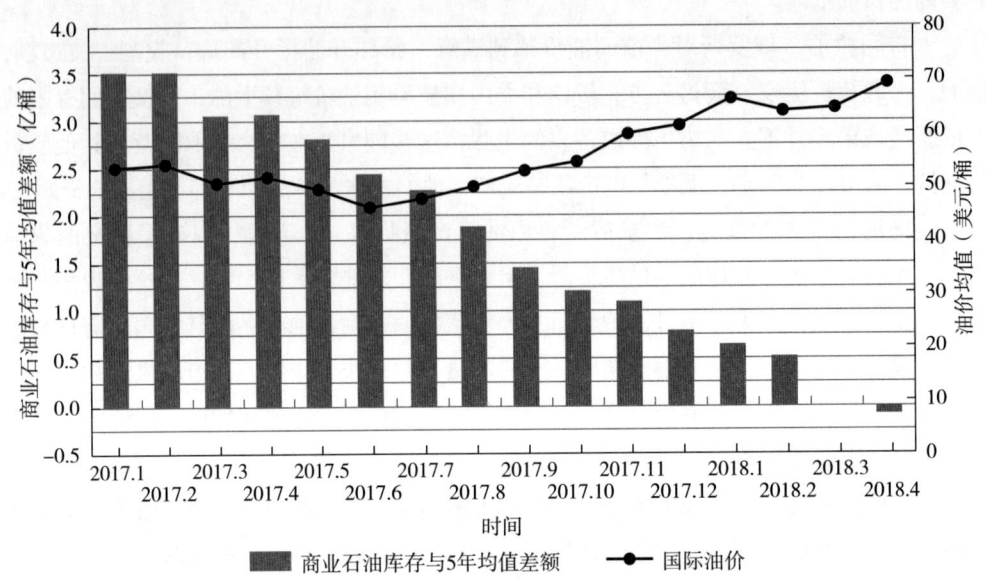

图4-4　2017年1月至2018年4月经合组织商业石油库存与5年均值差额
资料来源:美国能源信息署、邓正红软实力研究应用中心。
注:国际油价为WTI油价与布伦特油价的均值。

如果欧佩克及其盟友在下一周决定提高原油产量,那么原油产业将会面临30年来最大的闲置产能压缩,这会加剧市场因供应中断所产生的价格飙升的风险。闲置产能是指在当油市出现供应短缺的话,原油生产国能够投入的和持续供应的原油产量,以便油市在面临自然灾害、冲击以及不可抗力所导致的产量减少时能够有效应对。

投资银行杰富瑞表示,目前全球的闲置产能可能会从占全球供应量的3%下降至2%,如果得以实现,这将是1984年以来的最低水平,如果下周的维也纳会议上提高产量的议题得以通过,这一情况将会发生。市场将会看到闲置日产能将会从当前的320万桶下降至200万桶,目前全球不断增加的原油日需求大约100万桶。

一些分析师表示,闲置产能甚至有可能跌至2%下方,这是因为常年较低的油价使得原油行业的投资明显的不足,这也限制了新的产能增加。沙特阿拉伯已明确表示将会在下周的维也纳会议上支持原油产量的上升,这对于当前油市而言是一个明显的利空信号。沙特阿拉伯能源大臣法力赫表示,目前沙特阿拉伯对于当前不断收紧的闲置产能感到担忧,但是相较于2016年油价一度跌破每桶30美元,当前的油市显然处于一个较优的状态。

得益于减产协议，原油库存已明显跌至5年平均水平下方。意大利埃尼首席执行官克劳迪奥·德斯卡尔齐（Claudio Descalzi）2018年1月曾表示，目前油市的库存在不断下降，同时闲置产能也在不断挤压，这使得市场上任何的风险因素都可能会推动油价的上升。

就在欧佩克公布月度报告这一天，有消息称，俄罗斯计划提议，允许欧佩克及其盟友将原油产量恢复到2016年10月的水平，在3个月内取消大部分减产，但不是全部减产。该计划最早从2018年7月开始，减产联盟各国将按比例接受每日180万桶的增量配额。但是，市场实际的原油供应增量将低于这个水平，因为委内瑞拉、安哥拉和墨西哥等一些国家无法增加原油供应。由于减产幅度超出了预期，即便是在增加了180万桶的日产量配额之后，欧佩克的日总供应量仍将比减产前的水平低约100万桶。

俄罗斯和沙特阿拉伯是24个产油国的领导国，这两个国家已经建议提高产量，以阻止油价继续走高以及石油需求遭损害。俄罗斯的新提议将更进一步，使有能力开采更多原油的产油国有效结束减产行动。不过，这一举措必须得到其他成员国的同意，但其中一些国家已经表示反对。该计划可能是减产联盟成员国提出的首个建议，但在谈判期间可能会有所改变。花旗全球大宗商品研究负责人莫尔斯表示："鉴于沙特阿拉伯和俄罗斯这两大产油国加入协议，增产看来是不可避免的。然而，各国更有可能同意每日增产约50万桶。"

俄罗斯方面相信，在北半球夏季石油需求旺盛的时期，这一新安排将为石油市场带来稳定。俄罗斯还将支持与欧佩克及其他产油国的联盟延续到2019年，根据市场需求，是否设定新的配额。沙特阿拉伯和俄罗斯可能会借6月14日（周四）在俄罗斯举行的第21届世界杯足球赛开幕赛的机会，聚首莫斯科讨论原油政策。俄罗斯总统普京将会见沙特阿拉伯王储穆罕默德。

2018年6月13日（周三），因担忧美国供应不断上升，以及预期欧佩克和其他产油国可能在6月22—23日举行的维也纳会议上降低自愿减产力度，国际油价稍早回落，但随后美国能源信息署公布的数据显示，上周美国原油库存减幅超过预期，汽油和馏分油库存意外减少，表明全球最大原油消费国美国的需求强劲，油价由跌转升。WTI油价收报每桶涨0.58美元至66.62美元，涨幅0.88%，布伦特油价收报每桶涨1.13美元至76.56美元，涨幅1.50%。

美国总统特朗普周三再度抨击欧佩克提高油价。特朗普在推特写道："油价太高了，欧佩克又在起作用，这不好！"伊朗则指责特朗普上月宣布退出伊朗核协议后引发油价震荡。伊朗驻欧佩克理事阿德比利在声明中反击特朗普："你不能一边对两个欧佩克创始成员国伊朗与委内瑞拉实施制裁，一边还把油价震荡归罪于欧佩克。总统先生，这就是生意，我们原本以为你懂的。"

随着沙特阿拉伯寻求缩小与俄罗斯以及欧佩克其他国家的分歧，沙特阿拉伯已经向欧佩克成员国提出了几种增产方案，其中包括一个分两步走的增产计划。欧佩克成员国部长和代表在下周召开的维也纳会议之前对这些计划进行非正式讨论，沙特阿拉伯希望争取到各国的支持来增加产量，但面临来自伊朗、委内瑞拉和伊拉克的坚决反对，同时华盛顿也在对沙特阿拉伯施加压力。克里姆林宫称，俄罗斯总统普京6月13日会见沙特阿拉伯王储穆罕默德，讨论全球石油产量削减协议，同时会面的还有俄罗斯能源部长诺瓦克以及沙特阿拉伯能源大臣法力赫。普京不打算与穆罕默德王储讨论退出减产的话题。

国际能源署周三发布的月度石油市场报告指出，2019年石油需求将稳步增长，而非欧佩克成员国的原油供应增长将超过需求增幅。2019年全球原油日消费将增加140万桶，与2018年的增速相当。随着美国页岩油繁荣降温，2019年非欧佩克成员国的原油供应日增幅将小幅减缓至170万桶，是连续第二年超过需求增幅。

国际能源署表示，2019年原油市场的首次预测表明美国将继续提供大量新的石油供应，但因欧佩克成员国伊朗和委内瑞拉的巨大产量损失，原油供应前景可能蒙上阴影，造成原油市场容易受到潜在的供应中断和油价走高影响。由于美国的制裁和经济动荡，伊朗和委内瑞拉2019年石油产量可能减少近30%，需要其他欧佩克海湾国家增加供应。欧佩克以外国家的新石油产出，尤其是美国页岩油，应该足以满足增长的需求，但沙特阿拉伯等国家可能仍需要增加产出，以弥补其他欧佩克成员国供应的下降。预计伊朗和委内瑞拉出口下降的话题将主导6月22日的欧佩克会议，预计到2018年底，伊朗和委内瑞拉的原油日出口量较目前水平将总计下降150万桶，为了应对两国出口下降，预计中东产油国将可能会快速日增产110万桶，非欧佩克产油国代表俄罗斯也预计增产。

2018年6月14日（周四），万众期待的2018年世界杯拉开帷幕，球迷们终于迎来属于自己的"狂欢节"。在首场比赛中，俄罗斯以5∶0血洗沙特阿拉伯。尽管在球场上，俄罗斯与沙特阿拉伯针锋相对、毫不留情，但是在能源领域两国希望加强合作。俄罗斯与沙特阿拉伯同意扩大在油气领域的合作，还同意努力达成一综合性双边协议。这两个原油大国的默契也加强了市场对下周将举行的维也纳会议上达成逐步增产协议的预期。

沙特阿拉伯王储穆罕默德在克里姆林宫与俄罗斯总统普京会谈时表示，沙特阿拉伯希望继续与俄罗斯在石油领域进行合作；俄罗斯和沙特阿拉伯的合作帮助稳定了石油市场，全世界都受益匪浅。俄罗斯能源部长诺瓦克称，欧佩克和非欧佩克产油国减产协议可能考虑逐步增加对市场的供应，日增供应最高达150万桶。沙特阿拉伯能源大臣法力赫称，在下周的维也纳会议上达成逐步增产原油的协议是不可避免的，预计欧佩克和非欧佩克产油国将达成一个合理且温和的协议。法力赫表示："我们照例将采取正确的行动，我认为将达成最重要的是让市场满意的协议。我认为将达成合理且适度的协议，不会有什么离奇。有人向我提议将原油日产量增加180万桶，这将缩小目前的减产规模。

另外，沙特阿拉伯不希望在下周的欧佩克会议与伊朗及委内瑞拉发生争执。"

据《印度时报》6月14日报道，中国和印度这两个全球石油消耗大国正考虑通过合作成立一个"买家俱乐部"，来挑战欧佩克影响原油价格的能力，以及寻求双方拥有更好的议价能力，尤其是同欧佩克西亚成员国的议价能力。

2017年，中国和印度石油消耗总量占全球石油消费的17%。6月11日，双方就成立一个"石油买家俱乐部"问题在北京开始正式进行会谈。报道称，这可能会让欧佩克的能源部长们感觉到压力。在中印展开此次对话不到两个月前，印度石油和天然气部长普拉丹曾提议，中印两国国营的石油公司应该开展合作，寻求石油市场更高话语权。

在石油领域两国寻求的是开展合作而非竞争。一名印度政府官员说："时机恰到好处，美国油气产品的增加，让我们在对抗欧佩克一事上获得了更大优势。"普拉丹在2018年4月举行的第16届国际能源论坛部长级会议间隙曾与中国石油的一名高管和中国能源局高官会谈，他在会谈之后说："作为消费者，我们有一些共同利益。我们同意开展企业对企业的合作。我们希望在将来，消费者能够支配价格。"

路透社能源专栏分析师克莱德·拉塞尔（Clyde Russell）认为："较长期来看，需求或许是影响油价的更重要因素，而且一个简单的事实是，全球油市现在实际上已被两个国家所挟持。中国和印度2018年迄今约占预期中的原油需求增长的69%，这意味着对于原油市场而言，这两个大国发生的情况或许比维也纳会议的结果重要得多。"

国际能源署预期2018年全球原油日需求将增加140万桶，低于之前预估的150万桶。中国海关数据显示，2018年1—5月中国原油进口量为921万桶，较上年同期增加69万桶。而据船舶和港口数据，印度1—5月原油日进口量为457万桶，较上年同期增加27.2万桶。把这两个国家，即全球最大和第三大原油进口国的进口量合计起来看，2018年前5个月两国的日进口量较上年同期增加96.2万桶。拉塞尔认为，如果2018年剩余时间也能保持这种增速，那么国际能源署预期的全球需求增幅中将有很大一部分来自中国和印度。

第四节
增产预期与中美贸易争端再重压油价下跌

2018年6月14日，中国国家主席习近平在会见美国国务卿蓬佩奥时表示，希望美国认真妥善处理包括贸易冲突在内的敏感问题，以避免严重干扰两国关系。6月15日（周五），因沙特阿拉伯和俄罗斯两个大产油国表示可能在下周欧佩克会议上同意增产，而中国拟对美国原油和成品油征收关税，美国出口受到威胁，油价遭受重压，WTI油价收报每桶跌 2.62 美元至 64.38 美元，跌幅 3.91%，布伦特油价收报每桶跌 2.9 美元至 73 美元，跌幅 3.82%。

美国白宫周五对中美贸易发表声明，对 500 亿美元商品征收 25% 关税。白宫的声明提到了《中国制造 2025》，美国贸易代表办公室称清单包含两个序列，包括 1102 种产品，总额 500 亿美元。美国贸易代表办公室称第一组中国关税将于 7 月 6 日开征，第一组中国关税涵盖 340 亿美元进口，将对 160 亿美元的第二组关税进行进一步评估。白宫声明称，如果中国采取报复措施，例如对美国商品、服务或农产品施加新的关税，提高非关税壁垒，或对美国出口商或在中国经营的美国公司采取惩罚性措施，美国将加征更多关税。

中国商务部对此快速回应："中美双方曾就经贸问题开展多轮磋商，力图解决分歧，实现双赢。令我们深感遗憾的是，美方置双方已经形成的共识于不顾，反复无常，挑起贸易战。此举既损害双边利益，也破坏世界贸易秩序，对此中方坚决反对。"继商务部做出回应之后，中国国务院关税税则委员会随后很快公布了关于对原产于美国 500 亿美元进口商品加征关税的公告，并表示拟对从美国进口的原油征收关税。中美贸易争端再起令原油等风险资产受到拖累。

美国康奈尔大学资深贸易政策教授埃斯瓦尔·普拉萨德（Eswar Prasad）表示，中美双方的谈判立场似乎都变得更加强硬，中美爆发全面贸易战的风险明显增大。知名趋势预言家、《趋势》杂志（Trends Journal）出版商杰拉尔德·塞伦特（Gerald Celente）分析称，预计最近一系列看似将引发全球贸易僵局的事件，都将无疾而终，反而会成为贸易局势重新调整的开端。

过去 6 个月，美国对华原油日均出口量为 36.3 万桶，中国和加拿大是美国原油的最大买家。对冲基金阿盖恩资本创始合伙人基尔达夫表示："他们是一个很大的出口市场，未来我们会注意到这一点，其他买家吸纳这些原油需要时间。"在中国公布拟议的关税举措后，WTI 原油较布伦特原油贴水在结算后交易中扩大。交易商称，这可能导致产量不断上升的美国页岩油少了一个买家。交易商表示，尽管美国页岩油最终会出售给其他买家，但在没有中国购买的情况下，价格可能受到抑压。

2018 年 6 月 17 日（周日），伊朗驻欧佩克理事阿德比利表示，三个欧佩克的创立国伊朗、委内瑞拉和伊拉克将阻止沙特阿拉伯和俄罗斯支持的增产协议。如果沙特阿拉伯和俄罗斯希望增加产量，这需要各方达成一致。如果这两个国家想单独行动，那就是违反了合作协议。

伊朗的言论表明，即将在维也纳召开的会议上，欧佩克成员国将讨论结束全球减产的行动。具有历史意义、由 24 个国家共同进行的减产协议成功实现了平衡油市和提高油价的目标。沙特阿拉伯和俄罗斯希望最早在下个月就放松配额。然而，尽管沙特阿拉伯和俄罗斯的石油产量低于产能，但包括伊朗和委内瑞拉在内的许多欧佩克国家将难以提高产量,即便他们的配额有所增加。俄罗斯能源部长诺瓦克之前称,欧佩克及其盟友可能考虑将日产量增加至多150万桶,这将足以抵消国际能源署预计的委内瑞拉和伊朗供应损失。沙特阿拉伯也一直在讨论不同法案,将原油日产量提高50万至100万桶。

欧佩克还面临来自外部的压力,美国总统特朗普不断在推特上批评欧佩克。由于担心汽油价格对中期选举的影响,特朗普政府正大力游说,希望增产。伊朗驻欧佩克理事阿德比利表示:"我们呼吁欧佩克和俄罗斯的兄弟们,我们不需要安抚特朗普。特朗普制裁了欧佩克的两位创始国,也制裁了俄罗斯。我们是受责任和价值观驱动的主权国家。全世界都必须反对美国这种傲慢的态度,未来将这样做。市场的原油供应充足,欧佩克应该在年底前遵守其决定。我相信,许多欧佩克成员国也有同感,并采取了同样的行动。"

2018年6月18日(周一),市场预期欧佩克及俄罗斯增产幅度或不及预期,欧佩克和俄罗斯可能只会在未来数月内日增产30万至60万桶,远低于此前俄罗斯与沙特阿拉伯提出的150万桶日增产的建议,这令市场恐慌情绪大幅缓解,助力油价实现反弹。WTI油价收报每桶涨1.45美元至65.83美元,涨幅2.25%,布伦特油价收报每桶涨2.46美元至75.46美元,涨幅3.37%。

高盛预计,欧佩克核心国家以及俄罗斯将在2018年下半年日增产100万桶。尽管产油国增产可能会带来下行压力,但高盛对油价仍保持看涨前景,预计2018年底布伦特油价为每桶75美元,并存在未来峰值达到每桶82.50美元的风险。巴克莱银行则认为,欧佩克将竭尽全力避免油市出现恐慌,不会过快提高产量。这意味着油市在适应欧佩克的新战略之前将经历一段波动性较高的时期。

欧佩克会议还有几天就要召开了。现在几乎可以肯定的是,会议可能决定以某种形式进行增产,但增产幅度仍有待观察。另一点几乎可以确定的是,此次会议将会产生激烈的争议。此前俄罗斯提议日增产150万桶,但许多欧佩克成员国都反对。沙特阿拉伯正试图从中斡旋,并努力平衡利益冲突。其既希望保持欧佩克集团的凝聚力,同时又想为市场提供充足的供应,并巩固与俄罗斯达成更持久的合作框架。沙特阿拉伯不希望油价下跌,以支持沙特阿美的首次公开发行,但也不想损害石油需求,或引发美国页岩油生产商乘机增产。这些利益可能是不相容的,但沙特阿拉伯的战略似乎是在接下来的几个月采取一种折中方案,在未来数月日增产30万至60万桶。

沙特阿拉伯可能无法说服其他欧佩克国家就增产达成正式协议,最后很有可能是沙特阿拉伯和俄罗斯之间达成某种双边协议。尽管两国在石油增产的具体数量上仍存在分歧,但双方都对达成协议、并正式确立某种更持久的合作框架非常感兴趣。这可能意味着目前的减产协议不做改变,而沙特阿拉伯和俄罗斯达成某种平行协议以增加产量。沙特阿拉伯的态度是增产不可避免,但也试图确保不会出现新的供应潮。然而,石油市场需要更多的供应可能令谈判变得更加复杂。委内瑞拉石油产量的彻底崩溃,意味着比起多个喊着不增产口号的欧佩克国家，俄罗斯的立场看起来更靠谱。据悉，沙特阿拉伯和俄罗斯正在讨论"两步走"的增产方案：先是在第三季度日增产50万桶，然后在第四季度再日增产50万桶。

尽管欧佩克增产石油幅度可能远不及预期的传闻主宰了油市，但中美贸易关系的继续恶化致使原油需求不确定性加强，令油价呈震荡下行的走势。特朗普正在考虑追加对中国2000亿美元的进口商品征税10%，以报复中国官方此前对美国农产品、能源类产品建设贸易壁垒的行为。特朗普称，若中国拒绝改变做法，关税举措将生效；上述拟议关税是对中国上周五（6月15日）针对美国关税计划宣布的对500亿美元美国商品征税的回应。特朗普威胁称若中国再次加征关税，美国将进一步加征关税。而中国商务部对此做出强硬回应称，如果美方失去理性、出台清单，中方将不得不采取数量型和质量型相结合的综合措施，做出强有力反制。随后也公布对美国日进口的氢碘酸产品反倾销调查的初步裁定，预计未来双方还有多次交锋。

两大经济体的贸易纠纷似乎愈演愈烈，由于中国是美国最大石油进口商之一，两国互征关税必定会减少美国原油的出口，美国很难在短期内找寻能够替代中国需求体量的国家。此外，美国原油日产量续创新高，已达1090万桶，但输油管等配套措施却仍存问题，而其中部分特殊管道都是由中国提供，运输方面的挑战亦会加重美国原油供求失衡的局面。

据能源市场数据提供商普氏能源资讯，中国公司2018年第一季度在进口美国原油方面花费了近20亿美元。尽管加拿大长期以来为美国原油提供了稳定的市场，但中国的购买量一直在增长，而且中国有能力购买更多的原油。油轮追踪机构克利珀数据的商品研究主管马特·史密斯称，如果实施制裁，那就意味着我们将看到美国对其最大市场的供应将被切断。

如果美国钻探商能够找到其他买家，那么短期内对美国整体原油出口的影响可能会减弱。但如果僵局持续下去，它可能会摧毁未来需求增长的巨大来源，压低美国原油价格，并施压美国页岩油钻探商的资产负债表。

中国、欧洲和其他地区一直购买美国石油，主要是因为它的交易价格比布伦特原油等国际基准低很多。现在每周的出货量每天超过200万桶。但是，随着美国西得克萨斯州原油交易在每桶66美元左右，中国关税将令其每桶成本额外增加16至17美元。能源咨询机构伍德麦肯兹的苏雷什·西瓦南丹（Suresh Sivanandam）说："这将比抹掉美国原油目前对布伦特原油每桶9.50美元的折扣还要多，因此美国石油将不再具有竞争力。25%的关税是一个巨大的数字，考虑到运输成本，为了让中国进口美国原油有意义，折扣需要翻倍。美国原油出口可能在中国需求枯竭后保持稳定。这是因为，中国买家将转向购买其他国家此前购自美国的中酸性和轻质原油。届时，美国公司将有机会向失去的中国市场供应。"

然而，如果关税仍然存在，美国钻探商将错过中国日益增长的需求。伍德麦肯兹预测，在一个自由的贸易环境中，美国对中国的原油出口或在2023年翻番，但贸易战意味着出货量或落后于预测。尽管中国可以从其他地方获得原油，例如西非，有着与美国原油质量相近的原油，但美国将发现很难找到一个和中国一样大的替代市场。

克利珀数据商品研究主管马特·史密斯认为："来自美国得克萨斯州的一些其他的原油价格比西得克萨斯州中质原油更优惠，因为钻探工人面临管道产能不足的问题，无法适应二叠盆地的生产热潮。贸易战关税将削减这一优势，这可能会使美国石油陷入困境。这给美国的钻探商留下了两个可能的结果，两者都不利。美国油价相对于外国原油得降至更低，使其对中国买家具有吸引力，或美国石油将不得不在其他市场打折出售。你会看到其他市场参与者能够以更低廉的价格购买原油。这可能包括印度、韩国、中国台湾和泰国，所有这些都将成为稳定的买家。特朗普可能会从一个方面受益，因为较低的油价将给予汽油成本一个上限。但中国关税将损害美国正在成长的石油工业，并破坏美国缩小与中国贸易逆差的目标。"

早在几个月前，中美传出可能爆发贸易战的消息的时候，油价就一度跳水，之后是习近平主席在博鳌论坛上的发言打消了市场恐慌，随着之后中美贸易谈判的顺利进行，人们也开始认为中美之间不太可能会有贸易战的发生，因此原油价格又逐渐开始反弹，然而谁都没料到，特朗普的"出尔反尔"再次让这场战争死灰复燃。

对于原油市场来说，2018年美国产油的持续扩大暗示了美国将会大力推广原油出口产业，美国凭借领先的页岩油开采和利用技术能够做到大量原油生产和出口，但是中美贸易争端加剧了亚洲对于原油需求的不确定性，要知道中国是亚洲最大的原油需求国，中美爆发贸易战，美国原油想要在亚洲市场有所收获是很困难的。在后期如果贸易争端逐渐升级，中国可能将对美国原油征收反倾销关税，这将令WTI油价承压。

欧佩克即将召开的会议究竟是会增产还是减产，目前市场上众说纷纭，欧佩克内部似乎并没有达成一致的观点，已分成减产一方和增产一方，反正无论如何，会议结束之后，原油行情走势将会明朗，但在此之前，原油价格还有几个"小考验"需要面对。

海湾之外的多数欧佩克国家根本没办法增产。伊朗、阿尔及利亚和委内瑞拉的官员在过去数周已经对增产颇有微词，均反对立即增产。委内瑞拉原油供应急剧下滑，安哥拉原油产量也见萧条，利比亚和尼日利亚已经达到短期产量的天花板，安防方面的因素也会对供应造成干扰。伊朗、委内瑞拉对美国施压还感到相当气愤，要求欧佩克谴责美国对其实施的制裁。

委内瑞拉的石油部长奎维多在给欧佩克的信中写道："恳请各位成员国相互团结和支持，美国对委内瑞拉的单边制裁，是对委内瑞拉经济上、金融上的侵略，同样也是对委内瑞拉石油工业和全球原油市场的挑衅。"伊朗石油部长赞加内重申反对欧佩克增产的立场，认为原油市场的问题是政治性的，而不是供需不平衡的结果，即使是最温和的增产，伊朗也不会接受。赞加内将在当地时间22日（周五）离开维也纳，不会参加周六举行的欧佩克与非欧佩克产油国会议。伊拉克石油部长卢艾比表示，油市尚未达到理想的稳定水平，伊拉克尚未考虑增产，希望在大会上达成协议。

欧佩克海湾国家和俄罗斯似乎更愿意增产。卡塔尔正准备动用所有力量增加原油产量。俄罗斯石油声称欧佩克此前实施的原油供给限制维护了市场的平衡。俄罗斯石油首席执行官谢钦说："布伦特原油价格升至每桶70～80美元的价格区间是令人舒适的，我们对此完全满意。"俄罗斯另外两家石油公司卢克石油和俄罗斯天然气工业石油近来都在呼吁，希望对于石油产出有更高的"灵活性"。两家公司都认为，高达每桶80美元的石油价格太过昂贵，可能会损害市场需求。沙特阿拉伯在全球经济增长不受到伤害和维持油价两端寻找平衡，希望为当前国际市场增加原油供应。油价网站评论称，能够从增加原油产量中获益的只有沙特阿拉伯和俄罗斯，科威特与阿联酋也会得到较少好处。

美国宣布对中国制造的普通合金铝板设定初步反倾销关税，并将指示海关和边境保护局对相关进口收取保证金。贸易摩擦同时引发了市场避险情绪，全球主要股市几乎一片惨淡，黄金因为大宗商品整体下滑的关系也未能发挥避险的作用。在贸易战阴霾的笼罩下，美债与美元成了安全的避风港。德国商业银行分析师认为，若摩擦升级，受益者将是美元。在美联储激进的加息周期下，进口关税将引发通胀的预期提振。通胀的加剧将进一步迫使美联储加息幅度超出市场预期水平，吸引资金流入美元资产。

中国政府表示，如果美国真的自7月6日起对中国商品加征关税，将在同一天起对进口自美国的原油、天然气和煤炭加征25%的关税。这是能源首次被列入这波贸易争端的征税清单。此前美国对进口自中国的金属和太阳能面板加征关税，中国拿进口自美国的医疗设备和大豆开刀。

将石油列入征税清单将使特朗普政府的"能源优势"政策成为北京的狙击目标。美国页岩油在亚洲已经抢占了中东供应国的市场份额。能源业高管和分析师们表示，中国计划对从美国进口的石油征税，可能打击美国页岩油向中国的出口，对美国原油价格造成新的压力。中国是美国出口石油的最大买家，这起征税争端是两国愈演愈烈的贸易战的一部分。

西得克萨斯州页岩油生产商猛犸勘探（Mammoth Exploration）副总裁罗恩·加瑟（Ron Gasser）表示："短期内所有人都会受到影响，即使被加征关税，美国页岩油仍会流入市场，这将迫使你把石油卖到别的地方，寻找其他买家将增加你的成本。"

IHS马基特副董事长、剑桥能源周创始人丹尼尔·耶金表示："中国的关税威胁使美国生产商措手不及，因为中国一直在讨论采购更多的美国能源和农产品，以降低3750亿美元的中国对美贸易顺差。中国对美加征关税或将有利于西非原油，而损害美国原油出口。关税在既有不确定性之外，又制造出一整套新的不确定性。全球石油业从未真正担心或思考贸易问题。而现在，贸易问题已迅速成为重要议题。"

美国燃料及石化生产商协会（AFPM）呼吁特朗普"与中国以及所有国家合作，以降低而非提高竞争壁垒。"煤炭及石油生产大州怀俄明州共和党参议员迈克尔·恩兹（Michael Enzi）的发言人马克斯·多诺弗里奥（Max D'Onofrio）表示，恩兹希望美国政府"意识到来自中国的报复措施将如何严重影响能源行业。"西弗吉尼亚州商会总裁史蒂夫·罗伯茨（Steve Roberts）称："煤炭行业担心贸易战可能会损害出口，中国是一个非常重要的贸易伙伴。"

美国一些能源生产商表示，对美国能源的需求与日俱增，将会超过中国关税的影响，就像2018年油价上涨没有放缓全球对于石油和天然气的需求一样。页岩油生产商能源猎手资源（Energy Hunter Resources）首席执行官加里C.埃文斯（Gary C. Evans）称："这些关税将不会损及美国原油或液化天然气的出口，其中液化天然气并不在中国列出的加征关税清单中。"

欧佩克将在6月20—21日举办第7届欧佩克国际研讨会，主题为"石油——为可持续未来而合作"。欧佩克各国能源和石油部长以及石油企业的高管将参加研讨会并发表演讲。6月19日（周二），伊朗石油部长赞加内在抵达维也纳后对记者表示："我认为此次会议上无法达成协议。欧佩克不是听命于特朗普总统的组织，欧佩克并不是美国能源部的下属。石油并非一种武器，也不是一种政治工具。特朗普对近期油价负有责任，特朗普企图通过高油价来支持美国页岩油。欧佩克与非欧佩克产油国将在周六进行磋商，现在无须将石油日产量提高30万~50万桶，我将于周五离开维也纳。近期油价上涨主要是美国的错。美国已对欧佩克成员国伊朗和委内瑞拉实施新制裁。无论油价处于何种水平，伊朗都将按最低程度减产石油。"

俄罗斯能源部长诺瓦克说："通常石油需求在第三季增长速度最快，如果我们不采取行动恐将面临短缺，我们认为这可能导致市场过热。如果本周会议的决议为增产，欧佩克和其盟友或将在9月再度举行会议，检讨增产的影响并微调产量政策。"

尽管美国页岩油产量明显上升，但能否对于全球原油供求平衡造成影响，还得看当地的运输能力。考虑到美国出口原油75%集中在墨西哥湾区，二叠盆地是目前页岩油产量最大的主产区，并且临近库欣交割库，因此当地的运力情况是重点。2018年第一季度，该地的管道运力出现瓶颈，导致墨西哥湾区库存明显累积近3400万桶，同时也使得二叠盆地的季度产量增速由2017年第四季度的12%下降至8.4%（图4-5）。保守估计二叠盆地后续的季度产量增速为8%~9%，对比当地大管道运输能力，目前已经接近于当地运输能力的上限水平，直到2019年第二季度才会看到大量的管道投建来缓解当地累计库存的压力。在此之前，其他运输工具如铁路、卡车等同样存在稀缺性，且价格相对偏高，列车运费每桶8~12美元，卡车运费每桶15美元，现货价格必须通过贴水，使得选择其他工具产生经济性。

特朗普对欧佩克嘴炮不停，而美国议会更是闷声不响地放出大招欲炸晕欧佩克。美国议会在2018年5月下旬重新将"反石油生产及出口同业联盟"法案提上了议程。该方案将允许美国将欧佩克定义为卡特尔组织，根据《谢尔曼反托拉斯法》来起诉欧佩克操纵能源市场的行为，并可能寻求数十亿美元的赔偿。这一法案在上周通过了美国众议院的第一次审议。

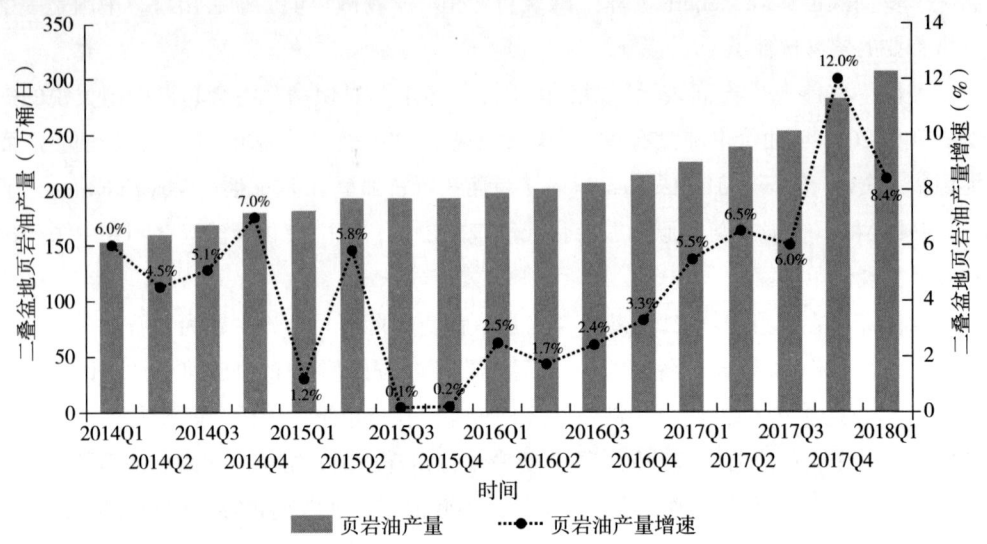

图4-5　2014年至2018年第一季度美国二叠盆地区块页岩油产量

资料来源：美国能源信息署。

注：Q代表季度。

卡特尔组织，即垄断利益联盟。这种联盟通常发生在少数资源被数个企业完全掌握的情况下，为了避免过度竞争导致的整体利益下跌，生产类似产品的企业会组成联盟，通过某些协议或规定来控制产品的产量和价格。而根据美国《反托拉斯法》，卡特尔属于非法。

自2000年以来，美国政界人士曾多次尝试通过无石油输出国组织（NOPEC）法案，但均遭到以往总统的否决。然而这一次，情况或许会发生变化。美国哥伦比亚大学全球能源政策中心主任、前奥巴马政府石油官员杰森·博道夫表示，与历任总统不一样的是，特朗普更有可能签署该协议。就任美国总统之前，特朗普一直是NOPEC法案的忠实支持者。早在7年前，特朗普就曾抨击过欧佩克，称油价应该在每桶30美元的价格，认为欧佩克正窃取美国公民的财富。在2011年出版的《渡过难关：让美国重新登顶》一书中，特朗普再次谈及高油价的问题，认为美国可以违反《反托拉斯法》为由起诉欧佩克。前小布什政府石油官员、拉皮丹能源总裁麦克纳利表示："特朗普此前出版的著作以及个人作风展现出他对NOPEC法案的强烈支持，当下可能是通过NOPEC法案的最好机会。"

欧佩克官员担心，NOPEC法案本身以及国会听证会将对欧佩克产生不利影响。伊朗驻欧佩克理事阿德比利表示："NOPEC法案暗示着美国想要勒索欧佩克的企图，利用《反托拉斯法》根本是无稽之谈，欧佩克将为之做斗争。对欧佩克而言，该法案存在巨大的尾部风险。尽管通过的可能性不大，然而一旦通过，后果将不堪设想。"

不过，NOPEC法案在正式成为法律条文之前还将面临一段漫长而艰难的路程。此前，该法案曾4次通过司法委员会审批但不疾而终。走得最远的一次是在2007年，当时该法案以345票对72票获得众议院通过，以70票对23票获得参议院通过，但最终被当时的总统小布什否决。美国俄亥俄州共和党议员的发言人布里安·格里菲斯（Brian Griffith）称，众议院领导层是否会将该法案提交至议会进行表决仍有待观察。

2018年6月20日（周三），欧佩克维也纳大会召开在即，原本反对增产的伊朗的立场似乎有所转变。伊朗石油部长赞加内暗示，伊朗可能将在本周的欧佩克会议上做出妥协，赞同欧佩克小幅增产。赞加内表示，最近几个月超额减产的欧佩克成员国应当遵守协议配额。这实际上意味着，沙特阿拉伯等国可以小幅增产，因这些国家的减产幅度超过计划水平，尽管委内瑞拉和利比亚生产中断。一位知悉伊朗立场的欧佩克人士称，目前，欧佩克的减产执行率超过了100%，该组织可能回到100%遵照协议执行。伊朗驻欧佩克理事阿德比利表示，欧佩克及其同盟应该在2018年内都坚持减产协议，解决现在形势的一种办法是回归100%地遵守减产协议。

沙特阿拉伯仍在努力说服其他成员国同意更大幅增产，伊拉克和委内瑞拉此前表示反对放松减产力度，担心油价会挫跌。伊拉克石油部长卢艾比表示，希望欧佩克会议能够达成协议，但石油市场尚未达到稳定水平。欧佩克秘书长巴尔金多表示，有信心在周五的会议上达成某种协议。阿曼石油和天然气大臣鲁姆希也认为，伊朗周五将同意增产。他称，会议将解决石油减产执行率过高的问题，伊朗表现得非常配合。分析人士还指出，如果会议决议为增产，即便伊朗拒绝签署，欧佩克也可能照常执行决议，以往就曾经发生这样的情况。

增产计划其实不利于沙特阿拉伯经济发展。然而，沙特阿拉伯也有不得不增产的理由。随着WTI-布伦特原油折价差的扩大，美国页岩油正在不断侵蚀沙特阿拉伯的原油市场份额。中国和印度更是计划联合起来组建购油联盟。此外，委内瑞拉和伊朗减产所留出的空白市场份额也让沙特阿拉伯垂涎不已。于是在本周五的欧佩克会议上，沙特阿拉伯将不得不在各方利益中周旋，既要在不抑制原油需求的情况下将欧佩克的收入最大化，又要安抚最近怒喷高油价的亲密盟友特朗普和欧佩克内部反对增产的几位小伙伴。

如果全球最大石油公司沙特阿美寻求在2019年进行上市，那么沙特阿拉伯政府理应推高油价以增大沙特阿美的估值。目前沙特阿美正面临着不可忽视的原油开采技术问题，其原油产量可能已经达到上限。沙特阿拉伯98%石油产量来自7个巨型油田，这些油田都已进入中后期开发阶段。沙特阿拉伯已探明石油储量比原先估计的总储量要少

40%。为了增大产量,沙特阿美正加速近海常规油田的开发。与沙特阿拉伯传统上非常容易开采的陆上石油不同,这些油田的开采成本要高得多。而高油价显然有利于解决高开采成本的问题。

尽管在欧佩克五大产油国中沙特阿拉伯并不是经济最依赖原油出口的国家,但根据彭博社的计算,即使在当前油价高出市场预期的情况下,沙特阿拉伯2018年还是会有巨大的财政预算赤字。在欧佩克五大产油国中,沙特阿拉伯的财政赤字率仍位居榜首。

如果沙特阿拉伯的原油日出口量增加约50万桶,那么2018年平均油价每桶将相应下跌1美元至69美元。当油价处于每桶70美元时,大部分欧佩克成员国的财政就能够维持平衡,但沙特阿拉伯却需要每桶87.90美元的价格才能够弥补其财政赤字。

一直以来,石油都是主导沙特阿拉伯经济的重要产业,石油产业收入约占政府总收入的75%、占国内生产总值的40%以及出口收入的90%。这导致沙特阿拉伯经济"畸形发展",抗风险能力较差。近年来,由于减产和油价低位波动,沙特阿拉伯的经济增速由2015年的4.1%下降至2017年的0.1%。国际货币基金组织预测,如果油价持续低迷而沙特阿拉伯又拒绝经济转型的话,未来5年内沙特阿拉伯可能破产。让油价保持高位有利于沙特阿拉伯获得更多的收入来加速其转型。此外,高油价还可以让沙特阿拉伯的外汇储备保持稳定。2016年油价处于每桶45美元的低位时,沙特阿拉伯的外汇储备每个月都会下滑100亿美元。

第五节
填补超额减产确保减产执行率回归100%

2018年6月20日,欧佩克第7届国际研讨会在维也纳开幕,美国页岩油生产商先锋自然资源董事长斯科特·谢菲尔德应邀出席,谢菲尔德在会议间隙称:"在伊朗、利比亚与委内瑞拉产量下降,且西得克萨斯州与新墨西哥州二叠盆地页岩油产量增长受制于管道输送能力的情况下,欧佩克应该出手干预。欧佩克应逐步将日产量提高100万桶,以便在其他地方产量减少之际维持全球原油供需平衡。我们没人希望油价在每桶80～100美元,那太高了,在每桶60～80美元之间最好。"

谢菲尔德表示:"美国页岩油产量增速最快的二叠盆地正在接近管道运输能力的极限,对二叠盆地的输油能力进行评估发现这将会对美国增产的步伐造成威胁,一些公司将面临关停的风险,一些公司则不得不减少原油钻井数。美国二叠盆地的原油年日产量增加80万桶,目前达到了330万桶,但是输油管道的日输送峰值仅有360万桶。因此原油生产商，特别是对那些没有管道运输协议的公司而言，将会在未来 3 至 4 个月面临输油能力的限制。在本次维也纳会议上，我将代表美国的原油公司出席。"

谢菲尔德指出："6月二叠盆地的原油日产量预计将会达到 327.7 万桶，预计将在一个月内日产量上涨 7.3 万桶至 335 万桶。更多的输油管道正在规划以及批准中，但是没有一个管道能够在 2019 年下半年之前能够完成，这可能将对原油生产造成阻碍。二叠盆地的管道瓶颈至少在一年内是难以解决的，这将会对美国原油的价格造成影响，特别是二叠盆地中心地带——米德兰的原油相较于库欣的 WTI 定价每桶折价 25 美元。随着二叠盆地产量的激增以及管道运输能力的收紧，原油生产商不得不折价出售原油，这将导致我们在资本市场上损失数以百万计的美元。"

谢菲尔德还说："当下二叠盆地输油管道承载能力不足问题已经十分突出，部分公司将被迫停产，也有一些公司会将钻井平台迁往他处，只有具备可靠运输工具的公司还能继续发展。部分公司甚至不得不动用卡车将原油运送到数百英里之外的出口终端。而一些小公司则将石油钻井平台从二叠盆地转移到其他管道承载能力相对富余的地区，石油服务公司也开始减少向钻井公司派遣水力压裂技术人员的数量。"

谢菲尔德预计，管道运输能力的不足将持续引发美国石油市场的混乱。而考虑到日益突出的原油供给短缺问题，谢菲尔德建议，欧佩克应该逐步日增产 100 万桶以保持全球原油供需平衡。他认为，欧佩克必须履行这个义务，需要集中达成部分协议，逐步影响到市场中去。值得注意的是，谢菲尔德虽不会参加 22 日的欧佩克大会，但其言论或对欧佩克的决定产生一定影响。

由于输油管道承载能力不足，二叠盆地的一些页岩油开采公司可能被迫在 3 至 4 个月内关停油井，这个美国最大原油增产引擎也可能因此"熄火"。这似乎让欧佩克又多了一个推行增产的理由。沙特阿拉伯和俄罗斯都对提高石油产量表现出了兴趣。此前的 5 月 25 日，沙特阿拉伯能源大臣法力赫和俄罗斯能源部长诺瓦克在圣彼得堡经济论坛会面时，提出了在 2018 年剩余时间逐步增产的提议。增产的一系列选项包括，每日增产 30 万桶、50 万桶、70 万桶、100 万桶和 150 万桶。目前的想法是逐渐提高产量，以抵消委内瑞拉和其他非自愿减产的欧佩克成员国的产量损失。美国能源信息署和国际能源署都认为，委内瑞拉的石油日产量将在 6 月或 7 月降至 100 万桶以下，这将推动油价在 2018 年下半年上涨。

伊朗最为反对增产，因为美国的新制裁措施将使该国难以出售已有石油。伊朗已经被迫打折出售石油，全线增产只会对其收入造成更大影响。在欧佩克拒绝了伊朗提出的帮助伊朗抵制美国新制裁措施的请求后，伊朗也感受到了来自欧佩克成员国的冷眼相待。目前为止，科威特和阿联酋基本保持沉默，但他们可能会支持沙特阿拉伯提出的以某种方式逐步增产的提议。在欧佩克会议举行之前，强烈的表态并不罕见。本周的会议将持续 3 天。首先，联合部长级监督委员会将于周四（21 日）开会，评估减产执行情况和生产率。欧佩克将于周五（22日）召开全体部长会议，非欧佩克国家石油部长则将于周六（23日）参加联席会议。

2018年6月21日，欧佩克成员国和非欧佩克产油国仍在讨论增产的几种可能方案，分别讨论了有关日增产100万桶、150万桶、180万桶的方案。几乎与此同时，伊朗石油部长赞加内表示，我不认为他们能够就产量增加达成协议。赞加内说："'欧佩克+'联合部长级监督委员会会议并不顺利，其他'欧佩克+'成员国依旧在进行联合部长级监督委员会会议；联合部长级监督委员会会议尚未就增产数字做出决定；伊朗方面不认为欧佩克能够达成协议。"消息传来之后，布伦特原油每桶短线下挫近0.80美元至73.00美元，WTI原油每桶短线下挫逾0.50美元至65.45美元。

虽然伊朗反对增产，但多数产油国同意增产，日增产的幅度接近100万桶。尼日利亚石油部长卡其库称，本次会议的讨论不包含伊朗制裁的影响，因为这个因素是政治性的。俄罗斯能源部长诺瓦克表示，将建议欧佩克日增产100万桶。沙特阿拉伯能源大臣法力赫称，我们需要向市场释放供应，我们需要多少石油？每日100万桶左右。厄瓜多尔石油部长佩雷斯表示，我预计可能日增产约60万桶。伊拉克石油部长卢艾比表示，欧佩克与非欧佩克联合部长级监督委员会已达成初步决定，同意逐渐日增产100万桶，但实际增产数量将小于100万桶，而伊拉克可以接受增产的决定。

尽管周四（21日）的会议，日产量增加约100万桶已成为欧佩克及其盟友近乎一致的提议，不过伊朗的同意也至关重要。沙特阿拉伯能源大臣法力赫指出："原油市场已经重归均衡，为了避免供应短缺对市场造成冲击，需要增产来维持平衡，不过增产的具体机制将由欧佩克所有成员国决定。石油增产是名义上的，意味着增产数量在分散以后，实际数量将会较少；况且绝大多数欧佩克成员国同意日增产100万桶。"一位了解欧佩克内部计算的代表称，实际日增产幅度将在60万桶。在欧佩克成员国中，委内瑞拉几乎肯定无法增产，因为经济危机令该国石油行业遭遇冲击。其他非成员国盟友中，墨西哥不大可能会增长。

俄罗斯能源部长诺瓦克称："有信心欧佩克及非欧佩克产油国就原油产量可接受的增幅达成协议。此外，目前油价可接受，重要的是避免油价过热。"伊拉克石油部长卢艾比表示，额外的增产配额则来自超额减产的数量。另外有消息称，欧佩克成员国希望将减产执行率控制在100%。

阿曼石油和天然气大臣鲁姆希称，认为伊朗周五（22日）将同意增产，会议将解决石油减产执行率过高的问题，因为伊朗表现得非常配合。沙特阿拉伯不希望被认为对伊朗施加了太多压力，因此改由俄罗斯出面试图说服伊朗。伊朗石油部长赞加内认为："欧佩克无法达成协议，首先需要讨论并决定欧佩克内部的主要问题。欧佩克的决定很重要，在此之后，应该在各方面与俄罗斯合作。"

本次欧佩克会议邀请了不少美国和欧洲知名的原油企业，由于美国和欧洲的原油企业不受政府行为的影响,驱动因素在于原油的价格和需求,因此原油企业参加欧佩克会议意味着将会根据欧佩克的行动方向做出选择。市场人士表示,特朗普对于伊朗以及委内瑞拉的制裁,使得许多产油国都试图去抢占市场份额,因此本次欧佩克会议的核心实际上是原油供给的转移问题。

由于中国目前是美国最大的亚洲原油买家,中美贸易战导致的直接结果就是中国可能会寻求从其他国家获取原油,这包括尼日利亚、安哥拉和阿尔及利亚等非洲轻质原油生产国。奥地利石油执行董事表示:"贸易战短时间可能会对美国以外的其他生产商有利,但是长时间将会对全球的经济造成不利的影响。"先锋自然资源董事长谢菲尔德认为:"未来美国的原油日出口量将会从目前的 260 万桶上升至 400 万桶,希望这些新的原油供应可以找到新的买家,新加坡、日本、韩国以及欧盟可以吸收中国原油进口减少的部分。"波士顿咨询(Boston Consulting)能源影响中心高级主管韦伯斯特(Jamie Webster)称:"尽管中国对美国原油进口征收关税为欧佩克增加原油销量提供了机会,但也导致美国过剩供应增加,可能会推低油价。"

2018 年 6 月 22 日(周五),欧佩克第 174 届大会在维也纳正式召开,会议原本定于下午 5 点开始,但由于沙特阿拉伯、伊朗等国举行私下会议,会议延迟了半个小时才开始。而后,历经 5 个小时激烈争论,最终沙特阿拉伯说服了伊朗,为了避免出现国际原油供应短缺、油价涨出天际的情况,双方各退一步,同意增加原油产量。伊朗石油部长赞加内在 22 日的会议结束后说:"从我初次来维也纳起,就提议 100% 遵守协议,而非更多。我们同意,并接受了这个,没有更多。"

这次会议并没有确定增产的具体数量,不过欧佩克在公报中称,原油市场状况已经改善;成员国将致力于恢复 100% 的减产执行率;联合部长级监督委员会将监督执行率目标;需要新的指标来衡量市场。欧佩克大会主席、阿联酋能源大臣马兹鲁伊在新闻发布会上表示,不会提供实际的产量增加数字,欧佩克成员国之间有不同意见,但协议将弥合分歧;自 7 月起恢复 100% 的减产执行率将使得市场重返稳定,欧佩克永远不会设定价格目标。

联合部长级监督委员会认定,要恢复 100% 的减产执行率需要日增产 100 万桶。这次会议各方就名义日增产 100 万桶达成一致。沙特阿拉伯能源大臣法力赫称,我们达成一项协议使得"名义"日产量增加 100 万桶,且日产出增长总量不会超过 100 万桶,增产额度将按比例分配。不过欧佩克达成的增产协议的条款相当复杂,增产的幅度只是小规模的,很多国家无法提高足够原油产量。随后的 6 月 23 日,第 4 届欧佩克和非欧佩克部长级闭门会议结束后称,欧佩克与非欧佩克产油国同样同意名义上 100 万桶的日增产水平,增产配额在欧佩克与非欧佩克产油国之间没有正式的划分。该协议默许沙特阿拉伯将产量提升至欧佩克目前允许的产量上限之上,因为这个由 14 个成员国组成的组织避免设定单个国家的产量目标。

伊拉克石油部长卢艾比指出："欧佩克协议对市场意味着 77 万桶的实际日增量，因为一些产量下降的国家将很难完全达到产量配额；欧佩克同意实际产量日增加 70 万~80 万桶，确认欧佩克协议 7 月 1 日生效，任何过度减产的国家都需要回归减产执行率 100%。"沙特阿拉伯能源大臣法力赫表示："会议在与欧佩克成员国以及俄罗斯等非成员国商量之后，从下半年开始，将每天增加原油产量 100 万桶左右；但根据原油市场情况，预计实际原油日增产将会在 70 万桶左右。"市场认为欧佩克实际日增产约 70 万桶。增产幅度低于此前市场预期的 150 万桶，这给油价带来了支撑。6 月 22 日，WTI 油价收报每桶涨 3.48 美元至 69.28 美元，涨幅 5.29%，布伦特油价收报每桶涨 2.13 美元至 75.53 美元，涨幅 2.90%。

一些交易员对欧佩克达成的增产协议是否能解决欧佩克所面临的问题不抱有太大希望。当前委内瑞拉局势动荡，对其产量下滑幅度的预测尚无定论。此外美国重新对伊朗实施制裁的影响可能比 2012 年还要严重。能源咨询机构皮拉能源集团创始人兼首席执行官罗斯表示，目前而言，欧佩克的增产已经足够，不过不足以在第四季度解决伊朗和委内瑞拉出口下降的问题。

美国、中国和印度之前敦促欧佩克释出更多的石油供应，以防止石油供应短缺损害全球经济。伊朗之前要求欧佩克拒绝特朗普要求增加石油供应的呼吁，称特朗普对伊朗和委内瑞拉的制裁导致最近油价上涨。但沙特阿拉伯能源大臣法力赫在周五说服了伊朗石油部长赞加内支持增产。欧佩克宣布决定后不到一个小时，美国总统特朗普在推特发文称："希望欧佩克大幅增产。需要让油价保持在低位！"针对特朗普发表的推特，沙特阿拉伯能源大臣法力赫说："这反映了特朗普的担忧。美国是沙特阿拉伯原油的大进口国，我们关注这些消费者。"

对于这份增产协议，俄罗斯能源部长诺瓦克表示："这是正确的决策，此次会议是自 2016 年底达成减产协议的那次会议后最艰难的，因为与会各方存在很大分歧。"而法力赫说的名义日增产 100 万桶并没有包含在此次维也纳会议的声明中，有分析认为，这是对伊朗的让步。在被问及欧佩克和非欧佩克产油国将如何分配增量时，法力赫明确表示："俄罗斯、沙特阿拉伯以及沙特阿拉伯有闲置生产力的海湾地区盟友计划向市场提供所需。尽管石油生产商不愿再次造成供应过剩的局面，但他们将尽其所能保证市场良好供应。"

诺瓦克说，2018 年下半年俄罗斯将日增产 20 万桶。在被问及增产是否受到特朗普的施压时，他回应称："很明显，我们的行动并不是由推特驱动的，而是基于深入的市场分析。欧佩克和非欧佩克产油国还在考虑 2019 年的产量相关协议，计划在 2018 年底签署一份新的协议。"

从这次欧佩克会议达成的增产协议看，所谓的增产无非是解决成员国超出减产配额之外的过度减产，填补由此造成的供应缺口，确保减产执行率回归 100%。而所谓的名义增产量和实际增产量也是有由头的,在本书笔者看来,伊拉克石油部长卢艾比所说的实际日增产量为 77 万桶,这主要是针对欧佩克近期出现的最大超额减产量而言的。从 2017 年 10 月开始,欧佩克减产进入超额减产阶段(图 4-6),当月超额日减产 4.9 万桶,减产执行率为 104%,并且连续 6 个月超额减产不断扩大,到 2018 年 4 月,欧佩克 11 个参与减产成员国的日超额减产量达 77.5 万桶,减产执行率高达 167%,到 5 月,日超额减产量回落至 72.6 万桶,减产执行率降至 162%。显然,卢艾比说的 77 万桶实际日增产量是以过去超额减产 8 个月中最高超额减产量为依据的,即以 2018 年 4 月的超额减产量作为实际增产量。

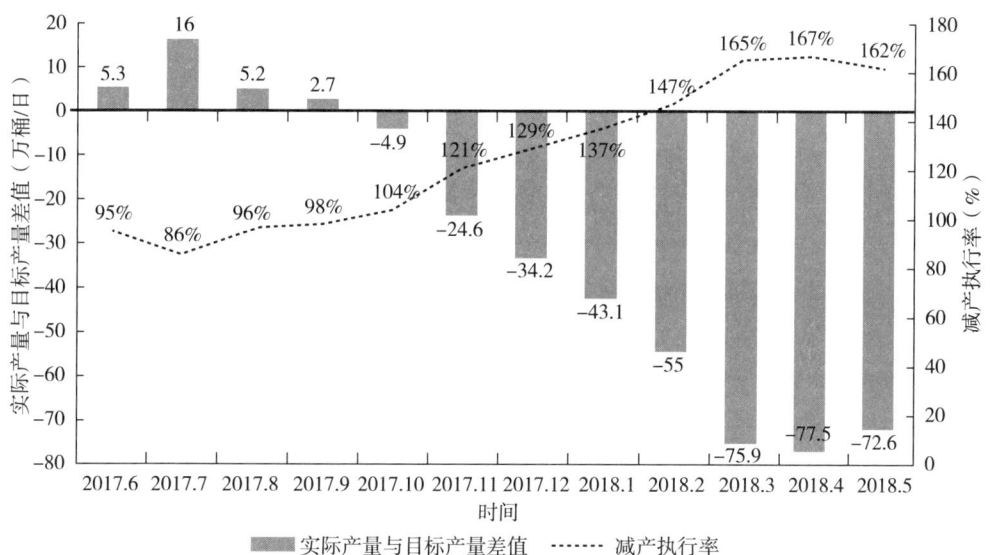

图 4-6 2017 年 6 月至 2018 年 5 月欧佩克 11 个成员减产协议执行情况

资料来源:邓正红软实力研究应用中心。

注:图中数据根据欧佩克月度原油市场报告公布的产量整理,目标产量为 2980.4 万桶 / 日,减产配额为 116.4 万桶,目标产量和减产配额为 2016 年 11 月 30 日欧佩克第 171 届大会确定,减产执行率按本书第三种算法、也是欧佩克惯用的方法计算,即 [减产配额 - (实际产量 - 目标产量)] ÷ 减产配额 ×100%。实际产量与目标产量的差值分三种情况:差值 < 0 代表超额减产,差值 = 0 代表减产执行率为 100%,差值 > 0 代表减产不足。

2018 年 4 月欧佩克 11 个参与减产成员国合计日超额减产 77.5 万桶,从欧佩克月报产量看,11 个减产成员国中仅伊朗和伊拉克减产不足(表 4-1),其他 9 个成员国均不同程度实现超额减产。与减产配额相比,伊朗日减产折扣 2.6 万桶,伊拉克日减产折扣 7.8 万桶,两国日减产折扣合计 10.4 万桶;阿尔及利亚日超减产 4.2 万桶,安哥拉日超减产 15.8 万桶,厄瓜多尔日超减产 0.2 万桶,加蓬日超减产 1 万桶,科威特日超减产 0.2 万桶,卡塔尔日超减产 2.8 万桶,沙特阿拉伯日超减产 9.9 万桶,阿联酋日超减产 0.2 万桶，委内瑞拉日超减产 53.6 万桶，9 个成员国日超减产合计 87.9 万桶。

表4-1 2018年1—5月欧佩克11个参与减产成员国超额减产一览（万桶/日）

减产成员	目标产量	1月		2月		3月		4月		5月	
		产量	超减	产量	超减	产量	超减	产量	超减	产量	超减
阿尔及利亚	103.9	102.9	-1.0	103.1	-0.8	98.4	-5.5	99.7	-4.2	103.1	-0.8
安哥拉	167.3	161.5	-5.8	161.3	-6.0	152.4	-14.9	151.5	-15.8	152.5	-14.8
厄瓜多尔	52.2	52.3	0.1	52.0	-0.2	51.8	-0.4	52.0	-0.2	51.9	-0.3
加蓬	19.3	19.8	0.5	19.1	-0.2	18.3	-1.0	18.3	-1.0	18.9	-0.4
伊朗	379.7	382.9	3.2	381.3	1.6	381.4	1.7	382.3	2.6	382.9	3.2
伊拉克	435.1	443.5	8.4	442.5	7.4	442.6	7.5	442.9	7.8	445.5	10.4
科威特	270.7	270.7	0.0	270.2	-0.5	270.4	-0.3	270.5	-0.2	270.1	-0.6
卡塔尔	61.8	59.6	-2.2	60.2	-1.6	60.6	-1.2	59.0	-2.8	58.5	-3.3
沙特阿拉伯	1005.8	997.7	-8.1	998.2	-7.6	993.4	-12.4	995.9	-9.9	998.7	-7.1
阿联酋	287.4	286.4	-1.0	282.7	-4.7	286.4	-1.0	287.2	-0.2	286.5	-0.9
委内瑞拉	197.2	160.0	-37.2	154.8	-42.4	148.8	-48.4	143.6	-53.6	139.2	-58.0
合计	2980.4	2937.3	-43.1	2925.4	-55.0	2904.5	-75.9	2902.9	-77.5	2907.8	-72.6

资料来源：欧佩克秘书处。

注：表中"超减"即超额减产，正值代表减产不足，负值代表超额减产。

在 9 个超减产成员国中，除了委内瑞拉、安哥拉为非自愿大幅减产，其他 7 个成员国均为主动超减产。委内瑞拉由于经济危机，石油工业缺乏资金，导致原油产量大幅萎缩；安哥拉则由于一些油田自然老化而减少了产量。两国非自愿日超减产合计 69.4 万桶，其他 7 个超减产成员国日超减产合计 18.5 万桶，7 个成员国日超减产抵消"两伊"日减产折扣，净日超减产 8.1 万桶，加上委内瑞拉、安哥拉非自愿超减产，4 月欧佩克 11 国日超减产 77.5 万桶，委内瑞拉、安哥拉非自愿超减产占比高达 90%。由此来看，欧佩克确定的 77 万桶日增产量主要是填补委内瑞拉和安哥拉非自愿超额减产造成的供应缺口。因此，4 月欧佩克的超额减产为欧佩克会议确定实际增产量提供了决策依据。

从欧佩克 2018 年 5 月超额减产情况看，伊朗、伊拉克仍是仅有的减产打折的两个国家，日减产折扣合计 13.6 万桶，较上月增加折扣 3.2 万桶；委内瑞拉、安哥拉仍是仅有的非自愿大幅减产的两个国家，日超减产合计 72.8 万桶，较上月增加超减产 3.4 万桶；其他 7 个成员国日超减产合计 13.4 万桶，抵消"两伊"日减产折扣，日减产折扣 0.2 万桶，加上委内瑞拉、安哥拉非自愿超减产，5 月欧佩克 11 国日超减产 72.6 万桶，委内瑞拉、安哥拉非自愿超减产占比高达 100%。委内瑞拉超减产 4 月占比 69%，5 月占比 80%。从 4 月和 5 月委内瑞拉非自愿超减产所占欧佩克超减产比例来看，确切地说，欧佩克会议确定的77万桶实际日增产量绝大部分是填补委内瑞拉产量下降造成的供应不足，照目前的势头看，委内瑞拉的原油产量还会继续大幅下滑，77万桶的实际日增产量恐怕很难填补。

另外，这次欧佩克会议还推出了一个"名义增产"，按沙特阿拉伯能源大臣法力赫的说法，就是号称每日增加产量100万桶，且日产量增长总量不会超过100万桶。按本书笔者的分析，沙特阿拉伯提出的这个"名义增产"是有针对的。如果说伊拉克石油部长卢艾比所说的实际增产主要针对委内瑞拉的非自愿超额减产，那么沙特阿拉伯能源大臣法力赫所说的"名义增产"则是针对伊朗因美国恢复制裁即将出现的减产。5月8日特朗普宣布美国退出伊朗核协议，恢复对伊朗制裁。不过，美国对伊朗制裁全面生效前，还留有180天的缓冲期，便于与伊朗有商业往来的企业在此期限内退出和伊朗的商业合作。180天过渡期结束后，美国将重新对伊朗央行、指定的伊朗金融机构及伊朗能源领域实施制裁。

具体来说，这180天的宽限期即从5月8日至11月3日，这意味着从11月4日开始，美国正式对伊朗实施制裁。在过渡期内，随着合作企业的逐步退出，伊朗石油产量也会随之减少，预计在6个月的过渡期内，伊朗原油日产量将减少30万~50万桶。而2018年下半年也正是欧佩克实施名义增产的时候，直到12月3日欧佩克召开第175届大会才会制定新的产量政策。下次欧佩克大会恰恰在美国对伊朗正式实施制裁满一个月，其选择的时间点确实比较令人敏感。

这次欧佩克确定名义增产每日100万桶，对于实际增产量却有多个版本，而且每个版本都有相应的依据，之前伊拉克石油部长卢艾比说的77万桶实际日增产量就是源于4月欧佩克的超额减产情况。对于名义增产下的实际增产，沙特阿拉伯能源大臣法力赫也有自己的看法，他说："从下半年开始，将每天增加原油产量100万桶左右；但根据原油市场情况，预计实际原油日增产将会在70万桶左右。"而且市场也认为欧佩克实际日增产约70万桶。

因此，这次欧佩克会议，沙特阿拉伯"制造"了两个关键数据，即名义日增产100万桶，实际日增产70万桶。那么依据又是什么？不可否认，实际日增产70万桶的依据与卢艾比一致，主要是填补委内瑞拉产量下降；而名义日增产100万桶则包括了美国制裁伊朗的因素，因为伊朗原油日产量在美国制裁180天的宽限期内至少减少30万桶。因此，分析到这里，沙特阿拉伯所谓名义日增产100万桶的说法就包括了委内瑞拉日超减产70万桶、伊朗因制裁日超减产30万桶。从这也可看出，沙特阿拉伯不仅是伊朗的宿敌，也处处对伊朗居心叵测。其利用名义增产的说法说服伊朗达成增产协议，实际上是为占领伊朗原油市场为伊朗设了一个坑。伊朗或许明白沙特阿拉伯的图谋，但现在"人为刀俎，我为鱼肉"，也难以奈何。一位欧佩克代表表示："沙特阿拉伯和伊朗都可以展示他们赢了，赞加内可以回国后说'我赢了'，因为我们让原协议保持不变。法力赫回国后可以说'我们将可以提高产量满足市场需求'。"

第六节
美国试图通过制裁将伊朗原油出口降至零

在维也纳举行的第 174 届欧佩克峰会上，俄罗斯石油部长诺瓦克称，在欧佩克同意从 7 月提高产量后，欧佩克和非欧佩克成员国已经在考虑 2019 年的石油产量协议。诺瓦克说："我们正计划在 2018 年底前签署一项新的协议，该协议的概念框架将与所有与会者共享，以便大家研究商讨修改。这项协议将在很大程度上基于对市场情况的监测，管理机构的创建和制度化以及在必要时采取措施的能力，如 2016 年所做的那样。"

诺瓦克还表示，在放松限制的框架下，俄罗斯每天可能增产 17 万至 18 万桶，甚至 20 万桶。不过比有关俄罗斯增产更具轰动性的消息是，该国可能作为观察员加入欧佩克。沙特阿拉伯能源大臣法力赫做出相关表态。他说："我们邀请俄罗斯担任观察员，希望俄罗斯能研究并递交申请。我可以向你们保证，其他欧佩克成员对此只会感到高兴。"

诺瓦克指出，观察员地位不会带来义务，但允许"参与讨论和交换信息"。同时，长期成员资格暂不在俄罗斯考虑之列。此外，俄罗斯与欧佩克将在未来 3 个月制定决议草案，以成立新组织的形式实现相互关系机制化。与欧佩克一样，该组织将可就调节石油市场做出决定，成员国将具有同等发言权。类似欧佩克的机构将设自己的秘书处。但欧佩克这个组织不会消失。新机构不会被称为"欧佩克+"，其名称还在研究之中。组建新的组织机构的决定多半会在 12 月 3 日至 4 日在维也纳举行的下次会议上做出。

诺瓦克说："联合部长级监督委员会下一次会议将在 9 月再次审议该协议草案，以期在年底的部长级会议上签署该协议。尽管俄罗斯最初认为应该实施 150 万桶的日增产措施，但上周末将石油日产量提高 100 万桶的协议应该足够的。我们尚未对这一决定产生任何担忧，因为我们拥有的机制非常灵活，可以让我们在未来做出不同的决定。"

过去两年，市场一直在关注美国二叠盆地的页岩油产量增加，却没有注意到墨西哥湾正悄悄卷土重来。2017 年美国墨西哥湾原油日产量略有增加，达 168 万桶（图 4-7），创下历史最高水平。2018 年和 2019 年产量有望继续增长，占美国原油总产量的 16%。根据美国能源信息署预计，2018 年和 2019 年将总共启动 10 个墨西哥湾深水油田。

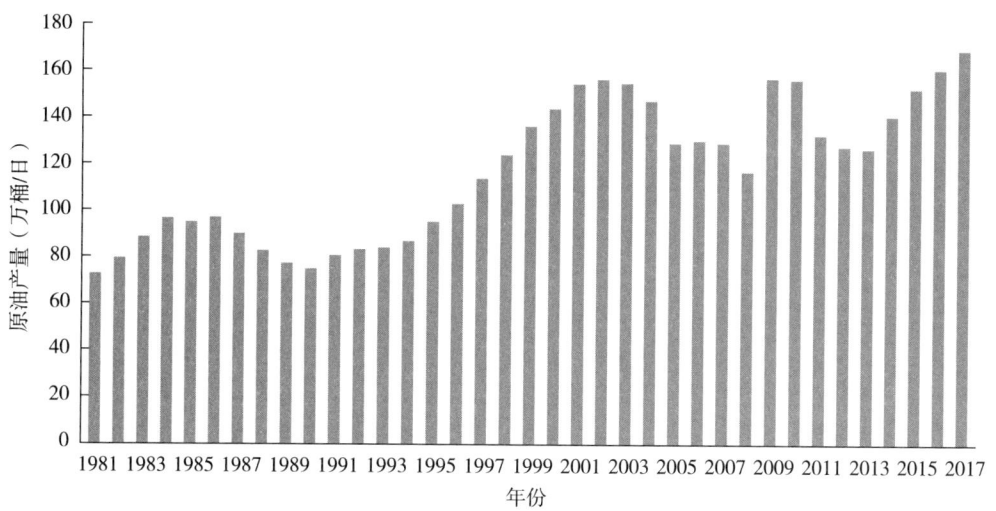

图 4-7　1981—2017 年美国墨西哥湾油田原油产量
资料来源：美国能源信息署。

墨西哥湾原油产量有望大增的原因在于，一些主要的大石油公司一直在削减成本和简化设计，以使海上项目在油价较低、开发时间较长的情况下仍有利可图。石油巨头雪佛龙、荷兰皇家壳牌和英国石油一直在路易斯安那州和得克萨斯州附近海域进行深水开发，已将盈亏平衡成本降至每桶 40 美元甚至更低，与陆上一些页岩地层的盈亏平衡成本相当。现在，运营商正在争夺靠近现有生产平台的新勘探面积，这将进一步降低开发和生产成本。

这些大石油公司继续把赌注压在周期为数十年的资源和项目上，但是他们已经彻底改变了曾经的发展方式。曾经那些号称"最大、最复杂、最昂贵"的项目已经一去不复返了。过去的模式可能在油价为每桶 100 美元时有作用，但当油价只剩一半时，重要的是更精简的项目和更多的协作工作，以降低成本。

墨西哥湾最大运营商荷兰皇家壳牌项目和技术总监哈里·布雷克尔曼（Harry Brekelmans）表示："2014 年之前的项目成本是不可持续的，我们知道以前的项目成本高得有点吓人，但 2014 年后已经慢慢改变。" 5 月，荷兰皇家壳牌提前一年在墨西哥湾凯基亚斯（Kaikias）深水海底开发项目开始早期生产，并预期石油盈亏平衡成本有望低于每桶 30 美元。布雷克尔曼 2018 年早些时候说，公司深水项目的目标是在每桶 40 美元或更低的水平上实现收支平衡。

2018 年 4 月，荷兰皇家壳牌宣布了对墨西哥湾深水开发项目维托（Vito）的最终投资决定，该项目投产后其原油保本价格估计不到每桶 35 美元。据荷兰皇家壳牌透露，油价开始暴跌后，该公司于 2015 年就开始重新设计维托项目，将成本估算从最初的基础上降低了 70% 以上。

英国石油则已将其在墨西哥湾疯狗2（Mad Dog 2）的项目成本削减60%至90亿美元，并与共同所有者和承包商合作，简化和标准化平台的设计。雪佛龙表示，由于采用了新的生产技术，包括深水在内的海上原油开采成本正在接近页岩油。雪佛龙北美勘探与生产总裁杰夫·谢勒伯格（Jeff Shellebarger）说："过去开发新技术的成本很高，但是削减成本和简化项目后，我们目前的价格将非常具有竞争力。"

2018年6月25日（周一），美国能源部长佩里表示："上周24个石油生产国在维也纳敲定的增产协议，可能无法提供足够的石油来缓解即将出现的供应紧缺的担忧。显然目前市场从供应角度来看较为紧张，上周五油价上涨表明协议可能有所欠缺。"

维也纳协议是在沙特阿拉伯和俄罗斯进行幕后游说之后达成的，该协议在持续18个月的抑制供应后有所放松。与此同时，美国总统特朗普则在推特连续发文来批评该组织。一些欧佩克成员表示，日产量增幅可能达到约70万桶，而不是本月早些时候美国向沙特阿拉伯和其他欧佩克成员国秘密诉求的日增产100万桶。上周五在维也纳召开的欧佩克峰会是影响油价走势的最重要因素。尽管欧佩克最终表示将日增产100万桶，但是实际可能只日增产70万桶，增产幅度不及预期。

佩里认为，原油从得克萨斯州和新墨西哥州的二叠盆地、政治动荡不断的委内瑞拉以及安哥拉运往市场都有难度，美国将采取一切办法控制汽油价格。但战略石油储备应该只能用作应急供应，而不能作为调控市场的工具。美国国会曾数次批准授权出售战略石油储备原油，帮助平衡联邦预算。

如果把未来数月会影响全球油市的因素归结成一个，那么将是沙特阿拉伯到底会怎么做。沙特阿拉伯似乎已经成为上周欧佩克会议，以及随后欧佩克与其限产协议盟国进行讨论的赢家。会议的结果是石油日供给将最多增长100万桶，但前提是假设欧佩克及其减产盟友都100%执行2016年11月达成的减产协议。协议要求日减产180万桶，但当前的情况是产油国超额减产。然而，实际情况是许多欧佩克产油国没有100%按规定配额生产的能力。而沙特阿拉伯是唯一一个能够在短时间内大幅增产的国家。

在6月22日的欧佩克会议以及23日该组织与其他产油国的会议之后，市场的共识是，虽然达成了增产协议，但并不会真的就有每天额外100万桶的石油进入市场。市场对实际增产的情况进行了讨论，认为日增产的上限可能是60万桶。问题在于这个规模是否足以阻止油价再次上涨。若要增产，其中将有很大一部分来自全球最大原油出口国沙特阿拉伯，有鉴于此，观察沙特阿拉伯未来几个月出口数字及价格信号将会是关键。

事实上，根据汤森路透石油研究与预测编制的船只追踪及港口数据，沙特阿拉伯目前正扩大原油供应。沙特阿拉伯5月海运原油日出口为706万桶，创一年来最高。2016年11月之前，沙特阿拉伯原油日出口数字经常超过700万桶。但同时值得注意的是，沙特阿拉伯只有在2016年的1月和2月这两个月日出口量超过760万桶。这显示沙特阿拉伯肯定有扩大出口原油的空间，但最近几年很少看到日出口量持续高于760万桶水准。

沙特阿拉伯6月日出口预计将超过700万桶，汤森路透数据估计海运石油日出口量达710万桶。但有趣的是，沙特阿拉伯对于他们将提高多少供应，没有给出具体数字。沙特阿拉伯能源大臣法力赫在欧佩克会议后表示，沙特阿美将把产量提高数十万桶，具体数字将在后期确定。对于是否容许沙特阿拉伯产量超过限产协议的配额，以填补委内瑞拉和利比亚等其他成员国供应不足的部分，也存在困惑。这些国家目前并无力增产。伊朗石油部长赞加内称，沙特阿拉伯不会被允许代委内瑞拉增产更多原油，这意味着沙特阿拉伯可以日增产的幅度不到10万桶。由于对各国究竟可以增加多少产量并不确定，因此未来几个月监督原油流动将比以往更为重要，或许反倒不必太过纠结于欧佩克与非欧佩克协议各方的每个措辞了。

磋商中时常绕过的另一个因素是成品油的出口。根据联合组织数据倡议（JODI），2018年1—4月沙特阿拉伯日出口汽油约35万桶，较2017年均值高出约10万桶。沙特阿拉伯同期柴油日出口平均略低于80万桶，较2017年均值高出约20万桶。JODI数据显示，沙特2018年1—4月所有油品日均出口183万桶，较2017年同期的139万桶高出32%。这表明，沙特阿拉伯已经在提高对全球市场的出口，不过是以油品而非原油的方式。如果仅依靠沙特阿拉伯实质上单方面去平衡油市供需，将油价控制在每桶70～80美元的最佳水准，这当然是有风险的，但每桶70～80美元的价位足以令多数产油国避免发生财政问题，同时又不至于令需求遭到破坏。

2018年6月26日（周二），第27届世界天然气大会在美国华盛顿会展中心拉开帷幕。美国能源部长佩里、俄罗斯能源部长诺瓦克都出席了会议，并发表了讲话，同时两国能源部长在当天进行了会晤。佩里在会议期间的记者会上说："诺瓦克前来访问，从莫斯科来华盛顿出席天然气会议，并与我举行了会晤，我认为这是非常积极的。我们举行了非常有建设性的磋商，讨论了许多问题。我们承认，继续开展对话是非常重要的。我们在某些问题上意见一致，在某些问题上有分歧。但不管是对美国、俄罗斯还是全世界来说，继续开展对话都是很重要的。"当被记者问到是否会建议实施或延长对俄罗斯制裁时，佩里称此类问题需问国务院。但他指出，他很尊重诺瓦克，并期盼与诺瓦克举行新的会谈。

美国国务院一位高级官员26日表示："购买伊朗原油的公司必须在11月4日前将其自伊朗进口的原油量降至零，否则将面临美国的严厉制裁。美国国务院在最近与欧洲外交官的交谈中传达了这一信息。特朗普政府尚未与中国、印度或土耳其谈论有关伊朗原油购买的问题，但美国政府有意向这些国家施压，让这些国家完全削减他们自伊朗的原油进口。"这表明，美国总统特朗普不会遵循奥巴马时期允许各国逐渐减少自伊朗进口量的做法。专家认为，全球买家不会彻底不从伊朗购买石油。万一发生这种情况，俄罗斯能向伊朗抛出救生圈，允许后者用石油换取商品。诺瓦克在回答记者关于禁止从伊朗进口石油的问题时说："我们将从法律的角度评估这种情况。我们（与德黑兰于2014年签署的备忘录仍然有效。我们将从法律依据出发来分析局势。"

在奥巴马政府时期，为了加大对伊朗的压力，美国要求买家每180天削减伊朗原油进口量20%。美国能够快速削减伊朗出口量，在很大程度上是因为美国得到欧洲盟友的支持。欧洲国家自己也对伊朗原油出口实施了制裁，他们在近6个月的时间内完全停止了对伊朗原油的购买。但这一次有所不同。英国、法国、德国以及更广泛的欧盟对特朗普退出伊朗核协议表达了强烈反对，并出台了旨在保护其公司免受所谓二级制裁的措施。这些二级制裁将惩罚那些与伊朗实体进行制裁范围内的业务往来的公司，威胁将这些公司赶出美国庞大的市场，并将他们与国际金融体系隔离开来。这位美国国务院官员表示："在外交方面，自1996年以来，美国在伊朗一直实施二级制裁，我们有很多敦促合作伙伴减少伊朗石油购买的记忆。美国政府预计不会给予购买伊朗原油或在伊朗能源行业投资的公司任何制裁豁免。美方在接下来几周将会派遣官员前往印度等国，要求他们停止从伊朗进口原油，同时也会要求同盟国在11月4日之前将从伊朗进口原油的数量降至零。美国不计划为任何进口伊朗原油的国家提供豁免。如果在11月4日之后依旧购买伊朗的原油，企业将面临二级制裁。"

阿盖恩资本创始人基尔达夫表示，佩里寻求诺瓦克增加产量是很自然的事情，但是选择的时机有点奇怪。美国希望借由俄罗斯在欧佩克的影响力达成目标，俄罗斯希望减轻所面临的制裁。俄罗斯利用其外交影响力以及与伊朗的紧密联系从而推动"欧佩克+"新的生产协议的达成。伊朗则一直坚持要求欧佩克发表声明，对于美国退出伊朗核协议进行谴责，但是最终未能如愿。俄罗斯也一直反对美国退出伊朗核协议，从目前来看，俄罗斯是解决伊朗问题的关键。诺瓦克表示，世界上存在着很多的国家，因此有很多不同的利益，但是考虑到最终结果对于全局性的影响，因此需要一个折中的办法。

巴克莱能源市场研究主管科恩表示，俄罗斯可以视作是伊朗与沙特阿拉伯之间的纽带，没有俄罗斯的存在，这一联系将不存在。加拿大皇家银行资本市场大宗商品策略主管克罗夫特则认为："诺瓦克是想让美国知道俄罗斯可以帮助美国在维也纳会议中扮演重要角色，从而缓解其所面临的制裁。我赞同俄罗斯在上周维也纳会议上对于促成协议的达成发挥了重要作用，同时俄罗斯确实也是呼吁供应增加的先锋。但这是因为美俄暂时在利益上的一致性所推动的，同时俄罗斯也意识到美国将会从增产中受益，这对于俄美关系缓解提供了有利契机，所以俄罗斯的行为是带有目的性的。尽管尚不清楚俄罗斯会寻求怎样的回报，但是从当前的美俄关系看，解除美国对于本国的制裁似乎是一个较为安全的选择。"

分析师预测美国对于伊朗的制裁可能会抹去50万桶的市场日供应。除了伊朗可能要面临的美国制裁危机之外，截至2018年5月，委内瑞拉日均原油产量已下降50万桶；利比亚原油日产量也下降了45万桶，这是因为其最大的两个出口终端受到了攻击。这些中断可能是短暂的，因为利比亚国民军已经宣布重新夺回了控制权，但是尚不能确定局势是否稳定。还有一个出乎意料的是加拿大油砂的短缺，这是由于变压器出了问题，切断了艾伯塔工厂的电力供应，导致生产的中断，加拿大油砂正面临36万桶的日供应缺口，而这一缺口有可能在7月前都无法得到弥补，进而拖累美国库欣地区的原油供应。

伊朗每天出口原油240万桶，主要流向欧洲、中国、印度和土耳其。目前美国国务院和财政部的高级官员正敦促欧洲、亚洲和中东的盟友遵守制裁措施，制裁的目的是向伊朗施压，要求其就终止核项目的后续协议进行谈判。美国代表团将在下周前往中东，敦促海湾产油国确保全球石油供应。不过特朗普政府尚未就购买伊朗原油一事与中国、印度或土耳其举行会谈，但特朗普打算在制裁威胁下，迫使他们完全削减进口。

随着欧佩克会议的正式落幕，即便只是小幅增产的协议，还是要迅速执行的。据彭博社报道，沙特阿拉伯计划7月将日产量提升至历史高位的1080万桶，这将超过沙特阿拉伯2016年11月创下的日产量纪录1072万桶。沙特阿拉伯准备将部分额外产量储备起来。沙特阿拉伯7月的实际产量水平将取决于油市整体需求和沙特阿拉伯国内的需求，预计最终日产量可能达到1060万~1100万桶之间。其中，一个不可忽视的因素在于，在夏季期间，沙特阿拉伯需要通过原油来为空调发电，因此其国内需求激增。此外，就美国方面而言，在11月美国中期选举之前，特朗普向沙特阿拉伯施加了越来越大的压力，要求其增加石油产量，并降低价格，目前过高的油价已威胁到特朗普减税带来的经济增长。巧合的是，就在沙特阿拉伯可能单边脱离减产协议进行增产之际，美国能源部长佩里也对外表示，相信沙特阿拉伯将增加产量来填补欧佩克的缺口。

2018年6月27日（周三），据路透社报道，伊朗原油的两大亚洲买家——日本和韩国正与美国政府进行协商，希望避免美国对伊朗恢复制裁所给自己带来的负面冲击。日本内阁官房长官菅义伟周三在记者会上表示，日美双方正就对伊朗制裁进行磋商，但他未透露细节。菅义伟称："日本和美国目前就美国恢复对伊朗制裁进行讨论，细节讨论无可奉告。我们正密切关注美国措施可能造成的冲击，我们希望与包括美国在内的相关国家进行协商，借以避免日本企业受到负面冲击。"同时韩国方面，产业通商资源部一位官员表示："我们和日本处于相同立场，我们正与美国讨论，并持续协商以取得豁免。"美国驻联合国大使黑莉表示，美国和印度的政客将商讨如何降低来自伊朗的原油量，已经告知印度总理莫迪即将对伊朗实施制裁，希望印度能减少自伊朗进口的原油量。美国智库欧亚集团的报告称，美国政府这次采取的方式"更具侵略性"，可能意味着日本和韩国将更迅速地停止从伊朗进口原油。

美国康涅狄格州传统能源资深分析师兼经纪人迈克吉利安表示："美国仍在继续决定完全孤立伊朗，钟声已经敲响，这并不令人意外。美国官员在他们想做的事情上显得很坚定。影响难以估量，这可能意味着市场对美国石油的需求将增加。"对于美国的咄咄逼人，伊朗方面则回应称，在几个月之内将伊朗原油轻易挤出市场是不可能的。伊朗总统鲁哈尼就表示，伊朗不会屈服于美国的压力，伊朗原油的购买者不会遵循美国的要求。

美国能源信息署公布数据，截至6月22日当周，美国原油日出口量升至纪录高位300万桶，如果加上柴油和汽油等燃油产品，美国原油及成品油日出口量总计854.4万桶，而美国原油日产量已连续第三周保持在1090万桶的纪录高位。从美国原油出口来看，美国上周每日出口的原油量超过了多数欧佩克国家的产量。纽约能源对冲基金阿盖恩资本创始合伙人基尔达夫表示，美国上周的原油出口量仅次于沙特阿拉伯和伊拉克。2018年6月，沙阿拉伯特日出口原油近750万桶，伊拉克日出口360万桶，伊朗日出口近240万桶，而美国正在寻求通过制裁将伊朗的原油出口移除市场。利浦石油协会总裁安德鲁·利浦说："事实上，我们在整个得克萨斯海湾沿岸都在装载原油出口。出口商面临的最大问题是如何将原油从二叠盆地运到墨西哥湾沿岸地区，因缺乏管道容量。"

美国不仅要求中国扩大对于美国原油的进口，同时也试图将美国原油出口的范围扩大至欧洲，这使得美国的原油的出口大为增长。美国能源信息署数据显示，2018年5月美国原油日均出口量为近200.5万桶，创下月度最高水平，6月日均出口量达到了220万桶，实现了进一步的上涨。除了美国主动寻求原油出口量的增加，WTI-布伦特原油的折价差不断扩大也使得美国原油在国际市场上拥有更强的竞争力。6月上旬，WTI-布伦特原油的折价差一度扩大至每桶11.49美元，不过近期随着WTI原油出现了较大的拉升，同时欧佩克决定增产也使得布伦特有所承压，WTI-布伦特原油的折价差已经收窄至每桶4美元附近。考虑到运输成本的问题，美国原油相较于布伦特原油的价格优势已经开始不断收窄，因此美国原油出口的强劲走势可能将会有所收敛。

由于"605"条款的限制，加拿大75%的原油需要出口至美国，这些原油经过美国中西部的输送路线运往美国的库欣与各地的原油交易商进行交易，同时库欣作为北美最大的原油期货交割地，掌握了WTI的定价权。可以说，加拿大西部运往美国的原油是WTI的重要组成部分。而由于意外断电，加拿大的辛克鲁德中断了超过30万桶的日生产量，这意味着美国的原油库存还会得到进一步的消化，由此推升美国原油价格。

2018年以来美国产油变得十分疯狂，凭借着拥有对页岩油的充分开采和利用，美国相比其他产油国能够更简单地产出更多的原油，而特朗普似乎是看到了这个机遇，在2018年上半年疯狂针对原油搞出小动作。无论是针对中东的一系列举动，还是在贸易保护上的一些决策，似乎都能够间接为美国原油服务。例如在中东造成的巨大原油供应缺口，那么美国自然可以通过自身的产出优势来填补这个缺口，从而抢占中东丢失的原油市场，虽然欧佩克之前开会称会增产，然而增产幅度却是杯水车薪。

美国要求其盟国从11月开始停止进口伊朗原油，特朗普政府希望这一强硬立场将切断伊朗资金来源。不过，美国方面的强硬态度似乎暂时有所软化。据美国官员6月28日（周四）称，将遵循具体情况具体解决的原则与各国合作。这一讲话也一定程度上抑制了前日油价的涨势。印度能源部要求精炼厂准备好自11月起将从伊朗进口的原油量大幅削减或直接降至零。此前美国曾在积极游说印度加入对伊朗的制裁计划。但据印度石油和天然气部长普拉丹的讲话来看，印度方面仍未就此做出决定。普拉丹表示，伊朗是印度重要的原油供应国，印度还未就伊朗原油进口做出决定。在伊朗原油进口问题上，印度将依据自身利益做出决定。印度能源部的国际合作联合秘书萨迪尔（Sunjay Sudhir）亦称，印度不承认单方面的制裁，只承认联合国实施的制裁。

根据印度政府的数据，伊朗是继伊拉克和沙特阿拉伯之后的印度第三大石油供应国。除中国以外，印度向伊朗购买的石油是其他国家中最多的。因此，印度政府不太可能遵循美国的要求。欧亚集团的报告称，不仅仅是中国，印度也不太可能会向美国屈服。印度的能源需求不断增长，伊朗成为其关键和战略性的原油供应来源。分析师预计，目前印度每天大约向伊朗购买70万桶原油，印度的国有炼油企业可能会继续进口伊朗原油。印度投资信息和信用评级机构ICRA总裁兼评级部门负责人阿诺普·巴蒂亚（Anoop Bhatia）表示："印度已经在伊朗制裁实施的早期获得了一些有利的信贷条件，如果印度继续向伊朗进口，印度可能会再次寻求这些利益，印度已经试图恢复用于进口伊朗石油的卢比结算机制。"

印度和美国的官员目前正在新德里举行会谈，试图解决此前特朗普政府对印度实施钢铝关税引发的贸易争端。美国驻联合国大使黑莉表示，伊朗违反了伊朗核协议，印度认同伊朗是一个威胁。特朗普当局并不打算与印度进行贸易战，而是希望与印度进行更多贸易。印度首富穆克什·安巴尼（Mukesh Ambani）管理的信实工业（Reliance Industries）已在上月决定停止从伊朗进口石油。分析人士称，即使供应缩减一半不会给市场带来巨大影响，但油价依旧面临上行压力。印度石油财政主管夏尔马（Arun Kumar Sharma）表示："如果政府真的决定禁止进口伊朗石油，我们将遵循这一决定。找到替代的供应来源将不是问题，全球石油市场的供应来源有很多。"随着原油需求的走高，印度或将从美国进口更多的原油，美国可以成为印度重要的原油供应国。

利比亚国家石油主席穆斯塔法·萨纳拉表示："受国内东部冲突影响，利比亚原油日产量将降为70万桶，相比之前减少了约1/4。同时利比亚原油出口也受到影响，利比亚东部的国家石油已下令东部企业停止原油出口，任何试图进入利比亚东部港口的油轮将被视为非法。占领利比亚东部石油港口的叛军将无法出口原油，利比亚政府也将对那些购买叛军原油的买家采取合法的制裁措施。"利比亚原油出口的不确定性给油价带来支撑。

2018年6月29日（周五），特朗普告诉沙特阿拉伯国王萨勒曼称，应该加大对石油市场的供给力度。而沙特阿拉伯国王则回应称，如有需要，沙特阿拉伯将提高产量。6月30日（周六），特朗普在推特上表示，沙特阿拉伯绝对同意生产更多的石油。特朗普的推特发文显示："总统特朗普和沙特阿拉伯国王萨勒曼通了话，向他解释称，由于伊朗和委内瑞拉的动荡和混乱，我要求沙特阿拉伯增加石油日产量，或许增加200万桶，以弥补差额。油价太高了！他已经同意！沙特阿拉伯增加的石油将有助于抵消伊朗石油供给的下降。"随后，美国白宫发表声明对特朗普的推特发文进行解释。声明称，沙特阿拉伯国王向美国总统特朗普承诺，如有需要，沙特阿拉伯将提高原油产量。目前，沙特阿拉伯的闲置日产能约为 200 万桶。

据沙特阿拉伯官方媒体报道，在通话中，沙特阿拉伯国王和特朗普强调有必要保持石油市场的稳定，并努力弥补石油生产国可能出现的短缺。但沙特阿拉伯媒体的报道中并没有提及沙特阿拉伯打算将日产量提高 200 万桶，沙特阿拉伯石油官员也没有立即对此置评。

第七节
美国施压沙特阿拉伯日增产原油 200 万桶

受特朗普持续施压影响，沙特阿拉伯可能将加速扩大石油产量以弥补偿委内瑞拉和伊朗的供给缺口。据统计，沙特阿拉伯仍有近 200 万桶的日闲置产能。但无论如何，沙特阿拉伯可能日增产 200 万桶的说法有夸张之嫌。事实上，这个欧佩克最大产油国在短期内可能连日增产 100 万桶都存在困难。

沙特阿拉伯或许给予了特朗普有关增产的承诺，这背后可能代表了沙特阿拉伯希望让特朗普更加坚定地对伊朗施加制裁。但就目前情况来看，沙特阿拉伯真实的增产极限和所花的时间都是一个很大的未知数。尽管沙特阿拉伯理论最大产能仍存在 200 万桶的日闲置，但算上相应扩产所需花费的经费和时间而言，可能在一年以内很难实现承诺。

能源咨询机构皮拉能源集团创始人兼首席执行官罗斯表示，并不认为沙特阿拉伯的日闲置产能有 200 万桶，估计其最大日产能在 1100 万桶，即实际最大日增产空间在 100 万桶附近。随着伊朗潜在的约 150 万桶的日供给缺口，以及委内瑞拉的石油供给进一步下降，到 2018 年底，全球石油日供给缺口可能会超过 200 万桶。

目前全球三大石油生产国中，美国和沙特阿拉伯发出了一个强烈信号，即限制油价上涨。俄罗斯也可能希望油价不要过高，油价的涨势必将遭到政治干预的抑制。同时，从沙特阿拉伯同意美国的增产要求这一情况来看，欧佩克的话语权可能正在下降。取而代之的将是沙特阿拉伯、俄罗斯和美国三大产油国形成的三足鼎立。

就沙特阿拉伯而言，将其日产量提高到 1200 万桶似乎不太可能，但该国可以通过增加出口的方式以影响油市供给。然而，这也加剧了中东的紧张局势。由于伊朗控制着石油运输的重要水道，即霍尔木兹海峡。沙特阿拉伯和伊朗在石油供给上的分歧日益加大，不排除于日后造成远超 200 万桶的日供给缺口的可能。

尽管特朗普在推特上明确表示希望沙特阿拉伯扩大供给，但沙特通讯社（Saudi Press Agency）的声明相对模糊，并未提及明确的增产数字。这似乎表明，沙特阿拉伯确实已经做好了增产的准备，但仍需视实际供给缺口而定。毕竟，200万桶的日增产将令沙特阿拉伯违背之前的减产承诺，且完全耗尽全部闲置产能，这可能于日后存在供给过剩的风险。

对于美国的威胁，伊朗第一副总统埃斯哈克·贾汉吉里（Eshaq Jahangiri）称，任何国家试图强行减少伊朗原油市场份额的行为，都是背叛行为，将为此付出代价；伊朗将允许私营部门出口原油，来应对美国的原油制裁。伊朗石油部长赞加内表示，任何高出限制地增加原油产量都是对欧佩克协议的违背；欧佩克应该拒绝对原油产量做出"政治化"的决定。伊朗要求其他欧佩克成员国"不要采取任何单边措施"，并警告称，这将破坏欧佩克的团结。

在伊朗寻求应对美国制裁时，伊朗石油部长赞加内致函阿联酋能源大臣兼欧佩克轮值主席马兹鲁伊，敦促他提醒欧佩克成员国遵守最近欧佩克会议达成的协议。赞加内在路信中写道："一些欧佩克成员国的单方面决定正在削弱欧佩克，欧佩克不应让其他国家采取不利于该组织团结和独立的政治措施。任何欧佩克成员国单方面将产量提高到超出欧佩克规定的份额都将构成协议违约，都会促使美国对伊朗采取行动。我谨请阁下提醒欧佩克成员国遵守他们的承诺，切勿采取任何破坏欧佩克团结和独立的单边措施。"

伊朗石油部一位官员表示，尽管包括道达尔、荷兰皇家壳牌在内的一些欧洲公司过去几周内已决定停止购买伊朗石油，但伊朗对欧洲、亚洲及其他地方的石油出口还在进行。2018年5月，伊朗平均每天出口原油及凝析油280万桶。所以，"美国不可能在几个月内将这一数额从国际市场上抹掉"，当然，"伊朗会做好准备应对最坏情况"。

美国希望油价下跌，由于油价的不断上涨，美国的汽油价格一度达到了每加仑3美元，过高的能源消费占比会降低美国居民其他方面的支出，同时会带动通胀的过快上涨，这对于美国的渐进式加息不利。从政治上讲，伊朗在中东的影响力与日俱增，作为欧佩克第三大产油国，伊朗是非常依赖原油出口，一旦美国对伊朗实施制裁，沙特阿拉伯可以通过抢夺伊朗的原油市场来获得更多的利润，削弱伊朗的政治影响力，同时美国也可以通过沙特阿拉伯来进一步影响中东，从而为美国的原油进驻国际市场留下空间。

市场认为即使市场存在着供应缺口，美国的原油产量也将部分弥补供应的缺口，而近期美国持续扩大出口的倾向，甚至使得部分投资者认为油市或出现供应过剩。但事实上输油管道瓶颈的问题正制约着美国原油产量的进一步增加。目前美国原油增速最快的地区是西得克萨斯的米德兰地区，通常这个区块生产的原油将会通过输油管道输往墨西哥湾进行出口。但是随着输油管道的输油能力进入极限，意味着短时间美国原油的出口能力将会面临瓶颈，这将会导致部分原油滞留在原产地。

随着美国限制盟友对伊朗原油的进口，并且强调不会有任何的豁免，这意味伊朗或再次出现产量的大幅减少。委内瑞拉产量的不断下降使得供应缺口扩大的可能性进一步增加。目前委内瑞拉的原油日产量已不足 140 万桶，相比于不断下降的产能，缺乏足够的运输条件使得委内瑞拉的境况进一步恶化，目前有 70 多艘油轮滞留在委内瑞拉海岸，这导致委内瑞拉原油出口量的进一步下滑。有消息称，随着委内瑞拉情况的不断恶化，或导致 6 月仅有 69.5 万桶的日产量可用于出口。法国兴业银行预计从现在到欧佩克下一次 12 月会议之前，委内瑞拉原油日产量可能会再下降 30 万桶。

从闲置产能来看，目前能够在短时间快速增产的国家只有沙特阿拉伯、俄罗斯以及阿联酋。至于闲置产能到底有多大，目前各方数据不一。对于沙特阿拉伯的日闲置产能，有多种版本：220 万桶、200 万桶、140 万~150 万桶，俄罗斯日闲置产能有 40 万桶和 30 万桶之说，阿联酋的日闲置产能仅 20 万桶，还有一个版本就是阿联酋和科威特的日闲置产能总和为 40 万桶。

需要注意的是，由于中东国家的发电主要是依靠原油，因此在夏季往往会出现用电的高峰期，因此要想弥补伊朗可能存在的缺口，这就需要沙特阿拉伯的实际日产量达到 1060 万~1100 万桶之间，而当前沙特阿拉伯的日产量仅在 1000 万桶左右，因此这会使得本已稀缺的闲置产量进一步受到挤压。美国康涅狄格州传统能源资深分析师兼经纪人迈克吉利安表示，似乎供应面加入了大量不确定性，沙特阿拉伯的闲置产能可以多大程度地满足全球石油不足的局面，这一情况还悬而未决。

伊朗警告称，美国要求沙特阿拉伯日增产 200 万桶是在要求沙特阿拉伯退出欧佩克；美国所要求的增产数量远超过欧佩克会议上定下的增产数量，超出市场预期，美国这样做，和让沙特阿拉伯退出欧佩克没什么区别。

2018 年 7 月 2 日（周一），美国国务院政策规划司司长布里安·霍克表示："美国寻求在 11 月 4 日恢复对伊朗能源行业的制裁后，将伊朗的石油收入降至零，以迫使伊朗领导层改变在中东地区的行为。美国也认为全球石油备用产能足以弥补伊朗的供应下降。美国将根据个别不同的情况与盟国进行合作，但并不打算豁免制裁。我们的目标是借由将伊朗的原油收入降至零，加强对伊朗政权施压，我计划在本周末与欧洲盟友英国、法国和德国会面讨论伊朗问题。我和财政部高官将在未来几日拜访海湾国家。随着美国着手对伊朗重新实施制裁，已有大约 50 家国际公司宣布打算退出伊朗市场，尤其是能源和金融行业的公司。"

据霍克介绍，美国计划分两部分恢复对伊朗制裁。第一部分制裁将于 8 月 6 日生效，针对伊朗的汽车行业及黄金等重要金属的贸易。剩余制裁将于 11 月 4 日生效，针对的是伊朗的能源行业、石油贸易，以及伊朗央行的涉外结算业务。霍克表示："我们正努力把对全球市场的影响最小化，但我们有信心全球有足够的备用产能，全球备用产能足以弥补供应减少。"

石油市场的紧缩推高了油价，这一直是美国政界人士担心的问题，因为他们担心选民会对自己产生不满。欧佩克在 6 月决定将石油日产量提高 100 万桶。但是，这一增量越来越不足以应对全球日益增多的供应中断。特朗普想要更多沙特阿拉伯石油进入市场，这点并不奇怪。不过，美国要求沙特阿拉伯日增产 200 万桶，这个目标不太可能实现。从技术上来看，要实现这个增产目标，沙特阿拉伯所需要的时间可能会超过一年。另外，如此大的增量将导致石油市场的闲置产能处于危险的低水平。届时，任何供应中断都会导致油价飙升。实际上，这甚至不需要任何实质性的破坏——仅仅是再次发生供应故障的可能性，就会导致市场出现重大的波动。

白宫在公布特朗普与沙特阿拉伯萨尔曼国王的谈话细节时，拒绝进一步谈及特朗普总统的评论。白宫仅在声明中写道："为了回应总统对石油市场赤字的评估，萨勒曼国王肯定沙特阿拉伯拥有 200 万桶的日闲置产能。如果必要的话，沙特阿拉伯会谨慎使用这些产能，以确保市场的平衡和稳定。"

增加 200 万桶的石油日供应，与"谨慎"地利用闲置产能确保市场稳定是完全不同的做法。然而，特朗普认为石油市场需要更多供应，这种想法可能是正确的。欧佩克可能难以弥补日益显现的供应缺口，因为供应缺口似乎正日益扩大。随着供应中断的加剧，沙特阿拉伯正面临失去对市场控制的危险。沙特阿拉伯并不希望耗尽所有的闲置产能，这意味着其增加的日产量不会达到 200 万桶这样的高度。然而，这意味着 2018 年下半年市场开始出现供应不足的情况。这对沙特阿拉伯来说是一个棘手的平衡。沙特阿拉伯一方面希望保持市场平衡，另一方面又希望为未来的混乱局面做好准备。最有可能的情况是，沙特阿拉伯将选择允许油价上涨，而不是耗尽其大部分闲置产能。

金融咨询机构波尔塔顾问（Porta Advisors）合伙人维特曼（Beat Wittmann）表示："特朗普总统要求沙特阿拉伯突然增加石油产量，该呼吁应被视为一种政治噪音。美国不能像点咖啡一样，轻轻松松就让沙特阿拉伯将石油日产量增加 200 万桶。油价存在上升至每桶 100 美元甚至以上的上行压力。如果不出现石油需求大幅下降或全球经济持续疲软的情况下，持续的供应和基础设施中断将继续推高原油期货价格。"

利比亚国家石油 7 月 2 日（周一）宣布，另外两个东部祖埃提纳（Zueitina）和哈里加油港遭遇不可抗力因素，东部所有的原油出口均已暂停。因控制该地区的利比亚国民军阻止船只进入港口，利比亚原油产量下降至此前的 1/4，导致 85 万桶的日供应中断。

随着美国对伊朗实施制裁，同时委内瑞拉产量的不断下降，加上近期利比亚原油出口封锁以及全球原油闲置产能的收紧，市场认为，全球的原油日产量至少存在 60 万桶的日供应缺口，因此未来油价仍将进一步上涨。

2018 年 7 月 3 日（周二），纽约盘初，油价在无突发消息刺激下短线急速下跌，令市场惊呼看不懂。就在此前不久，WTI 刚刚刷新自 2014 年 11 月以来新高至每桶 75.27 美元。但转眼之间，WTI 已经逼近每桶 73 美元，从上涨近 1.8% 转为下跌逾 1%。对此，部分市场交易员怀疑，这可能与美国释放战略石油储备的谣言有关。但此后，市场开始逐渐意识到，油价快速下跌可能更多受沙特阿拉伯已经同意美国的增产要求有关。金融博客零对冲表示，油价短线快速下跌，因为半岛电视台此前报道中沙特阿拉伯已经同意美国提出的增产要求。

半岛电视台这一报道主要援引了沙特阿拉伯官方通讯社此前有关"沙特阿拉伯内阁于周二已同意支持国王提出的增加产量以维持市场平衡与稳定的要求"。沙特通讯社还公布了一份声明，其中显示，在由沙特阿拉伯国王萨勒曼所主持的一场会议中，萨勒曼已明确提出准备在必要时利用闲置产能以应对供需水平的任何变化。

金融博客零对冲指出，如果沙特阿拉伯确实屈服于美国方面的压力，并超额增产，可能意味着欧佩克将面临瓦解的可能。诸如伊朗等国可能直接退出该组织以反对沙特阿拉伯违背承诺的行为。此前，伊朗就指责美国和沙特阿拉伯暗地里控制油价，并损害欧佩克其他成员国的利益。而如果欧佩克最终瓦解，可能意味着减产协议将最终失效，引发原油市场再度供过于求。对此，零对冲表示，在不久的将来，欧佩克召开紧急会议的可能性越来越大。

二叠盆地、巴肯以及鹰滩这三大页岩区块的原油产量达到了美国原油总产量的50%，高盛报告显示，这3个地区原油生产的盈亏平衡点是每桶45～55美元，如果想要真正实现盈利则需要油价上涨至每桶70美元上方。目前WTI油价已触及每桶75美元，短时间而言对于页岩油生产商们是有利的，可能促进产量的进一步上升，但是不断高升的油价导致了美国短时间经济过热，限制了民众消费能，这将会对加息预期产生不利的影响，考虑到中期选举将至，因此特朗普一直在竭力地想要降低油价，这不免和页岩油生产商们的诉求产生了分歧。这可能最终导致油价出现回落，导致页岩油企业的利润大幅减少，由于美国能源市场的债券规模达到了1800亿美元，一旦信用违约的现象开始出现，这可能将导致油价出现进一步走弱。

摩根士丹利表示，其此前认为伊朗石油产量将在11月后开始下降。因特朗普政府在5月宣布重启对伊朗实施制裁时，给了企业180天的宽限期逐步缩减与伊朗的业务往来。在这种情况下，摩根士丹利认为，到2019年伊朗的石油日产量将下降70万桶。如今，伊朗对欧洲、日本和韩国的原油日出口量将降至最低水平。伊朗对这些国家的原油日出口量接近100万桶，而伊朗的原油日出口量接近270万桶。

由于美国制裁伊朗，并给出了较长时间让欧洲各国退出伊朗，下半年能够想象的是伊朗原油出口量一定会受到较大程度限制。伊朗原油出口中，中国占比28%左右，欧洲占比23%，印度占比17%，韩国占比14%，土耳其占比10%，日本占比8%。回顾2012—2015年制裁期间以及2015年伊朗核协议签订至今，比较各国从伊朗进口原油变化，美国所能影响的伊朗原油出口更多来自欧洲、韩国和土耳其，对中印两国影响不大，而如果欧盟宣布继续遵守伊朗核协议，完全取消进口伊朗原油可能性不大。在综合考虑各种情形下，预计伊朗原油日出口量会减少60万～130万桶。

伊朗总统鲁哈尼7月3日（周二）称，如果美国一心要迫使所有国家停止购买伊朗石油，伊朗将阻挠邻国石油出口。鲁哈尼的言论刊载在伊朗总统网站上，部分内容在稍晚于在瑞士举行的记者会上再次提及，外界对其有各种不同的解读。然而，在被问及他是否有意进行威胁时，鲁哈尼拒绝加以澄清。伊朗官员以前曾威胁要封锁石油运输要道——霍尔木兹海峡，以报复美国对伊朗采取任何的敌对行动。

鲁哈尼指出："美国人声称他们希望彻底阻断伊朗石油出口。他们不了解这项声明所代表的意义，因为伊朗石油不能出口而该地区的石油却能出口，这并没有意义，假设伊朗可能成为唯一无法外销石油的产油国，这是个错误的假设，美国永远无法切断伊朗的石油收入。"此时鲁哈尼正在欧洲寻求支持，伊朗和留在2015年伊朗核协议的5个大国将于本周晚些时候在维也纳召开会议。这5个国家均表示，尽管美国决定退出，但他们仍然支持伊朗核协议。伊朗曾要求这些欧洲国家制定新的经济方案以抵消美国制裁的影响并维持伊朗核协议。伊朗通讯社报道称："此次会议是应伊朗要求举行的，届时伊朗和5国外长将讨论欧洲提出的维持该协议的方案和措施。"

2018年7月4日（周三），美国总统特朗普在推特上抨击欧佩克成员国推高油价，称欧佩克需要对油价采取更多行动，并将这一问题与美国在许多欧佩克成员国的军事存在联系起来。特朗普在推特上写道："垄断组织欧佩克必须记住，汽油价格正在上涨，而他们几乎没有提供什么帮助。如果说有什么的话，那就是在美国试图降低价格之际，他们却在推高价格。与此同时，美国保护其许多成员国的安全，而且收费很少。这种事必须是双向的。现在就降低价格！"

这里说明一下，特朗普在其推特原文中写的是"天然气价格正在上涨（gas prices are up）"，但观察美国天然气价格走势在此前4个交易日收盘并没有上涨，而是下滑。6月28日（周四），美国天然气价格每百万英热单位降0.04美元；6月29日（周五），美国天然气价格每百万英热单位降0.03美元；7月2日（周一），美国天然气价格每百万英热单位降0.06美元；7月3日（周二），美国天然气价格与上个交易日持平。因此，这里断定特朗普所指的应该是汽油价格正在上涨（gasoline prices are up），可能是特朗普笔误将汽油单词后缀（oline）漏掉了，这样就成天然气了。因此，在这里替特朗普总统更正。

特朗普抨击欧佩克的消息传来之后，WTI原油每桶短线下滑逾0.30美元至74.08美元。最近几周，特朗普对欧佩克进行了猛烈抨击。在11月中期国会选举之前，汽油价格上涨可能会给特朗普造成政治上的麻烦，因为这会抵消共和党的承诺，即减税和撤回监管有助于推动美国经济。

伊朗驻欧佩克理事阿德比利当日回应称："美国总统特朗普向跨国公司施压，让他们停止购买伊朗石油，这一举措将最终推高油价并损害美国经济。目前尼日利亚和利比亚仍身处困境，委内瑞拉的石油出口因美国制裁而下降，沙特阿拉伯国内需求提高，在这种情况下，特朗普禁止跨国公司购买伊朗石油，完全是一种自残行为。除非紧张局势有所缓和，油价可能上涨至每桶100美元甚至140美元的高位，美国消费者将为特朗普的政策付出代价。石油市场最好远离政治。"

阿德比利还说："特朗普你要求欧佩克降低石油价格，但是你的推特已经将油价每桶推高了至少10美元，请立即停止这种手段。你在欺负欧佩克里面的好人。你实际上是诋毁他们，破坏他们的主权，我们希望你更有礼貌。欧佩克过去30年从没操纵油价，而美国对主要的产油国实施制裁，却要求他们降低价格？！从何时起你（特朗普）开始使唤起欧佩克？"伊朗革命卫队指挥官伊斯梅尔·库萨里（Ismail Kowsari）称，如果石油出口遭美国封禁，伊朗将封锁经由霍尔木兹海峡的石油运输。全球大约1/3的海运石油从这里经过，沙特阿拉伯、伊朗和卡塔尔等国家都使用霍尔木兹海峡运输原油。

欧佩克原油增产问题还没有得到解决，俄罗斯在另一个问题上似乎更加头痛，俄罗斯政府正在思考如何制定一个在未来10年内向本国石油产业征税的计划。该计划旨在将俄罗斯石油生产上的税收负担转移至生产环节，而非目前的出口环节。部分原因是高企的原油价格导致公众开始抗议汽油价格飙升。

俄罗斯石油行业曾一度因"税收操控"而声名狼藉，如今推进改革将有望促进经济增长并增加个人收入，这也是俄罗斯财政改革的一部分。此举将对长期以来向白俄罗斯和哈萨克斯坦的炼油厂提供原油的收费制度进行改革。目前，俄罗斯每年为此支付约1400亿卢布（合22亿美元）。新的制度预计将在未来6年内实施。

俄罗斯政府放弃了此前从2019年开始至2024年逐步增加开采税的计划，转而准备为石油生产商提供税收减免以缓解他们对生产成本升高的担忧。包括俄罗斯石油在内的公司预计将得到补偿，具体金额将取决于他们拥有多少汽油加工产能以及是否受到国际制裁。

沙特阿美计划从10月起改变向亚洲供应长约原油的定价共识，这是自1980年中旬以来首次修改定价基准。沙特阿美表示，新的计价公式将基于迪拜商品交易所（DME）交易的阿曼原油期货的月平均价格和标普全球普氏能源提供的迪拜原油平均现货价格，参考比例各为50%。此前，中东销往亚洲地区的原油定价基于完全由普氏能源评估的阿曼与迪拜均价。

迪拜商品交易所发表声明称，沙特阿美的决定是对迪拜商品交易所阿曼原油期货合约的有力支持，迪拜商品交易所于2007年推出阿曼原油期货合约，是中东原油实物交割量最大的期货合约，也是该地区油市最有效和透明的价格发现机制和风险管理工具。新加坡一名交易商表示，沙特阿美的决定还能改善阿曼原油期货交易在迪拜商品交易所上的流动性，也可能改善阿曼合约衍生工具的流动性，以对冲或转换价格。因为普氏阿曼无法对冲，所以它会更受欢迎。

路透社分析称，作为当前中东地区原油定价机制主导的标普全球普氏，不会对此坐视不管。标普全球普氏表示，尊重每个市场参与者用自己的权利来决定更喜欢的期货定价方式，最终是由市场决定采纳何种机制成为定价基准。普氏有信心应对竞争，因其定价机制已经被广泛地理解和接受。

事实上，有关转换定价基准的提议已在沙特阿拉伯内部讨论多年，所以这一消息并不是非常意外。早在2017年9月，欧佩克第二大产油国伊拉克就想率先打破传统，本计划从2018年1月起采用迪拜商品交易所阿曼原油期货价格作为出口亚洲的巴士拉原油基准，但被搁置。此次沙特阿拉伯率先带头修改定价机制，可能加速其他中东产油国的定价机制改革。作为欧佩克最大产油国，沙特阿拉伯的原油官方售价也一直是其他中东主要产油国油价走势的参照指标，可以影响每天出口亚洲1200多万桶原油的价格。

沙特阿拉伯此举可能是为了夺回亚洲市场，其在亚洲的市场占有率一直在萎缩。随着美国原油出口不断增加，沙特阿拉伯亲眼目睹了自己在亚洲这个世界上最大原油消费市场占有率的下降。沙特阿美因为其定价政策而受到一些亚洲最大买家的施压。

目前，上海原油期货的日成交量已超过迪拜商品交易所阿曼原油期货合约，成为亚洲市场交易量最大的原油期货合约，仅次于纽约和伦敦两大老牌基准市场的交易量，跻身全球交易量前3名。而迪拜商品交易所阿曼原油期货合约，正好将作为10月起沙特阿美销往亚洲原油的部分定价基准，其中的深意似乎不言而喻。

2018年7月5日（周四），据悉，沙特阿拉伯已告知欧佩克，6月原油日产量为1048.9万桶，较5月增加45.9万桶。6月沙特阿拉伯向市场供应的原油总量甚至高于油井产量，这意味着沙特阿拉伯从库存中出售原油。6月沙特阿拉伯日供应为1057.9万桶，该数据包含国内消费和整体出口，其中包括来自库存的原油。咨询机构开普勒估计，沙特阿拉伯6月原油日出口量较5月增长40.7万桶至762万桶。彭博社预计，沙特阿拉伯6月的日产量增加33万桶至1030万桶。路透社称，沙特阿拉伯6月日产量增加了70万桶至1070万桶，如果这一数字是确切的，那么沙特阿拉伯的生产规模接近历史最高水平。6月在维也纳会议上，欧佩克与非欧佩克成员国俄罗斯达成协议，从7月开始增产，沙特阿拉伯承诺将果断采取行动稳定油价走势并"可衡量"地增加供应，但并没有给出具体数字。不过，从产量数据看，沙特阿拉伯对于增产还是认真的。

7月5日，国际原油价格高开低走。在特朗普施压之下，沙特阿拉伯响应特朗普号召，下调了8月销往亚洲和欧洲大部分等级原油价格，并下调在美所有等级原油价格。沙特阿美将8月售往亚洲的轻质油官方售价每桶调低0.20美元，将8月售往欧洲的轻质油官方售价每桶调低0.45美元，将8月售往美国阿拉伯轻质油官方售价定为较7月每桶下降0.1美元。另据《华尔街日报》称，沙特阿美的首次公开招股受到阻滞，有可能无法推进上市。

第八节
伊朗试图封锁霍尔木兹海峡破坏石油运输

美国总统特朗普和伊朗之间关于油价的口水战仍在继续,伊朗反击举措是要求特朗普"闭嘴"。伊朗表示,抬高油价的是美国总统特朗普的推特言论,而非欧佩克,伊朗要求特朗普停止继续发表推文。此外,在威胁封锁霍尔木兹海峡阻断供应之后,伊朗总统鲁哈尼再度发声,伊朗将坚定对抗美国切断伊朗石油销售的威胁。如果美国真的对伊朗实施全面制裁,伊朗将采取"物物交换"的应对策略。

鲁哈尼正在游说欧洲国家以拯救伊朗核协议并寻求缓和美国的制裁,此前他在瑞士声明,如果美国在接下来几个月真的对伊朗实施全面制裁,从而导致伊朗的原油出口降为零,那么伊朗可能会封锁阿拉伯国家船运的咽喉——霍尔木兹海峡。在鲁哈尼此番言论出来之后不久,伊朗国民卫队指挥官库萨里明确表示:"他们若想阻断伊朗石油出口,我们就不会让任何石油出口通过霍尔木兹海峡。"接着伊朗革命卫队的领导人之一卡西姆·苏莱马尼(Qassem Suleimani)少将表示,伊朗革命卫队已经准备好实行鲁哈尼下令采取的任何行动。

虽然伊朗尚未采取任何实质性措施,但是封锁阿拉伯和波斯湾地区的主要通路霍尔木兹海峡具有重大的战略意义。据美国能源信息署,目前每天经过该海峡的原油超过1700万桶,如果将卡塔尔的液化天然气也计算在内,那么霍尔木兹海峡的重要性可见一斑。

美国和伊朗之间紧张局势不断升级令市场参与者担忧伊朗军方或试图通过封锁霍尔木兹海峡的石油运输来破坏世界上大部分的原油运输。霍尔木兹海峡是伊朗和阿曼之间狭窄的水道,连接波斯湾与阿曼湾,贯通阿拉伯海和印度洋。波斯湾环绕着世界上一些最大的石油和天然气生产国,包括伊朗、伊拉克、科威特、沙特阿拉伯、卡塔尔和阿联酋。

伊朗伊斯兰革命卫队总指挥官贾法里(Mohammad Ali Jafari)表示:"如果伊朗由于美国的压力不能出售石油,那么其他海湾国家也别想出售。如果有必要,我们希望总统所说的计划能够全面实施,我们会让敌人知道,霍尔木兹海峡要么大家一起用,要么谁也别用。"美国军方的中央指挥部(Central Command)则称,美国海军已经做好准备,将确保自由通航和商贸流通。美国中央指挥部发言人海军上校比尔·厄本(Bill Urban)表示:"美国与其伙伴在这个地区提供安全并促进稳定。"被问及如果伊朗封锁霍尔木兹海峡,美国海军将如何因应时,他表示:"我们将一起做好准备,在国际法规允许的范围内,确保航行自由与商业自由流动。"

通过霍尔木兹海峡的原油的主要目的地是中国、日本、印度、韩国和新加坡。美国能源信息署估计，2016年经霍尔木兹海峡流入亚洲的石油占比为80%。封锁海峡通常会使油价走高。如果这个威胁最终成为现实，原油价格可能会大幅上涨，可能会伤害美国民众的汽油消费。

在奥巴马政府时期，因为美国总统奥巴马支持对伊朗因涉嫌研究核武器发展进行国际制裁，伊朗曾威胁要在2011年和2012年关闭霍尔木兹海峡。由于奥巴马政府竞选压力最终将伊朗带入了谈判桌，并产生了2015年核协议，因此封锁霍尔木兹海峡从未实现过。现在特朗普单方面退出核协议激怒了伊朗，因主要石油公司准备切断伊朗的石油进口以避免来自美国的制裁。不过，伊朗是否会再次企图破坏霍尔木兹海峡仍有待观察。

2018年7月6日（周五），国际原油价格在紧张的市场氛围中呈现拉锯走势，美国开始实施对一系列中国进口商品加征关税，中国应会迅速加以报复，有可能会对进口自美国的原油加征关税。油市笼罩在中美贸易争端的阴影中，美国东部时间7月6日凌晨0时01分，美国对中国340亿美元的商品加征关税。中国很快出台了相应的反击措施。美国目前对中国日出口的原油约为40万桶，按当前油价计算，一个月约为10亿美元。中国曾表示，将可能对进口的美国原油征收25%关税，但没有说明具体日期。中国开征进口关税将降低美国原油在中国的竞争力。

除了美国与中国之间不断恶化的贸易关系，原油市场还受到特朗普释放出的其他两股力量的冲击：一是特朗普的地缘政治议程，尤其是对伊朗的制裁；二是特朗普的国内政治议程，在美国中期选举前降低美国汽油价格。然而，特朗普对伊朗制裁正与他在国内的政治图谋背道而驰。目前美国汽油价格上涨至每加仑近3美元，油价上涨伤害最大的是那些投票给共和党的低收入家庭。这些因素把特朗普和沙特阿拉伯以及俄罗斯的领导人一起置于全球石油政策的主导位置。可是，一旦伊朗封锁海峡，可能将推动油价升至3位数。美银美林表示："完全切断伊朗石油出口会令局面难以控制，并可能导致油价飙升至每桶120美元以上。"

伊朗与英国、法国、德国、中国、俄罗斯五国周五在维也纳召开外长级会议，以挽救濒临存续危机的核协议。会议通过了一份重要的联合声明，五国在声明中表示，五国仍然将致力于与伊朗的经济关系，包括"继续与伊朗的石油和天然气出口"和其他能源产品。

中国外交部长王毅表示，参与外长会的与会各方一致做出负责任的抉择，通过了一份重要的联合声明，其核心内容就是继续遵守执行全面协议、反对有违国际法的单边制裁，有效维护好国际核不扩散体系。在伊核问题上，中方坚持"国际规则应当遵守""全面协议应当执行""中东稳定应当维护""单边制裁应当摒弃"和"对话协商应当坚持"这五个主张。中方坚定致力于维护和执行全面协议，一直不折不扣履行全面协议的规定和义务。只要是有利于维护和执行全面协议的事，中方都将全力以赴去做。中方也愿就此与各方保持沟通协调，为维护多边主义成果而做出努力。同时，中方也将坚定地维护自身的合法权益。俄罗斯外长拉夫罗夫表示，伊朗核协议5国认为，美国威胁实施域外制裁并不合法，五国同意找出和伊朗进行交易的方式，避开美国心血来潮的制裁。

面对国内高企的燃油价格，特朗普频频施压欧佩克增产。但同时美国重新对伊朗实施制裁又很有可能使特朗普无法达成目的，人们更担心特朗普真实目的很可能是通过释放战略储备来打压其他所有产油国。分析师预计，如果汽油价格在中期选举前继续上涨，特朗普可能会从美国战略石油储备中释放3000万桶石油，这相当于对欧佩克和俄罗斯发动一场石油战争。

对潜在供应短缺担忧正在推高油价，市场对油价未来走向何方众说纷纭。一家机构指出，油价有可能重拾10年前每桶150美元的辉煌，关键要看大型石油公司的选择。投行伯恩斯坦分析师称，如果大型石油公司继续在探索新的石油储量方面的投资不足，对新油田长期投资不足将为下一个超级周期打好基础，届时将可以看到石油价格飙升至每桶150美元，甚至更高。

该分析师指出："投资者强烈要求现金投资回报，而不是增加资本支出，有可能很快就会适得其反，因新的石油储量可能无法跟上需求。怂恿管理团队放慢资本支出，以支付投资回报的投资者将对目前的业内投资不足现象后悔不已。任何供应短缺将导致石油价格的飙升，可能远远大于2008年的每桶150美元的峰值。如果石油需求持续增长到2030年及以后，将现金支付给股东和战略储备投资不足将只会为下一个超级周期埋下种子。"

自2014年油价崩溃以来，石油公司一直削减勘探方面的资本支出。现在油价已经大幅反弹，这些公司正在寻求支付股息以及股票回购来回报股东，以表明他们已经成功从石油价格暴跌中走出。然而，勘探资本支出缩减正消耗石油工业的储量和储量替代率。伯恩斯坦以为，当前再投资比率为30年来最低，这为油价的飙升铺平道路，石油价格甚至可能超过2008年每桶147美元的纪录。

2018年7月7日（周六），墨西哥当选总统奥布拉多尔（Andres Manuel Lopez Obrador）说："上任后的前半届任期内，墨西哥将争取不再进口燃油。"墨西哥石油资源丰富，但产油、炼油能力欠缺，燃油产品依赖进口，而且绝大部分从邻国美国进口。奥布拉多尔说："不从美国进口不是因为两国的贸易争端，而是为了提升本国的产油能力。我们将把提高产油能力列为就任后的头等大事。我们的目标是在我6年任期头3年结束前停止购买外国汽油。我们将立刻振兴我国的石油勘探和开采，以提高原油产量。"

奥布拉多尔在竞选期间承诺停止购买外国燃油，以"倒逼"墨西哥油企提高原油产量和炼油水平。奥布拉多尔打算在靠近墨西哥湾的塔瓦斯科州或坎佩切州新建一家大型或两家中型炼油厂。奥布拉多尔还承诺加大对国有企业墨西哥石油公司的扶持力度。墨西哥2013年着手能源改革，允许私营企业和外国企业进入墨西哥能源领域，打破国企垄断地位。改革本意是通过引入资本和技术，促进市场竞争，提高国企水平，但收效不大。

墨西哥石油经营的 6 家炼油厂现阶段日产量共计 22 万桶，比 2013 年平均日产量低一半。国产汽油只能满足 1/4 国内需求。墨西哥 2018 年以来平均每天进口 59 万桶汽油、23.2 万桶柴油，几乎全部来自美国。与 2013 年相比，墨西哥的汽油进口量增加 2/3，柴油进口量翻了一番。炼化加工的燃油产量降低，墨西哥的原油产量出现下跌。2018 年前 5 个月，墨西哥原油日产量为 190 万桶，低于 2013 年的 250 万桶。

随着美国总统特朗普和朝鲜最高领导人金正恩的首次成功会晤，俄罗斯总统普京的立场有所软化，并将在与特朗普会晤时做出重大让步。此前普京力挺伊朗。这一结果最大的受害者将是伊朗，在外围重重施压的情况下，伊朗的产量几乎毫无悬念地会从市场上被抹去。同时失去的还有伊朗在叙利亚境内的影响力，这对伊朗而言无疑是重大的损失，或导致伊朗封锁波斯湾，使得油价再现疯牛行情。

美国政府正不遗余力地完全封停伊朗的原油出口，同时伊朗政府也做出针对性的回应，表示将会阻碍霍尔木兹海峡的航运。尽管这种结果大概率是不会发生的，但是双方激烈的言辞导致美伊两国的对抗性迅速升温。特朗普的强硬立场使得油价出现了大幅的飙升，这是因为市场预期伊朗的原油产量将会出现更为大幅的下滑。此前市场一度预估伊朗的原油日产量将会在 2018 年下跌 50 万桶，但随着特朗普立场越发强硬，市场预估伊朗将出现 100 万桶的日产量损失，同时不排除日产量有下跌 200 万桶至 250 万桶的可能。如果市场出现了一个这么大的产量缺口，这将是难以弥补的，即使沙特阿拉伯将全部的闲置产量投入生产，可能依然会有 60 万桶的日供应缺口。这使得特朗普的措辞有所收敛，美国国务院声明称，美国政府将会根据各国的情况进行合作以降低全球对于伊朗的原油进口。事实上，这从侧面显示出美国对于高油价的担忧情绪。

韩国政府计划将在 8 月开始将伊朗的原油进口降至零。尽管有消息称日本将会在未来几个月仍将购买伊朗原油，但是随着 11 月 4 日的临近，日本可能将受到美国方面的压力而不得不削减伊朗原油的进口。此前印度对于美国要求削减进口伊朗原油量为零的要求表示反对，但是随着美国进一步的施压，印度表示将会有所限制地进行进口。印度正在建议国内的炼油厂大幅减少或者停止对于伊朗的原油进口。

欧洲国家和企业的配合不协调，无法实施对于伊朗经济的援助以维持伊朗核协议。欧盟仍希望和伊朗维持在核协议的框架内，同时最初希望可以让伊朗免于美国严厉的制裁。英国、中国、法国、德国以及俄罗斯在 7 月 6 日与伊朗的外交部长举行了会谈，并希望可以维持伊朗核协议。但是欧洲的公司还是纷纷开始逃离伊朗以免于美国的制裁。美国乔治敦大学（Georgetown University）外交学院教授布伦达·谢弗（Brenda Shaffer）表示："当听到欧洲的油气公司为了避免美国的制裁而退出伊朗时，外国政府和外国公司的表达存在着一个明显的差异。尽管此前法国政府承诺将会使其免于美国的制裁，但是最终道达尔还是不得不选择退出。"

受到美国不断施加的压力，伊朗官方表示，如果原油出口受到阻碍，那么伊朗将会封锁霍尔木兹海峡。德国商业银行表示，如果运输路线遭到了封锁，这对于全球的原油供给所造成的损失将是无法用数字来衡量的。伊朗此前曾以同样的方式进行威胁，但是近期的声明明显火药味十足，这可能会激起美国海军采取部分行动。同时由于伊朗大部分的贸易也需要经过这个海峡，所以也会对伊朗经济进一步产生不利影响。

2018年7月9日（周一），利比亚国家石油主席穆斯塔法·萨纳拉在脸谱（Facebook）页面上发布的视频声明中表示："今天的原油日产量为52.7万桶，明天的原油产量将减少，后天的会更低，每天的原油产量将持续下降。在2月的战斗迫使利比亚西部的一个油田关闭之前，利比亚的原油产量是目前的两倍多。在民兵组织关闭西部日产量为8万桶的油田之前，利比亚2月每天能抽取128万桶的原油。如果主要港口在上个月的冲突导致政治僵局后继续关闭，利比亚的原油产量将继续下降。"

萨纳拉还曾敦促东利比亚军事指挥官哈利法·哈夫塔尔（Khalifa Haftar）将原油港口的控制权移交给位于利比亚首都的黎波里的国家石油。不过，从敌对民兵组织手中夺回港口控制权后，哈夫塔尔将其转交给了利比亚东北城市班加西的原油管理局。萨纳拉表示："我们希望军队领导人能够交出港口控制权以保持原油生产，并且可以和政府、央行、众议院进行其他任何讨论。"此前，哈夫塔尔夺取了利比亚东部的两个港口，并将这些港口移交给联合国和利比亚当局未承认的东部政府。这一意外移交导致每日从这些港口发货的85万桶原油出口戛然而止。利比亚局势的不稳定也打击了欧佩克希望通过增产抑制油价所做的努力。

哈夫塔尔方面表示，我们的部队并没有收到保护石油设施的报酬。萨纳拉在视频声明中称："利比亚的原油收入被送到利比亚中央银行，国家石油对其分配方式并不负责。我明白哈夫塔尔的感受。他一定像多数利比亚人一样感觉沮丧，但我们要通过停止出口来表达失望吗？我不认为这是正确的方法。我们都同意，目前的情况不对，国家财富没有得到最好的利用。如果你能将港口交给我们，这将是勇敢和高尚的行为，因为没有人能在这场战争中获胜，我们会双输。"此外，萨纳拉还呼吁让原油远离政治，特别是在这些困难时期，更应该让原油设施远离冲突。

美国、英国、法国和意大利都对利比亚国家石油将不再具有这些原油的处理权表示担忧，因为这将出人意料地导致每天有约85万桶的港口出货量停止。在欧佩克努力增产的前提下，利比亚原油出口将出现不确定性。利比亚国家石油此前估计，停产造成的生产损失为每日85万桶，相当于每天6700万美元的收入。在冲突、封锁和政治分歧导致产油量大降之前，利比亚石油日产量一度达到160万桶甚至以上。

在被问及美国总统特朗普呼吁欧佩克采取行动时，欧佩克轮值主席、阿联酋能源大臣马兹鲁伊在卡尔加里表示："虽然欧佩克及其同盟正在尽其所能弥补原油产量不足，但不希望做过头。重要的是要避免让市场回到供应过渡状态。指责欧佩克没有发挥作用是不公平的，包括地缘政治以及来自页岩油和加拿大油砂的产量等并不在我们的掌控之中。新增供应进入市场需要时间，当石油消费大国发话时，我们会倾听，我们会倾听来自美国、中国和印度的声音。"

油价信息服务创始人之一、首席能源分析师克罗扎表示，布伦特原油与美国原油价格预计都将升上每桶80美元的水平。在利比亚、尼日利亚和委内瑞拉等地缘性政治事件的背景下，合理预期是布伦特原油能升破每桶90美元关口，尽管可能性较小。在2018年夏季结束前，美国无铅汽油均价回升至每加仑3美元或更高的概率为50%。飓风袭击墨西哥湾沿岸是一个主要的看涨催化剂，与此同时，美国和伊朗之间的冲突也在一定程度上推升了油价。

克罗扎预计2018年美国汽油价格将上涨较多。他称："美国将比2017年多花500亿美元在汽油上。与2011年阿拉伯之春时期至2014年的伊朗制裁时期相比，尽管这价格不算太高，但已经是一个很大的变化了。要真正切断伊朗石油出口，就必须要做到海上封锁，我知道政府有能力做到，但我认为，美国中期选举在即，特朗普不会希望美国民众面临末日般的油价。"

分析人士表示，如果伊朗兑现关闭霍尔木兹海峡的威胁，以应对美国向石油买家施压要求其将伊朗石油购买量降至零，那么原油价格可能大幅飙升。在这些分析师中，最乐观的当属咨询机构远程贸易（TeleTrade）分析师阿尔泰姆·阿维诺夫（Artem Avinov）。阿维诺夫认为："如果霍尔木兹海峡被封锁，将影响约1700万桶的海上石油日交易量，油价将飙升至每桶250美元的高位。不过，这种情况发生的可能性很小，暗示伊朗将选择迅速进行经济或军事报复，这将解除其遭到的限制。"

在当前的地缘政治形势下，对国际油价大幅上涨的预期是正常的。然而，这些预期大多是假设的。几乎没有人相信，伊朗真的会走到这一步，即有史以来第一次兑现关闭霍尔木兹海峡的威胁。此外，美国第五舰队驻扎在那里，以确保来自中东阿拉伯盟友的石油货物安全通过。任何封锁该海峡的企图都将被解释为直接的军事对抗。这肯定会推高油价，但不会高到每桶250美元的天价。

2018年7月10日（周二），伊朗方面表态，虽然美国试图阻止其他国家从伊朗进口原油，但伊朗不会坐以待毙，会"尽最大努力对外出售原油"。美国国务卿蓬佩奥指出，美国将考虑来自"少数"国家的请求，以减轻从11月起禁止从伊朗购买原油的制裁。因供应短缺现象依然带来支撑，但伊朗表态将尽可能出售原油，同时美国也可能会给"少数"国家进口豁免，这令油价上行空间受限。

美国驻德国大使要求德国政府，阻止伊朗位于该国的银行账户提取大量现金。分析指出，美国总统特朗普可能借周三和周四的北约峰会继续向欧洲施压减少进口伊朗原油。伊朗副总统贾汉吉里对伊朗法尔斯（Fars）通讯社表达了不屈服于压力的信号，他表示，伊朗将尽可能多地售卖原油，伊朗外交部和央行已经采取措施来保护并促进伊朗银行业的运营。面对特朗普的"封杀"，伊朗立场强硬，誓言竭尽所能出售更多石油！同时美国立场似乎有所软化，美国将考虑部分国家提出的豁免11月开始的伊朗石油出口制裁的要求。

贾汉吉里称："美国正试图阻止伊朗石油化工、钢铁和铜的出口。美国寻求将伊朗石油销售降至零，而石油销售是我们至关重要的收入来源。认为美国对伊朗的经济制裁不会产生影响是错误的。仍支持核协议的欧洲大国表示，他们将采取更多措施鼓励企业继续与伊朗接触，尽管一些企业已经表示他们计划退出。我们认为欧洲人会采取行动，以满足伊朗的要求，但我们应该拭目以待。"

第九节
对伊朗制裁期限冲击美国共和党中期选举

2018年7月11日（周三），利比亚原油出口得到恢复以及欧佩克6月产量上升令油价承压暴跌，同时美元强势走高也增加了油价的下行压力。WTI油价收报每桶跌3.6美元至70.61美元，跌幅4.85%，布伦特油价收报每桶跌4.69美元至74.17美元，跌幅5.95%。

欧佩克发布月报，基于第二手资料，6月欧佩克原油日产量增加17.3万桶至3232.7万桶，沙特阿拉伯日产量增加40.5万桶至1042万桶，伊拉克日产量增加7.2万桶至453.3万桶，阿联酋日产量增加3.5万桶至289.7万桶，科威特日产量增加2.8万桶至273.1万桶，尼日利亚日产量增加2.8万桶至166万桶，委内瑞拉日产量减少4.8万桶至134万桶，利比亚日产量减少25.4万桶至70.8万桶，伊朗日产量减少2.3万桶至379.9万桶，安哥拉日产量减少8.8万桶至143.1万桶。库存方面，欧佩克月报显示，经合组织5月商业石油库存增至28.23亿桶，低于5年均值4000万桶，实现减产目标。

6月欧佩克减产4国合计日减产41.3万桶，基本被沙特阿拉伯日增产40.5万桶填补，沙特阿拉伯供应跳升显示了其控制油价的决心。从沙特阿拉伯上报欧佩克的产量来看，其6月日产量增加45.9万桶至1048.9万桶，较第二手资料的日产量高出6.9万桶。沙特阿拉伯表示在欧佩克的决定之前沙特阿拉伯的产量增加，因应美国和其他消费国对填补供应缺口和为高企的油价降温的呼吁。

从6月欧佩克11个参与减产成员国的产量来看（表4-2），6月日产量合计2950.2万桶，较上月日增产42.4万桶，也就是说较上月72.6万桶的日超额减产下降42.4万桶，但与减产协议目标值相比仍有30.2万桶的日超额减产。6月欧佩克11国减产执行率为

126%，较上月下降36个百分点，较回归100%的减产执行率仍有26个百分点的差距。

表4-2 2018年6月欧佩克11个参与减产成员国超额减产一览（万桶/日）

成员国	减产协议目标产量	实际产量	超额减产
阿尔及利亚	103.9	103.9	0.0
安哥拉	167.3	143.1	−24.2
厄瓜多尔	52.2	51.9	−0.3
加蓬	19.3	19.0	−0.3
伊朗	379.7	379.9	0.2
伊拉克	435.1	453.3	18.2
科威特	270.7	273.1	2.4
卡塔尔	61.8	60.3	−1.5
沙特阿拉伯	1005.8	1042.0	36.2
阿联酋	287.4	289.7	2.3
委内瑞拉	197.2	134.0	−63.2
合计	2980.4	2950.2	−30.2

资料来源：欧佩克秘书处。

注："超额减产"中的正值代表超出目标值的产量即超产，负值代表超额减产。

6月欧佩克超额减产的主体仍是委内瑞拉和安哥拉，两国合计日超额减产为87.4万桶，而填补超额减产空白的最大贡献者是沙特阿拉伯，其较目标值日超产36.2万桶，填补超额减产贡献率为41%；伊拉克是填补超额减产的第二大贡献者，其较目标值日超产18.2万桶，填补贡献率为21%；科威特、阿联酋对填补超额减产亦均有约3%的贡献，分别较目标值日超产2.4万桶和2.3万桶。这也应验了之前的分析，沙特阿拉伯、伊拉克、阿联酋和科威特有一定的闲置产能应对增产。

来自船运数据显示，印度6月从伊朗进口原油数量下滑15.9%，该月是美国称将对伊朗重新实施制裁之后的首月。6月，印度从伊朗日进口原油59.28万桶，低于5月的70.52万桶。印度是排在中国之后的伊朗最大石油客户，该国已要求炼油厂寻求替代的石油供应，因为受美国对伊朗重新制裁影响，印度可能不得不大幅度减少自伊朗的进口。民营炼油厂采购量下降拖低印度6月整体自伊朗进口量，但国营炼油厂采购量增加。国营炼油厂6月提高伊朗原油日采购量约10%至45.4万桶，国营炼油厂占印度将近500万桶日精炼产能的60%左右。

印度国营炼油厂在2017—2018财政年度已削减了自伊朗的进口量。不过，在伊朗提出免运费并延长信贷期60天后，国营炼油厂计划在4月开始的当前财政年度提高进口量。在2018年4月至6月本财政年度的首个季度，印度自伊朗进口原油数量较上季度增加大约24%至64.7万桶。第一季度，国营炼油厂的日进口量增长逾一倍，自19.17万桶增至约41.34万桶。

路透社指出，美国2018年向印度出口的原油几乎是2017年的两倍，甚至在2018年6月达到了创纪录的水平。由于特朗普政府一直在向盟国施压，要求其在11月前将伊朗原油进口量减少至零。在美国的压力之下，印度能源部在6月要求炼油厂准备好在这个期限之前削减伊朗石油进口。上个月，印度向伊朗的原油进口量较5月下降了15.9%，刷新了2018年上半年最大降幅。

同为印度五大石油供应国之一的委内瑞拉同样遭到了美国制裁，再加上该国自身在石油行业的投资不足和管理不善，委内瑞拉的石油生产陷入困境，对亚洲国家的原油出货量在2018年上半年下降了21%。无奈之下，印度只能寻找其他国家来取代伊朗和委内瑞拉的原油供应。而美国趁机"上位"，成了印度的主要卖家。美国能源信息署报告显示，美国4月日均出口原油175.6万桶，到7月，美国的生产商和贸易商将向印度出口超过1500万桶原油。而在2017年全年，这一数字仅为800万桶。

如果中国对美国石油征收报复性关税，这可能会削减中国炼油厂对美国原油的进口量，并导致美国原油价格降低，进而推高对印度的出口量。印度最大炼油商印度石油财政主管夏尔马表示："由于美国原油成本较低，如果中国削减美国原油进口，那么印度的进口量还将进一步扩大。我们正在讨论一份短期协议，在3至6个月内购买3至4批美国原油，而不是直接单独购买。"特朗普政府计划在未来几个月内派代表团前往印度讨论伊朗的制裁和石油议题。美国目前的重点是与进口伊朗原油的国家进行合作，以争取更多国家在11月4日之前将伊朗原油进口减少至零。

货物追踪机构开普勒分析师瑞德·兰森（Reid l'Anson）指出："作为全球第四大炼油国，印度的石油需求相当强劲，这是美国生产商进入印度市场的绝佳机会。"根据美国能源信息署的数据，6月美国对印度原油日出口量为22.8万桶，是2017年9月创下纪录的9.8万桶的两倍多。原油研究机构石油模型总裁、原油分析师奥利维尔·雅各布表示，印度的态度已经开始转变，对美国定期输送的原油感到满意。目前，印度信实工业正在将美国轻质原油与其他国家的重质原油混合。这项测试早在2017年已经开始，随着印度炼油厂有信心能提高混合物的利用率，美国原油的购买量正逐渐攀升。

利比亚国家石油7月11日宣布恢复对东部油港的控制权。该公司表示，利比亚国民军将港口交给他们后，拉斯拉努夫、埃斯锡德尔、哈里加和祖埃提纳四个出口码头重新开放，原油产量及出口将在未来数小时内恢复正常。上周，利比亚国家石油宣布两个东部祖埃提纳和哈里加油港遭遇不可抗力，因控制该地区的利比亚国民军阻止船只进入港口，利比亚原油日产量下降85万桶。利比亚国家石油发表声明称，在最近石油港口关闭后，利比亚国家石油日产量从2月的128万桶高点降至52.7万桶。在7月8日的视频声明中，总部位于的黎波里的利比亚国家石油主席萨纳拉表示，2月23日埃尔菲尔油田因抗议而关闭，导致日产量损失8万桶，但随后日产量仍维持在110万桶左右。

欧佩克轮值主席、阿联酋能源大臣马兹鲁伊7月11日（周三）在加拿大—阿联酋商业协会活动间隙表示，不希望看到油价大幅波动，欧佩克青睐更平稳的价格环境，正在研究制订长期稳定计划，以建立备用产能，以期在市场供应遭遇意外遇阻时提供支撑。马兹鲁伊称："大幅震荡不好，我们不喜欢看到价格有很多大幅波动。要是没有长期的生产计划，油价波动就会持续。欧佩克与非欧佩克产油国正在研究制定促进市场稳定的这种长期计划。"虽然欧佩克不能命令产油国投资增产，但马兹鲁伊说："我参加加拿大这次活动的目的就是为了促进石油勘探和生产领域的投资。我相信，我们有足够的备用产能可以实现欧佩克和非欧佩克产油国的目标。"

随着美中贸易紧张局势引发对需求的担忧，抛售压力加剧。根据美国贸易代表办公室于华盛顿时间7月10日发表的声明，特朗普政府发布了一份针对中国2000亿美元商品加增关税的计划，目标产品清单涉及服装、电视零件和冰箱，加征的关税约为10%。这扩大了卷入两国贸易争端的商品的类型。这份计划不会立即生效，将在8月20日至8月23日举行听证会，并可能在8月30日公众咨询结束后生效。

2018年7月12日（周四），国际能源署发布月报称，鉴于世界各地发生的一系列干扰石油生产的事件，沙特阿拉伯与其海湾盟友以及俄罗斯增加石油供应"非常受欢迎"。尽管形势正在改善，但不知道是否能恢复稳定状态。事实上，过去几周，一些北非国家的石油生产突然遭遇意外故障，这显示出石油市场面临的风险程度。也就是说，如果油价可以因为每个不稳定国家出现特殊情况，当日涨幅达到6%左右的话，那表明市场供应非常紧，且非常脆弱。

沙特阿拉伯和俄罗斯6月增加了石油供应，按欧佩克数据，沙特阿拉伯日增产40.5万桶，按美国能源信息署数据，俄罗斯日增产9.4万桶至1066.3万桶，两国日产量总计增加了49.9万桶。但是，利比亚、加拿大、北海、巴西、安哥拉和哈萨克斯坦出现停产，抵消了这两大石油生产国的增产。美国孤立伊朗石油出口的行动已经开始产生效果，尽管11月就是各国削减从伊朗购买石油的最后期限。伊朗6月的石油日出口量减少了23万桶，而欧洲炼油商的购买量减少了50%。对石油市场来说，2018年伊朗很大一部分石油供应被关闭才是真正的危险。国际能源署表示："这种脆弱性目前支撑着油价，似乎还会继续下去。"

国际能源署在报告中写道："其中一些供应问题可能会得到解决，但大量供应中断提醒我们，全球石油供应面临压力。这将成为一个更大的问题，因为中东海湾国家和俄罗斯的产量不断上升，尽管这种情况受到欢迎，却是以牺牲全球闲置产能缓冲为代价的，而闲置产能可能拓展至极限。"

国际能源署这样分析："只有3个欧佩克成员国真的拥有现成的闲置产能。6月，沙特阿拉伯、科威特和阿联酋的闲置日产能为210万桶。但是，因为这些国家正在增加产出，这将使7月闲置日产能降低至160万桶。2018年第四季度，美国对伊朗的制裁预计将造成重大打击，委内瑞拉的产能可能会下降。为了弥补进一步的计划外产量下降和库存限制，沙特阿拉伯可能会进一步增加产能，将其闲置日产能降至100万桶的空前低位。我们没有看到其他地区增产的迹象，这可能会缓解市场紧缩担忧。"

美国要求在11月4日前将伊朗的原油出口降至零，但随着限制产能尚未到位，市场的原油库存出现了下降，加剧了市场对于原油供给的担心。而特朗普7月16日也将与俄罗斯总统普京在芬兰首都赫尔辛基进行会谈以促进产量的进一步提升。在中期选举临近的背景下，控制油价的进一步上涨也成了特朗普越来越棘手的问题，这或导致美国考虑缓解对伊朗的制裁。

美国一些最亲密的盟友正积极寻找缓解美国制裁伊朗的解决办法，这可能使得美国不得不修改将伊朗的原油出口量降至零的目标。日本表示除非获得美国国务院的豁免，否则日本将不得不停止伊朗的原油进口。韩国正处在一个棘手的境地，因为他们不得不听命于美国。由于面对的是特朗普政府，因此这种不确定性已经引起了亚洲炼油厂以及石化公司的担忧，部分公司迫于压力不得不主动地在截止日期到来前选择减少伊朗的原油进口，加剧了市场原油供给不足的担忧情绪。作为伊朗第二大客户，随着制裁日期的临近，不断攀升的油价也加剧了印度的通胀水平，并造成了严重的财政赤字。

考虑到与亚洲盟友的关系日趋紧张，美国或考虑做适当的放宽。美国国务卿蓬佩奥表示，似乎这种悲观的情况已经渗透到了美国，许多国家来到美国并且要求缓解因伊朗制裁而导致的供给不足，他们将会考虑这个问题。蓬佩奥并没有明指哪个国家，但是现在的情况已经非常的明显了，也许美国准备采取一些更为温和的措施以维持其与亚洲盟友的联系。另外，特朗普政府也意识到将伊朗的原油出口削减至零只会导致油价不断地攀升，对于共和党的中期选举而言显然是一个不利的状况。

早些时候由于利比亚运油港口的临时关停导致了利比亚的原油日出口量一度下降了85万桶，加上市场对于伊朗受到美国制裁的担忧，这一度推升WTI油价突破每桶75美元。这恰好与特朗普降低油价的努力背道而驰。利比亚的石油供应中断让美国意识到短时间将伊朗的原油出口量缩减至零可能会加剧市场的波动，或导致油价出现更大幅上涨，中期选举即将来临之际，稳步实施对于伊朗的制裁是比较合理的方式。

中期选举是核心问题，对伊朗的制裁直接关系到选举结果。美国中期选举将于11月6日举行，而在举行前的两个交易日，即11月4日，美国将会宣布对伊朗的制裁。但是，不断攀升的油价正对本届政府的业绩产生了直接的影响，尤其是在实际薪资增长水平方面。由于美国已经达到了充分就业的水平，因此市场的焦点集中在了薪资数据上，这对于美国经济前景的走向起到了至关重要的作用。但是市场人士强调，尽管名义薪资数据表现不错，但是受到了油价不断上涨的影响，扣除油价的通胀因素，实际薪资增长数据表现不佳。而7月6日公布的非农数据，平均小时薪资也明显低于预期，引发了市场对于薪资增速走缓的担忧，使得美元短线承压，因此控制油价的继续上涨成了美国现在不得不面对的一个棘手的问题，使得美国政府不得不考虑对伊朗制裁的方式选择。

历史数据显示，沙特阿拉伯从未在一个月内原油日均产量超过1060万桶。美银美林证券指出："即便在最近一段时间内，我们观察到沙特阿拉伯国内的原油库存急剧下降，我们认为有充分的理由质疑沙特阿拉伯有大约200万桶闲置日产能的言论。因此，石油市场似乎没有信心可以轻易取代伊朗的产量。"国际能源署估计则更为保守，认为全球能够在短时间增加的闲置日产能仅有110万桶；如果将时间周期扩大到几个月，这个数字约为340万桶，其中60%位于沙特阿拉伯。沙特阿拉伯实际上只能增加近100万桶的日产量。

即使按照国际能源署340万桶的日闲置产能进行计算，这些闲置产能仅仅只能弥补伊朗、安哥拉以及尼日利亚、委内瑞拉当前产量的缺口。但关键问题是，委内瑞拉的产量下降似乎依然看不到尽头。委内瑞拉6月日产量下降至134万桶，除了2002—2003年因罢工导致产量短暂中断外，其产量仍处于近70年来的最低点。委内瑞拉国家石油表示，更多的生产井正在关闭，上游部门熟练的油田工人至少在6月减少了1000名，定期维护工作将不得不继续推迟。委内瑞拉2018年迄今每月损失原油日产量约5万桶，照此推算可能在2018年底之前再损失20万～30万桶的日产量，这意味着当前的闲置产能可能不足以抵补产量的缺口，因此美国将不得不考虑放松对于伊朗的制裁。

尽管市场担心中美之间的贸易摩擦会导致原油需求的下降，但由于中国的原油需求总体处于上行的趋势，同时中国对于美国原油进口量仅次于加拿大，大于第三和第四大进口国家英国和荷兰进口量之和。因此对美国原油而言，中国是美国原油出口的重要市场。2018年1月至4月美国对中国的原油日均出口量达到了33万桶，同时2月的出口量一度超过了加拿大。但随着中美贸易纷争的加剧，中国或寻求其他的原油进口来源，这可能会加大原油供给的压力。

美国全国零售联合会（National Retail Federation）政府关系高级副总裁大卫·弗伦奇（David French）在一份关于美国潜在新关税清单的声明中警告说，如果对中国不计后果的征收2000亿美元的商品关税，将会使美国的家庭以及工人受到伤害，这将导致日常产品的价格被迫上涨，如果中国采取相应的反制措施，那么将导致数千个就业岗位消失。

美国石油协会首席执行官杰克·杰拉德、美国化学理事会首席执行官卡尔·杜利（Cal Dooley）、美国铁路协会首席执行官爱德华R.汉伯格（Edward R. Hamberge）均表示，在关税征收之前，原本私营部门准备在能源基础设施方面投入1.34万亿美元，以跟上产量不断上升的步伐，预计到2035年将增加至少100万个就业岗位。但是关税可能将导致数千亿美元的损失，包括新的输油管道设施的建设，这是目前美国原油出口一个非常急切的问题，因为大量滞留的原油以及天然气需要通过这些管道从二叠盆地输往墨西哥湾。但是仅钢铁关税就将导致这个长达 280 千米的管道额外花费 7600 亿美元。关税政策最终将导致美国政府逐步丧失能源主导地位，并降低市场对于制造业复苏的预期。

美国财政部长姆努钦 7 月 2 日在众议院金融服务委员会听证会上被问及是否会因进口伊朗石油而对中国实施制裁，姆努钦表示，可以告诉大家，美国财政部计划针对任何与伊朗石油领域有联系的国家实施制裁，包括中国、俄罗斯和欧盟国家。

2018 年 7 月 13 日（周五），俄罗斯能源部长诺瓦克表示："俄罗斯有意与伊朗延长'石油换商品'协议。俄方希望伊朗能购买俄罗斯的产品和服务，扩大两国经贸额并推进双边关系发展。"2014 年 8 月初，俄罗斯与伊朗签署了为期 5 年的政府间经贸合作备忘录。商业界将这一合作称为"石油换商品"，也就是俄罗斯用硬通货购买伊朗石油，伊朗用这笔资金购买俄罗斯的商品。

随着俄罗斯和伊朗继续寻求更紧密的关系，俄罗斯准备向伊朗的石油与天然气行业投资 500 亿美元。伊朗最高领袖哈梅内伊高级顾问维拉亚提（Ali Akbar Velayati）在出访俄罗斯期间表示："俄罗斯已准备对伊朗石油和天然气行业投资 500 亿美元。在军事和技术方面同俄方合作对伊朗很重要。双方的讨论聚焦于俄罗斯与伊朗的合作问题以及地区形势，包括叙利亚的进展。双方重申，将致力于伊朗核协议。"维拉亚提称，俄罗斯一家石油公司已与伊朗签署了价值 40 亿美元的协议，且这一协议"将很快实施"。此外，俄罗斯能源巨头俄罗斯石油和俄罗斯天然气工业也已开始与伊朗石油部磋商，可能会达成价值 100 亿美元的协议。稍后，俄罗斯政府官员确认了俄罗斯的 500 亿美元投资计划。

俄罗斯能源部长诺瓦克表示，俄罗斯仍有可能与伊朗达成"石油换商品"的交易。根据协议，俄罗斯将为伊朗提供商品，以伊朗石油为交换。若伊朗与俄罗斯达成上述协议，这意味着，伊朗企业可以通过向俄罗斯购买商品得到向第三方出售石油的合约，特朗普对伊朗的制裁将无法取得预期的效果。目前，俄罗斯正在研究这一可能协议的一切法律问题。

普京和特朗普将于 7 月 16 日在芬兰首都赫尔辛基举行会晤。此次会面可以说是特朗普自 2017 年 1 月就任总统以来首次与普京正式举行会晤。特朗普预计可能会要求俄罗斯遏制伊朗在叙利亚的影响力，如果俄罗斯企业继续与伊朗有贸易往来，特朗普可能会威胁采取进一步制裁措施。此外，随着美国国会中期选举的到来，特朗普将不得不做出降油价的应对之策。特朗普可能会施压普京，希望俄罗斯增加原油产量，以抑制油价过快上涨。

一些北约成员国担心普京可能寻求签订一项重大协议，危害到以美国为首的跨大西洋联盟。特朗普及其幕僚一直到周末都在力图降低对美俄峰会取得切实成果的预期。特朗普在接受 CBS（哥伦比亚广播公司，Columbia Broadcasting System，CBS）新闻节目"面对国家（Face the Nation）"采访时表示："我抱持着很低的预期。"美国国家安全顾问博尔顿在接受 ABC（美国广播公司，American Broadcasting Corporation，ABC）节目"本周

(This Week)"访问时表示,美方不期待会有"成果",这场会议将是"无架构的",一开始两国领袖就会进行一对一的会谈。

第十节
中期选举迫近令特朗普示好普京让步伊朗

2018年7月16日(周一),原油价格大幅下跌,因受多重利空消息打压。市场对于原油供应中断的担忧减轻,交易商们正在密切关注俄罗斯和其他石油生产国的原油增产的状况,利比亚东部石油港口的恢复出口,伊朗原油制裁或存在缓冲期,美国可能会从战略储备中释放石油来帮助降低油价,沙特阿拉伯利用闲置产能增加产量,国际货币基金组织数据显示全球经济增长放缓,意味着石油需求可能减少。这些消息令油价大受打压,WTI油价收报每桶跌2.58美元至68美元,跌幅3.66%,布伦特油价收报每桶跌3.05美元至71.87美元,跌幅4.07%。

美国总统特朗普和俄罗斯总统普京如期在赫尔辛基会晤。从整体来看,"普特会"并没有给油市带来明显的影响。当日下午,普京和特朗普在芬兰总统府进行了两个小时的闭门"一对一"会谈。对于此次会晤,两国领导人共同给出的评价是成功且卓有成效的,双方讨论了国家安全、双边关系等问题。对于国际油价,普京颇有信心地回应称,作为全球原油以及天然气产量最大的两个国家,俄美将共同致力于将国际油价调控在合理区间。

此次"普特会"开局就充满了戏剧性,普京姗姗来迟导致会晤开始时间推迟了近1个小时。不过,这并没有影响俄美领导人的兴致,"一对一"的闭门会晤比原定时间延长近40分钟。会晤后,普京与特朗普面带微笑,步入联合记者会现场。

普京率先发言,他表示俄罗斯与美国之间面临着很多挑战,显然无法一次性得到解决,但今天朝着积极的方向迈出了第一步。特朗普则回应称,在此次会晤前,美俄两国关系已经到了"差无可差"的地步,但经过了4个小时的会谈后,相信已经得到大幅改善。

普京认为,眼下俄罗斯与美国都面临着一系列全新的挑战,包括维护国际安全与稳定机制、区域危机、恐怖主义蔓延以及跨国犯罪等,这些问题给经济复苏、环境改善等带来了严重的负面影响。俄美只有共同努力,才能真正应对这些挑战。普京表示:"今天的会晤反映了我们双方共同的愿望,我们希望能够纠正双边关系所处的消极局面,逐渐恢复到互相信任的水平,寻找双方的共同利益。"

在"普特会"召开前,特朗普曾表示俄罗斯"是在某些方面上的敌人",因此在联合记者会现场有媒体对特朗普之于俄罗斯的真实态度提出质疑。对此，特朗普回应，他更愿意把俄罗斯看作是一个"很好的竞争者"，良性的竞争并不会影响两国的往来。

面对不断走高的国际原油价格，此前市场预计特朗普将借助此次会晤向俄罗斯施压，要求后者进一步增产，调控油价，从而缓解共和党在11月的中期选举中面临的压力，目前持续高企的油价已经令美国消费者感到不满。对此，普京回应称："俄罗斯和美国作为世界上两个最主要的石油和天然气大国，可以共同努力来调整国际原油价格。一方面，我们都不希望油价大幅下跌，这样全球消费者包括美国消费者都会受到影响，页岩油产量将受到影响，当油价低于一定的价格，原油生产商很难盈利。但同时，俄美两国也不会故意抬高价格，因为这样会增加其他经济部门的成本。因此，在将油价控制在合理区间的问题上两国还有很大的合作空间。"普京这一表态也导致国际原油价格出现下跌。

因页岩油技术革命，美国石油和天然气产量达到空前新高。美国早已是全球最大的天然气生产国，如今有望超越俄罗斯，成为全球最大的原油生产国。上周北约峰会期间，特朗普因北溪管道2号线怒怼德国，称德国"已完全被俄罗斯控制"，预计德国70%的能源进口来自俄罗斯。北溪2号线之所以有争议，是因为它允许俄罗斯绕过乌克兰现有基础设施，到达西欧市场。过去，俄罗斯曾利用其欧洲最大天然气供应国的优势，作为政治施压的工具。

特朗普政府试图通过美国的液化天然气出口打入欧洲天然气市场。液化天然气是一种低温液态燃料，以液态的形式从海上出口。欧洲买家的液化天然气成本比从俄罗斯通过管道运输的天然气成本贵很多。在与普京会晤时，特朗普对北溪2号线的语气有所缓和，称他不确定该管道是否符合德国的最佳利益。特朗普表示："我与德国总理默克尔进行了激烈讨论，但我也知道他们的能源来自哪里，他们有一个非常近的来源，我们会关注这些问题将如何解决。我们将不得不在输气管道方面竞争，我想我们会成功的，尽管俄罗斯在地理位置上有一些优势。我祝他们好运。"

普京表示："我让特朗普放心，称北溪2号线完成后，俄罗斯将继续通过乌克兰输送天然气。因乌克兰是俄罗斯天然气运往欧洲的一个关键枢纽点。俄罗斯准备延长一个2019年到期的天然气运输合同，这让俄罗斯天然气工业和乌克兰石油天然气（Naftogaz）之间的争议暂时搁置。"

2018年初，俄罗斯与乌克兰再次爆发"天然气战争"。3月，斯德哥尔摩仲裁法庭做出了有利于乌克兰石油天然气的裁决，这项裁决要求俄罗斯天然气工业向乌克兰石油天然气支付25.6亿美元的债务。俄罗斯天然气工业随后宣布，取消与乌克兰石油天然气的所有天然气供应合同。2014年，在俄罗斯吞并克里米亚并开始支持乌克兰东部的分裂分子后不久，这一争端爆发。在抗议者推翻乌克兰的亲俄罗斯总统后，东部乌克兰宣布自治。作为对俄罗斯吞并克里米亚的回应，美国和欧洲对俄罗斯的能源部门进行了制裁。此外，因美国情报机构认定俄罗斯发动了一场网络战争导致美国总统大选向特朗普倾斜，美俄关系再度趋于紧张。特朗普谴责美国联邦调查局对这一事件的调查是"政治迫害"。

为了降油价,特朗普可谓操碎了心。美国对伊朗的制裁已经让油价涨势加剧,而这次"普特会"普京也没有给出增产承诺,挪威海洋石油钻探工人工会的罢工进行了6天,这场罢工打击了挪威的石油产量。急于降油价的特朗普,终于在伊朗问题上让步了。"普特会"结束,石油市场观察人士正密切关注普京对石油市场的表态。普京的态度是,俄罗斯可以和美国以建设性的方式合作,监管国际能源市场,因为油价大幅下跌不符合俄罗斯的利益。显然,俄罗斯嘴上说着和特朗普合作,但实际却并不希望油价大跌,毕竟,俄罗斯可是世界三大主要产油国之一。更何况,就在于特朗普会晤前,俄罗斯还刚刚和伊朗签下500亿美元石油大单,狠狠打脸了特朗普。

在此次会晤前,特朗普就曾隔空示好普京,称"普京人很好",大谈与俄罗斯和睦相处是"好事"。在联合记者会上,特朗普又表示,普京是"一位很好的竞争对手"。特朗普认为,"竞争对手"一词是一种称赞。如果俄罗斯能进行石油大幅增产,油价自然而然就会下降,所以特朗普急需与普京合作。但从普京的回应来看,他并不想降油价。与俄罗斯谈判失败,疯狂想要降油价的特朗普,还是在伊朗方面认怂了。7月16日(周一)市场传来消息,美国财政部长姆努钦表示,在对伊朗重新实施制裁问题上,美国考虑豁免一些国家进口伊朗石油,以避免对全球原油市场造成破坏。油价闻讯大跌。上周五姆努钦在从墨西哥回国途中对记者表示:"我们希望都能将(从伊朗的)石油购买量降至零,但某些情况下,如果无法立即做到,我们会考虑例外情况。美国国务院有能力围绕石油市场的大幅削减发布豁免,这是财政部和国家将要做的事情,美国将乐于倾听。"姆努钦暗示,在7月19日至22日在布宜诺斯艾利斯举行的G20(20国集团)财长会议中,对伊朗的制裁很可能成为讨论的话题之一。

特朗普即将在11月迎来中期大选,而油价是最能影响选民情绪的因素,尤其是夏季驾驶高峰期即将到来,对于特朗普而言,油价必须降。在无法得到俄罗斯支持的情况下,特朗普只能在伊朗问题上做出让步。

国际能源署署长比罗尔6月曾表示,如果供应中断恶化,释放全球石油储备是一种选择。能源咨询机构价格期货分析师菲尔·弗林表示:"由于全球原油储备可能释放,市场处于守势。"荷兰国际集团分析师表示,由于汽油价格上涨,美国政府"受到越来越大的压力,全年平均汽油价格自年初以来上涨了近16%"。对于美国来说,考虑到中期选举的临近,特朗普更不想看到油价上涨。据普林斯顿经济展望小组(Economic Outlook Group in Princeton)经济学家伯纳德·鲍莫尔(Bernard Baumohl)预测,汽油每加仑涨价1美分就会让消费者支出一年减少10亿美元。这也就是特朗普为什么多次施压欧佩克压低油价。

在美国总统特朗普退出伊朗核协议并重新实施制裁后,从伊朗购买石油的国家受到美国威胁,这削弱了伊朗对全球供应的贡献。然而,特朗普多次抱怨石油价格过高,并表示他曾要求沙特阿拉伯增加产量。沙特阿拉伯正响应特朗普要求欧佩克增产以控制石油价格的呼吁，将在8月再进行增产。沙特阿美已向至少两个亚洲买家推销了8月交货的阿拉伯超轻质油额外供应量，这是沙特阿美月度供应合约之外的供应量。

据《华尔街日报》和彭博社等媒体报道称，因为在11月国会中期选举之前国内汽油价格飙升，共和党的政治压力骤增，特朗普正在考虑动用美国战略原油储备来压低油价。之前美国还未决定是否会释放其原油战略储备。美国政府正在考察一系列选项，可能会先试探性地释放500万桶原油，然后再决定要不要进一步释放3000万桶原油。而且在其他国家因减少伊朗原油进口而面临来源紧缺的情况下，不排除美国会释放更多战略储备。美国能源部长佩里表示："不应动用石油战略储备，这一储备仅为应急，不能用来操纵市场价格。但最终的决定是总统特朗普说了算。"法国巴黎银行驻伦敦的大宗商品市场策略主管哈里·基林古瑞安表示，供应面并不缺乏看涨的消息，但这些消息已被美国或释放储备原油的报道所打击，这将打压油价在本夏季下滑。

7月14日利比亚国家石油曾表示，利比亚巨型油田沙拉拉的日产量预计将下降至少16万桶，此前4名工程师遭一个未知组织袭击并被绑架。作为预防措施，该油田周围的油井已被关闭，所有其他工人都已撤离。利比亚瓦哈油田7月16日称将以2万桶的日产速恢复产出，而沙拉拉油田也将以13万桶的日产速产油。这在一定程度上抵消了因绑架事件而引起的市场担忧情绪。利比亚的埃尔菲尔油田日产量据悉升至7万桶。另外卫星图像显示，伊拉克北部拜哈桑油田已经全面恢复运转，这将令这个伊拉克的产能得到进一步提升。

对于如何降低油价？很有意思的是，伊朗隔空喊话，给特朗普提了一个建议！就在7月15日，伊朗驻欧佩克理事阿德比利向特朗普发表讲话称："总统先生，我对你的建议是，冷静下来，尽量避免去动用战略石油储备，你只需要放弃对伊朗的石油制裁即可。"阿德比利最后还警告称："沙特阿拉伯、阿联酋和俄罗斯声称他们有能力填补伊朗每天250万桶的石油出口缺口，这是一个错误的估计数！总统先生，你已经落入了他们的'陷阱'，油价还会继续上涨。"

2018年7月17日（周二），高盛发布报告称，由于油市供给有可能出现中断，短期内油价将呈现震荡态势，布伦特原油期货价格预计将在一段时间内波动于每桶70～80美元的区间。过去一周布伦特原油大幅下挫，因中美经贸冲突加剧。高盛在报告中指出："生产中断和美国对伊朗的政治决定推动的大规模供应转变，是这种新的基本震荡态势的推动因素，迄今为止需求仍维持强劲。"

高盛认为："美国可能释放战略性原油储备，这暗示了沙特阿拉伯可能无法按照特朗普的要求有效增产，加上美国对伊朗实施新制裁，使伊朗面临石油出口下降的风险。这些事件的不确定性使得市场难以预计近期原油市场供应变化的程度和时点，令油市短期基本面前景模糊不清，油价波动性将维持在高位。仍旧预计油市供给会面临高波动性，有可能会出现进一步的中断。伊朗方面带来的供应变动，以及沙特阿拉伯应特朗普要求产量持续大增，有可能会导致油市在2018年第三季再现过剩局面。不过，从长期看，油价将得到一定支撑，因为全球石油库存依然较为疲弱。鉴于全球库存较低，石油需求仍然强劲，我们仍预计一旦美国再度对伊朗实施制裁，油市会出现供应缺口。"

对于油价预期，高盛仍预计布伦特油价将重新上测每桶80美元，但考虑到美国的石油政策，这只有可能在2018年稍晚实现，而不是稍早前预期的2018年夏季。不过，美国的政治决策使得波动性成了全球原油市场的新常态，令油价前景混沌难测。美国可能释放紧急原油供应，有迹象显示沙特阿拉伯正在回应美国总统特朗普对其施加的增产压力，美国重启制裁导致伊朗出口量将于何时下滑愈发充满不确定性，意味着美国白宫所做的决定，将会放大原油产量的变化。这些变化的程度和发生的时间存在不确定性，已经导致短线原油基本面前景模糊不清。库瓦林等高盛分析师指出："我们认为，随着市场努力回应这些巨大且难以确定的供应变化，油价的波动性将维持在较高水平。"

高盛指出，特朗普政府突然把焦点放到原油价格上，政治评论人士对此的解读是其希望在11月的中期大选之前降低美国汽油价格。美国官员对是否授予制裁豁免一事，态度发生了180度的转变，使得伊朗原油出口下降的具体时间更加难以确定。由于伊朗出口下降和沙特阿拉伯产量增加在政治上都是由美国规划的，可以想象，它们发生的次序或是幅度也会受到控制，从而令油价走低。鉴于基本面不确定性的加剧，预计布伦特原油将在每桶70～80美元的范围内波动，波动率上升，短线风险偏下。

国际货币基金组织在全球经济展望中称："发达经济体增长整体仍保持强劲，但其中一些经济体已经放缓，包括欧元区国家、日本和英国等。随着持续已久的周期性复苏接近尾声，以及暂时财政刺激举措的影响减弱，未来数年甚至美国的经济增长预计也减速。"惠誉旗下研究机构BMI Research指出："尽管美中贸易局势紧张，但整体经济前景乐观。不过还是出现了诸多不利因素，尤其是美元走强、通胀压力上升及流动性收紧。由于海运、公路和航空货运部门是全球石油需求的重要支柱，贸易增长放缓将拖累实物原油需求。"美国货运公司正抱怨缺乏合格的驾驶人员，而美国的航空公司也在准备削减航班，以因应不断上涨的燃料成本。

考虑到美国中期选举即将来临，对特朗普来说，要想"得民心"先得降油价。为此，美国政府可谓想尽了各种办法，先是指责欧佩克操纵抬高油价，要求沙特阿拉伯及其他欧佩克成员国增产，而后又与普京会晤商量增产控制油价的事宜，但从沙特阿拉伯和俄罗斯目前的态度来看，适当增产是没有问题的，但很难按特朗普的要求实现有效增产，毕竟沙特阿拉伯和俄罗斯打心底都不想降油价，沙特阿拉伯推动经济改革和沙特阿美上市需要高油价支撑，俄罗斯更是依赖石油经济，况且俄罗斯还一直受着美国的制裁。正因为两国的增产行动无法达到美国的要求，美国因此又推出第三招——缓和对伊朗原油出口的封堵。如果上述三招都无法达成降低油价的目的，美国就只能靠释放战略储备石油来实现油价自救，当然，战略储备石油一般不到万不得已是不会轻易动用的。如今之计，最有效的办法就是对欧佩克施加更大的压力，迫使其按要求增产。

为了限制油价上涨，美国不止一次对欧佩克提出警告，让他们增产降油价。但特朗普对欧佩克的做法还是很不满意。现在欧佩克就面临这个来自美国的最大压力，就是美国国会提出的一项专门针对欧佩克的反垄断法——禁止石油生产和出口垄断联盟法案（No Oil Producing and Exporting Cartels Act，NOPEC），也就是无石油输出国组织法。

美国对欧佩克的不满由来已久，并有过多次针对欧佩克的反垄断诉讼。如1978年，非营利劳工组织国际机械师和航空航天工作人员协会（IAM）针对欧佩克的限产等价格控制行为起诉欧佩克及其成员国，要求其赔偿损失。欧佩克从竞争法上来说是个典型的国际卡特尔，这种典型的卡特尔行为自然违反美国反托拉斯法。然而，美国法院依据国际公法上的国家行为理论，认定欧佩克的行为基于产油国的国家政策，美国法院不应当对其进行评价，IAM败诉。

美国国会也曾经尝试过通过立法NOPEC来扩展反托拉斯法管辖范围使其可以规制他国政府的反竞争行为，但因种种原因未能通过。自2000年以来，美国国会一直在讨论各种形式的NOPEC立法，但前两任总统乔治·W·布什和奥巴马都威胁要运用否决权来阻止它成为法律。欧佩克面临的风险是，特朗普可能会打破此一前例。该议案已在5月就通过了第一次审议，如果NOPEC议案获得完全通过，美国政府将可能起诉欧佩克操纵能源价格，并可能要求高达数十亿美元的赔偿。

针对美国的无理行动，欧佩克当然也不会坐以待毙。欧佩克已经准备进行反击！欧佩克的法律团队正就美国NOPEC议案咨询世界著名的一些律师事务所，寻求战略建议。面对美国可能出台针对性的反垄断法，欧佩克选择咨询律师，为对簿公堂做准备。参与的律师事务所包括总部位于纽约、有上百年历史的顶级律师事务所伟凯律师事务所（White & Case）。这表明，在特朗普政府一再就油价问题施压的背景下，欧佩克面临很大压力，现在欧佩克终于忍无可忍了。

2018年7月18日（周三），美国能源信息署数据显示，7月13日当周美国原油日产量首次达到1100万桶，自2017年11月以来，由于页岩油产量的快速增长，美国原油日产量已经增加了100万桶。吕斯塔德能源副总裁上原优介（Yosuke Uehara）表示："美国原油产量未来可能更高。尽管我们预计由于管道运能上限、人力和运输能力的影响，2019年美国的产能将暂时达到高峰，但我们仍然看好美国未来的页岩油生产。"

沙特阿拉伯驻欧佩克理事阿玛表态发布声明称："供过于求的市场会赶走石油业可能的投资，抑制未来供应，沙特阿拉伯只会让出口量符合确认终端用户已经提高的需求，不会试图让超出客户需求的油进入市场。对沙特阿拉伯及其伙伴国将给市场造成明显供应过剩的担心没有依据。"声明还提到，7月沙特阿拉伯原油出口量将大致和6月相当，6月沙特阿拉伯原油日出口量约为720万桶，8月将日减少10万桶。虽然本季度国际市场供需均衡，但2018年下半年库存预计将因需求强劲和季节性消费增加而下降。

俄罗斯6月利用其油田储油罐中的库存来帮助提高原油产量，俄罗斯6月原油日产量较5月增加约10万桶，产量增加得如此快主要是因为西伯利亚西部油罐的巨大库存。俄罗斯国家控制的管道垄断企业的数据显示，俄罗斯石油管道运输（Transneft）的管道系统可以储存约1600万吨的石油，这相当于俄罗斯11天的原油产量。俄罗斯石油的仓库容纳量更为惊人，约1700万吨。俄罗斯石油管道运输总裁顾问伊戈尔·迪奥明（Igor Dyomin）称："俄罗斯石油管道运输及石油公司的库存不用于长期囤积。它只是系统的一部分，充足的库存能够保障石油产品从生产者到消费者之间对接过程的通畅性。"而俄罗斯的年总闲置产能达到了1000万吨，相当于20万桶的日产量。俄罗斯油企已在一定程度上利用库存增产，体现了供应灵活性。

2018年7月19日（周四），挪威北海油田结束了持续10天之久的罢工，但这并不意味着该地区产能的全面恢复，因为英国最大工会此后也威胁将在北海采油区发动罢工。而道达尔在当地一处基地的工人也有此意愿。这意味着近期困扰原油市场的"非意愿性减产"浪潮还将延续下去，并意味着即使沙特阿拉伯和俄罗斯等国加速增产，供给缺口仍难及时填补，因而，油价仍有望得到相当程度的支撑。

摩根士丹利指出："政治和经济事件可能会在相当长一段时间内重塑石油市场，围绕全球供需平衡的不确定性几乎日益增长。在对伊朗实施制裁之前，其他几个欧佩克成员国的原油出口急剧增加，这些影响正在给油价施压。在未来两个月市场将陷入困境，伊朗原油出口下降也会成为现实。预计到2018年底油价将达到每桶85美元。"

7月21日（周六），伊朗最高领袖哈梅内伊在与伊朗外交部官员举行的会议上警告说，不要与"不可靠"的美国谈判。哈梅内伊称："伊朗外交官与华盛顿重新开始谈判是明显的错误。甚至美国人的签名都是不可靠的，因此与美国的谈判毫无用处。"哈梅内伊支持在伊朗原油出口被禁的情况下，通过关闭霍尔木兹海峡阻断该地区所有的原油出口。有媒体近日称"在芬兰赫尔辛基举行'普特会'时，伊朗通过俄罗斯总统普京向美国总统特朗普递交了一封信"，对此，伊朗外交部发言人巴赫拉姆·卡塞米（Bahram Qassemi）予以否认。卡塞米表示："美国总统特朗普本人打电话给德黑兰要求谈判的可能性，比伊朗打电话给华盛顿的可能性大。"

7月22日（周日），伊朗总统鲁哈尼警告美国，不要威胁伊朗的石油出口，他呼吁改善与邻国之间的关系（包括伊朗的宿敌沙特阿拉伯），并警告称，美国与伊朗的冲突将是"所有战争之源"。鲁哈尼表示："不要玩弄狮子尾巴，这只会招致遗憾。美国人必须明白，与伊朗和平相处是所有和平之源，与伊朗交战是所有战争之母。来自美国的进一步威胁只会让伊朗人更加团结，伊朗一定会打败美国。"

尽管伊朗与美国之间的敌对关系已不是什么新闻，鲁哈尼表示将寻求改善与其波斯湾阿拉伯邻国之间的关系（包括沙特阿拉伯、阿联酋和巴林），这还是令人颇感意外。但他也表示，沙特阿拉伯需要改变其行为、抛弃偏见，并愿意改善与沙特阿拉伯的关系。

鲁哈尼还暗示，伊朗除了霍尔木兹海峡之外还有其他运输原油的途径。他指出："那些不懂政治的人会说，他们将封锁伊朗的原油出口。我们有很多海峡，霍尔木兹海峡只是其中之一。"鲁哈尼喊话特朗普称："我们是诚实的人，历史上，是我们一直保证着这条水道的安全。不要玩弄狮子尾巴，这只会让美国自己后悔。"

特朗普7月22日（周日）在推特上用大写字母写道："给伊朗总统鲁哈尼：永远不要再威胁美国，否则你将遭到历史上前所未有的后果。我们不再是一个会支持你疯狂暴力及死亡言论的国家。小心点！"特朗普的亲近盟友此前表示，美国对伊朗再施加制裁后，伊朗国内抗争不停，很可能会"改朝换代"。前纽约市长鲁迪·朱利亚尼（Rudy Giuliani）更直言，使伊朗政权更替正是特朗普的目标。讽刺的是，油价近期的大幅飙升正是由于特朗普宣布退出伊朗核协议，并在此后要求美国盟友彻底停止对伊朗的原油进口所引发的。而特朗普却因油价上涨屡次要求欧佩克增产。如果特朗普在伊朗问题上的施压稍微缓解，或至少暗示在制裁伊朗的实施上有所"松动"，油价飙升会立即消失。目前，美国汽油价格位于4年高位，这在中期选举即将到来之际对共和党构成威胁。

科威特已向日本和韩国客户所购超轻质原油产品发货，此举是为了配合美国针对伊朗原油的"全球禁运令"，向亚洲石油进口国提供替代性油品来源。目前科威特日均出口原油200万桶，大多输往亚太国家，仅有15%发货到欧美。

2018年7月23日（周一），美国国家安全顾问博尔顿曾试图对伊朗的核基础设施发动军事打击，继特朗普在推特上怒怼伊朗后，博尔顿再度向伊朗施压称："过去几天我与总统进行了交谈，特朗普总统告诉我，如果伊朗采取任何负面行为，其将付出与少数国家此前类似的代价。"华盛顿政治咨询机构欧亚集团董事长克里夫·库普坎表示，虽然战争并不是迫在眉睫，但波斯湾发生战争的可能性正在增加。伊朗国防部周一宣布开始大量生产空对空导弹，以对抗美国的遏制。在受到威胁时，伊朗一直以来都会采取侵略性的回应。

北约前盟军司令詹姆斯·斯塔夫里迪斯（James Stavridis）指出，可以肯定的是，如果伊朗真的封锁霍尔木兹海峡，美国军队及其海湾盟友有能力在几天内重新开放海峡。美国第五舰队驻扎在霍尔木兹海峡附近，将确保从中东地区盟国的石油运输得以安全通过。伊朗的封锁动作或直接演变成军事对抗。

鲁哈尼还暗示伊朗可能还会干扰其他海域的航线，加拿大皇家银行资本市场大宗商品策略部门负责人克罗夫特认为，这可能包括也门海岸的曼德海峡，因为支持伊朗的叛乱分子曾在此地与沙特阿拉伯领导的联盟发生冲突。尽管美国能保护通过那里的船只，但如果到了这个地步，将会给石油增加额外的压力，助力油价在下半年实现突破。

第五章

中东海湾紧张局势

　　特朗普目前的重心就是如何控制不断飙升的油价,从而为他的中期选举提供助力。美国和伊朗之间的冲突越演越烈,地缘政治风险持续推升油价。连接波斯湾和阿拉伯海的全球石油运输战略要道霍尔木兹海峡成为全球焦点。如果美国彻底切断伊朗的石油出口,伊朗将封锁霍尔木兹海峡,阻断中东地区的海上石油运输。尽管美国没有看到来自伊朗的直接敌对意图,但伊朗伊斯兰革命卫队的武力展示让美国军事情报部门极为担忧。

要点

现在的问题在于油价是否会升至每桶150美元附近,或者美国原油供应企业是否能通过增产避免遭受最严重的损害。另一个重要因素是,页岩油生产企业是否能在油价飙升前足够快地建造管道,以输送来自得克萨斯州新页岩油田的原油。传统观念认为,自2014年油价暴跌以来,只要油价高于每桶50美元,美国页岩油生产企业就会加大生产,但IHS马基特执行董事保罗·托塞蒂表示,得克萨斯州二叠盆地的输油管道短缺让人苦恼。

也门战事加剧,伊朗威胁封锁海峡,中东石油出口充满不确定性。随着也门各方冲突进一步升级,局势正在变得更加错综复杂。也门战事已经超越也门和阿拉伯半岛,成为中东两大教派对抗的前沿战场。沙特阿拉伯认为,伊朗是胡塞武装的最主要支持者,也门之战的成败将影响信奉逊尼派的沙特阿拉伯和信奉什叶派的伊朗的势力范围之争;此外,沙特阿拉伯意在阿拉伯半岛建立安全屏障,为沙特阿拉伯经济转型和发展创造有利地区环境,如果也门不能实现和平,沙特阿拉伯"2030愿景"的实现很可能将遭遇瓶颈。

为应对美国对伊朗的经济制裁,伊朗决定解禁私有企业的原油输出,希望通过国内市场私有企业的输出,来缓解经济压力,伊朗石油部长赞加内表示,伊朗新投入生产的精炼石油项目将使其免于美国的制裁。如果伊朗通过私企出口原油,不仅缓解了经济压力,还解决了对全球市场的石油供应问题。

经过曼德海峡的石油运输暂时中断,因沙特阿拉伯指责伊朗支持的也门胡塞武装袭击了经过该航道的两艘沙特阿拉伯油轮。胡塞武装则声称,他们实际上袭击的是一艘沙特阿拉伯战舰而非油轮。以色列总理内塔尼亚胡表示:"如果伊朗试图封锁连接红海和亚丁湾的重要石油运输航道曼德海峡,我确定伊朗会发现自己与一个国际联盟对峙,该国际联盟一定会对伊朗的行动进行阻止,这个联盟还将包括以色列的所有军事分支。"也就是说,如果伊朗封锁曼德海峡,以色列将进行军事干预。这是以色列在也门战场第一次发出部署军事力量的重大威胁。

在美国的"印太战略"中，印度是关键支点之一。但中国的经济发展对印度很有吸引力，中国已经公开表示欢迎印度搭乘中国发展的顺风车。印度觉得为美国的"印太战略"而失去中国这个合作伙伴不值得。针对超级大国的贸易保护措施，印度总理莫迪公开表示印度不认为印太地区需要成立一个成员有限的俱乐部，也并不需要一个支配或对抗其他国家的组织。

沙特阿拉伯和伊朗一直是敌对关系，而俄罗斯一直与沙特阿拉伯走得比较近。伊朗曾经还指责沙特阿拉伯和俄罗斯过度增产扰乱了油市，违反了减产协议。甚至有消息称，沙特阿拉伯和俄罗斯正在考虑重新组建一个可以取代欧佩克地位的组织。油市已经进入由沙特阿拉伯和俄罗斯主导的"后欧佩克时代"，欧佩克已越来越没有话语权，甚至美国在油市的地位都比欧佩克要高出许多。

沙特阿拉伯向独立能源分析师施压，要求他们改变对沙特阿拉伯的石油产量预估。数据差异可能使沙特阿拉伯与欧佩克的其他成员国产生冲突。比如，沙特阿拉伯告知欧佩克在2018年7月削减了产量，但美国政府和独立机构的预估数字显示，沙特阿拉伯提高了产量，而且日产量数据差别高达50万桶。欧佩克官方和独立机构对沙特阿拉伯石油产量的估算存在差异，可能会在石油市场上造成混乱，让人们不清楚到底有多少石油流入市场。沙特阿拉伯已致电一些机构，要求分析师改变他们的预估。据说一些机构拒绝了这一要求，但也有一些机构屈服于沙特阿拉伯压力。但这种数据差异极不寻常，有可能加剧欧佩克内部是否在提高产量方面的分歧。

不断升级的贸易问题可能会抑制全球经济增长，进而影响石油需求的增长。美元走强不仅提高了石油进口国的进口成本，还使以美元计价的石油价格上涨。人们还担心，油价在每桶80美元以上是需求破坏的开始，而欧佩克和俄罗斯领导人希望避免这种情况发生。然而，当前产油国增产靠的是全面挤榨出之前闲置的剩余产能，但此举是不可持续的。一旦闲置产能的耗尽，意味着未来能源市场在遭遇突发性供给事件时会手足无措，并导致油价届时恐慌性上涨。

在路透社对俄罗斯与沙特阿拉伯私下达成增产协议、并提前通知美国这一事未曝料之前，所有的关于欧佩克、沙特阿拉伯以及俄罗斯"不增产"和"闲置产能不足"的信息都是公开的，沙特阿拉伯这样做有两个目的。一是麻痹伊朗，并告诉之：尽管美国多次要求增产，沙特阿拉伯是有心无力，难以做到，伊朗借此讽刺美国，被盟友骗了，殊不知，"明修栈道，暗度陈仓"，可怜的伊朗却被敌对国——沙特阿拉伯和所谓的盟友——俄罗斯骗了个彻头彻尾。二是推高油价，利用伊朗被制裁将会引发供应紧张，并且主要产油国都难以填补供应缺口，在市场制造恐慌，从而推高油价，而这也正是沙特阿拉伯经济改革和俄罗斯提升经济所需要的。

第一节
沙特阿拉伯暂停经由红海航道的原油出口

2018年7月25日（周三），伊朗支持的什叶派胡塞武装袭击了两艘沙特阿拉伯油轮，所幸造成的损失微乎其微。沙特阿拉伯领导的阿拉伯联盟迅速对这次袭击表示谴责，并称由于联军舰队的行动，这次袭击失败了。袭击发生在红海国际水域的荷台达（Hodeidah）港，这是胡塞控制的唯一港口。阿拉伯联盟最近占领了荷台达机场，现在正着眼于争取该港口的所有权，这是胡塞叛军的重要航道。最近几个月，沙特阿拉伯和伊朗胡塞武装支持者之间的紧张局势加剧，表明在沙特阿拉伯的不同目标，包括在沙特阿拉伯的设施，都有弹道导弹发射和无人机袭击。沙特阿拉伯表示，自2015年与伊朗结盟以来，胡塞叛军已向沙特阿拉伯发射或声称向该国发射了多枚导弹，尽管造成了较小的破坏，其中许多袭击被沙特阿拉伯军方成功挫败。

沙特阿拉伯立即暂停经由曼德布海峡驶往红海的所有原油运输，称两艘VLCC（Very Large Crude Carrier，超大型原油船）遭也门叛军袭击。这将使售往欧洲和北美的沙特阿拉伯原油交付放慢，也将加剧沙特阿拉伯与伊朗的紧张关系。

沙特阿拉伯能源大臣法力赫发布声明称，由于两艘超大型油轮遭到也门什叶派胡塞叛军袭击，因此暂停了红海的石油运输。这两艘载运能力均为200万桶的超大型油轮是由沙特阿拉伯国家航运公司巴赫里（Bahri）运营。为了保护船只及其船员的安全，避免石油泄漏的风险，沙特阿美立即暂停了经由曼德海峡（Bab el-Mandeb Strait）的所有油品运输。公司正仔细评估形势，将根据审慎原则采取进一步行动。

曼德海峡位于也门、吉布提和厄立特里亚沿海，连接红海与阿拉伯海，是全球最重要的海上石油和其他石油产品的航运通道之一。按照美国能源信息署的说法，曼德海峡最窄处仅18英里（约29千米）。叛军袭击可能迫使来自沙特阿拉伯、科威特、伊拉克和阿联酋的石油绕行非洲南端的好望角，从而推升运输时间和成本，这将使得沙特阿拉伯向其两大主要市场欧洲和北美的石油交付速度放慢。此时，石油市场原本就因供应紧张和地缘政治风险增加而动荡不安，伊朗此前威胁若本国石油出口受阻，将封锁海上原油交通要道霍尔木兹海峡（Hormuz Strait）作为报复。

沙特阿拉伯声明还称，伊朗支持的胡塞武装对于红海海域国际航运的威胁一直存在，对油轮的恐怖袭击还将引发环境灾难。曾在小布什政府担任能源政策顾问、拉皮丹能源创始人兼总裁麦克纳利称，在备用产能接近于零，且伊朗及其他地区的石油供应很有可能中断之际，沙特阿拉伯能源大臣的声明势必引起关注和担忧，特别是欧洲和美国。针对油轮的袭击以及沙特阿拉伯的公开声明将加剧沙特阿拉伯与伊朗的紧张关系，这种威胁已经越来越多地对沙特阿拉伯陆地和海上石油运输构成风险。

沙特阿拉伯与胡塞武装的军事冲突已持续3年。2014年9月，也门胡塞武装夺取也门首都萨那，后占领该国南部地区，迫使也门总统哈迪前往沙特阿拉伯避难。2015年3月，沙特阿拉伯等国发起代号为"果断风暴"的军事行动打击胡塞武装。受沙特阿拉伯海上原油运输遭受武装袭击影响，油价纷纷上涨，不过美元强势反弹令油价涨幅受限。沙特阿拉伯宣布停止红海原油运输后，科威特随后也考虑暂停曼德海峡的石油运输。

在沙特阿拉伯油轮遭袭的前一天（24日），俄罗斯通过了石油业税改法案。法案显示，2019年至2024年底的6年间，原油出口税将从目前的30%下调至0%。同时，2019年至2021年底的3年间，石油开采税将上调，以保持石油生产者和出口商的财政负担稳定。为了阻止原油产量下降和国内燃油价格上涨，政府将为几类炼油厂提供税收优惠，包括远离大型港口的西伯利亚工厂，以及2016年至2024年期间投资至少600亿卢布（合9.5亿美元）升级的工厂。政府还将向高辛烷值汽油占总产量至少10%的炼油厂和受到国际制裁的石油生产商的炼油子公司提供援助。这意味着，基本上所有俄罗斯主要石油公司都将获得炼油厂的税收减免。

国际油价7月以来先暴涨再暴跌，市场多空双方消息交替涌现。欧佩克增产与伊朗和委内瑞拉等国的产能危机，国际经济向好前景与贸易战的潜在冲击，以及新兴市场需求增长与新能源替代进程等因素都持续展开拉锯战，令油价前景难以预测。

花旗是最为看跌油价的投行之一。该行声称，布伦特原油价格在未来12个月将降至每桶45美元。花旗全球大宗商品研究主管莫尔斯表示，布伦特原油可能会跌至每桶45~65美元的区间，这一区间与2014—2016年大部分市场低迷时期油价达到的价格相似。莫尔斯认为，近期的油价上涨只是暂时的，并认为油价到2019年底将返回每桶45~65美元这一区间。莫尔斯给出了三点理由。

第一，石油产业的资本效率显著提高。自2014年以来，资本的效率提高了至少一半。问题在于这是否会继续。迄今为止，那些预计成本再膨胀的分析师已被证明是错误的。第二，石油钻探技术与过去几年相比也大大提高，这意味着石油生产企业可以以更低的支出生产更多的石油。第三，原油供应降幅被夸大了。假设原油库存以5%的速度下降，整个原油市场日供应也将只会减少200万至300万桶，远低于500万桶的日供应中断假设。

在不少投行纷纷看好油市的长期表现时，莫尔斯却持看跌观点。但他的预测具有额外的分量，因为他曾成功预言了2014年的油价崩盘。不过，莫尔斯也并非唯一看空油价的分析师。巴克莱也表示，不认为这一季度油价会从目前的价格水平大幅上涨。除非有进一步的石油供给中断，基本的市场平衡到2019年底前应该会减弱。石油需求目前仍然强劲,但高油价将会削弱消费。欧佩克和非欧佩克产量均会继续增长,这意味着从根本上来说,石油市场 2018 年将回归过剩,整个 2019 年库存将增加。巴克莱预计,WTI 原油价格 2019 年第三季度将降至每桶 61 美元,尽管没有花旗预期的那么低,但也是看跌油价。

高盛是看多油价的投行之一,尽管该投行近期承认其预测中存在越来越多的看跌风险。沙特阿拉伯产量增长的前景及美国可能释放战略石油储备可能会破坏油价的进一步上涨,但伊朗即将到来的石油供给中断可能会将石油市场推入严重的供给不足,到 11 月日供给不足可能达到 60 万桶。和其他预测相比,高盛的预测更加乐观,该行预计布伦特原油将在每桶 70 ~ 80 美元这一区间波动。

美银美林的预测比高盛更乐观,预计布伦特原油 2019 年第二季度将升至每桶 90 美元。该行认为,美国对伊朗的强硬立场仍是油价上行的主要风险。如果伊朗石油出口全部切断,可能会导致油价飙升至每桶 120 美元上方。目前,围绕美国政府政策的不确定性正导致伊朗出口量减少,伊朗浮动石油库存增加。

2018 年 7 月 27 日(周五),受美国股市下跌的拖累,油价下跌,但受到了贸易紧张局势缓解,以及沙特阿拉伯暂时关闭了红海原油运输通道的支撑。WTI 油价收报每桶跌 0.50 美元至 69.04 美元,跌幅 0.72%,布伦特油价收报每桶跌 0.14 美元至 74.92 美元,跌幅 0.19%。

原油期货有时追踪股票走势,美国股市 7 月 27 日普遍下跌,打压油价。芝加哥 RJO 期货高级市场策略师菲利普·斯特里布表示:"这可能显示出经济放缓的迹象,这可能反过来影响石油消费。"美国经济 2018 第二季度的增长速度达到近 4 年来最快,但石油市场基本上没有理会政府的数据。价格期货分析师菲尔·弗林表示:"这是一个强劲的数字,表明 2018 年底前能源需求强劲。我们之所以没有因此上涨起来,是因为它符合人们的预期,但当你在运行这类国内生产总值时,那就意味着大量的石油。"

俄罗斯能源部长诺瓦克表示,市场仍不稳定,市场已经消化了与美国对伊朗制裁有关的风险,欧佩克及其盟友没有讨论日增产 100 多万桶的方案。欧佩克和其他以俄罗斯为首的产油国上月同意放松对石油生产的限制。协议同意将日产量提高 100 万桶,其中俄罗斯的日增产量为 20 万桶。

美国与欧盟贸易谈判本周的突破也为油价提供了支撑。美国总统特朗普和欧盟委员会主席容克在 2018 年 7 月 25 日达成一项出人意料的协议,缓解了立即爆发贸易战的风险。美国将暂停向欧盟征收新关税,包括拟议中对进口汽车征收 25% 关税的计划,并就对欧盟的钢铝关税问题展开谈判。特朗普称,对于非汽车行业,双方将努力就零关税、零贸易壁垒和零补贴达成一致。容克同意扩大欧盟对美国液化天然气和大豆的进口。此外,美国参议院 7 月 26 日悄然通过立法,将降低数百种中国产商品的贸易壁垒,使得中美贸易紧张局势降温。法国巴黎银行驻伦敦的大宗商品市场策略主管哈里·基林古瑞安在路透社全球石油论坛上表示:"如果美国与欧盟贸易谈判出其不意,这对风险偏好非常有利,这肯定会对石油有所帮助。"

巴西国家石油计划通过销售一种新的中质低硫原油来增加对中国的原油出口。该品级原油可能从10月开始出口中国。巴西国家石油预期第四季度开始从新的平台生产盐下油,这将增加该国的产出和提升出口。巴西是拉美最大的原油生产国,新供应可能扩大巴西在中国市场的份额。为了报复美国的关税措施,中国宣布将对进口的美国原油加征关税,中国买家因此减少了从美国进口。

巴西国家石油的一名发言人在电邮中表示:"巴西国家石油的出口曲线正在上升,中国目前是该公司的主要市场,随着中国炼油厂对于直接向生产商购买石油的兴趣增加,巴西国家石油将增加与这些炼油厂的往来。"据巴西国家石油网站,该公司4月开始在其全资拥有的桑托斯盆地布齐奥斯(Buzios)油田的P-74平台生产石油。巴西国家石油称,P-75和P-76这两个平台将在第四季度投产。一旦另外4个平台投产,2021年布齐奥斯油田总体日产量预计将增至75万桶。布齐奥斯原油的质量与巴西卢拉(Lula)原油相似,后者是在中国最受欢迎的石油之一。

新增供应可能帮助提高巴西国家石油的原油出口,因炼油产量增加,该公司6月日出口量较2017年同期减少53.8%至69.6万桶。据咨询机构能源视线,在2018年持平后,巴西包括生物燃料在内的油液产量2019年预计日增长20万桶至350万桶。

根据中国海关数据,巴西自2017年起在中国原油进口国排名上升两名至第五名,2018年第一季度自巴西的日进口量为65.7万桶。根据北京顾问机构思亚能源,2018年上半年,中国独立炼油厂从巴西日进口的原油较2017年同期增加超过1倍至35万桶。汤森路透艾康数据显示,巴西运往中国的原油有过半数是从山东省的港口入关,山东是中国独立炼油厂集中地。恒力集团位于中国东北的新炼油厂将在第四季度开工,首批原油是由巴西国家石油供应。巴西新品级原油梅罗(Mero)也于6月在山东交货。

巴西国家石油扩大了在新加坡的贸易团队,以加强在中国的营销活动。该公司从内部任命了一名业务开发人员,并从一家中国炼油厂聘用了一名原油交易员,将在9月入职。思亚能源的分析师表示,2018年上半年,亚洲最大炼油厂中国石化购买了中国进口的巴西国家石油中的1/3,较2017年同期增长13%。中国石化与独立炼油厂对增加巴西原油进口有兴致,美国原油面临的潜在关税是原因之一。

墨西哥候任总统奥布拉多尔称,墨西哥政府将把原油日产量从当前的190万桶提高至250万桶,该消息拖累油价。奥布拉多尔表示,墨西哥2019年会向能源领域投资1750亿比索,政府将寻求对六个国有炼油厂进行整修,令其在两年内实现全效运转。

美国国会共和党参议员联名致信德国、法国和英国驻美大使馆,警告这三国不要试图规避美国对伊朗的制裁。信中指出:"美国的制裁不仅是政府法令,其中大部分更是被国会纳入联邦法律……我们呼吁你们遵守美国全部制裁,如果试图规避或破坏美国法律，那么会使我们特别不安。"伊朗官方媒体7月28日（周六）称，面对美国的制裁和外国公司可能的退出，伊朗政府计划向私人投资者提供价格和税收方面的激励措施，以接管闲置的国家项目并帮助推动经济增长。伊朗第一副总统贾汉吉里在国家电视台表示，该计划将为投资者提供具有吸引力的价格和灵活的条款以及免税期，以使这些投资者同意接管未完成或闲置的76000个政府项目中的一些。伊朗外长扎里夫29日（周日）表示，伊朗有能力应对美国的制裁，渡过"危急"时刻。美国对其他国家动辄实施制裁是失道寡助的行径，伊朗将得到世界大多数国家的支持和帮助。

美国将在8月6日对伊朗实施金融制裁，随着制裁的日期越来越近，引发了伊朗民众对经济危机深化的担忧。伊朗民众加速在黑市抢购美元，推动该国黑市汇率屡创新低。美元兑里亚尔在周日狂飙至100000，触及历史新高，上次类似的情况发生还是在6年前。伊朗黑市汇率监测网站Bonbast数据显示，伊朗黑市美元买入价高达11100拖慢（Toman），即111000里亚尔（Rial），再度刷新历史低位。拖慢是伊朗民间通用的货币单位，1拖慢等于10里亚尔。

在2018年3月，里亚尔对美元就曾首次突破50000关口，也就是说，从3月到现在，里亚尔累计贬值50%。从4月开始，伊朗官方加速采取措施阻止汇率的崩溃。由于银行拒绝以较低的汇率出售美元，伊朗政府在6月被迫启动二级市场缓解美元荒，为非石油产品的进口商提供兑换便利。但这项举措并没有带来多大作用，无奈之下，伊朗总统鲁哈尼更换了央行行长，将汇率统一为42000里亚尔兑1美元，并对外汇交易施加限制。但这些举措还是没有换回伊朗民众对经济的信心，甚至随着金融制裁的来临，情况越来越糟糕。

法国24电视台（法语：France vingt-quatre）指出，由于伊朗国民对长期经济衰退感到恐慌，购入美元已经成了相对安全的储蓄方式或押注里亚尔继续贬值的投资方式，因此，黑市里抛售里亚尔的交易仍然活跃。尽管伊朗官方固定汇率也有所下调，但是远不及黑市汇率下调的幅度。按照黑市最新买入价计算，黑市美元较伊朗官方定价溢价超过150%。这意味着那些享有特权、能够以官方汇率购买美元的交易者能够轻松获得154%的收益。加之伊朗的隐含年通货膨胀率已飙升至203%，是自2013年10月以来的最高水平，几乎是官方通胀率10.2%的20倍。此时的伊朗经济十分脆弱，比任何时候都更容易受到外部因素的影响。

2018年7月30日（周一），美元走软及市场担心全球原油供应中断提振油价，WTI油价收报每桶涨1.05美元至70.09美元，涨幅1.52%，布伦特油价收报每桶涨0.43美元至75.35美元，涨幅0.57%。

市场担心全球原油供应中断的因素包括沙特阿拉伯暂停红海的石油运输，伊朗威胁将封锁霍尔木兹海峡，道达尔北海的石油和天然气近海钻井平台工人在7月30日举行为时12小时的罢工，利比亚原油供应再度中断，同时委内瑞拉原油产量也继续下滑。

此外，加拿大原油产区再度发生生产事故，导致对美国市场的输送供给中断。美国国务卿蓬佩奥上周末出访中东盟国阿联酋期间再度在伊朗问题上放出狠话，称如果伊朗方面继续一意孤行，将付出"无比高昂的代价"。这进一步回应了伊朗封锁海湾航道的威胁。

随着全球冲突引发市场担忧供应中断会导致买家争抢原油供应，原油多头重新杀回市场。基金经理把布伦特原油净多头头寸提高了4.1%，此前一周降幅创下了2016年来最大。洲际交易所欧洲期货交易所数据显示，布伦特原油净多头头寸增加至367640份合约，为3周来首次增加。宏观风险顾问首席策略主管克里斯·凯特曼表示："这符合我们做出的7月份逢低买进的建议，我们一直大力倡导在7月的抛售中增加多头头寸。"

美银美林表示，欧佩克希望确保布伦特原油期货曲线仍处于现货溢价状态，因为这降低了波动性，且能惩罚远期石油卖家，主要是美国页岩油行业，并使现货卖家受益，大部分是"欧佩克+"的国家。通过确保现货价格高于6个月或12个月的石油合约，欧佩克基本上可以以高于美国页岩油开采商的价格出售石油。考虑到这一动态，欧佩克将调整产量，以避免市场出现期货溢价。为此，他们将需要避免市场供应过剩。由于欧佩克成员国的利益，油价没有太多的下行风险。美国可能会寻求避免油价飙升，而欧佩克可能会设法阻止抛售。美银美林预计，布伦特原油的价格将在2018年底前"区间波动"，平均为每桶70美元。

路透社调查显示，欧佩克7月日产量预计增幅7万桶至3264万桶，增幅显著低于预期并比6月明显放缓，这把更多压力转嫁给了美国总统特朗普，迫使他考虑软化立场与伊朗直接谈判，以图平抑油价。刚果共和国6月加入欧佩克，使7月欧佩克石油日产量增加约32万桶，再加上现有成员国增产，使欧佩克7月产量升至2017年10月以来的最高水平。科威特和阿联酋7月分别日增产8万桶和4万桶，尼日利亚日产量增加5万桶，伊拉克的供应也增加。沙特阿拉伯6月日产量修正后上升至1060万桶，接近纪录高位，7月日增产5万桶，因国内炼油厂和发电厂的原油使用量有所增加，而出口则接近6月的水平。在产量减少的国家中，伊朗降幅最大，日下降10万桶。由于美国的制裁措施阻止企业购买该国的石油，导致出口下降。

美国总统特朗普7月30日在华盛顿会晤意大利总理孔特（Giuseppe Conte），特朗普在与意大利总理孔特的联合记者招待会上表示，愿意无条件、"在他们希望的任何时间"会见伊朗总统鲁哈尼。特朗普称："如果他们想见面，我就见。他们想什么时候就什么时候。"与鲁哈尼会面"对国家有好处，对他们有好处，对我们有好处，对全世界有好处"。

伊朗总统办公室主任马赫茂德·瓦埃齐（Mahmoud Vaezi）此前曾指出，美国总统特朗普曾8次提出与伊朗总统鲁哈尼举行会晤，但每次都遭到了鲁哈尼的拒绝。在被问及有关伊朗拒绝美国政府会晤提议的报道是否真实时，美国国务卿蓬佩奥表示："不会谈论可能发生过或者可能没发生过的私人谈话。我支持特朗普会晤伊朗领导人。"

特朗普表示："和别人交谈，特别是在谈到可能发生战争、死亡、饥荒等很多事的时候，会面没有任何错。"特朗普将他和朝鲜领导人金正恩以及俄罗斯总统普京之间的会晤作为双边会谈成功的例子。特朗普说道："正如你所知，朝鲜已经9个月没有发射一枚导弹，我们也把我们的囚徒带回国，很多事情都朝着正面的方向发展。"特朗普还表示，他与普京的会晤"从未来的角度来说，是一次伟大的会晤"。伊朗总统办公室主任瓦埃齐曾警告美国，不要拿朝鲜和伊朗做比较。他指出："伊朗政府和伊朗人民的特点是，他们不会向压力屈服。特朗普应该知道，伊朗和伊朗人民不同于朝鲜和朝鲜人民。"

2018年7月31日（周二），油价盘中承压回落，因原油供应增长可能会高于预期，这令多头信心受挫，同时美元反弹也令油价承压。WTI油价收报每桶跌1.66美元至68.43美元，跌幅2.37%，布伦特油价收报每桶跌1.16美元至74.19美元，跌幅1.54%。路透社调查显示，2018—2019年油价预计将持稳，因欧佩克及美国的产量增加，满足以亚洲为首的需求增长，协助抵消伊朗等产油国供应受到干扰的影响。

有迹象显示，红海曼德海峡的供应中断可望获得解决，这也令油价承压。也门胡塞组织表示，准备单方面地停止在红海的攻击以支持和平努力。但沙特阿拉伯方面仍然拒绝立刻重启该航线。此举首当其冲地冲击了欧洲能源市场，因为好望角航线的路程，是传统上走红海—苏伊士运河—地中海航线的3倍以上，欧盟官员因此公开表示了对此状况的忧心。

伊朗资深官员和军事指挥官7月31日驳斥美国总统特朗普提出的无预设条件谈判，称其毫无价值且是"幻想"。不仅如此，同时伊朗驻欧佩克理事阿德比利也表示，特朗普总统对于沙特阿拉伯和其他大型产油国能够弥补因美国对伊朗实施新制裁而导致的伊朗原油供应缺口的想法也是大错特错。阿德比利称："特朗普总统似乎被沙特阿拉伯和其他几个产油国给唬住了，后者声称他们可以替代伊朗日出口的250万桶，鼓励他对伊朗采取行动。"伊朗总统鲁哈尼7月31日发表讲话称，伊朗并不寻求海湾地区的紧张态势，也不希望打乱海湾地区原油的运输，但伊朗不会放弃出口原油的权利。

第二节
石油行业投资不足加大未来供应紧张风险

美国洲际交易所（ICE）计划2018年第三季度晚些时候推出一份可在休斯敦实物交割的二叠盆地西得克萨斯中质原油（WTI）期货合约。随着休斯敦石油生产和出口继续增加，该城市已成为美国石油的定价中心。洲际交易所认为，随着美国从石油纯进口国向部分出口国转型，休斯敦的港口转运设施在该国石油产业版图上的地位，已超过库欣储油基地。因此，基于库欣石油计价的WTI原油期货可能已经难以反映出美国石油市场的完整真实面貌，需要有新的期货品种类来与之进行对比参考。新的净价期货合约旨在为不断增长的市场提供对冲和交易机会。

随着西得克萨斯二叠盆地的页岩油产量上升，以及随着亚洲对轻质低硫原油的需求增加，美国石油出口量也随之增加，休斯敦已成为美国原油的中心交割地区。洲际交易所二叠盆地WTI期货合约旨在提供麦哲伦中游合作伙伴（Magellan Midstream Partners）在东休斯敦港口的价格发现、结算和交割。洲际交易所石油市场副总裁杰夫·巴尔布托（Jeff Barbuto）表示："以休斯敦为贸易中心的美国墨西哥湾是基于二叠盆地WTI北美原油期货的天然交割地区。基于库欣的WTI与布伦特近期的价差提醒我们，尽管库欣是中部大陆原油基本面的标志，但它在水运美国原油定价上却存在分歧。我们希望能给市场提供更多质量可靠优质的油品，也希望能提供一个关乎全球原油定价并能够扩大国内外买家交易途径的交割场所。"

美国俄克拉荷马州库欣地区的原油库存一直充当着关键指标，该指标不仅能反映美国原油供应状况，也被当作国内每日数十亿美元大宗商品交易的重要参考。然而，美国俄克拉荷马州库欣原油库存持续下降，表明该枢纽作为美国石油市场主要衡量标准的影响力正在逐渐减弱。美国洲际交易所已花费了数百万美元进行基础设施建设，以增加休斯敦和一些墨西哥湾沿岸港口的原油贸易和原油存储。石油生产商们现在越来越多地将原油直接运往休斯敦等海港，因那里的船舶能将石油运往全球数十个国家。

美国油气产业希望能够免受特朗普关税政策的制裁，但是二叠盆地已经开始面临输油管道的瓶颈，西得克萨斯的库欣原油产量已经超出了该地区2018年的管道运输能力，这意味着过去几年原油产量持续上涨的态势可能会有所收敛。与此同时，新的管道建成还需要一年左右的时间。

2019年将要建成的关键的管道项目是由美国平原管道（Plains All American Pipeline）负责承建的，代号为"仙人掌2号"项目。该项目一旦建成并投入使用，将能够从二叠盆地日输送58.5万桶的原油进入墨西哥湾。美国平原管道向特朗普政府进行请愿，希望特朗普能够豁免25%的进口钢关税。据行业调查，美国在油气管道上所使用的钢铁3/4都来自进口，这是因为这些管道使用了一种特殊的钢材，这在国内的供应有限。特朗普则否决了这一请求，这是其首次在油气项目上做出拒绝。否决的直接结果是显著地提高了"仙人掌2号"管道项目的成本，目前这一项目的成本预估已经达到了11亿美元。美国商务部认为，美国国内有足够的钢铁供应，因此对这一请求做出拒绝是合理的。

还有一些其他的公司正在寻求豁免，美国商务部不得不逐个地进行解决。数据显示，美国商务部已经授予了 267 个请求对于关税的豁免权，但是仍有 452 个遭到了拒绝。目前美国商务部收到的豁免请求已达 2.5 万个。荷兰皇家壳牌和雪佛龙最近获得了一项豁免，使其在墨西哥湾的海上钻探项目能够获得足够的特定类型设备的钢材。

美国平原管道希望能够进口一个希腊生产商生产的钢材，这个希腊公司是世界上 3 个主要生产此类钢材的主要生产商。美国平原管道表示，这 3 个生产商没有一个是在美国境内的，同时这个希腊生产商也表示特朗普对于关税豁免的拒绝是不正当的，因为 2017 年在特朗普的钢铝政策还未推行之前他们已经向钢铁原材料的供应商提交了订单，并开始投入了生产。

美国平原管道还表示，对于这样一种关键材料实施征税，相当于对于美国至关重要的能源基础设施征税，特朗普对于这一请求的拒绝将可能会对美国的能源安全和就业产生负面影响。这家管道公司也警告称，如果不得不使用美国本土生产的钢材，那么可能将导致项目的延误。美国平原管道供应链管理副总裁吉米·费雷尔（Jimmy Ferrell）在提交给商务部的一份材料中也表示，即使现在就发出采购订单，美国的工厂也不可能提供能够满足管道系统所需要的钢材总量。

美国平原管道称将"按计划推进"项目，但是其并未就关税将会对钢铁供应以及 2019 年第三季度预定目标的达成产生何种影响透露具体的细节。美国管道生产者协会在 5 月写给美国商务部的一份信中表示，一些钢铁管道生产商不同意美国平原管道观点，并反驳美国生产的输油管道能够有效地替代其所需要的特种钢管道，特朗普做出拒绝的决定完全是基于希腊出口钢材时不公平的贸易价格，因此美国平原管道不应该享受豁免权。

特朗普的拒绝将直接影响到"仙人掌 2 号"管道项目的建设，这个项目是美国正在建设的 3 个关键输油管道项目之一，预计将于 2019 年末正式上线，它将有力缓解当前二叠盆地所面临的输油管道的瓶颈问题。

在过去的几个月，米德兰地区的原油与 WTI 的原油价差已经超过了每桶 10 美元，随着输油管道瓶颈问题越发显现，两油的价差预计将超过每桶 13 美元。这一缺口还将进一步扩大，并导致米德兰地区的原油价格进一步下跌，这可能也会对美国上游页岩油生产商的积极性产生负面影响。

2018 年上半年，油价上涨逾 20%，引发下一轮经济衰退的可能性在上升。对于任何一个熟悉石油市场历史的投资者来说，这不应令人感到意外。美国过去 6 次经济衰退中，有 5 次都发生在油价大涨之后。2008 年 7 月，尽管当时美联储仍在赌注，其可以掌控美国经济，随着汽油价格升至每加仑 4 美元以上，"股神"沃伦·巴菲特（Warren Buffett）警告称，"爆炸式"通胀是美国经济面临的最大风险。

穆迪首席经济学家马克·赞迪（Mark Zandi）表示，自第二次世界大战以来，石油价格的快速上涨一直是引发经济衰退的诱因之一。美国在 2020 年陷入经济衰退的概率已经从2018年油价飙升前的28%上升至如今的34%。特朗普减税、提高政府支出上限以及美债收益率曲线趋平，这些都是导致美国经济衰退风险上升的因素。美国2020年陷入衰退的概率自2017年底以来大幅上升。

美国对伊朗的制裁对油价起主要作用。投资银行伯恩斯坦在7月初曾预计，未来几年油价将触及每桶150美元的高位。随着美国和伊朗领导人之间的口水战越演越烈，一些分析师预计，如果伊朗关闭霍尔木兹海峡或采取军事行动，油价将达到每桶200美元。吕斯塔德能源石油市场主管比尔纳尔·顿豪根（Bjrnar Tonhaugen）表示，油价出现短期飙升的情境是，特朗普对伊朗恢复制裁，伊朗每天220万桶原油的大部分甚至全部都从全球市场上移除。与此同时，全球经济扩张使得石油需求以每年1.7%的速度增长。

普林斯顿经济展望小组全球首席经济学家伯纳德·鲍莫尔表示，如果油价达到每桶100美元、125美元或150美元，就会触及一个"疼痛临界点"（pain threshold），不只是美国，全球陷入衰退的可能性大幅提高，这将是灾难性的。假设没有重大地缘政治危机出现，预计即使美国对伊朗实施制裁，油价也将走下坡路。原因是美国的页岩油产量将继续自目前的纪录高位上涨。到2019年，美国将成为全球最大的石油生产国。

油价上涨及其对经济产生的连锁反应可以归结为两个问题：如果油价真的上涨至每桶100美元上方会发生什么？以及这种情况发生的可能性有多大？

第一个问题至少可以部分使用汽油价格支出增加多少会削减其他消费支出的一些既定经验法则来回答。鲍莫尔预测，汽油价格每加仑增加1美分，消费者年度支出将减少10亿美元；油价每桶增加10美元，在油价增长后的一年，美国经济增长率将降低10到15个基点，即0.1到0.15个百分点。油价从每桶50美元上涨至75美元，将降低美国经济增长率0.25%至0.5%。美国经济增长率近期接近3%，油价如此的涨幅会导致美国经济增长率降低近一半，这还是在油价上涨导致通胀上升并迫使美联储加息以前。

穆迪首席经济学家马克·赞迪认为，油价短期升至每桶150美元会让美国经济扩张的步伐"戛然而止"，美国陷入衰退的风险会很高。2008年美国经济衰退前，布伦特原油价格当年每桶升至近140美元，一个月后美国普通汽油平均价格达到每加仑4.11美元。如今，美国汽油平均价格已从4月的每加仑2.87美元升至6月的每加仑2.97美元（图5-1），7月美国汽油零售价尽管有所回落，但仍保持在每加仑2.93美元的高位。

油价在1990年美国经济陷入衰退前也大幅飙升，从当年5月的每桶15美元升至9月的每桶40美元，因当时伊拉克领导人萨达姆·侯赛因（Saddam Hussein）入侵科威特。此后，随着互联网热潮升温，油价从1998年底的每桶10美元升至2000年初纳斯达克平均指数见顶时的每桶近30美元。

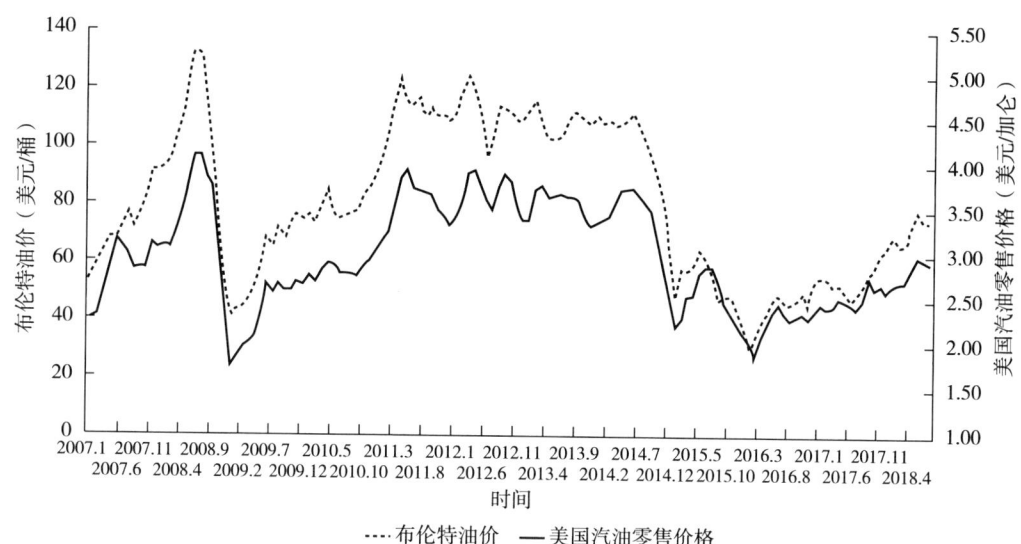

图 5-1　2007 年 1 月至 2018 年 4 月布伦特油价与美国汽油零售价格
资料来源：美国能源信息署、邓正红软实力研究应用中心。

现在的问题在于油价是否会升至每桶 150 美元附近，或者美国原油供应企业是否能通过增产避免遭受最严重的损害。另一个重要因素是，页岩油生产企业是否能在油价飙升前足够快地建造管道，以输送来自得克萨斯州新页岩油田的原油。传统观念认为，自 2014 年油价暴跌以来，只要油价高于每桶 50 美元，美国页岩油生产企业就会加大生产，但 IHS 马基特执行董事保罗·托塞蒂（Paul Tossetti）表示，得克萨斯州二叠盆地的输油管道短缺让人苦恼。二叠盆地是美国不少最廉价原油的产地。得克萨斯州石油生产企业无法将他们的原油有效地输送至市场，迫使他们将石油卖给基于西得克萨斯的市场，这里的基准油价比俄克拉荷马州库欣交割地 WTI 油价每桶低近 15 美元，比布伦特油价每桶低 18 美元。托塞蒂认为，未来价差可能会达到每桶 23～25 美元。

油价升至每桶 150 美元的情况是基于这样一种情况：主要石油企业将他们用于寻找新供给来源的资本支出降至几十年以来的最低水平。像埃克森美孚和雪佛龙这样的公司通过股票回购和股息削减资本支出，以保护其股价，这意味着新供应的短缺。吕斯塔德能源石油市场主管顿豪根表示，全球石油市场对美元作为交易单位以及对美国银行和再保险公司的依赖，意味着针对伊朗的制裁在 11 月全面生效时可能会产生严重影响。顿豪根称："没有人知道全球会因伊朗损失多少石油供给，但上次 2012 年伊朗遭制裁时，市场日损失 120 万桶。"

穆迪分析（Moody's Analytics）能源经济学家克里斯·拉法基斯（Chris Lafakis）表示，传统的石油项目要完成勘探并开始生产至少需要 18 个月的时间，但得克萨斯州和北达科他州的页岩油田可以更快地增加产量，但这些产量在新的管道产能上线前难以到达全球市场,预计 2019 年底这可能会发生。

顿豪根说:"石油市场'如履薄冰',我们失去的供应可能比沙特阿拉伯等石油生产国在未来 6 个月内能够增加的供应还要多。这将使油价风险上行,并随着全球闲置产能受到考验而变得脆弱。"咨询机构纳罗夫经济顾问(Naroff Economic Advisors)总裁乔尔·纳罗夫(Joel Naroff)表示,如果油价在每桶 100 美元下方,2018 年油价上涨对宏观经济的影响将仍然很小。欧佩克内部关于生产配额的争论增加了这种情况发生的可能性。油价上涨侵蚀发达国家石油需求及 2019 年新管道产能的可能性也有所上升。

2018 年 7 月 27 日,英国石油在一份声明中表示,英国石油同意支付 105 亿美元收购必和必拓(Broken Hill Proprietary Billiton)在美国的陆上石油和天然气资产,以增加在该地区包括二叠盆地在内的产量;还将以约 3 亿美元把费耶特维尔(Fayetteville)业务出售给梅里特能源(Merit Energy)旗下一家子公司,从而完成从费耶特维尔页岩领域的退出,预计交易将在 10 月底之前完成。

必和必拓表示,公司将在下个月财报中确认对上述陆上油气子公司 28 亿美元的减值,预计出售净所得将回馈投资人。该公司首席执行官安德鲁·麦肯齐(Andrew Mackenzie)在声明中表示,这项出售交易与公司的长期计划相符,即公司将持续精简业务、增强公司未来几十年为股东创造价值和回报的能力。英国石油首席执行官杜德利则称,这桩买卖是一项"转型收购",将每天增加约 19 万桶的石油产量,另外还发现了相当于 46 亿桶石油的油气资源。

纳联证券(Natialliance Securities)分析师利奥·马里亚尼(Leo Mariani)表示,二叠盆地是美国规模最大的页岩区域,因此具有长期吸引力。过去,石油巨头更多地专注于大型近海油气项目,但现在正在加大对页岩油气项目的投资。传统的油气项目往往需要几年的时间才能收回成本,相比之下,页岩项目的投产和创收更快,只需要短短几个月的时间。

在 2014 年石油价格暴跌之后,美国页岩油的前景似乎没有那么确定。然而,水力压裂法努力降低成本,实现更有效地钻探获取油气。二叠盆地 7 月日产油量已达到 347.3 万桶,是继三大欧佩克成员国沙特阿拉伯、伊拉克和伊朗之后产油量最高的地区。但是,美国页岩行业如今正面临一个困境。二叠盆地最大的页岩油生产商先锋自然资源在 2018 年第一季度用于钻井的资本支出为 8.18 亿美元,增加了 63 口钻井,但日产量仅比上一季度增加了 9000 桶石油。另外,该公司的现金流量表显示有 5.54 亿美元的营运现金,这意味着其自由现金流总额为 −2.64 亿美元。而在 10 家顶级页岩能源公司中,有 7 家同样遭遇着负现金流的问题。若油价在未来几年内下跌,甚至重回至每桶 30 美元的水平,这些公司的债务还将进一步扩大,页岩油的产量将受到威胁。

尽管美国页岩油产量受到债务进一步扩大的威胁,国际能源署却表示,不仅仅只是美国页岩油产量在增加,同时整个美国的页岩油产业预计将在 2018 年实现有史以来的第一个盈利的年份。美国能源信息署预计在美国的七大页岩地区，原油日产量将在8月达到747万桶，较之7月估计的732.7万桶增加14.3万桶。

国际能源署高级项目官员亚历山德罗·布拉西（Alessandro Blasi）和美国能源信息署能源投资分析师在一份分析报告中表示，考虑到预估的油价低于2018年以来所看到的水平，因此一些页岩油生产商预估将会出现更多的自由现金流，同时有一些积极的信号显示债券市场以及银行业正对美国的原油领域表现出越来越多积极的态度，尤其是在第一季度喜人的数据表现后，这种情绪正在进一步增强。国际能源署基于此表示，页岩油领域总体而言处在盈利的道路上，并且是页岩油产业历史上第一次，因为大量的自由现金流正在涌入这一行业。考虑到不断增加的投资，因此2018年可以在页岩油产业看到可喜的结果。

但是国际能源署分析师也警告称，依然存在着一些下行的风险，比如二叠盆地的输油管道限制以及其他原油供给的竞争。考虑到美国的经济增长，一些经济学家开始对当前页岩油产业的情景能否持续持怀疑态度。蒙特利尔银行资本市场的伊安·林根（Ian Lyngen）表示，个人消费支出必须要跟上投资增长的步伐，这样才能维持油市下半年的强劲表现。

2018年7月27日公布的美国第二季度国内生产总值增长率初值为4.1%，尽管低于预期的4.2%，但是远高于前值2.2%，因此美元在小幅回落后依然维持在相对高位。市场人士表示，2018年较高的油价推升了美国原油产量，同时美国原油产业在美国第二季度令人印象深刻的经济增长中扮演了非常重要的角色，这是推动美国创出2014年第三季度以来最快的经济增速的重要原因。

美国国家经济研究局（National Bureau of Economic Research）预计，2018年第二季度实际国内生产总值增长年率为4.1%，相比较而言，2018年第一季度实际国内生产总值增长率仅为2.2%。第二季度实际国内生产总值的增长很大程度上反映了市场对于核心个人消费支出、出口、非住房固定投资、联邦政府支出以及各州和地方政府的支出的乐观预期，但是这些积极的因素在一定程度上被私人存货投资以及住宅固定投资的负面因素所抵消了。

一般而言，三部门的国内生产总值＝消费＋投资＋政府购买，从这公式可以看出，因油价升高对于原油投资的拉动，使得美国第二季度国内生产总值出现较大幅度的上升。普氏能源资讯此前曾预测美国第二季度的经济增长率将达到3.9%，同时预计将在下半年减缓至3%。这是因为随着金融形势收紧，短时间利率升高，美元在不断走高，同时随着波动性的上升，股价波动也在加剧，除了债券之外，利率息差也在缓慢上升，这可能会导致上行的动能有所减缓。市场人士指出，就目前而言，美国正不断扩大与各国的贸易摩擦，如果这种趋势延续的话，可能会进一步打击美国消费者的信心，这可能会减少页岩油产业中的自由现金流，导致美国国内生产总值增长在接下来的两个季度出现回落。

7月后两周发布的一系列第二季度业绩报告显示，石油行业的利润大幅增长，一些公司的利润较2017年同期增长了1倍或2倍。不过，尽管这些公司现金充裕，但该行业仍未恢复2014年市场低迷前的高支出水平。按照原油分析师尼克·康宁哈姆（Nick Cunningham）的观点，这可能是好事，也可能是坏事。随着世界各国政府寻求解决气候变化问题，石油行业数万亿美元的管道项目将面临资金风险。本质上，由于即将到来的税收、监管或仅仅是替代能源的发展，大量的石油和天然气储量开采将被迫停止。在这种背景下，石油行业支出下滑并不是一件坏事。

国际能源署等机构警告称，全球石油行业目前的支出速度还不够。始于2014年的经济衰退导致石油行业的勘探和开发支出大幅削减。2015年，石油行业的支出下降了25%，2016年又下降了26%。自那以来，上游支出已经触底，2017年反弹了4%。该行业仅有望在2018年将支出再适度增加5%。但几乎没有迹象表明，该行业的支出将恢复到经济衰退前的水平。

支出下滑导致新发现的石油储量也急剧下降。2014年，该行业平均每月发现约13.5亿桶石油。根据吕斯塔德能源的数据，2015年，这一平均值达到每月14.04亿桶。但是，这个数字在2016年出现暴跌，跌至每月6.97亿桶，2017年又跌至6.25亿桶。吕斯塔德能源表示，随着钻井活动反弹，2018年新发现的石油储量将反弹至每月8.26亿桶，较2017年增加30%。埃克森美孚在圭亚那发现了3个很大的油田，占到总发现石油储量很大的一部分。然而，这些发现量依然只占过去发现量很小的一部分，当然过去石油行业的支出要比现在多得多。吕斯塔德能源研究显示，石油行业每年需要增加约330亿桶石油，但预计2018年只能增加200亿桶石油。

吕斯塔德能源上游研究主管埃斯彭·埃林森（Espen Erlingsen）表示，2017年发现的石油储量从异常低的水平上升30%，这似乎令人鼓舞。但是，石油勘探与生产商目前正面临着较低的准备金置换率，平均低于10%。考虑到全球石油供应长期受到的冲击，这种情况令人感到担忧。随着石油管道资金在未来几年内开始枯竭，可能会出现供应缺口。咨询机构能源视线石油行业分析师维伦德拉·查汉表示，多年的投资不足正在为供应短缺埋下伏笔。

特别令人关切的是常规领域的耗竭率。斯伦贝谢首席执行官帕尔·吉布斯贾德在一次财报会议上表示，3年来勘探与生产的投资不足，已经有越来越多的迹象表明，全球15个产油国的石油产量同比出现明显下滑。这些事态发展突显出，越来越需要增加石油的勘探与生产支出，尤其是国际市场，因为越来越明显的一点是，未来几年即将上线的新项目可能不足以满足日益增长的石油需求。平均开采下滑率从2014年的3%上升到2016年的6.3%，尽管在2017年降至5.7%。

美国的页岩油产量增长预计将在2019年放缓。但是，在数条二叠盆地管道在2019

年末和2020年初投产后，石油产量将再次加快增长。二叠盆地将是中期石油供应增长的最大来源之一。但多数分析师预计，页岩油产量将在进入2020年的10年趋于平稳，然后才会下降，在初期由于缺乏新的大规模项目，石油供应紧张的风险增大。

第三节
从霍尔木兹海峡到曼德海峡面临军事威胁

2018年8月1日（周三），美国能源信息署报告显示，7月27日当周美国原油库存意外增加，且市场对美国与中国贸易冲突的担忧重燃，俄罗斯原油产量创21个月新高，减产已成一纸空文，供应过剩忧虑加深，油价难以抬头。WTI油价收报每桶跌0.58美元至67.85美元，跌幅0.85%，布伦特油价收报每桶跌1.57美元至72.62美元，跌幅2.12%。

美国政府高级官员表示，美国总统特朗普的政府提议对2000亿美元中国商品的关税税率由10%上调至25%。美国贸易代表办公室表示，8月20日至23日的公开听证会结束后，美国将决定是否提高关税征收的税率。在听证会举行之前宣布提高关税可能是美国的策略，特朗普正在加大对中国的压力，逼迫中国做出重大让步。中美贸易局势越加紧张，令市场加剧对中国原油需求的担忧，下压油价。

俄罗斯能源部长诺瓦克暗示，俄罗斯7月原油日产量高于该国在6月欧佩克和非欧佩克会议后承诺的水准，但这仅仅是为了保持市场稳定。诺瓦克称："增加产量的目标是为了在欧佩克与非欧佩克产油国联合行动的框架内，维持（全球）油市的稳定。"在增加的日产量中，俄罗斯承诺贡献20万桶。根据产油国从2017年开始实施的减产计划，俄罗斯的最初日减产目标为30万桶。

墨西哥当选总统奥布拉多尔已承诺，将向国有能源公司投资约1750亿比索（合94亿美元）。该行动的目标之一是扭转墨西哥15年来石油产量下滑的局势。奥布拉多尔在一次新闻发布会上表示，14年前，墨西哥的石油日产量为340万桶，现在仅为190万桶。在这14年里，墨西哥的石油日产量减少了150万桶，这是一个下降的趋势，因为国家的石油工业遭到抛弃。但是，这个计划不稳定，可能是因为在细节问题上，奥布拉多尔只是含糊地表达了他想采取的行动。

即将卸任的墨西哥总统涅托（Enrique Pena Nieto）结束了墨西哥国有能源公司对国家能源部门的垄断，使墨西哥能源行业向国际私营和跨国公司打开了大门。墨西哥试图将能源部门进行私有化，这导致世界上一些最大石油公司的一系列竞拍、数十份已获批的许可证以及数百亿美元的投资承诺。几年前，在墨西哥实施这些改革时，奥布拉多尔曾表示强烈反对。不过，在总统竞选期间，他的反对态度有所软化，尽管他仍威胁要重新审视已批准的合同，并或至少暂停进一步的拍卖。他曾誓言要扭转墨西哥石油产量下降的局面，但他没有明确指出如何才能实现这一目标。据推测，他希望通过国家控制的墨西哥国家石油（Pemex）来实现这一目标。长期以来，该公司一直被视为国家引以为傲的支柱型企业。

奥布拉多尔承诺向国有能源公司注资逾90亿美元，这可能是一个信号，表明他希望走重振国家能源行业的道路。他还证实，自己将任命其竞选期间的最高能源顾问罗西奥·纳勒（Rocio Nahle）为能源部长。纳勒支持民族主义的能源政策，几个月前还发布了一条推特，表示支持对能源项目执行严格的地方规定。

奥布拉多尔表示愿意与私营部门合作，而不是试图取消能源改革。他还在能源方面的人事选择偏向民族主义类型。然而，他不太可能会试图大刀阔斧地逆转前政府实施的能源改革。更重要的是，由于奥布拉多尔希望恢复失去的石油产量，他可能认识到，实现这一目标的最快、最廉价的方式，就是允许跨国公司承担重任。埃克森美孚、荷兰皇家壳牌、埃尼、雪佛龙等公司正将大量资金投入墨西哥湾的近海，他们可能比墨西哥国家石油做得更多，花费的资金相对也要少很多。

不过，奥布拉多尔对能源行业仍抱有民族主义的目标。只是，他暗示有意在下游领域大举投资，以阻止国内汽油生产下滑。该计划要求斥资约26亿美元，修复墨西哥国家石油所属的6家老化的炼油厂，同时在塔巴斯科新建一座炼油厂，而这将在3年内将耗资86亿美元。政府计划向墨西哥国家石油注入约40亿美元资金，旨在帮助这家国有公司恢复石油产出。就目前而言，奥布拉多尔的计划似乎是在向能源领域注入公共资金，同时也在向私营行业注入公共资金。

科威特石油大臣拉希迪表示，该国原油日产能在7月达到了280万桶，为2016年12月即欧佩克限产令生效以来的新高。此举是为了响应美国总统特朗普提出的增产应对伊朗禁令的呼求。科威特原油日产量因而在7月比6月增加了9万桶，而此后，该国将与邻居沙特阿拉伯共同开采两国边境中立地带的原油储量，预计此举还可以带来50万桶的额外日产量。

海湾合作委员会国家正在努力增产，但这却充其量只能抵消利比亚、委内瑞拉和尼日利亚等国的产量不稳定状况，这也迫使美国方面强化了口头调控稳定油价的立场，特朗普甚至表示会在必要时直接动用美国战略石油储备以稳定市场。

美国原油产量的提高以及油价的不断上涨给美国页岩油产业的繁荣发展提供了极大助力，一旦美国确定将释放战略原油储备，势必会对原油产量以及油价造成极大冲击，这对美国页岩油生产商显然是极为不利的。而特朗普的主要支持者就是这些石油大亨，他与这些石油大亨私交甚密。一旦特朗普去决定释放战略原油储备，就必然会对石油大亨们的利益产生冲击。

就目前来说，特朗普目前的重心就是如何控制不断飙升的油价，从而为他的中期选举提供助力。因此特朗普可能不会通过加大出口来控制油价，且美国的输油管瓶颈也让其无法扩大出口。有分析称，特朗普可能会向沙特阿拉伯寻求帮助。现在沙特阿拉伯及几个主要产油国已经开始提高产量，尽管沙特阿拉伯不会生产超过市场需求的原油产量，但额外生产一些还是可以做到的，这部分石油也将替代原油储备的释放。据相关数据统计，在过去几年里，沙特阿拉伯对美国的原油日出口量最高曾达100万桶，不过在2018年，其对美国的日出口量缩减为80万桶。美国可以向沙特阿拉伯方面要求恢复之前100万桶的日出口量，这对双方来说，也都是有好处的。

美国和伊朗之间的冲突越演越烈。伊朗伊斯兰革命卫队将在未来48小时在波斯湾进行重大军事演习，以展示伊朗有能力封锁霍尔木兹海峡。美国中央司令部发言人威廉·乌尔班（William Urban）上尉表示："我们注意到伊朗在波斯湾、霍尔木兹海峡和阿曼湾的海上行动增加，我们正密切关注，且将继续与我们的合作伙伴合作，以确保国际水道的航行自由和商业自由流通。"

最近，连接波斯湾和阿拉伯海的全球石油运输战略要道霍尔木兹海成为全球焦点。此前，伊朗曾威胁美国称，如果美国彻底切断伊朗的石油出口，伊朗将封锁霍尔木兹海峡，阻断中东地区的海上石油运输。尽管美国没有看到来自伊朗的直接敌对意图，但伊朗伊斯兰革命卫队的武力展示让美国军事情报部门极为担忧。

美国军方努力鼓励该地区的其他国家，尤其是沙特阿拉伯，在伊朗言论日益高涨的情况下，采取强硬立场保持海湾开放。他们也对保持也门附近的航道开放表达了担忧。此前，伊朗支持的也门胡塞武装袭击了沙特阿拉伯油轮，沙特阿拉伯因此暂停经由一条红海重要航道的一切石油运输。

美国国防部长马蒂斯7月27日回应伊朗言论称："伊朗威胁要关闭霍尔木兹海峡，他们在过去也曾这样做过。很明显，这将是对国际航运的攻击。国际社会将采取一切手段重新开放这一航道。"也门胡塞武装7月31日发表声明，呼吁也门战争相关方在一定时间内停止在红海水域的军事行动。不过，这一呼吁目前尚未得到任何回应。

也门战事加剧，伊朗威胁封锁海峡，中东石油出口充满不确定性。随着也门各方冲突进一步升级，局势正在变得更加错综复杂。当前，也门战事已经超越也门和阿拉伯半岛，成为中东两大教派对抗的前沿战场。沙特阿拉伯认为，伊朗是胡塞武装的最主要支持者，也门之战的成败将影响信奉逊尼派的沙特阿拉伯和信奉什叶派的伊朗的势力范围之争；此外，沙特阿拉伯意在阿拉伯半岛建立安全屏障，为沙特阿拉伯经济转型和发展创造有利地区环境，如果也门不能实现和平，沙特阿拉伯"2030愿景"的实现很可能将遭遇瓶颈。

也门萨那大学政治社会学教授福阿德·萨拉希（Fuad al-Salahi）表示："也门人民是各方角力的牺牲品，数百万人正在遭受苦难。由于疾病盛行，食品和药品短缺，基础设施被大幅毁坏，教育濒临崩溃，也门将成为世界上最糟糕的地方。若想恢复和平，需要尽快从两方面努力：一是立刻执行联合国对也门问题提出的解决方案；二是将国际和地区大国作为和谈的协调者而不是直接的参与者。"

胡塞武装最高政治委员会主席迈赫迪·马沙特（Mehdi al-Mashat）正在向俄罗斯发出求救，邀请其帮助解决内战问题。马沙特邀请俄罗斯有三个原因：一是俄罗斯军事实力强大；二是与胡塞武装相抗衡的也门政府军有沙特阿拉伯多国联军的支持；三是俄罗斯在3年前就介入过叙利亚战争，并且将叙利亚政府军从惨败的边缘拉了回来。不过，就也门目前的局势来看，普京是不会轻易介入的。

伊朗方面，为应对美国对伊朗的经济制裁，伊朗决定解禁私有企业的原油输出，希望通过国内市场私有企业的输出，来缓解经济压力，伊朗石油部长赞加内在6月底曾说，伊朗新投入生产的精炼石油项目将使其免于美国的制裁。如果伊朗通过私企出口原油，不仅缓解了经济压力，还解决了对全球市场的石油供应问题。

从近期中东地区反映的情况来看，由于美国与伊朗之间的问题日盛，其他产油国有填补伊朗空缺的意向，但伊朗第一副总统贾汉吉里回应还是比较强硬的，致使各国在美国与伊朗之间的问题尚未水落石出之前，不敢轻举妄动。不过，即使是这样，沙特阿拉伯和俄罗斯动态调整原油供给也足以维持油市供需平衡。

其实，沙特阿拉伯和俄罗斯原油供给动态调整也是有私心的。自2017年年中过后，原油市场一直围绕着去库存做文章。油价太高，不利于去库存，沙特阿拉伯和俄罗斯一直努力将油价控制在符合他们心理水准的区间之内，即将布伦特油价稳定在每桶70~80美元的中位运行区间。当前布伦特原油价格仍在每桶73~74美元区间波动，恰好达到双方所制定的布伦特原油价格在每桶70~80美元区间中位运行的目标。然而，伊核问题和贸易摩擦不确定性加大，或让油价变动超出市场预期。

2018年8月2日（周四），最近一周俄克拉荷马州库欣原油库存有所下降，美国就业市场表现靓丽，欧洲经济增速回升，以及当前美国原油季节性需求旺季，都对油价起到支撑作用。WTI油价收报每桶涨1.14美元至68.99美元，涨幅1.68%，布伦特油价收报每桶涨0.77美元至73.39美元，涨幅1.06%。

经过曼德海峡的石油运输暂时中断，因沙特阿拉伯指责伊朗支持的也门胡塞武装袭击了经过该航道的两艘沙特阿拉伯油轮。胡塞武装则声称，他们实际上袭击的是一艘沙特阿拉伯战舰而非油轮。以色列总理内塔尼亚胡8月2日在港口城市海法举行的阅兵仪式上表示："如果伊朗试图封锁连接红海和亚丁湾的重要石油运输航道曼德海峡，我确定伊朗会发现自己与一个国际联盟对峙，该国际联盟一定会对伊朗的行动进行阻止，这个联盟还将包括以色列的所有军事分支。"也就是说，如果伊朗封锁曼德海峡，以色列将进行军事干预。这是以色列在也门战场第一次发出部署军事力量的重大威胁。以色列国防部长利伯曼也表示："最近有人威胁要在红海袭击以色列船只，以色列国防军已经准备好同时在北部和南部两个战线以及红海海域回击，将给予敌人更大打击。"

曼德海峡位于中东和非洲之角之间，具体来说位于红海南端也门和吉布提之间。它连接红海和亚丁湾，尽管这一航道的原油运输规模仅为霍尔木兹海峡的1/3，但因两大原因，曼德海峡的重要性被放大。其一，多数必须经过苏伊士运河/萨米德（Sumed）管道的石油必须首先经过曼德海峡；其二，目前，这一要道临近正在发生战争的也门。也门胡塞武装曾在多个场合威胁要关闭曼德海峡。

2018年8月3日（周五），美国和中国之间日益激烈的贸易战正在使对冲基金远离日益动荡的石油市场，基金经理在美国基准原油和布伦特原油的总仓位已跌至2016年以来的最低水平。据美国商品期货交易委员会的数据，截至7月31日当周，对冲基金在西得克萨斯中质原油的期货和期权净多头仓位下降1.4%至386764份合约，为6周来最低，多头头寸下跌，空头头寸增加。而华盛顿和北京之间的紧张关系没有显示出任何缓和迹象，中国宣布，已经准备了一份价值600亿美元的美国商品清单，以征收惩罚性关税报复特朗普政府提出的关税。

美国未能说服中国削减伊朗石油进口，原油市场因此受到影响。7月，西得克萨斯中质原油期货的隐含波动率跃升至2017年以来的最高水平。纳斯达克企业方案局能源和公用事业总监塔玛尔·埃斯纳称："没有任何迹象表明，这场贸易战很快就会结束。这导致投资者继续削减净头寸，获利了结，降低风险，认为除非伊朗减少石油产量，否则油价上涨空间有限。"

中国拒绝削减伊朗的石油采购，将对特朗普在退出伊朗核协议后孤立伊朗的努力造成打击。美国警告说，如果盟国在11月4日之前在减少伊朗石油购买方面没有显示出重大进展，就连他们也将面临制裁，从而排除了广泛的豁免或弃权名单。美国能源信息署数据显示，美国原油出口在过去一个月一直呈现下滑趋势。埃斯纳指出："我们看到了美国原油出口量的波动，如果我们在中国失去一个购买这些原油的合作伙伴，相对于布伦特原油的基准，这将损害美国基准原油。"

8月5日（周日），伊朗军方确认，已经在波斯湾霍尔木兹海峡水域举行了军事演习。此前美国媒体报道，伊朗组织了一次"大规模军事演习"，出动了"数十艘小船"。但外界对于伊朗在霍尔木兹海峡提前军演这一消息并不知情。海峡的四面是波斯湾，东部是阿曼湾。本来此次军演就是伊朗年度计划的一部分，一般都是安排在秋天，这一次悄悄地提前进行，并且军演时机刚好在美国与伊朗"口水战"期间，美国将于8月6日对伊朗实施金融制裁之前。不得不让人联想伊朗是在展示其封锁霍尔木兹海峡的决心与能力。而伊朗发言人拉美赞·谢里夫（Ramezan Sharif）表示，此次演习的目的是为了控制及确保国际航道的安全。

其实，就算伊朗不提前进行军演，封锁霍尔木兹海峡的影响也是可以预见的，因为这已经不是伊朗第一次这么干了。早在20世纪80年代，两伊战争期间，伊朗就封锁过此海峡。当时美国与伊朗的关系非常糟糕，美国海军护送油轮穿越海峡。而阿联酋在其盟友的支持下，修建了一条从波斯湾直接通往阿曼湾长220英里、直径48英寸的石油管道，绕过霍尔木兹海峡。这条石油管道在6年前上线，在一定程度上帮助了未来的合作伙伴的石油安全。输油管道还通往红海，这是另一条备用路线。但这些管道的运输能力有限，海湾产油国的大部分原油仍要通过该海峡，而这些国家的其他贸易活动同样离不开霍尔木兹海峡。

即使伊朗提前开展军演，美国也不会与伊朗发生冲突，因为美国对伊朗的军力知之甚少。在波斯湾地区与伊朗发生冲突，无疑是非常愚蠢的。伊朗此前也多次发出警告，若国家安全受威胁，伊朗将封锁霍尔木兹海峡。霍尔木兹海峡是伊朗南部连接波斯湾和阿曼湾的航运要道，对全球石油供应具有战略影响。伊朗完全控制着霍尔木兹海峡。美国明白，如果对伊朗采取任何敌对行为，它将为此付出惨重代价。

一旦波斯湾爆发大规模冲突，到时候周边国家的上百上千条油轮将会遭到袭击。即便是各国尽力避开油轮，但导弹一直都有误伤的风险。通过沙特阿拉伯上次油轮遭袭事件，其他国家的油轮恐怕仍胆战心惊。这就是伊朗的"大招"，所以美国才不敢轻举妄动，只能通过制裁吓一吓伊朗。

拉皮丹能源创始人兼总裁麦克纳利表示："美国正在对伊朗发动经济战。当一个国家陷入这样的绝境时，即使是面对一个强大得多的敌人，这个国家也会进行拼死一搏，伊朗目前面临的就是这样一种境况。"在提及鲁哈尼和特朗普相互威胁后油价缺乏明显变动时，麦克纳利称："市场有一些过度自信，伊朗目前的状况较之2012年的市场影响力已经明显降低，因为当时的油价和铀浓缩程度比现在要高很多。随着油价走低，伊朗对于油市的冲击也随之下降，这就可能导致伊朗采取一些较为极端的措施，例如关闭霍尔木兹海峡，这确是一个可信的威胁。显然，这将会导致油价出现更大幅度拉升。目前伊朗的原油日出口量大约250万桶，通过欧佩克以及美国等产油国产量的增加足以抵补市场的原油供给，但是如果伊朗一旦封锁霍尔木兹海峡，那么将会导致1900万桶原油日出口受到阻碍，因为全球石油30%的海运原油将通过这个海峡，因此这确实是一个大问题。"

对于市场的实际影响将取决于供应中断的持续时间。多数分析师认为美国海军将在数日之内破坏伊朗关闭海峡的企图，并将在数日内将海峡重新恢复开放。但是麦克纳利表示，这可能并没有想象中的那么容易，因此在事件发生的2到3日内应当保持密切关注。只是原油供给中断一小段时间，这对于市场的冲击也是巨大的，除了大量的原油出口需要经由这个海峡，欧佩克为数不多的200万桶日闲置产能所生产的原油也是经由这个海峡进行出口的，如果海峡被封锁将会进一步打击市场对于原油供给的担心。

不过也有分析认为，伊朗政府可能很难采取这种极端的行为，这是由多种因素决定的。其一，伊朗国内经济不稳定，伊朗里亚尔贬值加速。关闭海峡对于伊朗的经济成本是非常大的，目前伊朗国内的局势处于不稳定的状态，伊朗的法定货币里亚尔在特朗普宣布将对伊朗实施经济制裁时下跌了14%，在7月里亚尔已经下跌了50%，进一步推动了伊朗国内局势的恶化。同时，美国打算在11月对伊朗重新实施制裁，其中包括全球范围内对于伊朗原油的禁运。从伊朗自身而言，其不可能激进地与美国进行一场无意义的、花费巨大的战争。其二，如果伊朗贸然采取过激行动，最大的输家将是伊朗。尽管伊朗有足够的实力在短时间内用水雷和小型海军舰艇封锁海峡，但海湾合作委员会的联合军事力量加上美国的援助可在数月之内解除伊朗的设防并重新开放水道。其三，尽管伊朗总统鲁哈尼和伊朗军事领导层想法是一致的，但是最终的决定权还是在最高领袖哈梅内伊手中。尽管他也一度威胁要关闭海峡，但是他的言论是比较中性的，他并没有做出某种承诺，这意味着在封锁海峡的行动上仍有所保留。

2018年8月6日（周一），沙特阿拉伯正在控制增产幅度，同时美国重启对伊朗制裁带来了原油供应面的担忧，使油价适度上涨，不过上行空间依然受限于强势美元。WTI油价收报每桶涨0.22美元至68.90美元，涨幅0.32%，布伦特油价收报每桶涨0.25美元至73.67美元，涨幅0.34%。

沙特阿拉伯已经重新开启红海航道的原油运输。不过欧佩克人士透露，沙特阿拉伯7月原油日产量仅为1029万桶，较6月下降约20万桶。芝加哥能源咨询机构里特布施合伙人表示，沙特阿拉伯正在控制产量增幅，试图将布伦特原油价格控制在每桶70～75美元附近。瑞典北欧斯安银行首席大宗商品分析师谢尔德罗普表示："沙特阿拉伯知道美国真的希望最大限度地制裁伊朗，这就意味着他们要提前让伊朗原油买家们做好准备，让他们做好准备，就必须让他们看到市场上有足够多的石油，不用担心暂停从伊朗购买原油。这并不是说一下子向市场上投放大量石油，然后将油价推低至每桶50美元，而是说要让市场慢慢做好准备，平缓过渡。沙特阿拉伯并不想一下子将油价推低至每桶50美元。"华尔街著名投资银行杰富瑞表示，沙特阿拉伯和俄罗斯原油产量增长看起来好像比之前预想的还要有限。

美国高级官员发表讲话称："美国将再次加强对伊朗的制裁，最终目的是寻求新的核协议，目前已经有超过100家跨国企业同意离开伊朗市场。美国的政策并非强迫伊朗政权改变，但寻求改变伊朗政府的行为，将持续对伊朗经济施予重大的财政压力。同时美国对伊朗的首批制裁在8月6日生效，主要涉及伊朗黄金和其他贵金属、石墨、铝、钢铁的交易以及飞机零部件的进口贸易，目的是尽可能让更多的国家实现伊朗原油零进口。"伊朗官方已经暗示如果美国完全破坏了伊朗的原油出口，他们将会封锁霍尔木兹海峡，这将会给市场带来巨大的供给冲击。

特朗普在8月6日的一份声明中表示："让我感到高兴的是，许多跨国公司已经宣布有意离开伊朗市场。一些国家已经表示将减少或停止从伊朗进口石油。我们敦促所有国家采取此类措施，明确表明伊朗政府面临这样一种选择：要么改变自己的威胁语调和破坏稳定的行为，重新融入全球经济，要么继续走上经济孤立的道路。"

第四节
美国的征税和制裁让"中俄伊"三国更紧密

2018年8月8日（周三），美国能源信息署公布，8月3日当周美国原油库存降幅不及预期，且汽油和精炼油库存大幅增加，令看空情绪迅速积累，中美双方贸易战升级同样打压油价走低。WTI油价收报每桶跌2.31美元至66.78美元，跌幅3.34%，布伦特油价收报每桶跌2.23美元至72.23美元，跌幅2.99%。

8月7日（周二），美国贸易代表办公室公布第二轮关税计划，对价值160亿美元的进口中国产品征收25%的额外关税，8月23日生效。该清单包含了6月15日公布的拟议清单中最初的284个关税细目中的279个。160亿美元征税清单将冲击来自中国的半导体产品，即便其中许多产品中使用的基础芯片原产地是美国、中国台湾或韩国，被加征25%关税的对象还包括中国的电子产品、塑料制品、化学品和铁路设备等范围很广的商品。

作为回应，中国商务部8月8日称中方将对160亿美元的自美国进口商品加征25%的关税，涵盖油品、钢铁产品、汽车和医疗设备。此次公告所附清单显示，对美国加征25%关税的产品共有333种，较此前公布清单的114种大幅增加，涉及产品也从此前的主要集中于化工原料方面，扩大至涵盖汽车、能源、化工原料等多方面。中国商务部新闻发言人表示，美方又一次将国内法凌驾于国际法之上，是十分无理的做法。中方为维护自身正当权益和多边贸易体制，不得不做出必要反制。

贸易战升级搅动了全球市场，投资者担心全球最大两个经济体的增长放缓，会打击商品需求。贸易战可从两个方面拉低油价：一方面投资者担心可能随后发生全球贸易战，导致全球经济增长放缓，因此影响原油需求；另一方面，紧张局势升温令投资者买入美元等资产，而原油以美元计价，因此美元走强令油价疲软。国际文传电讯能源驻伦敦高级能源分析师阿比谢克·库马尔称："美国和中国的贸易战将恶化，将会随着局势的发展逐渐对石油价格产生影响，原油和精炼产品受额外关税影响，将减少在中国市场的竞争力。"

中国方面8月8日公布的贸易数据显示，原油进口发货量已经在7月降至年内低位，令投资者担心贸易冲突可能已经影响到了石油代加工产业链的运行。而之后在贸易争端进一步加剧的情况下，美国的原油和天然气产品也可能成为贸易报复的直接目标对象，这令投资者更加噤若寒蝉。此外，在减少美国原油进口之后，中国可能增加对伊朗石油的依赖，并且已经明确表示不会配合美国出台的对伊朗原油的"禁运令"，这势必也会缓和伊朗出口产能受限冲击全球供给市场的状况。在减产幅度可能不及预期的状况下，油价变本加厉地出现了回落。

不过中国 8 月 8 日宣布的 160 亿美元美国商品最终名单剔除了原油，凸显美国作为全球主要原油生产国日益增长的重要性。作为全球最大的原油进口国，中国寻求供应来源多元化。从加税清单中拿掉美国原油，也让北京未来与华盛顿谈判时拥有回旋空间，特别是由于美国重新制裁伊朗可能使中国很快失去部分伊朗原油供应。

分析师称，将原油从关税清单中去除亦可以视作善意的妥协，这将帮助中国获得持续购买伊朗石油的豁免权，尽管美国总统特朗普威胁将完全切断伊朗石油出口。但如果贸易战规模没有降低，特朗普贯彻对 2000 亿美元中国商品课税的威胁，则中国政府可能将把美国原油重新列入关税清单。伦敦能源咨询机构能源视线分析师迈克尔·梅丹 8 月 9 日（周四）在给客户的报告中称："中国决定在关税清单中取消原油，可能想让美国原油作为潜在磋商的杠杆。这也可给中国买家更多时间将已买进的美国原油运到中国。"

美国政府 8 月 8 日宣布对俄罗斯施加新制裁，称俄方对俄前情报人员谢尔盖·斯克里帕尔及其女儿"使用化学武器"。制裁措施包括禁止向俄方出口关联美国国家安全的敏感技术和产品。美国国务院发言人诺尔特在声明中说，斯克里帕尔父女在英国遭"诺维乔克"神经毒剂袭击，美方 6 日认定，俄方"违反国际法使用生化武器或针对本国公民使用致命生化武器"。美国因此决定对俄罗斯实施制裁，制裁措施预计将于 8 月 22 日生效。

美国对俄罗斯实施经济制约后，招来了俄罗斯的坚决反击。俄罗斯不仅打算继续抛售持有的美债，还要大幅度减少对美元的依赖，推动在国际支付中使用卢布和其他货币。俄罗斯财政部长西卢阿诺夫表示："俄罗斯计划继续减少对美国国债的投资，美元正成为危险的支付工具。我们已经极大减少了对美国资产的投资。事实上，美元现在被认为是国际货币中有风险的支付工具。"这个信号释放的时间很微妙，刚好在中国减少美国原油购买的时机，这不得不让人联想到中俄之间人民币结算石油的交易。

实际上，俄罗斯已经在用行动表示，自己将逐渐弃用美元，仅两个月就减持了 84% 的美债。据美国 7 月公布的数据，在截至 5 月底的两个月里，俄罗斯持有的美国国债从 960 亿美元降至不到 150 亿美元。这让俄罗斯所持美债总量已经跌出了美国主要债权国最低标准，在此之前，俄罗斯曾一度跻身美国债权国前 10 名。

俄罗斯释放这个信号的时间非常微妙，恰好在中国减少购买美国原油的时间点。中国已经开始减少购买美国原油，3 月时每日曾有近 12 万桶的美国原油流向山东省日照港，6 月时该数据降至 2.2 万桶，7 月已经降至零。中国减少美国原油就需要增加其他国家的原油进口，而俄罗斯作为主要原油生产国，无疑是中国重点考虑的进口对象。而中国的原油期货刚好可以帮助中俄避开美元，使用人民币结算原油，这能减轻彼此对美元的依赖，双方各取所需的同时，也让双方在原油领域的合作进一步加强。

2018年8月12日（周日），俄罗斯、阿塞拜疆、伊朗、哈萨克斯坦和土库曼斯坦等里海沿岸5国领导人签订《里海法律地位公约》，承认里海合法地位，并搭建法律框架以确保里海5国和平开发利用里海资源。公约规定，非区域国家的武装力量不得在里海驻军，从而排除了美国在里海沿岸建立军事基地的可能性。

根据公约，里海水面主要区域供各国共同利用，而海底和地下资源，由相邻国家在国际法的基础上根据他们之间达成的协议进行划分。航运、渔业、科研、主要管道铺设均按照各方约定的规则进行，在实施大规模海洋项目时必须考虑生态因素。与此同时，普京在里海会议期间表示，将成立里海经济论坛以加强各国企业界之间联系。

里海是世界上最大的内陆水体，富含油气资源，曾是苏联与伊朗间的界湖。苏联解体后，关于里海是海还是湖的争议一直持续，沿岸5国就里海法律地位的谈判持续了约22年。哈萨克斯坦总统基金会世界政治经济研究院的专家萨拉贝科夫·朱纳贝克（Sarabekov Zhunabek）说：“说到底，这是能源划分的纠纷。里海的海床储藏着大量的油气资源，如何划分海床是里海5国过去20年时间里不能达成共识的主要原因。”

里海的海床下油田有可开采石油500亿桶、天然气300万亿立方米。哈萨克斯坦外交部长阿布德拉赫马诺夫（Kairat Abdrakhmanov）表示，包括矿产利用和管道铺设等各方利益均在里海法律地位公约中有所体现。阿布德拉赫马诺夫说：“围绕里海的话题是多方面的，首先牵扯到领土问题，沿岸国家在各个经济领域的合作取决于这个问题的解决，包括石油天然气领域。公约中考虑了各方的利益，包括实行矿产利用和铺设电缆与管道的主权权利。公约中规定的各种交通工具中转运输的自由，对于沿岸国家发展汽车、铁路、海运和管道基础设施开创了广阔的机遇。”

值得注意的是，5个签署国中伊朗和俄罗斯正在受到美国制裁的威胁。在里海峰会期间，伊朗总统鲁哈尼会见俄罗斯总统普京时表示：“很高兴看到两国关系正沿着积极方向逐年发展。”英国卫报认为，公约的签订有助于伊朗打破美国的经济封锁。此外，朱纳贝克指出：“里海公约的签订也是在告诉外国投资者，里海国家将更加和平，更利于投资。尤其是中国，中国是里海地区最大的投资者，也是跨里海贸易运输路线的最大潜在客户。”

印度石油表示，已经买进600万桶11月至1月间交货的美国原油。这是该公司首度以短期标单买进美国原油，此举可能是在美国11月对伊朗实施石油制裁之前寻求伊朗原油的替代品。印度在美国威胁对伊朗实施制裁之后，已通知炼油企业为伊朗原油供应锐减甚至停止进口做准备。同时，由于美国原油出口到中国市场的前景可能遇阻，美国输往印度的原油数量近来大幅增加。

根据汤森路透石油研究和预测汇编的船只追踪及港口数据，印度预订8月从美国运抵的原油总量为994万桶，约为每日32万桶。这几乎是印度7月从美国日进口11.9万桶的3倍，而且远高于2017年11月日进口19万桶的单月最高纪录。8月进口量也可能略高于前7个月进口的965万桶,显示出印度进口美国原油的增幅程度之大。顾问机构费氏全球能源咨询亚洲石油总监斯里·帕拉瓦伊卡拉苏(Sri Paravaikkarasu)表示:"鉴于美国生产的力道,以及印度可以成为美国石油的可靠买家,我们认为印度将会持续买进美国原油。"

美国2018年3月以"国家安全为由"宣布将对进口钢铁和铝产品分别征收25%和10%的关税,这一计划使印度总计将被额外征收1.65亿美元的关税。印度于6月底宣布推出反制措施以反击美国,称将在8月4日起对美国29种进口产品加征关税,并表示报复举措将对美国产生同等的关税影响。不过,印度在8月2日表示,商务部已向税务局建议,将报复性措施生效通知延长45天,以此争取时间解决由特朗普钢铝关税带来的贸易争端。同时印度已提议向美国购买石油产品,以助其缩减贸易逆差。

印度突然宣布延长报复性关税生效时间,自然是有便宜可占。美印两国已经在医疗设备、乳制品和IT产品进行了讨论,美国可能会给印度提供豁免权,让其在购买俄罗斯武器时免遭制裁。早些时候,印度还被美国授予战略贸易许可地位,容许其从美国进口各类高科技产品。

而对于美国近期加大投资的"印太战略",印度却热情不高。在美国的"印太战略"中,印度是关键支点之一。但中国的经济发展对印度很有吸引力,中国已经公开表示欢迎印度搭乘中国发展的顺风车。印度觉得为美国的"印太战略"而失去中国这个合作伙伴不值得。2017年,中国企业累计对印度实际投资超过80亿美元,4年间累计涨幅超200%。而美国首先提出在印太地区投资1.13亿美元,随后又追加3亿美元援助资金,在数量上与中国的差距一目了然。

针对超级大国的贸易保护措施,印度总理莫迪在6月的"亚洲安全论坛"直接把"印太"定性为区区一个地理概念。莫迪公开表示印度不认为印太地区需要成立一个成员有限的俱乐部,也并不需要一个支配或对抗其他国家的组织。此外,印度还是俄罗斯的传统好友,在军事上也有大量合作。近期美国对俄罗斯的制裁也将对印度产生影响。

印度经济正处于上升期,第一季度国内生产总值增长率更是高达7.7%,所以不愿破坏良好的外部环境;而且世界经济格局和重心正在由传统的美欧地区向亚洲转移,印度身处其中当然明白,因此在面对实际利益时其"左右逢源"之举也是可以理解的。

过去一年来,美国对委内瑞拉的财政和债券发行施加了越来越严格的制裁,尽管人们预计美国将对委内瑞拉石油工业实施直接制裁,但华盛顿似乎不愿采取进一步行动。看起来特朗普目前搁置对委内瑞拉实施石油制裁的想法,比2017年更加犹豫,甚至可以说,特朗普现在这个时候考虑制裁问题,比以往任何时候都更加犹豫。

美国制裁委内瑞拉石油的说法已流传了一年多。早在2017年8月,市场关于美国制裁委内瑞拉石油讨论更多的是:在"什么时候",而不是"如果"。然而,现实的情况是,美国在不断加强金融制裁和限制越来越多的官员和人员的同时,迄今依旧没有向委内瑞拉石油施加额外更多的限制。对此，石油专家表示，可能有两个原因：一是美国墨西哥湾依旧依赖委内瑞拉原油；二是美国不想承担额外的责任。

尽管委内瑞拉石油产量骤降，委内瑞拉仍将原油出口到其最大的市场——美国，事实上，2018年2—6月，委内瑞拉对墨西哥湾炼油厂的石油出口增长了43%，而根据美国海关初步数据显示，7月美国从委内瑞拉日均进口石油约为53万桶。这说明美国墨西哥湾沿岸炼油厂继续依赖进口委内瑞拉的重油。

华盛顿方面表示，美国不再考虑制裁委内瑞拉的石油工业，而不仅仅是因为委内瑞拉石油占墨西哥湾沿岸炼油厂进口的很大一部分。分析人士说，美国不想对委内瑞拉的石油工业甚至是经济的全面崩溃负责，也不想为此承担责任。特朗普政府前国际能源和环境顾问班克斯（George David Banks）称："如果你破坏了它，你就得对此负责，而目前白宫不想拥有这场危机。"

虽然委内瑞拉对美国的出口保持稳定，但其石油总产量正在下降，即使没有对其石油的直接制裁。贝克休斯数据显示，委内瑞拉的运转钻机数量在2018年7月跌至28台，而2017年7月为50台。美国能源信息署与其他能源预测机构都表示，到2018年底，未来委内瑞拉的原油日产量或降至100万桶以下，而到2019年底，日产量仅为70万桶。日均70万桶是什么概念？这相当于美国新墨西哥州石油生产现状。另外，值得一提的是，国际货币基金组织甚至预测，到2018年底，这个拥有世界上最大石油储量的国家仍将陷入一场深刻的经济和社会危机，通胀会激增到1000000%。

鉴于委内瑞拉石油业的这种极度绝望的局面，美国的制裁只会使情况变得更糟，并导致油价上涨，而特朗普总统在11月中期选举之前不希望油价上涨。然后，马杜罗可以利用美国的石油制裁来指责他，说是美国导致了委内瑞拉的石油和经济的彻底崩溃。而美国当然也不想对此负责，要知道，就算美国不限制委内瑞拉石油，委内瑞拉的石油产业前景也不乐观。

加拿大石油生产商再次遭受石油价格大幅折让之苦，导致加拿大石油与WTI原油创下多年来最大的价差。西加拿大重油WCS价格最近跌破每桶40美元，8月8日一度跌至每桶38美元。这使得该油价比WTI原油价格每桶低了大约31美元，创下2013年以来最大的价差。西加拿大重油WCS价格的大幅下跌反映了管道容量的不足。目前有关管道瓶颈的讨论主要集中在二叠盆地，以及美国页岩油钻探的放缓，这可能会抑制美国石油产量的增长。但早在得克萨斯页岩钻探之前，加拿大石油行业就面临着无法建造新管道基础设施的问题。然而，加拿大石油管道瓶颈问题在过去12个月里变得更加尖锐。尽管输油管道的运力没有发生变化，但加拿大的石油产量仍在继续上升。

随着石油供应越来越多，加拿大的石油管道正在被填满，几乎看不到缓解的迹象。在恩桥3号线输油管替代管道完成之前，中游产能不会扩大。恩桥公司最近从明尼苏达州获得了一项重要的许可证，这条管道将通过该州，尽管该州监管机构对修建这条管道的必要性提出了质疑。受这条管道影响的环保组织和美国土著部落发誓,要对这条3号线的更换和建设发起抵制,这与两年前达科塔输油管道的抗议如出一辙。目前尚不清楚该计划将如何实施,但反对力量可能会将项目推迟预期的开工日期。这意味着,西加拿大重油WCS价格折扣将继续存在。此外,由于艾伯塔省的石油管道几乎没有闲置空间,WCS的折扣不仅会持续下去,而且可能会受到波动性上升的冲击。

加拿大丰业银行大宗商品分析师罗里·约翰斯顿(Rory Johnston)表示:"西加拿大油田的开采能力几乎达到极限,使其对供应折扣变化、需求及边际运输能力的变动异常敏感。"从理论上讲,艾伯塔省可以建立更多的炼油能力来处理加拿大的石油,而不是争先恐后地寻找管道或以极低的折扣价出售。但是,精炼厂成本高昂,而且无法解决炼油能力的问题。约翰斯顿指出:"加拿大西部生产的大部分碳氢化合物需要出口。如果在国内建造更多的炼油厂,以绕过原油管道的瓶颈,这只会让加拿大面临产品管道容量方面的挑战。不管怎样,这些石油仍需要通过管道、铁路、驳船或卡车运送到终端消费者手中。"

根据加拿大丰业银行的数据,通过铁路将石油运往美国墨西哥湾海岸的成本可能高达每桶20美元或更高,是通过管道运输成本的两倍。但由于WCS的折扣如此之大,经济上的问题还是可以解决的。然而,铁路公司一直不愿投资建设用于运输石油的新铁路。尽管如此,加拿大2018年的轻质原油出货量仍大幅攀升,5月达到创纪录的每日19.8788万桶。然而,即使铁路经济看起来很有吸引力,但缺乏足够的运力。由于中游地区的产能长期停滞不前,短期内无法解决问题,加拿大政府已采取行动,采取了将跨山区扩张项目国有化等行动。但在这方面,加拿大政府也在不断收到坏消息。加拿大媒体8月7日报道称,扩建该项目将花费19亿美元,比之前预计的多。此外,开工时间也比预期晚了1年,导致开工日期被推迟到2021年晚些时候。

美国页岩油生产商2017年承诺要控制资本支出,并遵守严格的财务控制,如今却发现高油价的魅力难挡。包括帕斯利能源、先锋自然资源及大陆资源在内的数家生产商,加入到了其他已经提高资本支出业者的行列,并称因成本较高,以及在价格强劲下,希望加速探钻及油井完工计划。

2017年投资人施压页岩油公司控制支出,并透过股息和回购股票的方式将更多资本返还给股东。投资人抛售那些扩大投资探钻的企业的股票。油价在过去一年攀升了约40%,油价上涨协助推动美国7月周度日产量至创纪录的1100万桶。ICON能源基金投资组合经理德雷克·罗林森表示:"在油价未来几个月预计将上涨的情况下,提高资本支出是明智之举。鉴于远期(原油)合约的力道,在这种环境下这么做是有道理的。"

大陆资源董事长兼首席执行官哈罗德·哈姆指出,受到美国制裁重要产油国伊朗的扶助,油价可能再跳涨10%,才会趋于平稳。先锋自然资源表示将把2018年度预算扩大4.5亿美元左右,其中约60%是由于成本上升,约35%则是因生产活动增加。先锋自然资源 2018 年执行 1 亿美元的股票回购计划。在财报电话会议被问及有关进一步回购股票的可能性时，先锋自然资源总裁兼首席执行官蒂莫西·多夫（Timothy L.Dove）说，公司将等到产生正现金流再说。康菲石油在 7 月底将资本支出计划增加了约 5 亿美元，使 2018 年度预算达 60 亿美元。该公司生产、钻井和项目执行副总裁阿尔·赫什伯格（Al Hirshberg）说："这是一笔真的能带来巨大好处的资金。同时公司仍致力于财务纪律。"

巴肯产区最大页岩油生产商大陆资源已将预算开支提高了约 4 亿美元，其中约半数资金被用于增加钻机和油井完井。大陆资源没有对石油生产进行对冲，该公司称这样的操作令其能从 2018 年油价跳涨中受益更多。在西得克萨斯和新墨西哥州的二叠盆地进行营运的帕斯利能源，也将把预算增加 1 亿 ~ 2 亿美元。

先锋自然资源和帕斯利能源均认为，增加开支的部分理由归因于就业市场紧俏以及燃料和电力成本上升。先锋自然资源总裁兼首席执行官蒂莫西·多夫表示："2018 年的成本增加远超过我们原来预期，服务成本的上升将在 2020 年和 2021 年发展成更严重的问题，届时新输油管线的投入使用将开始缓解输油瓶颈问题，从而刺激生产商启用那些在低油价时钻探、但之后未完工的油井。"先锋自然资源的竞争对手 EOG 资源表示，预计该行业在 2019 年将面临 5% ~ 10% 的通胀。

第五节
沙特阿拉伯想尽可能获得伊朗的市场份额

近几年，沙特阿拉伯和俄罗斯在原油方面的合作越来越多，欧佩克的存在似乎只是一个名号，主导油市的还是欧佩克的"老大"沙特阿拉伯和非欧佩克国家俄罗斯。欧佩克的地位已经没有当初那般坚不可摧，有人预计沙特阿拉伯和俄罗斯两大产油国在未来将完全主导原油市场。

俄罗斯最大的石油公司俄罗斯石油发布财报时称，欧佩克最近的动态将决定俄罗斯 2018 年下半年的原油产量。但俄罗斯石油无法把控欧佩克会怎样发展，欧佩克是不是可以做出强有力的决断。因为，沙特阿拉伯和伊朗一直是敌对关系，而俄罗斯一直与沙特阿拉伯走得比较近。伊朗曾经还指责沙特阿拉伯和俄罗斯过度增产扰乱了油市，违反了减产协议。甚至有消息称，沙特阿拉伯和俄罗斯正在考虑重新组建一个可以取代欧佩克地位的组织。有专家指出，油市已经进入由沙特阿拉伯和俄罗斯主导的"后欧佩克时代"，欧佩克已越来越没有话语权，甚至美国在油市的地位都比欧佩克要高出许多。

其实在 2018 年 6 月欧佩克会议讨论原油增产就可以看出，沙特阿拉伯和俄罗斯在起着主导作用。沙特阿拉伯和俄罗斯实际上早已就增产一事达成一致，并且在会议召开之前就已经开始增产。市场也感应到这一变化,在增产决定正式做出并宣布前数周,对冲基金经理就已经开始削减布伦特和美国原油期货和期权的多仓。美国原油和布伦特原油的净多头头寸从 4 月中旬的峰值 10.93 亿桶下降至 6 月第一周结束后的 7.9 亿桶,从那以后的变化则相对较小。由于交易商预计原油供应量将在下半年增加,布伦特原油的日历价差自 4 月下旬以来也一直在下滑。在增产之前,伊朗已明确表示拒绝增产,但沙特阿拉伯在会议前说服了伊朗。这实际上说明包括伊朗在内的国家除了提出自己的意见,在增产事宜上别无选择,沙特阿拉伯和俄罗斯并不允许他们讨价还价。这也证实了,油市的决策权力中心已经从欧佩克和"欧佩克+"转移到沙特阿拉伯和俄罗斯。

不过,沙特阿拉伯和俄罗斯有充分的理由希望让欧佩克和"欧佩克+"正式参与决策,特别是沙特阿拉伯,毕竟俄罗斯不是欧佩克的成员国。因为面临消费国,尤其是美国的批评的时候,欧佩克就像一把"保护伞",为沙特阿拉伯提供了政治庇护。此前,特朗普多次在推特发文指责欧佩克人为抬高油价,而并不是单单指责作为欧佩克的"老大"沙特阿拉伯。欧佩克让沙特阿拉伯可以转移对其产量决定的批评,并协助将石油政策从其他诸如安全和对伊朗政策等双边关系方面独立出来。

但实际上,沙特阿拉伯与俄罗斯早就抛弃了欧佩克,两国在私下进行真正的谈判。虽说两国都有各自的市场算盘以及与美国的关系都各不相同,但由欧佩克的名义做出决定已经无法掩盖决策权已经转移到其他地方的事实。综合来看,欧佩克的地位已摇摇欲坠,不久就会被沙特阿拉伯和俄罗斯的"后欧佩克"取代,届时沙特阿拉伯和俄罗斯将会主导油市的发展。

沙特阿拉伯向独立能源分析师施压,要求他们改变对沙特阿拉伯的石油产量预估。数据差异可能使沙特阿拉伯与欧佩克的其他成员国产生冲突。比如,沙特阿拉伯告知欧佩克在 2018 年 7 月削减了产量,但美国政府和独立机构的预估数字显示,沙特阿拉伯提高了产量,而且日产量数据差别高达 50 万桶。欧佩克月报即将在 8 月 13 日出炉,官方和独立机构对沙特阿拉伯石油产量的估算存在差异,可能会在石油市场上造成混乱,让人们不清楚到底有多少石油流入市场。沙特阿拉伯事先已致电一些机构,要求分析师改变他们的预估。据说一些机构拒绝了这一要求,但也有一些机构屈服于沙特阿拉伯的压力。但这种数据差异极不寻常,有可能加剧欧佩克内部在是否提高产量方面的分歧。

沙特阿拉伯官员告诉欧佩克代表,该国 7 月的石油日产量减少了 20.1 万桶至 1028.8 万桶,而上月沙特阿拉伯告知欧佩克其 6 月原油日产量为 1048.9 万桶。但根据能源信息提供商标普全球普氏能源资讯的数据,上月沙特阿拉伯石油日产量增至约 1060 万桶。美国能源信息署的数据显示,沙特阿拉伯 7 月原油日产量则为 1048 万桶。普氏能源资讯表示,7 月日产量 1060 万桶将是沙特阿拉伯自 2016 年年中以来的最高产量,同时将超过沙特阿拉伯在当年与其他产油国达成的减产协议中规定的份额。

这些独立机构使用政府、库存信息和船舶跟踪数据来预估沙特阿拉伯的产量。英国咨询机构阿尔法能源（Alfa Energy）董事长约翰·豪尔（John Hall）表示："沙特阿拉伯这么做显然有损自身信誉，油价波动也会随之加剧。沙特阿拉伯一直给人的印象是，他们知道自己在做什么，独立机构的数据没有隐秘不明的动机，数据差距可能导致油价波动。"而据报道，沙特阿拉伯内部也对产量有分歧。一位沙特阿拉伯石油官员和一名顾问表示，他们私下里被告知，沙特阿拉伯的石油产量其实高于官方数据。尽管没有具体的强制性条款要求沙特阿拉伯必须如实公布其产量，但接近50万桶的日产量差异实在是太不寻常了。欧佩克内部最近一直就是否增产而进行激烈的讨论，沙特阿拉伯这一做法也将加剧各成员国之间的紧张局势。

沙特阿拉伯官员称，关于沙特阿拉伯产量的差异反映出美国和伊朗的政治压力。美国由于担心油价上涨，希望在对伊朗重新实施制裁、禁止其原油出口后，沙特阿拉伯可以弥补伊朗留下的供应空缺。而伊朗则批评沙特阿拉伯增加石油产量之举是屈服于美国压力，而非对市场做出反应。伊朗驻欧佩克理事阿德比利说："俄罗斯、沙特阿拉伯和其他产油国正在每天增加100万桶的石油产量，以从伊朗手中夺取石油买家。他们正在向特朗普伸出支持之手。表现对我们非常敌对的态度。"

与此同时，其他产油国也指责分析师们高估了他们的产量。作为欧佩克第二大产油国，伊拉克也对机构的评估结果表示异议。根据机构评估，伊拉克在6月的减产执行率仅为12%。伊拉克国家石油营销组织在8月早些时候向至少3家独立机构致信称，不认同他们的数据。

毋庸置疑，沙特阿拉伯作为全球关键性的石油生产大国，其对油市的影响不可低估，沙特阿拉伯的能力包括通过增加石油产量，且以最低的增量生产成本控制油价。但从短期来看，沙特阿拉伯根本无法生产比现在多得多的石油。虽然沙特阿拉伯响应了美国总统特朗普6月底增产的呼吁，但需要注意的一点是，每天增加200万桶石油来取代伊朗和委内瑞拉损失的石油产量，这种想法根本不可能实现。

美国化学品生产商雅宝（Albemarle）石油分析师大卫·梅斯勒（David Messler）认为："美国政府要求弥补伊朗和委内瑞拉损失的石油产量，沙特阿拉伯当然会在口头上表示同意。但现实情况是，他们目前不能做更多了。"尽管梅斯勒承认这些国家都属于"摇摆产油国"，但并不认为沙特阿拉伯会生产大量石油，从而改变石油市场的短缺动态状况。

石油是以美元定价进行交易的，这种情况不太可能改变。美元相对于全球货币篮子的汇率一直在上升。目前真正需要关注的问题是，美元未来将何去何从？目前美元既有看涨因素，也有看跌因素，但谁也说不清未来美元究竟将如何发展。值得注意的一点是，沙特阿拉伯也不希望美元走强，因为这意味着他们每销售一桶石油，获得的美元变得更少。梅斯勒的观点是，当前国际市场的贸易冲突正在推高美元的价值。当这些贸易分歧结束时，美元可能会贬值，这是因为美元的储备货币地位所致。随着世界贸易紧张局势出现缓解，对美元的需求将会下滑，而油价则会出现上涨。

梅斯勒还认为，贸易战不会超过2018年秋季。真正持久的贸易战对世界经济来说堪称世界末日。展望未来3—6个月，他认为美元走软将支撑油价，油价当然还可能升得更高。但如果持续升高，可能对需求造成冲击。虽然相比2016年的低点，油价已经上涨了近两倍，但迄今为止，大型石油公司还没有在大型项目领域投资。

2018年8月13日（周一），据伊朗石油部消息，伊朗打算折价向亚洲客户出售石油，并且强调向客户提供折扣是一种常规市场做法，所有的生产商都会采取这一做法。伊朗石油部的理由是："亚洲市场比其他市场更重要，因为亚洲有重要的经济参与者，如印度和中国。这些国家发展迅速，因此他们的石油需求也一直在增加。"据彭博社报道，相较于沙特阿拉伯的原油价格，伊朗国家石油将针对亚洲国家的9月官方售价调降至14年来的最低水准。

来自中国方面的态度是，中国市场和很多其他市场依赖伊朗的石油，在任何情况下，中国企业需要伊朗的石油，并购买该国的石油。当中国从伊朗购买石油时，中国不会重视美国对伊朗的制裁，这是两国之间的正常贸易，与美国无关。

伊朗最高领导人哈梅内伊8月13日在数千名伊朗民众参与的集会上表明拒绝与美国举行谈判。哈梅内伊说："我不会与美国进行任何谈判。美国从来都不遵守谈判承诺。美国撤出伊朗核协议就是其不可信赖的明证。"不过，哈梅内伊也排除了与美国发生战争的可能性。他称："美国人在夸大与伊朗开战的可能性。不会发生战争，我们从未发动过战争，而他们不会与伊朗进行军事抗争。"此外，哈梅内伊对伊朗政府经济管理提出批评。由于预期美国再次实施制裁，伊朗里亚尔自4月以来已经下跌了大约一半。哈梅内伊表示："制裁和政府经济管理不善正加大伊朗民众的压力，通过改善管理和规划，我们可以抵抗制裁并克服制裁。"

欧佩克发布月报，基于第二手资料，沙特阿拉伯6月原油日产量上调2万桶至1044万桶，7月日产量减少5.3万桶至1038.7万桶，较美国能源信息署公布的1048万桶少9.3万桶，较普氏能源资讯公布的1060万桶少21.3万桶，较沙特阿拉伯上报欧佩克的1028.8万桶多9.9万桶。由此可看出，欧佩克月报对沙特阿拉伯7月日产量数据进行了折中处理，即高于沙特阿拉伯官方申报的数据、低于其他第三方机构公布的数据。

盛宝银行称："在亚洲整体需求增长令人怀疑的关键时刻，中国由于贸易冲突、美元升值和融资成本上升带来的负面影响，需求有所下降。"欧佩克也表示，贸易冲突及新兴市场动荡可能导致经济增长放缓，进而推动石油需求放缓。

据彭博社称，作为伊朗第二大原油客户的印度可能会将其从伊朗进口的原油削减50%，以换取美国方面的豁免。美国官员上个月到访印度，就有条件的豁免问题进行讨论。由于伊朗是印度的第三大原油供应国，印度表示无法完全切断对伊朗原油的进口，因此才极力寻求美国的豁免。印度石油董事长桑基夫·辛格（Sankiv singh）表示，该公司是伊朗最大的炼油商和最大的客户。5月，印度自伊朗日进口原油攀升至70.5万桶，刷新2016年10月来高位，占总原油进口量10.2%。此后，在美方施加的压力下，印度自伊朗进口原油有所减少。

印度一直在寻找伊朗原油的替代品，作为世界第三大石油消费国，印度80%以上的原油需求需要通过进口得到满足。对于印度来说，伊朗是仅次于伊拉克和沙特阿拉伯的第三大供应商。就算印度进口伊朗原油没办法获得美国的豁免，还可以从美国获得替代的原油。在中国削减美国原油进口后，印度开始大幅购买美国原油。如果美国不答应给予豁免，印度可能会从美国进口更多原油。

因中美贸易争端不断升级，中国已大幅减少美国原油的进口，尽管美国8月对中国的原油出口量似乎维持强劲，预计每日有大约34.2万桶抵达，但9月出口量似乎确定会下滑。根据船舶追踪数据，截至8月上旬，每日有20.3万桶左右的美国原油将在下个月如期抵达中国，而增加更多船货的窗口正在关闭，因为油轮从墨西哥湾出发抵达中国东海岸需要至少3周时间。

印度不仅可以在美国找到替代品，也可以从沙特阿拉伯大量进口原油。因为沙特阿拉伯不仅是伊朗的竞争对手，也是美国的盟友。船只追踪数据显示，印度7月从沙特阿拉伯日进口原油约97万桶，明显高于2018年前6个月78.71万桶的日进口量均值。

主要产油国承诺增加产量之际，而市场预期伊朗原油将出现更大损失，这在很大程度上限制了油价的下行势头。而伊朗准备向亚太地区出口的原油基准价格每桶下调0.70 ~ 0.90美元，对欧美出口者则每桶降价0.50美元。但分析人士对此却予以了额外解读，认为该国急于"让利"折价出售原油，主要是迫于美国方面的禁运压力。美国已经要求其所有盟国在11月4日之前全面停止进口伊朗原油。伊朗只能孤注一掷，试图通过价格优惠的方式怂恿其买主继续从该国进口原油，并无视美国的禁令。

与此同时，为了配合美国禁运令，沙特阿拉伯及其海湾盟国也在通过降价手段试图在伊朗身上"挖墙脚"夺取其市场份额。这意味着供油市场已经开打了另类价格战，这将外溢到国际外部市场上，对油价构成额外利空。

按照欧佩克月报，基于第二手资料，7月11个参与减产成员国原油日产量合计2955.5万桶（表5-1），较6月调整前日产量增产5.3万桶，较减产协议目标值日超减产24.9万桶，减产执行率为121%，较上月下降5个百分点，很明显，在安哥拉、委内瑞拉非自愿大幅减产的情况下，尤其是伊朗因美国封堵其原油出口量目标为零出现产量下滑，日超减产6万桶，沙特阿拉伯、伊拉克、科威特、阿联酋甚至阿尔及利亚在加码增产，这5国日产量超出减产协议目标值共计72.6万桶，已超出其实际日增产70万桶的目标，但还不足以填补委内瑞拉、安哥拉非自愿超减产留下的空当，尤其是伊朗因遭受美国制裁自2017年1月减产协议实行以来首次出现超减产。

第五章 中东海湾紧张局势

表5-1 2018年7月欧佩克11个参与减产成员国超额减产一览

成员国	减产协议目标产量（万桶/日）	6月产量（万桶/日）			7月产量（万桶/日）	7月超额减产（万桶/日）
		7月公布	8月调整	调整幅度		
阿尔及利亚	103.9	103.9	104.8	0.9	106.2	2.3
安哥拉	167.3	143.1	144.4	1.3	145.6	-21.7
厄瓜多尔	52.2	51.9	52.1	0.2	52.5	0.3
加蓬	19.3	19.0	19.1	0.1	18.8	-0.5
伊朗	379.7	379.9	379.3	-0.6	373.7	-6.0
伊拉克	435.1	453.3	453.2	-0.1	455.6	20.5
科威特	270.7	273.1	271.3	-1.8	279.1	8.4
卡塔尔	61.8	60.3	61.2	0.9	61.6	-0.2
沙特阿拉伯	1005.8	1042.0	1044.0	2.0	1038.7	32.9
阿联酋	287.4	289.7	289.0	-0.7	295.9	8.5
委内瑞拉	197.2	134.0	132.5	-1.5	127.8	-69.4
合计	2980.4	2950.2	2950.9	0.7	2955.5	-24.9

资料来源：欧佩克秘书处。

注："超额减产"中的正值代表超出目标值的产量即超产，负值代表超额减产。

7月以前欧佩克的超减产主要来自委内瑞拉和安哥拉，从7月开始伊朗也加入超减产行列。7月委内瑞拉、安哥拉、伊朗合计日超减产97.1万桶，其中委内瑞拉日超减产69.4万桶，安哥拉日超减产21.7万桶。安哥拉超减产是暂时的，委内瑞拉超减产还将继续甚至加大，而伊朗超减产刚刚开始。填补超减产的增产力量主要来自沙特阿拉伯、伊拉克、科威特和阿联酋，此四国7月日超产合计70.3万桶，刚好抵消委内瑞拉的产量大幅下降。鉴于安哥拉超减产是暂时的，因此欧佩克增产国后续的增产主要是针对委内瑞拉和伊朗因减产而造成的供应缺口。

但是，伊朗对于欧佩克成员国尤其沙特阿拉伯通过增产来抢夺其市场份额是非常反感的，甚至加剧彼此的敌对情绪。在这方面，尽管沙特阿拉伯有来自美国的增产压力（准确地说应是增产后盾），但沙特阿拉伯也不愿因此与伊朗搞得明火执仗，在产量数据公布方面很注意策略，即使增产也是以减产的数据表现出来，以免激怒伊朗。所以，之前沙特阿拉伯很不满一些国际机构高估他们的产量，造成了50万桶的日产量差异。而沙特阿拉伯内部官员也承认其实际产量高于官方公布的数据。这次美国重启对伊朗制裁，就有沙特阿拉伯方面的唆使或怂恿，沙特阿拉伯在这方面本来就不地道，如果产量方面还不注意克制，这对加剧与伊朗的对抗无异于火上浇油。虽然沙特阿拉伯呼应美国在履行增产的承诺，但产量数据上一直保持低调。正如沙特阿拉伯官员所言，关于沙特阿拉伯产量的差异反映出美国和伊朗的政治压力。

那么，沙特阿拉伯7月日产油到底多少？沙特阿拉伯官方上报欧佩克的数据是1028.8万桶，欧佩克根据第二手资料得出的数据是1038.7万桶，而美国能源信息署的数据是1048万桶，也就是说，欧佩克的数据高出沙特阿拉伯官方数据近10万桶，美国能源信息署的数据高出欧佩克数据近10万桶，高出沙特阿拉伯官方数据近20万桶。这20万桶的差距恰恰是沙特阿拉伯官方数据比较减少的产量。因为欧佩克被沙特阿拉伯操控，欧佩克出具的数据肯定事先得到了沙特阿拉伯的认可，从欧佩克第二手资料数据看，沙特阿拉伯至少隐瞒了10万桶的日产量。而欧佩克调整6月11个参与减产成员国的日产量，整体仅调高了0.7万桶，看似差异不大，如果分析各国产量变动的明显，其中确实有"猫腻"。

6月上调产量的有6个成员国，阿尔及利亚上调日产量0.9万桶，安哥拉上调日产量1.3万桶，厄瓜多尔上调日产量0.2万桶，加蓬上调日产量0.1万桶，卡塔尔上调日产量0.9万桶，沙特阿拉伯上调日产量2.0万桶；下调产量的有5个成员国，伊朗下调日产量0.6万桶，伊拉克下调日产量0.1万桶，科威特下调日产量1.8万桶，阿联酋下调日产量0.7万桶，委内瑞拉下调日产量1.5万桶。

在产量上调的成员国中，安哥拉上调1.3万桶日产量合乎情理，因为该国的产量正在缓慢恢复，上调幅度仅次于沙特阿拉伯，而沙特阿拉伯上调2.0万桶日产量却有抬高基数的嫌疑，甚至安哥拉产量上调都是为沙特阿拉伯抬高基数作陪衬。

在产量下调的5个成员国中，委内瑞拉和伊朗的产量下调合乎情理，委内瑞拉产量一直在下滑，伊朗产量受美国制裁也开始下降；而伊拉克、科威特、阿联酋产量下调却不合情理，因为这3个成员国和沙特阿拉伯一样都有潜力增产，而且正在增产，他们的产量下调只有一个目的，就是为沙特阿拉伯抬高产量基数分忧，像伊拉克下调0.1万桶的日产量，实在是调与不调差异都不大，之所以下调是为了与科威特、阿联酋产量下调做呼应，而科威特和阿联酋合计下调的2.5万桶日产量正是沙特阿拉伯转移的产量，实际上欧佩克将沙特阿拉伯7月的产量转移了4.5万桶到6月。

沙特阿拉伯之所以这样做，一是不至于将产量基数抬得太高；二是保持11个减产成员国整体产量数据的平稳。由此推算，欧佩克由第二手资料得出的沙特阿拉伯7月日产量至少不低于1043.2万桶，如果算上伊拉克上调的0.1万桶日产量，则其7月日产量为1043.3万桶，如果再算上其他5个成员国合计上调的3.4万桶日产量，则其7月日产量为1046.7万桶，甚至连委内瑞拉下调的1.5万桶日产量也算上的话，则沙特阿拉伯7月日产量为1048.2万桶，这个数据恰与美国能源信息署公布的1048万桶数据一致。由此看出，整个欧佩克成员国的产量数据确实为沙特阿拉伯一手操控，所谓的成员国产量修正都是在沙特阿拉伯的授意下进行的。令人惊讶的是，如果欧佩克第二手资料得出沙特阿拉伯7月日产量为1048万桶，与其调整前的6月日产量1042万桶相比，刚好增加了6万桶，而伊朗正好从7月开始出现超减产，日超减产6万桶。这说明，在伊朗因美国制裁才开始出现的供应缺口就被沙特阿拉伯暗中抢夺了。

美国对伊朗的第一轮制裁于2018年8月6日生效,第二轮制裁也将于11月4日生效。市场一直认为伊朗将因石油制裁会减少全球原油供应,但后果其实远比这更严重。彭博石油策略师认为,对伊朗石油出口的限制将在11月初实施,其影响将会比上一轮制裁更大更迅速。第二轮制裁生效前,各国将逐步减少伊朗原油的进口,伊朗出口的凝析油、从天然气田中提炼出来的轻质原油,都将在制裁范围内。虽然此前欧洲反对美国退出伊朗核协议,也有很多国家表示将继续购买伊朗原油,但这并不能起到什么作用。因为购买伊朗原油的是公司,而不是国家。美国威胁要制裁的也不是国家,而是公司。美国的制裁足以让这些购买伊朗原油的公司停止购买,也将阻止国际航运公司转运原油,阻止保险公司承保原油交易。

伊朗7月原油和凝析油日出口量已较4月也就是特朗普宣布制裁进程开始前一个月下降43万桶,降幅15%,而且限制石油出口的措施尚未生效。荷兰皇家壳牌与道达尔已经停止购买,其他欧洲炼油厂肯定会效仿。欧盟7月从伊朗日进口原油比4月减少约22万桶,降幅41%。美国与土耳其的关系进一步恶化,此前土耳其宣布将对部分美国商品大幅加征关税,且土耳其法庭拒绝了释放美籍牧师布伦森(Andrew Brunson)的诉求,市场避险情绪急剧回升。土耳其经济部长尼哈特·泽贝基(Nihat Zeybekci)说美国的制裁没有约束力,但普鲁士石油(Prussian oil)进口的伊朗原油比4月下降了45%。

韩国自6月底以来已经停止购买伊朗原油和凝析油,韩国是伊朗凝析油最大的买家,占到6月到12月内出货量的50%以上。伊朗对阿联酋的凝析油出口也已停滞。虽然日本说会跟美国商量,继续进口伊朗原油,但日本公司不期望会获得豁免,在11月之前仍有可能将伊朗原油进口缩减为零。中国虽然表示会继续购买,但也表示不会增加购买量。与4月相比,7月伊朗对中国的原油和凝析油日出货量增加10.5万桶,增幅14%。然而,由于美国原油已从中国进口加征关税目标商品清单中剔除,预计这一增幅可能下降。

沙特阿拉伯和伊朗在原油定价政策上的分歧正在越发凸显。随着美国即将对伊朗实施制裁,两大中东产油国正在争夺市场份额以及定价问题上大打出手。自6月末以来,沙特阿拉伯一直在增加原油产量以弥补伊朗原油出口受阻所导致的供应中断。同时沙特阿拉伯也改变了对于亚洲客户的定价策略,引入了代表性比较强的阿曼原油期货作为定价的基准之一,从而降低了对于亚洲市场的原油出口价格,从而吸引更多的亚洲客户购买本国原油。

而伊朗在制裁日渐迫近的情况下,通过大幅下调9月所有品级的原油价格从而提高本国原油在亚洲部分市场的销量。伊朗国家石油将伊朗轻质油的官方价格削减幅度从此前的每桶0.8美元扩至每桶1.2美元,这使得伊朗的原油价格降至14年新低,与近期沙特阿拉伯销往亚洲市场的原油价格持平。在8月初的时候,沙特阿拉伯将9月原油官方价格的削减幅度从此前的每桶 0.70 美元扩至每桶 1.20 美元，这也是沙特阿拉伯连续两个月下调其原油价格。值得注意的是，沙特阿拉伯调整价格并未覆盖到美国市场。

伊朗和沙特阿拉伯的原油价格之争是显而易见的，沙特阿拉伯想要尽可能获得伊朗的市场份额，因此通过降低价格来吸引买家是最合适的选择。而伊朗显然面临更大的问题，除了要应对美国的制裁外，还需要防止竞争国家对于本国市场的侵蚀，因此在大幅降低油价的基础上，伊朗还延长了信贷周期，同时提供了近乎免费的输送服务，以进一步激励买家，尤其是亚洲市场的客户。

第六节
伊朗制裁盖过贸易争端升级支撑油价上行

2018 年 8 月 15 日（周三），WTI 油价收报每桶跌 1.73 美元至 64.90 美元，跌幅 2.60%，布伦特油价收报每桶跌 1.35 美元至 70.81 美元，跌幅 1.87%。油价下跌的原因在于伊朗禁运的前景，难以抵过欧佩克与美国、俄罗斯全面增产，外加贸易战和新兴经济体局势动荡可能影响需求的利空。目前似乎一系列因素都在打压油价，包括全球经济形势的悲观前景影响原油需求表现、美元走强和美国页岩油生产的蓬勃发展，中国石油进口商正避开采购美国原油，因为担心中国将美国石油排除在征税清单之外的决定可能只是暂时性的。

但是，国际能源署警告称："伊朗制裁结合其他地区的产量问题，将令全球原油市场供应面面临挑战，同时还将冲击各国的空闲产能储备。"美国已经重启对伊朗制裁，这是计划中的第一轮制裁，第二轮制裁预期将会在 11 月初实施。目前第一轮制裁主要目的是限制伊朗的原油出口，而第二轮制裁是限制伊朗的能源基建以及原油出口设施，从而增加全球能源供应短缺的风险。

在过去的一个月里，美国政府试图说服尽可能多的国家放弃进口伊朗石油的努力有所加强，许多分析师认为，每日 100 万桶的石油供应减少是更现实的评估，高于最初估计的 50 万桶。能源咨询机构能源视线驻伦敦的首席石油分析师阿姆里塔·森表示，制裁措施将使伊朗石油日产量减少 120 万~150 万桶。8 月早些时候，美银美林表示："尽管贸易问题是石油需求的主要下行风险，但仍更关注对伊朗的制裁。原油日供应每减少 100 万桶，布伦特原油价格每桶会上涨 17 美元左右。"

不断升级的贸易问题可能会抑制全球经济增长，进而影响石油需求的增长。美元走强不仅提高了石油进口国的进口成本，还使以美元计价的石油价格上涨。此外，人们还担心，油价在每桶 80 美元以上是需求破坏的开始，而欧佩克和俄罗斯领导人希望避免这种情况发生。然而，当前产油国增产靠的是全面挤榨出之前闲置的剩余产能，但此举是不可持续的。一旦闲置产能耗尽，意味着未来能源市场在遭遇突发性供给事件时会手足无措，并导致油价届时恐慌性上涨。

2018年8月16日（周四），中美计划重启贸易谈判令市场风险情绪改善，原油等风险资产获得有效提振，同时美元走弱也为油价反弹创造条件。WTI油价收报每桶涨0.55美元至65.45美元，涨幅0.85%，布伦特油价收报每桶涨0.62美元至71.43美元，涨幅0.88%。

自2018年初以来，美元兑其他主要货币指数已上涨逾5%。不过，美元的强势对一些新兴市场来说是一个风险。实际上，随着原油价格上涨，贸易赤字扩大以及外国投资者从印度撤出，已经使卢比2018年贬值了8%以上，成为亚洲表现最差的货币。不过，印度财政部经济事务秘书加格（Subhash Chandra Garg）却表示："只要所有其他货币都在贬值，即便卢比兑美元跌至80，也不足为虑。如果卢比继续贬值，2018—2019财年印度的原油支出可能会额外增加260亿美元。"

与此同时，印度原油进口量也将上升。印度公开数据显示，上个财政年度，印度进口原油22043万吨，大约日进口原油444万桶，而本财政年度（2018—2019年）进口量预计将达到2.27亿吨，大约日进口原油457万桶，而根据石油价格每桶65美元和1美元兑65卢比的汇率计算，印度2018—2019财政年度石油进口账单在年初估计为1080亿美元。

不过，现在相关基础要素都变了：一是油价肯定会上涨，而不是原来预计的每桶65美元。到目前为止，石油价格在2018年的大部分时间里一直处于高位，美国对伊朗的制裁和对欧佩克成员国闲置产能的担忧，可能至少会在年底前将石油价格保持在每桶65美元以上。二是印度卢比汇率大跌，现在也不是之前预计的65。除了较高的基准价格外，如果卢比兑美元汇率保持在70左右，石油进口账单可能会膨胀至1140亿美元。随着印度石油进口支出的膨胀，这反过来将进一步对印度经济造成压力。而在印度货币贬值之前，印度的贸易逆差也进一步扩大。印度7月的贸易逆差扩大至5年多以来的最高水平，印度商务部8月14日公布的数据显示，由于油价上涨，印度7月的进出口差额（贸易逆差）达到180亿美元。

白俄罗斯与伊朗达成协议，用石油来换取工业品；生产茶叶的斯里兰卡此前也宣布用一年免费的茶叶来换取伊朗的石油；伊朗甚至希望和非洲展开"石油换黄金"的计划，加纳和南非等黄金大国无疑是首要目标。除了通过其他国家绕开美元做石油贸易，伊朗也在开发自己的石油加密数字货币，帮助伊朗在不使用美元的情况下进行石油贸易。伊朗科技部官员表示，伊朗正努力为国内数字货币的使用做好准备，这种货币将便利世界任何地方的货币转移；同时这也会为伊朗应对美国制裁提供帮助。

航运数据显示，中国和印度的原油进口总量占全球原油总量的12%，7月两国日进口总量较之前两个季度 1240 万桶的日均值下降了约 50 万桶。此外，在需求似乎在放缓之际，供应可能正在上升，加大对油市的拖累。随着美国和土耳其冲突的加剧，可能将导致土耳其里拉的进一步贬值，这将会引发和蔓延其他主要新兴市场资本外流，加剧新兴市场的经济波动。这可能将进一步提振美元，进而施压油价。尽管有这些看空因素，华尔街著名投资银行杰富瑞称："我们仍坚持认为，布伦特油价会在年底前突破每桶 80 美元。"

2018 年 8 月 17 日（周五），市场风险情绪改善为原油等风险资产带来支撑，同时美元承压重挫更是加大了油价的反弹动能。WTI 油价收报每桶涨 0.47 美元至 65.92 美元，涨幅 0.72%，布伦特油价收报每桶涨 0.43 美元至 71.86 美元，涨幅 0.60%。

8 月 19 日（周日），针对沙特阿拉伯提出的"美国对伊朗石油出口实施制裁时，供应缺口由沙特阿拉伯补上。"伊朗向欧佩克表示，任何成员国都不应被允许接管另一个成员国的石油出口份额。在美国恢复制裁的情况下，伊朗表达了对沙特阿拉伯提供更多石油产量的担忧。实际上，对沙特阿拉伯而言，美国对伊朗实施石油禁令着实让其高兴了一把：既看到老对手伊朗被制裁，自己又能多卖石油挣钱，真是坐收渔翁之利了！而从这一举动不难看出，沙特阿拉伯是想通过这一行动来证明其决定援引一贯政策，即满足客户的任何额外需求。另外，沙特阿拉伯也想通过这一行动来凸显其在欧佩克的"老大"地位，并希望争取更多的市场份额。

在与欧佩克秘书长巴尔金多举行的一次会议上，伊朗常驻维也纳国际组织使节卡泽姆·加里巴巴迪（Kazem Gharibabadi）称，在任何情况下，没有一个国家可以接管其他成员国的石油产量和出口份额，而欧佩克部长级会议还未允许此种行为。加里巴巴迪还向巴尔金多表示，欧佩克现阶段应该强力支持其成员国，同时阻止部分成员国将该组织政治化的企图。

这已不是伊朗第一次控告沙特阿拉伯。此前，由于沙特阿拉伯听从美国的号召和俄罗斯联手增产，伊朗就强烈要求召开特别会议来讨伐沙特阿拉伯，但沙特阿拉伯对伊朗的这一举动也只是一笑了之，欧佩克从始至终也没有任何举动。因此，即使这次伊朗对沙特阿拉伯感到愤怒，恐怕欧佩克也是一笑而过。但需要注意的是，如果从 11 月起，美国真的达成了既定政策目标，将伊朗原油出口降至接近零，沙特阿拉伯将不得不把产油量提升至前所未有的水平来填补相应缺口。

伊朗第一副总统贾汉吉里 8 月 19 日称："尽管美国对伊朗实施了新的制裁，伊朗政府仍在寻求出售石油和转移收入的解决方案。我们希望欧洲国家能够兑现承诺，但即便他们不能兑现承诺，我们也在寻求出售自己石油并转移其收入的解决方案。"

伊朗外交部长扎里夫赞扬了欧洲签约国为挽救核协议所做的努力，特别是欧盟旨在减轻美国制裁对欧洲企业影响的所谓"阻止法"。不过，扎里夫也指出："这些措施还不够。到目前为止，欧洲人表达了他们的立场，但没有提出行动计划。我们相信欧洲还没有准备好付出代价。"扎里夫8月19日还在推特上指出，美国国务院成立了一个新的伊朗行动小组，以协调特朗普针对伊朗的施压运动，目的是推翻伊朗，但美国的这一行动将遭遇失败。

2018年8月20日（周一），贸易紧张情绪有所缓解提振原油多头信心，同时伊朗制裁影响发酵令原油供应蒙上阴影，而美元回落也为油价反弹提供了助力。WTI油价收报每桶涨0.68美元至66.60美元，涨幅1.03%，布伦特油价收报每桶涨0.24美元至72.10美元，涨幅0.33%。

美国财政部通告，将从10月1日到11月30日出售1100万桶战略石油储备的原油。出售战略油储的起始时间正好在美国对伊朗的石油禁运制裁11月生效前。上述美国财政部举动不免让人联想到，美国是为了避免国际市场失去伊朗这个原油来源而增加供应。显然，特朗普政府在采取措施，抑制油价在制裁生效前上涨，表明美国政府希望缓冲美国对伊朗石油客户重新实施制裁带来的任何市场影响。加拿大皇家银行资本市场能源策略部门董事米迦勒·特兰说："鉴于秋季通常是平季，零售价格通常走低而且炼油厂进入检修，所以赶在这时释出战略石油储备，或许可以帮助特朗普实现在中期选举前压低国内汽油价格的目标。"

据悉，美国出售的1100万桶石油储备将从3个储备基地出售：得克萨斯州的比格希尔（Big hill）和布赖恩芒德（Bryan mound）以及路易斯安那州的西哈克伯里（West hackberry）。根据美国能源部的公告，战略石油储备标售将在8月28日美国中部时间下午2点举行，其中管道的最低交货量为10万桶，船舶的最低交货量为25万桶和驳船的最低交货量为4万桶。

以美国目前的进口量计算，美国战略石油储备远超过90天的标准，达到106天，因此美国有足够的石油储备释放来影响国际油价，这也是特朗普一贯强硬态度的缘由。美国释放战略储备油，也向市场传达了一个信号：美国有能力在制裁伊朗的同时，稳定油价。释放战略库存，继续束紧伊朗制裁，同时打压油价，以应对11月美国中期选举。

伊朗石油部长赞加内确认了法国油气公司道尔达正式撤出了其在南帕尔斯的天然气田项目。南帕尔斯天然气田是世界上最大的天然气田。道达尔于2017年7月与伊朗国家石油签订了相关合同，但在等待特朗普白宫关于核协议和美国制裁的决定时，该公司早在年初就打算停止和伊朗的业务往来。

道达尔此次退出该项目与美国重启对伊朗的制裁有关。此前，道达尔已经释放过退出项目协议的信号。道达尔5月曾表明，会评估美国恢复对伊朗的制裁的后果，如果不能获得美国制裁豁免，就会退出该项目。道达尔首席执行官帕特里克·潘彦磊6月表示："没有哪一个像道达尔一样的国际公司能在一个受到二次制裁的国家里继续运作。这就是世界的现实。"

当然，道尔达不是唯一受到美国重启制裁影响的欧洲企业，包括德国西门子

（Siemens）、德意志银行、戴姆勒（Daimler）、法国航空（Air France）、空客（Airbus）等一系列欧洲企业都不得不放弃其在伊朗的项目。而且俄罗斯卢克石油也称其将搁置寻求在伊朗组建合资公司的计划。

伊朗有官员表示，中国石油可能会收购道达尔的股份。赞加内表示，取代这家法国公司的过程正在进行中。中国石油目前在南帕尔斯天然气田项目中持股30%，若收购道达尔50%的股份，中国石油在此项目中将持股80%。在道达尔退出该项目的合作协议之前，项目的持股比例为道达尔持股50.1%，中国石油持股30%，伊朗国家石油持股19.9%。

在各国纷纷放弃进口伊朗原油的情况下，只有中国还在继续进口伊朗原油。为了不受美国对伊朗石油制裁的影响，中国已经改用伊朗国家石油运营的油轮，运输自伊朗至中国的原油。伊朗将承担原油交货期间的所有成本和风险，并负责保险事宜，这相当于伊朗变相地对中国出口石油进行降价。中国每个月采购伊朗石油价值约为15亿美元。

据路透社的船运数据，7月期间的17艘从伊朗向中国运送石油的租赁油轮都隶属于伊朗国家石油下属的伊朗国家油运（NITC），6月的19艘租赁油轮中则有8艘是中方运营的。上个月，这些油轮装载了大约2380万桶（每日76.7万桶）原油和凝析油运往中国，6月的装运量为1980万桶（每日66万桶）。

2018年8月21日（周二），油价延续涨势，伊朗原油供应恐受到进一步打压为油价提供有效支撑，即使美国计划出售战略储备原油来稳定油市，同时美元回落也为油价提供支撑。WTI油价收报每桶涨0.75美元至67.35美元，涨幅1.13%，布伦特油价收报每桶涨0.72美元至72.82美元，涨幅1.00%。

8月22日（周三），上周美国原油库存降幅远超预期，虽然美国原油产量仍在攀升，但美元回落则为油价反弹提供了助力。WTI油价收报每桶涨0.76美元至68.11美元，涨幅1.13%，布伦特油价收报每桶涨2.10美元至74.92美元，涨幅2.88%。

美国国家安全顾问博尔顿表示，美国的制裁对伊朗的经济和公众舆论产生了重大影响。欧洲石油公司已开始减少从伊朗采购石油，但中国买家正将石油船货转移至伊朗拥有的船只，以保持供应不中断。伊朗警告称，如果遭到美国的攻击，将对美国和以色列的目标实施打击。

美国海关和边境保护局8月22日证实，8月23日将对价值160亿美元的279类中国进口商品加征25%关税。将受到此次关税影响的关键产品包括半导体、化学品、塑料、摩托车和电动滑板车。中国已经准备采取对等报复措施，将对价值160亿美元的包括能源、钢铁产品、汽车和医疗设备的美国进口商品加征关税。交易商表示，由于美国与中国之间的贸易争端可能拖累全球经济增长，国际油市目前也比较谨慎。评级机构穆迪指出，中美贸易紧张局势可能加剧并会影响全球经济增长。年内中美贸易紧张关系或将加剧，打压2019年的全球经济增长。

2018年8月23日（周四），虽然美国原油库存报告利好影响仍在发酵，但中美贸易紧张局势再度升温令投资者担忧加重，同时美元强势反弹也令油价承压。WTI油价收报每桶跌0.27美元至67.84美元，跌幅0.40%，布伦特油价收报每桶跌0.21美元至74.71美元，跌幅0.28%。

中国商务部表示："美方一意孤行，于8月23日在301调查项下对自中国进口的160亿美元产品加征25%关税，明显涉嫌违反世贸组织规则。对此，中方坚决反对，并不得不继续做出必要回击。同时，为捍卫自由贸易和多边体制，捍卫自身合法权益，中方将在世贸组织争端解决机制项下就此征税措施提起诉讼。"

8月24日（周五），虽然中美贸易谈判结束时仍未达成任何协议，但伊朗制裁引发的供应面忧虑也抵消了中美贸易不确定性增加的利空影响，美国石油活跃钻机数大幅下降为油价带来支撑，同时美元重挫也为油价提供支撑。WTI油价收报每桶涨0.68美元至68.52美元，涨幅1.00%，布伦特油价收报每桶涨0.73美元至75.44美元，涨幅0.98%。

中美贸易谈判已经结束，但并未达成任何协议，目前双方互相针对160亿美元商品开始实施25%关税，这令贸易局势不确定性再度增加。白宫发言人在一份简短声明中表示："我们结束了两日会谈，双方商讨如何达成公平、平衡及互惠的经贸关系。"中国方面表示不会受到美国强势贸易战略的影响。

伊朗石油部长赞加内称，欧佩克部分成员国在依据美国政策行事。赞加内所言实质是暗指沙特阿拉伯、伊拉克、科威特、阿联酋等成员国按美国要求增产原油产量。

8月27日（周一），中美贸易争端不确定性上升仍令多头信心受挫，市场对于原油需求的预期降温，不过鲍威尔在全球央行年会上讲话比较温和，加之特朗普在减缓加息问题上旁敲侧击，美元出现了一波回落，这在一定程度上对油价形成支撑。WTI油价收报每桶涨0.40美元至68.92美元，涨幅0.58%，布伦特油价收报每桶涨0.81美元至76.25美元，涨幅1.07%。

伊朗总统鲁哈尼致电法国总统马克龙，称伊朗希望欧洲方面对银行渠道和石油销售做出担保，同时在保险和运输领域提供保障。鲁哈尼说："伊朗已经履行了伊核协议中的全部承诺，在美国单方面退出协议的情况下，希望剩余合作方能够提高项目运作的速度和透明度。"马克龙重申法国致力于维护伊核协议，这一表态意在安抚伊朗。但他重申之前的呼吁，希望与所有有关方面展开全面磋商，讨论的内容将包括2025年以后伊朗的核计划、该国弹道导弹项目以及该国对整个中东地区的影响。马克龙在对各国驻法国大使发表的年度讲话中说："我们将竭尽全力，以便让谈判有助于未来几个月避免严重危机的爆发。"

伊朗革命卫队海军将领汤西里（Alireza Tangsiri）表示，伊朗已经完全控制了海峡，美国海军不属于那里。德黑兰方面此前暗示可能在海湾采取军事行动，阻止其他国家的石油出口，以报复美国制裁行动切断伊朗的石油销售。美国在海湾留有一个舰队以保护石油船只航线。

汤西里称:"伊朗完全控制着波斯湾与霍尔木兹海峡。封锁该海峡将是阻止石油运输的最直接手段。我们可以保证波斯湾的安全,没有必要保留美国等区域外国家的势力存在。所有航空母舰和军用及非军用船只将被控制,伊朗将对波斯湾实施全面监控。我们在该地区的存在是真实而持续的,日夜不停。"美国国务卿蓬佩奥在推特发文中表示:"伊朗并未控制霍尔木兹海峡。该海峡是国际航道。美国将继续与我们的伙伴合作,确保在国际航道的航行自由与贸易自由往来。"

国际能源署署长比罗尔在一次石油会议的间隙表示:"在很短的一段时间内,委内瑞拉的石油产量已腰斩,这很有挑战性,我们预计这种下降趋势将会延续。利比亚和尼日利亚的石油产量有所改善,他们看起来仍是脆弱的国家。至于伊朗,现在断言美国的最新一轮制裁将产生何种影响还为时过早。市场当然对伊朗石油出口有疑问。我们必须静观这些制裁举措将如何(实施),及其对市场的影响。"

2018年8月28日(周二),欧佩克仍有增产空间的消息令市场承压,不过伊朗制裁带来的支撑效果依然限制着油价的下行空间,同时美元继续走弱也为油价带来支撑。WTI油价收报每桶跌0.39美元至68.53美元,跌幅0.57%,布伦特油价收报每桶跌0.33美元至75.92美元,跌幅0.43%。

汤森路透数据显示,截至8月28日的贸易流通数据预计,伊朗8月原油和凝析油的出口量大约为6400万桶,日均出口量为206万桶。值得一提的是,这是自2017年4月以来,伊朗月度原油和超轻油出货量首次降至7000万桶以下。2018年4月,即美国退出伊朗核协议并恢复对德黑兰的制裁之前,伊朗的原油和凝析油出口量达到9280万桶,平均日出口量309万桶。伊朗原油的主要买家8月均减少进口量。印度从伊朗的进口量从2000万桶减到820万桶;欧洲从2220万桶减到1200万桶;韩国7月以来不再从伊朗进口原油;日本连续两个月减少进口量,减到340万桶。

在美国二叠盆地,页岩油行业可能会面临一些基础设施方面的逆风。但迄今为止,这还没有对产量预测造成重大影响。事实上,美国页岩油公司2018年在增加支出。根据吕斯塔德能源的数据,在2018年第二季度,33家页岩油公司宣布,相对于最初的支出指引,他们的支出总额增加了8%,即增加了37亿美元。

沙特阿拉伯能源部长期顾问易卜拉欣·穆汗纳(Ibrahim al-Muhanna)在挪威斯塔万格(Stavanger)举行的石油会议上表示:"美国目前对伊朗的制裁不大可能彻底终止伊朗石油出口,伊朗甚至无法部分关闭霍尔木兹海峡和曼德海峡。在阻断上述运输要道的行动上,伊朗将会头一个倒大霉,而且任何此类行动都将引发对伊朗的进一步制裁。通过霍尔木兹海峡的石油规模巨大,每天超过1800万桶,大约占全球海上石油贸易的2/3。这意味着切断该海峡的石油通道将导致石油供应急剧短缺,推动油价飙升,伊朗有能力或有意愿完全关闭、甚至部分关闭霍尔木兹海峡或曼德海峡,或二者同时?答案是否定的,绝对是否定的,当前的制裁措施不大可能彻底中断伊朗出口。"

2018年8月29日(周三),美国原油库存报告整体利多,同时伊朗原油出口预计因制裁重启而大幅下降,这也加剧了原油供应缺口扩大的风险,从而为油价带来有效提振。WTI油价收报每桶涨1.17美元至69.70美元,涨幅1.71%,布伦特油价收报每桶涨1.77美元至77.69美元,涨幅2.33%。

国际能源署署长比罗尔与印度石油和天然气部长普拉丹会谈后表示:"2018年底前油市可能趋紧的疑虑显然存在,印度及其他主要石油进口国家必须作好准备。由于非常强劲的需求增长和委内瑞拉产量大跌这个重大问题,油市可能会吃紧。过去两年委内瑞拉石油产出下降一半,包括中东国家在内的产油国产量较为脆弱。"

伊拉克国家石油营销组织负责人阿拉亚·亚西里(Alaa al-Yasiri)表示:"欧佩克将在12月讨论,在美国从11月开始对伊朗实施制裁后,产油国能否弥补伊朗石油供应突然下降带来的缺口。伊朗石油出口突然下降将会对油价和市场基本面产生负面影响。很难预测下次欧佩克会议会发生什么,但产油国必须找到办法来弥补市场将失去的伊朗原油供应。下次欧佩克会议的主要问题将是,产油国是否真的已准备好增产来弥补伊朗的份额。"

8月30日(周四),美国原油库存报告利多影响仍在发酵,同时伊朗制裁也继续为油价带来支撑,不过美元反弹限制了油价的上行空间。WTI油价收报每桶涨0.35美元至70.05美元,涨幅0.50%,布伦特油价收报每桶涨0.06美元至77.75美元,涨幅0.08%。

8月31日(周五),贸易争端打压投资情绪,同时欧佩克8月产量预计增加至年内最高,不过伊朗制裁依然限制着油价的下行空间。WTI油价收报每桶跌0.17美元至69.88美元,跌幅0.24%,布伦特油价收报每桶跌0.04美元至77.71美元,跌幅0.05%。

第七节
沙特阿美收购沙特基础工业股权暂停上市

沙特阿拉伯政府最近对沙特阿美首次公开上市打退堂鼓。这不仅是重要的金融事件,也是重要的信息事件,突显了世界石油生产国的消息不透明。据估计,沙特阿美市值为2万亿美元,5%的股份通过首次公开招股的形式出售给公众股东,将意味着首次上市募集资金将高达1000亿美元,创下历史最高纪录,也将为承销此次首次公开募股的幸运投行带来约10亿美元的费用。

然而,沙特阿拉伯政府却寻求通过其他途径获得这笔资金,所有这些预期都已破灭。沙特阿拉伯认为,投资者不愿意为此次公开募股支付沙特阿拉伯期望的那么多钱,原因有很多,其中包括:一是对沙特阿拉伯政权稳定的担忧;二是沙特阿美需向政府支付的高额税款和特许权使用费；三是缺乏多样化，沙特阿美几乎所有的业务都在沙特阿拉伯，因此会受到中东的动荡和冲突的影响；四是沙特阿拉伯是欧佩克成员国，也是世界上最大的摇摆生产国，这导致该国可以根据地缘政治的原因调整产量，而不仅仅是为了公司利润最大化。

作为全球最大的石油公司，沙特阿美此次公开上市需要披露敏感信息，这是该公司自1980年国有化以来的首次公开其内部运作信息，并将导致对该公司石油储量和其他资产的独立核查，这将是揭开国有石油公司内幕的第一步，据估计，各国的国家石油公司石油储量占世界石油和天然气总储量的90%。但也许沙特阿拉伯正在重新考虑沙特阿美公开上市最重要的原因是，沙特阿拉伯政府不愿沙特阿美接受独立审计，自1980年以来的这38年里，沙特阿美的石油储量从未接受独立审计。美国能源信息署和国际能源署等机构都是根据沙特阿美的公开数据以及公允价值来统计其石油储量价值。

根据商业咨询机构品牌金融（Brand Finance）的数据，英国皇室的净资产估计为880亿美元。尽管如此，这个君主立宪制的皇室远不是世界上最富有的皇室（或王室）。之所以这样说，是因为沙特阿拉伯王室资产价值远超英国皇室。沙特阿拉伯家族由15000名家庭成员组成，尽管大部分财富仅由其中的约2000人持有，但估计价值1.4万亿美元，几乎是英国皇室净资产的16倍。

如今，沙特阿拉伯国王萨勒曼是王室最有影响力的成员之一，据称，这位82岁的老国王身价170亿美元，已经将国家的大部分领导权移交给他的儿子和王位继承人——32岁的王储穆罕默德。为了打击腐败，穆罕默德王储2017年就开始"强迫"该国最富有的人把他们的财富交给国家，包括他自己的许多王室亲戚。最终结果是：在《福布斯》排行榜上，从世界亿万富翁年度名单上"删除"了10名沙特阿拉伯人。对此，该国声称通过这次"反腐运动"已经收回了1000多亿美元，但是这个数字无法核实。此外，据《纽约时报》报道，这位王储最近购买了一幅价值4.5亿美元的达·芬奇油画、一艘价值5亿美元的游艇和一座价值3亿美元的法国城堡。他还在伦敦拥有两栋房子，在西班牙南部海岸拥有一幢大院。在接受采访时，穆罕默德王储说他的财务是私事，他不需要为自己所谓的奢华的生活方式道歉。王储说："我是富人，不是穷人。我不是甘地（Mohandas Karamchand Gandhi）或纳尔逊·曼德拉（Nelson Mandela），我是沙特阿拉伯建国前存在数百年的统治家族的成员。我的大部分财富用于慈善事业。我至少51%的钱花在他人身上，只有49%花在自己身上。"

摩根大通数据显示，沙特阿拉伯2018年将会出现650亿美元的资本外逃，占该国国内生产总值的8.4%。尽管这一数字低于2017年的800亿美元，但依然是十分明显的。2018年以来，穆罕默德王储领导的以"2030愿景"为总体纲领、迈向后石油时代的综合改革已经延及女性权益领域，尽管在一定程度上赋予了女性权利，但沙特阿拉伯政府的缓慢变革仍招致萨马尔·巴达维（Samar Badawi）为代表的女权主义者的批判，使得王储有关妇女权益方面的改革面临进退维谷的局面。

而由于人权问题,沙特阿拉伯与瑞典以及加拿大等国所产生的外交危机,也加剧了国内的不安定局面,使得市场对于"2030愿景"的前景产生了质疑。基于此,资本开始选择逃离这个国家。这将对沙特阿拉伯的改革产生直接的影响,同时资金的缺乏也将逐渐渗透到原油生产领域。尤其在当前沙特阿拉伯的闲置产量逐渐压缩的情况下,想要进一步释放产能需要资金的支撑,因此沙特阿拉伯想要增产至美国所期望的产量目标显然是难上加难。

2018年8月22日,路透社报道,沙特阿拉伯已经叫停了沙特阿美国内以及国外首次公开募股计划,并解散了顾问公司。沙特阿拉伯将把注意力转移到收购当地石化产品制造商沙特基础工业公司的"战略股权"上。叫停首次公开募股的决定已经做出一段时间了,但没有对外披露,所以对外的说法也就变成了"先推迟,再喊停"。路透社这则消息引起市场轩然大波,不过随后,沙特阿拉伯能源大臣法力赫声明表示:"没有这回事!"

沙特阿美叫停上市,这对沙特阿拉伯王储穆罕默德的公信力是一大打击,但他强化经济的改革大计仍有其他筹资途径。穆罕默德曾宣称,沙特阿美在国际股市挂牌,将协助开启沙特阿拉伯的开放文化,提高对外国投资者的吸引力。穆罕默德2016年宣布"2030愿景"计划时,带来一股动能,将他推升至沙特阿拉伯权力高层,如今沙特阿美首次公开募股遭搁置的决定,令外界质疑整个流程的管理及更广泛的改革计划,也让改革动能减弱。

新加坡拉贾拉特南国际研究学院(Rajaratnam School of International Studies)资深研究员詹姆斯·多尔西(James Dorsey)表示:"问题在于拖延的时间越久,拖延的原因及问题点在哪里越不明朗,信心就会受到越大的打击。穆罕默德王储很会创造预期,但管控预期上就没有这么好。"宏利资产管理(Manulife Asset Management)驻伦敦资深新兴市场分析师理查德·西格尔(Richard Segal)表示:"必须就整体来看这个改革进程,而且还会历经数年的时间,但考虑到首次公开募股的承诺是这么高调,这将会对其整体信誉造成负面观感。"

一位前资深西方外交官称:"沙特阿美首次公开募股本应成为沙特阿拉伯全球透明度新高的一个例子。但可能因为太多的事情发生,解释的又太少,看起来他们在透明度方面变得更糟。"但一些银行家表示,改革计划远比沙特阿美上市要宏大,尽管可能存在政治影响,但很多变革仍可能继续进行,甚至加速。

沙特阿拉伯曾希望为沙特阿美吸引2万亿美元的估值,尽管一些外部分析师认为其价值只有该数额的一半。随着沙特阿拉伯推迟就沙特阿美首次公开募股的关键部分做出决定,包括在海外哪个地方上市,外界对沙特阿美首次公开募股的疑虑已持续数月。当熟悉这一进程的人士2018年早些时候表示,沙特阿美将首先在国内交易所塔达武尔挂牌，并推迟国际上市，外界的疑虑越来越深。

沙特阿美此前雇佣摩根大通、摩根士丹利以及汇丰银行作为首次公开募股的全球协调人，莫里斯（Moelis & Co）和永核（Evercore）作为独立顾问，伟凯律师事务所作为法律顾问。但沙特阿美从未任命过正式的审计师。沙特阿美曾设立用于支付顾问咨询费的预算，直至6月底，这项预算已经不再更新。沙特阿美已让相关顾问进入待命状态，首次公开募股并未被正式取消，但取消的可能性大于实施的可能性。除估值问题外，沙特阿拉伯官员与顾问们在选择海外上市地点方面的分歧也拖慢了首次公开募股筹备进度。

沙特阿美现在专注于收购沙特基础工业的股份，这在一定程度上解释了为什么沙特阿美的交易顾问被搁置一旁。不过，熟悉这一进程的消息人士称，沙特阿拉伯王储仍想在未来某个时间令沙特阿美上市。由于油价已反弹至逾每桶70美元，减轻了沙特阿拉伯的财政压力，因此首次公开募股现在不那么紧迫了。

2018年8月23日，沙特阿拉伯能源大臣法力赫发表声明，否认了路透社有关沙特阿拉伯国家石油公司上市计划喊停的报道。法力赫在声明中称："政府仍然致力于根据政府选择的适当条件和适当时间，进行沙特阿美的首次公开发行。这一时机将取决于多种因素，包括有利的市场环境以及公司在未来几个月将要进行的下游收购。"

法力赫在沙特阿美8月发布的2017年财报中称，沙特阿美"继续为上市做准备，这是公司及董事会兴奋期待的里程碑事件"。该项首次公开募股的最终决定权在于沙特阿拉伯王储穆罕默德，王储仍希望在未来的某个时候将沙特阿美上市。

沙特阿美首席执行官纳塞尔2018年早些时候说，沙特阿美准备在2018年下半年公开募股，但正在等待政府选择一个交易所。《华尔街日报》报道说，迟迟不能做出决定打乱了这一进程。据路透社7月报道，沙特阿美正寻求从本国最大主权财富基金——沙特阿拉伯公共投资基金（PIF）处收购沙特基础工业。这笔交易将给沙特阿拉伯公共投资基金注入数以百亿美元计的资金，使其获得所需资源来推进创造就业并使沙特阿拉伯经济更加多元化的计划。沙特阿美最初计划在2018年底上市，其中一个主要目的就是为沙特阿拉伯公共投资基金筹集资金，使该基金成为沙特阿拉伯经济转型的引擎。既然沙特阿拉伯公共投资基金将拥有更多资金用于投资，现在就没必要首次公开募股了。

沙特阿美在7月证实了媒体的报道，称已经与公共投资基金进行了洽谈，以获得沙特基础工业的"战略性股权"。该基金拥有沙特阿拉伯基础工业70%的股份。沙特阿美表示，此举将符合沙特阿美实现高价值业务多元化的战略，包括将原油提炼成燃料，并将副产品加工成诸如塑料等石化产品。沙特阿美目前专注于从该国庞大的储量中生产原油。

《华尔街日报》称，沙特阿美可能取消上市的主要原因包括：沙特阿拉伯领导人不再将首次公开募股视为募集资金的唯一方式。自沙特阿美表达上市意愿以来，油价已经翻倍，让沙特阿拉伯获得了更多的现金。此外，沙特阿拉伯已经通过向外国投资者出售国债获得了数十亿美元的资金。近期沙特阿拉伯股市又被纳入明晟（MSCI）新兴市场指数，预计将给沙特阿拉伯带来数十亿美元的额外投资。

穆罕默德在2016年1月首次公开了沙特阿美的上市计划，当时他还是沙特阿拉伯的副王储。这一计划出现在油价暴跌的低谷期，当时原油期货从每桶100美元以上跌至不到30美元。油价暴跌使沙特阿拉伯的预算陷入赤字，最终迫使该国在24个产油国之间协调减产。沙特阿美的首次公开募股是穆罕默德雄心勃勃经济计划中重要的一环。他曾表示，该公司价值2万亿美元。照此计算，如果沙特阿美发售5%的股份，则会融资创纪录的1000亿美元，远远高于阿里巴巴2014年创纪录的250亿美元。

然而，40年来，沙特阿美的财务状况一直是全球商界最大的秘密之一，只有极少数公司高管、政府官员和王室成员知道。一些石油行业高管、顾问和分析师，包括投资银行伯恩斯坦和能源咨询机构吕斯塔德能源，都对2万亿美元的估值提出了质疑，认为1万亿~1.5万亿美元可能更加现实。

沙特阿美上市计划被搁置，还有一个重要原因是沙特阿拉伯国王萨勒曼介入了此事。做出这项决定前，国王曾与家族成员、银行家以及沙特阿美前首席执行官等石油行业资深高管会谈。这些会谈在斋月期间进行，斋月于6月中旬结束。参与会谈的人士向国王表示，首次公开募股将损及沙特阿拉伯，远谈不上给国家带来帮助。他们的主要担忧在于，首次公开募股将导致沙特阿美的财务细节被全面公开披露。6月底国王向其行政办公室发布命令，要求取消这次首次公开募股。内部人士称，国王的决定是最终决定。"一旦他说了'不'，就没有商量的余地了。"沙特阿拉伯政府是沙特阿美的股东，国王萨勒曼已经将该公司首次公开募股的管理工作委托给了王储和包括能源、财政和经济大臣在内的一个委员会。因此，围绕该公司首次公开募股的性质和时间将由该委员会决定，由政府批准。

除估值问题外，沙特阿拉伯官员与顾问们在选择海外上市地点方面的分歧也拖累了首次公开募股筹备进度。纽约、伦敦和香港证券交易所成为沙特阿美上市的主要竞争者。但穆罕默德王储倾向在纽约证交所上市，但市场观察人士质疑，以保密性闻名的沙特阿美能否达到纽约证券交易所严格的透明度标准。

8月27日英国《金融时报》报道称，根据沙特阿美与沙特阿拉伯政府达成的特许权协议，沙特阿美对该国石油的勘探和开发时长将限制在40年以内，而此前的合同规定时长为永久性。不过，沙特阿美的续约选项仍旧留存。这意味着沙特阿美将失去永久性专属原油开采权。沙特阿拉伯能源大臣兼沙特阿美董事会主席法力赫表示，已达成的全新特许权协议是沙特阿美首次公开募股进程中的一部分。内部人士称，此举是沙特阿拉伯为沙特阿美上市所做准备的一部分，旨在使沙特阿美与沙特阿拉伯政府的关系正式化。

由于对全球经济健康状况和中美贸易争端的担忧，新兴市场的石油需求成为8月油市关注的焦点。土耳其的里拉危机引发新兴市场货币下滑，这可能会削弱2018年的石油需求。2018年夏天早些时候，国际货币基金组织警告称，经济下行风险正在加大，这是一个相当有先见之明的预测。从供应的角度来看，伊朗石油产量下滑的问题显得尤为突出。

不过，沙特阿拉伯仍控制着石油市场。牛津能源研究所在一份报告中写道："虽然贸易战的担忧将继续影响市场情绪和油价，但欧佩克最近的变化，尤其是其主导者沙特阿拉伯的石油产出政策，对油市平衡和油价产生了重要的冲击。"

沙特阿拉伯在 2018 年前几个月坚称，随着石油库存稳步下降、石油市场正朝着"再平衡"的方向发展，但还有更多工作要做。沙特阿拉伯官员一再坚持 2018 年底前不会改变"欧佩克+"协议，将继续专注于降低石油库存。然而，特朗普政府退出伊朗核协议以及重新对伊朗实施制裁，这引发了人们对伊朗石油供应出现大规模中断的担忧。市场突然变得非常紧张。就在 6 月欧佩克会议召开前几周，美国政策变化起到了决定性的影响。油价在 4 月和 5 月大幅上涨。因担心出现新一轮的"欧佩克+"供应，油价在 6 月暂停上涨，随后在月底升至高点。

4 月油价大幅上升在主要消费国之间引发的焦虑情绪、短期供应前景的变化、俄罗斯推动增加产量、美国向沙特阿拉伯施压要求采取行动限制油价上涨，这些因素都导致沙特阿拉伯的石油政策出现修正。沙特阿拉伯官员不再谈论限产重新平衡市场，而是开始向市场参与者发出信号，表明沙特阿拉伯将采取"必要措施"，填补伊朗、委内瑞拉和利比亚的任何石油供应缺口。

沙特阿拉伯的政策转变对市场产生了重大冲击。在欧佩克会议召开之前，沙特阿拉伯早就提高了石油产量。6 月，沙特阿拉伯石油日产量跃升至 1048.9 万桶（沙特阿拉伯上报欧佩克数据），较上月增加了 45.9 万桶。大部分的增产发生在沙特阿拉伯知道"欧佩克+"会议的结果之前。一些海湾国家的盟友，如阿联酋和科威特，加上俄罗斯，在 7 月都增加了石油产量。

牛津能源研究所在报告中写道："海湾合作委员会核心产油国和俄罗斯的产量增长之时，正值市场不需要额外的石油供应之际，虽然市场对石油供应中断的担忧有所上升。伊朗的石油供应尚未减少，利比亚也恢复了部分中断的石油生产。美国 6 月轻质低硫原油出口也大幅增长。有趣的是，沙特阿拉伯提供了额外的轻质原油，而亚洲炼油商则在寻找更重的混合原油。额外供应压低了布伦特原油价格，并将合约期限结构转换为期货溢价。"

石油供应的突然激增有助于解释为什么沙特阿拉伯 7 月退出增产。沙特阿拉伯的石油日产量从 6 月的 1048.9 万桶降至 7 月的 1028.8 万桶（沙特阿拉伯上报欧佩克数据），每天减少 20.1 万桶。更重要的是，早些时候有媒体报道称，沙特阿拉伯的最初计划是在 7 月将日产量继续提高至 1080 万至 1100 万桶，这使得限制石油产量的决定更加引人注目。就像各种报告所显示的那样，如果沙特阿拉伯 7 月将日产量提高至 1080 万桶，那么布伦特油价将跌破每桶 70 美元。

一些看多油价的人士认为，7月沙特阿拉伯决定削减石油产量，这是该国希望油价上涨的一个迹象，油市即将面临供应短缺成为新闻头条的情况下尤为如此。但是，牛津能源研究所争辩称，沙特阿拉伯并不是在追求更高的油价，而是在7月通过限制产量来捍卫价格底线，因为该国意识到石油供应比通常认为的要强劲得多。结果是，油价出现一定反弹，而对石油需求的担忧已将布伦特原油价格压低至每桶70美元的低点，将WTI原油价格压低至每桶65美元左右。沙特阿拉伯继续对石油市场施加广泛影响，继续调整其生产水平，以保持价格稳定。更具体地说，沙特阿拉伯政府的目标油价范围似乎在每桶70～80美元。牛津能源研究所认为，沙特阿拉伯的产出政策继续是影响未来几个月油价的主要因素。

但随着美国要求沙特阿拉伯增加原油产量以弥补伊朗原油产量的缺口，油价已经出现了明显的回落。此前沙特阿拉伯曾表示希望油价能够维持在每桶80美元上方，这是因为只有当油价维持在这一价格水平上方时，沙特阿拉伯才能真正实现财政收支的平衡。随着美元进一步走强，这一目标正变的遥遥无期，因此沙特阿拉伯希望通过抢占市场份额来扩大收入的来源。

除了利用闲置产能扩大产量外，沙特阿拉伯首次调整了数十年来销往亚洲原油的计价公式，以反映亚洲市场的状况，这意味着沙特阿拉伯将不再以减产作为既定的目标，这进一步降低了沙特阿美上市的可能性。沙特阿拉伯原油产量将根据市场发展而上升和下降，不论美国页岩油、伊朗制裁、贸易战、货币危机或任何其他潜在的影响因素，沙特阿拉伯仍然对短期油价有着最大的控制权。

作为伊朗在中东地区的主要竞争对手，沙特阿拉伯一直支持特朗普退出伊朗核协议、重新实施对伊朗制裁。这种支持不仅仅是出于意识形态或宗教方面的考虑，也有纯粹的经济动机，即伊朗出售的原油越少，市场从沙特阿拉伯购买的原油就越多。

然而，伊朗并没有这么轻易放弃。毕竟，在接下来的几个月里，最严厉的制裁措施将会生效。标普全球普氏在对欧佩克的分析报告中指出，这场战争的第一枪已经打响：沙特阿拉伯降低了除美国以外的所有客户的石油价格。伊朗也做了同样的事情，并表示如果其他产油国威胁到其市场份额，就准备做更多的事情。事实上，来自政府和军方高级官员的声明表明，伊朗已经准备好了要关闭霍尔木兹海峡。

欧佩克内部的裂痕正在加深，而且可能进一步加深，因为沙特阿拉伯和伊朗是不会轻易讲和的。沙特阿拉伯可以提高产量，其拥有欧佩克总闲置产能的最大份额。伊朗并没有真正的能力这么做，因为随着11月4日制裁措施的临近，出口已经在下降，而且预计还会进一步下降。然而，伊朗已经明确表示，不会停止出口石油，而中国已经明确表示不会停止购买伊朗石油。意料之中的是，中国和印度正逐渐成为沙特阿拉伯和伊朗争夺原油市场的战场。尽管印度已表示将努力遵守美国的制裁，但中国的说法恰恰相反。因此，印度可以增加沙特阿拉伯的石油进口，但中国是否会这样做将取决于价格。

沙特阿拉伯和伊朗之间的价格战可能会有效地终结欧佩克。伊朗已表示强烈反对沙特阿拉伯能源大臣法力赫提出的成员国配额产量的重新分配，并称这将威胁到其市场份额。

2018年以来油价已经出现了较大幅度的上涨，因欧佩克的减产协议使得经合组织的原油库存水平降至5年平均水平下方。尽管沙特阿拉伯主导了欧佩克，但是减产协议能够成功，有一个不能忽视的关键因素，那就是俄罗斯主导非欧佩克产油国的努力。2018年早些时候，沙特阿拉伯王储穆罕默德表示，将致力于寻求和俄罗斯构建永久合作伙伴关系。沙特阿拉伯甚至想要扩大欧佩克产油国的范围，将俄罗斯也纳入欧佩克的体系中。

但是，俄罗斯和沙特阿拉伯的关系并非想象的那样进入了甜蜜期，在叙利亚问题上两国之间存在着不可忽视的分歧。俄罗斯支持叙利亚阿萨德政府，并在叙利亚拥有驻军。而沙特阿拉伯则竭力想要推翻阿萨德政府以及其背后的援助势力——伊朗。此外，沙特阿拉伯和美国则存在数十年的盟友关系，因沙特阿拉伯想要称霸于中东必须获得美国的支撑，但是在原油生产和出口领域两国之间的分歧明显。沙特阿拉伯不断推迟沙特阿美的首次公开募股工作，实际上是享受当前高油价所带来的收益，因此沙特阿拉伯短时间搁置了对沙特阿美首次公开募股的大肆宣传。而目前美俄之间在叙利亚问题上的分歧正在扩大，这意味着沙特阿拉伯必须在俄罗斯和美国之间做出选择，是获得持久稳定的国际支持，还是和俄罗斯合作进一步加强对于油市的主导，这也将很大程度决定油市的后期走向。

特朗普近几个月一直反对高油价，一方面是为了避免通胀加剧，伤害美国经济；另一方面美国目前市场份额有限，产能遇到瓶颈，原油出口商也不能从高油价中获益最大，高油价反而便宜了俄罗斯和欧佩克国家。

尽管美国和俄罗斯、沙特阿拉伯处于三分天下的态势，但随着沙特阿拉伯与俄罗斯联合，且俄罗斯不断扩大在欧洲、亚洲的市场，油市定价权正在被俄罗斯夺取。曾几何时，欧佩克是最大的原油卖家，但目前沙特阿拉伯基本架空欧佩克，转投俄罗斯；欧佩克的其他国家比如伊朗正遭遇美国施压，在原油市场影响力日渐降低。而俄罗斯，一方面和欧洲开展了北溪2号天然气管道项目，增加在欧洲影响力；另一方面，趁着中美贸易争端升级的时机，将能源更多卖到中国。

第八节
伊朗原油制裁在即沙特阿拉伯想大捞一把

2018年9月3日（周一），伊朗制裁带来的提振效果仍在发酵，即便欧佩克正在稳步增产，不过美元企稳暂时限制了油价的上行空间。WTI油价收报每桶涨0.22美元至

70.10 美元，涨幅 0.31%，布伦特油价收报每桶涨 0.30 美元至 78.01 美元，涨幅 0.39%。

阿曼石油和天然气大臣鲁姆希表示："我认为在 2018 年余下的时间里油价应该会稳定在每桶 70 美元至接近 80 美元的区间，或者说每桶 70 多美元到接近 80 美元的水平。因为这是所有与欧佩克合作的国家的愿望，为市场提供足够的原油，以确保消费者不会受到影响，我们认为目前的价格是合理的。目前的原油价格维持在每桶 70~80 美元范围内，将能够使我们维持投资、继续维持业务运营，以保证我们的未来比油价处在每桶 30 多美元和 40 美元时更加光明。"

当被问及是否同意分析师对油价可能升至每桶 90 美元的预期时，鲁姆希回答说："我不这么认为。"鲁姆希驳斥了有关伊朗原油从市场上消失可能影响全球石油供应的担忧，他说："我们的一些邻国已经向我们保证，如果需要的话，他们有能力增加产量。"相反，他认为，鉴于中国与美国的贸易问题，中国对石油的需求可能会下降，这可能会受到更大的关注。

伊朗目前原油出口下滑速度超预期，在美国可能发起第二轮制裁前，情况将更糟。市场对供应紧张迫在眉睫的担忧正在升温，美国对伊朗原油出口的制裁最终将导致市场收缩的观点，支持了油价。目前来看，限制伊朗石油出口的压力主要来自以下几个方面。

一是买家担心受到美国的二次制裁，尤其是美国的盟国以及在美国开展业务的公司，如法国、韩国已经将伊朗原油进口降至零，而国际石油公司的业务是全球性的，而且公司的部分股东也来自美国，一旦受到美国的二次制裁将会得不偿失，所以像道达尔类似的企业选择退出了伊朗。在美国正式对伊朗进行第二轮经济制裁的情况下，欧洲、希腊、韩国、日本等国的油轮将大概率不再运输伊朗原油，伊朗原油出口将继续下滑。

二是由于美国制裁，船东与保险公司不再对伊朗原油出口提供航运与保险服务，这对伊朗石油出口的影响最为致命。为了维持出口量，伊朗从 7 月开始全部使用自家油轮（伊朗国家石油与伊朗国家航运——IRISL）运送对中国与印度出口的原油，并采用 DES 条款。DES（Delivered Ex Ship 的简称）为国际贸易术语，是指在指定的目的港，货物在船上交给买方处置，但不办理货物进口清关手续，卖方即完成交货。DES 交货贸易术语卖方必须承担货物运至指定的目的港卸货前的一切风险和费用。

2018 年 1—8 月，伊朗原油出口有 50% 由伊朗国家油运的油轮运输，目前伊朗国家油运共拥有 39 艘超大型（VLCC）油轮，9 艘苏伊士型（Suezmax）油轮和 5 艘阿芙拉型（Aframax）油轮，8 月，伊朗国家油运完成的原油日运输达到了 118 万桶，每日百万桶量级水平已经接近伊朗国家油运的最大运输能力。如果未来需要启用浮仓囤油，运力明显不足。

三是美国限制伊朗使用美元以及银行结算系统，考虑到美元在全球结算货币的地位，这使得伊朗石油买家在信用证开立、付汇结算等环节中面临重重困难，不过考虑到中国与伊朗可以使用人民币作为结算货币，让这方面的压力大大降低，也是伊朗对中国出口保持稳定的重要基础，另外在2012—2016年制裁期间，伊朗通过与俄罗斯进行石油换商品的方式变相避开美国制裁，但对于其他大部分买家来说，金融上的制裁使得进口伊朗石油的难度剧增。

目前来看，欧洲、印度、日本还各有20万～40万桶不等的伊朗原油日进口量，主要原因是各国仍在争取11月4日第二阶段制裁到来之前申请到美国方面的豁免，但美国对伊朗鹰派态度仍在不断加强，美伊双方谈判依然毫无基础可言。因此，目前各国去争取到豁免的可能性似乎不大。

因此，考虑到美国不给任何国家进行豁免的前提下，11月以前，伊朗原油出口量可能还有100万桶的日下降空间（印度40万桶、欧洲40万桶、日本20万桶），届时这些国家需要寻找其他替代油种来满足需求，而美国方面虽然也有能力出口，但主力出口油种为轻质低硫原油，美国墨西哥湾虽然也有马尔斯（Mars）、SGC（Southern Green Canyon，南部绿色峡谷）等中质含硫原油，但产量有限，并且还需要先满足当地炼油厂的需求，因此在油种品质上做不到完美替代。

伊朗国内的金融已经显现出危机模式，自2018年5月美国宣布对伊朗实施制裁以来，伊朗货币里亚尔兑美元的汇率一泻千里。显然伊朗的国民已经从上次的制裁当中汲取了教训，这次制裁尚未全面开启，伊朗的金融已近崩溃。伊朗经济从美国的制裁中受到的冲击越大，伊朗采取极端报复的概率也在不断上升。在未来几个月内，伊朗制裁仍将会在一定程度上支撑油价。

巴克莱银行称，自2017年以来油市已经发生了变化，当时围绕供应增加的担忧更加明显。原油价格短期内可能触及每桶80美元或更高，但尽管如此，2019年全球供应可能超过需求。纽约能源对冲基金阿盖恩资本创始合伙人基尔达夫表示，在以伊朗遭制裁被禁运为首的多重利多因素推动下，美国原油数个月内将会再上涨30%，升至每桶90～95美元区间，而这一价位是自2014年以来所未见的。全球能源市场供给是大势所趋，而伊朗断供的影响力极有可能超出大多数人的预期，因此绝不可等闲视之。若伊朗损失100万桶以上的国际日出口供给能力，那么油价每桶跳涨15美元，也只是保守的估计。除此之外，美国强劲的经济表现带来的旺盛需求，也是推动油价上行的另一重要因素。在生产和就业活动高涨的推动下，对石油燃料的需求也将继续水涨船高。基尔达夫表示："那些将会流失的伊朗原油真的会对市场带来伤害。在我看来，这真的会产生影响，并对价格带来上行压力。"

出于对估值和监管方面的担忧，沙特阿拉伯最近搁置了出售国有能源巨头沙特阿美5%股份的计划。到目前为止，沙特阿拉伯塔达武尔是沙特阿美唯一确认上市的交易所。2018年9月4日（周二），沙特证券交易所（Saudi Stock Exchange）首席执行官侯山（Khalid Abdullah Al Hussan）表示，该交易所能够很好地应对沙特阿美首次公开募股所带来的压力。沙特阿美的上市计划是全球有史以来规模最大的首次公开募股。侯山称："我认为，沙特证券交易所将继续开发其市场，为沙特阿美和其他事务做好准备。"

沙特证券交易所将在2019年上半年推出交易所交易衍生品。9月4日，全球指数提供商摩根士丹利资本国际（MSCI）表示，已与塔达武尔达成协议，共同推出可交易指数。交易所交易衍生品是一种在受监管的交易所进行交易的金融工具，其价值是以另一种资产的价值为基础。沙特证券交易所首席执行官侯山表示："这样做的好处是，基本上能提供更多元化的产品，特别是针对机构投资者发行的产品。资本流入取决于这些资产的吸引力，这基本上就是加速发行衍生品的原因。"

在摩根士丹利资本国际6月将沙特阿拉伯股市正式列为新兴市场股市后，就宣布了一项可交易指数。外界普遍预计，沙特阿拉伯股市被纳入新兴市场指数后，将吸引数十亿美元的被动资金。

2018年9月5日（周三），据业界人士透露，沙特阿拉伯将乐于见到原油价格维持在每桶70~80美元区间的状况，因为这样一方面可以满足其收入利益最大化结果，另一方面也可以确保在美国中期选举之前油价不至于上涨得过高，从而令远期需求前景也得到持稳。不过，由于伊朗被制裁禁运前景可能进一步冲击油市供给，过高的零售油价将打击消费和投资信心，美国总统特朗普此前已经敦促沙特阿拉伯等国增产稳价。而除了沙特阿拉伯之外，其他欧佩克国家也对当前油价水平表示认可，并普遍认为油价上行突破每桶80美元的空间不大。这与市场人士预期大相径庭，后者认为原油有可能飙涨至每桶95美元的水平。

2018年以来原油成为表现最好的大宗商品之一。由于美国贸易保护政策的影响，新兴市场的经济增速放缓，本应抑制石油需求，然而油价却始终坚挺，大致与三个因素有关。一是美国极限施压效果显著，伊朗出口产量下降快于预期；二是局部供应中断风险增加，对抗这一问题只能依靠美国、沙特阿拉伯、俄罗斯的联手增产，但是美国和俄罗斯的产量分别受到了管道瓶颈和富余产能不太多的限制，即使联手也难挽回大势；三是沙特阿拉伯阳奉阴违，需要油价上涨。

就伊朗原油出口量来看，印度已经通知炼油厂，在11月4日之后将不再提供欧元支付途径，尽管当下印度还可能做一些擦边球的动作，但是寻找替代供应商刻不容缓。日本海运商通知客户，可能从9月以后不再运输伊朗原油。韩国则退出了伊朗精炼油的头号买家行列。伊朗国家石油预计，9月伊朗原油日出口量将从6月约230万桶降至150万桶左右。一位分析师直言，在美国8月对伊朗实施第一轮制裁后，伊朗的石油出口量就开始显著下滑，预计2018年日均出口量将较2017年减少150万~170万桶。

俄罗斯能源部9月2日发布数据，8月俄罗斯原油日产量1121万桶，与上个月几无变化。此外，俄罗斯8月出口原油日产量上升1.9%，达555万桶。换言之，俄罗斯可能没有太多富余产能，只能牺牲国内石油份额来扩大出口。

沙特阿拉伯经济改革需要高油价，回应美国增产也只是在口头上承诺会根据市场需求适当增产。当特朗普高喊美国汽油价格过高时，沙特阿拉伯尽管主动第一时间呼应增产，松绑了减产协议，但从另一方面来说，沙特阿拉伯是有私心的，在油价问题上他们不希望任何人插嘴，需要更多的资金。沙特阿拉伯方面可能没有具体油价的目标，但他们肯定不希望油价跌破每桶 70 美元，因此每桶 70~80 美元的区间都是合理的，基本和其他欧佩克成员国意见统一，阿尔及利亚就曾表示油价在每桶 75 美元是合理的。

在此背景下，沙特阿拉伯更有可能定期微调产量来影响原油成本价格，并基于客户需求制定生产计划。沙特阿拉伯没有过多增产可能暗示了石油需求尚未达到预期程度。另外，虽然说美国曾口出狂言要在 11 月后将伊朗石油出口降至零，但实际是很难做到的，并不是所有国家在伊朗石油进口的计价上都用欧元、美元，而且美国也没有把话说死，可能考虑豁免部分国家进口伊朗石油的权利，这恐怕也是沙特阿拉伯顾虑的一个因素。

2018 年 9 月 6 日（周四），美国国务卿蓬佩奥和美国国防部长马蒂斯正在新德里与印度官员进行谈判。蓬佩奥表示："华盛顿将考虑向印度等伊朗石油进口方给予豁免，但他们最终必须根据对伊朗制裁措施停止进口伊朗石油。部分伊朗石油买家可以用一点时间来解除与伊朗的贸易。我们将考虑在适当情况下给予豁免，但我们期望每个国家购买伊朗原油的数量能归零，否则将予以制裁。因此我们将和印度一起研究，我们保证会那么做。许多国家的情况可能要花一些时间来解除与伊朗的贸易，我们将跟他们合作，我相信会找到合理的结果。如果用美国石油来代替伊朗石油，美方将很乐意。但我们的使命是要确保伊朗不能以来自世界上其他国家的财富来从事恶意行为。这是制裁的目的。"

9 月 7 日（周五），对冲基金 RCH 能源（RCH Energy）投资策略师罗伯特·雷蒙德（Robert Raymond）表示："2018 年 5 月，油价自 2014 年以来首次触及每桶 70 美元以来，就一直处于区间震荡之内，但现在的情况看来，未来将很快突破这一区间，未来油价即将上涨！每桶 70 美元的油价，确实，石油市场已经实现了某种程度的复苏。石油市场最大的问题就是供需不平衡！随着需求保持强劲，全球石油库存已降至接近关键水平。欧佩克的闲置产能低于全球总需求的 3%，毫无疑问，较低的闲置产量限制了欧佩克应对油价飙升的能力。原油市场的下一步行动还取决于特朗普对于贸易争端的情况。随着我们对全球需求的变化越来越清楚，在某种程度上，未来油价或与华盛顿的关税有关，我认为未来应对油价的举动还得看它。未来特朗普如果以相对友好或健康的方式，解决其中一些问题，那么全球需求曲线就会保持一致，那么我们认为，在进入 2019 年乃至更高的价格之际，石油市场将面临真正的风险。"

在特朗普封锁伊朗原油，要求其他产油国增产的同时，沙特阿拉伯频频遭到也门胡塞武装的袭击。9 月 10 日（周一），也门胡塞武装借伊朗媒体渠道宣布，其在本周一顺利地完成了对沙特阿美一处设施的袭击，而在上周六（9 月 8 日），该组织还袭击了沙特阿拉伯海军的一艘护卫舰。特朗普本来就赶着在中期选举之前降低油价，多次指责欧佩克办事不力。如今，沙特阿拉伯原油生产再次受到影响，进一步推高油价，对特朗普来说，是无法接受的。但是，也门胡塞武装的袭击似乎救了伊朗原油出口。也门胡塞武装多次袭击沙特阿拉伯，一旦沙特阿拉伯反击，冲突局势升级，将会对整个中东的原油开采和运输造成极大的影响。届时，特朗普就无暇顾及那么多，拯救原油供应都来不及，哪会去管伊朗原油出口。

有消息称，欧佩克和非欧佩克产油国联合技术委员会将在9月17日讨论有关分配每日增产100万桶原油的建议。在欧佩克6月决定放宽减产后，这是令人神经紧张的议题。沙特阿拉伯表示，该决定预示在产油国之间重新分配增加的产量，从无法增产的国家分配给沙特阿拉伯等有能力增产的产油国。伊朗一直反对6月的决定，该决定是受到来自美国总统特朗普敦促降低油价的压力。这次磋商将着眼于各种机制以达到所要求的产量水准。如果得到解决，磋商可能缓和欧佩克内部的紧张关系。关于如何分配这些增产份额，一共有四种建议，分别由伊朗、阿尔及利亚、俄罗斯和委内瑞拉提出，这表明不会轻易达成一致。其中一个建议是，参与国按比例分配增产份额，但该建议不太可能获得俄罗斯和沙特阿拉伯的支持，因为这将使俄罗斯和沙特阿拉伯的日增产规模低于二者分别希望的30万桶和40万桶。

美国能源部长佩里和沙特阿拉伯能源大臣法力赫在华盛顿举行会谈，特朗普政府希望在实施新一轮伊朗制裁前能够得到主要产油国增产的承诺。佩里还计划在周四（9月13日）和俄罗斯能源部长诺瓦克在莫斯科举行会谈。

鉴于美国总统特朗普一再呼吁全球产油国加紧增产来填补伊朗遭受禁运制裁被逐出全球市场后留出的供给空缺。9月11日（周二），欧佩克各国召开特别会议，进一步具体分配伊朗淡出后的产能配额。虽然伊朗方面此前已经对此严正抗议，但是沙特阿拉伯及其海湾盟国想借此"一箭双雕"。一方面向美国交出"投名状"，一方面也趁机增加自身的出口获益。俄罗斯能源部长诺瓦克表示，以欧佩克为首的产油国可能在12月初签署一份新的长期合作协议。

分析师认为，特朗普在中期选举前对油价的打压措施，包括紧急出售1100万桶美国战略原油库存等，都只是为了在选战期间持稳民意而采取的权宜之计。一旦选战得胜，白宫的工作重心就会转移。在年底之际，这将意味着在伊朗断供靴子落地后，油价将释放积攒的利多实现一波靓丽涨幅。

国际海事组织（IMO，International Maritime Organization）要求所有海运船只在2020年1月1日之后将燃料含油比例上限从3.5%下降到0.5%。许多投资者担心这一举措的影响可能蔓延至航运业之外，对油市的供需两端也造成冲击，从而推动油价上涨。高盛却认为，国际海事组织新政的影响力可能已被市场高估。所有远洋船只立刻改用低硫燃油，确实会对原油市场的供给结构造成压力，令高硫原油相对低硫基准原油的贴水扩大。但运输企业仍可以采取加装催化脱硫装置或改用天然气的方式，来规避排气含硫量规定，而不见得需要一窝蜂改用低硫燃油，这意味着油市受冲击仍会有限。相比起全球石油总消耗量，海运船舶用油的比重仍是相对较小的。因此，国际海事组织新规的影响力在经济周期对需求的影响以及地缘局势对供给的影响面前可能不值一提。这注定只是油市价格波动中的插曲，而非主旋律。

国际能源署署长比罗尔表示，预计原油价格将在2018年进一步面临上行压力。其主要依据是：贸易摩擦对全球石油需求增长影响不大，美国原油生产有所受管输瓶颈限制，伊朗、利比亚、尼日利亚、委内瑞拉的原油供应依旧脆弱，全球供应更加紧俏。目前来看，全球石油需求增速所受到的影响在2018年或将并不显著，市场的不确定性依然是来自供应端。短期来看，欧佩克、俄罗斯、美国的增产空间足够弥补伊朗、委内瑞拉的原油供应缺口，但由此带来的闲置产能消耗殆尽，本身就是一种巨大风险。在此情况下，原油市场将对未来的供应问题更加敏感，产油国将缺乏压制油价上行的必要工具。

美国能源信息署发布的报告显示，伊朗的原油日产量8月下降20.2万桶至352万桶，相比4月（美国重启制裁前）日产量下降30.5万桶，显示美国的全面禁运制裁措施在尚未落地之前，已经对该国石油行业造成了持续的影响。普氏能源预计，这将导致该国144万桶日产量的原油和凝析油产品从国际出口市场上消失，这高于外界分析人士之前普遍预计的100万桶左右。

2018年9月12日（周三），俄罗斯能源部长诺瓦克在符拉迪沃斯托克举行的一个经济会议上表示："得益于2016年达成的维也纳限产协议，国际油市已从供应过剩的危机中复苏，但由于地缘政治因素和一些国家产量下降，如今油市仍然脆弱。当然，与此相关的事实就是，并非所有国家都在努力恢复市场和生产。我们观察到墨西哥有这种情况，产量下降到不足2018年预估的一半。委内瑞拉产量在快速下降。这意味着长期来看，市场仍不平衡。那些每天向伊朗购买将近200万桶石油的国家会如何行动，对市场当然也是一大不确定性。那些是欧洲与亚太地区，存在很大不确定性。应该要密切观察情势，做出正确的决定。如果市场过热且价格攀升，一些产油国可能会增产。俄罗斯有在中期内较2016年10月日产量增加30万桶的潜力。欧佩克产油国及包括俄罗斯在内的其他产油国应该在2018年底前就更广泛的合作达成协议，以便新的合作模式从2019年1月1日起生效。"

9月13日（周四），美国能源部长佩里和俄罗斯能源部长诺瓦克在莫斯科举行例行新闻发布会，俄罗斯媒体《今日俄罗斯》主编玛丽亚·菲诺希纳（Maria Finoshina）对佩里说，美国指控俄罗斯利用能源政策作为政治工具，与华盛顿自己威胁要让伊朗石油收入达到零目的之间存在明显的矛盾。与诺瓦克一起与记者交谈的佩里根本不愿讨论这个问题，他更愿意解释，美国只是处于一个独特的地位，它基本上可以将自己的意愿强加给其他国家,而像伊朗这样的国家自然会答应。

佩里说:"我们向伊朗传递的信息是,我们希望他们成为可以接受的国家,社会上可以接受的成员。这不仅仅是华盛顿的意愿,也是伊朗的一些邻国的意愿。沙特阿拉伯是美国在中东的主要盟友之一,也是伊朗长期以来在该地区的主要竞争对手之一。非常支持我们参与的活动,同时发现德黑兰的行为不能接受。我们期望伊朗遵守我们认为是文明的举动。"

对此,诺瓦克回应称:"能源不应被用作对各国施加压力的工具。我相信我们都认为,能源不能成为施加压力的工具,消费者有权自由选择供应商。"诺瓦克暗示,真正对欧洲施加压力的不是俄罗斯。而就在诺瓦克发表上述言论之前,佩里批评了俄罗斯通往德国的天然气管道北溪2号。佩里说这个项目"在浅水区制造一个新的阻塞点,容易受到破坏。"他要求俄罗斯"停止利用其资源进行影响和破坏"。

虽然目前两国的关系比较"敏感",不过这两位官员都表示,尽管困难重重,俄、美两国仍可在能源问题上携手合作。诺瓦克表示,俄罗斯愿意在平等和利益平衡的基础上,寻求摆脱两国关系僵局的途径。诺瓦克进一步解释说:"俄美关系目前并不是最好的时期,但我们两国是保障世界安全的主要能源大国,只有通过共同努力,我们才能满足世界上日益增长的能源需求。"

佩里也表示,两国可以确保能源市场的稳定和能源多样化。因此,作为世界领先的能源生产国——美国和俄罗斯有机会进行合作,以确保市场的稳定和可持续性,并提高能源的多样性。最后,在谈到两国可以合作的领域时,佩里说:"我们还愿与俄罗斯在核安全问题上继续合作,确保核能资源真正用于和平的目的。"

2018年9月14日(周五),伊朗驻欧佩克理事阿德比利称:"美国总统特朗普欲将伊朗石油出口降至零,这简直就是在做梦,因为市场已经紧张,而竞争对手根本无法弥补这一缺口。供应短缺表明华盛顿将无法实现其限制伊朗石油零出口的目标。任何地方都没有多余的产能。"阿德比利对其他产油国能否增加更多石油表示怀疑。在8月他曾表示,美国总统显然被沙特阿拉伯欺骗了,特朗普认为沙特阿拉伯可以取代从市场上削减的伊朗原油。阿德比利说:"特朗普总统似乎被沙特阿拉伯和一些生产商劫持为人质,他们声称,他们可以每天顶替伊朗多产出250万桶石油,这鼓励了他对伊朗采取行动。"

值得一提的是,沙特阿拉伯虽然一方面在帮助特朗普抑制天然气和石油价格,但另一方面沙特阿拉伯也在借此机会重新抢占美国的原油市场。据美国能源信息署的数据,在截至8月31日的当周内,美国从沙特阿拉伯日进口原油4周均值自2017年6月以来首次突破100万桶。实际上,自5月下旬以来沙特阿拉伯的石油增产有近一半是出口到美国的。

美国第二大炼油厂马拉松石油首席执行官加里·海明格(Gary Heminger)表示:"中东原油运往美国的水平已经开始发生变化。中东生产商变得更具有侵略性,他们希望重新夺回美国石油市场，这对他们十分重要。"位于得克萨斯州亚瑟港最大的天然炼油厂，由沙特阿美控制，已经开始再次增加沙特阿拉伯的进口量。2017年该炼油厂削减了沙特阿拉伯的石油摄入量，并且一度进口伊拉克石油的数量超过沙特阿拉伯原油。但最近几个月，这一状况发生了改变。

对于沙特阿拉伯的"小动作"，特朗普暂时还不会怎么样，因为他需要沙特阿拉伯在中期选举之前帮忙抑制油价，但中期选举之后，一向反复无常的特朗普就不知道会怎样对沙特阿拉伯了。

第九节
特朗普怒斥产油国故意炒高油价作为回报

在美国即将对伊朗原油实施禁运制裁之际，伊朗的石油需求减少，两艘装载伊朗凝析油的油轮已经在阿联酋外海滞留一个月左右：这两艘油轮总共装载240万桶南帕尔斯凝析油，自8月以来一直滞留在阿联酋外海。

根据汤森路透艾康的船运和贸易数据，"费利西蒂"号（Felicity）巨型油轮2018年8月初在伊朗阿萨鲁耶港装上凝析油，之后驶往阿联酋的杰贝尔阿里（Jebel Ali）港口，8月7日抵达迪拜附近的往船上转运的区域，此后一直停泊在那里。类似的是，苏伊士型油轮"萨利纳"号（Salina）也在阿萨鲁耶装船，自8月17日以来就滞留在迪拜外海的相同区域。虽然伊朗在8月已经压缩产能，但其产量过剩的状况依旧导致了本国库存爆满，不得不使用海上驳船来储存原油。

虽然目前尚无法估计美国制裁将对伊朗石油行业造成多大损失，但油轮滞留海上在一定程度上凸显了美国制裁对伊朗的压力。与此同时，伊朗8月原油产量及出口量也大幅下滑。据欧佩克月报显示，伊朗8月日产量下滑15万桶至358.4万桶，8月原油日出口量下降41万桶至182万桶，降幅达18.4%。这已是自5月美国重启对伊制裁后连续3个月下滑，并且下降幅度还在扩大。

美国能源部长佩里9月13日在和俄罗斯能源部长诺瓦克的记者招待会上表示，美国的特殊地位使它可以将意志强加给其他国家，而伊朗自然会被迫让步。他指出，给伊朗政府的信息很明确：如果不能以一个理性公民的身份参与各项事务，那么伊朗将会受到制裁，付出代价。

佩里与诺瓦克在莫斯科的会晤，并没有透露如何防止这些制裁措施对市场产生负面影响。但美国能源部发布了一份声明，详细说明会议细节，会上部长们曾讨论过美国和俄罗斯这两个世界顶级天然气和主要石油生产国如何共同努力确保能源市场的稳定性、透明度和可持续性。

美国和俄罗斯正在进入一个向欧洲提供能源的竞争时代。美国反对北溪2号天然气管道项目向欧洲供应俄罗斯天然气，并暗示美国天然气是该地区的替代能源。美国能源部在其声明中说："佩里部长明确表示，虽然美国欢迎俄罗斯在欧洲、亚洲和其他地区能源市场的竞争，但莫斯科不能再将能源作为经济武器使用。美国现在能够为这些国家提供另一种供应来源。"

有消息显示，伊朗9月上半月出口下降超预期，并且该国高官此前放话声称将坚持到底捍卫自身利益。同时，伊朗斥责欧佩克和俄罗斯"背信弃义"，这一度令油市供给忧虑再起。但事实上，在沙特阿拉伯和俄罗斯等国增产意志坚定的预期下，油市供给前景在国际能源署等机构的预测之中仍有望保持增长，反而是需求端可能存在顾虑。

美国对伊朗原油出口的制裁措施将于11月生效，这已经导致伊朗供应降至两年低位。同时委内瑞拉产量下滑和其他地区计划外的供应中断，可能推高原油价格，对消费者构成打击。9月14日，佩里访问莫斯科期间表示："对全球原油产量和油价前景感到乐观，我预计不会大涨。沙特阿拉伯、美国和俄罗斯未来18个月可以增加原油产量，弥补伊朗和其他地区供应的减少。"

一些分析师已对沙特阿拉伯能否长期大幅增产感到担忧，对此，佩里说："沙特阿拉伯发生的情况让我非常肯定，他们有能力维持当前产量甚至增产。科威特和沙特阿拉伯有望能很快地解决边境纠纷，解除封锁通往争议区域一处油田的通道。他们正致力在不远的将来找到解决方案。"至于美国的产量，佩里说："你若是看18个月的话，我想你将发现美国的产量明显上升，因为输送管道正在扩建。"

2018年9月17日（周一），欧佩克和非欧佩克产油国召开联合技术委员会会议，俄罗斯能源部长诺瓦克称："在9月23日阿尔及尔举行的'欧佩克+'部长级会议上，可能会讨论日增产原油超过100万桶的选项。我认为我们有机会讨论形势发展的任何情况，我们需要考虑情况和最便捷的行动。8月，我们的减产执行率是108%。也就是说，我们甚至没有完全恢复生产。我们将讨论这种情况，看看第四季度需求和预计供应量会发生什么，考虑到'欧佩克+'协议国家的行动，也考虑到不属于该协议的国家。"据塔斯社报道，目前已有16个国家被邀请参加。分析指出，此次会议召开将会对如何填补伊朗的原油缺口做进一步的商讨，以沙特阿拉伯为首的产油国或将讨论增产以抢夺伊朗的原油市场份额，这可能会进一步施压油价。

美国总统特朗普9月17日表示，从9月24日开始将对价值约2000亿美元进口自中国的商品征收10%关税，如果中国不在贸易问题上让步，就从2019年1月开始将税率提高逾1倍至25%。特朗普还威胁称，若中国对美国农户或产业采取报复行动，将立即另外对约2670亿美元进口商品征收关税。此消息引发的经济顾虑严重打压了市场对需求的前景，也推动原油价格进一步回落。

近几周来，沙特阿拉伯能源大臣法力赫和其他高层官员在伦敦、休斯敦和华盛顿就石油市场与投资者、交易员和市场参与者进行了讨论。知情人士表示："沙特阿拉伯希望油价维持在每桶70~80美元之间。因为他们需要资金，并想要继续推行沙特阿美首次公开募股计划。"

2018年9月18日（周二），因沙特阿拉伯官员暗示接受油价升破每桶80美元关口，令原油多头信心大增，同时伊朗制裁影响继续升温，油价上行势头有望延续。WTI油价收报每桶涨0.98美元至69.75美元，涨幅1.43%，布伦特油价收报每桶涨0.90美元至78.90美元，涨幅1.15%。

沙特阿拉伯官员表示，他们对布伦特原油价格升至每桶80美元上方并无不满，认为这是市场对伊朗制裁必然做出的调整和反应。欧佩克和俄罗斯已经警告称，由于伊朗是欧佩克第三大原油生产国，因此美国对其实施制裁，必然会令油价走高。同时美国计划在11月初实施第二轮制裁，相信届时油价上行风险将会继续加大。国际能源署此前就曾警告称，如果委内瑞拉和伊朗的出口继续下降，市场可能收紧，油价将出现上涨，并将超过每桶80美元。

欧佩克秘书长巴尔金多在阿联酋城市富查伊拉（Fujairah）举行的一次活动上表示："当你发现主要产油国面临挑战的时候，欧佩克和消费者当然会有担心。鉴于伊朗是一个非常重要的原油生产国与出口国，所以，当这么一个重要的产油国面临困境时，对于全球原油需求国和其他的生产国而言，也都会引起警觉和顾虑。

中国表态将从9月24日开始对美国600亿美元商品征收关税之后，中美贸易局势进一步恶化，此举是对美国近期的2000亿美元商品关税计划的反制措施。中国财政部在网站发布声明称，中国的报复性关税将于9月24日起生效，对从肉类到小麦和纺织品在内原产美国的5000多个税目加征5%或10%的关税。声明中称，中国希望美国停止贸易摩擦，通过对话解决贸易紧张关系。

市场担忧情绪加重，因美国总统特朗普曾表态，如果中国继续反制的话，美国将会对中国额外2670亿美元商品征收关税，这意味着美国的关税计划将覆盖每年从中国进口的大部分商品。美国和中国贸易战的最新一轮升级引发了对全球经济增长和石油需求的担忧。在此之前，美国已经对大约500亿美元中国商品加征25%的关税，并招致中国对500亿美元美国商品的关税报复。虽然特朗普如期出台针对中国2000亿美元出口商品的关税新政，但却留下了"分阶段实施"后手。而中方的报复措施力度也不及预期，因此对需求走低的恐慌并未因此而全面爆发。

欧佩克与非欧佩克产油国将在周日（9月23日）召开联合部长委员会会议，按照当前沙特阿拉伯方面的措辞基调，其进一步大力增产的空间或有限，而这在伊朗即将遭遇全面制裁之际，不可避免地意味着油价将因为供给中断前景而继续走强。沙特阿拉伯对目前全球油价在每桶70~80美元左右感到满意，至少在短期内如此。尽管沙特阿拉伯无意将油价推高至每桶 80 美元以上，但它可能再也无法避免油价上涨。这也暗示沙特阿拉伯可以容忍更高的油价水平，此举被解读为沙特阿拉伯当前并没有过于急迫的增产意愿，于是多头在油市占据了明显上风。

俄罗斯能源部诺瓦克称："目前每桶 70～80 美元的油价是由美国制裁推动的，将是暂时的，不可持久，长期来看，未来油价将跌至每桶 50 美元。每桶 50 美元的油价不是自己臆想的，而是基于俄罗斯石油公司和分析师的预期分析得出的结论。俄罗斯 2018 年日产量将达到 1110.5 万桶，如果石油市场需要的话，莫斯科已经准备好将产量推高到创纪录的水平。俄罗斯有能力在一年内增加 30 万桶的日产量。"但诺瓦克强调："还没有决定利用闲置产能，增产幅度将取决于'欧佩克+'的磋商情况。"

2018 年 9 月 19 日（周三），美国原油库存报告为油价带来了进一步的上升提振，近期沙特官员对高油价的容忍态度以及伊朗制裁的稳步推进已经帮助油价不断走高。WTI 油价收报每桶涨 1.69 美元至 71.44 美元，涨幅 2.42%，布伦特油价收报每桶涨 0.44 美元至 79.34 美元，涨幅 0.56%。

根据相关油轮追踪数据，伊朗的原油日出口量 9 月 1—15 日为 160 万桶，凝析油日出口量为 19.05 万桶，石油日出口量总计近 180 万桶。原油日出口 160 万桶相比伊朗 4 月的峰值 250 万桶下降近 35%。

9 月 20 日（周四），美国总统特朗普再度要求沙特阿拉伯等国压低油价，这令原油多头信心受挫，部分抵消了伊朗制裁带来的利多影响，不过美元走弱限制了油价的下行空间。WTI 油价收报每桶跌 0.64 美元至 70.80 美元，跌幅 0.90%，布伦特油价收报每桶跌 0.63 美元至 78.71 美元，跌幅 0.79%。

继沙特阿拉伯表态对每桶 80 美元的布伦特油价感到满意后，伊朗石油部长赞加内也表示，每桶 80 美元的油价是一个合适的价格，欧佩克及其盟国在 2016 年达成的减产协议已经支离破碎，本周日在阿尔及尔举行的"欧佩克+"部长级会议无权为成员国强加产量协议。赞加内说："减产协议已经不复存在，真的没有协议了。如果欧佩克的决定对伊朗构成威胁，那么伊朗将投否决票。"彭博社指出，赞加内的言论反映出伊朗对于在欧佩克内日益孤立以及对美国制裁的担忧，伊朗认为欧佩克产油一把手沙特阿拉伯正与其他产油国合谋窃取其市场份额。此前伊朗驻欧佩克理事阿德比利曾强调："任何情况下，欧佩克都不应该允许成员国接管其他成员国的石油生产和出口份额，欧佩克部长级会议也没有允许这样的行为。"

9 月 23 日，"欧佩克+"产油国的部长将讨论第四季度供需展望，以及将合作关系延长到 2019 年的可能性。美国总统特朗普又发话了，在社交媒体上抨击欧佩克，要求产油国将油价降下来。特朗普 9 月 20 日在推特发文表示："我们保护中东国家，如果没有我们，他们不会享有很长时间的安全，但他们仍在继续推动油价越来越高！我们会记得的。欧佩克垄断集团现在必须降低价格！"

美国在11月初对伊朗实施制裁后,如何弥补伊朗供应损失来平衡市场,这是推高油价的一个关键因素,也是特朗普在美国国会中期选举前的一块心病,更是欧佩克短期最大的挑战之一。欧佩克没有办法既让市场感到满意,同时又保持欧佩克的凝聚力。目前的行动方针是允许欧佩克提高产量,但在这一点上,欧佩克不可能得到所有成员国的一致同意。

伊朗石油部长赞加内表示:"伊朗不会允许欧佩克增产。我将否决任何威胁我们国家利益的决定。任何声称将弥补石油市场供应缺口的国家都是在反对伊朗。这是100%的政治声明,而不是经济声明。"由于欧佩克的任何协议都需要获得成员国的一致同意,伊朗可能会阻止对石油减产协议的任何修改。

在日增产100万桶的具体细节敲定之前,伊朗仍有一点影响力。沙特阿拉伯和俄罗斯很可能会承担更大的产量份额,这主要是因为他们是唯一有能力选择生产更多石油的国家。但是,正式确认这些产量增长在政治上是很棘手的。毕竟,伊朗因为美国的制裁而蒙受了实实在在的损失。那些损失的石油供给必须在其他地方得到弥补。沙特阿拉伯、俄罗斯和几个海湾国家是唯一能够大规模增产的国家。

然而,即使沙特阿拉伯能够弥补伊朗留下的供应缺口,伊朗也不会投票支持,在这个问题上不可能达成一致意见。事实上,沙特阿拉伯增产以取代伊朗的供应损失是唯一现实的结果。最终的结果可能是没有就伊朗和委内瑞拉产量下降的具体分配达成正式协议。但市场份额的改变无论如何都会发生,不管欧佩克是否同意。

目前在"欧佩克+"集团内,相当于是两个最大产油国沙特阿拉伯和俄罗斯共同担任"欧佩克+"的领头羊,但这肯定会削弱集团的凝聚力。赞加内表示:"他们在牺牲欧佩克,他们在摧毁欧佩克,但他们没有直接这么说,他们想组织一些国家建立一个论坛来取代欧佩克管理市场。"赞加内还指出:"沙特阿拉伯官员应该承认他们的真实意图。如果他们想过度生产,我们不能阻止他们。但他们不应该以欧佩克的名义增产。他们应该站出来说,'美国打电话过来,让我增加产量。我没有其他选择不得不这样做。'"

从短期来看,美国似乎依靠沙特阿拉伯和俄罗斯以及美国页岩油生产企业来抵消来自伊朗的供应缺失。自5月以来,截至8月,按照美国能源信息署公布的数据,沙特阿拉伯已日增加产量30万桶,而俄罗斯日增加产量24.2万桶。但要想弥补伊朗供应的加速流失并非易事。据标普全球普氏能源顾及,到2018年底,伊朗日供应损失可能高达140万桶。委内瑞拉日产量可能会再降25万桶。沙特阿拉伯是唯一有能力大规模增产的国家,但任何增产都必然会削减其闲置产能,而沙特阿拉伯的闲置产能已经处于相对较低的水平。石油市场可能欢迎沙特阿拉伯增产,但随着闲置产能下降,石油市场仍会变得紧张不安。沙特阿拉伯乐见布伦特油价升至每桶80美元上方,这或许表明沙特阿拉伯官员正意识到,在伊朗供应遭到重大破坏之际,控制油价是一项挑战。因此,如果沙特阿拉伯在未来数月增加产量将不足为奇,但沙特阿拉伯的努力可能无法阻止油价上涨。

对特朗普来说，这位共和党总统在过去几个月对欧佩克大肆攻击。汽油价格上涨可能在 11 月国会期中选举前对特朗普产生不利政治影响，因这会抵消共和党人宣扬的政府减税以及放宽联邦监管对美国经济的提振效果。特朗普呼吁沙特阿拉伯增加产量，称该国应帮助美国降低燃料价格，因为美国政府正在帮助利雅得方面对抗伊朗。特朗普频繁在推特发文压低油价，泰什资本顾问基金经理塔里克·萨希尔预计随着美国中期选举很快到来，美国总统这样的推特发文可能仍将出现。

伊朗外长扎里夫 9 月 20 日也在社交媒体发文抨击美国撕毁伊朗核协议，在其发文中附有一段视频，显示 9 月 19 日的一次会议中一名抗议者被驱逐。在会议上，美国驻伊朗特使霍克表示，希望美国能够与伊朗签署新协议，限制伊朗的核弹道导弹计划。扎里夫谴责美国与德黑兰重新达成新条约的提议，并表示美国不能在刚撕毁旧约之时就想与伊朗签署新约。他抨击美国只会嘲弄人们对和平的呼声。扎里夫在发文抨击美国撕毁伊朗核协议之时，配上话题"要不要脸"（Have You No Shame）。

沙特阿拉伯乐见布伦特油价升至每桶 80 美元以上，这暗示如果本月或者下个月更多的伊朗原油从市场上消失的话，沙特阿拉伯也可能不会急于平衡供应。这是本周布伦特原油看涨情绪高涨的原因之一。根据路透社编制的洲际交易所的数据，在短短两天之内，即 9 月 17 日和 18 日，布伦特原油目标价格每桶 80 美元和 85 美元的看涨期权未平仓合约飙升了近 45%。每桶 80 美元和 85 美元的布伦特看涨期权的未平仓合约几乎达到了 11 月价格在每桶 60～100 美元之间的看涨和看跌期权总和的一半。这表明投资者正在押注布伦特原油价格将很快突破每桶 80 美元大关。

新加坡期货经纪商奥安达亚太区贸易主管斯蒂芬·因内斯称："特朗普在'欧佩克+'会议前几天发表的言论，令人关注美国牵头的对伊朗制裁可能对石油供应的影响。在那之前，市场原本交投流畅，因假设沙特阿拉伯目前乐于见到布伦特原油价格在每桶 80 美元甚至更高，这正挑战市场上的长期看法——布伦特原油介于每桶 70～80 美元是欧佩克的心理价位。"

9 月 22 日（周六），武装分子针对伊朗在西南部城市阿瓦兹市举行的阅兵式发动袭击，造成至少 25 人死亡，其中包括 12 名革命卫队精英。当地一反政府组织以及极端组织"伊斯兰国"均声称对此负责，但伊朗指责美国及其在中东的盟友（主要指以色列和沙特阿拉伯）卷入了此次袭击。

9 月 23 日（周日），"欧佩克+"联合部长级监督委员会会议在阿尔及尔如期举行，但会议最终没有提出任何增加供应的正式建议，下次"欧佩克+"联合部长级监督委员会会议将于 11 月 11 日在阿布扎比举行，随后将于 12 月 6—7 日在维也纳总部召开全体欧佩克成员国大会。会议后沙特阿拉伯能源大臣法力赫接受采访时严词驳斥了此前来自美国总统特朗普的指责，称欧佩克并不是哄抬油价的罪魁祸首。法力赫表示："产油国目前没有就提高石油产量达成一致，目前产油国优先考虑目标是保持国际油价持续稳定，国际油价维持在每桶 80 美元对产油国和消费国都有利。通过采取合适措施，可保证国际石油市场供应充足。"

法力赫指出："我没有影响油价。沙特阿拉伯具备富余产能，可以提高产量，但目前不需这么做，2019 年可能也没必要，因为根据欧佩克的预测，非欧佩克产量显著增加可能超过了全球需求增长。市场供应充足，我没听说世界上有哪个炼油商想买油却买不到的。鉴于我们目前的预测，2019 年增加产量是非常不可能的，除非在供需面出现什么意外，必要时沙特阿拉伯最多可日增产 150 万桶。不过'欧佩克 +'可以把减产履约率从目前的超额水平下调至 100% 左右，这仍会给市场带来一定的增产空间。"俄罗斯能源部长诺瓦克也表示，不需要立即增产。

法力赫称，目前的主要目标是重新实现 100% 的减产达标，未来 2 至 3 个月应该可以达成。尽管他没有具体谈到如何实现，但他说"最大的问题不在产油国方面，而是在于炼油厂、在于需求，在沙特阿拉伯并不存在要额外产量的需求。"

9 月 23 日会议排除了立即增加原油产量的可能性，实际上也就是回绝了美国总统特朗普要求其采取行动以平抑油价的呼吁，就等于"欧佩克 +"集体对特朗普说"不"，表明他们将坚定捍卫自身独立决策制定产业政策的权利，至少不愿意在石油产业领域沦为美国的附庸。伊朗石油部长赞加内称，特朗普的推特发文"对美国在中东的盟友是最大的侮辱。"俄罗斯不增产，既能坐享油价上涨之利，而且也能照顾一直反对增产的伊朗的情绪。沙特阿拉伯不愿继续增产，是因为担心新兴市场危机将影响原油需求，伤害油价。路透社称，沙特阿拉伯官员认为目前为止的原油需求，不足以支持沙特阿拉伯将产量提高到比当前高太多的水平。俄罗斯能源部长诺瓦克也声称中国和美国间的贸易冲突以及特朗普的制裁行动给油市带来新的挑战。

伊朗驻欧佩克理事阿德比利 9 月 23 日坚称，伊朗日产量稳定在 380 万桶。但在欧佩克可能增产问题上，他的立场似有软化。阿德比利说："如果供应下滑的不仅仅是伊朗，而是所有产油国，那么欧佩克和非欧佩克产油国有义务平衡市场。"

阿德比利抨击美国总统特朗普称："特朗普政府正在把政治注入欧佩克，并试图通过降低油价等手段维护自己的利益。我想说，保持安静，别在推特上再发任何消息了，这样油价会更好。"阿德比利认为，美国政府目前的行为实际上正导致油价上涨，因基本面甚至不能保证油价处于目前的水平。阿德比利称："如果他们保持安静，原油价格将会更加便宜，我对此深信不疑。"沙特阿拉伯能源大臣法力赫此前也曾私下说过，特朗普此前通过社交媒体喊话抱怨油价过高，反而在国际原油市场引发了恐慌情绪，引发了近日的油价跳涨。

伊朗石油部 9 月 23 日发表声明称，韩国已经完全停止进口伊朗石油，成为美国威胁在 11 月重启制裁伊朗石油出口后，第一个把伊朗石油进口量降至零的国家。据伊朗石油部数据，在美国制裁威胁前，韩国每天约从伊朗进口石油 18 万桶。

2018 年 9 月 24 日（周一），两大国际原油期货价格双双实现大幅跳升并破位。正当华盛顿计划将伊朗原油出口降至零，以迫使德黑兰重新协商核协议之际，伊朗阅兵式遭遇恐怖袭击，为美国及其在中东的盟友与伊朗的关系进一步趋紧增添了新的火药，中东原油外输通道面临新的不确定性。欧佩克与俄罗斯对特朗普的降价呼声置之不理，也增添了油价暴涨预期。另外，伊朗官员透露沙特阿拉伯和俄罗斯没有足够空闲产能来实施增产，这令原油多头信心大受提振，同时美元承压也为油价带来支撑。WTI 油价收报每桶涨 1.56 美元至 72.27 美元，涨幅 2.21%，布伦特油价收报每桶涨 1.96 美元至 80.73 美元，涨幅 2.49%。

伊朗石油部长赞加内称，欧佩克会议并未对美国总统特朗普的要求给出积极回应，美国希望将伊朗石油出口降至零的"美梦"不会实现。伊朗驻欧佩克理事阿德比利表示，沙特阿拉伯和俄罗斯没有足够的备用产能来进一步推高产量。他解释道："他们的举措有点太迟了，已经将油价推高，并且会继续推高油价，因为他们没有足够的空闲产能，他们无法如其所说的那样继续推高产量。"

伊朗革命卫队副司令侯赛因·萨拉米（Hossein Salami）9 月 24 日对美国及其中东盟国领导人发出警告，称德黑兰方面将对他们展开"毁灭性"的报复。萨拉米在演讲中称："我们此前也（对类似袭击事件）展开过复仇，这一次大家同样值得期待，我们将展开碾压性和毁灭性的回应，你们（指美国及其中东盟国）将后悔自己的所作所为。"

9 月 25 日（周二），美国总统特朗普出席第 73 届联合国大会并发表演讲称，美国正与海湾国家合作，约旦和埃及将成为美国的地区战略盟友；美国已经发起经济压力动员，以阻止伊朗在地区活动上获得资金；在 11 月 5 日对伊朗实施石油制裁之后，还将有更多制裁行动；只要伊朗继续采取攻击性行动，就要求所有国家都孤立伊朗领导层。欧佩克和欧佩克国家都像往常一样"剥削"世界其他地区。从现在起，欧佩克国家将在军事保护方面做出"极大的贡献"。

值得注意的是，特朗普在联合国大会的发言对欧佩克充满火药味，称其"剥削"世界其他地区，将在军事保护方面做出"极大的贡献"。这表明 9 月 23 日"欧佩克+"会议无视特朗普此前所一再发出的增产呼求，令特朗普感到非常不快。特朗普称："欧佩克正在欺骗盘剥全世界，而这是无法被容忍的。美国此前费尽心力为多个中东产油国提供安全保护，但这些国家却故意炒高国际油价来作为回报，此举显然很不厚道。"

以沙特阿拉伯为首的欧佩克希望将油价维持在每桶 70～80 美元的区间，这意味着美国境内对应的汽油价格将持稳在每加仑 3 美元。这对急于在 11 月中期选举中拉拢基层民众为共和党投票的特朗普而言，这一油价水平自然已是高得难以容忍。但欧佩克却有着自己的小算盘，于是，双方矛盾在近日进一步激化。雪上加霜的是，特朗普当局将在 11 月 4 日启动对伊朗的全面制裁措施，禁止该国任何石油产品出口，这会令全球原油供给更加紧张。投资者原先期盼沙特阿拉伯与俄罗斯等产油国能配合增产来化解断供风险，结果却是事与愿违。这也难怪特朗普会如此恼怒。

《华尔街日报》报道说，沙特阿美告诉其客户，10月阿拉伯轻质原油可能会短缺，从长远来看，如果伊朗停产，它将无法满足需求。而石油交易商称："油价正走向价格飙升阶段，甚至可能达到每桶90至100美元。当然，受害的不仅仅是伊朗。在美国，随着汽油价格的上涨，这将会产生'回旋镖效应'。"

第十节
"沙俄"不地道玩弄伊朗私下许诺美国增产

2018年9月26日（周三），美国能源部长佩里表示，特朗普政府并没有在考虑释出美国紧急石油库存，以抵销伊朗即将受制裁所产生的影响，反倒将依赖国际大产油国来维持市场稳定。佩里说明政府的想法称："如果你考虑战略石油储备，并将之引进市场，它只会起到相当微小且短期的作用。尽管油价短期内可能飙升，我对全球供应能吸收即将到来的制裁影响感到放心。"几个月来石油分析师一直推测，特朗普政府在11月6日中期选举前可能动用美国战略石油储备以抑制上涨的油价。高油价对总统特朗普及其共和党来说是一大政治风险。

美国汽车协会的发言人珍妮特·卡塞拉诺（Jeanette Casselano）称，汽油价格通常会在夏季需求高峰季结束后回落，但这次下降的速度没有预期的快。据美国能源信息署数据显示，截至9月24日一周，全美汽油零售均价为每加仑2.92美元，为2014年以来同期最高水准。卡塞拉诺表示："不过汽油价格或许并没有高到足以动摇选民的信心，在汽油价格涨至每加仑3.25美元或更高之前，消费者通常是不会改变生活方式的。"

加斯布迪（GasBuddy）石油分析主管帕特里克·德哈安（Patrick DeHaan）称："全球供应面临的压力上升可能导致汽油价格持于当前水平，甚至会在2018年秋季出现反常的上涨。随着国会中期选举的临近，那或许会对选民心理产生影响。秋季到了，汽油价格却不下跌，在选民即将投票的这个时候可能会引起大家的注意。中西部的汽油批发价已经上涨，因当地的炼油厂正在进行设备检修。"

贸易商称，在实货市场上，美国中西部多个州的汽油现货价差上周升至近3年高位。瑞穗证券美国驻纽约的期货主管鲍勃·雅格称，美国汽油库存处于季节性的纪录高位，可帮助缓解价格涨势。美国原油较布伦特原油贴水处于较阔水平，这激励各家炼油厂使用较便宜的美国原油来炼制汽油，并囤积待售。

许多市场专家表示，最近的价格波动可能是炼油厂问题，而不是市场短缺。欧佩克缺乏指导，并未对零售商品投资者对其产量增长的立场产生信心。沙特阿拉伯能源大臣法力赫9月23日在阿尔及尔举行的第10次欧佩克和非欧佩克产油国联合部长级监督委员会会议上表示，目前产油国优先考虑目标是保持国际油价持续稳定，国际油价维持在每桶80美元对产油国和消费国都有利。此次会上，欧佩克轮值主席、阿联酋能源大臣马兹鲁伊强调，欧佩克不是政治组织，不会因外界压力而屈服。俄罗斯能源部长诺瓦克则指责通过政治手段扰乱国际油价的行为，呼吁欧佩克和非欧佩克产油国保持合作，保证油价长期稳定。伊朗石油部长赞加内9月26日向特朗普喊话，想让国际油价停止上涨，美国必须停止插手中东地区事务。

2018年9月27日（周四），伊朗仍在为"欧佩克+"会议对特朗普说"不"——暂时不增产而庆幸，路透社爆出消息，俄罗斯和沙特阿拉伯私下达成一项增产协议，借以让节节高升的油价降温，并在9月23日与其他产油国召开阿尔及尔会议之前告知了美国。沙特阿拉伯计划在8月1040万桶的日产量基础上，在未来两个月将石油日供应增加20万至30万桶。沙特阿拉伯还称，如需求合理，准备增加日石油供应多达55万桶，25万桶预计来自库拉伊斯（Khurais）油田，30万桶则来自马尼法（Manifa）油田。沙特阿拉伯能源大臣法力赫此前称："沙特阿拉伯9月会增加原油产量，10月还会增产一次，沙特阿拉伯会满足市场的任何需求，尤其是亚洲客户，如果市场日需求升至1090万桶，也会满足。"

对于多次喊话欧佩克降低油价的特朗普来说，沙特阿拉伯考虑增产可谓是好消息，但对遭受美国制裁、并一直反对欧佩克增产的伊朗来说，恰似暗中遭闷棍狠狠一击，9月23日"欧佩克+"会议后沙特阿拉伯和俄罗斯说的那番冠冕堂皇的不增产理由原来都是骗人的，伊朗实实在在地被这两个产油大国给玩弄了。所谓"稳定油价""不屈服政治压力""担心美国增加原油产量""欧佩克不是哄抬油价的罪魁祸首""不需要增产"等一系列说辞，明的是在指责美国，其实都是说给伊朗听的，以此安抚伊朗情绪，求得欧佩克内部团结。

谁知对于这一切，伊朗似乎蒙在鼓里，以至于"欧佩克+"会议结束后，伊朗以为"欧佩克+"所有成员目前的立场站在伊朗一边，而且对欧佩克的态度也有所软化，被孤立已久的伊朗信心大增，好像获得反击美国的利器，所有官员集中火力对准美国放"嘴炮"。第一个对特朗普开炮的便是伊朗驻欧佩克理事阿德比利，基于"欧佩克+"会议拒绝增产，阿德比利嘲讽特朗普："我想说，保持安静，别在推特上再发任何消息了，这样油价会更好。"第二个对特朗普开炮的则是伊朗石油部长赞加内，基于"欧佩克+"会议并未对美国总统特朗普的要求给出积极回应，赞加内信誓旦旦地说："美国希望将伊朗石油出口降至零的美梦不会实现。"再就是伊朗最高领袖哈梅内伊、伊朗总统鲁哈尼和伊朗外长扎里夫也分别向特朗普开火，誓言不会屈服于美国压力。

还有一件事要说的是，之前欧佩克和俄罗斯之所以不愿配合特朗普大幅增产，外界断言目前沙特阿拉伯和俄罗斯的闲置产能不足以填补伊朗供应缺口，即使有短时间内也难以实现。伊朗对此似乎也深信不疑，早在7月15日，阿德比利就警告特朗普称："沙特阿拉伯、阿联酋和俄罗斯声称他们有能力填补伊朗每天250万桶的石油出口缺口，这是误判。特朗普你掉入了他们的陷阱，油价将会上涨。"这次"欧佩克+"会议后，阿德比利又称，沙特阿拉伯和俄罗斯没有足够的备用产能来进一步推高产量。他解释道："他们的举措有点太迟了，已经将油价推高，并且会继续推高油价，因为他们没有足够的空闲产能，他们无法如其所说的那样继续推高产量。"

特朗普多番在社交媒体上给欧佩克施压，希望其能增产以降低油价，因为高油价会影响共和党在11月中期选举的表现。一开始沙特阿拉伯并不买账，并表示目前的产油量可以满足市场需求。不过随后沙特阿拉伯方面表示，将会进行增产。沙特阿拉伯到底能增产多少原油？其增产量能否解决伊朗、委内瑞拉、利比亚等国的原油供应缺口以及美国石油钻井增速放缓引发的供应问题？彭博社分析指出，目前沙特阿拉伯增产的空间已不多，再加上闲置产能不足，沙特阿拉伯似乎没有办法改变市场高油价的情形。

沙特阿拉伯能源大臣法力赫表示，沙特阿拉伯可日增产至1250万桶。彭博社称，目前市场对沙特阿拉伯原油的日需求为1050万～1060万桶。这意味着沙特阿拉伯将有约200万桶的日产量可以用来填补由上述多方因素引起的原油供应担忧。但彭博社进一步指出，在这1250万桶的日产量中，沙特阿美只拥有其中1200万桶的原油日产量，另外50万桶的原油日产量来自科威特和沙特阿拉伯共同控制的油田，但由于沙特阿拉伯和科威特之间的矛盾，该油田已经停产达2年了。此外，前沙特阿拉伯石油大臣纳伊米表示，要达到1250万桶的日产量，沙特阿拉伯至少需要3个月的时间去建造更多的钻井。彭博社数据显示，欧佩克的闲置产能储备并不充足。美国能源信息署报告显示，欧佩克闲置日产能只能提供140万桶的产量，并且该数据还将在2019年降至120万桶。

为了证实沙特阿拉伯闲置产能不足，《华尔街日报》还配合报道称，沙特阿美告诉其客户，10月阿拉伯轻质原油可能会短缺，从长远来看，如果伊朗停产，它将无法满足需求。沙特阿拉伯真的是闲置产能不足吗？其实这是沙特阿拉伯一直以来释放的烟幕弹，至于其备用产能到底如何，华盛顿和利雅得方面都是心知肚明。那么，沙特阿拉伯又为什么要这么做？特朗普多次催促欧佩克、并通知沙特阿拉伯方面增产，但沙特阿拉伯方面一直没有明确的答复，没说增产也没说不增产，但有一点就是沙特阿拉伯很难违抗美国的要求，一旦与美国对抗，利雅得方面是知道厉害的！也就是说，无论沙特阿拉伯以什么样的理由回应美国，沙特阿拉伯最终是要按美国的要求进行增产的。由此来看，沙特阿拉伯这样做的目的只有一个，那就是暂时性的策略。

在9月27日路透社对俄罗斯与沙特阿拉伯私下达成增产协议、并提前通知美国这一事未曝料之前，所有的关于欧佩克、沙特阿拉伯以及俄罗斯"不增产"和"闲置产能不足"的信息都是公开的，沙特阿拉伯这样做有两个目的：一是麻痹伊朗，并告诉之，尽管美国多次要求增产，沙特阿拉伯是有心无力，难以做到，伊朗借此讽刺美国，被盟友骗了，殊不知，"明修栈道，暗度陈仓"，可怜的伊朗却被敌对国——沙特阿拉伯和所谓的盟友——俄罗斯骗了个彻头彻尾；二是推高油价，利用伊朗被制裁将会引发供应紧张，并且主要产油国都难以填补供应缺口，在市场制造恐慌，从而推高油价，而这也正是沙特阿拉伯经济改革和俄罗斯提升经济所需要的。

虽说在增产问题上沙特阿拉伯乃至俄罗斯与美国一直暗通款曲，而且特朗普多次在推特抨击欧佩克，特朗普也知道"沙俄"两国各自的"小算盘"，也一直忍着，眼看着油价一路高歌猛进，而11月的中期选举也日益临近，9月24日，布伦特油价已登上每桶80美元的心理关口，沙特阿拉伯如果还不公开采取增产行动的话，恐怕有误共和党的选举大业，这样的罪责谁也担当不起。于是，特朗普在9月25日联合国大会上的演讲对欧佩克发难了。特朗普称中东产油国们是一群白眼狼，享受了美国的军事保护还要推高油价。特朗普说："欧佩克和相关产油国们一如既往地坚持占全世界的便宜，我不喜欢这样。我希望他们停下来、降价，现在立刻马上为自己受到的军事保护做点贡献。"

特朗普的这番指责，言下之意就是沙特阿拉伯不要搞所谓的"悄悄增产"，要公开表现出来，这样油价才能受到影响降下来。可以说，在中期选举迫近之际，这是特朗普对中东产油国下的"最后通牒"，如果中东产油国还不采取增产行动，马上将油价降下来，那么美国就要采取行动了。当然，美国方面采取的行动可能有两层意思：一层意思是针对油价，如果欧佩克没有"贡献"表现，美国就要采取诸如释放战略储备原油等紧急措施进行救市；另一层意思是针对欧佩克，通过非常举措迫使沙特阿拉伯和欧佩克增产。

尽管美国总统特朗普9月25日的言论再度令油市波动，但伊朗制裁的影响仍在发酵，而且主要产油国仍在散布"空闲产能不足"的消息，原油多头信心受到提振。当日WTI油价收报每桶仅跌0.19美元至72.08美元，跌幅0.26%，而布伦特油价收报每桶涨0.16美元至80.89美元，涨幅0.20%。这也验证了伊朗驻欧佩克理事阿德比利所说的，特朗普不发声还好，一发声油价反而上涨。

2018年9月26日，美国原油库存报告偏向利空，同时美元在美联储会议决议后触底反弹也令油价承压，但国际油价反应平淡，WTI油价收报每桶仅微跌0.04美元至72.04美元，布伦特油价继续逆行上涨，收报每桶涨0.29美元至81.18美元，涨幅0.36%。当日，俄罗斯能源部长诺瓦克继续玩"欲擒故纵"的把戏，他说："欧佩克与非欧佩克产油国2018年具备实现100%产能的能力。如果油市出现供不应求的状况，则可能增产。预计平衡的原油价格在每桶70～80美元。没有谁对高油价感兴趣。"

诺瓦克所说"可能增产"，表明俄罗斯仍不想将增产行动公开化。而后面所说的"预计平衡的原油价格在每桶70～80美元""没有谁对高油价感兴趣"则有明显的矛盾，按诺瓦克的意思，俄罗斯增产是因为油市供不应求，即使通过增产使市场维持平衡，油价也在每桶70～80美元，而如果不增产或增产不足，那么油价将会更高，甚至达到每桶 90 美元或 100 美元，对于高的油价，大家都不希望看到。《华尔街日报》报道说："油价正走向价格飙升阶段，甚至可能达到每桶 90 至 100 美元。"

不过，诺瓦克这里提到的高油价与特朗普所说的油价太高了，完全是两个概念，特朗普认为目前每桶 70～80 美元的油价已经很高了，对其中期选举非常不利；而诺瓦克所说的每桶 70～80 美元正好反映了市场的供需平衡，也是俄罗斯方面最期望的目标油价，因此暂时不需要增产。

正是因为油价难以降下来，而且还在向高位攀升，在此情况下，路透社也许揣摩到特朗普的真实意图或得到特朗普的授意，于是在 9 月 27 日将俄罗斯与沙特阿拉伯私下达成增产协议并提前告知美国一事曝料。两大主要产油国私下干的事无非是既不想得罪美国又不想降低油价，对美国来说，天下不可能有这样的好事让两国沾尽，既然油价降不下来，那就只能将增产协议公开化了。

尽管路透社已经曝料两大主要产油国私下达成增产协议一事，同时沙特阿拉伯"能够和愿意"日增产 55 万桶，但市场认为欧佩克和俄罗斯看来不太可能应特朗普要求马上增产，仍然怀疑沙特阿拉伯和俄罗斯等主要产油国缺乏足够的空闲产能，无法恢复足够的产量来抵消伊朗出口下降的冲击，因此国际油价依然选择上行。9 月 27 日 WTI 油价收报每桶涨 0.15 美元至 72.19 美元，涨幅 0.21%，布伦特油价收报每桶涨 0.12 美元至 81.30 美元，涨幅 0.15%。

沙特阿拉伯将原本计划在未来几个月内悄悄向市场增加额外的石油，以抵消伊朗产量的下降。现在这事既已曝光，沙特阿拉伯方面也就只能顺势公开化。之前沙特阿美故意在客户中制造供应紧张的气氛，告知客户：10 月阿拉伯轻质原油可能会短缺，从长远来看，如果伊朗停产，沙特阿美将无法满足需求。沙特阿美这样做无非仍是追求高油价。现在为了缓解客户对原油供应短缺的担忧，沙特阿拉伯能源大臣法力赫表示，沙特阿拉伯已经填满了日本冲绳、西迪克里尔（Sidi Kerir，位于埃及与地中海接壤处）以及欧洲石油中心鹿特丹的战略石油储备仓库。

为了不影响与其他产油国的关系，沙特阿拉伯方面还就与俄罗斯私下达成增产协议一事做了解释，沙特阿拉伯表示，目前决定不采取正式增加措施，因为意识到部分产油国缺乏生产能力，无法迅速提高产量。同时，沙特阿拉伯希望"欧佩克 +"能够保持团结。

2018 年 9 月 28 日（周五），尽管有俄罗斯和沙特阿拉伯的增产协议，沙特阿拉伯"能够和愿意"日增产 55 万桶，但美国制裁伊朗限制伊朗原油出口，仍然存在供应短缺风险，这令原油多头大受鼓舞，油价大涨。WTI 油价收报每桶涨 1.37 美元至 73.56 美元，涨幅 1.90%，布伦特油价收报每桶涨 1.65 美元至 82.95 美元，涨幅 2.03%，其中布伦特原油攀升至 4 年来的高位，盘中最高为每桶 83.41 美元。

从近期尤其是 9 月最后一个交易日的油价走势看，油价并未按特朗普希望的服软往下走。据彭博社报道，伊朗制裁可能推动油价升至每桶 100 美元。伊朗原油和精炼油出口从 4 月以来已下降 30%，并且还会进一步下降。伊朗原油日供应减少 100 万桶甚至更多的预期会比任何一个消息都更能推动油价升至每桶 100 美元，也难怪美国总统特朗普在推特上发表他对日益"无能"的欧佩克的失望情绪。欧佩克大多数成员国已尽可能多地生产了。就算他们可以挤压出更多产能，也只会让市场增加对应对未来供应中断的闲置产能消失的担忧。每桶 100 美元的油价对所有的司机来说都是一个坏消息，美国司机也一样。随着中期选举的临近，特朗普试图将其外交政策的后果推卸给其他产油国也不足为奇了。

2018 年 9 月 29 日（周六），美国总统特朗普致电沙特阿拉伯国王萨勒曼，双方讨论了确保油市供应稳定和维护全球经济增长的措施，尤其是一旦伊朗出口因制裁而受影响时，各种可确保维持油市充足供应的方法，还讨论了发展两国战略伙伴关系的议题。

9 月 30 日（周日），美国内政部长津克（Ryan Zinke）称："美国海军有能力保障海路通航，必要时也可以进行封锁，阻止俄罗斯的能源进入市场。俄罗斯的经济状况取决于其能源出口。伊朗的情况和俄罗斯非常相似，解决这些问题有两个方案：除了军事选项外，另一个就是经济方案，对俄罗斯施加压力，打压他们的能源出口。我们能做到这一点，因为美国是世界上最大的石油和天然气生产国。"

10 月 1 日（周一），美国对伊朗第二轮制裁临近，原油供应面忧虑情绪攀升，同时美国和加拿大达成贸易协定也很大程度上改善了市场风险情绪，对原油等风险类资产带来支撑。WTI 油价收报每桶涨 1.91 美元至 75.47 美元，涨幅 2.60%，布伦特油价收报每桶涨 2.00 美元至 84.95 美元，涨幅 2.41%。

虽然 9 月 28 日市场仍对美加贸易谈判在 10 月 1 日特朗普设定的谈判截止日之前达成协议十分忧虑，就在上周日子夜前的最后时刻，美国和加拿大两国谈判官员不分昼夜地工作，终于敲定。从 10 月 1 日起，美国、墨西哥和加拿大将对自 1994 年签下的历时 24 年的北美自由贸易协定（NAFTA）做出修改，组成三边自由贸易协定，新协定更名为"美国—墨西哥—加拿大协定"（United States–Mexico–Canada Agreement，USMCA）。美国和加拿大达成了一项协议，其中包括向美国农民提供更多的乳制品准入权，以及加拿大同意签署一项有效限制汽车出口到美国的附加条款。这一消息缓解了市场有关原油市场需求将因贸易紧张形势而受到损害的忧虑情绪。

美国总统特朗普表示，美国、墨西哥、加拿大新达成的协议是一份最重要的贸易协定，新的贸易协定完全基于"公平与互惠"的原则。与加拿大和墨西哥的贸易协定将给美国带来成百上千个工作岗位；新的贸易协定将使得北美成为"制造业强国"。新的协议将成为美国汽车产业的"新黎明"。美国贸易代表也认为，新贸易协定将为美国汽车制造业带来数十亿美元的资金。

能源咨询机构价格期货分析师菲尔·弗林表示，美国、墨西哥、加拿大新达成的协议将提振油价，因为它"不仅提振加拿大和美国的经济增长前景，而且提振整个北美的增长前景。"评级机构穆迪称，美国、墨西哥、加拿大新贸易协议增强了市场的信心，因此对这三国的主权信贷评级构成利好。分析师还指出，这3个贸易伙伴之间的贸易纠纷曾引发了人们对增长放缓可能影响石油需求的担忧，在新的协议达成后，这种担忧很快消散，给油价上涨提供了极强的动能。

2018年10月3日（周三），美国对伊朗制裁即将生效，抵销沙特阿拉伯和俄罗斯增产消息的影响，WTI油价收报每桶涨1.18美元至76.22美元，涨幅1.57%，布伦特油价收报每桶涨1.46美元至86.10美元，涨幅1.72%。

俄罗斯总统普京在莫斯科举行的俄罗斯能源周论坛上说："特朗普说他觉得油价太高，可能某种程度上他说得没错，但为了保证石油公司高效运作、确保投资，油价涨到每桶65到75美元，我们也绝对没问题。老实说，这样的油价一定程度上是美国政府造成的。我说的是（美国）对伊朗的制裁以及委内瑞拉的政治问题，再看看利比亚发生的事情。我和特朗普在赫尔辛基会谈很愉快，但如果我们要来谈（油价），我会告诉他（特朗普），要是想找油价上涨的罪魁祸首，唐纳德，你需要照照镜子。"在普京喊话特朗普当天，特朗普公开威胁沙特阿拉伯增加原油产量，称"如果没有我们的保护，萨勒曼的沙特阿拉伯国王之位连两个星期都保不住。"

普京还为始于2017年初的欧佩克和非欧佩克产油国减产协议辩护，称协议的目标是让油市实现供需平衡。"至于减产和让产量保持很低水平，那只是工具，不是目标。""欧佩克+"达成减产协议是要削减过剩的库存，"这和石油公司的收入无关"。如果市场供需不平衡，会导致投资下降，最终会制造供应缺口，价格就会上涨。普京还称："如果油价能处于每桶65～75美元，我们将感到满意，美国总统特朗普表示油价太高了，这一点他是对的，若有需要，我们有能力日增产20万～30万桶。与欧佩克一起平衡油市的目标已经达成，主要目标是油市的再平衡。"

俄罗斯能源部长诺瓦克表示："在2018年底之前无法做出长期油价预测，不会预测10月产量，这将由需求决定。俄罗斯仍有能力增加产出，俄罗斯石油公司在必要时候可以提高产量，俄罗斯的天然气和液化天然气将补足世界市场需求，油价有上涨的潜力，美国对伊朗制裁是油市不确定性的一大来源。油市已大体上稳定，但仍存在不确定性。"此前，俄罗斯能源部副部长索罗金（Pavel Sorokin）在2018年10月1日指出："虽然俄罗斯近期以来的原油产量确实已经达到了苏联解体以来的最高水平，但是即使如此，仍然无法替代伊朗的原油产能。因此，全球各地尤其是亚太市场仍然将面临供给极端趋紧的状况。"

伊朗石油部长赞加内表示，美国对伊朗制裁的决定是油价上涨的原因，油价上涨的最佳对策是，特朗普政府放弃对伊朗石油出口实行禁运的计划。卡塔尔能源大臣萨达表示，欧佩克并没有试图操纵油价，而是努力让市场达到供需平衡。

出席莫斯科能源会议的沙特阿拉伯能源大臣法力赫说:"沙特阿拉伯已经成功地满足了更大的需求,我们看到市场供应十分充足。为平衡全球原油市场,沙特阿拉伯方面和俄罗斯每周有进行沟通的渠道,原油库存目前正在逆季节增长,目标是实现油市的平衡,油价必须交由市场决定,沙特阿拉伯将于 11 月再度增加原油产量,届时将超过 10 月日产量 1070 万桶的水平,原油生产国在最近数周与数月里已经累计提高了 100 万桶的原油日产量,预计投机行为将会减退,油市将会再度回归稳定。"原油研究机构石油模型的原油分析师奥利维尔·雅各布表示:"沙特阿拉伯提供更多石油的计划不会对油价有太大的改变。沙特阿拉伯仍然非常胆小,市场希望看到更积极的东西。这就是为什么市场对该头条新闻反应不大的原因。"

后记

《页岩战略Ⅲ国家石油》是《页岩战略：美联储在行动》和《页岩战略Ⅱ：非常规变革》的续集，前两部主要讲美国页岩油革命成功之道以及在低油价下美国页岩油气公司实施低成本战略为主导的非常规变革，第三部则重点从美国页岩油竞争对手的角度，全程剖析2014—2020年以欧佩克为首的25个产油国如何应对美国页岩油两次革命带来的挑战和威胁，展现了以沙特阿拉伯和俄罗斯为首的传统产油国与美国页岩油的博弈，跌宕起伏，波澜壮阔。

《页岩战略Ⅲ国家石油（突围低油价困局、减产联盟在行动、产油国地缘风险、原油史诗级崩盘）》，耗时近3年完稿，写作风格与前两部一致，即以大量精确的数据为支撑，以事件背后的细节为轨迹，以模型推算的结果为比对，抽丝剥茧，深究其理，全面、系统、深度解剖2020年3月国际油价暴跌、4月原油期货崩盘的真相。

值得一提的是，因新冠肺炎疫情、俄罗斯拒绝进一步深化减产、沙特阿拉伯发动原油价格战等三大因素引发的2020年3月国际油价暴跌，笔者早在18个月前就预测到了，并且非常精确。2018年7月9日，笔者预言"2020年全球经济有一道坎"，7月12日笔者再次强调"2020年全球经济有大事发生，贸易战只是前奏"，并且是"类似于2008年的全球性事件"。2018年8月11日，笔者首次预言"未来18个月国际油价极有可能跌破每桶40美元"，8月16日，笔者再次强调"未来18个月国际油价将跌破每桶40美元"，并且将之前的"极有可能跌破每桶40美元"改为"将跌破每桶40美元"，由此可见笔者对其预测愈发坚定。笔者还说，油价暴跌在2018年12月就会发生。2018年9月19日，笔者发表了题为《国能源部长佩里预计原油增产和邓正红预计油价暴跌都在未来18个月》的分析文章，对"未来18个月油价跌破每桶40美元"的预测进行了全面的论证，非常肯定地说"油价暴跌都在未来18个月"。因此，该文可视为笔者"未来18个月油价跌破每桶40美元"预测的正式发布。

笔者预测正式发布后，先后两次得到验证。一次是接近验证，2018年12月24日，WTI油价最低跌至每桶42.36美元，验证了笔者8月16日所说——2018年12月会发生油价暴跌，但油价距跌破每桶40美元仍有一步之遥，因此称为接近验证。另一次则是完全验证,笔者预言"未来18个月"的最后一个月——2020年3月6日,"欧佩克+"减产谈判破裂,当晚笔者就与中国科学院院士、国家页岩油研发中心主任金之钧先生以及中国科学院院士、国家能源页岩气研发(实验)中心主任邹才能先生交流此事,预测:"当前油价正日趋接近我在18个月前的预计,即跌破每桶40美元。进入2020年,全球供应过剩的大背景,需求端持续萎靡不振,疫情席卷全球,国际油价大跌已成定势,预言即将成现实。"当日WTI油价最低至每桶41.05美元,收盘每桶41.56美元。3月7日,沙特阿拉伯打响原油价格战。3月9日,WTI油价最低至每桶27.34美元,收盘每桶30.22美元。至此,"未来18个月国际油价跌破每桶40美元"的预言完全得到精确验证。

笔者在预测正式发布后的18个月里,多次向中国石油、中国石化主管石油勘探开发的相关领导报告此事,并提醒做好应对油价暴跌的准备,为两大国家石油公司及时提供了决策参考。

还有一事也需要重点提及一下,为贯彻落实习近平总书记和国务院领导关于页岩油开发重要批示精神,研究推动我国页岩油气发展,2019年8月16日上午9点,国家能源局石油天然气司专门就此议题召开了座谈会,而笔者作为此次会议唯一受邀的专家参与了座谈。会后,按照国家能源局安排的研究任务,笔者根据自己长期跟踪研究美国页岩油气发展所掌握的情况,结合国家能源局提供的相关内容,撰写了近1万字的《美国页岩油发展情况和发展前景研究》专项报告,并就美国页岩油革命对我国页岩油发展的借鉴意义提出了5个方面的建议。

(1)美国页岩油第一次革命的模式不适合我国国情,我国页岩油发展可借鉴美国页岩油第二次革命的模式,即在三大国有石油公司的基础上,组建大型国有"油公司",进行页岩油勘探开发。

(2)借鉴美国政府补贴政策,建立专项财政补贴基金,大力扶持我国页岩油的勘探开发。从国家战略的角度予以补贴,可以按照不低于10年的可采储量进行滚动评价;从社会责任的角度予以补贴,可以参照国际公司同等规模的人员配置;从技术创新的角度予以补贴,体现勘探开采技术创新的风险和代价。

(3)探索建立中国特色的页岩油勘探开采模式,即国家勘探与市场开采相结合的运营模式:一是页岩油勘探纳入国家公益性战略事业,不受市场干扰,有规划有计划有重点地稳步推进页岩油勘探。也可以叫"超越油价"的勘探模式。二是页岩油开采按市场规律运作,根据油价行情和油气商盈亏平衡点,建立分级油价开采模式。前期在税收方面适当可以放开。三是成立独立的页岩油勘探公司,以国家投入为主,而页岩油开采可实行多种投资的混合所有制。四是建立基于国家战略价值与市场价值相对平衡的页岩油储量价值评估模式。

(4)充分发挥我国最大原油进口国的影响和作用,进一步完善体现中国乃至整个亚太地区原油特质的期货市场,提高原油定价的国际话语权。尤其是通过期货市场吸引更多的投资进入页岩油领域。

（5）人民银行可以运用货币政策扶持我国页岩油的勘探开发，比如通过利率政策或其他杠杆工具、融资手段引导社会资本进入页岩油领域，重点是页岩油信贷。

对于笔者此次参与研究的付出与智力贡献，国家能源局是这样评价的："邓正红同志临时受命、勇于担当，克服时间紧、任务重、标准高等困难，加班加点、连续奋战，扎实开展了大量基础性工作，对美国页岩油发展情况进行了较为深入的研究，提供了翔实的数据和案例材料，客观分析了美国页岩油发展现状和发展前景，为形成符合我国特色的页岩油发展思路提供了有益参考。"笔者的研究工作也受到了国家能源局领导的认可。

中国石油勘探开发研究院副院长、国家油气战略研究中心常务副主任、国家能源页岩气研发（实验）中心主任、中国科学院院士邹才能先生一直以来非常关注、鼓励、支持笔者对美国页岩油气的跟踪研究，他不仅拨冗审定前两部著作全稿，还亲自作序予以推荐，《页岩战略Ⅲ国家石油》也一如既往地得到了邹才能院士鼎力相助。国际能源署原署长高级顾问、北京大学能源研究院副院长杨雷博士不仅为《页岩战略Ⅱ：非常规变革》作序，这次仍然在百忙之中阅读本书全稿，并从未来能源革命的大视角和中国能源行业发展面临的战略问题为本书作序，使本书的研究熠熠生辉。

笔者对美国页岩油气的研究能够坚持到今天，也得到石油工业出版社的大力支持。第一部《页岩战略：美联储在行动》一出版就引起广泛好评，进入中国出版传媒商报和中国出版传媒网2017年5月好书榜单，第二部《页岩战略Ⅱ：非常规变革》进一步提升了作品的出版层次，该书因此受到石油行业内外的深度关注。第三部《页岩战略Ⅲ国家石油》出版的工作量和难度是前两部的两倍，出版社更是集中力量推动，并玉成出版。

页岩战略系列研究还得到了诸多院士、专家、学者的支持，他们是国家页岩油研发中心主任、中国科学院院士金之钧先生，国务院发展研究中心资源与环境政策研究所研究员郭焦锋先生，中国石油勘探开发研究院原院长、中国工程院院士赵文智先生，国家能源局原副局长和党组成员、中国石油大学（北京）兼职教授张玉清先生，中国石油企业协会原会长、中国工程院院士胡文瑞先生等，还有国家能源局石油天然气司的各位领导也给予了支持。

各位领导、专家、老师对笔者页岩战略系列研究给予的支持和帮助，在此一并特致深切谢忱！也感谢广大读者一直以来对页岩战略系列作品的关心和支持。限于水平，书中差错在所难免，恳请读者批评指正。

邓正红

2020年6月15日

《页岩战略Ⅲ国家石油》
内容精要请扫描二维码查看或下载